In accordance with the latest syllabus prescribed by the
Central Board of Secondary Education, New Delhi

MOST LIKELY

CBSE QUESTION BANK

CLASS X

HINDI - B

Chapter Wise

AF882189

Compiled By :

Sudhakar Mishra

M.A. (Hindi & Sanskrit)
M.Ed., M. Phil
Delhi Public School, Greater Noida

GURUKUL

EDITION
YEAR 2021

COPYRIGHT RESERVED
BY THE PUBLISHER

All rights reserved. No part of this publication may be reproduced in any form without the prior permission of the Oswal Publishers.

DISCLAIMER

With the ambition of providing standard academic resources, we have exercised extreme care in publishing the content. In case of any discrepancies in the matter, we request readers to excuse the unintentional lapse and not hold us liable for the same. Suggestions are always welcome.

ISBN : 978-93-91184-12-4

PUBLISHED BY

GURUKUL BOOKS & PACKAGING
(Unit of Oswal Printers & Publishers Pvt. Ltd.)

1/12, Sahitya Kunj, M.G. Road, Agra - 282002

(0562) 2527771-4, +91 7534077222

info@oswalpublishers.in

www.oswalpublishers.com

The cover of this book has been designed using resources from Freepik.com

प्रस्तावना

विद्यार्थियों की उच्चतम शैक्षिक निष्पत्ति एवं सर्वोत्तम परीक्षा परिणाम की प्राप्ति, शिक्षण–अधिगम प्रक्रिया के सफल निष्पादन का मूल्यांकन हेतु हमने हिन्दी 'ब' का यह नवीन तथा संशोधन संस्करण प्रस्तुत करते हुए अत्यन्त हर्ष हो रहा है। यह संस्करण सी. बी. एस. ई. के नवीनतम पाठ्यक्रमानुसार दसवीं हिन्दी 'ब' के विद्यार्थियों के लिए तैयार किया गया है।

इस विद्यार्थी–सहायक पुस्तक में उनके उचित मार्ग–दर्शन के लिए विषय से सम्बन्धित/सहायक सामग्री का निर्माण अत्यन्त प्रभाव पूर्ण रूप से प्रयोग है। नवीन सत्र के दसवीं हिन्दी 'ब' हेतु अध्ययन सामग्री का प्रयोग पाठ्य–पुस्तकों के पूरक के रूप में किया जाना वांछित परिणाम की प्राप्ति हेतु अभिप्रेरित है। प्रस्तुत पुस्तक में सी. बी. एस. ई. के प्रश्न–पत्र के प्रारुपानुसार अभ्यास की व्यवस्था की गई है, जिसमें भाषा की सरलता एवं विषयगत प्रमुख उद्देश्य है। पुस्तक में अपठित बोध, व्यवहारिक व्याकरण पाठ्य–पुस्तक व लेखन में प्रतिदर्श प्रश्न–पत्र प्रश्नोत्तर विषय से सम्बन्धित विशिष्ट तकनीकी शब्दावली का सरलीकरण एवं अभ्यास हेतु महत्त्वपूर्ण प्रश्न–कोश उपलब्ध कराया गया है, जिसका निरन्तर अभ्यास विद्यार्थियों को अधिक आत्मविश्वास तथा सम्यक विषय ज्ञान से सुसज्जित कर सर्वोत्तम प्रदर्शन हेतु सक्षम बनाने में उपयोगी एवं सहायक सिद्ध होगा।

सभी विद्यार्थियों को शुभकामनाओं सहित............

—प्रकाशक

FINDING THE RIGHT BIN FOR MASKS?

Masks are a powerful shield against virus. The purpose behind wearing is to stop the spread of saliva and nasal discharge from infecting the other person.

Global use of disposable face masks and gloves is estimated to have been 100 billion pieces every month.

Masks are made up of a synthetic material called, TNT which takes more than 400 years to decompose.

Also masks come in a myriad of shades. The first step towards its healthy disposal is to choose which one to wear at the first place.

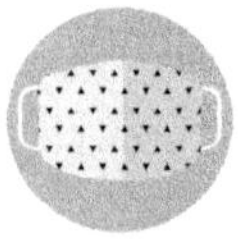

For casual use, choose tight cloth masks which can be reused over and over again. However, wearing it in vicinity of an infected person can be a wrong choice.

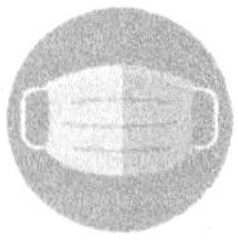

When visiting hospitals and other contaminated zones, choose loose fitting surgical masks which blocks droplets and splashes of saliva. However, they are ineffective against very small particles that come off sneezing and coughing in close vicinity.

N95 Masks are not for routine use and must be spared for medical experts who are in direct contact with the patient.

When it comes to disposing a mask, the very first step is to wash your hands before removing it from your face.

Wash your hands for atleast 20 seconds, using either an alcohol based sanitizer (having 60% alcohol) or using soap and water.

Remove your mask either using the mask strings or downside up. Don't touch the center of mask.

If you are wearing a cloth mask, put it separately into wash without mixing it with other clothes.

In case of a surgical mask, fold it inwards such that the droplets are not exposed to the air. Make it into a roll and wrap it up in two polythene bags or tissue bag, one inside the other.

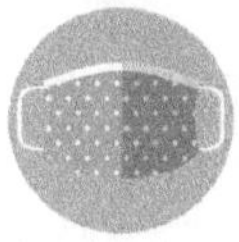

Prefer cloth masks for casual use and avoid one time used masks.

विषय सूची

पाठ्यक्रम 7

खण्ड 'क' : अपठित गद्यांश

1. अपठित गद्यांश 11-18

खण्ड 'ख' : व्यावहारिक-व्याकरण

1. पदबंध 21-24
2. रचना के आधार पर वाक्य रुपांतर 25-29
3. समास 30-37
4. अलंकार 38-46
5. मुहावरे 47-54

खण्ड 'ग' : स्पर्श

काव्य-खण्ड

1. साखी (कबीर) 57-63
2. पद (मीरा) 64-68
3. दोहे (बिहारी) 69-75
4. मनुष्यता (मैथिलीशरण गुप्त) 76-84
5. पर्वत प्रदेश में पावस (सुमित्रानंदन पंत) 85-91
7. तोप (वीरेन डंगवाल) 92-96
8. कर चले हम फ़िदा (कैफ़ी आज़मी) 97-104
9. आत्मत्राण (रवीन्द्रनाथ ठाकुर) 105-110

गद्य-खण्ड

10. बड़े भाई साहब (प्रेमचंद) 113-121
11. डायरी का एक पन्ना (सीताराम सेकसरिया) 122-129
12. तताँरा-वामीरो कथा (लीलाधर मंडलोई) 130-137
13. तीसरी कसम के शिल्पकार शैलेंद्र (प्रहलाद अग्रवाल) 138-145
15. अब कहाँ दूसरे के दुख से दुखी होने वाले (निदा फ़ाज़ली) 146-153
16. पतझर में टूटी पत्तियाँ : (i) गिन्नी का सोना, (ii) झेन की देन। (रवीन्द्र केलेकर) 154-162
17. कारतूस (हबीब तनवीर) 163-168

संचयन

1. हरिहर काका (मिथिलेश्वर) 171-178
2. सपनों के-से दिन (गुरदयाल सिंह) 179-185
3. टोपी शुक्ला (राही मासूम रज़ा) 186-190

खण्ड 'घ' : लेखन

1. अनुच्छेद लेखन 193-205
2. पत्र लेखन 206-216
3. सूचना लेखन 217-221
4. विज्ञापन लेखन 222-226

5. लघु कथा लेखन 227-234
TOPPER'S ANSWERS – 2019 (Issued by CBSE) 235–246
CBSE 2020 SOLVED PAPER
- Outside Delhi Set – 1 - 3 247–255
- Delhi Set – 1 - 3 256–264

GURUKUL

पाठ्यक्रम

कक्षा दसवीं हिन्दी 'ब' परीक्षा हेतु पाठ्यक्रम विनिर्देशन

प्रश्न–पत्र दो खण्डों–खंड 'अ' और 'ब' का होगा।

खंड 'अ' में 53 वस्तुपरक प्रश्न पूछे जाएँगे जिनमें से केवल 40 प्रश्नों के ही उत्तर देने होगें।

खंड 'ब' में वर्णनात्मक प्रश्न पूछे जाएँगे। प्रश्नों में उचित आंतरिक विकल्प दिए जाएँगे।

भारांक 80 **निर्धारित समय 3 घंटे**

	परीक्षा हेतु भार विभाजन	
	विषय–वस्तु	**भार**
	खंड 'अ' (वस्तुपरक प्रश्न)	**40**
1.	अपठित गद्याशं (चिंतन क्षमता एवं अभिव्यक्ति कौशल पर बहुविकल्पात्मक प्रश्न पूछे जाएंगे)	10
	(अ) चार अपठित गद्यांशों में से कोई दो गद्यांश करने होगे। (200-250 शब्दों के) 2 गद्यांश × (5 प्रश्न)	10
2.	व्याकरण पाठ्य पुस्तक में दिए गए भाषा–अध्ययन के आधार पर बहुविकल्पात्मक प्रश्न (1 अंक × 16 प्रश्न)	**16**
	1. पद बंध (3 में से किन्ही 2 के उत्तर)	02
	2. रचना के आधार पर वाक्य रूपांतरण (4 में से किन्हीं 3 के उत्तर)	03
	3. समास (5 में से किन्हीं 4 के उत्तर)	04
	4. मुहावरे (4 प्रश्न)	04
	5. अलंकार (अनुप्रास, यमक, उपमा, रूपक, अतिश्योक्ति, मानवीकरण) (3 प्रश्न)	03
3.	पाठ्यपुस्तक स्पर्श भाग–2	**14**
	काव्य खंड	04
	पठित पद्यांश पर चार बहुविकल्पी प्रश्न। (4 प्रश्न)	
	गद्य खंड	10
	दो पठित गद्यांशों पर पाँच–पाँच बहुविकल्पी प्रश्न। 2 गद्यांश × (5 प्रश्न)	
	खंड 'ब' (वर्णनात्मक प्रश्न)	**40**
4.	**पाठ्यपुस्तक स्पर्श भाग – 2**	**08**
	1. स्पर्श में निर्धारित पाठों के आधार पर विषय–वस्तु का ज्ञान, बोध, अभिव्यक्ति आदि पर 25-30 शब्दों वाले तीन में दो प्रश्न पूछे जाएंगे। (2 अंक × 2 प्रश्न)	04
	2. स्पर्श से निर्धारित पाठों के आधार पर विद्यार्थियों की उच्च चिंतन क्षमताओं एवं अभिव्यक्ति का आकलन करने हेतु 60-70 शब्दों वाला (4 अंक × 1 प्रश्न)	04
	पूरक पाठयपुस्तक संचयन भाग–2	**06**
	पूरक पाठ्यपुस्तक संचयन के निर्धारित पाठों से तीन में से दो प्रश्न पूछे जाएगें जिनका उत्तर 40-50 शब्दों में देना होगा। (3 अंक × 2 प्रश्न)	06
5.	**लेखन**	**26**
	(अ) संकेत बिंदुओं पर आधारित समसामयिक एवं व्यावहारिक जीवन से जुड़े हुए किन्हीं तीन विषयों में से किसी एक विषय पर 80 से 100 शब्दों में अनुच्छेद। (6 अंक × 1 प्रश्न) (विकल्प सहित)	06
	(ब) औपचारिक विषय से संबंधित पत्र। (5 अंक × 1 प्रश्न) (विकल्प सहित)	05
	(स) व्यावहारिक जीवन से संबंधित विषयों पर आधारित 30-40 शब्दों में सूचना लेखन। (5 अंक × 1 प्रश्न) (विकल्प सहित)	05
	(द) विषय से संबंधित 25-50 शब्दों के अंतर्गत विज्ञापन लेखन। (5 अंक × 1 प्रश्न) (विकल्प सहित)	05
	(इ) लघु कथा लेखन – दिए गए प्रस्थान बिंदु के आधार पर 100-120 शब्दों में लघु कथा लेखन। (5 अंक × 1 प्रश्न) (विकल्प सहित)	05
	कुल	**80**

निर्धारित पुस्तकें :

1. स्पर्श, भाग–2, एन.सी.ई.आर.टी., नई दिल्ली द्वारा प्रकाशित नवीनतम संस्करण
2. संचयन, भाग–2, एन.सी.ई.आर.टी., नई दिल्ली द्वारा प्रकाशित नवीनतम संस्करण

नोट : निम्नलिखित पाठ हटा दिये गये हैं।

पद्य खंड

1. महादेवी वर्मा–मधुर–मधुर मेरे दीपक जल।

गद्य खंड

2. अंतोन चेखव–गिरगिट।

खण्ड 'क'

(अपठित गद्यांश)

GURUKUL

अपठित गद्यांश

1

'अपठित' शब्द का अर्थ है जो पहले कभी नहीं पढ़ा गया हो। जिस गद्यांश का पहले अध्ययन न किया गया हो उसे 'अपठित गद्यांश' कहा जाता है। अपठित का लक्ष्य यह होता है कि किसी भी गद्यांश या पद्यांश को ध्यानपूर्वक पढ़कर समझना और फिर उस पर आधारित प्रश्नों के उत्तर देना।

ध्यान देने योग्य मुख्य बातें—

- उत्तर संक्षिप्त तथा सटीक हो।
- अपनी ओर से किसी तथ्य को जोड़कर उत्तर देने का प्रयास न करें।
- भाषा सहज तथा सरल हो।
- शीर्षक उपयुक्त तथा संक्षिप्त हो। यह गद्यांश के मूल भाव से सम्बन्धित हो।

निम्नलिखित गद्यांश को पढ़कर पूछे गए प्रश्नों के उत्तर सही विकल्प चुनकर लिखिए—

1. वर्तमान युग कम्प्यूटर युग है। यदि भारतवर्ष पर नजर दौड़ाकर देखें तो हम पाएँगे कि जीवन के लगभग सभी क्षेत्रों में कम्प्यूटर का प्रवेश हो गया है। बैंक, रेलवे-स्टेशन, हवाई-अड्डे, डाकखाने, बड़े-बड़े उद्योग-कारखाने, व्यवसाय, हिसाब-किताब, रुपये गिनने तक की मशीनें कम्प्यूटरीकृत हो गई हैं। अब भी यह कम्प्यूटर का प्रारंभिक प्रयोग है। आने वाला समय इसके विस्तृत फैलाव का संकेत दे रहा है। प्रश्न उठता है कि क्या कम्प्यूटर आज की जरूरत है? इसका उत्तर है—कम्प्यूटर जीवन की मूलभूत अनिवार्य वस्तु तो नहीं है, किन्तु इसके बिना आज की दुनिया अधूरी जान पड़ती है। सांसारिक गतिविधियों, परिवहन और संचार उपकरणों आदि का ऐसा विस्तार हो गया है कि उन्हें सुचारु रूप से चलाना अत्यंत कठिन होता जा रहा है।

पहले मनुष्य जीवन-भर में अगर सौ लोगों के संपर्क में आता था तो आज वह दो हजार लोगों के संपर्क में आता है। पहले दिन में पाँच-दस लोगों से मिलता था तो आज पचास-सौ लोगों से मिलता है। पहले वह दिन में काम करता था तो आज रातें भी व्यस्त रहती हैं। आज व्यक्ति के संपर्क बढ़ रहे हैं, व्यापार बढ़ रहे हैं, गतिविधियाँ बढ़ रही हैं, आकांक्षाएँ बढ़ रही हैं, साधन बढ़ रहे हैं। इस अनियंत्रित गति को सुव्यवस्था देने की समस्या आज की प्रमुख समस्या है। कहते हैं आवश्यकता आविष्कार की जननी है। इस आवश्यकता ने अपने अनुसार निदान ढूँढ़ लिया है।

कम्प्यूटर एक ऐसी स्वचालित प्रणाली है जो कैसी भी अव्यवस्था को व्यवस्था में बदल सकती है। हड़बड़ी में होने वाली मानवीय भूलों के लिए कम्प्यूटर रामबाण औषधि है। क्रिकेट के मैदान में अंपायर की निर्णायक भूमिका हो या लाखों-करोड़ों की लंबी-लंबी गणनाएँ कम्प्यूटर पलक झपकते ही आपकी समस्या हल कर सकता है। पहले इन कामों को करने वाले कर्मचारी हड़बड़ाकर काम करते थे, एक भूल से घबराकर और अधिक गड़बड़ी करते थे। परिणामस्वरूप काम कम, तनाव अधिक होता था। अब कम्प्यूटर की सहायता से काफी सुविधा हो गई है।

(क) वर्तमान युग कम्प्यूटर का युग क्यों है?

(i) कम्प्यूटर के बिना जीवन की कल्पना असंभव सी हो गयी है

(ii) कम्प्यूटर ने पूरे विश्व के लोगों को जोड़ दिया है

(iii) कम्प्यूटर जीवन की अनिवार्य मूलभूत वस्तु बन गया है

(iv) कम्प्यूटर मानव सभ्यता के सभी अंगों का अभिन्न अवयव बन चुका है

(ख) गद्यांश के अनुसार कम्प्यूटर के महत्व के विषय में कौन-सा विकल्प सही है?

(i) कम्प्यूटर काम के तनाव को समाप्त करने का उपाय है

(ii) कम्प्यूटर कई मानवीय भूलों को निर्णायक रूप से सुधार देता है

(iii) कम्प्यूटर के आने से सारी हड़बड़ाहट दूर हो गई है

(iv) मानव की सारी समस्याओं का हल कम्प्यूटर से संभव है

(ग) गद्यांश के अनुसार किस आवश्यकता ने कम्प्यूटर में अपना निदान ढूँढ़ लिया है?

(i) अनियंत्रित कर्मचारियों को अनुशासित करने की

(ii) अनियंत्रित गति को सुव्यवस्था देने की

(iii) अधिक-से-अधिक लोगों से जुड़ जन-जागरण लाने की
(iv) अधिक-से-अधिक कार्य कभी भी व कहीं भी करने की

(घ) कम्प्यूटर के प्रयोग से पहले अधिक तनाव क्यों होता था?
(i) लंबी-लंबी गणनाएँ करनी पड़ती थीं
(ii) गलतियों के डर से कर्मचारी घबराए रहते थे
(iii) क्रिकेट मैचों में गलत निर्णय का खतरा रहता था
(iv) मानवीय भूलों के कारण बड़ी दुर्घटनाएँ होती थीं

(ङ) कम्प्यूटर के बिना आज की दुनिया अधूरी है क्योंकि—
(i) सारी व्यवस्था, उपकरण और मशीनें कम्प्यूटरीकृत हैं
(ii) कम्प्यूटर ही मानव एकीकरण का आधार है
(iii) कम्प्यूटर ने सारी प्रक्रियाएँ आसान बना दी हैं
(iv) कम्प्यूटर द्वारा मानव सभ्यता अधिक समर्थ हो गयी है

उत्तर— (क) (i) कम्प्यूटर के बिना जीवन की कल्पना असंभव सी हो गयी है।
(ख) (ii) कम्प्यूटर कई मानवीय भूलों को निर्णायक रूप से सुधार देता है।
(ग) (ii) अनियंत्रित गति को सुव्यवस्था देने की।
(घ) (ii) गलतियों के डर से कर्मचारी घबराए रहते थे।
(ङ) (i) सारी व्यवस्था, उपकरण और मशीनें कम्प्यूटरीकृत हैं।

2. जो लोग अपनी असफलताओं के लिए या जीवन में गतिरोध के लिए हालातों को जिम्मेदार ठहराते हैं, वे लोग या तो गलत हैं या हालात से डरते हैं। वे या तो जीवन को समझ नहीं पाए या उलझनों में फँसे हुए हैं। वे या तो आलसी हैं या अकर्मण्य हैं। एक कारण और भी हो सकता है कि उनकी नीयत और नीति में मेल न हो। यह अति आवश्यक है कि नीयत और नीति दोनों एक सूत्र में पिरोई हुई हों अर्थात् मेल खाती हों। ऐसा कदापि संभव नहीं है और नीयत मानसिक इच्छा है, जो खोटी भी हो सकती है और खरी भी। खोटी नीयत वाला व्यक्ति कदापि इस संसार में नहीं टिक सकता और यदि टिकेगा, तो बहुत कम समय के लिए, केवल तब तक, जब तक उसकी नीयत खुलकर सामने नहीं आती क्योंकि नीति की जननी नीयत है और जब जननी में ही दोष है, तो संतान में कोई-न-कोई विकृति अवश्य आ जाएगी। ऐसे में वह मनुष्य गलत नीयत एवं नीति के कारण पतन का भागी होगा। हालातों को असफलता के लिए जिम्मेदार ठहराना ठीक नहीं लगता क्योंकि हालात तो उनके साथ भी वही होते हैं या लगभग वही होते हैं, जो सफलता प्राप्त करते हैं। यदि कोई व्यक्ति अपनी असफलताओं की जिम्मेदारी खुद नहीं ले सकता, तो वह अपनी सफलता की जिम्मेदारी लेने के काबिल नहीं है। जीवन का असली आनंद तो तभी है, जब परिस्थितियाँ विषम हों।

(क) किस तरह के लोगों की नीयत और नीति में मेल नहीं रहता है?
(i) हालात को जिम्मेदार ठहराने वाले लोग (ii) जीवन को न समझने वाले लोग
(iii) अकर्मण्य व आलसी लोग (iv) उक्त सभी

(ख) खोटी नीयत वाला व्यक्ति इस संसार में क्यों नहीं टिक पाता?
(i) गलत नीयत या नीति के कारण (ii) अवगुणों के कारण
(iii) उदारता के कारण (iv) समय अभाव के कारण

(ग) जो लोग जीवन को समझ नहीं पाए वे कौन हैं?
(i) साधु लोग (ii) विद्वान लोग
(iii) अकर्मण्य व आलसी लोग (iv) नादान लोग

(ख) लेखक ने नीति की जननी किसे कहा है?
(i) नीयत को (ii) सोच को
(iii) व्यवहार को (iv) समय को

(ङ) जीवन का असली आनंद कब मिलता है?
(i) खुशियों में (ii) उत्सवों में
(iii) विषम परिस्थितियों में (iv) मित्रों के साथ

उत्तर— (क) (iv) उपरोक्त सभी (ख) (i) गलत नीयत या नीति के कारण
(ग) (iii) अकर्मण्य व आलसी लोग (घ) (iii) नीयत को
(ङ) (iii) विषम परिस्थितियों में

3. कहा जाता है कि कोई भी चीज, बाँटने से बढ़ती है। उसी प्रकार खुशियों को बाँटना भी, खुशी पाने का ही एक सोपान है। जैसे ज्ञान देने से कभी नहीं घटता, वैसे ही खुशियाँ बाँटने से बढ़ती हैं। दूसरों को खुशी देना भी, अपने खुशी के खजाने को बढ़ाने जैसा है, दूसरों को

खुशियाँ कई प्रकार से दी जा सकती हैं—उनकी भावनाओं का आदर कर, सहानुभूति रखकर, मदद करके या फिर उनके सुख-दु:ख में सहभागी बनकर। किसी बूढे व्यक्ति को सड़क पार कराना, बीमारी में सेवा करना, अपनी वस्तुओं को बाँटना, दूसरों के सुख-दु:ख में साथ देना आदि खुशी पाने के उदाहरण हैं। पर यह सच है कि खुशियाँ बाँटने से बढ़ती हैं।

खुशी पाने के लिए जरूरी है सकारात्मक दृष्टिकोण को अपनाना। सकारात्मक दृष्टिकोण का अर्थ है—हर दु:ख, कष्ट, परेशानी में भी कोई अच्छाई ढूँढ़ सकने की क्षमता। यदि हम होने वाली हर घटना का सकारात्मक पक्ष देखने की आदत डाल लें तो हर हाल में खुश रहने का मूलमंत्र हमारी मुट्ठी में आ जाएगा। यह खुशी पाने की पहली सीढ़ी या सोपान है। उदाहरण के लिए, दौड़ में पिछड़ जाने का सकारात्मक पक्ष यह है कि हम और अधिक अभ्यास कर अपनी गति को बढ़ाएँ और यह सोचकर निराश न हों कि हम दौड़ में पिछड़ गए बल्कि हम यह सोचें कि कोई विशेषता हममें भी होगी जिससे हम आगे निकल सकते हैं।

(क) दूसरों को खुशी किस प्रकार दी जाती है?

(i) मदद करके (ii) अनादर कर

(iii) कटुवाणी द्वारा (iv) दु:ख देकर

(ख) सकारात्मक दृष्टिकोण का क्या अर्थ है?

(i) जीवन का नियम (ii) दु:ख में भी खुशी को तलाशना

(iii) मायूस होना (iv) केवल स्वयं के प्रति सोचना

(ग) खुशी पाने का क्या सोपान है?

(i) परेशानियों को देख भागना (ii) भाग्य को कोसना

(iii) परेशानियों का सकारात्मक पक्ष देखना (iv) समय पर छोड़ देना

(घ) दौड़ में पिछड़ जाने का सकारात्मक पक्ष क्या है?

(i) पुन: अभ्यास करना (ii) अपनी कमज़ोरियों को समझना

(iii) हार नहीं मानना (iv) उक्त तीनों

(ङ) गद्यांश का उचित शीर्षक बताइए—

(i) जीवन के प्रति सकारात्मक दृष्टिकोण (ii) जीवन वृत्तांत

(iii) जीवन का रहस्य (iv) जीवन की पहेली

उत्तर— (क) (i) मदद करके (ख) (iv) दु:ख में भी खुशी को तलाशना

(ग) (iii) परेशानियों का सकारात्मक पक्ष देखना (घ) (iv) उक्त तीनों

(ङ) (i) जीवन के प्रति सकारात्मक दृष्टिकोण

4. हमारी एकता सबसे बड़ी शक्ति है। चाहे उत्तर या दक्षिण चाहे जहाँ भी चले जाइए आपको जगह-जगह एक ही संस्कृति के मंदिर, मस्जिद, गुरुद्वारे या चर्च दिखाई देंगे। उत्तर भारत के लोगों का जो स्वभाव है, जीवन को देखने की उनकी जो दृष्टि है, वही स्वभाव और दृष्टि दक्षिण वालों की है। भाषा की दीवार के टूटते ही एक उत्तर भारतीय और एक दक्षिण भारतीय के बीच कोई भेद नहीं रह जाता और वे आपस में एक-दूसरे के बहुत करीब आ जाते हैं। असल में भाषा की दीवार के आर-पार बैठे हुए भी वे एक ही हैं। वे एक धर्म के अनुयायी और संस्कृति की एक ही विरासत के भागीदार हैं, उन्होंने देश की आजादी के लिए एक होकर लड़ाई लड़ी। धार्मिक विश्वास की एकता मनुष्य की सांस्कृतिक एकता को पुष्ट करती है। अनेक सदियों से हिन्दू मुसलमान साथ रहते आए हैं और इस लंबी संगति के फलस्वरूप उनके बीच संस्कृति और तहज़ीब की बहुत सी समान बातें पैदा हो गई हैं, जो उन्हें दिनों-दिन आपस में नज़दीक लाती जा रही हैं। इसलिए तो भारत में सेवा, त्याग और दान का महत्व है।

(क) हमारे मंदिर, मस्जिद, गुरुद्वारे या चर्च किसका प्रमाण हैं?

(i) कट्टरता का (ii) अंधविश्वास का

(iii) रूढ़िवादिता का (iv) एकता का

(ख) एक उत्तर भारतीय और एक दक्षिण भारतीय के बीच कौन सी दीवार है?

(i) अपनों की (ii) चीन की

(iii) अंधविश्वास एवं रूढियों की (iv) भाषा की

(ग) सभी भारतीयों ने एक साथ होकर क्या किया?

(i) पूजा पाठ (ii) देश में आज़ादी लाए

(iii) सबकी भलाई की (iv) धार्मिक अंधविश्वास लाये

(घ) भारत में किसका महत्व अधिक है?

(i) भ्रष्टाचार का (ii) सेवा, त्याग और दान का

(iii) जातिप्रथा का (iv) मानवीयता का

(ङ) उपरोक्त गद्यांश का शीर्षक क्या हो सकता है?

(i) बंधुत्व और सहानुभूति (ii) वैदिक संस्कृति

(iii) इस्लामी संस्कृति (iv) इनमें से कोई नहीं

उत्तर— (क) (iv) एकता का (ख) (iv) भाषा की

(ग) (ii) देश में आजादी लाए (घ) (ii) सेवा, त्याग और दान का

(ङ) (i) बंधुत्व और सहानुभूति

5. किसी के भी जीवन में सफलता का बहुत महत्व है। परिश्रम सफलता की कुंजी है। यह तो सभी जानते हैं। इसका अर्थ यह हुआ कि यदि जीवन में सफलता पाना चाहते हो तो परिश्रम करो। वही व्यक्ति अपने लक्ष्य को प्राप्त करता है; जो मेहनत करता है। भाग्य और परिश्रम गाड़ी के दो पहियों के समान हैं। दोनों जीवन के साथ चलते हैं। जो लोग केवल भाग्य के सहारे चलते हैं उनका काम कभी पूरा नहीं होता। गीता में श्रीकृष्ण ने भी कहा है—कर्म करो और फल ईश्वर पर छोड़ दो। यानि परिश्रम करते रहो और फल ईश्वर पर छोड़ दो। यदि हम परिश्रम न करें तो सामने थाली में पड़ा हुआ खाना भी अपने आप पेट में नहीं जाएगा। केवल भाग्य के भरोसे रहने वाला व्यक्ति आलसी तथा निकम्मा होता है। वह हर बात का दोष केवल किस्मत को देकर हाथ पर हाथ रखकर बैठ जाता है।

प्रश्न— (i) जीवन में सफलता किसे मिलती है?

(ii) गाड़ी के दो पहियों के समान किसे कहा गया है और क्यों?

(iii) भाग्य के भरोसे क्यों नहीं रहना चाहिये?

(iv) गीता का क्या संदेश है?

(v) परिश्रम न करने पर क्या होता है?

(vi) उपर्युक्त गद्यांश का उचित शीर्षक दीजिए।

उत्तर— (i) जीवन में सफलता परिश्रमी व्यक्ति को मिलती है।

(ii) गाड़ी के दो पहियों के समान भाग्य और परिश्रम हैं। दोनों ही जीवन के साथ-साथ चलते हैं। जो लोग केवल भाग्य के सहारे चलते हैं उनका कार्य पूरा नहीं होता। परिश्रम करने पर ही कार्य पूरे होते हैं।

(iii) भाग्य के भरोसे रहने पर हम आलसी और निकम्मे बन जाते हैं। भाग्य के भरोसे रहने पर कार्य पूरा नहीं होता।

(iv) गीता का संदेश है—कर्म करो, फल की चिंता छोड़ दो।

(v) परिश्रम न करने से कार्य पूरा नहीं होगा, हम आलसी व निकम्मे हो जाएँगे एवं असफल रहेंगे।

(vi) गद्यांश का उचित शीर्षक हो सकता है—'परिश्रम सफलता की कुंजी है।'

6. मैं अत्यन्त नम्रता से यह निवेदन करना चाहता हूँ कि मनुष्य को वही होने दें, जो कि होने को वह पैदा हुआ। गुलाब गुलाब है और चमेली चमेली और जूही जूही। कोई और किसी से न छोटा है, न बड़ा है। गुलाब को चमेली नहीं होना है और चमेली को जूही नहीं होना है। यह छोटे-बड़े और ऊँचे-नीचे का मूल्यांकन एकदम झूठा और बेहूदा है। इस मूल्यांकन को नष्ट करें। कवि चमार से बड़ा नहीं है और न राजनेता ही किसी से बड़ा है।

एक अध्यापक राष्ट्रपति होने से बड़ा नहीं हो जाता है। जीवन एक सहयोग है। उसमें सबका अपना-अपना स्थान है और सबकी आवश्यकता है और अनिवार्यता है। कार्यों के साथ पद और प्रतिष्ठा जोड़ने से सारी दुनिया जिस महत्त्वाकांक्षा की विक्षिप्तता में पड़ गई है, क्या यह आपको दिखाई नहीं पड़ रही है?

यह मूर्खतापूर्ण है कि गुलाब को जूही होने का उपदेश दिया जाए या कि घास के फूल को कमल होने के लिए उकसाया जाए। अर्थपूर्ण बात इतनी ही है कि गुलाब पूरा विकसित हो और घास का फूल भी पूरा विकसित हो। उनकी पंखुड़ियाँ अविकसित न रह जाएँ और उनकी सुवास उनमें ही बंद न रह जाए। स्वयं ही सम्भावनाएँ पूरी विकसित हों, इसके अतिरिक्त जीवन का कोई आनंद नहीं है और शिक्षा के कार्य की सम्यक् दिशा यही है।

आदर्श सिखाने की आवश्यकता नहीं है और न ही किसी का अनुसरण सिखाने की जरूरत है। व्यक्ति का निज व्यक्तित्व पूर्णता को कैसे प्राप्त हो, इस ओर ही सारे प्रयास केन्द्रित होने चाहिए।

प्रश्न— (i) लेखक गुलाब, चमेली और जूही के माध्यम से क्या कहना चाहता है?

(ii) जीवन एक सहयोग है—सिद्ध कीजिए।

(iii) महत्वाकांक्षा को विक्षिप्तता क्यों कहा गया है?

(iv) हमारे सारे प्रयास किस ओर केन्द्रित होने चाहिए?

(v) गहराइयाँ, महत्त्वाकांक्षा, के वचन बदलिए।

(vi) इस गद्यांश का उचित शीर्षक क्या होगा?

उत्तर— (i) लेखक गुलाब, चमेली और जूही के माध्यम से यह कहना चाहता है कि मनुष्य को वही होना चाहिए जैसा वह पैदा हुआ है। छोटे-बड़े और ऊँचे-नीचे का मूल्यांकन एकदम झूठा व बेहूदा है।

(ii) जीवन एक सहयोग है—इसका अर्थ यह है कि एक अध्यापक राष्ट्रपति होने से बड़ा नहीं हो जाता है। सबका अपना-अपना स्थान है और सबकी अपनी आवश्यकता और अनिवार्यता है।

(iii) महत्त्वाकांक्षा को विक्षिप्तता इसलिए कहा गया है कि किसी भी कार्य से पद-प्रतिष्ठा जोड़ी जाती है, उसी के अनुसार व्यक्ति की महत्वाकांक्षा बढ़ती जाती है।

(iv) व्यक्ति का निज व्यक्तित्व पूर्णता को कैसे प्राप्त हो, इस ओर ही हमारे सारे प्रयास केन्द्रित होने चाहिए।

(v) गहराइयाँ—गहराई
महत्त्वाकांक्षा—महत्त्वाकांक्षाएँ।

(vi) शीर्षक—जीवन और व्यक्ति का मूल्यांकन।

7. संसार में अमरता ऐसे ही लोगों को मिलती है जो अपने पीछे कुछ आदर्श छोड़ जाते हैं, जिनका स्थायी मूल्य होता है। बहुधा यही देखा गया है कि ऐसे व्यक्ति सम्पन्न परिवार में बहुत कम पैदा होते हैं। अधिकांश ऐसे लोगों का जन्म मध्यम वर्ग के घरों में या गरीब परिवार में ही होता है। इस तरह का पालन-पोषण साधारण परिवार में होता है और वे सादा जीवन बिताने के आदी हो जाते हैं।

मनुष्य में विनय, उदारता, कष्ट-सहिष्णुता, साहस आदि चारित्रिक गुणों का विकास अत्यावश्यक है। इन गुणों का प्रभाव उनके जीवन पर पड़ता है। ये गुण व्यक्ति को अहंकारहीन या सादा-सरल बनाते हैं। सादा जीवन या सादगी का अर्थ है, रहन-सहन, वेशभूषा और आचार-विचारों का एक निर्दिष्ट स्तर। जीवन में सादगी लाने के लिए दो बातें विशेष रूप से अनुकरणीय हैं, प्रथम कठिन-से-कठिन परिस्थितियों में धैर्य को न छोड़ना, द्वितीय अपनी आवश्यकताओं को न्यूनतम बनाना।

सादगी का विचारों से भी घनिष्ठ सम्बन्ध है। सादा जीवन व्यतीत करना चाहिए और अपने विचारों को उच्च रखना चाहिए। व्यक्ति की सच्ची पहचान उसके विचारों और करनी से होती है। मनुष्य के विचार उसके आचरण पर प्रभाव डालते हैं और उसके विवेक को जाग्रत रखते हैं। विवेकशील व्यक्ति ही अपनी आवश्यकताओं को सीमित रखता है, उन्हें अपने ऊपर हावी नहीं होने देता। सादा जीवन व्यतीत करने वाले व्यक्ति को कभी हतप्रभ होकर अपने आत्मसम्मान पर आँच नहीं आने देनी चाहिए। सादगी मनुष्य के चरित्र का अंग है, वह बाहरी चीज़ नहीं है।

महात्मा गाँधी सादा जीवन पसंद करते थे और हाथ के कते और बुने खद्दर के मामूली वस्त्र पहनते थे, किन्तु अपने उच्च विचारों के कारण वे संसार में वंदनीय हो गए।

प्रश्न— (i) महापुरुष प्राय: कैसे परिवार में जन्म लेते हैं? इसका उनके व्यक्तित्व पर क्या प्रभाव पड़ता है?

(ii) जीवन को सरल और सादा बनाने के लिए हमें क्या करना चाहिए?

(iii) रहन-सहन की सादगी का विचारों पर क्या प्रभाव पड़ता है?

(iv) वे कौन-से गुण हैं जो मनुष्य के चरित्र को उच्च व आदर्श बनाते हैं?

(v) सादा जीवन व्यतीत करने वाले व्यक्ति के कौन-कौन से गुण विशेष रूप से लक्षित होते हैं?

(vi) व्यक्ति की सच्ची पहचान कैसे होती है?

उत्तर— (i) महापुरुष प्राय: मध्यवर्गीय या गरीब परिवारों में जन्म लेते हैं। परिणामस्वरूप उनके व्यक्तित्व में सादगी तथा अन्य गुण आ जाते हैं।

(ii) जीवन को सरल और सादा बनाने के लिए हमें कठिन-से-कठिन परिस्थितियों में भी धैर्य नहीं छोड़ना चाहिए। साथ ही हमें अपनी आवश्यकताओं को न्यूनतम बनाए रखना चाहिए।

(iii) रहन-सहन की सादगी का प्रभाव मनुष्य के विचारों पर पड़ता है। सादे लोग उच्च विचार, आदर्श तथा विवेकसम्मत व्यवहार को अपनाते हैं।

(iv) विनय, उदारता, कष्ट-सहिष्णुता, साहस, सादगी, धैर्य आदि ऐसे गुण हैं जो मनुष्य के चरित्र को उच्च और आदर्श बनाते हैं।

(v) सादा जीवन जीने वाले व्यक्ति धैर्य, कष्ट-सहिष्णुता और न्यून-आकांक्षा जैसे गुणों को अपने जीवन में धारण करते हैं।

(vi) व्यक्ति की सच्ची पहचान उसके विचारों और करनी से होती है।

8. मानव जाति को अन्य जीवधारियों से अलग करके महत्व प्रदान करने वाला जो एकमात्र गुरु है, वह है उसकी विचार-शक्ति। मनुष्य के पास बुद्धि है, विवेक है, तर्कशक्ति है अर्थात् उसके पास विचारों की अमूल्य पूँजी है। अपने सुविचारों की नींव पर ही आज मानव ने अपनी श्रेष्ठता की स्थापना की है और मानव-सभ्यता का विशाल महल खड़ा किया है। यही कारण है कि विचारशील मनुष्य के पास जब सुविचारों का अभाव रहता है तो उसका वह शून्य मानव कुविचारों से ग्रस्त होकर एक प्रकार से शैतान के वशीभूत हो जाता है। मानवी बुद्धि जब सद्भावों से प्रेरित होकर कल्याणकारी योजनाओं में प्रवृत्त रहती है तो उसकी सदाशयता का कोई अंत नहीं होता, किन्तु जब वहाँ कुविचार अपना घर बना लेते हैं तो उसकी पाशविक प्रवृत्तियाँ उस पर हावी हो उठती हैं। हिंसा और पापाचार का दानवी साम्राज्य इस बात का द्योतक है कि मानव की विचार-शक्ति, जो उसे पशु बनने से रोकती है, उसका साथ देती है।

(क) मानव जाति को महत्त्व देने में किसका योगदान है।

(i) शारीरिक शक्ति का (ii) परिश्रम का

(iii) विवेक और विचारों का (iv) मानव सभ्यता का

(ख) विचारों की पूँजी में शामिल नहीं है–

(i) उत्साह (ii) विवेक

(iii) तर्क (iv) बुद्धि

(ग) मानव ने जन्म दिया है–

(i) बालक को (ii) मानव सभ्यता को

(iii) प्रकृति को (iv) इनमें से कोई नहीं

(घ) यदि मनुष्य में कुप्रवृत्तियाँ, कुविचारों का जन्म होगा तब मनुष्य की स्थिति होगी–

(i) राजा के समान (ii) सज्जन के समान

(iii) पशु के समान (iv) इनमें से कोई नहीं

(ङ) गद्यांश का उपयुक्त शीर्षक है–

(i) मनुष्य का गुरु (ii) विवेक शक्ति

(iii) दानवी शक्ति (iv) इनमें से कोई नहीं

उत्तर– (क) (iii) विवेक व विचारों का (ख) (i) उत्साह

(ग) (ii) मानव सभ्यता को (घ) (iii) पशु के समान

(ङ) (ii) विवेक शक्ति

अभ्यास प्रश्न

1. खनन के बाद खदानों वाले स्थानों को गहरी खाइयों और मलबे के साथ खुला छोड़ दिया जाता है। खनन के कारण झारखंड, छत्तीसगढ़, मध्य प्रदेश और उड़ीसा जैसे राज्यों में वनोन्मूलन भूमि निम्नीकरण का कारण बना है। गुजरात, राजस्थान, मध्य प्रदेश और महाराष्ट्र में अति पशुचारण भूमि निम्नीकरण का मुख्य कारण है। पंजाब, हरियाणा और पश्चिमी उत्तर प्रदेश जैसे राज्यों में अधिक सिंचाई भूमि निम्नीकरण के लिए उत्तरदायी है। अति सिंचन से उत्पन्न जलाक्रांतता भी भूमि निम्नीकरण का मुख्य कारण है जिससे मृदा में लवणीयता और क्षारीयता बढ़ जाती है। खनिज प्रक्रियाएँ जैसे सीमेंट उद्योग में बहुत अधिक मात्रा में वायुमंडल में धूल विसर्जित होती है। जब इसकी परत भूमि पर जम जाती है तो मृदा की जल सोखने की प्रक्रिया अवरुद्ध हो जाती है। पिछले कुछ वर्षों से देश के विभिन्न भागों में औद्योगिक जल निकास से बाहर जाने वाला अपशिष्ट पदार्थ भूमि और जल प्रदूषण का मुख्य स्रोत है।

भूमि निम्नीकरण की समस्याओं को सुलझाने के कई तरीके हैं। वनारोपण और चरागाहों का उचित प्रबंधन इसमें कुछ हद तक मदद कर सकते हैं। पेड़ों की रक्षक मेखला, पशुचारण नियंत्रण और रेतीले टीलों को काँटिदार झाड़ियाँ लगाकर स्थिर बनाने की प्रक्रिया से भी भूमि कटाव की रोकथाम की जा सकती है। बंजर भूमि के उचित प्रबंधन, खनन नियंत्रण और औद्योगिक जल को परिष्करण के पश्चात् विसर्जित करके जल और भूमि प्रदूषण को कम किया जा सकता है।

(क) भूमि निम्नीकरण के क्या-क्या कारण बताए गए हैं?

(i) खनन, अति पशुचारण (ii) तनों की कटाई

(iii) अधिक सिंचाई (iv) उक्त सभी

(क) राज्यों में वनोन्मूलन के क्या कारण हैं?

(i) जनसंख्या वृद्धि (ii) अति खनन

(iii) सरकारी नीतियाँ (iv) परिवेश

(ग) भूमि निम्नीकरण से बचने के क्या तरीके हैं?

(i) पेड़ों की कटाई (ii) पशुचारण

(iii) वनारोपण व चरागाहों का उचित प्रबंध (iv) जल प्रदूषण

(घ) कौन-कौन से राज्य वनोन्मूलन के लिए उत्तरदायी हैं?

(i) झारखंड, महाराष्ट्र, मध्य प्रदेश (ii) झारखंड, मध्य प्रदेश, छत्तीसगढ़, उड़ीसा

(iii) महाराष्ट्र, मध्य प्रदेश (iv) छत्तीसगढ़, उड़ीसा

(ङ) गद्यांश का उचित शीर्षक बताइए–

(i) भूमि निम्नीकरण की समस्या (ii) पर्यावरण

(iii) जीवन का रहस्य (iv) जीवन की पहेली

2. साधारण तौर पर जब हम साफ रात्रि में आकाश की ओर देखते होंगे तो हमें दूर-दूर तक हजारों तारे टिमटिमाते हुए दिखाई देते होंगे। उन्हें देखकर लगता है कि जैसे किसी ने उन्हें आकाश की काली पृष्ठभूमि पर चिपका रखा है। कई बार हमें आश्चर्य होता कि वे हर रात एक ही जगह कैसे बने रहते हैं, गिर क्यों नहीं जाते? वैज्ञानिक तथ्य तो यह है कि तारे वास्तव में एक जगह स्थिर नहीं रहते हैं। जिस प्रकार पृथ्वी तथा अन्य आठ ग्रह सूर्य के चारों ओर अपने-अपने पथ पर चलते रहते हैं। वे भी उसी प्रकार अपने पथ पर धीरे-धीरे चलते रहते हैं। हमें लगता है कि तारे एक ही जगह स्थिर हैं, क्योंकि हम उन्हें चलते हुए नहीं देख सकते हैं। इसका कारण यह है कि वे हमसे हजारों हजार किलोमीटर दूर हैं। जब वे चलते हुए भी होते हैं तब भी ऐसा लगता है कि वे एक ही जगह हैं। इसके अतिरिक्त एक शक्ति है जिसे हम गुरुत्वाकर्षण शक्ति कहते हैं, जिसके कारण चलते समय भी तारे अपने पथ पर बने रहते हैं। वह उनको एक-दूसरे से टकराने से भी बचाती है।

(क) साफ रात्रि में आकाश में क्या दिखाई देता है?

(i) तारे व ग्रह (ii) केवल तारे
(iii) पक्षी (iv) आकाश गंगा

(ख) इस गद्यांश में किस वैज्ञानिक तथ्य का उल्लेख किया गया है?

(i) परिक्रमा (ii) परिभ्रमण
(iii) दैनिक गति (iv) गुरुत्वाकर्षण शक्ति

(ग) हम तारों को चलते हुए क्यों नहीं देख सकते?

(i) क्योंकि वे हमसे दूर हैं (ii) क्योंकि वे टिमटिमाते हैं
(iii) गुरुत्वाकर्षण शक्ति से वे स्थिर रहते हैं (iv) धार्मिक अंधविश्वास है

(घ) पृथ्वी एवं अन्य ग्रह किसके चारों ओर चक्कर लगाते हैं?

(i) विश्व के (ii) सूर्य के
(iii) चाँद के (iv) धरती के

(ङ) उपरोक्त गद्यांश का क्या शीर्षक हो सकता है?

(i) विज्ञान एक चमत्कार (ii) आकाश के तारे
(iii) तारे और हम (iv) आकाश के वैज्ञानिक तथ्य

3. इंटरनेट दो शब्दों 'इंटर' और 'नेट' से मिलकर बना है। इंटर का अर्थ है 'आपस में' और नेट का अर्थ है 'जाल'। इंटरनेट एक ऐसा अन्तर्राष्ट्रीय नेटवर्क है जिसके द्वारा सूचनाओं, ज्ञान तथा संदेशों का आदान-प्रदान अत्यन्त तीव्रता और सुगमता से हो सकता है। इसके द्वारा आधुनिकतम सूचना व जानकारी कुछ ही क्षणों में देश-विदेश में भेजी जा सकती है।

इंटरनेट का आरम्भ 30 वर्ष पहले अमेरिका के सेना विभाग में हुआ था। इस समय अमेरिका के सेना विभाग को परमाणु युद्ध के भय से, गुप्त वैज्ञानिक सूचनाओं का तुरन्त आदान-प्रदान करने के लिए इंटरनेट जैसी व्यवस्था की आवश्यकता थी। इसके अतिरिक्त चूँकि अमेरिका की सारी अर्थव्यवस्था कम्प्यूटरों के नेटवर्क पर निर्भर थी। उन्हें ये भी भय था कि यदि युद्धकाल में किसी कारण से यह नेटवर्क टूट गया तो उनकी सारी अर्थव्यवस्था चरमरा जाएगी और आर्थिक व प्रशासनिक अव्यवस्था उत्पन्न हो जाएगी। अत: इस आशंका के निवरण के लिए एक ऐसी व्यवस्था को बनाने की जरूरत भी हुई जिसकी सहायता से यदि युद्धकाल में कम्प्यूटर नेटवर्क अव्यवस्थित भी होता तो भी सूचना का तथा गुप्त खबरों का आदान-प्रदान हो सकता था।

प्रश्न— (i) 'इंटरनेट' शब्द का शाब्दिक अर्थ बताएँ।

....

(ii) इंटरनेट का क्या कार्य है?

....

(iii) इंटरनेट कब और कहाँ आरम्भ हुआ था?

....

(iv) इंटरनेट ने अमेरिका में युद्ध काल में क्या किया?

....

(v) अमेरिका में सारी अर्थव्यवस्था किस पर निर्भर थी?

....

(vi) इस गद्यांश का उचित शीर्षक दीजिए।

....

4. सेवा, त्याग तथा दान-धर्म का भारतीय सांस्कृतिक चेतना में अत्यधिक महत्त्व है। भारतीय दर्शन जीव मात्र को ईश्वरीय रूप माना जाता है। आत्मा तथा परमात्मा के विचार ने हमारे जीवन को सहज, सुगम एवं परमार्थकारी बनाया है। सारा विश्व हमारा घर है और हम सभी की भलाई के लिए कामना करें, यही हमारे जीवन का परम लक्ष्य निर्धारित किया गया है। अपने कर्तव्यों का पालन करते हुए, जीवन में शुचिता और गम्भीरता का समावेश कर इसे सुखी बनाने में सहायक हो सकते हैं। हमें चाहिए कि हम अपने अन्त:करण को शुद्ध कर रूढ़ियों, अन्ध-परम्पराओं से पृथक् होकर सेवा-मात्र को अपना मार्ग बनाएँ। किसी दीन-दु:खी को देखकर हमारे हृदय में पीड़ा का अनुभव नहीं होता तो अवश्य ही हमने अपनी महान् संस्कृति और दर्शन से कुछ भी नहीं सीखा है। हमें यह समझना चाहिए कि पीड़ित व्यक्ति भी हमारी तरह हाड़-माँस का जीवित प्राणी है, जिसके भीतर अनुभव करने वाली इन्द्रियाँ हैं। भूख-प्यास सबको लगती है। यदि हमारे सामने कोई व्यक्ति भूखा-प्यासा, वस्त्रविहीन रहता है तो हमारे लिए यह गर्व की बात नहीं कि हम लम्बी-लम्बी मोटरगाड़ियों से धूल उड़ाते चलते हैं। आज भारतीय संस्कृति पर उपभोक्तावादी पाश्चात्य संस्कृति की कालिमा का प्रभाव पड़ता है, जिसके कारण हम 'बन्धुत्व' और 'सहानुभूति' को भूलते जा रहे हैं।

प्रश्न— (i) भारतीय संस्कृति में किस प्रवृत्ति का महत्त्व है और क्यों?

....

(ii) हमारे जीवन का परम लक्ष्य क्या होना चाहिए?

....

(iii) पीड़ित व्यक्ति के लिए हमें कैसा सोचना चाहिए?

....

(iv) हमें जीवन में किन चीजों से पृथक् होना चाहिए?

....

(v) उपभोक्तावादी पर किसका प्रभाव पड़ता है?

....

(vi) उपभोक्तावादी पाश्चात्य संस्कृति के प्रभाव में पड़कर हम क्या भूलते जा रहे हैं?

....

5. गीता के इस उपदेश की लोग प्राय: चर्चा करते हैं कि कर्म करें, फल की इच्छा न करें। यह कहना तो सरल है पर पालन करना उतना सरल नहीं। कर्म के मार्ग पर आनंदपूर्ण चलता हुआ उत्साही मनुष्य यदि अन्तिम फल तक न भी पहुँचे तो भी उसकी दशा कर्म न करने वाले की अपेक्षा अधिकतर अवस्थाओं में अच्छी रहेगी क्योंकि एक तो कर्म करते हुए उसका जो जीवन बीता वह संतोष या आनंद में बीता, उसके उपरांत फल की अप्राप्ति पर भी उसे यह पछतावा न रहा कि मैंने प्रयत्न नहीं किया। फल पहले से कोई बना बनाया पदार्थ नहीं होता। अनुकूल प्रयत्न-कर्म के अनुसार वह विकसित होता है। उदाहरण के लिये कोई प्राणी बीमार है। वह वैद्यों के यहाँ से जब तक औषधि ला-लाकर रोगी को देता जाता है तब तक उसके चित्त में जो संतोष रहता है, प्रत्येक उपचार के साथ जो आनंद का उन्मेष होता रहता है—यह उसे कदापि न प्राप्त होता, यदि वह रोता हुआ बैठा रहता। प्रयत्न की अवस्था में उसके जीवन का जितना अंश संतोष, आशा और उत्साह में बीता, अप्रयत्न की दशा में उतना ही अंश केवल शोक और दु:ख में कटता। इसके अतिरिक्त रोगी के न अच्छे होने की दशा में भी वह आत्म-ग्लानि के उस कठोर दु:ख से बचा रहेगा जो उसे जीवन भर यह सोच-सोचकर होता है कि मैंने पूरा प्रयत्न नहीं किया।

कर्म के आनंद अनुभव करने वालों का नाम कर्मण्य है। धर्म और उदारता के उच्च कर्मों के विधान में ही एक ऐसा दिव्य आनंद भरा रहता है कि कर्ता को वे कर्म ही फलस्वरूप लगते हैं। अत्याचार का दमन और शमन करते हुए कर्म करने से चित्त में जो तुष्टि होती है वही लोकोपकारी कर्मवीर का सच्चा सुख है।

प्रश्न— (i) कर्म करने वाले को किसका और क्यों पछतावा नहीं होता?

....

(ii) घर के बीमार सदस्य का उदाहरण क्यों दिया गया है?

....

(iii) 'कर्मण्य' किसे कहा गया है?

....

(iv) कर्मवीर का सुख किसे माना गया है?

....

(v) यहाँ गीता के किस उपदेश की ओर संकेत किया गया है और क्यों?

....

(vi) अनुकूल और संतोष के विलोम शब्द लिखिए।

....

खण्ड 'ख'

(व्यावहारिक-व्याकरण)

GURUKUL

पदबंध

|1|

जब किसी वाक्य में एक से अधिक पद आपस में मिलकर एक व्याकरणिक इकाई का कार्य करें तब वह पदों का समूह **पदबंध** कहलाता है। ध्यातव्य है कि यह समूह वाक्य या उपवाक्य का रूप नहीं हो सकता है। पदबंध में पदों का आपस में व्याकरण के नियमों के अनुसार सम्बन्धित होना आवश्यक है। इसे निम्न उदाहरण के द्वारा स्पष्ट किया किया जा सकता है—

- परीक्षा में रमेश सर्वोत्तम रहा।
- परीक्षा में मेहनती रमेश सर्वोत्तम रहा।
- परीक्षा में अनुशासन प्रिय और मेहनती रमेश सर्वोत्तम रहा।
- परीक्षा में अनुशासन प्रिय, बुद्धिमान और मेहनती रमेश सर्वोत्तम रहा।
- परीक्षा में अनुशासन प्रिय, बुद्धिमान, अध्ययनशील और मेहनती रमेश सर्वोत्तम रहा।

उपर्युक्त वाक्यों में से पहले वाक्य में 'रमेश' संज्ञा पद है और उसके बाद के सभी वाक्यों में रेखांकित सभी पद 'रमेश' संज्ञा के लिए प्रयुक्त किये जा रहे हैं। इन वाक्यों में 'रमेश' मुख्य या शीर्ष पद है तथा अन्य रेखांकित सभी विशेषण पद आश्रित पद हैं। साथ ही सभी पद समूह आपस में मिलकर एक व्याकरणिक इकाई के रूप में काम कर रहे हैं। अतः सभी रेखांकित इकाई पदबंध हैं। **डॉ. हरदेव बाहरी** ने पदबंध को परिभाषित करते हुए कहा है, "वाक्य के उस भाग को, जिसमें एक से अधिक पद परस्पर सम्बद्ध होकर अर्थ तो देते हैं, परन्तु पूरा अर्थ नहीं देते—उसे पदबंध कहते हैं।" पदबंध के इन उदाहरणों और परिभाषा के आधार पर निम्न तथ्य स्पष्ट होते हैं—

1. पदबंध पदों का समूह होता है।
2. पदबंध वाक्य का अंश होता है।
3. पदबंध में एक से अधिक पद होते हैं।
4. सभी पद आपस में सम्बद्ध होकर वाक्य की एक इकाई बनते हैं।
5. पदबंध पूरा वाक्य नहीं हो सकता है।
6. पदबंध में एक शीर्ष-पद (मुख्य) होता है और बाकी पद उस पर आश्रित होते हैं।
7. पदबंध का वर्गीकरण और नाम शीर्ष-पद के आधार पर किया जाता है।

शीर्ष-पद की पहचान—पदबंध के भेद को जानने के लिए उसके मुख्य या शीर्ष पद की पहचान अति आवश्यक है। इसके लिए सबसे पहले पदबंध के व्याकरिणक महत्त्व को पहचानें कि पदबंध संज्ञा, सर्वनाम, विशेषण, क्रिया या क्रिया-विशेषण का काम कर रहा है। इसकी पहचान के लिए सबसे सुगम तरीका है कि पदबंध की जगह एक पद को रखकर देखें कि वाक्य के अर्थ में कोई परिवर्तन तो नहीं आ रहा है। यदि जिस एक पद के कारण वाक्य के अर्थ की संगति सटीक बैठती है, तो वही पद उस वाक्य का शीर्ष पद है।

जैसे—सालभर चुपचाप शांतभाव से बहने वाली **गंगा** बरसात में गरजने लगती है।

(यहाँ 'गंगा' शब्द को हटा देने से वाक्य के अर्थ में व्यवधान उपस्थित हो सकता है, अतः 'गंगा' इस वाक्य का शीर्ष-पद है।)

पदबंध और उपवाक्य में अंतर—पदबंध के समान उपवाक्य भी पदों का समूह है, लेकिन पदबंध में क्रिया नहीं होती, उपवाक्य में क्रिया रहती है। अर्थात् उपवाक्य में कर्ता और क्रिया की सम्भावना रहती है पर पूर्ण अर्थ की प्रतीति नहीं होती है। जैसे—जैसे ही रमेश आया, वैसे ही वर्षा होने लगी। यहाँ 'जैसे ही रमेश आया' एक उपवाक्य है और इससे वाक्य की विवक्षा पूर्ण नहीं हो रही है।

पदबंध के भेद—पदबंधों का वर्गीकरण और नाम शीर्ष पद के आधार पर किया जाता है। पदबंध का आखिरी पद यदि संज्ञा होगा, तो पूरा पदबंध कहलाएगा। इस प्रकार की स्थिति इसके अन्य भेदों में भी लागू होती है फिर चाहे वह सर्वनाम, संज्ञा कोई भी क्यों न हो। पदबंध के पाँच प्रकार माने जाते हैं। वे इस प्रकार हैं—

1. संज्ञा पदबंध
2. विशेषण पदबंध
3. सर्वनाम पदबंध
4. क्रिया पदबंध
5. क्रिया-विशेषण पदबंध

1. संज्ञा पदबंध—वाक्य में संज्ञा की जगह काम करने वाला पद समूह संज्ञा पदबंध कहलाता है। दूसरे शब्दों में पद-समूह का शीर्ष पद यदि संज्ञा हो और अन्य सभी पद उसी पर आश्रित हों, तो वह 'संज्ञा पदबंध' कहलाता है। जैसे—

(क) भारतीय सीमा की रक्षा करने वाले **सैनिक** महान होते हैं।

(ख) इधर-उधर धीरे-धीरे चलते हुए **बच्चे** अचानक गायब हो गए।

(ग) कक्षा में हिन्दी पढ़ाने वाले **शिक्षक** बहुत ही योग्य हैं।

(घ) चाँदी की नवीन चमचमाती हुई **थाली** देखकर वह प्रसन्न हो गया।

(ङ) कल बाजार में तमाशा देखने वालों की **भीड़** थी।

(च) शरीर से कमजोर और भूख से पीड़ित **मजदूरों** पर हमें दया रखनी चाहिए।

उपर्युक्त वाक्यों में बोल्ड शीर्ष पद संज्ञा हैं। अत: रेखांकित पदों का समूह संज्ञा पदबंध कहा जाएगा।

2. सर्वनाम पदबंध—वाक्य में सर्वनाम की जगह काम करने वाला पद समूह सर्वनाम पदबंध कहलाता है। दूसरे शब्दों में पद समूह का शीर्ष पद यदि सर्वनाम हो और अन्य सभी पद उसी पर आश्रित हों तो वह 'सर्वनाम पदबंध' कहलाता है। जैसे—

(क) पानी में डूबते हुए बच्चों को **उसने** बचा लिया।

(ख) परीक्षा में बैठने वाले छात्रों में से **कुछ** सफल हो गए।

(ग) बात करते-करते अचानक **वह** हँसने लगा।

(घ) जो लड़का चुपचाप बैठा है **वह** अच्छा गाता है।

(ङ) हमेशा मधुर बोलने वाले **तुम** कड़वा क्यों बोल रहे हो?

(च) मनोयोग से रात-दिन अभ्यास करने वाले **हम लोग** अवश्य सफल होंगे।

उपर्युक्त वाक्यों में बोल्ड शीर्ष पद सर्वनाम हैं। अत: रेखांकित पदों का समूह सर्वनाम पदबंध कहा जाएगा।

3. विशेषण पदबंध—वाक्य में विशेषण की जगह काम करने वाला पद समूह विशेषण पदबंध कहलाता है। दूसरे शब्दों में जिस पद समूह का शीर्ष पद विशेषण हो और अन्य सभी पद उसी पर आश्रित हों, तो वह 'विशेषण पदबंध' कहलाता है। जैसे—

(क) वह अध्ययनशील और **परिश्रमी** छात्र है।

(ख) शहर का सबसे ऊँचा और **नया** मकान शर्मा जी का है।

(ग) फटे पुराने कपड़ों में **रहने वाला** आदमी सेवक है।

(घ) गर्मी में शीतल और धीरे-**धीरे चलने वाली** हवा सबको सुख देती है।

(ङ) नीले रंग वाली **बड़ी-सी** गाड़ी रमेश की है।

(च) सदाचारी, वीर, साहसी और **दयालु** राजा ही दान देते हैं।

उपर्युक्त वाक्यों में बोल्ड शीर्ष पद विशेषण हैं। अत: रेखांकित पदों का समूह विशेषण पदबंध कहा जाएगा।

महत्त्वपूर्ण—विशेषण पदबंध संज्ञा पदबंध का ही हिस्सा होता है। संज्ञा पदबंध से शीर्ष पद को हटाकर जो शेष बचता है वह विशेषण पदबंध होता है। वाक्य में कभी-कभी बिना संज्ञा पदबंध के ही विशेषण पदबंध का प्रयोग हो सकता है। उदाहरण—रात-दिन अभ्यास करने वाले ही प्रतियोगिता में सफल होते हैं। यहाँ संज्ञा या सर्वनाम का प्रयोग नहीं है यथापित रेखांकित पदों का समूह विशेषण पदबंध है।

4. क्रिया पदबंध—वाक्य में क्रिया की जगह काम करने वाला पद समूह क्रिया पदबंध कहलाता है। दूसरे शब्दों में पद समूह का शीर्ष पद यदि क्रिया हो और सभी पद उसी पर आश्रित हों, तो वह 'क्रिया पदबंध' कहलाता है। जैसे—

(क) बच्चे पढ़ते-पढ़ते **सो गए**।

(ख) राधिका मन से पढ़ाई **कर रही** है।

(ग) गाड़ियाँ धीरे-धीरे चलती हुई हिचकोले **खा रही थीं**।

(घ) माताजी खाना पकाती हुई बच्चों को **डाँट रही** थी।

(ङ) रमेश ने चिल्लाकर जोर से **बोला**।

(च) मेरे अध्यापक बहुत ही स्नेह से **पढ़ाते हैं**।

महत्त्वपूर्ण—हिन्दी भाषा के वाक्यों में क्रिया का स्थान अंत में होता है। अत: क्रिया पदबंध भी वाक्य के अंत में प्रयुक्त होते हैं। साथ ही सहायक क्रिया और संयुक्त क्रिया मिलकर पदबंध का रूप लेती है।

5. क्रिया-विशेषण पदबंध—वाक्य में क्रिया-विशेषण की जगह काम करने वाला पद समूह क्रिया-विशेषण पदबंध कहलाता है। दूसरे शब्दों में पद समूह का शीर्ष पद यदि क्रिया-विशेषण हो और अन्य सभी पद उसी पर आश्रित हों, तो वह 'क्रिया-विशेषण पदबंध' कहलाता है। जैसे—

(क) मेरा मित्र सबसे **ऊपर वाले** कमरे में रहता है।

(ख) सोहन तेजी से **दौड़ता हुआ** चला गया।

(ग) रीता ऊँचा **गाते-गाते** थक गई थी।

(घ) रमेश धीरे-धीरे **चलता हुआ** पहुँच गया।

(ङ) बहुत अधिक मेहनत **करते-करते** थक चुका था।

(च) तुम दोनों सुबह-शाम **रात-दिन** पढ़ते ही रहते हो।

महत्त्वपूर्ण—क्रिया-विशेषण पदबंध में अधिकतर अव्यय शब्दों का प्रयोग होता है। कभी-कभी पूर्वकालिक क्रिया के प्रयोग द्वारा भी क्रिया-विशेषण पदबंध की रचना होती है।

अभ्यास कार्य

प्रश्न 1. पदबंध किसे कहते हैं?

उत्तर—पदों के समूह को पदबंध कहते हैं। पदबंध वाक्य में व्याकरणिक इकाई का काम करते हैं। हिन्दी व्याकरण में पदबंध एक नई संकल्पना है। जैसे—

सुबह-सुबह मीठा दूध देने वाला **ग्वाला** आज नहीं आया है।

प्रश्न 2. पद और पदबंध में अंतर बताइए।

उत्तर—शब्द व्याकरणिक नियमों के अनुसार वाक्य में प्रयुक्त हो जाते हैं, तब वे पद बन जाते हैं और पदों के समूह को पदबंध कहते हैं। पदबंध भी वाक्य में एक व्याकरणिक इकाई का काम करते हैं। जैसे—बच्चे खेलते हैं। इस वाक्य में रेखांकित शब्द पद है।

बहुत सारे बच्चे खेल रहे हैं। इस वाक्य में रेखांकित पद समूह पदबंध है।

प्रश्न 3. उपवाक्य और पदबंध में अंतर बताइए।

उत्तर—उपवाक्य में पदबंध की तरह पदों का समूह है, लेकिन इससे केवल आंशिक भाव प्रकट होता है, पूरा नहीं। पदबंध में क्रिया नहीं होती, उपवाक्य में क्रिया रहती है। जैसे—जैसे ही धूप निकली, बच्चे बाहर आ गए। यहाँ 'जैसे ही धूप निकली' एक उपवाक्य है, जिससे पूर्ण अर्थ नहीं निकल पा रहा है।

प्रश्न 4. पदबंध के प्रमुख भेद कितने हैं?

उत्तर—पदबंध के पाँच भेद माने जाते हैं। वे इस प्रकार हैं—1. संज्ञा पदबंध, 2. विशेषण पदबंध, 3. सर्वनाम पदबंध, 4. क्रिया पदबंध और 5. क्रिया-विशेषण पदबंध।

प्रश्न 5. वह कौन-सा पदबंध है जिसके अभाव में भी वाक्य का अर्थ निष्पन्न हो सकता है?

उत्तर—क्रिया-विशेषण पदबंध के अभाव में भी वाक्य का अर्थ पूरी तरह से निष्पन्न हो सकता है। जैसे—1. बच्चा धीरे-धीरे मुस्कुराता हुआ खेल रहा था। 2. बच्चा खेल रहा था। प्रथम वाक्य में रेखांकित पदों का समूह पदबंध है। इसके अभाव में भी दूसरे वाक्य में अर्थ निष्पन्न हो रहा है।

प्रश्न 6. निम्नलिखित वाक्यों में से रेखांकित पदबंधों के नाम लिखिए—

(क) अनेक भारी-भरकम हाथी भी उस पेड़ को उखाड़ न सके।

(ख) राम बहुत विशाल और शांत पर्वत के समीप गया।

(ग) हमेशा इधर-उधर की बात करने वाले तुम आज काम की बात कर रहे हो।

(घ) नीले आसमान में बहुत ऊँचे पर उड़ता पक्षी धड़ाम से धरती पर आ गिरा।

उत्तर—(क) संज्ञा पदबंध, (ख) विशेषण पदबंध, (ग) सर्वनाम पदबंध, (घ) क्रिया-विशेषण पदबंध।

प्रश्न 7. निम्नलिखित वाक्यों में से पदबंध को रेखांकित कर नाम लिखिए—

(क) तेज चलने वाले जानवर प्रायः जल्दी थकते हैं।

(ख) उस मंदिर के कोने में बैठा हुआ साधु बीमार है।

(ग) भारतीय खिलाड़ी बहुत ही साहसी, फुर्तीले और अनुशासित हैं।

(घ) माता-पिता के स्नेह भरे आश्रय में हमें बहुत सुख मिला।

उत्तर—(क) तेज चलने वाले जानवर प्रायः जल्दी थकते हैं। (संज्ञा पदबंध)

(ख) उस मंदिर के कोने में बैठा हुआ साधु बीमार है। (विशेषण पदबंध)

(ग) भारतीय खिलाड़ी बहुत ही साहसी, फुर्तीले और अनुशासित हैं। (विशेषण पदबंध)

(घ) माता-पिता के स्नेह भरे आश्रय में हमें बहुत सुख मिला। (संज्ञा पदबंध)

प्रश्न 8. रेखांकित पदबंध के नाम का सही विकल्प चुनिए—

(क) एक छोटा-सा प्यारा बच्चा घर जा रहा था।

(i) विशेषण पदबंध (ii) संज्ञा पदबंध
(iii) सर्वनाम पदबंध (iv) क्रिया-विशेषण पदबंध

(ख) तुम सब गीत गाते हुए चले जा रहे थे।

(i) संज्ञा पदबंध (ii) क्रिया पदबंध
(iii) विशेषण पदबंध (iv) सर्वनाम पदबंध

(ग) मंदिर के बाहर खड़ा वह कब से तुम्हारी प्रतीक्षा कर रहा था।

(i) क्रिया पदबंध (ii) सर्वनाम पदबंध
(iii) क्रिया-विशेषण पदबंध (iv) संज्ञा पदबंध

(घ) बड़ों के सामने जोर-जोर से हँसना उचित नहीं होता है।

(i) विशेषण पदबंध (ii) क्रिया-विशेषण पदबंध
(iii) संज्ञा पदबंध (iv) सर्वनाम पदबंध

(ङ) 'तताँरा बहुत बलशाली भी था'—रेखांकित में **पद है—**

(i) संज्ञा पद (ii) सर्वनाम पद
(iii) विशेषण पद (iv) क्रिया पद

(च) 'वे माँ से कहानी सुनते रहते हैं'—**वाक्य में** क्रिया-पदबंध है—

(i) वे माँ से (ii) माँ से कहानी
(iii) सुनते रहते हैं (iv) कहानी सुनते

(छ) बँगले के पीछे लगा पेड़ गिर गया—वाक्य में रेखांकित **पदबंध है—**

(i) संज्ञा पदबंध (ii) क्रिया पदबंध
(iii) विशेषण पदबंध (iv) क्रिया-विशेषण पदबंध

(ज) वाक्य .... से बनता है—

(i) स्वर (ii) व्यंजन
(iii) शब्द (iv) पद

(झ) मैं तेजी से दौड़ता हुआ घर पहुँचा—**रेखांकित में कौन-सा पदबंध है?**

(i) क्रिया-विशेषण पदबंध (ii) विशेषण पदबंध
(iii) संज्ञा पदबंध (iv) क्रिया पदबंध

उत्तर—(क) (ii) संज्ञा पदबंध, (ख) (ii) क्रिया पदबंध, (ग) (ii) सर्वनाम पदबंध, (घ) (ii) क्रिया विशेषण पदबंध, (ङ) (iii) विशेषण पद, (च) (iii) सुनते रहते हैं, (छ) (iii) विशेषण पदबंध, (ज) (iv) पद, (झ) (i) क्रिया-विशेषण पदबंध।

❑❑

रचना के आधार पर वाक्य रूपांतर

2

भावों एवं विचारों को पूर्ण रूप से व्यक्त करने वाले सार्थक शब्द समूह को 'वाक्य' कहते हैं। जैसे—ममता कल आएगी।

वाक्य के अंग

(i) उद्देश्य (Subject)

(ii) विधेय (Predicate)

उदाहरण—

ममता	कल आएगी
उद्देश्य	विधेय

रचना के आधार पर वाक्य के तीन भेद

सरल या साधारण वाक्य (Simple Sentence)

इसमें एक ही मुख्य क्रिया एवं कर्ता होता है।

↓

इसमें एक ही उद्देश्य एवं विधेय होता है।

↓

- इसमें कर्ता एवं क्रिया के अलावा विशेषण, क्रिया-विशेषण, कारक भी हो सकते हैं।

↓

जैसे—

(i) मनोज स्कूल आया।

(ii) अश्मित पढ़ती है।

(iii) नीरज ने पुस्तकें लिखीं।

(iv) कुत्ता भौंकता है।

- कभी-कभी वाक्य में दो उद्देश्य एवं दो विधेय भी होते हैं।

जैसे—

(i) लता और आशा गाती हैं।

(ii) अश्मित एवं नीरज बाज़ार गए।

(iii) साहिबा और साहिब खेल रहे हैं।

(iv) राहुल और सचिन ने मैच जीता।

(v) धोनी और विराट ने अच्छा प्रदर्शन किया।

संयुक्त वाक्य (Compound Sentence)

इसमें दो या दो से अधिक वाक्य समुच्चयबोधक अव्यय (किन्तु, परन्तु, और आदि) शब्दों द्वारा जुड़े हुए हैं।

↓

जैसे—

(i) राजा तबला बजा रहा है और रितु नाच रही है।

(ii) गौरी कविता सुना रही है और बिन्दु सुन रही है।

(iii) कुसुम विद्यालय नहीं गई क्योंकि उसे ज्वर था।

(iv) राजीव मेले में नहीं गया इसलिए हम से नहीं मिला।

* वाक्यों को योजक शब्दों जैसे—परन्तु, किन्तु, पर, लेकिन, तथा, फिर, या, मगर आदि से जोड़कर संयुक्त वाक्य बनते हैं।

मिश्रित वाक्य (Complex Sentence)

इसमें एक मुख्य उपवाक्य होता है और बाकी आश्रित उपवाक्य होते हैं।

↓

इसमें भी योजक शब्दों का प्रयोग किया जाता है।

जैसे—कि, हालाँकि, क्योंकि, जैसे ही, वैसे ही त्योंही, आदि।

↓

जैसे—

(i) नीरज ने कहा कि अश्मित पढ़ाई करेगी।

(ii) साहेब को उपहार मिले क्योंकि उनका जन्मदिन था।

(iii) अध्यापक ने प्रश्न पूछा कि हम कहाँ रहते हैं?

(iv) वर्षा हो रही है इसलिए मैं नहीं गया।

(v) जो ईमानदार होते हैं, वे सफल होते हैं।

रचना के आधार पर वाक्य-भेद के उदाहरण—

1. मोनी स्कूल से नहीं आई। (सरल वाक्य)
2. एकता पढ़ती है। (सरल वाक्य)
3. पक्षी चहचहाने लगे। (सरल वाक्य)
4. हिमांशी ने पुस्तकें खरीदीं। (सरल वाक्य)
5. पारुल और एकता एक साथ आईं। (सरल वाक्य)
6. प्रदीप सितार बजा रहा है और महेश तबला बजा रहा है। (संयुक्त वाक्य)
7. कशिश विद्यालय आई पर वह बीमार थी। (संयुक्त वाक्य)
8. मैं लेट हो गया इसलिए ट्रेन छूट गई। (संयुक्त वाक्य)
9. रीना मेहनती है इसलिए वह सफल हुई। (संयुक्त वाक्य)
10. जयपाल घर आया और कपड़े बदले। (संयुक्त वाक्य)
11. अनीता ने खाना खाया और दिनेश ने कपड़े धोए। (संयुक्त वाक्य)
12. मैंने उसे काफी समझाया पर वह नहीं समझा। (संयुक्त वाक्य)
13. ईश्वर एक है और वह सबसे प्रेम करता है। (संयुक्त वाक्य)
14. पिता चाहते हैं कि उनका पुत्र डॉक्टर बने। (मिश्रित वाक्य)
15. मुकेश ने कहा कि तुम अभी नहीं जाओगे। (मिश्रित वाक्य)
16. नेताजी ने कहा कि तुम मुझे खून दो मैं तुम्हें आजादी दूँगा। (मिश्रित वाक्य)
17. मास्टर जी ने कहा कि शांत रहो। (मिश्रित वाक्य)
18. जैसे ही लोग निकले, वैसे ही वर्षा होने लगी। (मिश्रित वाक्य)
19. अब मुझे नौकरी मिले तो चैन आए। (मिश्रित वाक्य)
20. नीरज व्याकुल है क्योंकि वह दोषी थी। (मिश्रित वाक्य)

वाक्य परिवर्तन

1. सरल वाक्य से संयुक्त वाक्य बनाना—

सरल वाक्य	संयुक्त वाक्य
(i) मनीष पुस्तकें खरीदने बाज़ार गया है।	(i) मनीष बाज़ार गया और उसने पुस्तकें खरीदीं।
(ii) सूर्योदय होते ही चारों ओर उजाला फैल गया।	(ii) सूर्योदय हुआ और चारों ओर उजाला फैल गया।
(iii) कामिनी के हाथ से गिलास गिरकर टूट गया।	(iii) कामिनी के हाथ से गिलास गिरा और टूट गया।
(iv) मेरे बुलाने पर भी वह नहीं आई।	(iv) मैंने उसे बुलाया पर वह नहीं आई।
(v) मैं घर आकर सो गया।	(v) मैं घर आया और सो गया।
(vi) खराब ट्यूबलाइट जल न सकी।	(vi) ट्यूबलाइट जल न सकी क्योंकि खराब थी।
(vii) वह दिल्ली या कोलकाता गया है।	(vii) वह दिल्ली गया है या कोलकाता।
(viii) भीड़भाड़ के कारण मैं नहीं आया।	(viii) मैं नहीं आया क्योंकि भीड़भाड़ थी।

2. सरल वाक्य से मिश्रित वाक्य बनाना—

सरल वाक्य	मिश्रित वाक्य
(i) एक छोटे से गाँव के चारों ओर जंगल था।	(i) एक छोटा-सा गाँव था जिसके चारों ओर जंगल था।
(ii) उसने चुप रहने के लिए कहा।	(ii) उसने कहा कि चुप हो जाओ।
(iii) वह घर पहुँचते ही बीमार हो गया।	(iii) जैसे ही वह घर पहुँचा, बीमार हो गया।
(iv) छुट्टियों में हम शिमला जाएँगे।	(iv) जब छुट्टियाँ होंगी, तो हम शिमला जाएंगे।
(v) मैंने एक अंधे व्यक्ति को साइकिल चलाते देखा।	(v) मैंने एक अंधे व्यक्ति को देखा जो साइकिल चला रहा था।
(vi) शाम को कमला मौसी आएगी।	(vi) जब शाम होगी तब कमला मौसी आएगी।
(vii) नाचने वाला पुरस्कार पाएगा।	(vii) जो नाचेगा वह पुरस्कार पाएगा।
(viii) ईमानदार व्यक्ति सफल होंगे।	(viii) जो व्यक्ति ईमानदार होते हैं वे सफल होते हैं।

3. संयुक्त वाक्य से मिश्रित वाक्य बनाना—

संयुक्त वाक्य	मिश्रित वाक्य
(i) धन्नो ने अपनी कथा सुनाई और सुनयना रो पड़ी।	(i) धन्नो ने अपनी ऐसी कथा सुनाई कि सुनयना रो पड़ी।
(ii) तनावहीन रहो और रोगों से मुक्ति पाओ।	(ii) यदि तनावहीन रहोगे तो रोगों से मुक्ति पाओगे।
(iii) बालकृष्ण सुखी है क्योंकि सत्य बोलता है।	(iii) बालकृष्ण इसलिए सुखी है क्योंकि सत्य बोलता है।
(iv) मोदी जी ने भाषण दिया और लोगों ने तालियाँ बजाईं।	(iv) जैसे ही मोदी जी ने भाषण दिया, लोगों ने तालियाँ बजाईं।
(v) मेहमान आ गए और केक काटा गया।	(v) जब मेहमान आ गए तो केक काटा गया।
(vi) कविता आई और ऐश्वर्या चली गई।	(vi) जैसे ही कविता आई ऐश्वर्या चली गई।
(vii) सौम्या ने चुटकुला सुनाया और सभी हँसने लगे।	(vii) सौम्या ने इतना मजेदार चुटकुला सुनाया कि सभी हँसने लगे।
(viii) मैंने बहुत कोशिश की, किन्तु असफल रहा।	(viii) मैंने कोशिश तो बहुत की, किन्तु असफल रहा।

अभ्यास प्रश्न

I. (क) निम्नलिखित वाक्यों में से मिश्र वाक्य छाँटकर लिखिए—

(i) एक छोटा सा गाँव था जिसके चारों ओर जंगल था। (ii) गाँव के चारों ओर जंगल था।
(iii) एक छोटे से गाँव के चारों ओर जंगल था। (iv) उपर्युक्त में से कोई भी नहीं

(ख) सूर्योदय होते ही चारों ओर उजाला फैल गया। (संयुक्त वाक्य में बदलिए)

(i) सूर्योदय हुआ, उजाला हो गया। (ii) सूर्योदय हुआ और चारों ओर उजाला फैल गया।
(iii) सूर्योदय से उजाला फैल गया। (iv) उजाला हुआ सूर्योदय हो गया।

(ग) निम्नलिखित वाक्यों में से सरल वाक्य छाँटकर लिखिए—

(i) जो ईमानदार व्यक्ति होते हैं वे सफल होते हैं। (ii) ईमानदार व्यक्ति सफल होंगें।
(iii) वे ईमानदार और सफल व्यक्ति हैं। (iv) सफल व्यक्ति ईमानदार हैं।

(घ) राधा ने अपनी कथा सुनाई और सुनयना रो पड़ी। (मिश्रित वाक्य में बदलिए)

(i) राधा ने कथा सुनाकर सुनयना को रूला दिया (ii) राधा ने अपनी ऐसी कथा सुनाई कि सुनयना रो पड़ी
(iii) सुनयना, धन्नो की कथा सुनकर रो पड़ी (iv) उपर्युक्त में से कोई नहीं

(ङ) सुनैना ने हँसने वाला चुटकुला सुनाया सभी हँस पड़े। (संयुक्त वाक्य में बदलिए)

(i) सुनैना ने चुटकुला सुनाया और सभी हँसने लगे।
(ii) सुनैना ने इतना मजेदार चुटकुला सुनाया कि सभी हँसने लगे।
(iii) सुनैना ने हँसने वाला चुटकुला सुनाया।
(iv) सुनैना ने मजेदार चुटकुला सुनाया।

II. निम्नलिखित वाक्यों को निर्देशानुसार परिवर्तित कीजिए—

1. यह वही व्यक्ति है, जिसने चोरी की थी। (सरल वाक्य)
2. जैसे ही एक बजा, चपरासी ने घंटी बजा दी। (संयुक्त वाक्य)
3. पिताजी बाजार से आकर सो गए। (मिश्र वाक्य)
4. हम मंडप में गए और साथ-साथ फेरे लिए। (सरल वाक्य)
5. तुम अभी आए और अभी चल दिए। (मिश्र वाक्य)
6. वर्षा रुकते ही बादल छँट गए। (संयुक्त वाक्य)
7. परिश्रम करने वाले सदैव सफल होते हैं। (मिश्र वाक्य)
8. जैसे ही बादल घिरे, बिजली चमकने लगी। (संयुक्त वाक्य)
9. जैसे ही मजदूर ने खाना खाया, सो गया। (सरल वाक्य)
10. टॉस होते ही खेल शुरू हो गया। (संयुक्त वाक्य)
11. नीरज ने एक पुस्तक माँगी और वह उसे मिल गई। (मिश्र वाक्य)
12. यदि वह तेज दौड़ता तो गाड़ी मिल जाती। (संयुक्त वाक्य)
13. मोनुमेंट के नीचे झण्डा फहराने के बाद स्वतन्त्रता की प्रतिज्ञा पढ़ी जाएगी। (संयुक्त वाक्य)

14. मैं इतना थक गया था कि चल भी नहीं पा रहा था। (सरल वाक्य)
15. अविनाश बाबू के झण्डा फहराते समय उन्हें गिरफ्तार कर लिया गया। (मिश्र वाक्य)
16. आप जो कुछ कह रहे हैं वह बिल्कुल सच है। (सरल वाक्य)
17. कहा जाना चाहिए कि यह सभा एक ओपन चैलेंज थी। (संयुक्त वाक्य)
18. पकड़े गए आदमियों की संख्या का पता नहीं चला। (मिश्र वाक्य)
19. जो एक नौकर रख लिया है, वही बनाता-खिलाता है। (संयुक्त वाक्य)
20. जो रुपए दादा भेजते हैं, उसे हम बीस-बाईस तक खर्च कर डालते हैं। (सरल वाक्य)
21. मेरे बीमार होने पर तुम्हारे हाथ-पाँव फूल जाएँगे। (मिश्र वाक्य)
22. कई बार मुझे डाँटने का अवसर मिलने पर भी बड़े भाई साहब चुप रहे। (संयुक्त वाक्य)
23. कई सालों से बड़े-बड़े बिल्डर समुद्र को पीछे धकेल उसकी जमीन हथियार रहे थे। (मिश्र वाक्य)
24. आपने जो कहा, मैंने सुन लिया। (सरल वाक्य)
25. निकोबार द्वीप के विभक्त होने की एक लोककथा आज भी दोहराई जाती है। (मिश्र वाक्य)
26. समुद्र से चलकर ठण्डी बयार तताँरा को छू रही थी। (संयुक्त वाक्य)
27. गायन इतना प्रभावी था कि वह अपनी सुध-बुध खोने लगा। (सरल वाक्य)
28. लड़कों का एक झुंड पतंग के पीछे-पीछे दौड़ा चला जा रहा था। (मिश्र वाक्य)
29. भाई साहब ने उछलकर पतंग की डोर पकड़ ली। (संयुक्त वाक्य)
30. ऐसी सभा पहले नहीं की गई थी, जिसमें खुला चैलेंज दिया गया हो। (सरल वाक्य)

III. रचना की दृष्टि से निम्नलिखित वाक्यों का भेद-निर्धारण कीजिए–

1. 'बच्चे आए हैं और खेल रहे हैं।'–वाक्य-रचना की दृष्टि से है–
   (i) मिश्र वाक्य (ii) सरल वाक्य
   (iii) संयुक्त वाक्य (iv) सामान्य वाक्य
2. शिक्षक के सामने छात्र शांत रहते हैं।
3. नीरज ने कहा कि मुझे जल्दी भोजन करना है।
4. मजदूर मेहनत करता है, लेकिन उसका लाभ उसे नहीं मिलता।
5. जब तक अश्मित घर पहुँची तब तक उसके पिता जा चुके थे।
6. मैंने एक बहुत बीमार आदमी देखा।
7. उसने कहा कि मैं निर्दोष हूँ।
8. तोता पिंजरे में दाल खा रहा है।
9. ज्यों ही परीक्षक ने प्रश्न-पत्र बाँटे, त्यों ही परीक्षार्थी उत्तर लिखने लगे।
10. रोशनी कम थी इसलिए विद्यार्थी ने आँखें गँवा दी।
11. मुझे एक ड्राइवर मिला, जो मुच्छड़ था।
12. उसे पुस्तकें खरीदनी थीं इसलिए वह बाजार गया।
13. वह बाजार गया और संतरे लाया।
14. सड़क पार करता हुआ एक आदमी बस से टकराकर मर गया।
15. सवेरा होता है और चराचर जगत जाग जाता है।
16. जब बादल गरज रहे थे, तब तेज वर्षा होने लगी।

अभ्यास प्रश्नों के उत्तर

I. (क) (i) एक छोटा सा गाँव था जिसके चारों ओर जंगल था।
(ख) (ii) सूर्योदय हुआ और चारों ओर उजाला फैल गया।
(ग) (ii) ईमानदार व्यक्ति सफल होंगे।
(घ) (ii) राधा ने अपनी ऐसी कथा सुनाई कि सुनयना रो पड़ी।
(ङ) (ii) सुनैना ने इतना मजेदार चुटकुला सुनाया कि सभी हँसने लगे।

II. 1. **सरल वाक्य**—इसी व्यक्ति ने चोरी की।
2. **संयुक्त वाक्य**—एक बजा और चपरासी ने घंटी बजा दी।
3. **मिश्र वाक्य**—जैसे ही पिताजी बाज़ार से आए, सो गए।
4. **सरल वाक्य**—मंडप में जाकर हमने साथ-साथ फेरे लिए।
5. **मिश्र वाक्य**—जैसे ही तुम आए, वैसे ही चल दिए।
6. **संयुक्त वाक्य**—वर्षा रुकी और बादल छँट गए।
7. **मिश्र वाक्य**—जो परिश्रम करते हैं, सदैव सफल होते हैं।
8. **संयुक्त वाक्य**—बादल घिरे और बिजली चमकने लगी।
9. **सरल वाक्य**—मजदूर खाना खाकर सो गया।
10. **संयुक्त वाक्य**—टॉस हुआ और खेल शुरू हो गया।
11. **मिश्र वाक्य**—नीरज ने जो पुस्तक माँगी थी, वह उसे मिल गई।
12. **संयुक्त वाक्य**—वह तेज दौड़ता तो गाड़ी मिल जाती।
13. **संयुक्त वाक्य**—मोनुमेंट के नीचे झण्डा फहराया जाएगा और स्वतन्त्रता की प्रतिज्ञा पढ़ी जाएगी।
14. **सरल वाक्य**—थकावट से मैं चल भी नहीं पा रहा था।
15. **मिश्र वाक्य**—जैसे ही अविनाश बाबू ने झण्डा फहराया वैसे ही उन्हें गिरफ्तार कर लिया गया।
16. **सरल वाक्य**—आप बिल्कुल सच कहते हैं।
17. **संयुक्त वाक्य**—यह एक सभा थी और इसे ओपन चैलेंज कहा जाना चाहिए था।
18. **मिश्र वाक्य**—जिन आदमियों को पकड़ा गया उनकी संख्या का पता नहीं चला।
19. **संयुक्त वाक्य**—उसने एक नौकर रख लिया है और वही बनाता-खिलाता है।
20. **सरल वाक्य**—दादा के द्वारा भेजे गए रुपये हम बीस-बाईस तक खर्च कर डालते हैं।
21. **मिश्र वाक्य**—जैसे ही मैं बीमार होऊँगा तुम्हारे हाथ-पैर फूल जाएँगे।
22. **संयुक्त वाक्य**—कई बार मुझे डाँटने का अवसर मिला परन्तु बड़े भाई साहब चुप रहे।
23. **मिश्र वाक्य**—जब बड़े-बड़े बिल्डर समुद्र की जमीन को हथिया रहे थे तब समुद्र पीछे होता जा रहा था।
24. **सरल वाक्य**—आपने जो कहा मैंने सुना।
25. **मिश्र वाक्य**—निकोबार द्वीप जो विभक्त हुआ था की लोककथा आज भी दोहराई जाती है।
26. **संयुक्त वाक्य**—समुद्र से चलकर ठण्डी बयार आई और तताँरा को छूने लगी।
27. **सरल वाक्य**—वह प्रभावी गायन द्वारा अपनी सुध-बुध खोने लगा।
28. **मिश्र वाक्य**—लड़कों का एक झुंड था जो पतंग के पीछे-पीछे दौड़ा चला आ रहा था।
29. **संयुक्त वाक्य**—भाई साहब उछले और पतंग की डोर पकड़ ली।

III. 1. संयुक्त वाक्य
2. सरल वाक्य
3. मिश्र वाक्य
4. संयुक्त वाक्य
5. मिश्र वाक्य
6. सरल वाक्य
7. मिश्र वाक्य
8. सरल वाक्य
9. मिश्र वाक्य
10. संयुक्त वाक्य
11. मिश्र वाक्य
12. संयुक्त वाक्य
13. संयुक्त आश्रित
14. सरल वाक्य
15. संयुक्त वाक्य
16. मिश्र वाक्य

समास

|3|

परिभाषा—जब दो या दो से अधिक शब्दों को मिलाकर एक नया शब्द बनता है, तो शब्द निर्माण की इस विधि को समास कहते हैं। समास-प्रक्रिया से बने नये शब्द को समस्त पद कहते हैं। सामासिक शब्द में प्राय: दो पद होते हैं। पहले पद को पूर्व पद तथा दूसरे पद को उत्तर पद कहते हैं। समस्त पद के दोनों पदों को अलग-अलग करने की प्रक्रिया को समास-विग्रह कहते हैं।

उदाहरणार्थ—

पूर्वपद	**उत्तरपद**	=	**समस्त पद**	**समास-विग्रह**
घोड़ा	सवार	=	घुड़सवार	घोड़े पर सवार
नील	गगन	=	नीलगगन	नीले रंग का गगन
रसोई	घर	=	रसोईघर	रसोई के लिए घर
पानी	चक्की	=	पनचक्की	पानी से चलने वाली चक्की
नील	कंठ	=	नीलकण्ठ	नीला है कंठ जिसका (शिव)

समास के भेद—समास के छ: भेद होते हैं—

(1) तत्पुरुष समास
(2) कर्मधारय समास
(3) द्विगु समास
(4) बहुव्रीहि समास
(5) द्वंद्व समास
(6) अव्ययीभाव समास

(1) तत्पुरुष समास

जिस समास में उत्तरपद प्रधान होता है और पूर्वपद गौण होता है, उसे तत्पुरुष समास कहते हैं। इसमें समस्त पदों के मध्य आने वाले कारक चिन्हों; यथा—को, के, के लिए, में, का आदि का लोप हो जाता है।

उदाहरणार्थ—

समस्तपद	**समास-विग्रह**
बाणहत	बाण से हत
राजपुत्र	राजा का पुत्र
शयनकक्ष	शयन के लिए कक्ष

तत्पुरुष समास के भेद—तत्पुरुष समास के प्रमुख रूप से छ: भेद हैं—

(1) कर्म तत्पुरुष
(2) करण तत्पुरुष
(3) सम्प्रदान तत्पुरुष
(4) अपादान तत्पुरुष
(5) सम्बन्ध तत्पुरुष
(6) अधिकरण तत्पुरुष

1. कर्म तत्पुरुष

जिस समास में कर्मकारक का चिन्ह 'को' का लोप रहता है।

समस्त पद	**समास-विग्रह**	**समस्त पद**	**समास-विग्रह**
स्वर्गप्राप्त	स्वर्ग को प्राप्त	मुँहतोड़	मुँह को तोड़ने वाला
आपत्तिजनक	आपत्ति को जन्म देने वाला	गगनचुम्बी	गगन को चूमने वाला
जेबकतरा	जेब को कतरने वाला	विकासोन्मुख	विकास को उन्मुख
मनोहर	मन को हरने वाला	जितेन्द्रिय	इन्द्रियों को जीतने वाला
ख्यातिप्राप्त	ख्याति को प्राप्त	नरभक्षी	नरों को भक्षित करने वाला
गिरहकट	गिरह (गाँठ) को काटने वाला	घरफूँक	घर को फूँकने वाला
परलोकगमन	परलोक को जाना		

2. करण तत्पुरुष

जिस समास में करण कारक का चिन्ह 'से' या 'के द्वारा' का लोप रहता है।

समस्त पद	समास-विग्रह	समस्त पद	समास-विग्रह
अकालपीड़ित	अकाल से पीड़ित	दोषपूर्ण	दोष से पूर्ण
रेखांकित	रेखा के द्वारा अंकित	मनगढ़ंत	मन से गढ़ा हुआ
गुणयुक्त	गुण से युक्त	मनमाना	मन से माना हुआ
प्रकाशयुक्त	प्रकाश से युक्त	आँखों-देखी	आँखों के द्वारा देखी हुई
ईश्वरदत्त	ईश्वर के द्वारा दिया हुआ	मदांध	मद से अंधा
हस्तलिखित	हस्त के द्वारा लिखित	शोकाकुल	शोक से आकुल
वचनबद्ध	वचन से बद्ध	भयाक्रांत	भय से आक्रान्त
रोगपीड़ित	रोग से पीड़ित	दुग्धनिर्मित	दुग्ध से निर्मित
अभावग्रस्त	अभाव से ग्रस्त	हिमाच्छादित	हिम से आच्छादित
धर्मयुक्त	धर्म से युक्त	भयभीत	भय से भीत
दु:खभरी	दु:ख से भरी हुई	भुखमरी	भूख से मरा हुआ

3. सम्प्रदान तत्पुरुष

जिस समास में सम्प्रदान कारक का चिन्ह 'के लिए' का लोप रहता है।

समस्त पद	समास-विग्रह	समस्त पद	समास-विग्रह
देशभक्ति	देश के लिए भक्ति	घुड़साल	घोड़ों के लिए साल (भवन)
सभामण्डप	सभा के लिए मण्डप	रसोईघर	रसोई के लिए घर
पुस्तकालय	पुस्तक के लिए आलय	राहखर्च	राह के लिए खर्च
यज्ञवेदी	यज्ञ के लिए वेदी	पाठशाला	पाठ के लिए शाला
युद्धक्षेत्र	युद्ध के लिए क्षेत्र	आरामकुर्सी	आराम के लिए कुर्सी
हथकड़ी	हाथों के लिए कड़ी	सत्याग्रह	सत्य के लिए आग्रह
न्यायालय	न्याय के लिए आलय	धर्मशाला	धर्म के लिए शाला
परीक्षाभवन	परीक्षा के लिए भवन	देवालय	देवों के लिए आलय

4. अपादान तत्पुरुष

जिस समास में अपादान कारक का चिन्ह 'से' (अलग होने के अर्थ में) का लोप रहता है।

समस्त पद	समास-विग्रह	समस्त पद	समास-विग्रह
पथभ्रष्ट	पथ से भ्रष्ट	देशनिकाला	देश से निकाला हुआ
भयमुक्त	भय से मुक्त	धनहीन	धन से हीन
पापमुक्त	पाप से मुक्त	जातिभ्रष्ट	जाति से भ्रष्ट
पदमुक्त	पद से मुक्त	ऋणमुक्त	ऋण से मुक्त
पदच्युत	पद से च्युत	सेवानिवृत्त	सेवा से निवृत्त
इन्द्रियातीत	इन्द्रियों से अतीत	गुणातीत	गुणों से अतीत
आकाशपतित	आकाश से पतित	लोकभय	लोक से भय
धर्मविरत	धर्म से विरत	कार्यमुक्त	कार्य से मुक्त

5. सम्बन्ध तत्पुरुष

जिस समास में सम्बन्ध कारक का चिन्ह 'का', 'की', 'के', का लोप रहता है।

समस्त पद	समास-विग्रह	समस्त पद	समास-विग्रह
राजसभा	राजा की सभा	जलधारा	जल की धारा
जगन्नाथ	जगत का नाथ	मन्त्रिपरिषद्	मन्त्रियों की परिषद्

भूकंप	भू का कंप	राजपुत्र	राजा का पुत्र
रामकथा	राम की कथा	रामचरित	राम का चरित (चरित्र)
कन्यादान	कन्या का दान	नरेश	नरों का ईश
मनोविज्ञान	मन का विज्ञान	रक्तदान	रक्त का दान
कार्यभार	कार्य का भार	चन्द्रोदय	चन्द्र का उदय
राजदूत	राजा का दूत	देशभक्त	देश का भक्त
दीपशिखा	दीप की शिखा	मृत्युदंड	मृत्यु का दंड
शासन पद्धति	शासन की पद्धति		

6. अधिकरण तत्पुरुष

जिस समास में अधिकरण कारक का चिन्ह 'में', 'पर' का लोप रहता है।

समस्त पद	**समास-विग्रह**	**समस्त पद**	**समास-विग्रह**
ध्यानमग्न	ध्यान में मग्न	जलमग्न	जल में मग्न
वनवास	वन में वास	पुरुषोत्तम	पुरुषों में उत्तम
तीर्थाटन	तीर्थ में अटन (यात्रा)	आपबीती	अपने पर बीती
घुड़सवार	घोड़े पर सवार	स्वर्गवास	स्वर्ग में वास
मुनिश्रेष्ठ	मुनियों में श्रेष्ठ	धर्मरत	धर्म में रत
सिरदर्द	सिर में दर्द	कविवर	कवियों में वर (श्रेष्ठ)
देशवासी	देश में वास करने वाला	नरोत्तम	नरों में उत्तम
डिब्बाबंद	डिब्बे में बंद	कर्मरत	कर्म में रत
वाक्पटु	वाक् (बोलना) में पटु (चतुर)	नराधम	नरों में अधम (नीच)
ऋषिश्रेष्ठ	ऋषियों में श्रेष्ठ	युधिष्ठिर	युद्ध में स्थिर

इसके अतिरिक्त तत्पुरुष समास का एक अन्य भेद भी है—

7. नञ् तत्पुरुष

जिस समास में निषेध के लिए शब्द के आरम्भ में 'अ' अथवा 'अन्' का प्रयोग हुआ हो।

समस्त पद	**समास-विग्रह**	**समस्त पद**	**समास-विग्रह**
अफलन	न फल	अब्राह्मण	न ब्राह्मण
अनुदार	न उदार	असफल	न सफल
अनिष्ट	न इष्ट	अपूर्ण	न पूर्ण
असंभव	न संभव	अशिक्षा	न शिक्षा
अनपढ़	न पढ़	अमंगल	न मंगल
अविनाशी	न विनाशी	असुर	न सुर

(2) कर्मधारय समास

इसमें पूर्वपद विशेषण तथा उत्तरपद विशेष्य होता है अथवा पूर्वपद और उत्तरपद में उपमेय-उपमान का सम्बन्ध होता है।

समस्त पद	**समास-विग्रह**	**समस्त पद**	**समास-विग्रह**
महात्मा	महान है जो आत्मा	लाल मिर्च	लाल रंग की मिर्च
कमलनयन	कमल के समान नयन	मुखचंद्र	चंद्र के समान मुख
मंदबुद्धि	मंद है जिसकी बुद्धि	महर्षि	महान है जो ऋषि
महापुरुष	महान है जो पुरुष	नीलोत्पल	नील है जो उत्पल (कमल)
महासागर	महान है जो सागर	वीरपुरुष	वीर है जो पुरुष
महाप्रज्ञ	महान है जिसकी प्रज्ञा	भ्रष्टाचार	भ्रष्ट है जो आचार
सुयोग	सु (अच्छा) है जो योग	मृगनयनी	मृग के समान नयनों वाली

राजीवलोचन	राजीव (कमल) के समान लोचन	करकमल	कमल के समान कर (हाथ)
नवयुवक	नव (नया) है जो युवक	वीरबाला	वीर है जो बाला
महाराज	महान है जो राजा	सद्भावना	सद् (अच्छी) है जो भावना
दुष्टात्मा	दुष्ट है जो आत्मा		

(3) द्विगु समास

इसमें पूर्वपद संख्यावाची शब्द होता है।

समस्त पद	**समास-विग्रह**	**समस्त पद**	**समास-विग्रह**
तिरंगा	तीन रंगों का समाहार (समूह)	चौराहा	चार राहों का समाहार (समूह)
त्रिभुज	तीन भुजाओं वाला	षड्रस	षड् रसों का समाहार
नवरत्न	नव (नौ) रत्नों का समूह	सतरंग	सात रंगों का समूह
एकतरफा	एक तरफ है जो	एकांकी	एक अंक की
सप्ताह	सात अन्हों (दिनों) का समूह	चतुर्वेदी	चार वेदों को जानने वाला
त्रिलोक	तीन लोकों का समाहार (समूह)	चतुर्भुज	चार भुजाओं वाला
तिराहा	तीन राहों का समाहार (समूह)	त्रिवेदी	तीन वेदों को जानने वाला
दुराहा	दो राहों का समूह	तिमाही	तीन माह के बाद आने वाली
त्रिमूर्ति	तीन मूर्तियों का समूह	त्रिभुवन	तीन भुवनों (लोक) का समूह
इकलौता	एक ही है जो		

(4) बहुव्रीहि समास

इसमें दोनों पदों में से कोई भी प्रधान नहीं होता है तथा समस्त पद का एक अन्य अर्थ होता है।

समस्त पद	**समास-विग्रह**
चक्रधर	चक्र को धारण करने वाला अर्थात् विष्णु
मनोज	वह जो मन में जन्म लेता है अर्थात् कामदेव
गिरिधर	वह जो गिरि (पहाड़) को धारण करने वाला है अर्थात् कृष्ण
देवराज	वह जो देवों का राजा है अर्थात् इन्द्र
पीताम्बर	पीले हैं वस्त्र जिसके अर्थात् कृष्ण
आशुतोष	वह जो शीघ्र तुष्ट (सन्तुष्ट) हो जाये अर्थात् शिव
नीलकंठ	नीला है कंठ जिसका अर्थात् शिव
एकदंत	वह जिसके एक दंत है अर्थात् गणेश
पशुपति	पशुओं का पति (स्वामी) अर्थात् शिव
दशानन	दस हैं आनन (मुख) जिसके अर्थात् रावण
वीणापाणि	वह जिसके पाणि (हाथ) में वीणा है अर्थात् सरस्वती
शूलपाणि	वह जिसके पाणि (हाथ) में त्रिशूल है अर्थात् शिव
अनंग	बिना अंग का अर्थात् कामदेव
श्वेतांबरा	श्वेत हैं अंबर (वस्त्र) जिसके अर्थात् सरस्वती
विषधर	विष को धारण करने वाला अर्थात् सर्प
त्रिनेत्र	त्रि (तीन) हैं नेत्र जिसके अर्थात् शिव
मृत्युंजय	जीत लिया है मृत्यु को जिसने अर्थात् शिव
तिरंगा	तीन रंगों वाला अर्थात् भारत का राष्ट्रध्वज
षडानन	वह जिनके षट् (छः) आनन (मुख) हैं अर्थात् कार्तिकेय
पंचानन	पाँच हैं आनन (मुख) जिसके अर्थात् शिव
मुरारि	वह जो मुर (राक्षस का नाम) के अरि (शत्रु) हैं अर्थात कृष्ण

(5) द्वंद्व समास

इसमें दोनों पद प्रधान होते हैं तथा विग्रह करने पर दोनों पदों के बीच 'तथा', 'और', 'या', 'अथवा' आदि संयोजक चिन्ह आते हैं।

समस्त पद	समास-विग्रह	समस्त पद	समास-विग्रह
राधाकृष्ण	राधा और कृष्ण	अन्नजल	अन्न और जल
हरिहर	हरि (विष्णु) और हर (शिव)	पाप-पुण्य	पाप या पुण्य
कृष्णार्जुन	कृष्ण और अर्जुन	सीताराम	सीता और राम
रात-दिन	रात और दिन	माँ-बाप	माँ और बाप
राजा-रानी	राजा और रानी	दाल-रोटी	दाल और रोटी
राम-लक्ष्मण	राम और लक्ष्मण	हाथ-पाँव	हाथ और पाँव
भला-बुरा	भला और बुरा	धनुर्बाण	धनुष और बाण
हानि-लाभ	हानि या लाभ	धर्माधर्म	धर्म या अधर्म
सुख-दुःख	सुख या दुःख	आज-कल	आज या कल
थोड़ा-बहुत	थोड़ा या बहुत	पच्चीस	पाँच और बीस
दूध-रोटी	दूध और रोटी		

(6) अव्ययीभाव समास

इसमें पहला पद अव्यय होता है तथा पहला पद प्रधान होता है।

समस्त पद	समास-विग्रह	समस्त पद	समास-विग्रह
यथाशक्ति	शक्ति के अनुसार	प्रतिक्षण	हर क्षण
रातोंरात	रात ही रात में	यथायोग्य	योग्यता के अनुसार
निर्विवाद	बिना विवाद के	आमरण	मरने तक
आजीवन	जीवन भर	आकंठ	कंठ तक
भरपेट	पेट भरकर	आजन्म	जन्म से लेकर
यथाशीघ्र	जितना शीघ्र हो	हाथोंहाथ	हाथ ही हाथ में
बेचैन	बिना चैन के	यथाक्रम	क्रम के अनुसार
हरसाल	प्रत्येक साल	प्रत्युत्तर	उत्तर का उत्तर
सपरिवार	परिवार के साथ	निडर	बिना डर के
ध्यानपूर्वक	ध्यान के साथ	अवसरानुसार	अवसर के अनुसार
नासमझ	बिना समझ के	लाजवाब	बिना जवाब के
बेधड़क	बिना धड़क के	यावज्जीवन	यावत् (जब तक) जीवन है

अभ्यास प्रश्न

I. सोदाहरण समास को परिभाषित कीजिए।

II. करण तत्पुरुष समास और अपादान तत्पुरुष समास में क्या अन्तर है?

III. नञ् तत्पुरुष समास की परिभाषा दीजिए तथा कोई दो उदाहरण भी दीजिए।

IV. निम्नलिखित शब्दों में समास बताइए—

1. गिरिधर	....	11. पथभ्रष्ट	....	21. माता-पिता	....
2. कमलनयन	....	12. ध्यानमग्न	....	22. परमानन्द	....
3. नीलकंठ	....	13. पुरुषोत्तम	....	23. राजसभा	....
4. आमरण	....	14. दशानन	....	24. वीणापाणि	....
5. प्रतिदिन	....	15. कालीमिर्च	....	25. पथभ्रष्ट	....
6. सीताराम	....	16. आशुतोष	....	26. हाथोंहाथ	....
7. चौराहा	....	17. नवरत्न	....	27. चतुर्भुज	....
8. भरपेट	....	18. आजीवन	....	28. आजन्म	....
9. स्वर्गगत	....	19. भरसक	....	29. युद्धक्षेत्र	....
10. रसोईघर	....	20. करकमल	....	30. कविपुंगव	....

V. बहुव्रीहि समास और कर्मधारय समास के अन्तर को सोदाहरण स्पष्ट कीजिए।

VI. द्विगु समास को परिभाषित कीजिए।

VII. समास के कितने भेद हैं? उनके नाम भी लिखिए।

VIII. तत्पुरुष समास के प्रमुख भेदों के नाम लिखिए।

IX. निम्नलिखित समस्त पदों का विग्रह कर समास का नाम लिखिए—

1. महात्मा	....	13. धर्माधर्म	....	25. भयमुक्त	....
2. घनश्याम	....	14. राधाकृष्ण	....	26. अशिक्षा	....
3. प्रतिक्षण	....	15. चिड़ीमार	....	27. अवसरानुसार	....
4. तिराहा	....	16. नरश्रेष्ठ	....	28. सत्याग्रह	....
5. तिरंगा	....	17. पाठशाला	....	29. लालकमल	....
6. यावज्जीवन	....	18. देशनिकाला	....	30. जगन्नाथ	....
7. बेधड़क	....	19. लम्बोदर	....	31. कुलश्रेष्ठ	....
8. गगनचुम्बी	....	20. वीणापाणि	....	32. अष्टसिद्धि	....
9. एकदंत	....	21. जलधारा	....	33. सप्तर्षि	....
10. निडर	....	22. नीलोत्पल	....	34. शरणागत	....
11. अस्वस्थ	....	23. इकलौता			
12. अपूर्ण	....	24. रात-दिन			

X. किस समास में पहला पद अव्यय होता है?

XI. निम्नलिखित को समस्त पद में परिवर्तित करके समास का नाम भी लिखिए—

1. तीन हैं लोचन जिसके अर्थात् शिव	2. दान के लिए पात्र
3. तताँरा और वामीरो	4. नीला है जो कमल
5. कमल के समान नयन	6. फूल और पत्ते
7. लंबा है उदर जिसका (गणेश)	8. तन-मन-धन
9. कला का मर्मज्ञ	10. नीला है जो गगन
11. महान् है जो नायक	12. घर और परिवार

अभ्यास प्रश्न के उत्तर

VI.

1. बहुव्रीहि	11. तत्पुरुष	21. द्वन्द्व
2. कर्मधारय	12. तत्पुरुष	22. कर्मधारय
3. बहुव्रीहि	13. तत्पुरुष	23. तत्पुरुष
4. अव्ययीभाव	14. बहुव्रीहि	24. बहुव्रीहि
5. अव्ययीभाव	15. कर्मधारय	25. तत्पुरुष
6. द्वन्द्व	16. बहुव्रीहि	26. अव्ययीभाव
7. द्विगु	17. द्विगु	27. द्विगु
8. अव्ययीभाव	18. अव्ययीभाव	28. अव्ययीभाव
9. तत्पुरुष	19. अव्ययीभाव	29. तत्पुरुष
10. तत्पुरुष	20. कर्मधारय	30. तत्पुरुष

IX.

शब्द	समास विग्रह	समास का नाम
1. महात्मा	महान है जो आत्मा	कर्मधारय
2. घनश्याम	घन (बादल) के समान श्याम (काला) अर्थात् कृष्ण	बहुव्रीहि
3. प्रतिक्षण	हर क्षण	अव्ययीभाव
4. तिराहा	तीन राहों का समाहार (समूह)	द्विगु

5. तिरंगा	तीन रंगों वाला अर्थात् भारत का राष्ट्रीय ध्वज	बहुव्रीहि
6. यावज्जीवन	यावत् (जब तक) जीवन है	अव्ययीभाव
7. बेधड़क	बिना धड़क के	अव्ययीभाव
8. गगनचुंबी	गनन को चूमने वाली	तत्पुरुष
9. एकदंत	एक है दाँत जिसका अर्थात् गणेश	बहुव्रीहि
10. निडर	बिना डर के	अव्ययीभाव
11. अस्वस्थ	स्वस्थ नहीं	नञ् तत्पुरुष
12. अपूर्ण	न पूर्ण	नञ् तत्पुरुष
13. धर्माधर्म	धर्म और अधर्म	द्वन्द्व
14. राधाकृष्ण	राधा और कृष्ण	द्वन्द्व
15. चिड़ीमार	चिड़ियों को मारने वाला	तत्पुरुष
16. नरश्रेष्ठ	नरों में श्रेष्ठ	तत्पुरुष
17. पाठशाला	पढ़ने के लिए शाला (घर)	तत्पुरुष
18. देशनिकाला	देश से निकाला गया	तत्पुरुष
19. लंबोदर	लंबा है उदर (पेट) जिसका अर्थात् गणेश	बहुव्रीहि
20. वीणापाणि	वीण है पाणि (हाथ) में जिसके अर्थात् सरस्वती	बहुव्रीहि
21. जलधारा	जल की धारा	तत्पुरुष
22. नीलोत्पल	नीला है जो उत्पल (कमल)	कर्मधारय
23. इकलौता	एक ही है जो	द्विगु
24. रात-दिन	रात और दिन	द्वन्द्व
25. भयमुक्त	भय से मुक्त	तत्पुरुष
26. अशिक्षा	न शिक्षा	नञ् तत्पुरुष
27. अवसरानुसार	अवसर के अनुसार	अव्ययीभाव
28. सत्याग्रह	सत्य के लिए आग्रह	तत्पुरुष
29. लालकमल	लाल है कमल जो	कर्मधारय
30. जगन्नाथ	जगत का नाथ	तत्पुरुष
31. कुलश्रेष्ठ	कुल में श्रेष्ठ	अधिकरण तत्पुरुष समास
32. अष्टसिद्धि	अष्ट (आठ) सिद्धियों का समूह	द्विगु समास
33. सप्तऋषि	सात ऋषियों का समूह	द्विगु समास
34. शरणागत	शरण को आगत	कर्म तत्पुरुष समास

XI. 1. त्रिलोचन—बहुव्रीहि समास
2. दानपात्र—संप्रदान तत्पुरुष समास
3. तताँरा-वामीरो—द्वंद्व समास
4. नीलकमल—कर्मधारय समास
5. कमलनयन—कर्मधारय समास
6. फूल-पत्ते—द्वंद्व समास
7. लंबोदर—बहुव्रीहि समास
8. तन और मन और धन—बहुव्रीहि समास
9. कला मर्मज्ञ—तत्पुरुष समास
10. नील गगन—कर्मधारय समास
11. महानायक—कर्मधारय समास
12. घर-परिवार—द्विगु समास

बहुविकल्पीय प्रश्न

1. 'महावीर'—शब्द में कौन-सा समास है?

(क) कर्मधारय (ख) द्विगु (ग) तत्पुरुष (घ) अव्ययीभाव

उत्तर— ....

2. 'वनगमन'—समस्त पद का विग्रह होगा—

(क) वन का गमन (ख) वन से गमन (ग) वन को गमन (घ) वन और गमन

उत्तर— ....

3. 'पीत है जो अम्बर'—का समस्त पद है—

(क) पितांबर (ख) पीतम्बर (ग) पीताम्बर (घ) पीला अंबर

उत्तर— ....

4. 'गुरुदक्षिणा' शब्द के सही समास-विग्रह का चयन कीजिए—

(क) गुरु से दक्षिणा—तत्पुरुष समास (ख) गुरु का दक्षिणा—तत्पुरुष समास

(ग) गुरु की दक्षिणा—तत्पुरुष समास (घ) गुरु के लिए दक्षिणा—तत्पुरुष समास

उत्तर— ....

5. 'दिनचर्या' समस्त पद का विग्रह है—

(क) दिन की चर्या (ख) दिन में आराम (ग) दिन में चलना (घ) दिन भर खाना

उत्तर— ....

6. निम्नलिखित में से कौन-सा तत्पुरुष समास का उदाहरण नहीं है?

(क) चिड़ीमार (ख) दिलतोड़ (ग) पदच्युत (घ) षडानन

उत्तर— ....

7. किस समास में उत्तर पद प्रधान होता है?

(क) कर्मधारय (ख) द्विगु (ग) अव्ययीभाव (घ) तत्पुरुष

उत्तर— ....

8. बहुव्रीहि समास के सम्बन्ध में कौन-सा विकल्प सही है?

(क) समस्त पद का कोई अर्थ निकलता है (ख) दोनों पद अप्रधान होते हैं

(ग) (क) और (ख) दोनों (घ) कोई नहीं

उत्तर— ....

9. किस समास में दोनों पद प्रधान होते हैं?

(क) द्विगु (ख) द्वंद्व (ग) कर्मधारय (घ) अव्ययीभाव

उत्तर— ....

10. समस्त पद को अलग-अलग करने की क्रिया को क्या कहते हैं?

(क) समस्त विग्रह (ख) समास-विग्रह (ग) समास-विच्छेद (घ) कोई नहीं

उत्तर— ....

11. नीलकंठ का अन्य अर्थ क्या होगा?

(क) विष्णु (ख) ब्रह्मा (ग) शिव (घ) सभी

उत्तर— ....

12. किस समास में कारक चिन्हों का लोप रहता है?

(क) कर्मधारय (ख) बहुव्रीहि (ग) अव्ययीभाव (घ) तत्पुरुष

उत्तर— ....

13. कौन-से समास में पहला पद संख्यावाची होता है?

(क) द्विगु (ख) द्वंद्व (ग) कर्मधारय (घ) कोई नहीं

उत्तर— ....

14. द्विगु समास का उदाहरण है—

(क) चौराहा (ख) पंचरत्न (ग) नवरत्न (घ) सभी

उत्तर— ....

15. अव्ययीभाव समास का उदाहरण है?

(क) आजन्म (ख) प्रतिदिन (ग) (क) तथा (ख) (घ) कोई नहीं

उत्तर— ....

उत्तर—1. (क), 2. (ग), 3. (ग), 4. (घ), 5. (क), 6. (घ), 7. (घ), 8. (ग), 9. (ख), 10. (ख), 11. (ग), 12. (घ), 13. (क), 14. (घ), 15. (ग).

अलंकार

|4|

परिभाषा—अलंकार का शाब्दिक अर्थ है—आभूषण। जिस प्रकार आभूषण किसी स्त्री के सौन्दर्य में वृद्धि करते हैं, उसी प्रकार अलंकार काव्य सौन्दर्य में वृद्धि करते हैं।

अलंकार के भेद—अलंकार के दो भेद हैं—

(1) शब्दालंकार (2) अर्थालंकार

(1) शब्दालंकार

जहाँ शब्द के आधार पर काव्य में सौन्दर्य वृद्धि होती है, वहाँ शब्दालंकार होता है। पाठ्यक्रम में निर्धारित शब्दालंकार निम्नलिखित हैं—

(1) अनुप्रास अलंकार

(2) यमक अलंकार

(3) श्लेष अलंकार

1. अनुप्रास अलंकार

जहाँ एक वर्ण की आवृत्ति एक से अधिक बार होती है, वहाँ अनुप्रास अलंकार होता है।

उदाहरणार्थ—

1. रघुपति राघव राजा राम।

स्पष्टीकरण—यहाँ 'र' वर्ण की आवृत्ति एक से अधिक बार हुई है, अत: यहाँ अनुप्रास अलंकार है।

2. कहत कत परदेसी की बात।

स्पष्टीकरण—यहाँ 'क' वर्ण की आवृत्ति एक से अधिक बार हुई है, अत: यहाँ अनुप्रास अलंकार है।

अन्य उदाहरण—

3. मुदित महीपति मन्दिर आये।
   सेवक सचिव सुमंत बुलाये। ('म' तथा 'स' की आवृत्ति)
4. तरनि तनूजा तट तमाल तरुवर बहु छाये। ('त' वर्ण की आवृत्ति)
5. चारु चंद्र की चंचल किरणें खेल रही हैं जल थल में। ('च' तथा 'ल' वर्ण की आवृत्ति)
6. कानन कठिन भयंकर भारी। ('क' तथा 'भ' वर्ण की आवृत्ति)
7. मधुर-मधुर मेरे दीपक जल। ('म' वर्ण की आवृत्ति)
8. जो तुम आ जाते इक बार कितनी करुणा कितने संदेश पथ में बिछ जाते बन पराग। ('क' वर्ण की आवृत्ति)
9. इस करुणा कलित हृदय में अब विकल रागिनी बजती। ('क' वर्ण की आवृत्ति)
10. पावस ऋतु थी पर्वत प्रदेश। ('प' वर्ण की आवृत्ति)
11. बनन में बागन में बगर्‌यो बसंत है। ('ब' वर्ण का आवृत्ति)
12. चरन चोट चटकन चकोट अरि उप सिर वज्जत। ('च' वर्ण की आवृत्ति)
13. सठ सुधरहिं सत संगति पाई
    पारस परस कुधात सुहाई। ('स' तथा 'प' वर्ण की आवृत्ति)
14. भजु दीन बन्धु दिनेश दानव दैत्य वंश निकन्दनम। ('द' वर्ण की आवृत्ति)
15. बंदऊँ गुरु पद पदुम परागा।
    सुरुचि सुवास सरस अनुरागा। ('प' तथा 'स' वर्ण की आवृत्ति)
16. बाप बेटा बेचता है भूख से बेहाल होकर। ('ब' वर्ण की आवृत्ति)
17. कुसुम कानन अंचल में मंद। ('क' तथा 'म' वर्ण की आवृत्ति)

18. अशब्द अधरों का सुना भाष। ('अ' वर्ण की आवृत्ति)
19. विजन वन वल्लरी पर सोती थी सुहाग भरी। ('व' वर्ण की आवृत्ति)
20. जड़ जीवन के संचित कौशल। ('ज' वर्ण की आवृत्ति)

2. यमक अलंकार

जहाँ एक ही शब्द दो या दो से अधिक बार प्रयुक्त हो और उसका अर्थ हर बार भिन्न हो, वहाँ यमक अलंकार होता है।

उदाहरणार्थ—

1. काली घटा का घमण्ड घटा।

स्पष्टीकरण—यहाँ घटा शब्द दो बार प्रयुक्त हुआ है और दोनों बार उसके अर्थ अलग-अलग हैं—बादल और कम होना। अत: यहाँ यमक अलंकार है।

2. जगती जगती की मूक प्यास।

स्पष्टीकरण—यहाँ जगती शब्द दो बार प्रयुक्त हुआ है और दोनों के अर्थ भिन्न हैं—जगना और दुनिया। अत: यहाँ यमक अलंकार है।

अन्य उदाहरण—

3. कहै कवि बेनी, बेनी व्याल की चुराई लीनी।
(बेनी = कवि का नाम, बेनी = चोटी)

4. कनक कनक ते सौ गुनी मादकता अधिकाय।
वा खाये बौराये जग, या पाये बौराय॥
(कनक = धूतरा, कनक = सोना)

5. माला फेरत जुग भया, फिरा न मन का फेर।
कर का मनका डारि दै, मन का मनका फेर॥
(मनका = माला का दाना, मन का = हृदय का)

6. तो पर वारौं उरबसी, सुनि राधिके सुजान।
तू मोहन के उरबसी, है उरबसी समान॥
(उरबसी = स्वर्ग की अप्सरा, उरबसी = हृदय में बसी हुई, उरबसी = गले में पहनने वाला आभूषण)

7. तीन बेर खाती थीं वे तीन बेर खाती हैं।
(तीन बेर = तीन बार, तीन बेर = मात्र तीन बेर)

8. ऊँचे घोर मंदर के अंदर रहनवारी,
ऊँचे घोर मंदर के अंदर रहाती हैं।
(मंदर = महल, मंदर = गुफा)

9. वर जीते सर मैंन के ऐसे देखे मैं न।
हरिनी के नैनानु तें हरि नीके यह नैन॥
(मैंन = कामदेव, मैं न = मैंने नहीं, हरिनी के = हरिनी के, हरि नीके = कृष्ण के अच्छे)

10. जेते तुम तारे तेते भर में न तारे हैं।
(तारे = उद्धार करना, तारे = आकाश के तारे)

11. पच्छी परछीने ऐसे परे पर छीने बीर,
तेरी बरछी ने बर छीने हैं खलन के।
(परछीने = पंख छिनना, परछीने = किसी अन्य के द्वार छीने जाने पर, बरछी ने = तलवार ने, बरछीने = बल का छिनना।)

12. भजन कह्यौ ताते भज्यौ, भज्यौ न एकौ बार।
दूरि भजन जाते कह्यौ, सो तू भज्यौ गँवार॥
(भजन = पूजा करना, भजन = भागना)
(भज्यौ = भजन किया, भज्यौ = भाग गया)

13. रति-रति शोभा सब रति के सरीर की।
(रति-रति = थोड़ी सी, रति = कामदेव की पत्नी)

3. श्लेष अलंकार

जहाँ कोई शब्द एक बार प्रयुक्त हो, परन्तु उसके अर्थ एक से अधिक हों, वहाँ श्लेष अलंकार होता है।

उदाहरणार्थ–

1. मंगन को देखि पट देत बार-बार है।

स्पष्टीकरण–यहाँ पट शब्द के दो अर्थ हैं–वस्त्र और दरवाजा। अत: यहाँ श्लेष अलंकार है।

2. को घटि ये वृषभानुजा के हलधर के वीर।

स्पष्टीकरण–यहाँ वृषभानुजा के दो अर्थ हैं–राधा और वृभष (बैल) की अनुजा (बहन) अर्थात् गाय तथा हलधर के भी दो अर्थ हैं–बलराम और हल को धारण करने वाले अर्थात् बैल। अत: यहाँ श्लेष अलंकार है।

अन्य उदाहरण–

3. मधुवन की छाती को देखो,
   सूखी कितनी इसकी कलियाँ।
   (कलियाँ = खिलने से पहले फूल की अवस्था, यौवन से पहले की अवस्था)
4. रहिमन पानी राखिए बिन पानी सब सून।
   पानी गये न ऊबरै, मोती मानुस चून।
   (पानी = चमक, प्रतिष्ठा, जल)
5. जो रहीम, गति दीप की,
   कुल कपूत गति सोय।
   बारै उजियारौ करै, बढ़ै अंधेरौ होय।
   (बारै = बाल्यकाल में, जलने पर)
   (बढ़ै = बड़ा होने पर, बुझने पर)
6. विमाता बन गई आँधी भयावह।
   हुआ चंचल न फिर भी श्यामघन वह।
   (श्यामघन = राम, काले बादल)
7. सुबरन को ढूँढ़त फिरै, कवि, व्यभिचारी चोर।
   (सुबरन = अच्छे शब्द, अच्छा रूप-रंग, सोना)
8. मेरी भव बाधा हरौ राधा नागरि सोई।
   जा तन की झाँई परै, स्यामु हरित दुति होई॥
   (झाँई = परछाँही, झलक, ध्यान, स्यामु = कृष्ण, दुख, हरित दुति = हरे रंग वाला, प्रसन्न, प्रभावशून्य)

(2) अर्थालंकार

जहाँ शब्द के आधार पर काव्य में सौन्दर्य वृद्धि होती है, वहाँ शब्दालंकार होता है। पाठ्यक्रम में निर्धारित शब्दालंकार निम्नलिखित हैं–

(1) उपमा
(2) उत्प्रेक्षा
(3) रूपक
(4) मानवीकरण
(5) अतिशयोक्ति।

1. उपमा

जहाँ उपमेय और उपमान की समानता का वर्णन होता है, वहाँ उपमा अलंकार होता है। उपमा अलंकार के चार अवयव होते हैं–

(1) उपमेय–जिसकी तुलना की जाती है।

(2) उपमान–जिससे तुलना की जाती है।

(3) साधारण धर्म–ऐसा गुण जो उपमेय और उपमान दोनों में समान रूप से होता है।

(4) वाचक शब्द–जिन शब्दों के द्वारा समानता प्रकट की जाती है। सा, सी, समान, सम, जैसा, तुल्य, सरिस आदि वाचक शब्द हैं।

उदाहरणार्थ–

1. सिय मुख चन्द्र समान।

स्पष्टीकरण—यहाँ उपमेय = सीता का मुख, उपमान = चन्द्रमा, साधारण धर्म = सुन्दरता, वाचक शब्द = समान है। अतः यहाँ उपमा अलंकार है।

2. पीपर पात सरिस मन डोला।

स्पष्टीकरण—यहाँ उपमेय = मन, उपमान = पीपल का पत्ता, साधारण धर्म = डोलना, वाचक शब्द = सरिस है। अतः यहाँ उपमा अलंकार है।

अन्य उदाहरण—

3. हरिपद कोमल कमल-से।
4. मुनि सुर सरि सम पावन बानी।
5. सोम-सा शील है राम महीप का।
6. यह देखिए, अरविन्द-से शिशुवृंद कैसे सो रहे।
7. कोटि कुलिस-सम वचन तुम्हारा।
8. हाय फूल-सी कोमल बच्ची,
   हुई राख की थी ढेरी॥
9. मुख बाल-रवि-सम लाल होकर
   ज्वाला-सा बोधित हुआ।
10. प्रात नभ था बहुत नीला शंख जैसे।
    गिरि-सा ऊँचा हो जिसका मन।
11. सागर-सा गंभीर हृदय हो।
12. काम-मंगल से मंडित श्रेय।
13. बरसो प्रभात हिमकन-सा आँसू इस विश्व सदन में।
14. जल उठा स्नेह दीपक-सा।
15. पतझड़ था झाड़ खड़े थे सूखे से फुलवारी में।
16. अरुण अधरों की पल्लव प्रात मोतियों सा हिलता हिम हास।

2. उत्प्रेक्षा

जहाँ उपमेय और उपमान की सम्भावना की जाती है, वहाँ उत्प्रेक्षा अलंकार होता है। उत्प्रेक्षा अलंकार के चार अवयव होते हैं—

(1) उपमेय—जिसकी तुलना की जाती है।

(2) उपमान—जिससे तुलना की जाती है।

(3) साधारण धर्म—ऐसा गुण जो उपमेय और उपमान में समान रूप से होता है।

(4) वाचक शब्द—जिन शब्दों के द्वारा सम्भावना प्रकट की जाती है। मनहुँ, जनहुँ, मानो, जानो, मनु, मानहुँ, जानहुँ आदि वाचक शब्द हैं।

उदाहरणार्थ—

1. सोहत ओढ़े पीत पटु स्याम सलोने गात।
   मनो नीलमणि सैल पर आतप पर्‌यौ प्रभात॥

स्पष्टीकरण—यहाँ श्रीकृष्ण के सुन्दर शरीर (उपमेय) में नीलमणि पर्वत (उपमान) की तथा उनके पीले वस्त्रों (उपमेय) में प्रातः कालीन धूप (उपमान) की सम्भावना की गयी है। 'मनो' वाचक शब्द है। अतः यहाँ उत्प्रेक्षा अलंकार है।

अन्य उदाहरण—

2. उस काल मारे क्रोध के,
   तनु काँपने उनका लगा।
   मानो हवा के जोर से,
   सोता हुआ सागर जगा।
   (यहाँ अर्जुन के क्रोध से काँपते शरीर में सागर के जगने की सम्भावना की गई है।)
3. कहती हुई यों उत्तरा के,
   नेत्र जल से भर गए।
   हिम के कणों से पूर्ण मानो,
   हो गए पंकज नए।
   (यहाँ उत्तरा के नेत्रों में ओस से युक्त कमल की सम्भावना की गई है।)
4. वह देखो, वन के अन्तराल से निकले,
   मानो दो तारे क्षितिज-जाल से निकले।
   (यहाँ वन से निकले हुए दो व्यक्तियों में क्षितिज जाल से निकले हुए दो तारों की सम्भावना की गई है।)

5. पद्मावती सब सखी बुलाई।
मनु फुलवारी सबै चलि आई॥
(यहाँ सखियों में फुलवारी की सम्भावना की गई है।)
6. सिर फट गया उसका वहीं,
मानो अरुण रंग का घड़ा।
(यहाँ सिर के फटने में लाल घड़े की सम्भावना की गई है।)
7. हरि मुख मानो मधुर मयंक
(यहाँ हरि मुख में चन्द्रमा की सम्भावना की गई है।)
8. सात सहस हस्ती सिंघली जनु कविलास एरावत बली।
(यहाँ सात हजार सिंहली हाथियों में ऐरावत हाथी की सम्भावना की गई है।)
9. फूले कास सकल महि छाई।
जनु बरसा रितु प्रगट बुढ़ाई॥
(यहाँ फूले हुए कास में वर्षा ऋतु में संभावना की गई है।)
10. नील परिधान बीच सुकुमार
खुल रहा मृदुल अधखुला अंग।
खिला हो ज्यों बिजली का फूल
मेघवन बीच गुलाबी रंग॥
(यहाँ नील परिधान के बीच खुले अंग में बादलों के बीच चमकती बिजली की सम्भावना की गई है।)
11. सखि सोहत गोपाल के, उर गुंजन की माल।
बाहर सोहत मनु पिये, दावानल की ज्वाल॥
(यहाँ गुंजन की माला में दावानल की ज्वाल की संभावना की गई है।)

3. रूपक

जहाँ उपमेय और उपमान का भेदरहित आरोप होता है, वहाँ रूपक अलंकार होता है।

उदाहरणार्थ–

1. मैया मैं तो चन्द्र-खिलौना लैहों।
स्पष्टीकरण–यहाँ चन्द्रमा (उपमेय) में खिलौना (उपमान) का भेदरहित आरोप है। अत: यहाँ रूपक अलंकार है।
2. चरण-कमल बंदौ हरिराई।
स्पष्टीकरण–यहाँ चरण (उपमेय) में कमल (उपमान) का भेदरहित आरोप है। अत: यहाँ रूपक अलंकार है।

अन्य उदाहरण–

3. दुख जलनिधि डूबी का सहारा कहाँ है?
(यहाँ दुख पर सागर का आरोप है।)
4. बंदउँ गुरु पद-पदुम परागा।
(यहाँ गुरु के चरणों पर कमल का आरोप है।)
5. माया दीपक नर पतंग, भ्रमि-भ्रमि इवै पड़ंत।
कहै कबीर गुरु ज्ञान ते एक आध उबरंत।
(यहाँ माया पर दीपक का तथा मनुष्य पर पतंग (बरसाती कीड़ा) का आरोप है।)
6. राम कथा कलि पन्नग भरनी।
(यहाँ कलि (कलयुग) पर पन्नग (सर्प) का तथा रामकथा पर भरनी (सर्प के विष को उतारने का मन्त्र) का आरोप है।)
7. दुख है जीवन तरु का मूल।
(यहाँ जीवन पर वृक्ष का आरोप है।)
8. मन-सागर, मनसा-लहरि बूड़े-बहे अनेक।
(यहाँ मन पर सागर का और मनसा (इच्छा) पर लहर का आरोप है।)

9. शशि-मुख पर घूँघट डाले।
   अंचल में दीप छिपाए।
   (यहाँ मुख पर शशि (चंद्रमा) का आरोप है।)
10. पायो जी मैंने राम रतन धन पायो।
    (यहाँ राम पर रत्न का आरोप किया गया है।)
11. आए महंत-वसंत।
    (यहाँ वसंत पर महंत का आरोप है।)
12. देखो हृदय जलजात।
    (यहाँ हृदय पर जलजात (कमल) का आरोप है।

4. मानवीकरण

जहाँ प्रकृति अर्थात् जड़ पदार्थों पर मानवीय अनुभूतियों का आरोप किया जाता है, वहाँ मानवीकरण अलंकार होता है।

उदाहरणार्थ—

1. सिंधु सेज पर धरा वधू अब
   तनिक संकुचित बैठी-सी।

   स्पष्टीकरण—यहाँ सिंधु (समुद्र) पर सेज (बिस्तर) का तथा धरा (धरती) पर वधू का आरोप है। अत: यहाँ मानवीकरण अलंकार है।

   अन्य उदाहरण—
2. लो यह तलिका भी भर लाई।
   मधु मुकुल नवल रस गागरी।
3. दिवसावसान का समय
   मेघमय आसमान से उतरी रही
   संध्या सुन्दरी परी-सी धीरे-धीरे
4. बीती-विभावरी जाग री
   अम्बर पनघट में डुबो रही
   तारा-घट उषा नागरी।
5. प्राची का मुख तो देखो।
6. विजन वन वल्लरी पर
   सोती थी सुहाग भरी दृग बंद किए शिथिल पत्रांक में
   स्नेह-स्वप्न मग्न जूही की कली।
7. उषा उदास आती है।
   मुख पीला ले जाती है॥
8. नेत्र निमीलन करती मानो
   प्रकृति प्रबुद्ध लगी होने।
9. संध्या घनमाला सी सुंदर
   ओढ़े रंग-बिरंगी छींट।
10. मेघ आए बड़े बन-ठन के सँवर के।
11. फूल हँसे कलियाँ मुसकाईं।
12. धूप चमकती है चाँदी की साड़ी पहने, मैके में आयी बेटी की तरह मगन है।

5. अतिशयोक्ति

जहाँ किसी वस्तु या घटना का वर्णन अत्यधिक बढ़ा-चढ़ा कर किया जाता है, वहाँ अतिशयोक्ति अलंकार होता है।

उदाहरणार्थ—

1. हनुमान की पूँछ में, लगन न पाई आग।
   लंका सिगरी जल गई, गये निसाचर भाग॥

   स्पष्टीकरण—यहाँ बताया गया है कि हनुमान की पूँछ में आग लगने से पूर्व ही लंका नगरी जल गई, अत: यहाँ अतिशयोक्ति अलंकार है।

अन्य उदाहरण—

2. छूटि न पाये बान धनुष ते,
   छूटि गये अरि प्रान।
3. लह गयी मोतियों से हरियाली।
7. पंखुरी लगे गुलाब की परिहैं गात खरोट।
8. भूप सहस दस एकहिं बारा।
   लगे उठावन टरत न टारा।

4. धनुष उठाया ज्यों ही उसने
   और चढ़ाया उस पर बाण
   धरा सिन्धु नभ काँपे सहसा
   विकल हुए जीवों के प्राण।
5. वह शर इधर गांडीव-गुण से भिन्न जैसे ही हुआ।
   धड़ जयद्रथ का इधर सिर छिन्न वैसे ही हुआ।
6. सहस किरन जो सूरज दिपई।
   देखि लिलार सोई छपि जई॥
9. बालों को खोलकर मत चला करो
   दिन में रास्ता भूल जाएगा सूरज।
10. नितप्रिय पून्यौ ही रहै, आनन ओप उजास।
    पत्रा ही तिथि पाइये वा घर के चहुँ पास॥

अभ्यास प्रश्न

1. अलंकार के कितने भेद हैं? उनके नाम भी लिखिए।

2. शब्दालंकार और अर्थालंकार का अन्तर स्पष्ट कीजिए।

3. मानवीकरण अलंकार की उदाहरण सहित परिभाषा दीजिए।

4. शब्दालंकारों के नाम बताइए।

5. उत्प्रेक्षा शब्दालंकार है या अर्थालंकार और क्यों?

6. निम्नलिखित उदाहरणों में अलंकार का नाम बताइए—

(i) तरनि-तनूजा तट तमाल तरुवर बहु छाए। ....

(ii) हरि पद कोमल कमल-से। ....

(iii) शशि-मुख पर घूँघट डाले। ....

(iv) उदित उदय गिरि मंच पर, रघुवर बाल पतंग।
विगसे संत-सरोज सब, हरषे लोचन भ्रंग॥ ....

(v) रावनु रथी विरथ रघुवीरा। ....

(vi) वर जीते सर मैंन के ऐसे देखे मैं न।
हरिनी के नैनानु ते हरि नीके ये नैन॥ ....

(vii) जो रहीम गति दीप की, कुल कपूत गति सोय।
बारे उजियारो करै, बढ़ै अँधेरो होय॥ ....

(viii) लो यह लतिका भी भर लाई।
मधु मुकुल नवल रस गागरी॥ ....

(ix) खग-कुल कुल-कुल सा बोल रहा। ....

(x) पायो जी मैंने राम रतन धन पायो। ....

(xi) जेते तुम तारे, तेते नभ में न तारे हैं। ....

(xii) मेघमय आसमान से उतर रही है संध्या सुंदरी परी सी। ....

(xiii) रघुपति राघव राजा राम। ....

(xiv) सुबरन को ढूँढ़त फिरै कवि कामी अरु चोर। ....

(xv) सिय मुख चन्द्र समाना। ....

(xvi) धनुष उठाया ज्यों ही उसने और चढ़ाया उस पर बाण।
धरा सिंधु नभ काँपे सहसा विकल हुए जीवों के प्राण॥ ....

(xvii) सोहत ओढ़ै पीत पटु स्याम सलौने गात।
मनहुँ नीलमणि सैल पर आतप पर्‌यौ प्रभात॥ ....

(xviii) कहत कत परदेसी की बात। ....

(xix) भई मुदित सब ग्राम बघूटी।
रंकन्ह राय रासि जनु लूटी॥ ....

(xx) दुख हैं जीवन तरु के फूल। ....

(xxi) मजबूत शिला-सी दृढ़ छाती। ....

(xxii) काली घटा का घमण्ड घटा। ....

(xxiii) तौं पर वारौं उरबसी, सुनि राधिके सुजान।
तू मोहन के उर बसी, ह्वै उरबसी समान॥ ....

(xxiv) मुदित महीपति मंदिर आए। ....

(xxv) देख लो साकेत नगरी है यही
स्वर्ग से मिलने गगन में जा रही। ....

(xxvi) पीपर पात सरिस मत डोला। ....

(xxvii) तारा सो तरनि धूरि धारा में लगत जिमि,
थारा पर पारा पारावार यों हलत है। ....

(xxviii) तनकर भाला यह बोल उठा
राणा मुझको विश्राम न दे। ....

(xxix) मेघ आये बड़े बन-ठन के सँवर के। ....

(xxx) पाहुन ज्यों आए हों गाँव में शहर के। ....

7. उपमा अलंकार के अवयवों का परिचय दीजिए।

8. रूपक अलंकार और उपमा अलंकार में क्या अन्तर है?

9. अतिशयोक्ति अलंकार के कोई दो उदाहरण दीजिए।

10. यमक अलंकार को परिभाषित कीजिए।

उत्तर 6.

(i)	अनुप्रास	(xi)	यमक	(xxi)	उपमा
(ii)	उपमा	(xii)	मानवीकरण	(xxii)	यमक
(iii)	रूपक	(xiii)	अनुप्रास	(xxiii)	यमक
(iv)	रूपक	(xiv)	श्लेष	(xxiv)	अनुप्रास
(v)	अनुप्रास	(xv)	उपमा	(xxv)	अतिशयोक्ति
(vi)	यमक	(xvi)	अतिशयोक्ति	(xxvi)	उपमा
(vii)	श्लेष	(xvii)	उत्प्रेक्षा	(xxvii)	अतिशयोक्ति
(viii)	मानवीकरण	(xviii)	अनुप्रास	(xxviii)	मानवीकरण
(ix)	यमक	(xix)	उत्प्रेक्षा	(xxix)	मानवीकरण
(x)	रूपक	(xx)	रूपक	(xxx)	उत्प्रेक्षा

बहुविकल्पीय प्रश्न

निम्नलिखित में अलंकार का नाम बताइए—

1. चरण कमल बन्दौ हरिराई।

(क) रूपक (ख) उपमा (ग) उत्प्रेक्षा (घ) यमक।

उत्तर— ....

2. काली घटा का घमण्ड घटा।

(क) उपमा (ख) मानवीकरण (ग) यमक (घ) कोई नहीं।

उत्तर— ....

3. सहस किरन जो सूरज दिपई।
देखि लिलार सोइ छपि जई॥

(क) मानवीकरण (ख) उपमा (ग) उत्प्रेक्षा (घ) अतिशयोक्ति।

उत्तर— ....

4. प्राची का मुख तो देखो।

(क) अनुप्रास (ख) मानवीकरण (ग) यमक (घ) श्लेष।

उत्तर— ....

5. पीरी परी देह।

(क) अनुप्रास (ख) यमक (ग) श्लेष (घ) कोई नहीं।

उत्तर— ....

6. किस अलंकार में उपमेय और उपमान में समानता बताई जाती है?

(क) रूपक (ख) उपमा (ग) उत्प्रेक्षा (घ) यमक।

उत्तर— ....

7. किस अलंकार में उपमेय में उपमान की सम्भावना की जाती है?

(क) उपमा (ख) उत्प्रेक्षा (ग) यमक (घ) श्लेष।

उत्तर— ....

8. निम्न में से शब्दालंकार नहीं है—

(क) यमक (ख) श्लेष (ग) अनुप्रास (घ) उपमा।

उत्तर— ....

9. किस अलंकार में समान वर्णों की आवृत्ति होती है?

(क) अनुप्रास (ख) यमक (ग) श्लेष (घ) कोई नहीं।

उत्तर— ....

10. उपमेय का क्या अर्थ है?

(क) जिसकी तुलना की जाए (ख) जिससे तुलना की जाए

(ग) तुलना करने वाले शब्द (घ) कोई नहीं

उत्तर— ....

उत्तर—1. (क), 2. (ग), 3. (घ), 4. (ख), 5. (क), 6. (ख), 7. (ख), 8. (घ), 9. (क), 10. (क).

❑❑

मुहावरे

|5|

मुहावरा—कोई भी ऐसा वाक्यांश, जो अपने साधारण अर्थ को छोड़कर किसी विशेष अर्थ को व्यक्त करे उसे मुहावरा कहते हैं। मुहावरा मूलत: अरबी भाषा का शब्द है जिसका अर्थ है बातचीत करना या उत्तर देना। मोटे तौर पर जिस सुगठित शब्द-समूह से लक्षणाजन्य और कभी-कभी व्यंजनाजन्य कुछ विशिष्ट अर्थ निकलता है, उसे मुहावरा कहते हैं। कई बार यह व्यंग्यात्मक भी होते हैं। मुहावरे भाषा को सुदृढ़, गतिशील और रुचिकर बनाते हैं। मुहावरों के प्रयोग से भाषा में अद्‌भुत चित्रमयता आती है। मुहावरों के बिना भाषा निस्तेज, नीरस और निष्प्राण हो जाती है।

1. अंकुर फूटना (प्रारम्भ होना)—राम और श्याम अच्छे मित्र हैं। उनमें स्नेह के अंकुर फूटे हुए बहुत दिन हो गए।
2. अंग-अंग ढीला होना (बहुत थक जाना)—घर का सारा काम करके सुमन का अंग-अंग ढीला हो गया।
3. अँधेरे घर का उजाला (इकलौता पुत्र)—राजा अपने घरवालों के लिए अँधेरे घर के उजाले के समान है।
4. अँगूठा दिखाना (समय निकलने पर इन्कार करना)—राजेश ने अपना काम निकलने के बाद राम को अँगूठा दिखा दिया।
5. अन्धे की लकड़ी (एकमात्र सहारा)—श्रवण कुमार अपने माता-पिता के लिए अन्धे की लकड़ी था।
6. अन्धे के हाथ बटेर लगना (अयोग्य व्यक्ति को ऊँचा पद प्राप्त होना)—वर्तमान समय के अधिकांश नेताओं के सम्बन्ध में अन्धे के हाथ बटेर लगना वाली बात उचित ही है।
7. अँगूर खट्‌टे होना (अप्राप्य वस्तु के प्रति उदासीनता)—जब रमेश पी. सी. एस. की परीक्षा में सफलता प्राप्त नहीं कर सका तो कहने लगा कि उसमें तो बहुत बेमतलब के प्रश्न आते हैं। अत: अंगूर खट्‌टे हैं।
8. आँख लगना (सो जाना)—चारपाई पर पड़ते ही मेरी आँख लग गई।
9. आँखों से गिरना (आदर समाप्त होना)—कक्षाध्यापक की अलमारी से प्रश्न-पत्र चोरी करके तुमने बहुत बुरा किया। ऐसा करके तुम तो अध्यापक की आँखों से गिर गए हो।
10. आँखें फेर लेना (बदल जाना)—मुसीबत में अपने भी आँखें फेर लेते हैं।
11. आँखों का तारा (बहुत प्यारा)—कमल अपने माता-पिता की आँखों का तारा है।
12. आँसू पोंछना (दिलासा देना)—आज के भौतिकवादी समय में कोई किसी के दु:ख में उसके आँसू नहीं पोंछता।
13. आँखें चुराना (सामने न आना)—अपनी बात सबको पता लग जाने पर सुरेश लोगों से आँखें चुराने लगा।
14. आँखों पर पर्दा पड़ना (बुद्धि से काम न लेना)—सुमित की आँखों पर पर्दा पड़ गया कि उसने अपनी फैक्ट्री मित्र के नाम कर दी।
15. आँखें फटी की फटी रह जाना (आश्चर्यचकित होना)—ताजमहल को देखकर पर्यटकों की आँखें फटी की फटी रह जाती हैं।
16. आँखें खुलना (सचेत होना)—राजेश की हरकतें देखकर भी तुम्हारी आँखें नहीं खुलीं।
17. आँखों में धूल झोंकना (धोखा देना)—ठग घरवालों की आँखों में धूल झोंककर घर का सारा कीमती सामान ले भागा।
18. आँखें दिखाना (क्रोध करना)—जब शीला ने राजेश के पिता से उसकी शिकायत कर दी तो वह उसे आँखें दिखाने लगा।
19. आँचल पसारना (प्रार्थना करना)—आज रास्ते में एक भिखारिन गोद में बच्चा लिए आँचल पसारकर कुछ खाने को माँग रही थी।
20. आँच न आने देना (हानि न होने देना)—लहनासिंह ने कसम खायी कि वह सूबेदार पर आँच भी नहीं आने देगा।
21. अक्ल मारी जाना (बुद्धि नष्ट होना)—परीक्षा समीप आ गई है और तुम निश्चिंत बैठे हो, क्या तुम्हारी अक्ल मारी गई है?
22. अकड़ दिखाना (अभिमान करना)—पैसे-पैसे के लिए हाथ फैलाते फिरते हो, फिर भी अकड़ दिखाते हो लज्जा नहीं आती।
23. अक्ल का अंधा (बेवकूफ होना)—तुम तो निरे अक्ल के अंधे हो, कोई भी काम तुम पर नहीं छोड़ा जा सकता।
24. अगर-मगर करना (बहाने बनाना)—अगर-मगर करने की क्या जरूरत है। अगर रुपये नहीं देना चाहते हो तो साफ कह दो।
25. अच्छे दिन आना (भाग्य चमकना)—मोहन की लाटरी निकलने से अब उसके अच्छे दिन आ गए हैं।
26. अपना उल्लू सीधा करना (अपना मतलब निकालना)—आज की दुनिया में प्रत्येक मनुष्य अपना उल्लू सीधा करता है।
27. अपने पाँव पर आप कुल्हाड़ी मारना (अपना नुकसान आप कर लेना)—मैंने उसे यह भेद बताकर स्वयं ही अपने पाँव पर कुल्हाड़ी मार ली।
28. अपनी खिचड़ी अलग पकाना (सबसे पृथक् रहना)—कुछ लोगों को सबका साथ न देकर अपनी खिचड़ी अलग ही पकाने की आदत होती है।

29. अपना-सा मुँह लेकर जाना (अपमानित होकर चुप हो जाना)—श्याम के पिता उसका जवाब सुनकर अपना-सा मुँह लेकर रह गये।
30. अपने पैरों पर खड़े होना (स्वावलम्बी बनना)—रीता का बस एक ही सपना है किसी तरह वह अपने पैरों पर खड़ी हो जाय।
31. अक्ल का दुश्मन (मूर्ख)—सोहन अक्ल का दुश्मन ही है जो एक ही कक्षा में तीन साल से फेल हो रहा है।
32. अपने मुँह मियाँ मिट्ठू बनना (अपनी बढ़ाई आप करना)—मि. तिवारी को अवसर पाते ही अपने मुँह मियाँ मिट्ठू बनने की आदत है।
33. अक्ल के घोड़े दौड़ाना (किसी विषय पर अधिक विचार करना)—वैज्ञानिक किसी नई खोज के लिए अक्ल के घोड़े दौड़ाते रहते हैं।
34. अवसर ताकना (मौका ढूँढ़ना)—स्वार्थी व्यक्ति हर समय अपने लाभ के अवसर की ताक में रहता है।
35. आसमान सिर पर उठाना (बहुत शोर मचाना)—अध्यापक के कक्षा में न आने पर बच्चों ने आसमान सिर पर उठा लिया।
36. आटे-दाल का भाव मालूम होना (वास्तविक कष्ट का पता लगना)—राम अभी तो ऐश कर रहा है। जब उसकी सारी सम्पत्ति समाप्त हो जाएगी तब उसे आटे-दाल का भाव मालूम होगा।
37. आपे से बाहर होना (अत्यधिक क्रोध करना)—रमेश के पिता ये देखे बिना कि किससे बात कर रहे हैं, आपे से बाहर हो जाते हैं।
38. आग लगाना (झगड़ा कराना)—दो व्यक्तियों के झगड़े में एक के पक्ष में बोल कर रामरूप ने और आग लगा दी।
39. आग में घी डालना (क्रोध को बढ़ाना)—परशुराम की बात का जवाब देकर लक्ष्मण ने आग में घी डाल दिया।
40. आकाश-पाताल का अन्तर (बहुत अधिक अन्तर)—आशीष और निशा भाई-बहन हैं, किन्तु पढ़ाई के सम्बन्ध में दोनों में आकाश-पाताल का अन्तर है।
41. आग-उगलना (कड़वी बातें कहना)—सामने तो तुम उसकी प्रशंसा करते हो अब उसी के सम्बन्ध में आग उगल रहे हो।
42. आग लगाकर तमाशा देखना (झगड़ा कराकर आनन्द लेना)—छात्रों ने अध्यापकों और प्रधानाचार्य में आग लगाकर तमाशा देखा।
43. कंगाली में आटा गीला होना (कठिनाई में और कठिनाई पैदा होना)—पहले तो सुशील को व्यापार में घाटा हुआ और अब उसका एक्सीडेंट भी हो गया। यह तो ऐसे हुआ जैसे कंगाली में आटा गीला हो।
44. आसमान के तारे तोड़ना (अनहोनी बात करना)—अब तो वैज्ञानिक आसमान के तारे तोड़ने का साहस रखते हैं।
45. आसमान टूटना (अचानक भारी विपत्ति आना)—पिता की मृत्यु होते ही रमेश पर तो आसमान टूट पड़ा।
46. आस्तीन का साँप (मित्र रूपी शत्रु)—मित्र बहुत सोच-विचार कर बनाने चाहिए, क्योंकि अधिकांश मित्र तो आस्तीन के साँप होते हैं।
47. आसमान पर थूकना (किसी सम्माननीय व्यक्ति की निन्दा करना)—गाँधी जी के सम्बन्ध में अपशब्द बोलना आसमान पर थूकने जैसा है।
48. आसमान पर चढ़ाना (अत्यधिक प्रशंसा करना)—रीमा की सहेली ने उसकी सुन्दरता की प्रशंसा करके उसे आसमान पर चढ़ा दिया।
49. आसमान में उड़ना (इतराना)—आजकल के विद्यार्थी आसमान में उड़ने के अतिरिक्त कुछ नहीं करते, उन्हें पढ़ाई-लिखाई से कोई सरोकार नहीं होता।
50. आकाश-पाताल एक करना (अत्यधिक प्रयत्न करना)—आई. ए. एस. की परीक्षा में उत्तीर्ण होने के लिए श्याम ने आकाश-पाताल एक कर दिया।
51. आग बबूला होना (अत्यधिक क्रोध करना)—दुर्वासा ऋषि जरा-सी बात पर आग बबूला हो जाते थे।
52. इधर कुआँ उधर खाई (हर तरफ मुसीबत)—श्याम शत्रुओं से बचकर भाग रहा था आगे उसे बदमाश मिल गये। ठीक ही कहा है, इधर कुआँ उधर खाई।
53. इति श्री करना (समाप्त करना)—बहुत देर से इसी काम पर लगे हो, अब इस काम की इतिश्री भी कर दो।
54. ईद का चाँद होना (बहुत दिन बाद दिखाई देना)—तुम तो ईद के चाँद हो गए हो, तीन महीने बाद आज मिल रहे हो।
55. ईंट से ईंट बजाना (नष्ट करना)—युद्ध में पृथ्वीराज की सेना ने शत्रुओं की ईंट से ईंट बजा दी।
56. ईंट का जवाब पत्थर से देना (दुष्ट के साथ दुष्टता करना)—अकबर के आक्रमण करने पर महाराणा प्रताप ने ईंट का जवाब पत्थर से दिया।
57. इधर-उधर की हाँकना (गप्पें मारना)—काम की अपेक्षा इधर-उधर की हाँकने वाले लोगों को आज के समय में अधिक पसन्द किया जाता है।
58. इधर की उधर लगाना (चुगली करना)—शीला को इधर की उधर लगाने की बड़ी बुरी आदत है।
59. उल्टी गंगा बहाना (उल्टी बातें करना)—अपने पूर्वजों के विरुद्ध चलकर उल्टी गंगा मत बहाओ। आपके पूर्वज दान देते थे और आप दान ले रहे हैं।
60. उल्टी-सीधी सुनाना (बुरा-भला कहना)—जब वह मुझे उल्टी-सीधी सुनाने लगा तो मैंने उसके मुँह पर थप्पड़ जड़ दिया।
61. उल्लू बनाना (मूर्ख बनाना)—वह अपने मित्रों को उल्लू बनाकर रुपये ऐंठ लेता है।
62. उन्नीस-बीस का अन्तर (बहुत कम अन्तर)—इन दोनों भाइयों की शक्ल में उन्नीस-बीस का ही अन्तर है।
63. अँगुली पर नचाना (वश में रखना)—अधिकारी अपने मातहत कर्मचारियों को अँगुली पर नचाते हैं।

64. अँगुली उठाना (कमी निकालना)—कल तक तो सभी उसके परिवार की तारीफ करते थे। व्यापार में घाटा होते ही सभी उस पर अँगुली उठाने लगे।
65. उल्टी माला फेरना (अहित चाहना)—सामने तो तुम बिहारी के मित्र बनते हो और पीछे उसकी बर्बादी की उल्टी माला फेरते हो।
66. उगल देना (सच-सच बोलना)—पिताजी की डाँट सुनते ही राजीव ने सब कुछ उगल दिया।
67. एड़ी-चोटी का जोर लगाना (बहुत परिश्रम करना)—सत्यराम ने अपनी लड़की की शादी के लिए एड़ी-चोटी का जोर लगाकर धन इकट्ठा किया, परन्तु चोर उसे चुरा कर ले गए।
68. एक आँख से देखना (समान दृष्टि से देखना)—कबीर सभी धर्मों के लोगों को एक आँख से देखते थे।
69. एक ही लकड़ी से हाँकना (व्यावहारिकता का पहचान न होना)—पहले छोटे-बड़े के अन्तर को समझो, तुम तो सभी को एक ही लकड़ी से हाँक रहे हो।
70. ओखली में सिर देना (जान-बूझकर आपत्ति मोल लेना)—दो दोस्तों की लड़ाई में बोलना ओखली में सिर देने के समान है।
71. कसौटी पर कसना (परीक्षा लेना)—मित्रता को कसौटी पर कसने से ही अच्छे मित्र का चुनाव होता है।
72. कमर कसना (युद्ध के लिए तैयार हो जाना)—शिवाजी ने अपने शत्रुओं का सामना करने के लिये कमर कस ली थी।
73. काफूर होना (भाग जाना)—घर के मालिक के जाते ही नौकर घर की सभी बहुमूल्य वस्तुओं को लेकर काफूर हो गया।
74. कोल्हू का बैल (दिन-रात काम करने वाला)—आजकल मजदूर कोल्हू का बैल होकर ही दो वक्त की रोटी जुटा पाते हैं।
75. कलेजे पर साँप लोटना (ईर्ष्या से दुःखी होना)—मोहन की तरक्की देखकर तुम्हारे कलेजे पर साँप क्यों लोटने लगा?
76. काला अक्षर भैंस बराबर (अनपढ़)—सरकार ने साक्षरता अभियान चलाकर यह प्रयत्न किया है कि भारत में कोई काला अक्षर भैंस बराबर न हो।
77. कान पर जूँ न रेंगना (बार-बार कहने पर भी ध्यान न देना)—अध्यापक के बार-बार कहने पर भी सीमा के कान पर जूँ तक नहीं रेंगी।
78. किंकर्त्तव्यविमूढ़ होना (कुछ न सूझना)—माँ के एक्सीडेंट की खबर पाते ही महेश किंकर्त्तव्यविमूढ़ सा हो गया।
79. कागजी घोड़े दौड़ाना (केवल लिखा-पढ़ी करना)—अधिकारी रचनात्मक कार्य की अपेक्षा कागजी घोड़े अधिक दौड़ाते हैं।
80. काटो तो खून नहीं (भयभीत होना)—प्रधानाचार्य को सामने देखते ही किशोर की हालत काटो तो खून नहीं जैसी हो गयी।
81. कान खड़े होना (सावधान होना)—रुपये का नाम आते ही लालची व्यक्तियों के कान खड़े हो गये।
82. कान भरना (बुराई करना)—सोहन अपने दफ्तर में काम करने वाले व्यक्तियों के खिलाफ भी अफसर के कान भरता रहता है।
83. कलेजा मुँह को आना (अत्यन्त व्याकुल होना)—गुजरात में आये भूकम्प की तबाही देखकर कलेजा मुँह को आने लगता है।
84. कलई खुलना (भेद खुलना)—धोखे से किया गया व्यापार थोड़े दिन ही चलता है। अन्त में उसकी कलई खुल ही जाती है।
85. काया पलट होना (बहुत परिवर्तन होना)—किशन को नौकरी मिलते ही उसके परिवार की काया पलट गयी।
86. खाला जी का घर (आसान काम)—आजकल नौकरी प्राप्त करना कोई खाला जी का घर नहीं है।
87. खाक छानना (कष्ट में भटकना)—अच्छी-भली नौकरी तो छोड़ दी अब दर-दर की खाक छान रहे हो।
88. खेत रहना (मारे जाना)—कारगिल के युद्ध में काफी सैनिक खेत रहे।
89. खून खौलना (अत्यधिक क्रोधित होना)—रमेश का उल्टा जवाब सुनकर उसके पिता का खून खौल उठा।
90. खून का घूँट पीना (अपमान सहना)—अपने ही मित्र को सबके सामने अपनी ही बुराई करते सुनकर रमा खून का घूँट पीकर रह गयी।
91. गड़े मुर्दे उखाड़ना (पुरानी बातें दोहराना)—अब तो पिछली बातें भूलनी पड़ेंगी, क्योंकि गड़े मुर्दे उखाड़ने से कोई फायदा नहीं।
92. गागर में सागर (थोड़े शब्दों में अधिक)—बिहारी के दोहों में गागर में सागर भरा हुआ है।
93. गले का हार (अति प्रिय)—कृष्ण गोपियों के गले का हार थे।
94. गुड़-गोबर कर देना (कार्य बिगाड़ना)—राधा के जरा-से सच ने शीना की सारी मेहनत गुड़-गोबर कर दी।
95. घोड़े बेचकर सोना (निश्चिंत होकर सोना)—आप घोड़े बेचकर सोए हुए हो, चोर आपका सारा घर लूटकर ले गए।
96. घड़ों पानी पड़ जाना (अत्यन्त लज्जित होना)—शैलेश का भेद खुलते ही उस पर घड़ों पानी पड़ गया।
97. घर का दीपक (इकलौता पुत्र)—मोहन अपने माँ-बाप की अकेली सन्तान होने के कारण अपने घर का दीपक है।
98. जले पर नमक छिड़कना (दुःखी को और दुःख देना)—राधा तो पहले ही अपने ससुराल वालों से दुःखी है, फिर उससे बार-बार वही बातें पूछ-पूछ कर क्यों उस के जले पर नमक छिड़क रहे हो।
99. घी के दीये जलाना (खुशी मनाना)—श्रीरामचन्द्र के 14 वर्ष के वनवास काट कर अयोध्या वापस आने पर लोगों ने घी के दीये जलाए।
100. घास काटना (व्यर्थ समय खोना)—सारी उम्र मैंने घास नहीं काटी है। मेरा अपना भी जीवन का कुछ अनुभव है।
101. घर फूँककर तमाशा देखना (सब कुछ नष्ट कर लेना)—रमेश ने अपने आप व्यापार में नुकसान किया और अब घर फूँक कर तमाशा देख रहा है।

102. घाट-घाट का पानी पीना (बहुत अनुभवी होना)—राजेश के भइया तो घाट-घाट का पानी पिये हुए हैं, उन्हें मूर्ख बनाना आसान नहीं है।
103. घुटने टेकना (हार मान लेना)—पुलिस के सामने चोर ने घुटने टेक दिये और अपना अपराध स्वीकार कर लिया।
104. चम्पत होना (भाग जाना)—कुलवन्त का नौकर सारे आभूषण लेकर चम्पत हो गया।
105. चोली-दामन का साथ (पक्का सम्बन्ध)—मोहन और श्याम को कोई अलग नहीं कर सकता उनका तो चोली-दामन का साथ है।
106. गुजर-बसर करना (किसी तरह अपनी रोजी चलाना)—आजकल महँगाई में आम आदमी का गुजर-बसर करना मुश्किल पड़ रहा है।
107. चल बसना (मर जाना)—रामू के पिता लम्बी बीमारी के बाद चल बसे।
108. चेहरा उतरना (उदास होना)—क्रिकेट खेलते समय मेरी बॉल हमारे पड़ोसी शर्मा अंकल की खिड़की से जैसे ही टकरायी भय से मेरा चेहरा ही उतर गया।
109. चूड़ियाँ पहनना (कायर बनना)—देश पर संकट हो तो चूड़ियाँ पहन कर क्यों बैठें? हम भी लड़ने के लिए तैयार रहेंगे।
110. चंगुल में फँसना (काबू में आना)—मैंने राजा को कई बार समझाया कि वह बुरे काम करना छोड़ दे, किसी दिन पुलिस के चंगुल में फँस गया तो बहुत पछतायेगा।
111. चुल्लू भर पानी में डूब मरना (बहुत लज्जित होना)—तुमने आज अपने बड़े भाई पर हाथ उठाया, तुम्हें तो चुल्लू भर पानी में डूब करना चाहिए।
112. चैन की बंशी बजाना (मौज उड़ाना, निश्चिन्त होना)—मेरे कार्यालय में अधिकारी की कृपा से कर्मचारी चैन की वंशी बजाते हैं।
113. चादर से बाहर पैर पसारना (आय से अधिक व्यय करना)—महँगाई के इस युग में मध्यम वर्ग के लोगों को चादर से बाहर पैर नहीं पसारने चाहिए।
114. चलती गाड़ी में रोड़ा अटकाना (होते हुए कार्य में रुकावट डालना)—किसी की उन्नति देखकर लोगों को उनकी चलती गाड़ी में रोड़ा अटकाने की आदत होती है।
115. छक्के छुड़ाना (बुरी तरह हराना)—1971 के भारत-पाकिस्तान युद्ध में भारतीय सैनिकों ने पाकिस्तानी सैनिकों के छक्के छुड़ा दिए थे।
116. छक्के छूटना (हिम्मत हारना)—शिवाजी के समक्ष दुश्मनों की सेना के छक्के छूट जाते थे।
117. छाती पर साँप लोटना (जलन होना)—श्याम की तरक्की देखकर उसके पड़ोसियों की छाती पर साँप लोटने लगे।
118. छठी का दूध याद दिलाना (कठिन स्थिति में डालना)—कारगिल-युद्ध में भारतीय सैनिकों ने पाकिस्तानियों को छठी का दूध याद दिला दिया था।
119. जान के लाले पड़ना (प्राण खतरे में पड़ना)—शेर को देखते ही हमें जान के लाले पड़ने लगे।
120. जहर का घूँट पीना (कठोर बातों को सुनकर भी चुप रहना)—अपने पुत्र के विषय में पड़ोसियों की तरह-तरह की बातें सुनकर भी दिवाकर के पिता जहर का घूँट पीकर रह जाते हैं।
121. जान पर खेलना (जान की परवाह न करना)—भगत सिंह जैसे देशभक्त देश की स्वतन्त्रता के लिए जान पर खेल गये।
122. जी चुराना (काम से बचना)—आज के समय में अधिकांश बच्चे घर के कामों से जी चुराते हैं।
123. जैसा देश वैसा भेष (परिस्थितिनुसार कार्य करना)—राजीव की माँ ने उसे समझाया कि जैसा देश हो हमें भी वैसा ही भेष धारण कर लेना चाहिए।
124. टका-सा मुँह लेकर रह जाना (लज्जित होना)—छात्र का उत्तर सुनकर अध्यापक टका-सा मुँह लेकर रह गया।
125. टूट पड़ना (आक्रमण करना)—हमारे वीर सिपाही सीमा पर अवसर पाते ही दुश्मनों पर टूट पड़ने के लिए तैयार थे।
126. टाँग अड़ाना (विघ्न डालना)—सुमन को सबके काम में टाँग अड़ाने की आदत है।
127. टेढ़ी खीर (कठिन कार्य)—बिना मेहनत किये उच्च पद पर पहुँचना अत्यन्त टेढ़ी खीर है।
128. टोपी उछालना (अपमान करना)—आज के लड़के मौका मिलने पर अपने पिता की टोपी उछालने से भी नहीं चूकते।
129. टस से मस न होना (विचलित न होना)—साहसी व्यक्ति किसी भी प्रकार की विपत्ति आने पर टस से मस नहीं होते।
130. ठगा सा रह जाना (चकित रह जाना)—एक देहाती जब राम महल में गया तो ठगा-सा रह गया।
131. डंके की चोट पर (घोषणापूर्वक)—मैं जो भी काम करता हूँ डंके की चोट पर करता हूँ।
132. डींग मारना (शेखी मारना)—अपनी योग्यता की अधिक डींग मत मारो।
133. ढोल पीटना (बात सभी ओर कहते फिरना)—सचदेव दसवीं की परीक्षा में दूसरी बार भी फेल हो गया तो सुधीर उसके फेल होने का ढोल पीट रहा है।
134. तारे गिनना (दु:ख से रात काटना)—वृद्धावस्था में प्राय: रातें तारे गिन-गिनकर ही काटनी पड़ती हैं।
135. तिल धरने की जगह न होना (बहुत भीड़ होना)—त्यौहारों के दिनों में बाजारों में तिल धरने की भी जगह नहीं होती।
136. तुल जाना (किसी काम को करने का निश्चिय करना)—सुखदेव आई. ए. एस. अफसर बनने पर तुला हुआ है।
137. तिल का ताड़ करना (छोटी-सी बात को बढ़ाना)—कुछ लोगों को तिल का ताड़ बनाने की आदत होती है।
138. तूती बोलना (रौब होना)—मित्रों के बीच अजीत के ज्ञान की तूती बोलती है।

139. थूककर चाटना (बात से फिर जाना)—पहले तो उसका काम करने के लिए मना कर दिया, अब थूककर चाटना भला क्या अच्छा लगता है?
140. दाँत खट्टे करना (नीचा दिखाना)—पानीपत की लड़ाई में बाबर ने इब्राहीम लोदी के दाँत खट्टे कर दिए।
141. दिन फिरना (किस्मत पलट जाना)—श्याम को अच्छी नौकरी मिल गई है। अब उसके दिन फिर जाएँगे।
142. दाल में काला होना (शंका होना)—पुलिस उस के घर तलाशी लेने आई है। अवश्य दाल में कुछ काला होगा।
143. दुम दबाकर भागना (डरकर भागना)—शेर को देखते ही बकरी दुम दबाकर भाग गई।
144. दो दिन का मेहमान (शीघ्र मरने वाला)—डॉक्टरों ने जबाव दे दिया है कि रोगी तो अब दो दिन का मेहमान है।
145. दो कौड़ी का आदमी (तुच्छ आदमी)—तुम उसके सामने क्यों गिड़गिड़ाते हो, वह तो दो कौड़ी का आदमी है।
146. दौड़-धूप करना (बहुत प्रयत्न करना)—मोहन ने नौकरी लेने के लिए बहुत दौड़-धूप की परन्तु उसे सफलता नहीं मिली।
147. दोनों हाथों में लड्डू होना (बहुत लाभ होना)—जब से नितिन ने नौकरी के साथ व्यापार आरम्भ किया है अब से उसके दोनों हाथों में लड्डू हैं।
148. दिन दूना रात चौगुना होना (अत्यधिक उन्नति होना)—अटल बिहारी बाजपेयी के प्रधानमन्त्री बनने के बाद से देश दिन दूना रात चौगुना उन्नति कर रहा है।
149. दो टूक बात करना (कम शब्दों में साफ बात कहना)—मनुष्य को दो टूक बात करने से पीछे नहीं हटना चाहिए।
150. दाँतों तले अँगुली दबाना (चकित होना)—महाराणा प्रताप की वीरता देखकर राजा मानसिंह ने दाँतों तले अँगुली दबा ली।
151. धन पानी की तरह बहाना (खुला खर्च करना)—उसने अपनी पत्नी की बीमारी पर धन पानी की तरह बहा दिया।
152. धूल में मिलाना (नष्ट-भ्रष्ट कर देना)—दुर्योधन ने पाण्डवों को धूल में मिलाने का प्रण कर लिया था।
153. धुन का पक्का (लगन का सच्चा)—महात्मा गाँधी धुन के पक्के थे, इसलिए अपने उद्देश्य को प्राप्त करने में सफल हुए।
154. नाक में दम करना (तंग करना)—बच्चों ने तो नाक में दम कर दिया है।
155. नाकों चने चबाना (बहुत तंग करना)—शिवाजी ने मुगल सैनिकों को नाकों चने चबवा दिए।
156. नौ-दो ग्यारह होना (भाग जाना)—पुलिस को देखकर चोर नौ-दो ग्यारह हो गए।
157. नाक रगड़ना (मिन्नतें करना)—ऋषि परीक्षा में नकल करता पकड़ा गया, बहुत नाक रगड़ने पर भी निरीक्षक ने उसे माफ नहीं किया।
158. नमक-मिर्च लगाना (बात को बढ़ा-चढ़ा कर कहना)—बात तो कुछ भी नहीं थी। उसने तुम्हें उकसाने के लिए नमक-मिर्च लगाकर कही है।
159. नानी याद आना (दु:खी होना)—जब लम्बे-लम्बे प्रश्न याद करने पड़ेंगे तब नानी याद आएगी।
160. नाक-भौं सिकोड़ना (अरुचि दिखाना)—माँ द्वारा सिलाई-कढ़ाई सीखने के लिए कहने पर नैना नाक-भौं सिकोड़ने लगी।
161. नाक रखना (सम्मान बना लेना)—कैकेयी के कहने पर वन जाकर राम ने अपने पिता की नाक रख ली।
162. नाक में दम करना (परेशान करना)—मि. वर्मा बोले कि कक्षा दस के विद्यार्थियों ने उनकी नाक में दम कर रखा है।
163. पाँचों अँगुलियाँ घी में होना (अत्यन्त लाभ होना)—चाचाजी की मृत्यु के बाद तुम्हीं सर्वेसर्वा हो। अब तो तुम्हारी पाँचों अँगुलियाँ घी में हैं।
164. पेट में चूहे दौड़ना (बहुत भूख लगना)—बातें बाद में करेंगे पहले कुछ खाने के लिए दो, क्योंकि मेरे पेट में चूहे दौड़ रहे हैं।
165. पगड़ी उछालना (इज्जत उतारना)—आजकल के नौजवान अपने पिता की भी पगड़ी उछालने में संकोच नहीं करते।
166. पत्थर का कलेजा होना (कठोर हृदय वाला होना)—रामलाल का तो पत्थर का कलेजा है जो अपनी विधवा बेटी की दु:खभरी कहानी सुन कर भी नहीं पसीजा।
167. पहुँचे हुए (सिद्धि प्राप्त व्यक्ति)—उस आश्रम में पहुँचे हुए साधु रहते हैं।
168. पानी-पानी होना (लज्जित होना)—प्रधानाचार्य को अपनी गलती पता चल जाने पर जब ऋषि को उनके सामने जाना पड़ा तो वह शर्म से पानी-पानी हो गया।
169. पानी में आग लगाना (असम्भव कार्य करना)—वर्तमान समय में वैज्ञानिक पानी में आग लगाने की ताकत रखते हैं।
170. पाँवों तले जमीन खिसकना (भयभीत होना)—शिकार करने गये, किन्तु शेर को सामने देखकर ही पाँवों तले ही जमीन खिसक गई।
171. फलना-फूलना (उन्नति करना)—बुजुर्गों की सेवा करने से, उनके हृदय से फलने-फूलने का आर्शीवाद निकलता है।
172. फूला न समाना (बहुत खुश होना)—अपनी कक्षा में प्रथम आने पर दीपक फूला नहीं समाया।
173. बाल-बाल बचना (बहुत थोड़े अन्तर से बचना)—कल की कार दुर्घटना में अनिरुद्ध बाल-बाल बच गया।
174. बहती गंगा में हाथ धोना (मौके का लाभ उठाना)—तुम भी बहती गंगा में हाथ धो लो, आजकल तुम्हारे पिताजी जिलाधीश हैं।
175. बाल बाँका न होना (कोई हानि न पहुँचना)—शैलेश का बहुत भयानक एक्सीडेंट हुआ, किन्तु ईश्वर की कृपा से उसका बाल-भी बाँका न हुआ।

176. बगुला भगत (कपटी व्यक्ति)—आजकल के अधिकांश साधु बगुला भगत होते हैं।
177. बात लग जाना (बुरा लगना)—अबीर को सुमित की कोई बात ऐसी लग गई उसने उसके घर जाना ही छोड़ दिया।
178. बाग-बाग होना (प्रसन्न होना)—अपने भाई के विवाह का समाचार सुनकर अनुभव का दिल बाग-बाग हो गया।
179. बखिया उधेड़ना (पोल खोलना)—अपने भाई की हरकतों को सुधरता न देख निधि ने अपने पिताजी के समक्ष उसकी बखिया उधेड़ दी।
180. भीगी बिल्ली बनना (भय से दब जाना)—अपने पिता के सामने तो सनी भीगी बिल्ली बना रहता है और बाद में आसमान सिर पर उठा लेता है।
181. मन भाना (मन को अच्छा लगना)—बच्चों को नए-नए खिलौने ही मन को भाते हैं।
182. मुट्ठी गर्म करना (रिश्वत देना)—आजकल अफसरों की मुट्ठी गर्म किए बिना काम नहीं निकलता।
183. मैदान मारना (सफलता प्राप्त करना)—हमारे स्कूल की क्रिकेट टीम ने मैच जीत कर मैदान मार लिया।
184. मुँह में पानी भरना (खाने के लिए ललचाना)—रसगुल्ला देखते ही अनिल के मुँह में पानी भर आया।
185. मक्खियाँ मारना (बेकार बैठे रहना)—अब तो डिग्री का भी कोई महत्व नहीं, जाने कितने एम. ए., बी. एड. मक्खियाँ मार रहे हैं।
186. मुँह में खून लगना (बुरी आदत लगना)—सरकारी कर्मचारियों के मुँह में रिश्वत का खून लग चुका है इसके बिना अब वे काम ही नहीं करना चाहते।
187. मुँह ताकना (दूसरे के सहारे रहना)—मनुष्य को किसी और का मुँह ताकने के स्थान पर स्वयं मेहनत करके अपना लक्ष्य पाने की कोशिश करनी चाहिए।
188. रंग में भंग पड़ना (आनन्द में विघ्न पड़ना)—प्रधानाचार्य के आ जाने से विद्यार्थियों के रंग में भंग पड़ गया।
189. रंगा सियार होना (ठग या कपटी)—आज के समय में उसी व्यक्ति का शासन चलता है जो रंगा सियार होता है।
190. रफूचक्कर होना (भाग जाना)—पुलिस को देखते ही चोर रफूचक्कर हो गये।
191. रंगे हाथों पकड़े जाना (मौके पर पकड़े जाना)—सुरेश के पिताजी ने उसको अपनी जेब से रुपये निकालते हुए रंगे हाथों पकड़ लिया।
192. रंग लाना (प्रभाव दिखाई देना)—कोई कुछ भी कहे किन्तु यदि आपने मेहनत की है तो एक न एक दिन वह अवश्य रंग लाती है।
193. राई का पर्वत बनाना (छोटी सी बात को बढ़ा-चढ़ाकर कहना)—मुहल्ले में हुई लड़ाई को गीता ने अपने पति को राई का पर्वत बना कर सुनाया।
194. लोहा मानना (रौब मानना)—संसार के सभी देश अमेरिका का लोहा मानते हैं।
195. लोहा लेना (मुकाबला करना)—भारत की सैन्य शक्ति तथा अस्त्र-शस्त्रों का विकास होने से यह किसी भी देश से लोहा ले सकता है।
196. लोहे के चने चबाना (विपत्ति में पड़ना)—रिश्वतखोरी मिटाना सरकार के लिए लोहे के चने चबाने के समान है।
197. वीरगति पाना (युद्ध में लड़ते हुए मरना)—युद्ध में अनेक सैनिक वीरगति को प्राप्त हुए।
198. वक्त पड़ना (विपत्ति में फँसना)—रहीम के अनुसार वक्त पड़ने पर जो साथ दे वही सच्चा मित्र है।
199. विष उगलना (बुराई करना)—दुर्योधन ने सदैव पाण्डवों के विरुद्ध विष ही उगला।
200. शेर के दाँत गिनना (दुस्साहस करना)—प्रधानाचार्य के कार्यालय में जाकर अपनी माँगें रखना शेर के दाँत गिनने के समान है।
201. शैतान के कान काटना (अति चतुर होना)—आजकल के बच्चे शैतान के कान काटते नजर आते हैं।
202. सिक्का जमाना (रौब जमाना)—आई. सी. एस. ई. की परीक्षा में 88% अंक प्राप्त करके अनिमेष ने अपने मित्रों में अपना सिक्का जमा लिया।
203. हथियार डालना (हार मानना)—पहला अणु बम गिरने पर जापान ने हथियार डाल दिए।
204. हाथ-पैर मारना (कोशिश करना)—काफी हाथ-पैर मारने के बाद उसने नौकरी पाने में सफलता प्राप्त की।
205. हँसी में उड़ाना (ध्यान न देना)—रमेश अपने पिताजी की हर बात को हँसी में उड़ाता था लेकिन जब फेल हुआ तो सब समझ में आ गया।
206. हाथ मलना (पछताना)—जो व्यक्ति समय रहते काम नहीं करते वे समय निकल जाने पर हाथ मलते रह जाते हैं।
207. हाथ धोकर पीछे पड़ना (बुरी तरह से पीछे पड़ना)—अनिल के पिताजी उसके प्रत्येक कार्य में उसके पीछे हाथ धोकर पड़ जाते हैं।
208. हंसों के बीच कौआ (शोभा न देना)—साक्षर लोगों के बीच अनपढ़, हंसों के बीच कौआ प्रतीत होते हैं।
209. हाथ-पाँव फूलना (घबरा जाना)—इतने सारे मेहमानों के अचानक आ जाने से सुनीता के हाथ-पाँव ही फूल गये।
210. हाथ पसारना (भीख माँगना)—किसी के सामने हाथ पसारने से अच्छा है कुछ काम करके खाना।
211. हिरन हो जाना (गायब हो जाना)—पुलिस की मार पड़ते ही उस शराबी का सारा नशा हिरन हो गया।
212. काल के गाल में समा जाना (मृत्यु को प्राप्त होना)—गुजरात में आये भूकम्प में हजारों व्यक्ति काल के गाल में समा गए।
213. मन मसोस कर रह जाना (इच्छा दबाना)—छोटे बच्चे को जब मेला जाने के लिए मना कर दिया तो वह मन मसोस कर रह गया।
214. घुटने टेकना (हार मानना)—भारतीय जवानों की भयंकर मार को पाकिस्तानी घुसपैठिए सह न सके और उन्होंने घुटने टेक दिये।
215. एक न चलना (किसी बात का विश्वास न किया जाना)—चोर की पुलिस के सामने एक न चली और उसने चोरी का सब माल बता दिया।

216. आव देखा न ताव (बिना सोचे-समझे)—एक स्कूटर वाले ने चौराहे पर लालबत्ती की चिन्ता किये बगैर स्कूटर निकाल लिया तो वहाँ खड़े सिपाही ने भी आव देखा न ताव उसके एक तमाचा लगा दिया।

217. रंग में रंगना (प्रभावित होना)—पाश्चात्य सभ्यता धीरे-धीरे भारतीय युवकों को अपने रंग में रंग रही है।

218. सिर नीचा होना (शर्म से झुकना)—मोहन के पिता अपने बेटे की मेहनत पर हमेशा गर्व करते थे लेकिन इस वर्ष हाईस्कूल में उसके फेल हो जाने पर उनका सिर नीचा हो गया।

अभ्यास प्रश्न

I. निम्नलिखित मुहावरों के अर्थ स्पष्ट कीजिए—

1. मौत सिर पर होना
2. चेहरा मुरझा जाना
3. आँखों में धूल झोंकना
4. आड़े हाथों लेना
5. पानी में आग लगाना
6. बाल-बाल बचना
7. हाथ-पैर मारना
8. वीर गति पाना
9. मन भाना
10. नाक में दम करना
11. बाएँ हाथ का खेल
12. आँखों का तारा होना
13. दाँतों पसीना आना
14. आकाश पाताल एक करना
15. हाथ फैलाना
16. नौ दो ग्यारह होना
17. नाकों चने चबाना
18. आग बबूला होना
19. रंगे हाथ पकड़ना
20. बीड़ा उठाना
21. बगुला भगत
22. जान बख्श देना
23. आँखों से बोलना
24. काम तमाम कर देना
25. हक्का-बक्का रहना
26. खुशी का ठिकाना न रहना
27. आँखें दिखाना
28. हाथ पाँव फूल जाना
29. प्रणांतक परिश्रम करना
30. सिर पर तलवार लटकना
31. सपनों के महल बनाना

II. रिक्त स्थानों की पूर्ति उचित मुहावरों द्वारा कीजिए—

1. विशेषज्ञ विद्वान को समझाना ऐसा ही है जैसे .... ।
2. गणित का गृहकार्य करना मुझे .... प्रतीत होता है।
3. मनुष्य को विपरीत परिस्थितियों में हमेशा .... चाहिए।
4. मुझे .... मत समझना, मैं तुम्हारी हर चाल समझता हूँ।
5. तुम तो हर छोटी बड़ी बात पर .... लेते हो।
6. भारतीय सैनिकों ने दुश्मन की सेना के .... दिए।
7. रीमा की सहेली ने उसकी सुन्दरता की प्रशंसा करके उसे .... दिया।
8. आज के समय में हर व्यक्ति काम से .... है।
9. साहसी व्यक्ति किसी भी प्रकार की विपत्ति आने पर .... नहीं होता।
10. उस आश्रम में .... साधु रहते हैं।

III. रिक्त स्थान भरिये—

1. पढ़ाई में मेहनत कर मैं .... हो सकता हूँ।
   (i) अंधों में काना राजा (ii) एक पंथ दो काज
   (iii) अपना हाथ जगन्नाथ (iv) पैरों पर खड़ा होना
2. 'विपत्ति में अक्ल .... ।
   (i) खो जाना (ii) ठनक जाना
   (iii) चकरा जाना (iv) आग बबूला हो जाना
3. सच्चे शूरवीर देश की रक्षा में प्राणों की .... हैं।
   (i) बाजी लगा देते (ii) जान लगा देते
   (iii) ताकत लगा देते (iv) आहुति लगा देते

4. गरीब माँ-बाप अपना .... कर बच्चों को पढ़ाते हैं और वे चिंता नहीं करते।

(i) गला काट | (ii) पेट काट
(iii) खून बहा | (iv) मन लगा

अभ्यास प्रश्न के उत्तर

I. 1. **जान खतरे में होना**—राजू के सामने जंगल में सहसा एक साँप आ गया है उसे प्रतीत हुआ कि मौत उसके सिर पर है।

2. **निराशा व उदास होना**—यह ज्ञात होने पर कि वह परीक्षा में फेल हो गया है, उसका चेहरा मुरझा गया और वह रोने लगा।

3. **धोखा देना**—राजू को जेल में बंदकर सख्त पहरे में रखा गया पर वह तो कानून की आँखों में धूल झोंककर भाग गया।

4. **लज्जित करना**—अशोक फिल्म देखकर रात को 1:30 बजे घर पहुँचा तो उसके पिताजी ने उसे आड़े हाथों लिया।

5. **असम्भव कार्य करना**—वर्तमान समय में वैज्ञानिक पानी में आग लगाने की ताकत रखते हैं।

6. **बहुत थोड़े अन्तर से बचना**—कल की कार दुर्घटना में राज बाल-बाल बच गया।

7. **कोशिश करना**—काफी हाथ-पैर मारने के बाद उसने नौकरी पाने में सफलता प्राप्त की।

8. **युद्ध में लड़ते हुए मरना**—युद्ध में अनेक सैनिक वीरगति को प्राप्त हुए।

9. **मन को अच्छा लगना**—बच्चों को नए खिलौने ही मन भाते हैं।

10. **तंग करना**—बच्चों ने तो नाक में दम कर दिया है।

11. **बाएँ हाथ का खेल**—वाद-विवाद प्रतियोगिता में प्रथम स्थान पाना सीमा के लिए बाएँ हाथ का खेल है।

12. **अत्यधिक प्यारा**—राजेश अपने पिता की आँखों का तारा है।

13. **बहुत परिश्रम की आवश्यकता होना**—वार्षिक परीक्षा में प्रथम स्थान पाना दाँतों पसीना आना के समान हैं।

14. **हरसम्भव प्रत्यन करना**—राकेश ने आकाश पाताल एक कर के अपने भाई को पढ़ा लिया।

15. **सहायता माँगना**—अपने मित्रों के समक्ष अनावश्यक हाथ फैलाना अच्छी बात नहीं है।

16. **गायब होना**—पुलिस को देखते ही चोर नौ दो ग्यारह हो गए।

17. **कठिन परिश्रम करना**—दारा सिंह को हराने में किंग कोंग को नाकों चने चबाने पड़े।

18. **गुस्से में आना**—राकेश अपने भाई को पढ़ते न देखकर आग बबूला हो गया।

19. **मौके पर पकड़े जाना**—अपने मित्र के बैग से पुस्तक निकालते समय रमेश रंगे हाथ पकड़ा गया।

20. **जिम्मेदारी लेना**—भारतीय सैनिकों ने भारत को आतंक से मुक्त करने का बीड़ा उठाया है।

21. **कपटी व्यक्ति**—रमेश का विश्वास मत करना वो पूरा बगुला भगत है।

22. **जान बख्श देना**—अपराधियों के बहुत गिड़गिड़ाने पर पुलिस ने आज उनकी जान बख्श दी।

23. **आँखों से बोलना**—उसने मुझे आँखों से बोल दिया कि वह क्या करना चाहता है।

24. **काम तमाम कर देना**—भारतीय सैनिकों ने शत्रुओं का काम तमाम कर दिया।

25. **हैरान होना**—अचानक हुए दंगों में नीरज हक्का बक्का रह गया।

26. **खुशी का ठिकाना न रहना**—मेरी दसवीं की परीक्षा का परिणाम देखकर मेरी खुशी का ठिकाना न रहा।

27. **आँखें दिखाना**—मोहन मुझे बात-बात पर आँखें दिखा रहा था।

28. **हाथ पाँव फूल जाना**—जब हमारे सामने मुसीबतें आती हैं तो हमारे हाथ पाँव फूल जाते हैं।

29. **अत्यधिक परिश्रम करना**—प्राणांतक परिश्रम द्वारा ही सफलता मिलती है।

30. **सिर पर तलवार लटकना**—सी.बी.आई. जाँच ने सरकारी वर्ग के सिर पर तलवार लटका दी।

31. **सपनों के महल बनाना**—रंक का राजा बनना सपनों के महल बनाने जैसा है।

II. 1. सूरज को दीपक दिखाना हो | 2. लोहे के चने चबाना
3. फूँक-फूँक कर कदम रखना | 4. मूर्ख
5. आफत | 6. छक्के छुड़ा
7. आसमान पर चढ़ा | 8. जी चुराता
9. टस से मस | 10. पहुँचे हुए

III. 1. (v) पैरों पर खड़ा होना | 2. (iii) चकरा जाना
3. (i) बाजी लगा देते | 4. (ii) पेट काट

❑❑

खण्ड 'ग' स्पर्श

(काव्य खण्ड)

GURUKUL

साखी

|1|

कवि-कबीर

कवि परिचय—कबीर के जन्म स्थान और जाति के संदर्भ में आलोचकों के मध्य सदा से विवाद रहा है। मान्यता के अनुसार कबीर का जन्म 1398 ई. में काशी में हुआ था और इनकी मृत्यु 120 वर्ष बाद लगभग 1518 ई. में हुई थी। इनके माता-पिता के संदर्भ में भी प्रामाणिक उल्लेख नहीं है। उपलब्ध प्रमाणों के आधार पर ऐसा माना जाता है कि इनके माता-पिता का नाम नीमा और नीरू था। ये घुमक्कड़ प्रवृत्ति के थे और इनका मुख्य व्यवसाय कपड़ा बुनना था। कुछ समय बाद इन्होंने उस समय के प्रसिद्ध गुरु रामानंद को अपना गुरु मान लिया और राम नाम को अपने जीवन का उद्देश्य बना लिया। बड़े होकर कबीर ने अपने पिता के व्यवसाय को अपना लिया। कबीर पढ़े-लिखे नहीं थे, परन्तु काव्य-कला में उन पर ईश्वर की असीम अनुकंपा थी। कमाल और कमाली नामक उनकी दो संतानें भी थीं।

रचनाएँ—आलोचकों के अनुसार कबीर के नाम से मिले ग्रंथों की संख्या भिन्न-भिन्न है। अनपढ़ होने के कारण संत कबीर ने स्वयं ग्रंथ नहीं लिखे, उन्होंने वाचन किया और उनके शिष्यों ने उसे लिपिबद्ध किया। कबीर की वाणी का संग्रह 'बीजक' के नाम से प्रसिद्ध है। इसके तीन भाग हैं—(क) रमैनी, (ख) सबद, (ग) साखी। कबीर की सभी रचनाएँ 'कबीर ग्रंथावली' में संकलित हैं।

काव्यगत विशेषताएँ—संत कबीर पढ़े-लिखे न थे। परिणामत: उनकी भाषा बोलचाल की भाषा थी। भाषा पर कबीर का सम्पूर्ण अधिकार था। सीधे-सादे और सरल-सपाट शब्दों में वे बात को इस बेपरवाही से कह जाते कि वह ध्रुव सत्य-सा दिखने लगता था। उनके कथन में भाव की गहराई और अर्थ की गंभीरता कूट-कूट कर भरी हुई थी। जिस बात को उन्होंने जिस रूप में प्रकट करना चाहा था, उसे उसी रूप में कह देते थे। असीम अनंत ब्रह्मानन्द में आत्मा का साक्षीभूत होकर मिलना हो, साक्ष्य के आधार पर जीवन की सीख देने वाले दोहों का संकलन हो या पंडितों, मुल्ला और मौलवियों पर कटु व्यंग्य की भाषा हो कबीर सबमें एक समान कुशल हैं।

कबीर के अनुसार ज्ञान का क्षेत्र अति विशाल था। वे जगह-जगह भ्रमण कर ज्ञान प्राप्त करने पर बल देते थे। उनके द्वारा रचित साखियों में अवधी, राजस्थानी, भोजपुरी और पंजाबी भाषाओं के शब्द अधिक दिखाई पड़ते हैं। इन्हीं कारणों से उनकी भाषा को 'पंचमेल खिचड़ी' या 'सधुक्कड़ी' कहा जाता है।

शब्द-सम्पदा

कस्तूरी = सुगंधित पदार्थ। **बसै** = रहना। **बन** = वन। **बाँणी** = वचन, बोली। **तन** = शरीर। **हरि** = भगवान। **मिटि** = मिट। **खायै** = खाए। **सोवै** = सोना। **जागै** = जागना। **विरह** = वियोग, अलगाव। **बसै** = रहता है। **बियोगी** = विरही। **बौरा** = पागल। **बँधाइ** = बनाकर। **पाँणि** = पानी। **पोथी** = धार्मिक ग्रंथ। **भया** = होना। **अषिर** = अक्षर। **सु** = वह। **जाल्या** = जलाया। **मुराड़ा** = जलती हुई लकड़ी। **जे** = जो। **कुंडली** = नाभि। **मृग** = हिरण। **घटि-घटि** = हर जगह। **आपा (मैं)** = अहंकार। **सीतल** = ठण्डा। **खोई** = खोना। **कौं** = को। **अँधियारा** = अँधेरा। **दीपक** = दीया। **सुखिया** = सुखी। **अरू** = और। **दुखिया** = दुखी। **रोवै** = रोना। **मंत्र** = उपाय। **निंदक** = निंदा करने वाला। **कुटी** = कुटिया, झोंपड़ी। **सुभाई** = स्वभाव। **मुवा** = मर जाना। **ऐकै** = एक ही। **पीव** = प्रियतम, प्रेम। **हम** = मैंने। **आपणाँ** = अपना। **हाथि** = हाथ में। **चलै** = चले।

निम्नलिखित पद्यांशों की व्याख्या कीजिए—

1. 'ऐसी बाँणी बोलिये, मन का आपा खोइ। अपना तन सीतल करै, औरन कौं सुख होइ॥'

व्याख्या—प्रस्तुत साखी के माध्यम से कबीर यह बताने का प्रयास कर रहे हैं कि मानव को सदा मीठी वाणी बोलनी चाहिए। मीठी वाणी बोलने से मन का अहंकार समाप्त हो जाता है। यह दूसरों को सुख देने के साथ-साथ वक्ता को भी शांति प्रदान करती है। मधुर वाणी के प्रयोग से परस्पर सम्बन्ध सुदृढ़ होते हैं तथा सभी को सुख-शांति प्राप्त होती है।

प्रश्न— (क) मन का आपा खोने से क्या अभिप्राय है?

(i) मन से अज्ञान दूर होना (ii) मन का अहंकार नष्ट होना
(iii) मन में विरक्ति का भाव आना (iv) मानसिक नियंत्रण खोना

(ख) प्रथम दो पंक्तियों में महत्ता दर्शाई गई है—

(i) मधुर वाणी की (ii) अहंकार युक्त वाणी की
(iii) अहंकार रहित वाणी की (iv) ईश्वर भक्ति की

(ग) प्रस्तुत पद्यांश के कवि हैं—

(i) रहीम (ii) सूरदास
(iii) कबीर (iv) रैदास

(घ) कबीर कैसी वाणी बोलने की प्रेरणा देते हैं?

(i) खट्‌टी (ii) मीठी
(iii) दु:ख देने वाली (iv) इनमें से कोई नहीं

उत्तर– (क) (ii) मन का अहंकार नष्ट होना (ख) (i) मधुर वाणी की
(ग) (iii) कबीर (घ) (ii) मीठी

2. 'कस्तूरी कुंडलि बसै, मृग ढूँढ़ै बन माँहि। ऐसैं घटि घटि राम हैं, दुनियाँ देखै नाँहिं।'

व्याख्या–कस्तूरी एक सुगंधित पदार्थ है, जो मृग की नाभि में पाया जाता है, लेकिन खुद मृग को अपनी इस विशेषता का ज्ञान नहीं होता है और वह उस सुगंधित पदार्थ को जंगल में ढूँढ़ने के लिए इधर-उधर भटकता रहता है। कबीर का मानना है कि राम (ईश्वर) का निवास हर जगह/हर कण में है लोग इसको (अज्ञान के कारण) देख नहीं पाते हैं।

प्रश्न– (क) प्रस्तुत पद्यांश के कवि का नाम लिखिए–

(i) कबीर (ii) रहीम
(iii) रैदास (iv) बिहारी

(ख) कस्तूरी क्या है?

(i) कस्तूर है (ii) सींग
(iii) हिरन (iv) एक सुगंधित द्रव्य

(ग) कुंडल किसे कहते हैं?

(i) मृग की नाभि को (ii) सींग को
(iii) मृग की खाल को (iv) मृग का अन्य नाम

(घ) राम कहाँ निवास करते हैं?

(i) मन में (ii) मंदिर में
(iii) घर में (iv) गुफा में

उत्तर– (क) (i) कबीर (ख) (iv) एक सुगंधित द्रव्य
(ग) (i) मृग की नाभि को (घ) (i) मन में

3. 'जब मैं था तब हरि नहीं, अब हरि हैं मैं नाँहि। सब अँधियारा मिटि गया, जब दीपक देख्या माँहि॥'

व्याख्या–जब मनुष्य का 'मैं' अर्थात् अहंकार उस पर हावी होता है तो उसे ईश्वर नहीं मिलता अर्थात् सच्चा ज्ञान नहीं होता है। जब ईश्वर मिल जाता है अर्थात् सच्चा ज्ञान हो जाता है तो मनुष्य का 'मैं' अर्थात् अहंकार समाप्त हो जाता है। यह उसी प्रकार होता है जैसे दीपक के जलने से सारा अँधकार दूर हो जाता है।

प्रश्न– (क) प्रस्तुत पद्यांश में कवि कौन हैं?

(i) सूरदास (ii) कबीर
(iii) बिहारी (iv) जायसी

(ख) यहाँ 'मैं' शब्द का तात्पर्य है–

(i) स्वयं के लिए (ii) मेरा
(iii) अपना (iv) अहंकार

(ग) 'हरि' शब्द का प्रयोग हुआ है–

(i) हरी नाम के लिए (ii) परमात्मा के लिए
(iii) व्यक्ति के लिए (iv) इनमें से कोई नहीं

(घ) 'अँधियारा' किसका प्रतीक है?

(i) रात का (ii) डर का
(iii) अज्ञान का (iv) ज्ञान का

उत्तर– (क) (ii) कबीर (ख) (iv) अहंकार
(ग) (ii) परमात्मा (घ) (iii) अज्ञान का

4. 'सुखिया सब संसार है, खायै अरू सोवै। दुखिया दास कबीर है, जागै अरू रोवै॥'

व्याख्या–कबीर के अनुसार सारा संसार सुखी है, केवल खाता और सोता है अर्थात् उसे ईश्वर भजन की चिंता नहीं। वह केवल पेट भरने और सोकर समय बिताने में खुश रहता है। इसे (संसार की इस मूर्खता को) देखकर कबीर बहुत दु:खी हैं। वह जागता है अर्थात् सावधान है और रोता है। यहाँ रोना शब्द चिंता करने के अर्थ में प्रयुक्त है और जागना प्रभु की भक्ति के अर्थ में प्रयुक्त है। कबीर ने इस साखी के द्वारा समाज के ऊपर व्यंग्य किया है।

5. 'बिरु भुवंगम तन बसै, मंत्र न लागै कोइ। राम बियोगी ना जिवै, जिवै तो बौरा होइ॥'

व्याख्या—प्रस्तुत साखी में कबीर कहते हैं कि विरह (प्रभु से अलग होने का दु:ख) रूपी सर्प जिसके शरीर में रहता है उस पर किसी भी प्रकार के मंत्र (उपचार) का प्रभाव नहीं होता है। राम (प्रभु) से अलग होकर कोई जीवित नहीं रह सकता है। यदि जीवित रहता भी है तो वह विक्षिप्त हो जाता है। कबीर राम के अनन्य भक्त हैं। उनका मानना था कि राम से अलग होकर कोई जीवित नहीं रह सकता है।

6. 'निंदक नेड़ा राखिये, आँगणि कुटी बँधाइ। बिन साबण पाँणी बिना, निरमल करै सुभाइ॥'

व्याख्या—कबीर के अनुसार जो व्यक्ति हमारी निंदा करता है उसे अपने समीप आँगन में झोंपड़ी बनाकर अर्थात् बहुत ही समीप रखना चाहिए। वह (हमारी बुराइयों को बताकर) बिना साबुन पानी (बिना अधिक प्रयास) के हमारे स्वभाव को निर्मल कर देता है।

प्रश्न— (क) निदंक व्यक्ति के प्रति कैसा दृष्टिकोण होना चाहिए?

(i) उपेक्षा पूर्ण (ii) शत्रुता पूर्ण
(iii) निष्पक्ष (iv) मित्रता पूर्ण

(ख) आँगन में कुटी बनाकर रखने से क्या अभिप्राय है?

(i) अत्यधिक निकटता (ii) आत्मीय संबंध बनाना
(iii) रहने के लिए स्थान प्रदान करना (iv) दया दिखाना

उत्तर— (क) (iii) निष्पक्ष (ख) (iii) रहने के लिए स्थान प्रदान करना

7. 'पोथी पढ़ि पढ़ि जग मुआ, पंडित भया न कोइ। ऐकै अषिर पीव का, पढ़ै सु पंडित होइ।॥'

व्याख्या—ग्रंथों को पढ़ते-पढ़ते संसार के कितने लोग चले गए (बहुत समय बीत गया), पर कोई ज्ञानी नहीं बन पाया है। इसके बदले में किसी ने प्रेम का एक अक्षर भी पढ़ लिया होता तो वह ज्ञानी बन जाता। (यहाँ पीव शब्द ईश्वर का प्रतीकात्मक है।) अर्थात् निंदकों की निंदा भरी बातें सुनकर आत्म सुधार करने का मौका मिलेगा।

8. 'हम घर जाल्या आपणाँ, लिया मुराड़ा हाथि। अब घर जालौं तास का, जे चलै हमारे साथि॥

व्याख्या—प्रस्तुत साखी में कबीर कहते हैं कि मैंने अपने लोभ, मोह, माया रूपी घर को जलाकर नष्ट कर दिया है और हाथ में जलती हुई मशाल ले ली है इससे समाज का भला होगा। अब सबसे पहले उसके मोह रूपी घर को जलाना होगा जो इस कार्य में मेरे साथ चलना चाहते हैं। यहाँ 'घर' सांसारिक बंधनों का तथा 'मुराड़ा' ईश्वरीय ज्ञान के मशाल का प्रतीक है।

पाठ से सम्बन्धित प्रश्नोत्तर

(क) निम्नलिखित प्रश्नों के उत्तर दीजिए—

प्रश्न 1. मीठी वाणी बोलने से औरों को सुख और अपने तन को शीतलता कैसे प्राप्त होती है?

उत्तर— मीठी वाणी सबके लिए कर्णप्रिय होती है। मीठी वाणी से मन तृप्त हो जाता है और कलुष मिट जाता है जो सुनता है उसे तो अच्छा लगता ही है बोलने वाले को भी अच्छा लगता है। इस संसार में शायद ही कोई ऐसा होगा जिसे मीठी वाणी अच्छी नहीं लगती हो। इस प्रकार मीठी वाणी बोलने से दूसरों तथा अपने को भी सुख की अनुभूति होती है। इसे कबीर ने तन की शीतलता का प्रतीकात्मक रूप दिया है। हमें अपने आचरण में मीठी वाणी को उतारना चाहिए।

प्रश्न 2. दीपक दिखाई देने पर अँधियारा कैसे मिट जाता है? साखी के संदर्भ में स्पष्ट कीजिए।

उत्तर— जिस प्रकार दीपक के जलने पर दीपक का प्रकाश फैल जाता है और अंधकार पूरी तरह नष्ट हो जाता है उसी प्रकार ईश्वर का ज्ञान रूपी दीपक जब मन में जल जाता है तब अज्ञानता रूपी मन का अंधकार दूर हो जाता है। कबीर ने यहाँ दीपक को ईश्वरीय ज्ञान और अंधकार को अज्ञान रूपी अनेक बुराइयों के लिए प्रयोग किया है। साखी के संदर्भ में दीपक ज्ञान का प्रतीक अँधियारा मन की बुराइयों का प्रतीक है।

प्रश्न 3. ईश्वर कण-कण में व्याप्त है, पर हम उसे क्यों नहीं देख पाते?

उत्तर— ईश्वर सर्वत्र व्याप्त है। हमारा मन अज्ञानता, अहंकार, विलासिताओं में डूबा है। हम मन की इस अज्ञानता के कारण ईश्वर को देख नहीं पाते। कबीर के अनुसार कण-कण में छिपे परमात्मा को पाने के लिए ज्ञान का होना अत्यंत आवश्यक है। मृग भी अपनी अज्ञानता के कारण अपनी नाभि में स्थित कस्तूरी को पूरे जंगल में ढूँढ़ता रहता है, उसी प्रकार हम भी अपनी अज्ञानता के कारण अपने मन में छिपे ईश्वर को पहचान नहीं पाते और मंदिर, मस्जिद, गुरुद्वारा आदि जगहों पर ढूँढ़ने का निरर्थक प्रयास करते रहते हैं।

प्रश्न 4. संसार में सुखी व्यक्ति कौन है और दु:खी कौन? यहाँ 'सोना' और 'जागना' किसके प्रतीक हैं? इसका प्रयोग यहाँ क्यों किया गया है? स्पष्ट कीजिए।

उत्तर— कबीर के अनुसार वह व्यक्ति दु:खी है जो केवल खाने और सोने में लिप्त है अर्थात् हमेशा भोगविलास और दुनियादारी में उलझा रहता है। जो व्यक्ति सांसारिक मोह-माया से परे होकर सावधान रहते हुए ईश्वर की आराधना करता है वही सुखी है। यहाँ पर 'सोने का मतलब है आलस्य करना और ईश्वर के ज्ञान से अनभिज्ञ रहना। साथ ही 'जागने' का मतलब है ईश्वरीय ज्ञान को प्राप्त करने के लिए तैयार रहना।

प्रश्न 5. अपने स्वभाव को निर्मल रखने के लिए कबीर ने क्या उपाय सुझाया है?

उत्तर— अपने स्वभाव को निर्मल रखने के लिए कबीर ने यह उपाय सुझाया है कि अपने निंदक को हमें अपने आँगन में कुटी बनाकर सम्मान के साथ अपने समीप ही रखना चाहिए। उससे घृणा नहीं, स्नेह करना चाहिए। निंदक हमारे सबसे अच्छे शुभचिंतक होते हैं। उनके द्वारा बताए गए त्रुटियों को दूर करके हम अपने स्वभाव को बिना अधिक मेहनत के निर्मल बना सकते हैं।

प्रश्न 6. ऐकै अषिर पीव का, पढ़ै सु पँडित होइ' इस पंक्ति द्वारा कवि क्या कहना चाहता है?

उत्तर— इस पंक्ति के द्वारा कबीर ने प्रेम की महत्ता को बताया है। कबीर ने कहा है कि यदि कोई व्यक्ति प्रेम का पाठ पढ़ ले तो वह ज्ञानी हो जाएगा। ईश्वर को पाने के लिए एक अक्षर प्रेम का अर्थात् ईश्वर को जान लेना ही पर्याप्त है। प्रेम और भाईचारे के पाठ से बढ़कर कोई ज्ञान नहीं है। मोटी-मोटी किताबें पढ़कर भी वह ज्ञान नहीं मिल पाता जो ज्ञान प्रभु का नाम लेने और उनको जान लेने से मिलता है। इस प्रकार कवि इस पंक्ति द्वारा शास्त्रीय ज्ञान की अपेक्षा, भक्ति व प्रेम की श्रेष्ठता को प्रतिपादित करना चाहता है क्योंकि ईश्वर ही सर्वस्व हैं।

प्रश्न 7. कबीर की उद्‌धृत साखियों की भाषा की विशेषता स्पष्ट कीजिए।

उत्तर— कबीर का अनुभव क्षेत्र विस्तृत था। उनके द्वारा रचित साखियों में अवधी, राजस्थानी, भोजपुरी और पंजाबी भाषाओं के शब्दों का प्रभाव स्पष्ट दिखाई पड़ता है। इसी कारण उनकी भाषा को 'पंचमेल खिचड़ी' या 'सधुक्कड़ी' कहा जाता है। उनकी भाषा आम लोगों के बोलचाल की भाषा हुआ करती थी। कबीर ने अपनी साखियों में रोजमर्रा की वस्तुओं को उपमा के तौर पर इस्तेमाल किया है। वे जैसा बोलते थे वैसा ही लिखते थे। यही कारण है कि उनकी भाषा में लोकभाषा के शब्दों का प्रयोग हुआ है; जैसे—खायै, मुवा, जाल्या, आँगणि आदि। उनकी भाषा में लयबद्धता, उपदेशात्मकता, प्रवाह, सहजता, सरलता आदि की विशेषता उपलब्ध होती है। इनकी भाषा में पूर्वी हिन्दी, ब्रज, अवधी, पंजाबी तथा राजस्थानी भाषा के शब्दों का मिश्रण है।

(ख) निम्नलिखित का भाव स्पष्ट कीजिए—

प्रश्न 1. बिरह भुवंगम तन बसै, मंत्र न लागै कोइ।

उत्तर— प्रस्तुत पंक्ति में कवि कहता है कि राम का भक्त सदा राम (प्रभु) की शरण में ही रहना चाहता है। वह कभी राम से अलगाव (वियोग) नहीं चाहता। विरह की स्थिति उसके लिए बहुत कष्टकारक होती है। यह विरह साँप के समान होता है। यह जिसके तन में बसता है उस पर कोई भी मंत्र काम नहीं करता। इस विरह रूपी साँप के काटने पर मृत्यु निश्चित है अगर किसी कारणवश मृत्यु न भी हो तो राम वियोगी पागल अवश्य हो जाता है।

प्रश्न 2. कस्तूरी कुंडलि बसै, मृग ढूँढै बन माँहि।

उत्तर— कवि कहते हैं कि मृग की नाभि में कस्तूरी रहती है जिसकी सुगंध चारों ओर फैलती है। मृग इसे अनजान होकर पूरे वन में कस्तूरी की खोज में मारा-मारा फिरता है। इस साखी में कबीर ने हिरण को उस मनुष्य के समान माना है जो ईश्वर की खोज में दर-दर भटकता है। कवि कहते हैं कि ईश्वर तो हम सबके मन में निवास करते हैं लेकिन हम उस बात से अनजान होकर ईश्वर की खोज में व्यर्थ ही तीर्थ स्थानों के चक्कर लगाते रहते हैं।

प्रश्न 3. जब मैं था तब हरि नहीं, अब हरि हैं मैं नाँहि।

उत्तर— प्रस्तुत पंक्ति के द्वारा कवि का कहना है कि जब तक मनुष्य में 'मैं' (अहंकार) है वह ईश्वर को प्राप्त नहीं कर सकता अर्थात् अहंकार रूपी अज्ञान और ज्ञान रूपी ईश्वर का साथ-साथ रहना असंभव है। 'मैं' रूपी अहंकार की भावना दूर होते ही मनुष्य ईश्वर को प्राप्त कर लेता है। वह परमज्ञानी और विनम्र हो जाता है और ईश्वर की साधना में लीन हो जाता है। अतः ईश्वर को पाने के लिए 'मैं' का भाव मिटाना आवश्यक है।

प्रश्न 4. पोथी पढ़ि पढ़ि जग मुआ, पंडित भया न कोइ।

उत्तर— कवि के अनुसार बड़े-बड़े ग्रंथ पढ़ लेने से कोई ज्ञानी (पंडित) नहीं होता। पंडित अर्थात् ज्ञानी बनने के लिए प्रेम का एक अक्षर पढ़ना आवश्यक है। कवि के अनुसार प्रेम ही ईश्वर का पर्याय है। अगर किसी ने प्रेम का एक अक्षर भी पढ़ लिया तो वो बड़ा ज्ञानी बन जाता है। प्रेम में बहुत शक्ति होती है। जो अपने प्रिय परमात्मा के नाम का एक ही अक्षर जपता है (प्रेम का एक अक्षर पढ़ता है) वही सच्चा ज्ञानी (पंडित) होता है। वही परमात्मा का सच्चा भक्त होता है। अतः ज्ञानी बनने के लिए बाह्याडंबर की आवश्यकता नहीं है।

भाषा अध्ययन

प्रश्न 1. पाठ में आए निम्नलिखित शब्दों के प्रचलित रूप उदाहरण के अनुसार लिखिए—

उदाहरण—जिवै =जीना।

औरन, माँहि, देख्या, भुवंगम, नेड़ा, आँगणि, साबण, मुवा, पीव, जालौं, तास।

उत्तर— **जिवै** = जीना। **भुवंगम** = साँप। **मुआ** = मरा। **औरन** = औरों को। **नेड़ा** = निकट। **पीव** = प्रेम। **माँहि** = के अंदर (में)। **आँगणि** = आँगन। **जालौं** = जलना। **देख्या** = देखा। **साबण** = साबुन। **तास** = उसका।

योग्यता विस्तार

प्रश्न 1. कस्तूरी के विषय में जानकारी प्राप्त कीजिए।

उत्तर— कस्तूरी बहुत ही सुगंधित पदार्थ है। मृगों की एक विशेष प्रजाति होती है—कस्तूरी मृग और यह इसी प्रजाति के मृगों की नाभि में उपलब्ध होती है। कस्तूरी हमेशा अपनी महक बिखेरती रहती है। इस कस्तूरी के बारे में स्वयं मृगों को जानकारी नहीं होती है। वे इस सुगंधित वस्तु को खोजते हुए वन में इधर-उधर भटकते रहते हैं।

परियोजना कार्य

प्रश्न 1. मीठी वाणी/बोली संबंधी व ईश्वर प्रेम संबंधी दोहों का संकलन कर चार्ट पर लिखकर भित्ति पत्रिका पर लगाइए।

उत्तर— विद्यार्थी पुस्तकालय, अध्यापक व अपने मित्रों की सहायता से दोहों का संकलन कर चार्ट पर लिखकर स्वयं भित्ति पत्रिका तैयार करेंगे। उदाहरण के लिए कुछ दोहे दिए जा रहे हैं—

1. मीठी वाणी/बोली सम्बन्धी दोहे—

(क) बोली एक अमोल है जो कोई बोले जानि।
हिए तराजू तौलि के तब मुँह बाहर आनि॥

(ख) कागा काको सुख हरै, कोयल काको देय।
मीठे वचन सुनाय के, जग अपनो करि लेय॥

(ग) मधुर वचन है औषधी कटुक वचन है तीर।
स्रवण द्वार हवै संचरै सालै सकल शरीर॥

2. ईश्वर प्रेम सम्बन्धी दोहा—

(क) रहिमन बहु भेषज करत, व्याधि न छाँड़त साथ।
खग मृग बसत अरोग बन हरि अनाथ के नाथ॥

(ख) मेरा मुझमें कछु नहीं, जो कछु है सो तेरा।
तेरा तुझकौं सौंपता, क्या लागै मेरा॥

(ग) रे संगी दोई जनाँ, एक बैस्नौं एक राम
वो है दाता मुक्ति का, वो सुमिरावै नाम॥

परीक्षोपयोगी महत्वपूर्ण प्रश्नोत्तर

लघु उत्तरीय प्रश्न

प्रश्न 1. कबीर अपनी साखी में मानव को किस प्रकार की बोली बोलने के लिए प्रेरित करते हैं?

उत्तर— कबीर अपनी साखी में मानव को मधुर बोली बोलने के लिए प्रेरित करते हैं। उनका मानना है कि मनुष्य को अपने मन के अहंकार या घमंड को छोड़कर विनम्रता भरी वाणी का प्रयोग करना चाहिए। इसके द्वारा अपने मन का अहंकार समाप्त होने से हमारे शरीर को शांति और शीतलता की अनुभूति होती है तथा मधुर वाणी सुनने वालों को सुख की अनुभूति होती है।

प्रश्न 2. कबीर ने राम की तुलना किससे की है तथा वह किस प्रकार का है?

उत्तर— कबीर ने अपनी साखी में राम की तुलना कस्तूरी से की है। वह घट-घट अर्थात् कण-कण में निवास करने वाला है। कवि ने लिखा है कि जिस प्रकार कस्तूरी मृग की नाभि में स्थित है उसी प्रकार राम भी प्रत्येक मनुष्य की आत्मा में निवास करता है। वह अपनी अज्ञानता के कारण उसे देख नहीं पाता है और व्यर्थ ही ईश्वर को ढूँढ़ने के लिए मंदिर, मस्जिद आदि जाता है।

प्रश्न 3. 'अब हरि हैं मैं नाँहि।' का आशय स्पष्ट करें।

उत्तर— इस पंक्ति के द्वारा कवि ईश्वर के साक्षात्कार का रहस्य बताने का प्रयास कर रहे हैं। कवि का कहना है कि जैसे ही मनुष्य के मन से अहंकार का भाव समाप्त हो जाता है वह ईश्वर के साथ एकाकार होने के लिए तैयार हो जाता है। मन से 'मैं' का भाव मिटते ही मनुष्य प्रभु के समीप पहुँच जाता है। इस प्रकार हरि को पाने के लिए मन से अहंकार का भाव मिटाना आवश्यक है।

प्रश्न 4. कबीर ने अपनी साखी में लिखा है 'सब अँधियारा मिटि गया' यहाँ किस अँधियारे की ओर संकेत किया है और यह अँधियारा कैसे दूर हो जाता है?

उत्तर— कवि ने 'सब अँधियारा मिटि गया' के माध्यम से मनुष्य के मन में समाहित अहंकार, अज्ञान, कुप्रवृत्तियाँ, लोभ, भय जैसे अँधियारे की ओर संकेत किया है। इनके कारण ही मनुष्य सांसारिकता में डूबकर ईश्वर को नहीं पहचान पाता है। यह अँधियारा दीपक रूपी ईश्वर को पाकर दूर हो जाता है जैसे दीपक जलाने से अँधेरा समाप्त हो जाता है उसी प्रकार ईश्वर का ज्ञान होने से मनुष्य के मन की बुराइयाँ स्वत: समाप्त हो जाती हैं।

प्रश्न 5. कबीर दास दु:खी और जागे हुये क्यों हैं? कबीर की साखी के आधार पर लिखें।

उत्तर— संसार के लोगों को देखकर कबीर को लगता है कि लोग सांसारिक विषय-वासनाओं के साथ खाने-पीने और हँसी-खुशी से जीने में मस्त हैं। ये लोग ईश्वर के नाम का सुमिरन भी नहीं कर रहे हैं। लोगों का यह मिथ्या-सुख कबीर को परेशान कर रहा है इसीलिए दु:खी और जागे हुये हैं।

प्रश्न 6. राम के वियोग में भक्त की दशा कैसी हो जाती है? साखी के आधार पर स्पष्ट कीजिए।

उत्तर— राम के वियोग में भक्त की दशा दयनीय हो जाती है। कोई मंत्र या उपाय उसे ठीक नहीं कर पाता है। वह इस व्यथा की अधिकता को सह नहीं पाता है और अपने प्राणों से हाथ धो बैठता है। ऐसा व्यक्ति यदि जीवित रह भी जाता है तो उसकी स्थिति पागलों के समान हो जाती है अर्थात् ईश्वर के चरणों में ही उसे सुख की प्राप्ति होती है।

प्रश्न 7. कबीर के अनुसार 'राम वियोगी' क्यों नहीं जी पाता है?

उत्तर— राम वियोगी वह होता है जो राम से अलग रहकर तड़पता है। वह परमात्मा से वियोग की दशा को सह नहीं पाता।

प्रश्न 8. कबीर ने निंदक के संदर्भ में अपने विचारों को किस प्रकार व्यक्त किया है?

उत्तर— संत कवि कबीर निंदक के संदर्भ में सकारात्मक विचार रखते थे। समाज के सामान्य लोग निंदक को अपने पास भटकने भी नहीं देते हैं। इसके उलट कबीर निंदक को सदा अपने पास अपना अन्यतम बनाकर रखने की सलाह देते हैं। उनका मानना है कि इससे मनुष्य का अपना ही लाभ होता है। वह निंदक की आलोचनाओं से बचने के लिए अनेक प्रकार की बुराइयों का परित्याग कर देता है। इसके द्वारा बिना श्रम किए ही उसका स्वभाव निर्मल हो जाता है।

प्रश्न 9. कबीर के अनुसार पंडित के लक्षण क्या हैं? साखी के आधार पर लिखें।

उत्तर— कबीर ने पोथी पढ़कर बड़ी-बड़ी डिग्री लेने वाले को पंडित नहीं माना है। कवि के अनुसार वास्तविक पंडित वही है जो 'पीव' अर्थात् प्रेम के एक अक्षर का ज्ञान प्राप्त कर लेता है। यहाँ प्रेम ईश्वर का पर्याय है अर्थात् जो ईश्वर को जान जाता है वही पंडित होता है। किताबी ज्ञान से कोई ज्ञानी नहीं बन सकता है।

प्रश्न 10. 'अब घर जालौं तास का' से कबीर का क्या अभिप्राय है?

उत्तर— 'अब घर जालौं तास का' से कबीर का अभिप्राय मोह-माया रूपी घर को जलाने से है। कबीर ने स्वयं मोह-माया का त्यागकर वैराग्य धारण कर लिया है। उन्होंने मुराड़ा रूपी ज्ञान का मशाल हाथ में लेकर लोगों का आह्वान किया है कि जो इस सांसारिकता से दूर जाकर वैराग्य को धारण करना चाहते हैं वे उनके साथ आ जाएँ कबीर उन्हें मुक्ति दिलाएँगे।

प्रश्न 11. कबीर निंदक को अपने निकट रखने का परामर्श क्यों देते हैं?

उत्तर— कबीर निंदक को अपने निकट रखने का परामर्श इसलिए देते हैं क्योंकि वही हमारा सबसे बड़ा हितैषी है अन्यथा झूठी प्रशंसा कर अपना स्वार्थ सिद्ध करने वाले तो अनेक मिल जाते हैं। निदंक बुराइयों को दूर कर सद्‌गुणों को अपनाने में सहायक सिद्ध होता है। निंदक की आलोचना को सुनकर आत्मनिरीक्षण कर शुद्ध व निर्मल आचरण करने में सहायता मिलती है।

दीर्घ उत्तरीय प्रश्न

प्रश्न 1. कबीर की साखियाँ प्रत्यक्ष प्रमाणों पर आधारित होने से जीवन के लिए अत्यंत उपयोगी हैं। उनकी साखियों में जीवन-मूल्यों की गहराई अंकित है। व्याख्या करें।

उत्तर— कबीर एक महान संत तथा समाज सुधारक कवि थे। उनकी साखियाँ उनके अनुभव और गहराई से अन्वेषण किए गए सत्य पर आधारित हैं। उनकी प्रत्येक साखी मनुष्य को सीख देती हुई प्रतीत होती है। उनका मानना था कि मानव को सदैव ऐसी वाणी बोलनी चाहिए जिससे वक्ता और श्रोता दोनों को ही सुख और शीतलता मिले। अहंकार और ईश्वर दोनों का सान्निध्य नहीं हो सकता है। ईश्वरीय ज्ञान के लिए अहंकार का परित्याग अति आवश्यक है। आलोचक अपनी आलोचनाओं से मानव के स्वभाव को परिष्कृत कर देता है। अत: मनुष्य को अपनी आलोचना से घबराना नहीं चाहिए। ईश्वर का निवास संसार के कण-कण में है इसलिए उनको पाने के लिए भटकने और बाह्याडंबर करने की आवश्यकता नहीं है। इस प्रकार सिद्ध होता है कि कबीर की साखियाँ जीवन के सत्य अनुभवों पर आधारित हैं तथा मानव जीवन के लिए अत्यंत उपयोगी हैं।

प्रश्न 2. कबीर ने अपनी साखी में राम वियोगी व्यक्ति को संसार से अलग माना है। कैसे?

उत्तर— कबीर परम संत कवि थे। उनका संसार को देखने का नजरिया सबसे भिन्न था। इस साखी में ईश्वर के प्रति अपनी भक्ति को स्पष्ट करने के लिए उन्होंने उसकी तुलना साँप के विष से की है और साँप के विष को उस विष से अच्छा माना है जो किसी राम वियोगी के तन में फैल जाता है। ऐसे भक्तों को संसार असार लगने लगता है और भगवान की भक्ति में ही सारे सुखों का अनुभव होता है। वह संसार के सभी बंधनों से मुक्त हो जाता है और वह संसार में रहकर भी सांसारिकता से जुड़ नहीं पाता है। सांसारिकता के प्रति उसकी निर्लिप्तता को देखकर उसको विक्षिप्त घोषित कर देते हैं। यह उसकी भक्ति की पराकाष्ठा है। इस प्रकार राम वियोगी संसार से पूर्णत: विलग हो जाता है।

कबीर की साखी के आधार पर लिखिए कि ईश्वर वस्तुत: कहाँ है। हम उसे क्यों नहीं देख पाते? कबीर की साखी के आधार पर ईश्वर की प्राप्ति मन को एकाग्रचित करके आध्यात्मिक चिंतन द्वारा की जा सकती है। मन की विषय-वासनाओं को त्यागकर ही वह हमारे मन में होता है उसे कहीं बाहर मन्दिर मस्जिद में नहीं ढूँढ़ना पड़ता।

जैसे मृग की नाभि में कस्तूरी नामक सुगंधित पदार्थ होता है लेकिन वह अज्ञानता के कारण उसे ढूँढ़ने के लिए दूर जंगलों में भटकता रहता है। अत: हमें अपने मन को एकाग्रचित करके ईश्वर को पाने में सफल हो सकते हैं।

प्रश्न 3. कबीर की साखी के आधार पर लिखिए कि ईश्वर वस्तुतः कहाँ है। हम उसे क्यों नहीं देख पाते?

उत्तर— कबीर की साखी के आधार पर ईश्वर की प्राप्ति मन को एकाग्रचित करके आध्यात्मिक चिंतन द्वारा की जा सकती है। मन की विषय-वासनाओं को त्याग कर ही हम भक्ति के मार्ग पर बढ़ सकते हैं। ईश्वर का निवास हमारे मन में होता है उसे कहीं बाहर मन्दिर मस्जिद में नहीं ढूँढ़ना पड़ता है। जैसे मृग की नाभि में कस्तूरी नामक सुगंधित पदार्थ है लेकिन वह अज्ञानता के कारण उसे ढूँढ़ने के लिए दूर जंगलों में भटकता रहता है। अतः हमें अपने मन को एकाग्रचित करके ईश्वर को पाने में सफल हो सकते हैं।

प्रश्न 4. कबीर के दोहे के आधार पर कस्तूरी की उपमा को स्पष्ट कीजिए। मनुष्य को ईश्वर प्राप्ति के लिए क्या करना चाहिए? स्पष्ट कीजिए।

उत्तर— 'कस्तूरी कुंडलि बसै, मृग ढूँढ़ै बन माँहि' कवि कहते हैं कि मृग की नाभि में कस्तूरी होती है जिसकी सुगंध चारों ओर फैलती है। मृग इससे अनजान हो पूरे वन में कस्तूरी की खोज में मारा-मारा फिरता है। इस साखी में कबीर ने हिरण को उस मनुष्य के समान माना है जो ईश्वर की खोज में दर-दर भटकता है और कस्तूरी को मनुष्य के हृदय में रहने वाले राम (ईश्वर) के समान माना है। कवि कहते हैं कि ईश्वर तो हम सबके हृदय में निवास करते हैं लेकिन हम उस बात से अनजान होकर ईश्वर की खोज में व्यर्थ धार्मिक स्थलों के चक्कर लगाते रहते हैं। मनुष्य को ईश्वर प्राप्ति के लिए अपने को नियंत्रित कर पवित्र और सादगी के भाव से ध्यान लगाना चाहिए।

पद

|2|

कवि-मीरा

कवयित्री परिचय—भक्तिकाल के रचनाकारों में मीराबाई का नाम मूर्धन्य है। जिस समय मीराबाई और उनके साहित्य का उदय हुआ वह समय भारत वर्ष में सामाजिक उथल-पुथल का था। उस समय का समाज अनेक प्रकार की बुराइयों से घिरा हुआ था तथा समाज में स्त्रियों की स्थिति बहुत अच्छी नहीं थी। फलस्वरूप मीरा को अनेक प्रकार के सामाजिक व पारिवारिक प्रतिबंधों का सामना करना पड़ा।

मीराबाई का जन्म सन् 1503 जोधपुर में 'मेड़ता' के समीप 'चौकड़ी' गाँव में हुआ था। इनकी शादी 13 वर्ष की अल्पायु में ही मेवाड़ के महाराणा सांगा के कुँवर भोजराज से 1516 में हो गई। बचपन में ही इनकी माँ का देहांत हो गया और विवाह के कुछ ही समय बाद पति का भी देहांत हो गया। पति की मृत्यु के बाद परिवार वालों ने प्रयास किया कि मीरा अपने पति के साथ सती हो जाए, पर इन्होंने सती होने से मना कर दिया और सांसारिक जीवन से विरक्त हो मीरा कभी मंदिरों में भजन गाकर नाचतीं तो कभी संतों की टोली में शामिल हो जातीं। जीवन के प्रति विरक्ति और ईश्वर के प्रति समर्पण ने उन्हें समाज में सम्मान दिलाया पर जीवन अत्यन्त कष्टप्रद हो गया। इनसे छुटकारा पाने के लिए वे वृंदावन में जाकर रहने लगीं और संत रैदास से दीक्षा लेकर कृष्ण भक्ति में लीन हो गईं। सन् 1546 में इनकी मृत्यु हो गई।

रचनाएँ—संत रैदास की शिष्या मीरा की कुल सात-आठ कृतियाँ ही उपलब्ध हैं, जिनमें से उपलब्ध तथा प्रमुख रचनाएँ निम्नलिखित हैं—(क) बरसी का मायरा, (ख) गीत गोविंद टीका, (ग) राग गोविंद और (घ) राग सोरठ के पद। इनके अतिरिक्त 'मीराबाई की पदावली' में उनके गीतों का उत्तम संकलन है।

काव्यगत विशेषताएँ—मीराबाई के साहित्य में भक्तिकाव्य के उत्तम उदाहरण हैं। मीरा का सम्पूर्ण जीवन दुखों की छाया में ही बीता है। मीरा की भक्ति दैन्य और माधुर्य भाव की है। इन पर योगियों, संतों और वैष्णव भक्तों का सम्मिलित प्रभाव पड़ा है जिसका प्रभाव और दर्द इनके काव्य में नजर आता है।

इनके पद पूरे उत्तर भारत सहित गुजरात, बिहार और बंगाल तक प्रचलित हैं। मीरा हिन्दी और गुजराती दोनों की कवयित्री मानी जाती हैं। मीरा के पदों की भाषा में राजस्थानी, ब्रज और गुजराती का मिश्रण पाया जाता है वहीं पंजाबी, खड़ी बोली और पूर्वी के प्रयोग भी मिल जाते हैं। संगीत की दृष्टि से उनका काव्य श्रेष्ठ है। आज भी भारत के विभिन्न प्रांतों के घरों में उनके पद गुनगुनाए जाते हैं।

शब्द-सम्पदा

जन = लोग। **गास्यूँ** = गुण गाऊँगी। **सरसी** = अच्छी-से-अच्छी। **लीला** = विविध रूप। **भीर** = कष्ट। **धेनु** = गाय। **जमनाजी** = यमुना। **लाल** = स्वामी। **वैजंती** = एक फूल। **अधीराँ** = व्याकुल होना (अधीर)। **गजराज** = ऐरावत। **भगत** = भक्त। **गिरधर** = कृष्ण। **चाकर** = नौकर। **बारी** = बगीचा। **बढ़ायो** = बढ़ाना। **द्रौपदी री लाज राखी** = दुर्योधन द्वारा द्रौपदी का चीरहरण करने पर श्रीकृष्ण ने चीर को बढ़ाते-बढ़ाते इतना बढ़ा दिया कि दु:शासन का हाथ थक गया। **काटी कुंजर पीर** = हाथी का कष्ट दूर करने के लिए मगरमच्छ को मारा। **खरची** = रोज के लिए खर्चा। **पास्यूँ** = पाना। **सुमरण** = याद करना/स्मरण। **लाज** = प्रतिष्ठा। **जागीरी** = जागीर/साम्राज्य। **पीतांबर** = पीला वस्त्र। **सोहै** = सुंदर लगना। **तीरां** = किनारा। **बढ़ायो** = बढ़ाना। **पीर** = कष्ट। **कुंजर** = हाथी। **पहर** = पहनना। **मुगट** = मुकुट।

निम्नलिखित पद्यांशों की व्याख्या कीजिए—

1. **हरि आप हरो जन री भीर।**
द्रौपदी री लाज राखी, आप बढ़ायो चीर।
भगत कारण रूप नरहरि, धर्‌यो आप सरीर।
बूढतो गजराज राख्यो, काटी कुञ्जर पीर।
दासी मीराँ लाल गिरधर, हरो म्हारी भीर।

व्याख्या—उपर्युक्त पद में मीराबाई ने हरि अर्थात् ईश्वर से अपने को सामान्य जन बताते हुए अपनी पीड़ा हरने की प्रार्थना की है। वह हरि के उन रूपों का स्मरण कर रही हैं, जिन्हें धारण करके उन्होंने अपने भक्तों की रक्षा की थी। मीरा प्रभु के कृष्ण रूप को याद करती हैं जब उन्होंने द्रौपदी को वस्त्र देकर भरी सभा में लाज बचाई थी। अगली पंक्ति में मीरा ने हरि के उस रूप का वर्णन किया है, जब प्रहलाद की रक्षा करने के लिए हरि ने नरसिंह का अवतार लिया और हिरण्यकश्यप का वध किया। तीसरी पंक्ति में मीरा ने हरि के उस रूप का वर्णन किया है, जब उन्होंने डूबते हुए बूढ़े गजराज की रक्षा के लिए मगरमच्छ का वध किया। अंतिम पद में मीरा कहती है कि 'गिरधर' अर्थात् कृष्ण स्वामी हैं और मीरा उनकी दासी है। (हे प्रभु! आपने सबके दुख को दूर किया है इसलिए) आप हमारे दुख को दूर करो और हमें भव-बंधनों से छुटकारा दो।

प्रश्न— (क) प्रस्तुत पंक्तियों में कवयित्री के आराध्य कौन हैं?

(i) श्रीराम (ii) श्री कृष्ण
(iii) शिव (iv) विष्णु

(ख) श्री कृष्ण ने द्रौपदी की लाज कैसे रखी?

(i) लड़ाई करके (ii) लज्जित करके
(iii) साड़ी के कपड़े को बढ़ाकर (iv) इनमें से कोई नहीं

(ग) मीरा ने हरि से क्या विनती की है?

(i) अपनी पीड़ा हरने की (ii) दर्शन देने की
(iii) धनवान बनने की (iv) भोजन की

(घ) श्री कृष्ण ने अपने भक्त प्रह्लाद को बचाने के लिए किसका रूप धारण किया?

(i) भगवान का (ii) भिखारी का
(iii) मनुष्य का (iv) नरसिंह का

उत्तर– (क) (ii) श्री कृष्ण (ख)(iii)साड़ी के कपड़े को बढ़ाकर
(ग) (i) अपनी पीड़ा हरने की (घ) (iv) नरसिंह का

2. स्याम म्हाँने चाकर राखो जी,
गिरधारी लाला म्हाँने चाकर राखो जी
चाकर रहस्यूँ बाग लगास्यूँ नित उठ दरसण पास्यूँ
बिन्दरावन री कुंज गली में, गोविन्द लीला गास्यूँ।
चाकरी में दरसण पास्यूँ, सुमरण पास्यूँ खरची।
भाव भगती जागीरी पास्यूँ, तीनूं बाताँ सरसी।
मोर मुगट पीताम्बर सौहे, गल बैजन्ती माला।
बिन्दरावन में धेनु चरावे, मोहन मुरली वाला।
ऊँचा ऊँचा महल बणावं बिच बिच राखूँ बारी।
साँवरिया रा दरसण पास्यूँ, पहर कुसुम्बी साड़ी।
आधी रात प्रभु दरसण, दीज्यो जमनाजी रा तीरां।
मीराँ रा प्रभु गिरधर नागर, हिवड़ो घणो अधीराँ

व्याख्या—उपर्युक्त पद में मीरा बाई की कृष्ण-भक्ति का अनन्य उदाहरण मिलता है। वह कृष्ण के दर्शन पाने के लिए उनका नौकर बनने के लिए भी तैयार है इसीलिए कृष्ण से स्वयं को अपना नौकर रखने की विनती कर रही है।

जब वह नौकर बनकर बागवानी करेगी, तो इसी बहाने वह कृष्ण के दर्शन पा लेगी। वृंदावन की कुंज गलियों में वह गोविंद की लीला गाएगी। नौकरी करने से सेवा के भाव के कारण उसे प्रतिदिन कृष्ण के दर्शन होंगे तथा उस दर्शन रूपी भक्ति को खर्च कर उनके नाम को बार-बार जपती रहेगी। उसे भाव एवं भक्ति की जागीर मिल जाएगी। इस प्रकार दर्शन, नाम सुमरण और भक्ति की जागीर तीनों बातें उसे प्राप्त हो जाएँगी उसका जीवन सफल हो जाएगा।

मीराबाई कृष्ण के रूप-सौंदर्य का मोहक वर्णन करती हुई कहती है कि कृष्ण जब पीत (पीला) वस्त्र पहनकर, मोर-मुकुट धारण किए हुए, गले में बैजन्ती फूलों की माला पहने और हाथों में बाँसुरी लेकर वृंदावन में गाय चराते हैं, तो उनका रूप सभी का मन मोह लेता है।

मीराबाई कृष्ण के दर्शन के लिए अधीर है। वह कृष्ण के लिए ऊँचे-ऊँचे महलों के बीच बाग लगवाएगी जिनके बीच वह श्रृंगार करके कुसुंबी रंग की साड़ी पहनकर कृष्ण के दर्शन पाएगी। वह प्रभु से प्रार्थना करती है कि यमुना के तट पर आधी रात को उसे दर्शन देकर कृतार्थ करें। वह कहती है कि मीरा के एकमात्र प्रभु गिरिधर नागर हैं। वह उसके हृदय की बेचैनी को, दुखों को शीघ्रता से दूर करें।

प्रश्न– (क) प्रस्तुत पद्यांश में कवयित्री कौन हैं?

(i) स्मिता (ii) मीरा
(iii) गार्गी (iv) बैजन्ती

(ख) 'कुसुम्बी' का अर्थ है–

(i) लाल साड़ी (ii) हरी साड़ी
(iii) पीली साड़ी (iv) नीली साड़ी

(ग) मोहन गायें चराते हैं–

(i) गोकुल में (ii) वृन्दावन में
(iii) मथुरा में (iv) इनमें से कोई नहीं

(घ) श्रीकृष्ण ने माथे पर मुकुट पहना है–

(i) हीरे से जड़ा (ii) सोने का
(iii) लाल कपड़े का (iv) मोर पंखों से बना

उत्तर– (क) (ii) मीरा (ख) (i) लाल साड़ी
(ग) (ii) वृन्दावन में (घ) (iv) मोर पंखों से बना

3. ऊँचा-ऊँचा महल बणावं, बिच-बिच राखूँ बारी।
साँवरिया रा दरसन पास्यूँ, पहर कुसुम्बी साड़ी।
आधी रात प्रभु दरसण दीज्यों, जमनानी रा तीरां।
मीराँ रा प्रभु गिरधर नागर, हिवड़ो घणों अधीराँ॥

प्रश्न—(क) मीरा का हृदय किसके दर्शन के लिए अधीर है?

(i) पति के (ii) प्रभु के

(iii) बच्चों के लिए (iv) धन के लिए

(ख) मीरा महल में झरोखे क्यों बनाना चाहती है?

(i) धूप के लिए (ii) हवा के लिए

(iii) प्रकाश के लिए (iv) कृष्ण के लिए

(ग) मीरा किस रंग की साड़ी पहनकर हरि दर्शन करना चाहती है?

(i) कुसुम्बी साड़ी (ii) हरी साड़ी

(iii) नीली साड़ी (iv) श्वेत साड़ी

(घ) मीरा अपने प्रभु के दर्शन कब और कहाँ करना चाहती है?

(i) रात में, यमुना तट पर (ii) प्रातःकाल, गंगा तट पर

(iii) सायं काल, यमुना तट पर (iv) रात में, गंगा तट पर

उत्तर— (क) (ii) प्रभु के (ख) (iv) कृष्ण के लिए

(ग) (i) कुसुम्बी साड़ी (घ) (i) रात में, यमुना तट पर

पाठ से सम्बन्धित प्रश्नोत्तर

(क) निम्नलिखित प्रश्नों के उत्तर दीजिए—

प्रश्न 1. पहले पद में मीरा ने हरि से अपनी पीड़ा हरने की विनती किस प्रकार की है?

उत्तर— पहले पद में मीरा हरि से अपनी पीड़ा हरने की विनती करती हुई कहती है—हे प्रभु! जिस प्रकार आपने द्रौपदी का वस्त्र बढ़ाकर भरी सभा में उसकी लाज रखी थी, नरसिंह के रूप में अवतरित होकर हिरण्यकश्यप को मार प्रहलाद की रक्षा की थी और जब मगरमच्छ ने गजराज को अपने मुँह में ले लिया तब आपने डूबते हुए गजराज को बचाकर और उसकी भयंकर पीड़ा दूर की थी। हे प्रभु! इसी प्रकार मैं आपकी दासी हूँ मेरी भी पीड़ा दूर कर दो अर्थात् भव-बंधनों से छुटकारा दिलाओ।

प्रश्न 2. दूसरे पद में मीराबाई श्याम की चाकरी क्यों करना चाहती हैं? स्पष्ट कीजिए।

उत्तर— दूसरे पद में मीराबाई श्याम की चाकरी इसलिए करना चाहती हैं क्योंकि इससे कृष्ण के दर्शन, नाम स्मरण और भक्ति रूपी जागीर तीनों प्राप्त हो सकेगा और अंततः उसका जीवन सफल हो जाएगा। वह दासी बनकर बाग-बगीचे लगाना चाहती हैं जिसमें श्रीकृष्ण घूमें और वह वृंदावन की कुंज गलियों में कृष्ण की लीला के गीत गा सकें जिससे प्रभु के नाम के स्मरण का लाभ उठा सकें।

प्रश्न 3. मीराबाई ने श्रीकृष्ण के रूप-सौंदर्य का वर्णन कैसे किया है?

उत्तर— मीराबाई ने दूसरे पद में कृष्ण के रूप-सौंदर्य का वर्णन बड़े ही आकर्षक ढंग से किया है। वह कहती हैं कि कृष्ण के माथे पर मोर पंखों का मुकुट है, उनके गले में बैजन्ती फूलों की माला है। वे अपने शरीर पर पीत वस्त्र धारण करते हैं। अपने अधरों से मुरली को लगाकर जब वे वृंदावन में धेनु चराते हैं तब उनका रूप-सौंदर्य अत्यंत मोहक हो जाता है। इन पंक्तियों में मीरा ने कृष्ण के सगुण रूप का मनोहर वर्णन किया है।

प्रश्न 4. मीराबाई की भाषा-शैली पर प्रकाश डालिए।

उत्तर— मीराबाई की भाषा-शैली मूल रूप से राजस्थान मिश्रित ब्रजभाषा है। मीरा को अपने परिवार का त्यागकर इधर-उधर भटकना पड़ा था अतः इनकी भाषा में गुजराती शब्दों का प्रयोग भी मिलता है। मीरा ने अपनी भाषा में सरल, सहज और आम बोलचाल के शब्दों का अधिक प्रयोग किया है। इनकी पदावली कोमल, भावानुकूल व प्रवाहमयी है। इनके पदों में अनुप्रास, पुनरुक्तिप्रकाश, रूपक, उत्प्रेक्षा आदि अलंकारों का प्रयोग हुआ है। मीराबाई की भाषा की सबसे बड़ी विशेषता भावानुकूल शब्दों का प्रयोग है। मीरा के पदों की गेयता और मधुरता, भाषा को श्रुति मधुर बना देती है। मीरा की शैली को गीत शैली कहा जा सकता है।

प्रश्न 5. वे श्रीकृष्ण को पाने के लिए क्या-क्या कार्य करने को तैयार हैं?

उत्तर— वे कृष्ण को पाने के लिए उनकी सेविका बनने के लिए तैयार हैं। सेविका बनकर कृष्ण के टहलने के लिए बाग लगाना चाहती हैं, वृंदावन की गलियों में उनकी लीलाओं का गुणगान करना चाहती हैं, कुसुम्बी रंग की साड़ी पहनकर आधी रात को यमुना के तट पर कृष्ण से मिलकर उनके दर्शन करना चाहती हैं। तात्पर्य यह है कि मीराबाई कृष्ण की अनन्य उपासिका थीं अतः वह उनका सान्निध्य पाने के लिए अपना सर्वस्व समर्पण करना चाहती हैं।

(ख) निम्नलिखित पंक्तियों का काव्य सौन्दर्य स्पष्ट कीजिए—

1. हरि आप हरो जन री भीर।
द्रौपदी री लाज राखी, आप बढ़ायो चीर।
भगत कारण रूप नरहरि, धर्‌यो आप सरीर।

उत्तर—काव्य सौंदर्य—उपर्युक्त पद्यांश में मीरा कहती हैं कि हे प्रभु! आप मेरी पीड़ा को दूर कर दो। अपनी बात की प्रबलता के लिए उन्होंने दृष्टांत का सहारा लिया है। वे कहती हैं कि जिस प्रकार आपने भरी सभा में द्रौपदी की लाज रखी थी, प्रहलाद की रक्षा करने के लिए भगवान नरसिंह का रूप धारण किया था ठीक उसी प्रकार आप हमारी पीड़ा को भी दूर कर दें।

इस गद्यांश की भाषा राजस्थानी मिश्रित ब्रजभाषा है। 'नरहरि' के 'हरि' शब्द में श्लेष अलंकार का प्रयोग किया गया है। 'र/री' वर्ण के बार-बार प्रयोग से अनुप्रास अलंकार की सम्भावना है तथा यहाँ गेयता और संगीतात्मकता प्रबल हुई है। इस पद्य में भक्ति रस का प्रयोग किया गया है।

2. बूढ़तो गजराज राख्यो, काटी कुञ्जर पीर।
दासी मीराँ लाल गिरधर, हरो म्हारी भीर।

उत्तर—काव्य सौंदर्य—उपर्युक्त पद्यांश में मीरा कहती हैं कि हे प्रभु! आपने डूबते हुए गजराज को बचाकर उसके दुख को दूर किया था। हे गिरधर! हे स्वामी! मैं तो आपकी दासी हूँ। आप मेरी पीड़ा को दूर कर दें। इसमें दृष्टांत अलंकार का सुंदर निदर्शन है। यहाँ दास्य भक्तिरस का उत्तम प्रयोग है। इसकी भाषा ब्रज मिश्रित राजस्थानी है। 'काटी कुञ्जर पीर' में आकर्षक अनुप्रास अलंकार है, भाषा सरल, सहज तथा गेय है।

3. चाकरी में दरसण पास्यूँ, सुमरण पास्यूँ खरची।
भाव भगती जागीरी पास्यूँ, तीनूं बाताँ सरसी।

उत्तर—काव्य सौंदर्य—उपर्युक्त पद्यांश में मीरा कहती हैं कि हे प्रभु! मैं आपकी सेविका बनकर नित्यप्रति आपके दर्शनरूपी धन को पा सकूँगी और आपका नाम स्मरण रूपी धन को खर्च करूँगी और इस प्रकार मैं आपकी भाव भक्ति रूपी जागीर को प्राप्त कर सकूँगी। इस प्रकार भाव भक्ति में अनुप्रास अलंकार का प्रयोग है। यहाँ राजस्थानी भाषा का प्रयोग है। पद में गेयता, संगीतात्मकता के साथ भक्ति के साथ शांत रस का सुंदर निदर्शन है।

भाषा अध्ययन

प्रश्न 1. उदाहरण के आधार पर पाठ में आए निम्नलिखित शब्दों के रूप लिखिए—
उदाहरण—भीर = पीड़ा। **कष्ट** = दु:ख। **री** = की।

उत्तर— **चीर** = वस्त्र/कपड़ा। **धर्‍यो** = धारण किया। **कुंजर** = हाथी/हस्ती। **बिन्दरावन** = वृंदावन। **रहस्यूँ** = रहूँगी। **राख** = रक्षा करो। **बूढ़ता** = डूबता। **लगास्यूँ** = लगाऊँगी। **घणा** = बहुत अधिक। **सरसी** = पूरी हुई। **हिवड़ा** = हृदय/दिल। **कुसुम्बी** = लाल रंग की।

परियोजना कार्य

1. पहले हमारे यहाँ दस अवतार माने जाते थे। विष्णु के अवतार राम और कृष्ण प्रमुख हैं। अन्य अवतारों के बारे में जानकारी प्राप्त करके चार्ट बनाइए।

उत्तर— वास्तव में हमारे यहाँ दस अवतारों की चर्चा है। इन अवतारों में रामावतार और कृष्णावतार प्रमुख हैं। अन्य अवतारों के नाम यहाँ दिए जा रहे हैं। विद्यार्थी पुस्तकालय की सहायता और अपनी प्रतिभा से एक चार्ट बनाएँगे—

1. मत्स्यावतार	2. कूर्मावतार	3. वराहावतार	10. कल्कि अवतार
4. वामनावतार	5. नरसिंहावतार	6. परशुरामावतार	
7. रामावतार	8. कृष्णावतार	9. बुद्धवतार	

परीक्षोपयोगी महत्वपूर्ण प्रश्नोत्तर

लघु उत्तरीय प्रश्न

प्रश्न 1. 'हरि आप हरो जन री भीर।' इस पंक्ति के द्वारा मीरा 'हरि' से क्या प्रार्थना करती है?

उत्तर— इस पंक्ति के द्वारा मीरा 'हरि' अर्थात् प्रभु से सभी लोगों की पीड़ा हरने की प्रार्थना करती है। मीरा का मानना है कि ईश्वर यदि सबकी पीड़ा दूर करेंगे तो उसकी भी पीड़ा स्वत: दूर हो जाएगी।

प्रश्न 2. पहले पद में प्रभु के किन रूपों की चर्चा की गई है?

उत्तर— पहले पद में मीरा ने द्रौपदी की लाज बचाने वाले कृष्ण रूप की, प्रहलाद की रक्षा करने वाले नरहरि रूप की तथा गजराज के प्राणों की रक्षा करने वाले विष्णु के रूपों की चर्चा की है।

प्रश्न 3. मीरा ने प्रभु से अपनी पीड़ा को दूर करने के लिए अनेक उदाहरणों का प्रयोग क्यों किया है?

उत्तर— मीराबाई अपने दु:खों को दूसरों के दु:ख के सामने सामान्य समझती है। उसका मानना है कि ईश्वर ने जिन लोगों के दु:खों को दूर किया है उनके दु:ख तो अत्यधिक कष्टकारक और हृदयविदारक थे। प्रभु जब इन लोगों के दु:खों को आसानी से दूर कर सकते हैं तो हमारा भी दु:ख दूर कर ही देंगे। इसी भाव के कारण मीरा ने अन्य उदाहरणों का प्रयोग किया है।

प्रश्न 4. पहले पद के अंत में मीरा ने 'लाल गिरधर' किसे और क्यों कहा है?

उत्तर— पहले पद के अंत में मीरा ने 'लाल गिरधर' कृष्ण को कहा है। लाल का अर्थ स्वामी और गिरधर कृष्ण का पर्याय है। मान्यता है कि एक बार इन्द्र के प्रकोप से गोकुलवासियों को बचाने के लिए उन्होंने गोवर्धन पर्वत को उठा लिया था तब से उनका नाम गिरधर पड़ गया।

प्रश्न 5. दूसरे पद के आधार पर बताइए कि मीरा कृष्ण से किस प्रकार का सम्बन्ध रखना चाहती हैं?

उत्तर— दूसरे पद में मीरा कृष्ण की चाकरी करना चाहती हैं। अत: वह यहाँ स्वामी सेविका का सम्बन्ध रखना चाहती हैं। दूसरी जगह वह कुसुंबी रंग की साड़ी पहनकर अपने साँवरिया से मिलना चाहती हैं। अत: वह यहाँ प्रिय और प्रेयसी का सम्बन्ध रखना चाहती हैं। दोनों सम्बन्धों में समर्पण है। वह केवल कृष्ण के दर्शन कर उनके साथ एकाकार होना चाहती हैं।

प्रश्न 6. मीरा कृष्ण की चाकरी करने को इतनी आतुर क्यों हैं?

उत्तर— मीरा कृष्ण की चाकरी करने के लिए आतुर हैं, क्योंकि वे सेवक बनकर कृष्ण के आस-पास रहना चाहती थीं। ताकि वे अपने प्रिय कृष्ण के दर्शन प्रतिदिन कर सकें। इस प्रकार मीरा चाकरी करके कृष्ण की निकटता पाना चाहती हैं।

प्रश्न 7. 'तीनूं बाताँ सरसी' के द्वारा मीराबाई क्या कहना चाहती हैं?

उत्तर— मीराबाई वृंदावन में रहकर कृष्ण की भक्ति करना चाहती हैं। इसके लिए वह कृष्ण की नौकरी करना चाहती हैं। उसे पता है कि इससे उसे कृष्ण के दर्शन भी होंगे, कृष्ण के नाम को वह याद भी करती रहेगी तथा उसे भक्ति रूपी जागीरी भी मिल जाएगी। उन तीनों बातों की सफलता से मीरा को मुक्ति मिल जाएगी।

प्रश्न 8. मीराबाई वृंदावन में क्या-क्या करना चाहती हैं?

उत्तर— मीराबाई वृंदावन में वह सब करने के लिए तैयार हैं जो कृष्ण को प्रिय हैं। वह कृष्ण के टहलने के लिए बाग लगाना चाहती हैं। गोविंद की लीला को वृंदावन की गलियों में गाना चाहती हैं। वह उनके लिए ऊँचे-ऊँचे महल जिसके मध्य में खिड़की हो बनवाना चाहती हैं। इन सबके पीछे मीरा का एकमात्र उद्देश्य कृष्ण के दर्शन हैं।

प्रश्न 9. मीराबाई किस रंग की साड़ी पहनकर और कहाँ मिलना चाहती हैं?

उत्तर— मीराबाई एकांत भक्ति पर विश्वास करती थीं। कुसुंबी रंग कृष्ण का प्रिय रंग था। अत: वह कुसुंबी रंग की साड़ी पहनकर यमुना के किनारे आधी रात को कृष्ण से मिलना चाहती हैं। यह भक्ति की उच्चतम अवस्था है। जहाँ भक्त और ईश्वर दोनों अपने भावों में एकात्म हो जाते हैं।

प्रश्न 10. मीराबाई ने श्रीकृष्ण से अपनी पीड़ा हरने की प्रार्थना किस प्रकार की है? अपने शब्दों में लिखिए।

उत्तर— मीराबाई श्रीकृष्ण से अपनी पीड़ा हरने की प्रार्थना करती हुई कहती है—हे प्रभु! जिस प्रकार आपने कई भक्तों को अनेक प्रकार से सहायता कर उनके दु:ख को दूर किया है उसी प्रकार आप मेरी भी पीड़ा को दूर कर मुझे सांसारिक कष्टों से दूर करें, वह कहती हैं कि आपने द्रौपदी का वस्त्र बढ़ाकर भरी सभा में उसकी लाज रखी। नरसिंह का रूप धारण करके हिरण्यकश्यप को मार कर प्रहलाद को बचाया था। मगरमच्छ ने जब हाथी के पैर को अपने मुँह में दबोच लिया तो उसे बचाया और उसकी पीड़ा को दूर किया था। उसी प्रकार मेरी भी सभी प्रकार की पीड़ाओं और बाधाओं को आप दूर करें।

दीर्घ उत्तरीय प्रश्न

प्रश्न 1. मीरा की भाषा और भक्ति पर प्रकाश डालिए।

उत्तर— मीराबाई की रचनाएँ प्रामाणिक रूप से बहुत कम ही उपलब्ध हैं। उनकी रचनाओं में भक्ति के अनेक रूप परिलक्षित होते हैं पर अधिकतर रचनाओं में मीरा की भक्ति दैन्य और भाव माधुर्य ही है। कहते हैं कि इसका सबसे बड़ा कारण उनका पारिवारिक जीवन रहा है। मीरा के पदों की भाषा में राजस्थानी, गुजराती और ब्रज का मिश्रण पाया जाता है। कुछ पद में पंजाबी, खड़ी बोली और पूर्वी के प्रयोग के उदाहरण भी उपलब्ध होते हैं।

प्रश्न 2. प्रदत्त पद के आधार पर मीराबाई के आराध्य के सगुण रूप का वर्णन करें।

उत्तर— मीरा सगुण और निर्गुण दोनों रूपों की उपासिका थीं। उनका सगुण रूप अत्यंत मनमोहक, आनंददायक और अनुपम है। उसके माथे पर मोर पंखों का मुकुट शोभायमान रहता है। उसके गले में बैजंती फूलों की माला रहती है। उनके अधरों से सुंदर बाँसुरी की धुन गुंजित होती रहती है। वह पीतांबर वस्त्रों में सर्वदा सुशोभित रहता है। उनका ऐसा मनोरम और मनभावन रूप मन के लिए सदा आकर्षण का विषय रहता है।

प्रश्न 3. मीरा के पदों के आधार पर स्पष्ट कीजिए कि वह भक्त की विपत्ति दूर करने के लिए किन प्रसंगों की याद कृष्ण को दिलाती है और उन्हें पाने के लिए क्या-क्या कार्य करने को तत्पर है?

उत्तर— मीरा के पदों में भक्त की विपत्ति दूर करने के लिए प्रभु श्रीकृष्ण ने जन-जन की पीड़ा हरने की विनती करती है। मीरा एक भक्त के उदाहरण देती हैं कि द्रोपदी जिसका दु:शासन ने भरी सभा में चीर हरण करना चाहा—तब श्रीकृष्ण ने उन्हें वस्त्र बढ़ाकर उनकी रक्षा की। दूसरा उदाहरण उन्होंने भक्त प्रहलाद की रक्षा करने के लिए नरसिंह का रूप धारण किया और उसका पेट फाड़ डाला इसी भाँति उन्होंने डूबते हाथी को मुख से हरि नाम सुनकर मगरमच्छ के मुँह से बचा लिया। वह यह उदाहरण देकर कृष्ण को अपने प्रति कर्तव्य का स्मरण कराती हैं कि हे गिरिधर आप मेरी भी पीड़ा हरण कीजिए और कृष्ण को पाकर अपने जीवन की सबसे बड़ी कामना भगवान की भक्ति में लीन होना चाहती हैं। वह कृष्ण की चाकरी करना चाहती हैं, बाग लगाना चाहती हैं। श्रीकृष्ण की लीला का गान करती हैं, ऊँचे-ऊँचे महल बनवाना चाहती है, वह कृष्ण से मिलने के लिए सदैव तत्पर रहती हैं।

❑❑

दोहे

|3|

कवि-बिहारी

कवि परिचय—हिन्दी साहित्य में रीतिकाव्य परम्परा के संस्थापक कवियों में 'बिहारी' कवि का नाम बड़े ही आदर के साथ लिया जाता है। इस प्रसिद्ध कवि का जन्म सन् 1595 में ग्वालियर के पास बसुआ गोविन्दपुर गाँव में हुआ था। इनके पिता का नाम केशवराय था। बिहारी का बचपन बुंदेलखण्ड में बीता था। उनके गुरु के नाम के संदर्भ में विवाद है। कुछ लोग आचार्य केशवदास को इनका गुरु मानते हैं तो कुछ लोग आचार्य नरहरिदास को मानते हैं। कुछ लोगों की मान्यता है कि ये कवि रहीम के भी सम्पर्क में आए थे। बिहारी की काव्य प्रतिभा बहुत ही तीक्ष्ण और ज्ञान अपरिमित था। अनेक कवि इनकी काव्य प्रतिभा का गुणगान करते थे। एक साथ अनेक विषयों के ये ज्ञाता थे। ज्योतिष, वैद्यक, गणित और विज्ञान आदि विषयों में कुशल थे। इनकी अद्भुत प्रतिभा और अतुलनीय ज्ञान को देखकर उस समय के अनेक राजाओं ने इनसे अपना दरबारी कवि बनने का आग्रह किया था पर ये जयपुर के महाराज जयसिंह के दरबारी कवि बन गए और समस्त जीवन वहीं काव्य-रचना करते हुए व्यतीत कर दिया। सन् 1663 में इस महान् कवि का देहावसान हो गया।

रचनाएँ—बिहारी के 700 दोहों का संकलन 'सतसई' उनकी प्रसिद्धि का एकमात्र आधार है। कतिपय आलोचकों ने इन सात सौ दोहों में से कुछ दोहों को बिहारी द्वारा रचित नहीं माना है परन्तु यह शोध का विषय है। सतसई का तात्पर्य ही सात सौ होता है। अत: सामान्य रूप से इस पर कोई विवाद मान्य नहीं है। बिहारी के 'सतसई' ग्रंथ ने उन्हें हिन्दी साहित्य में अमर कर दिया है।

काव्यगत विशेषताएँ—बिहारी के दोहों के सन्दर्भ में एक दोहा कहा गया है—

सतसैया के दोहरे, ज्यों नावक के तीर।
देखन में छोटे लगै, घाव करै गंभीर।

कवि बिहारी की भाषा का समस्त सौंदर्य उपर्युक्त दोहे से ही परिलक्षित हो जाता है। कम शब्दों में गम्भीर अर्थ को व्यक्त कर जाने की कला के कारण इन्हें 'गागर में सागर' भरने वाला कवि कहा जाता है। इनकी रचनाएँ 'बिहारी सतसई' में संकलित हैं। मूलत: बिहारी श्रृंगार रस के कवि हैं पर उन्होंने भक्ति और नीति के भी दोहों पर अपनी आलौकिक प्रतिभा का परिचय दिया है। उनके दोहों में वर्णित नीति ज्ञान और लोक व्यवहार विषयक बातें आज भी लोगों के लिए अनुकरणीय हैं। बिहारी के दोहों की भाषा मानक साहित्यिक ब्रज भाषा है पूर्वी हिन्दी, बुंदेलखण्डी और फारसी के शब्दों का प्रयोग भी कहीं-कहीं किया गया है। इनका शब्द-चयन बड़ा सुंदर भावानुकूल और सार्थक है। अत: कवि 'बिहारी' काव्य के श्रेष्ठ कवि हैं।

शब्द-सम्पदा

सोहत = सुंदर लगना। **पटु** = कपड़ा। **गात** = शरीर। **सैल** = पर्वत। **प्रभात** = सुबह। **अहि** = साँप। **जगतु** = संसार। **कियौ** = करना। **बतरस** = बातचीत का आनंद। **रामु** = प्रभु राम। **लुकाइ** = छिपाकर। **भौंहनु** = भौंह से। **कहैं** = कहना। **कहत** = कहता है। **खिझत** = गुस्सा होना। **लजियात** = लज्जा करना। **करत** = करना। **बैठी** = बैठना। **बन** = वन। **तन** = शरीर। **दुपहरी** = दोपहर। **चाहति** = चाहना। **सँदेसु** = संदेश। **सबु** = सब। **हिय** = हृदय। **द्विजराज** = ब्राह्मण। **बसे** = बसना। **हरौ** = दूर करो। **जपमाला** = जप करने की माला। **सरै** = समाप्त होना। **मन** = हृदय। **बृथा** = व्यर्थ। **ओढ़ैं** = ओढ़ा हुआ। **स्याम** = साँवला। **मनौ** = मानो। **आतपु** = धूप। **एकत** = एक साथ। **मयूर** = मोर। **तपोवन** = वह वन जहाँ तपस्वी रहते हैं। **दीरघ-दाघ** = प्रचंड ताप। **लालच** = लोभ। **मुरली** = बंशी। **सौंह** = शपथ। **हँसैं** = हँसना। **नटि** = मना करना। **नटत** = मना करना। **मिलत** = मिलना। **भरे** = भरा हुआ। **नैननु** = आँखों से। **अति** = अधिक। **पैठि** = प्रवेश करना। **माँह** = में। **जेठ** = एक महीना। **लिखत** = लिखना। **लजात** = लज्जा करना। **तेरौ** = तुम्हारा। **प्रगट** = उत्पन्न होना। **कुल** = वंश। **ब्रज** = जगह विशेष। **कलेस** = दु:ख। **छापैं** = छापा हुआ। **एकौ** = एक भी। **काँचै** = कच्चा। **साँचै** = सच्चा। **पीतु** = पीला। **सलौंने** = सुन्दर। **नीलमनि** = नीलमणि। **परयौ** = पड़ना। **बसत** = निवास करना। **मृग** = हिरन। **सौ** = जैसा। **निदाघ** = ग्रीष्म ऋतु। **लाल** = कृष्ण। **धरी** = रखना। **करैं** = करना। **दें** = देना। **जाइ** = जाना। **रीझत** = प्रसन्न होना। **खिलत** = खिल जाना। **भौन** = भवन। **सब** = सारा। **सघन** = घना। **सदन** = घर। **देखि** = देखकर। **छाँहौं** = छाया। **कहत** = कहना। **कहिहै** = कहता है। **हियौ** = हृदय। **भए** = होना। **सुबस** = अपनी इच्छा से। **आइ** = आकर। **केसव** = कृष्ण। **तिलक** = टीका। **कामु** = काम। **नाचै** = नाचना। **राँचै** = प्रसन्न।

निम्नलिखित पद्यांशों की व्याख्या कीजिए—

1. सोहत ओढ़ैं पीतु पटु स्याम सलौंने गात।
मनौ नीलमनि-सैल पर आतपु परयौ प्रभात॥

व्याख्या—कवि ने प्रस्तुत दोहे में कृष्ण के शारीरिक सौंदर्य का अद्भुत वर्णन किया है। कवि लिखते हैं कि कृष्ण अपने साँवले शरीर पर पीले वस्त्र ओढ़कर (उसी प्रकार) सुशोभित हो रहे हैं जैसे मानो नीलमणि पर्वत पर सुबह के सूर्य की किरणें पड़ रही हों।

विशेष–'मानो' शब्द के प्रयोग में उत्प्रेक्षा अलंकार का प्रयोग है। 'पीतु पटु स्याम', 'स्याम सलौंने' और 'परयौ प्रभात' में अनुप्रास अलंकार है। इस दोहे में कवि ने श्रृंगार रस का प्रयोग किया है।

प्रश्न– (क) इसमें किस छंद का प्रयोग हुआ है?

(i) दोहा (ii) सोरठा
(iii) गीतिका (iv) चौपाई

(ख) श्रीकृष्ण ने अपने सुंदर श्यामल शरीर पर कौन से वस्त्रों को धारण कर रखा है?

(i) लाल (ii) हरे
(iii) पीले (iv) काले

(ग) काव्यांश में प्रयुक्त पीत पटु में कौन-सा अलंकार है?

(i) यमक (ii) अनुप्रास
(iii) श्लेष (iv) रूपक

(घ) भाषा भावाभिव्यक्ति में किस भाषा का प्रयोग हुआ है?

(i) सक्षम तथा ब्रजभाषा (ii) प्रभावोत्पादक
(iii) अत्यन्त प्रभावी (iv) सरल एवं सहज

उत्तर– (क) (i) दोहा (ख) (iii) पीले
(ग) (ii) अनुप्रास (घ) (i) सक्षम तथा ब्रजभाषा

2. कहलाने एकत बसत अहि मयूर, मृग बाघ।
जगतु तपोवन सौ कियौ दीरघ-दाघ निदाघ॥

व्याख्या–प्रस्तुत दोहे में ग्रीष्म ऋतु की भीषणता का वर्णन है। गर्मी के भयंकर ताप ने इस संसार को तपोवन के समान बना दिया है। इस भयंकर गर्मी से बचने के लिए एक-दूसरे के शत्रु साँप, मोर और सिंह साथ-साथ रहने लगे हैं अर्थात् विपत्ति के इस समय में सभी द्वेषों को भुलाकर जानवर भी तपस्वियों जैसा व्यवहार कर रहे हैं। कवि कहना चाह रहा है कि तपोवन में ही ऐसा मैत्रीभाव सम्भव है।

विशेष–उपदेश परक भाषा का प्रयोग किया गया है। 'मयूर, मृग' और 'दीरघ-दाघ निदाघ' में अनुप्रास अलंकार का प्रयोग तथा 'जगतु तपोवन सौ किया' में उपमा अलंकार का प्रयोग है।

3. बतरस-लालच लाल की मुरली धरी लुकाइ।
सौंह करैं भौंहनु हँसै, दैन कहैं नटि जाइ॥

व्याख्या–उपर्युक्त दोहे में कवि ने श्रीकृष्ण और गोपियों की लीलाओं का मनोहारी वर्णन किया है। गोपियों ने श्रीकृष्ण से बात करने के लालच में श्रीकृष्ण की मुरली कहीं छिपा दी है। श्रीकृष्ण जब गोपियों से अपनी मुरली माँगते हैं तो गोपियाँ झूठी शपथ खाती हैं (कि उन्होंने मुरली नहीं ली है) और भौंहें हिलाकर हँसती हैं अर्थात् स्वीकार भी करती हैं और जब देने के लिए कहा जाता है तब वह मना कर देती हैं।

विशेष–'लालच लाल' में अनुप्रास की संभावना। भाषा श्रृंगार परक और सरस है। स्वभावोक्ति अलंकार का प्रयोग।

4. कहत, नटत, रीझत, खिझत, मिलत, खिलत, लजियात।
भरे, भौन मैं करत हैं नैननु हीं सब बात॥

व्याख्या–प्रस्तुत दोहे में कवि ने नयनों द्वारा नायक-नायिका के सांकेतिक वार्तालाप का सुन्दर चित्रण किया है। नायक-नायिका से आँखों द्वारा कुछ कहता है लेकिन नायिका मना कर देती है और खीझ जाती है। उसके मना करने पर उसकी मुख मुद्रा को देखकर नायक, नायिका पर और भी प्रसन्न हो जाता है फिर जब दोनों की आँखें परस्पर मिलती हैं तो नायिका लजा जाती है। दोनों के चेहरे प्रसन्नचित होते दिखाई पड़ते हैं। इस प्रकार भरे भवन में अर्थात् अनेक लोगों की उपस्थिति के बाद भी नायक-नायिका आँखों की भाषा में बातचीत कर लेते हैं।

विशेष–यहाँ संयोग श्रृंगार का सुंदर उदाहरण प्रस्तुत किया गया है। 'भरे भौन में' में अनुप्रास की छटा विद्यमान है। भाषा भावानुकूल प्रयोग की गयी है।

प्रश्न– (क) 'भरे भौन' में कौन-सा अलंकार विद्यमान है?

(i) अनुप्रास (ii) श्लेष
(iii) यमक (iv) रूपक

(ख) इसमें किस रस की प्रधानता है?

(i) वीर रस (ii) श्रृंगार रस
(iii) हास्य रस (iv) भयानक रस

(ग) नायक-नायिका के मना करने पर क्या करता है?

(i) भंगिमा पर रीझता है (ii) लज्जित हो जाता है
(iii) आँखों-आँखों में सारी बातें कर लेता है (iv) बनावटी गुस्से का भाव है

(घ) इसमें किस भाषा का प्रयोग किया गया है?

(i) अत्यन्त प्रभावी (ii) भावाभिव्यक्ति
(iii) प्रभावोत्पादक (iv) सरल एवं सहज

उत्तर– (क) (i) अनुप्रास (ख) (ii) श्रृंगार रस
(ग) (i) भंगिमा पर रीझता है (घ) (iii) प्रभावोत्पादक

5. बैठि रही अति सघन बन, पैठि सदन-तन माँह।
देखि दुपहरी जेठ की छाँहौं चाहति छाँह॥

व्याख्या–प्रस्तुत दोहे में कवि ने ज्येष्ठ (जेठ) के महीने में पड़ने वाली भीषण गर्मी का वर्णन किया है। कवि गर्मी की प्रचंडता का वर्णन करते हुए कहते हैं कि ज्येष्ठ (जेठ) के दोपहर की गर्मी इतनी भयंकर है कि छाया भी इस गर्मी से बचने के लिए छाँव खोज रही है। वह इस गर्मी से बचने के लिए या तो घने जंगलों में कहीं बैठ गई है या फिर किसी घर के अंदर चली गई है।

विशेष–कवि ने यहाँ छाया के लिए मानवीकरण अलंकार का प्रयोग किया है। 'देखि दुपहरी' में अनुप्रास अलंकार है। भाषा भावानुकूल प्रयोग की गयी है।

6. कागद पर लिखत न बनत, कहत सँदेसु लजात।
कहिहै सबु तेरौ हियौ, मेरे हिय की बात॥

व्याख्या–इस दोहे में कवि ने प्रियतम से दूर नायिका की मनोदशा का वर्णन किया है। नायिका कहती है कि उससे कागज पर अपना संदेश लिखा नहीं जा रहा है। किसी संदेशवाहक को संदेश कहने में लज्जा आ रही है इसलिए वह कहती है कि अब तुम्हारा हृदय मेरे हृदय की बात अर्थात् भाव को कह देगा। यहाँ कवि द्वारा वियोगी हृदय के भाव को अत्यंत सूक्ष्मता से व्यक्त किया गया है। नायिका कहना चाहती है कि तुम्हारे मन के भाव ही मेरे भावों को प्रकट कर देंगे।

विशेष–वियोग श्रृंगार का सफल निदर्शन है। अतिशयोक्ति अलंकार का सुंदर उदाहरण प्रस्तुत किया गया है। भाषा सरल और सहज।

7. प्रगट भए द्विजराज कुल, सुबस बसे ब्रज आइ।
मेरे हरौ कलेस सब, केसव केसवराइ॥

व्याख्या–प्रस्तुत दोहे में बिहारी श्रीकृष्ण से अपने सारे दु:खों को दूर करने का निवेदन करते हुए कह रहे हैं कि श्रीकृष्ण! तुमने ब्राह्मण कुल में जन्म लिया था परन्तु अपनी इच्छा से ब्रज में आकर बस गए हो। (ब्रज में आकर बसने से ब्रजवासियों का उद्धार हुआ है।) हे प्रभु! (केशव) तुम मेरे पिता के समान (केशवराइ) मेरे भी कष्टों को दूर करो। (कवि के पिता का नाम भी केशवराय था। कृष्ण का भी एक नाम केशव है। अत: कवि कृष्ण से अपने पिता की तुलना करता है।)

विशेष–'केशव केशवराइ' में अनुप्रास अलंकार है। कवि के भक्तिपरक दोहे का सुंदर उदाहरण है। यहाँ बड़ी ही सरलता से भक्ति रस प्रयोग किया गया है। भाषा सरल और सहज है तथा शब्दों का प्रयोग भावानुकूल है।

8. जयमाला, छापै, तिलक सरै न एकौ कामु।
मन काँचै नाचै बृथा, साँचै राँचै रामु॥

व्याख्या–कवि ने यहाँ बड़े ही सुंदर शब्दों में भक्ति के आडंबर पर कुठाराघात किया है। कवि कहते हैं कि माला हाथ में लेकर राम-राम जपने से, माथे पर तिलक लगा लेने से एक काम नहीं हो सकता है। क्योंकि यह तो बाह्य आडम्बर है, इन आडम्बरों को त्यागकर उचित भाव से ईश्वर तक पहुँचा जा सकता है। यह भक्ति का रूप नहीं है। मन तो काँच के समान चंचल और सरल है यह बेकार ही भटकता रहता है। सच्चे और स्थिर मन में ही राम (प्रभु) का निवास होता है। अत: सच्चे और सरल मन से ही ईश्वर का ध्यान करना चाहिए। यही भक्ति का उत्तम मार्ग है और उचित आडम्बरों से दूर रहकर ईश्वर भक्ति में तत्पर रहना चाहिए तभी कार्य सिद्ध होते हैं।

विशेष–'साँचै राँचै रामु' और 'काँचै नाचै' में अनुप्रास अलंकार है। यहाँ भक्ति रस का कुशल प्रयोग है। भाषा सरल, सहज और भावानुकूल है।

पाठ से सम्बन्धित प्रश्नोत्तर

(क) निम्नलिखित प्रश्नों के उत्तर दीजिए–

प्रश्न 1. छाया भी कब छाया ढूँढ़ने लगती है?

उत्तर– ग्रीष्म के ज्येष्ठ मास की दोपहरी में सूरज की सीधी किरणें धरती पर पड़ने के कारण वस्तुओं की छाया छोटी होती जाती है। बड़े-बड़े पेड़ों की छाया भी उनकी जड़ों में सिमटने लगती है इसलिए कवि कहता है कि जेठ की दोपहरी की भीषण गर्मी में छाया भी आक्रांत होकर छाया ढूँढ़ने लगती है।

प्रश्न 2. बिहारी की नायिका यह क्यों कहती है 'कहिहै सबु तेरो हियौ, मेरे हिय की बात'–स्पष्ट कीजिए।

उत्तर– बिहारी की नायिका अपने प्रियतम से अन्यतम प्रेम करती है। वह अपने संदेश को कागज पर लिखना चाहती है पर भावातिरेक के कारण लिख नहीं पाती है। मौखिक रूप से किसी को संदेश कहने में उसे लोक मर्यादा के कारण लज्जा का अनुभव हो रहा है। अंत में कोई और उपाय न पाकर वह कहती है कि हे प्रिय! अब तुम्हारा हृदय ही मेरे हृदय की बात को कह देगा। यहाँ दो वियोगी हृदय के समान भावों को कवि ने नायिका के माध्यम से व्यंगित किया है। अत: नायिका कहना चाहती है कि मेरे मन की व्यथा को आप स्वयं समझ सकते हो।

प्रश्न 3. सच्चे मन में राम बसते हैं—दोहे के संदर्भानुसार स्पष्ट कीजिए।

उत्तर— बिहारी कवि ने इस दोहे में भक्ति के सच्चे मार्ग को बताया है। कवि का मानना है कि व्यर्थ का आडंबर करने से राम नहीं मिलते हैं। मन तो चंचल है। जो सच्चे मन से राम को जपता या याद करता है उसे राम मिलते हैं और उसी के सभी कार्य सिद्ध होते हैं। इसलिए राम को पाने के लिए किसी प्रकार के दिखावे की आवश्यकता नहीं है। तिलक लगाने, जाप करने आदि बाह्य आडम्बरों से ईश्वर की प्राप्ति नहीं होती है। सादगी और सच्चे मन में ही राम का निवास होता है।

प्रश्न 4. गोपियाँ श्रीकृष्ण की बाँसुरी क्यों छिपा लेती हैं?

उत्तर— गोपियाँ श्रीकृष्ण से बातें करना चाहती हैं। वे कृष्ण का ध्यान अपनी ओर आकर्षित करने के लिए उनकी मुरली को छिपा देती हैं ताकि बाँसुरी के बहाने कृष्ण उनसे बातें करें और अधिक समय तक वे उनके निकट रह पाएँ और उनके मन के भावों को समझ सकें। मुख्य रूप से गोपियाँ बाँसुरी छिपाने के बहाने कृष्ण का सान्निध्य पाना चाहती हैं।

प्रश्न 5. बिहारी कवि ने, सभी की उपस्थिति में भी कैसे बात की जा सकती है, इसका वर्णन किस प्रकार किया है? अपने शब्दों में लिखिए।

उत्तर— कवि बिहारी ने सभी की उपस्थिति में भी बिना शब्दों को बोले आंगिक क्रिया द्वारा कैसे बात की जा सकती है, इसका बड़ा ही सजीव और मनोहारी वर्णन किया है। लोगों की उपस्थिति में नायक, नायिका को इशारों से बुलाता है और नायिका आँखों के इशारे से ही मना कर देती है। नायिका के मना करने के ढंग पर नायक प्रसन्न हो जाता है। उसकी प्रसन्नता को देखकर नायिका खीझ जाती है। फिर दोनों के नयन आपस में मिलते हैं और दोनों के चेहरे पर प्रसन्नता आ जाती है। नायक के चेहरे की प्रसन्नता को देखकर नायिका लजा जाती है। ये सारी क्रियाएँ आँखों ही आँखों में होती हैं, जिसका पता अन्य को नहीं चलता। कवि का यह शब्द चित्र प्रस्तुतीकरण शोभनीय है।

(ख) निम्नलिखित पंक्तियों का काव्य सौन्दर्य स्पष्ट कीजिए—

प्रश्न 1. मनौ नीलमनि सैल पर आतपु पर्‌यौ प्रभात।

उत्तर— कवि के द्वारा इस पंक्ति में कृष्ण के शारीरिक सौंदर्य का वर्णन किया गया है। कृष्ण के साँवले शरीर पर पीले रंग के वस्त्र हैं। वस्त्र का पीलापन और शरीर का साँवलापन दोनों मिलकर एक अद्‌भुत सौंदर्य बिखेर रहे हैं। वे ऐसे प्रतीत होते हैं मानो नीलमणि पर्वत पर सुबह का सूर्य जगमगा उठा हो और चतुर्दिक एक अलौकिक आभा फैल गयी हो।

प्रश्न 2. जगतु तपोबन सौ कियौ दीरघ-दाघ निदाघ।

उत्तर— इस पंक्ति का आशय है कि ग्रीष्म ऋतु की भीषण गर्मी से पूरा जंगल तपोवन जैसा पवित्र बन गया है। तपोवन की विशेषता है कि वहाँ सभी हिंसक और अहिंसक प्राणी प्राकृतिक स्वभाव को भूलकर समान भाव से रहते हैं। गर्मी की भीषणता से संसार में सबकी आपसी दुश्मनी समाप्त हो गई है। साँप, हिरण और सिंह सभी अपने स्वभाव को भूल गर्मी से बचने के लिए साथ रह रहे हैं।

प्रश्न 3. जपमाला, छापैं, तिलक सरै न एकौ कामु। मन-काँचै नाचै बृथा, साँचै राँचै रामु।।

उत्तर— बिहारी ने इस दोहे में बाहरी आडंबरों का खंडन करके प्रभु की सच्चे मन से भक्ति करने पर बल दिया है। माला जपने से, मस्तक पर तिलक लगाने से अर्थात् बाहरी आडंबरों द्वारा भक्ति करने से एक भी कार्य पूर्ण नहीं होता तथा इससे सच्ची भक्ति नहीं मिलती। जिन लोगों के मन में पवित्र भावना नहीं है वही लोग इन व्यर्थ के कर्मकांडों में अपना समय बर्बाद करते हैं। सच्ची भक्ति तो मन की सच्चाई, श्रद्धा तथा सच्ची लगन से मिलती है, क्योंकि सच्चे मन में ही राम का निवास होता है।

योग्यता विस्तार

प्रश्न 1. सतसैया के दोहरे, ज्यों नावक के तीर।
देखन में छोटे लगै, घाव करें गंभीर॥
अध्यापक की मदद से बिहारी विषयक इस दोहे को समझने का प्रयास करें। इस दोहे में बिहारी की भाषा सम्बन्धी किस विशेषता का पता चलता है?

उत्तर— कवि बिहारी का भाषा पर पूर्ण अधिकार था। वे अपनी कुशलता से भाषा को अपने मनोनुकूल प्रयोग करने में प्रवीण थे। उपर्युक्त दोहे को पढ़ने से पता चलता है कि वे गागर में सागर भरने की कला में सिद्धहस्त थे। कम-से-कम शब्दों में अधिकाधिक बात कहने की कला में बिहारी के समान कोई भी कवि नहीं है। बिहारी के इसी गुण के कारण आलोचक कहते हैं '**सतसैया के दोहरे, ज्यों नावक के तीर। देखन में छोटे लगै, घाव करें गंभीर।।**' अर्थात् 'सतसई' के दोहे समुद्री लुटेरों के तीर के समान हैं जो देखने में छोटे लगते हैं पर उसमें अर्थ की गंभीरता होती है। इसके अलावा उनके दोहों में ब्रजभाषा की सरसता, कोमलता और मधुरता व्याप्त है। इन दोहों में शृंगार रस (संयोग-वियोग दोनों) तथा भक्ति रस घनीभूत है। अनुप्रास, रूपक, उपमा और उत्प्रेक्षा अलंकारों का स्वाभाविक प्रयोग होने से भाषिक सौंदर्य अनुपम हो गया है। इस प्रकार 'बिहारी' 'सतसई' शृंगार-भक्ति-नीति के अद्‌भुत संगम और भाषा की अनुपम व्यंजना के कारण हिन्दी साहित्य में अद्वितीय स्थान पर सुशोभित है।

परियोजना कार्य

प्रश्न 1. बिहारी कवि के विषय में जानकारी एकत्रित कीजिए और परियोजना पुस्तिका में लगाइए।

उत्तर— विद्यार्थी पुस्तकालय, अध्यापक और मित्रों की सहायता से निम्नलिखित बिन्दुओं के आधार पर परियोजना कार्य करेंगे।

जीवन-परिचय (सामाजिक और साहित्यिक), जन्म समय, जन्म स्थान, पिता का नाम, गुरु का नाम, शिक्षा, संत कवि रहीम से सम्पर्क, राज दरबार का आश्रय, जयपुर के महाराज जय सिंह का सान्निध्य, मृत्यु, रचना, रचना का वर्ण्य विषय, भाषागत विशेषताएँ, काव्यगत विशेषताएँ तथा उपसंहार।

परीक्षोपयोगी महत्वपूर्ण प्रश्नोत्तर

लघु उत्तरीय प्रश्न

प्रश्न 1. भक्ति का मार्ग सादगी का मार्ग है। बिहारी के दोहा—'जपमाला''''''राँचै रामु।।' के आधार पर स्पष्ट कीजिए।

उत्तर— बिहारी का विश्वास था कि व्यर्थ के आडंबर को भक्ति नहीं कहा जा सकता है। हाथ में माला लेकर राम-राम रटना, रामनामी वस्त्र ओढ़ना और तिलक लगाना प्रभु की भक्ति नहीं है। कवि बिहारी कहते हैं कि ऐसा तो वही लोग करते हैं जिनका मन कच्चा होता है या जो अपने मन को प्रभु राम के चरणों में नहीं लगा पाते हैं। प्रभु राम को पाने के लिए किसी आडंबर की आवश्यकता नहीं। वे तो सच्चे मन से, समर्पण के भाव से ही प्रसन्न हो जाते हैं अर्थात् हमें अपने विचारों को सरल तथा उचित रखना चाहिए तथा हमारा मन पवित्र होना चाहिए तभी हमें ईश्वर की प्राप्ति हो पायेगी। निश्छल और पवित्र मन से यदि कोई प्रभु को याद मात्र कर लेता है तो उस पर उनकी अनुकंपा हो जाती है।

प्रश्न 2. बिहारी कवि ने श्रृंगार के वर्णन में लोक-मर्यादाओं का पूरा ध्यान रखा है। पढ़े गए पाठ के दोहे के आधार पर सिद्ध कीजिए।

उत्तर— कवि बिहारी ने अपने ग्रंथ 'सतसई' में श्रृंगार का उत्कृष्ट वर्णन किया है पर, उसमें कहीं भी उत्कटता का उदाहरण नहीं दिखता है। प्रस्तुत पाठ में भी नायिका नायक को पत्र लिखकर अपनी विरह व्यथा और प्रेमातुरता से अवगत कराना चाहती है पर करा नहीं पा रही है। वह अपने मन की बात संदेशवाहक से लोक-मर्यादा और नारी सुलभ लज्जा के कारण नहीं कह पाती है। इस तरह वह नायक को संदेश भिजवाने में असमर्थ रहती है और अपनी व्यथा की अभिव्यक्ति को हृदय पर छोड़ देती है। नायिका नायक से कहती है कि अब आप ही मेरे मन की व्यथा को समझ सकते हो।

प्रश्न 3. बिहारी कवि भगवान को किसके समान बताते हुए प्रार्थना करते हैं?

उत्तर— कवि बिहारी भगवान श्रीकृष्ण से अपना दु:ख दूर करने की प्रार्थना करते हुए कहते हैं कि हे श्रीकृष्ण! आप चंद्रवंश में उत्पन्न हुए हो और अपनी इच्छा से ब्रज आकर बस गए हो। हे केशव! आप मेरे पिता के समान हो। अत: जिस प्रकार पिता अपने बच्चे के दु:ख को दूर कर देता है उसी प्रकार आप मेरे सारे कष्टों को हर लीजिए अर्थात् आप ही मेरे सारे कष्टों को हरकर भव सागर से पार करा दीजिए।

प्रश्न 4. कवि की कल्पना अनूठी होती है। उसकी दृष्टि सामान्य से भिन्न होती है। 'बैठि रही''''''''चाहति छाँह।' इस दोहे के आधार पर सिद्ध करें।

उत्तर— कवि बिहारी ने जेठ माह की प्रचंड गर्मी के बीच छाया को देखकर अनूठी और सर्वथा नवीन कल्पना की है कि छाया भी गर्मी से बेहाल होकर जंगल में चली गई है और वह भी घर में या पेड़ों के नीचे बैठना चाहती है अर्थात् छाया भी छाया चाहने लगी है। यह वास्तव में होता है जब ज्येष्ठ माह में सूरज की किरणें एक सीध में धरती पर पड़ती हैं तब छाया पेड़ की जड़ में सिमट जाती है। कवि ने इसे अपनी नवीन कल्पना में नया कलेवर प्रदान किया है।

प्रश्न 5. कृष्ण की गोपियाँ कृष्ण का सामीप्य पाने और बातों का आनंद लेने के लिए क्या करती हैं?

उत्तर— गोपियाँ श्रीकृष्ण का सामीप्य और उनकी बातों का आनंद लेने के लिए उनकी मुरली चुरा लेती हैं। कृष्ण जब उनसे मुरली वापस माँगते हैं तो वह सौंगंध खाकर मुरली चुराने से मना करती हैं, परन्तु भौहों से हँस देती हैं। इसका तात्पर्य है कि मुरली उन्हीं के पास है। अब कृष्ण उनसे पुन: मुरली माँगते हैं तो वह देने से मना करती हैं ताकि वह कृष्ण की बातों से आनंदित होती रहें और उनके साथ किलोल करती रहे। श्रीकृष्ण के प्रति उनका लगाव होने के कारण उनसे एक क्षण के लिए दूर नहीं होना चाहतीं इसीलिए गोपियाँ उन्हें मुरली नहीं देना चाहतीं।

प्रश्न 6. ग्रीष्म ऋतु की भीषणता का जीव-जन्तुओं के स्वभाव पर क्या असर हुआ है? पढ़े गए दोहे के आधार पर लिखिए।

उत्तर— भीषण गर्मी ने जीव-जंतुओं को इतना परेशान कर दिया है कि वे अपना स्वाभाविक बैर भी भूल बैठे हैं। प्राय: साँप और मोर को साथ नहीं देखा जाता है, क्योंकि उनमें स्वाभाविक बैर है। यही हाल बाघ और हिरन का भी है। गर्मी के कारण ये एक साथ बैठे नजर आ रहे हैं। ऐसा लगता है जैसे सारा संसार तपोवन बन गया है जहाँ उनका स्वाभाविक बैर समाप्त हो गया है और सभी इस गर्मी के विषम समय में मित्रता के भाव से रह रहे हैं। तात्पर्य यह है कि भीषण गर्मी के कारण सौहार्द्र और मित्रता का भाव सबमें पनप गया है।

प्रश्न 7. कवि बिहारी द्वारा किए गए कृष्ण के सौंदर्य का वर्णन अपने शब्दों में कीजिए।

उत्तर— श्रीकृष्ण के साँवले शरीर पर पीला वस्त्र अत्यधिक सुशोभित हो रहा है। इस पीले वस्त्र के कारण उनका सौंदर्य बढ़ गया है। साँवले शरीर पर पीला वस्त्र ऐसे लग रहा है जैसे नीलमणि पर्वत पर प्रभात कालीन सूर्य की सुनहरी किरणें पड़ रही हों। इससे वहाँ का सारा वातावरण शोभित हो गया है।

प्रश्न 8. 'कहत नटत''''''सब बात।।' दोहे के आधार पर स्पष्ट कीजिए कि बिहारी अपने दोहों में गंभीर अर्थ को अभिव्यक्त करने में समर्थ हैं।

उत्तर— कवि बिहारी कम-से-कम शब्दों में अधिक-से-अधिक बातें कहने में कुशल हैं। वे अपने दोहों में ऐसे शब्दों का प्रयोग करते हैं जो एक ही शब्द में पूरे वाक्य का अर्थ अभिव्यंजित कर देते हैं। कहत नटत रीझत''''''को एक-एक शब्द पूरे वाक्य का अर्थ व्यक्त करने में समर्थ है। इस दोहे में नायक-नायिका प्रणय-निवेदन सम्बन्धी बातें जिस तरह संकेतों-ही-संकेतों में कर लेते हैं उसकी अभिव्यक्ति एक दोहे के रूप में बिहारी जैसा कवि ही कर सकता है, अन्य कवि नहीं। इस प्रकार कहा जा सकता है कि बिहारी गागर में सागर भरने की कला में सिद्धहस्त हैं और अर्थ गांभीर्य को अभिव्यक्त करने में समर्थ कवि हैं।

प्रश्न 9. बिहारी ने ग्रीष्म-ऋतु की तुलना किससे की है? प्राणियों पर उसका क्या प्रभाव पड़ता है?

उत्तर— बिहारी ने ग्रीष्म-ऋतु की तुलना तपोवन से की है क्योंकि इतनी भयंकर गर्मी पड़ रही है कि सारा संसार ही तपोवन के समान हो गया है। इस गर्मी के कारण शत्रु भी अपनी शत्रुता भूलकर एक ही जगह बसते दिखाई दे रहे हैं। जैसे साँप और मोर, मृग और बाघ। गर्मी की मार ने शत्रुओं को भी मित्र बना दिया है।

प्रश्न 10. 'बिहारी के दोहे' के आधार पर लिखिए कि माला जपने और तिलक लगाने से क्या होता है? ईश्वर किससे प्रसन्न रहते हैं?

उत्तर— बिहारी जी कहते हैं कि जप माला, छापा, तिलक आदि बाहरी दिखावा करने वालों को कुछ भी प्राप्त नहीं होता, ईश्वर उन लोगों से प्रसन्न रहते हैं जिनकी भक्ति सच्ची व निष्ठा श्रद्धा से होती है।

प्रश्न 11. बिहारी के दोहों की रचना मुख्यतः किन भावों पर आधारित है? उनके मुख्य ग्रंथ और भाषा के नाम पर उल्लेख कीजिए।

उत्तर— बिहारी मुख्य रूप से नीति, भक्ति शृंगारपरक दोहों के लिए जाने जाते हैं। उनका प्रमुख ग्रंथ 'सतसई' है जिसे मानक ब्रजभाषा में लिखा गया है।

प्रश्न 12. बिहारी ने ईश्वर प्राप्ति में किन साधनों को साधक और किनको बाधक माना है?

उत्तर— बिहारी के अनुसार ईश्वर को तो केवल सच्ची भक्ति से ही पाया जा सकता है। हाथ में माला लेकर जपने तथा माथे पर चन्दन पर तिलक लगाकर जप करने का दिखावा करने से वह किसी काम नहीं आता है। यह सब बाहरी आडम्बर है। इस तरह के आडम्बरों से ईश्वर को पाया नहीं जा सकता। ये साधन साधक के लिए बाधा के समान है।

प्रश्न 13. 'पोथी पढ़-पढ़ कर' भी ज्ञान न होने से कबीर का क्या तात्पर्य है?

उत्तर— 'पोथी पढ़-पढ़कर भी ज्ञान प्राप्त न होने से कबीर का तात्पर्य यह है कि पुस्तकों के पढ़ने मात्र से कोई व्यक्ति पंडित या ज्ञानी नहीं बन जाता। पुस्तकों को पढ़ते-पढ़ते संसार के लोग मरते जाते हैं, लेकिन वास्तविक ज्ञान की प्राप्ति नहीं होती। ईश्वर की प्राप्ति पुस्तकीय ज्ञान या पोथियाँ पढ़ने से नहीं हो सकती। ईश्वर तो केवल उसे मिलता है जो प्रभु से प्रेम कर सके और उन्हें समर्पित हो सके।

प्रश्न 14. बिहारी ने ग्रीष्म ऋतु की तुलना तपोवन से क्यों की है?

उत्तर— तपोवन में तप के प्रभाव के कारण पशु-पक्षियों में हिंसा की भावना नहीं रहती है। तपोवन में रहने वाले सभी पशु-पक्षी अहिंसक बन जाते हैं, वैसे ही ग्रीष्म ऋतु की प्रचंड गर्मी के ताप से पशु-पक्षी अहिंसक बन गए हैं। गर्मी के मौसम में तेज धूप से बचने के लिए पशु-पक्षी आपस की दुश्मनी भुलाकर छाया में एकत्रित हो गए हैं। कवि कहना चाह रहे हैं कि जिन पशुओं में शत्रुता है उनमें भी हिंसा समाप्त हो गयी है। भयंकर गर्मी के प्रकोप से वह भी साथ रहने लगे हैं।

प्रश्न 15. 'बिहारी के दोहे' के आधार पर लिखिए कि किन प्राणियों में स्वाभाविक बैर है? वे अपना बैर कब और क्यों भूल जाते हैं?

उत्तर— बिहारी जी कहते हैं कि तपती गर्मी के कारण जब पानी के सभी स्रोत सूख जाते हैं, तब आपस में बैर रखने वाले सर्प, मयूर, मृग और सिंह भी आपसी शत्रुता को भुलाकर, एक ही घाट पर प्रेमपूर्वक व्यवहार करते हैं। इस दोहे द्वारा विपत्ति में शत्रु को भी मित्र बनाने का सन्देश दिया गया है।

प्रश्न 16. श्रीकृष्ण के पीले वस्त्र पर बिहारी ने क्या कल्पना की है? इस कल्पना का सौंदर्य समझाइए।

उत्तर— श्रीकृष्ण के पीले वस्त्र पर बिहारी ने कल्पना की है कि कृष्ण का शारीरिक सौंदर्य अद्‌भुत है। कवि लिखते हैं कि कृष्ण अपने साँवले शरीर पर पीले वस्त्र ओढ़कर उसी प्रकार सुशोभित हो रहे हैं कि जैसे मानो नीलमणि पर्वत पर सुबह के सूर्य की सुनहरी किरणें पड़ रही हों।

दीर्घ उत्तरीय प्रश्न

प्रश्न 1. पढ़े गए पाठ के आधार पर कवि बिहारी के दोहों का प्रतिपाद्य अपने शब्दों में लिखिए।

उत्तर— बिहारी शब्दों का नवीन प्रयोग करने वाले कुशल कवि हैं। प्रस्तुत पाठ में बिहारी के जिन दोहों का संकलन किया गया है उनमें भक्ति, शृंगार, प्रकृति और नीति का सुंदर वर्णन उपलब्ध होता है। प्रथम दोहे में कृष्ण के श्याम तन पर पीतांबर की शोभा को इस प्रकार बताया

गया है मानो नीलमणि पर्वत पर सुबह के सूरज की किरणें पड़ रही हों। दूसरे दोहे में प्रचंड गर्मी के कारण पशुओं की पारंपरिक शत्रुता भुलाकर तपोवन सदृश साथ रहने के विषय में बताया गया है। अगले दोहे में गोपियों की कृष्ण से बातों का आनंद लेने के लालच में उनकी मुरली छिपाकर सताने का सुंदर वर्णन है। आगे नायक-नायिका की समस्त प्रेमालापों की अभिव्यक्ति नेत्रों से ही करने का अभूतपूर्ण वर्णन है। पाँचवें दोहे में ग्रीष्म ऋतु में स्वयं छाया द्वारा छाया चाहने के कारण उसके वन में या घर में छिपने की बात बताते हैं। यहाँ कवि की कल्पना अद्वितीय हो गई है। फिर नायक को नायिका द्वारा प्रेम संदेश भेजते समय लोक मर्यादा और लज्जायुक्त भावाभिव्यक्ति करवाने में कवि को सफलता मिली है। सातवें दोहे में कवि भगवान कृष्ण को पिता समान बताते हुए उनसे कष्ट हरने की प्रार्थना करते हैं। अंतिम दोहे में कवि ने प्रभु प्राप्ति के लिए बाह्याडंबरों की अपेक्षा सच्ची और सादगी युक्त साधना पर बल दिया है। इस प्रकार गागर में सागर भरने की अद्‌भुत क्षमता से युक्त कवि बिहारी अपने दोहों में भावों की सफलता से व्यक्त करने में समर्थ हुए हैं।

प्रश्न 2. बिहारी के दोहों के आलोक में ग्रीष्म-ऋतु की प्रचंडता और प्रभाव का विस्तृत चित्रण अपने शब्दों में कीजिए।

उत्तर— बिहारी के दोहों के आलोक में ग्रीष्म-ऋतु की प्रचंडता का वर्णन करते हुए कहते हैं कि ग्रीष्म-ऋतु के जेठ माह की दोपहरी में सूरज बिल्कुल सिर पर होता है तो विभिन्न वस्तुओं की छाया सिकुड़कर वस्तुओं के नीचे दुबक जाती है। गर्मी इतना प्रचंड रूप धारण कर लेती है कि सारे मानव और मानवेतर प्राणियों के लिए उसे सहन कर पाना असंभव हो जाता है। वृक्षों की और घर की दीवारों की छाया उनके अंदर ही अंदर रहती है वह बाहर नहीं जाती। तेज धूप से बचने के लिए छाया घने जंगलों का अपना घर बनाकर उसी में प्रवेश कर जाती है इसीलिए जेठ माह की भीषण गर्मी में छाया का कहीं नामोनिशान नहीं होता। गर्मी का प्रभाव मानव व सभी प्राणियों पर पड़ता है। जानवरों पर इसका प्रभाव इतना है कि साँप मोर व हिरण सिंह भी साथ-साथ दिखाई पड़ते हैं जबकि स्वाभाविक रूप से शत्रु हैं। जंगल तपोवन-सा लगता है। ग्रीष्म के प्रभाव से बचने के लिए वह अपनी स्वाभाविकता को भुलाकर तपोवन के एकता, सद्‌भाव के साथ रहते हैं।

मनुष्यता

|4|

कवि-मैथिलीशरण गुप्त

कवि परिचय—स्वनाम धन्य 'श्री मैथिलीशरण गुप्त' का जन्म 1886 में झाँसी के समीप चिरगाँव में हुआ था। गुप्त जी के पिता सेठ रामचरण दास तथा माता का नाम काशीबाई था। इनके पिता तथा इनके छोटे भाई सियारामशरण गुप्त भी प्रसिद्ध कवि थे। साहित्य के प्रति समर्पण, कुशाग्रबुद्धि और बहुमुखी व्यक्तित्व के कारण गाँधीजी ने मैथिलीशरण गुप्त को अपने जीवनकाल में ही राष्ट्रकवि की संज्ञा दे डाली थी। इनकी प्रारंभिक शिक्षा-दीक्षा घर पर ही हुई। संस्कृत, बांग्ला, मराठी और अंग्रेजी भाषा पर इनका समान अधिकार था। गुप्त जी रामभक्त और राष्ट्रकवि हैं। राम और राष्ट्र का कीर्तिगान इनकी चिरसंचित अभिलाषा थी। सन् 1912-13 ई. में इन्होंने राष्ट्रीय भावनाओं से ओत-प्रोत 'भारत भारती' का प्रकाशन किया जिससे उनकी लोकप्रियता सर्वत्र फैल गई। 'साकेत' और 'यशोधरा' की रचना ने इनकी कीर्ति को साहित्य जगत में चिर स्थापित कर दिया। साहित्य साधना के साथ-साथ ये सक्रिय राजनीति से भी जुड़े हुए थे। यही कारण है कि श्री गुप्त जी 1952-62 तक राज्यसभा के सदस्य मनोनीत रहे थे। इनको अपने अनुज से अगाध प्रेम था। सन् 1963 में अनुज सियारामशरण गुप्त के निधन ने इनको अपूर्णीय आघात पहुँचाया और 78 वर्ष की आयु में 12 दिसंबर, 1964 ई. को दिल का दौरा पड़ने के कारण साहित्य का जगमगाता तारा हमेशा के लिए अस्त हो गया। श्री गुप्त और इनका साहित्य भारतीय जीवन की समग्रता को समझने और प्रस्तुत करने में सफल है।

रचनाएँ—श्री मैथिलीशरण गुप्त जी के द्वारा मात्र 78 वर्ष की आयु में दो महाकाव्य, एकाधिक खण्डकाव्य, अनेक काव्यगीत, नाटिकाएँ आदि लिखी गई हैं। उनके काव्य में राष्ट्रीय चेतना, धार्मिक भावना और मानवीय उत्थान प्रतिबिंबित हैं। उनकी प्रसिद्धि के आधार स्तंभ के रूप में निम्नलिखित रचनाएँ उल्लेखनीय हैं—साकेत, यशोधरा, भारत भारती, जयद्रथ वध, पंचवटी, अर्जन और विसर्जन, काबा और कर्बला, किसान, कुणाल गीत, जय भारत, युद्ध, झंकार, पृथ्वी-पुत्र, वक संहार, विश्व वेदना, राजा प्रजा, विष्णुप्रिया, उर्मिला, लीला, प्रदक्षिणा, दिवोदास, भूमि-भाग, विकट भट, विरहिणी, वैतालिक, शक्ति, सैरंध्री, स्वदेश संगीत, चंद्रहास, प्रतिमा, अभिषेक, मेघनाद वध इत्यादि।

काव्यगत विशेषताएँ—मैथिलीशरण गुप्त और हिन्दी साहित्य दोनों एक-दूसरे के पर्याय हो चुके हैं। गुप्त जी के समय में साहित्य पर ब्रजभाषा का अच्छा प्रभाव था। इसके बाद भी गुप्त जी ने अपने साहित्य की भाषा खड़ी बोली को बनाया। इनकी खड़ी बोली की पहली कविता 'हेमंत' 1907 में सरस्वती में छपी थी। उनका काव्य, जागरण व सुधार युग की राष्ट्रीय चेतना से अनुप्राणित और संवलित था। यही कारण है कि उनके साहित्य में राष्ट्रवादी संघर्ष और सामाजिक उत्थान को अधिक महत्व दिया गया है। गुप्त जी के काव्यों में नारी को महनीय स्थान पर सुशोभित किया गया है। उनके काव्यों की कथावस्तु भारतीय इतिहास के ऐसे अंशों से ली गई है जो भारत के अतीत का स्वर्णिम चित्र पाठकों के सामने उपस्थित करते हैं। इनकी भाषा-शैली अत्यंत सरल है। अपनी बात को समझाने के लिए गुप्त जी ने उपमा अलंकार का इस्तेमाल किया है। गुप्त जी ने अपने साहित्य में शब्द-शक्तियों, अलंकारों और मुहावरों का व्यवस्थित और आकर्षक प्रयोग किया है। उन्होंने अपने भावों को सरल भाषा में प्रकट किया है।

पुरस्कार—राष्ट्रकवि 'श्री मैथिलीशरण गुप्त' को समय-समय पर अनेक पुरस्कारों और सम्मानों से सम्मानित किया गया है। इनकी साहित्य सेवाओं के उपलक्ष्य में आगरा विश्वविद्यालय तथा इलाहाबाद विश्वविद्यालय ने इन्हें डी.लिट. की उपाधि से विभूषित किया था। 1952 में गुप्त जी राज्यसभा के सदस्य मनोनीत हुए और 1954 में उन्हें 'पद्मभूषण' पुरस्कार से विभूषित किया गया था। इसके अतिरिक्त उन्हें हिन्दुस्तानी अकादमी पुरस्कार, 'साकेत' पर 'मंगला प्रसाद पारितोषिक' तथा 'साहित्य वाचस्पति' की उपाधि से भी अलंकृत किया गया।

शब्द-सम्पदा

विचार = सोच। **सुमृत्यु** = अच्छी मौत। **पशु** = जानवर। **उदार** = विशाल हृदय वाला। **बखानती** = वर्णन करना। **भाव** = भावना। **कीर्ति** = यश। **सृष्टि** = दुनिया। **आत्म भाव** = अपनेपन की भावना। **क्षुधार्थ** = भूख से व्याकुल व्यक्ति के लिये। **करस्थ** = हाथ का। **परार्थ** = दूसरों के हित में। **उशीनर** = गांधार देश का राजा। **सहर्ष** = खुशी से। **अनादि** = जिसके आरंभ का पता न हो। **महाविभूति** = सबसे बड़ा पूँजी, ईश्वर। **सदैव** = हमेशा। **विरुद्धवाद** = विरोध करने की प्रवृत्ति। **मदांध** = घमंड में अंधा। **सनाथ** = नाथ के साथ। **अनाथ** = नाथ के बिना। **दीनबंधु** = गरीबों के मसीहा। **भाग्यहीन** = जिसका भाग्य साथ न दे। **अनंत** = जिसका अंत न हो। **समक्ष** = सामने। **परस्परावलंब** = आपस में सहारा बनकर। **हरे** = दूर करना। **अभीष्ट** = इच्छित। **विघ्न** = बाधा। **अतर्क** = तर्क से परे। **तारता** = उपकार करना। **विवेक** = बुद्धि। **पिता** = परमात्मा। **कर्म** = कर्तव्य। **भेद** = अंतर। **मर्त्य** = मरणशील। **वृथा** = बेकार। **प्रवृत्ति** = आदत। **कथा** = कहानी। **धरा** = पृथ्वी। **सदा** = हमेशा। **कूजती** = ध्वनित होना। **पूजती** = पूजा जाना। **थाल** = थाली। **क्षितीश** = राजा। **कर्ण** = कुंती पुत्र। **स्वयं** = खुद। **विनीत** = विनम्र। **तुच्छ** = मामूली/सामान्य। **गर्व** = अभिमान। **त्रिलोकनाथ** = तीनों लोकों के साथ। **विशाल** = बड़ा। **अंतरिक्ष** = आकाश। **स्वबाहु** = अपने हाथ। **अपंक** = कीचड़/कलंक रहित। **मार्ग** = राह। **हेलमेल** = मेलजोल। **सतर्क पंथ** = सावधान यात्री। **मात्र** = केवल। **पुराणपुरुष** = ईश्वर। **प्रसिद्ध** = विख्यात। **अवश्य** = जरूर। **अंतरैक्य** = आत्मा की एकता। **मृत्यु** = मौत। **जिया** = जीना। **चरे** = चरना।

कृतार्थ = आभारी। **सजीव** = जीवंत। **समस्त** = पूरी। **अखंड** = बिना टूटा हुआ। **असीम** = जिसकी सीमा न हो। **रंतिदेव** = एक परम दानी राजा। **दधीचि** = एक ऋषि। **अस्थिजाल** = हड्डियों का समूह। **स्वमांस** = खुद का मांस। **अनित्य** = जो हमेशा न रहे। **सहानुभूति** = दया का भाव। **वशीकृता** = वश में की हुई। **मही** = पृथ्वी। **लोकवर्ग** = जन समूह। **वित्त** = धन। **चित्त** = मन। **दयालु** = दयावान। **अतीव** = अत्यधिक। **अधीर** = जिसमें धीरज न हो। **देव** = भगवान। **अंक** = गोद। **अमर्त्य** = अमरणशील/अमर। **सरे** = समाप्त होना। **विपत्ति** = समस्या। **भिन्नता** = अंतर। **समर्थ** = योग्य। **बंधु** = मित्र। **स्वयंभू** = जो खुद पैदा हुआ हो। **फलानुसार** = फल के अनुसार। **बाह्य** = बाहरी। **प्रमाणभूत** = साक्षी।

निम्नलिखित पद्यांशों की व्याख्या कीजिए—

1. विचार हो कि मर्त्य हो न मृत्यु से डरो कभी,
मरो परन्तु यों मरो कि याद जो करे सभी।
हुई न यों सुमृत्यु तो वृथा मरे, वृथा जिए,
मरा नहीं वही कि जो जिया न आपके लिए
यही पशु-प्रवृत्ति है कि आप आप ही चरे,
वही मनुष्य है कि जो मनुष्य के लिए मरे।

व्याख्या—प्रस्तुत कविता में कवि मैथिलीशरण गुप्त ने पाठकों को मनुष्यता के लक्षणों से अवगत कराते हुए बताया कि मनुष्य अमर नहीं है। मनुष्य मरणशील है और इस बात को यदि मानव स्वीकार कर ले तो उसके अंदर से मृत्यु का भय दूर हो जाएगा। परोपकारी मनुष्य मरकर भी दुनिया में अमर हो जाता है जबकि स्वार्थी मनुष्य केवल अपना भला व स्वार्थ सोचते हैं। कवि के अनुसार ऐसे मनुष्यों एवं पशुओं में कोई अंतर नहीं होता है, क्योंकि पशु भी केवल अपने हित के बारे में सोचते हैं और वैसा ही जीवन-यापन करते हैं।

2. उसी उदार की कथा सरस्वती बखानती,
उसी उदार से धरा कृतार्थ भाव मानती।
उसी उदार की सदा सजीव कीर्ति कूजती;
तथा उसी उदार को समस्त सृष्टि पूजती।
अखंड आत्मभाव जो असीम विश्व में भरे,
वही मनुष्य है कि जो मनुष्य के लिए मरे॥

व्याख्या—दानी एवं उदार मनुष्य विश्व में एकता तथा अखण्डता का भाव फैलाते हैं, सदैव उनका गुणगान किया जाता है। ऐसे व्यक्तियों के नाम इतिहास के पन्नों पर स्वर्णिम अक्षरों से लिखे जाते हैं। स्वयं सरस्वती उनकी कीर्ति का गान करती हैं एवं धरती उनकी उदारता का ऋण मानती है। सारा संसार ऐसे उदार, परोपकारी और दानी मनुष्य की पूजा करता है। ऐसे मनुष्य ही विश्व में आत्मीयता का भाव भरते हैं। कवि कहते हैं कि सच्चे अर्थों में मनुष्य वही है, जो हमेशा सबका भला सोचता है और सबके भले के लिए मर भी सकता है।

3. क्षुधार्थ रंतिदेव ने दिया करस्थ थाल भी
तथा दधीचि ने दिया परार्थ अस्थिजाल भी।
उशीनर क्षितीश में स्वमांस दान भी किया,
सहर्ष वीर कर्ण ने शरीर-चर्म भी दिया।
अनित्य देह के लिए अनादि जीवन क्या डरे?
वही मनुष्य है कि जो मनुष्य के लिए मरे॥

व्याख्या—पौराणिक कथाओं का उदाहरण देते हुए कवि ने यह बताया कि भूख से व्याकुल रंतिदेव ने अपने हाथ में रखी खाने की थाली भी दान में दे दी थी। वहीं दधीचि ने असुरों से रक्षा के लिए देवताओं को अपनी हड्डियाँ दान कर दी थीं। एक कबूतर की रक्षा करने के लिए गांधार देश के राजा ने अपने शरीर का मांस काट कर दान में दे दिया था। वीर कर्ण ने अपने शरीर से लगे हुए रक्षा कवच तक को दान कर दिया था। इसीलिए कवि कहते हैं कि आत्मा तो अमर है, फिर दूसरों की भलाई के लिए शरीर को त्यागने से क्या डरना! अपने जीवन का उपयोग दूसरे मनुष्यों की भलाई के लिए करने पर ही तो हम मनुष्य कहलाने के लायक हैं।

4. सहानुभूति चाहिए महाविभूति है वही;
वशीकृता सदैव है बनी हुई स्वयं मही।
विरुद्धवाद बुद्ध का दया-प्रवाह में बहा
विनीत लोकवर्ग क्या न सामने झुका रहा
अहा वही उदार है परोपकार जो करे
वही मनुष्य है कि जो मनुष्य के लिए मरे।

व्याख्या—कवि ने सहानुभूति, उदारता और परोपकार की भावना को मानव का सबसे बड़ा धन और ईश्वर का प्रतिरूप बताया है। जो व्यक्ति उदार होता है वही धनवान कहलाने योग्य है और ऐसे धनवान व्यक्ति तो स्वयं ईश्वर को भी अपने वश में कर सकते हैं। यही कारण है कि

भगवान बुद्ध ने जन-कल्याण के लिए सामाजिक रूढ़िवाद का विरोध किया और दया को ही मनुष्य का असली आभूषण बताया। इसी वजह से लोग आज भी उन्हें पूजते हैं।

5. **रहो न भूल के सभी मदांध तुच्छ वित्त में,**
सनाथ जान आपको करो न गर्व चित्त में।
अनाथ कौन है यहाँ? त्रिलोकनाथ साथ हैं,
दयालु दीनबंधु के बड़े विशाल हाथ हैं।
अतीव भाग्यहीन है अधीर भाव जो करे,
वही मनुष्य है कि जो मनुष्य के लिए मरे॥

व्याख्या—कवि ने मनुष्य को घमण्ड एवं अहंकार जैसी बुराइयों से दूर रहने के लिए कहा है। उनके अनुसार इस संसार में कोई भी अकेला या अनाथ नहीं है, हर पल तीनों लोकों के स्वामी स्वयं सब के साथ हैं। ईश्वर बड़े ही दयालु हैं उनकी नजर में सब एक समान हैं। कवि उन व्यक्तियों को अत्यंत भाग्यहीन मानते हैं, जो संसार की चिंता में ईश्वर से विलग हो व्याकुल हैं और जिन्हें ईश्वर की उपस्थिति का आभास मात्र नहीं है। यथार्थ में मनुष्य वही है जो मनुष्य के लिए सर्वस्व समर्पण करने के लिए तैयार रहे।

प्रश्न— (क) उपरोक्त पंक्तियों में कवि ने कौन-सी भावनाओं को दूर करने के लिए कहा है?
(i) घमंड एवं अहंकार (ii) समझदारी
(iii) देशभक्ति (iv) लालच

(ख) कवि के अनुसार हर पल सबके साथ कौन है?
(i) इस लोक का परिवार (ii) मित्र
(iii) रिश्तेदार (iv) तीनों लोकों के स्वामी

(ग) कवि के अनुसार किसके हाथ विशाल हैं?
(i) कानून के (ii) धनवान के
(iii) ईश्वर के (iv) पहलवान के

(घ) कवि ने भाग्यहीन किसे कहा है?
(i) भावुक मनुष्य को (ii) धैर्यहीन मनुष्य को
(iii) निर्दय मनुष्य को (iv) अयोग्य मनुष्य को

उत्तर— (क) (i) घमंड एवं अहंकार (ख) (iv) तीनों लोकों के स्वामी
(ग) (iii) ईश्वर के (घ) (ii) धैर्यहीन मनुष्य को

6. **अनंत अंतरिक्ष में अनंत देव हैं खड़े,**
समक्ष ही स्वबाहु जो बढ़ा रहे बड़े-बड़े।
परस्परावलम्ब से उठो तथा बढ़ो सभी
अभी अमर्त्य-अंक में अपंक हो चढ़ो सभी।
रहो न यों कि एक से न काम और का सरे;

व्याख्या—कवि हमें एक-दूसरे की सहायता करते हुए कल्याण के रास्ते पर चलने का संदेश दे रहे हैं। उनके अनुसार मृत्यु के बाद देवतागण स्वयं अपने हाथ फैलाए परोपकारी एवं दयालु मनुष्यों का स्वागत करेंगे। कवि चाहते हैं कि ईश्वरीय गोद (मुक्ति) पाने में मनुष्य परस्पर एक-दूसरे की सहायता करते हुए आगे बढ़े। इस महान कार्य में सबको निष्पाप और निश्छल भाव से सहयोग देना चाहिए। इस प्रकार कवि एक-दूसरे का कल्याण करने का मार्ग बता रहे हैं। उनके अनुसार ऐसा मनुष्य, मनुष्य कहलाने के लायक ही नहीं है, जो जरूरत पड़ने पर दूसरे मनुष्य की सहायता न कर सके। मनुष्य वही है जो एक-दूसरे की सहायता के लिए आगे बढ़े और सबके प्रति सहयोग की भावना रखे।

7. **'मनुष्य मात्र बंधु है' यही बड़ा विवेक है,**
पुराणपुरुष स्वयंभू पिता प्रसिद्ध एक है।
फलानुसार कर्म के अवश्य बाह्य भेद हैं,
परंतु अंतरैक्य में प्रमाणभूत वेद है।
अनर्थ है कि बंधु ही न बंधु की व्यथा हरे,
वही मनुष्य है कि जो मनुष्य के लिए मरे॥

व्याख्या—कवि ने कहा कि सबसे बड़ी समझदारी इस बात को समझने में है कि सभी मनुष्य भाई-बंधु हैं। उन्होंने कहा है कि सिर्फ बाहर से ही हमारे रंग-रूप में अंतर है। लोग कर्म के अनुसार एक-दूसरे को अलग-अलग समझने की भूल करते हैं लेकिन सभी की आत्मा में

एक ही परमात्मा का निवास है। हम सभी परमेश्वर को पूज्य-पिता के समान मानते हैं, फिर कवि कहते हैं कि ऐसे भाई (मनुष्य) के होने का फायदा ही क्या जो जरूरत पड़ने पर दूसरे भाई (मनुष्य) की सहायता न कर सके।

प्रश्न— (क) मनुष्य की समझदारी किस में है?

(i) बंधुत्व में (ii) पुराण पुरुष

(iii) स्वयंभू (iv) प्रसिद्धि में

(ख) सभी की आत्मा में किसका निवास है?

(i) मैं (ii) अहंकार

(iii) परमात्मा (iv) घमंड

(ग) प्रत्येक मनुष्य एक-दूसरे से कैसे भिन्न हैं?

(i) जाति के आधार पर (ii) रंग के आधार पर

(iii) आर्थिक स्तर पर (iv) कर्म के आधार पर

(घ) कवि ने किसे अनर्थ कहा है?

(i) जो एक-दूसरे की पीड़ा न समझे (ii) एक-दूसरे के काम न आए

(iii) जो बंधु की व्यथा न देखे (iv) सभी

उत्तर— (क) (i) बंधुत्व में (ख) (iii) परमात्मा

(ग) (iv) कर्म के आधार पर (घ) (iv) सभी

8. **चलो अभीष्ट मार्ग में सहर्ष खेलते हुए,**
विपत्ति, विघ्न जो पड़े उन्हें ढकेलते हुए।
घटे न हेलमेल हाँ, बढ़े न भिन्नता कभी,
अतर्क एक पंथ के सतर्क पंथ हो सभी
तभी समर्थ भाव है कि तारता हुआ तरे,
वही मनुष्य है कि जो मनुष्य के लिए मरे।।

व्याख्या—कवि कहते हैं कि जीवन में इच्छित मार्ग पर प्रसन्नता से आगे बढ़ना चाहिए। राह में जो भी विघ्न या बाधाएँ आएँ उन्हें साहस व धैर्य से दूर कर देना चाहिए। आपस में भेद-भाव की भावना कभी भी नहीं पनपनी चाहिए तथा सबको मिल-जुलकर रहना चाहिए। जीवन की राह पर बिना भेद-भाव, तर्क-वितर्क, ईर्ष्या-द्वेष के बिना एक साथ आगे बढ़ना चाहिए। सभी को सावधान यात्री के समान अतर्क भाव से अर्थात् निश्चित भाव से उन्नति पथ के लिए अनवरत अग्रसर रहना चाहिए। मनुष्य जीवन को सार्थक और सामर्थ्यवान तभी माना जा सकता है जब वह अपनी उन्नति के साथ-साथ दूसरों के उत्थान के लिए भी प्रयत्नशील हो। इस प्रकार कवि के अनुसार मनुष्य कहलाने का अधिकारी वही है जो मनुष्य की सेवा, सहायता और हितार्थ कार्य करता हो।

पाठ से सम्बन्धित प्रश्नोत्तर

(क) निम्नलिखित प्रश्नों के उत्तर दीजिए—

प्रश्न 1. कवि ने कैसी मृत्यु को सुमृत्यु कहा है?

उत्तर— कवि के अनुसार परोपकार करते हुए, सच्चाई के मार्ग पर चलते हुए और निडर भाव से जो मृत्यु प्राप्त हो जाए वह सुमृत्यु होती है। प्रत्येक मनुष्य समयानुसार अवश्य मृत्यु को प्राप्त होता है क्योंकि जीवन नश्वर है इसलिए मृत्यु से डरना नहीं चाहिए बल्कि जीवन में ऐसे कार्य करने चाहिए जिससे उसे बाद में भी याद रखा जाए। उसकी मृत्यु व्यर्थ न जाए। जो मनुष्य किसी महान कार्य की पूर्ति के लिए अपना जीवन समर्पित कर देते हैं, उनकी मृत्यु सुमृत्यु कहलाती है।

प्रश्न 2. उदार व्यक्ति की पहचान कैसे हो सकती है?

उत्तर— उदार व्यक्ति की सबसे बड़ी पहचान यह है कि वह इस संसार के सभी प्राणियों को अपने समान ही समझता है। वह सर्वदा परोपकार के कार्यों में लगा रहता है। उसके हृदय में हमेशा दूसरों के प्रति सहानुभूति और करुणा का भाव भरा होता है। उदार व्यक्ति दूसरों की सहायता के लिए अपने तन-मन-धन अर्थात् अपना सर्वस्व न्यौछावर करने के लिए तत्पर रहता है। वह जाति, देश, रंग-रूप आदि का भेद किए बिना सभी के प्रति अपनत्व का भाव भरता है। सबसे समान भाव से प्रेम, भाईचारा, त्याग और उदारता ही उसकी पहचान है।

प्रश्न 3. कवि ने दधीचि, कर्ण आदि महान् व्यक्तियों का उदाहरण देकर मनुष्यता के लिए क्या संदेश दिया है?

उत्तर— कवि ने दधीचि, कर्ण आदि महान् व्यक्तियों का उदाहरण देकर भारत की उदारतामयी गौरवशाली परंपरा में अपना अमूल्य योगदान देने की प्रेरणा दी है। राजा रंतिदेव ने भूख से व्याकुल होने पर भी भोजन का थाल दान कर दिया। अपने प्राणों की रक्षा के लिए बिना

कर्ण ने अपने कवच-कुंडल दान कर दिए। दधीचि ऋषि ने अपनी हड्डियाँ दान करने के लिए प्राण त्याग दिए, क्योंकि दूसरों के काम आना ही मनुष्य मात्र का धर्म है इसलिए इस नश्वर शरीर का मोह त्यागकर मनुष्य को समाज और देशहित के लिये सर्वदा परोपकार में संलग्न रहना चाहिए।

प्रश्न 4. कवि ने किन पंक्तियों में यह व्यक्त किया है कि हमें गर्व-रहित जीवन व्यतीत करना चाहिए?

उत्तर— रहो न भूल के कभी मदांध तुच्छ वित्त में, सनाथ जान आपको करो न गर्व चित्त में।
अनाथ कौन है यहाँ? त्रिलोकनाथ साथ हैं, दयालु दीनबंधु के बड़े विशाल हाथ हैं।

प्रश्न 5. 'मनुष्य मात्र बंधु है' से आप क्या समझते हैं? स्पष्ट कीजिए।

उत्तर— 'मनुष्य मात्र बंधु है' इस पंक्ति के द्वारा कवि ने मनुष्य को मानवता का बहुत बड़ा संदेश दिया है। मनुष्य में यदि बंधुत्व का भाव नहीं तो वह मानव कहलाने का अधिकारी नहीं हो सकता है। मनुष्य को सदा विवेकशील व्यवहार करना चाहिए। उसे कभी भी नहीं भूलना चाहिए कि वह एक सामाजिक प्राणी है। उसे संसार में सदा एक-दूसरे के काम आना चाहिए। यदि बन्धु ही बन्धु की पीड़ा दूर नहीं करेगा तो इससे बुरा कुछ अन्य नहीं हो सकता। प्रत्येक मनुष्य को एक-दूसरे के काम आना चाहिए क्योंकि वह मनुष्य मात्र का बंधु है और उसमें बंधुत्व का बहुत बड़ा गुण है।

प्रश्न 6. कवि ने सबको एक होकर चलने की प्रेरणा क्यों दी है?

उत्तर— कवि ने सबको एक होकर चलने की प्रेरणा इसलिए दी है ताकि सब एकत्व और मैत्री भाव से आपस में मिलकर रहें क्योंकि एक होने से सभी कार्य सफल होते हैं ऊँच-नीच, वर्ग-भेद नहीं रहता। मानव जीवन की सफलता तभी है जब सब एक साथ विकास की ओर अग्रसर हों तथा सब एक-दूसरे के सहयोग के लिए अपना योगदान दे सकें। सामूहिक सहयोग और परस्पर विकास करते हुए ही राष्ट्र का विकास हो सकता है क्योंकि पूरी मानवता एक ही है।

प्रश्न 7. व्यक्ति को किस प्रकार का जीवन व्यतीत करना चाहिए? इस कविता के आधार पर लिखिए।

उत्तर— प्रत्येक व्यक्ति को परोपकार करते हुए जीवन व्यतीत करना चाहिए। यही इस कविता का मूल कथ्य है। कवि कहना चाहता है कि व्यक्ति को ऐसा जीवन व्यतीत करना चाहिए जो दूसरों के काम आए। मनुष्य को अपने स्वार्थ का त्याग करके परहित के लिए जीना चाहिए। जो मनुष्य सेवा, त्याग और बलिदान का जीवन जीता है और किसी महान कार्य की पूर्ति के लिए अपना जीवन समर्पित कर देता है उसका जीवन तो सफल होता ही है लोग उसकी कीर्ति का गान करते हैं तथा उसकी मृत्यु भी सुमृत्यु बन जाती है।

प्रश्न 8. 'मनुष्यता' कविता के माध्यम से कवि क्या संदेश देना चाहता है?

उत्तर— 'मनुष्यता' कविता के माध्यम से कवि परोपकार, मानवता, प्रेम, एकता, दया, करुणा, सहानुभूति, सद्भावना और उदारता का संदेश देना चाहता है। कवि ने संदेश दिया है कि मनुष्य को सभी प्रकार से आपसी भेदभाव त्यागकर सहयोगात्मक भाव से उन्नति पथ पर चलते रहना चाहिए। कवि ने लिखा है 'तभी समर्थ भाव है कि तारता हुआ तरे।' इस कविता में कवि का स्पष्ट संदेश है कि मनुष्य को कभी घमंडी नहीं होना चाहिए। एकत्व और समत्व के भाव के साथ परस्पर विकास के अवलंब बनते हुए आगे बढ़ते रहना चाहिए।

(ख) निम्नलिखित का भाव स्पष्ट कीजिए—

प्रश्न 1. सहानुभूति चाहिए, महाविभूति है यही; वशीकृता सदैव है बनी हुई स्वयं मही।
विरुद्धवाद बुद्ध का दया-प्रवाह में बहा, विनीत लोकवर्ग क्या न सामने झुका रहा?

उत्तर— उपर्युक्त पंक्तियों में कवि 'श्री मैथिलीशरण गुप्त' ने एक-दूसरे के प्रति सहानुभूति की भावना को बनाए रखने के लिए प्रेरित किया है। कवि का मानना है कि इससे बढ़कर कोई पूँजी नहीं है क्योंकि यही गुण मनुष्य को महान, उदार और विनम्र बनाता है। प्रेम, सहानुभूति, करुणा की भावनाओं से मनुष्य जग को जीत सकता है। महात्मा बुद्ध के विचारों का भी विरोध हुआ था परन्तु जब बुद्ध ने अपनी करुणा, प्रेम व दया का प्रवाह किया तो उनके सामने सब नतमस्तक हो गए। इस प्रकार यह स्पष्ट है कि दया, करुणा और सहानुभूति ही मानवता की सच्ची सेवा है और सभी ईश्वर के प्रतिरूप हैं।

प्रश्न 2. रहो न भूल के कभी मदांध तुच्छ वित्त में, सनाथ जान आपको करो न गर्व चित्त में।
अनाथ कौन है यहाँ? त्रिलोकनाथ साथ हैं, दयालु दीनबंधु के बड़े विशाल हाथ हैं।

उत्तर— उपर्युक्त पंक्तियों में कवि ने कहा है कि समृद्धशाली और संप्रभु होने पर भी कभी अहंकार नहीं करना चाहिए। यहाँ कोई भी अनाथ नहीं है क्योंकि ईश्वर ही परमपिता हैं और वे सबके साथ हैं। कवि कहता है कि सच्चा मनुष्य वही है जो सम्पूर्ण मानव जाति के कल्याण के लिए मरता और जीता है। वह आवश्यकता पड़ने पर दूसरों के लिए अपना शरीर भी बलिदान कर देता है। भगवान सारी सृष्टि के स्वामी हैं, संरक्षक हैं, उनकी शक्ति असीम है। वे अपने अपार साधनों से सबकी रक्षा और पालन करने में समर्थ हैं इसलिए मनुष्य को एक परमपिता पर विश्वास रख हमेशा परोपकार में संलग्न रहना चाहिए। सांसारिक धन-सम्पत्ति पर विश्वास नहीं करना चाहिए।

प्रश्न 3. चलो अभीष्ट मार्ग में सहर्ष खेलते हुए, विपत्ति, विघ्न जो पड़ें उन्हें ढकेलते हुए।
घटे न हेलमेल हाँ, बढ़े न भिन्नता कभी, अतर्क एक पंथ के सतर्क पंथ हों सभी।

उत्तर— कवि 'श्री मैथिलीशरण गुप्त' द्वारा रचित उपर्युक्त पंक्तियों का भाव यह है कि मानव को अपने इच्छित मार्ग पर प्रसन्नतापूर्वक हँसते-खेलते चलते रहना चाहिए और रास्ते में जो कठिनाई या बाधा पड़े, उन्हें ढकेलते हुए आगे बढ़ते जाना चाहिए परन्तु इस विकास के क्रम में यह ध्यान रखना चाहिए कि हमारा आपसी सामंजस्य न घटे और हमारे बीच भेदभाव न बढ़े। हम तर्करहित होकर एक मार्ग पर सावधानीपूर्वक चलें। एक-दूसरे की भलाई करते हुए एक-दूसरे को सहयोग करते हुए आगे बढ़ें। इसी में मनुष्य की सच्ची मानवता निहित है। यथार्थ में सच्चा मनुष्य वही है जो दूसरों के लिए मरता है अर्थात् दूसरों की सहायता करने के लिए हमेशा तैयार करता है।

योग्यता विस्तार

प्रश्न 1. अपने अध्यापक की सहायता से रंतिदेव, दधीचि, कर्ण आदि पौराणिक पात्रों के विषय में जानकारी प्राप्त कीजिए।

उत्तर—

रंतिदेव

संकृति नामक राजा के दो पुत्र थे, एक का नाम था गुरु और दूसरे का रंतिदेव। रंतिदेव बड़े ही प्रतापी राजा थे। इनकी न्यायशीलता, दयालुता, धर्मपरायणता की प्रसिद्धि तीनों लोकों में फैली हुई थी। एक समय राजा के पूरे राज्य में भीषण अकाल पड़ गया था। अन्न क्या लोगों को पीने के लिए पानी तक नहीं मिल रहा था। प्रजा के दुख को देखकर राजा ने अपना कोष खोल दिया। कुछ दिनों में ऐसा समय आ गया कि राजा को भी खाने के लिए कुछ नहीं मिल रहा था। इसी क्रम में राजा को एक बार अड़तालीस दिन तक अन्न-जल नहीं मिला। भूख-प्यास से पीड़ित बलहीन राजा को अंत में उनचासवें दिन भोजन मिला। रंतिदेव भोजन करना ही चाहते थे कि एक बहुत ही भूखा ब्राह्मण अतिथि आ गया। सर्वत्र हरि को व्याप्त देखने वाले भक्त रंतिदेव ने वह अन्न आदर से ब्राह्मणरूपी अतिथि को दे दिया। राजा की दानशीलता को देखकर ईश्वर प्रसन्न हो गए और उन्होंने अपना यथार्थ रूप धारण कर राजा को दर्शन दिया। रंतिदेव, नारायण के दर्शन से परायण होकर परम गति को प्राप्त हुए।

दधीचि

दधीचि का नाम भारत के परमदानी एवं ज्ञानी तपस्वियों में बड़े ही आदर और श्रद्धा के साथ लिया जाता है। दधीचि अत्यंत परोपकारी और तप में लीन रहने वाले ऋषि थे। एक बार देवराज इंद्र उनके पास आए। साधना पूर्ण होते ही दधीचि ने इंद्र से आने का कारण पूछा। इंद्र ने बताया कि ऋषिवर! देवता और दानवों में युद्ध छिड़ा हुआ है। इस युद्ध में देव दानवों से पराजित होते जा रहे हैं। मैंने यदि कुछ उपाय न किया तो स्वर्गलोक के अलावा पृथ्वी पर भी दानवों का अधिकार हो जाएगा। ऋषि ने कहा, "देवराज इसमें मैं क्या कर सकता हूँ? मैं तो विश्व की भलाई की कामना से तप कर रहा हूँ।" इंद्र ने कहा, "मुनिवर, यदि आप अपनी हड्डियों का दान दें तो इनसे वज्र बनाकर असुरराज वृत्रासुर को पराजित किया जा सकेगा और देवगण युद्ध जीत सकेंगे। इंद्र की बातें सुनकर दधीचि ने साँस ऊपर खींची जिससे उनका शरीर निर्जीव हो गया और उनकी हड्डियों से बने वज्र से असुरराज वृत्रासुर मारा गया और देवताओं की विजय हुई। ऋषि दधीचि का नाम उनके इस अद्भुत और अविश्वसनीय त्याग के कारण आज भी बड़े ही श्रद्धा से लिया जाता है।

कर्ण

महाभारत का अत्यंत पराक्रमी और साहसी महानायक कर्ण वीर और दानी राजकुमार था। वह कुंती का पुत्र और अर्जुन का सहोदर था। ऐसी मान्यता है कि उसका जन्म सूर्य के वरदान के कारण हुआ था। इसीलिए उसे सूर्यपुत्र भी कहा जाता है। सूर्य ने उसकी रक्षा हेतु जन्मजात कवच-कुंडल प्रदान किया था जिसके कारण उसे मारना या हराना कठिन था। कर्ण इतना दानी था कि द्वार पर आए किसी याचक को खाली हाथ नहीं लौटने देता था। महाभारत युद्ध में कर्ण ने दुर्योधन का साथ दिया। कर्ण को पराजित करने के लिए इंद्र ने ब्राह्मण का रूप धारण कर उससे कवच और कुंडल माँगा। कर्ण समझ गया कि यह उसे मारने के लिए रची गई एक चाल है फिर भी उसने अपने प्राणों की चिंता नहीं की और कवच-कुंडल दान दे दिया। अपनी दानवीरता के कारण कर्ण आज भारतीय इतिहास में अमर हो गया है।

प्रश्न 2. 'परोपकार' विषय पर आधारित दो कविताओं और दो दोहों का संकलन कीजिए। उन्हें कक्षा में सुनाइए।

उत्तर— 'परोपकार' विषय पर आधारित कविताएँ और दोहे—

परोपकार

जल-थल और अंबर से आती यही पुकार, सर्वत्र, सर्वव्यापक और सर्वश्रेष्ठ है परोपकार।
यदि तुम सबका करते हो भला तो होगा तुम्हारा भला, दुनिया से दानवतारूपी भागती दूर सारी बुरी बला।
शास्त्र संगीत गीत यही गाते हैं सब मिल वेद पुराण, परोपकार कर क्योंकि मानव सेवा है सबसे बड़ा प्रण।
दु:ख के बाद सुख, सुख के बाद दु:ख तो है सबके साथ, पर सदा सुखी वही है जो बढ़ाता एक-दूसरे का हाथ।
यह जीवन है अनमोल मानव सेवा है इसका परम धाम, है संसार में अनेक नाम जिनका एकमात्र परोपकार काम।

परोपकार (संकलित)

आसमान के दो रतन, दोनों बड़े महान एक जग को शीतल करता दूसरा करता रोशनी दान
सूरज दादा फसल पकाते चंदा मामा छाया देते। दोनों मिल संसार चलाते ये दोनों हैं संत महान

धरती जब तप्ती गर्मी से तरू की डालियाँ इसे सहलाती फल-फूल औषधि देकर अपना सब न्यौछावर करती
पोखर ताल नदी को देखो अपना जल कभी न पीती स्वयं सदा ही आगे बढ़ती औरों को भी यही सिखाती।

दोहे

जो कोई करै सो स्वार्थी, अरस परस गुन देत बिन किये करै सो सूरमा, परमारथ के हेत।
परमारथ हरि रूप है, करो सदा मन लाये। पर उपमारी जीव जो, सबसे मिलते धाये।
यों रहीम सुख होत है, उपकारी के संग। बाँटन बारे को लगै, ज्यों मेंहदी को रंग।।

परियोजना कार्य

प्रश्न 1. अयोध्या सिंह उपाध्याय 'हरिऔध' की कविता 'कर्मवीर' तथा अन्य कविताओं को पढ़िए तथा कक्षा में सुनाइए।

उत्तर— **कर्मवीर**

देखकर बाधा विविध बहु विघ्न घबराते नहीं। रह भरोसे भाग्य के दु:ख भोग पछताते नहीं।
काम कितना ही कठिन हो किन्तु उकताते नहीं। भीड़ में चंचल बने जो वीर दिखलाते नहीं
हो गए एक आन में उनके बुरे दिन भी भले। सब जगह सब काल में वे ही मिले फूले-फले।
आज करना है जिसे करते उसे हैं आज ही। सोचते कहते हैं जो कुछ कर दिखाते हैं वही।
हो गए इक आन में उनके बुरे दिन भी भले। सब जगह सब काल में वे ही मिले फूले-फले।।

अयोध्या सिंह उपाध्याय 'हरिऔध'

प्रश्न 2. भवानी प्रसाद मिश्र की 'प्राणी वही प्राणी है' कविता पढ़िए तथा दोनों कविताओं के भावों में व्यक्त हुई समानता को लिखिए।

उत्तर— **प्राणी वही प्राणी है**

प्राणी वही प्राणी है
तापित को स्निग्ध करे, प्यासे को चैन दे
सूखे हुए अधरों को फिर से जो बैन दे
ऐसा सभी पानी है।
लहरों के आने पर, काई-सा फटे नहीं,
रोटी के लालच में तोते-सा रटे नहीं
प्राणी वही प्राणी है।
लँगड़े को पाँव और लूले को हाथ दे,
सत की संभार में मरने तक साथ दे
बोले तो हमेशा सच, सच से हटे नहीं;
झूठ के डराए से हरगिज डरे नहीं।
सममुच वही सच्चा है।
माथे को फूल जैसा अपने चढ़ा दे जो,
रुकती-सी दुनिया को आगे बढ़ा दे जो,
मरना वही अच्छा है।
प्राणी का वैसे और दुनिया में टोटा नहीं,
कोई प्राणी बड़ा नहीं, कोई प्राणी छोटा नहीं।

भवानी प्रसाद मिश्र

दोनों कविताओं के भावों में समानता—

(क) परोपकार सबसे बड़ा धर्म है। (ख) मानव सेवा सबसे बड़ा कर्म है। (ग) सच के रास्ते पर चलने में अनेक कठिनाइयाँ आती हैं पर साहसी परेशान नहीं होते हैं। (घ) व्रती जो व्रत कर लेते हैं उसे पूरा कर ही चैन लेते हैं। (ङ) परोपकारी परोपकार करने में अपना सर्वस्व समर्पण कर देते हैं।

परीक्षोपयोगी महत्त्वपूर्ण प्रश्नोत्तर

लघु उत्तरीय प्रश्न

प्रश्न 1. सरस्वती कैसे लोगों का गुणगान करती हैं?

उत्तर— जो परोपकारी होते हैं उनके गुणों की चर्चा सरस्वती करती हैं। यहाँ सरस्वती का तात्पर्य कवि से है अर्थात् साहित्य में भी ऐसे लोगों का ही वर्णन मिलता है जिनका जीवन सर्वदा परोपकार के लिए होता है। इस प्रकार के लोग हमेशा परोपकार के लिए जीवन जीते हैं।

प्रश्न 2. कवि ने अपने को मरणशील मानते हुए किस प्रकार सामान्य मृत्यु को सुमृत्यु बनाने की प्रेरणा दी है?

उत्तर— कवि ने मनुष्य से मरणशील मानने के लिए इसलिए कहा है क्योंकि मानव शरीर नश्वर है। इस संसार में जिसका भी जन्म हुआ उसे एक-न-एक दिन अवश्य मरना है। मनुष्य चाहकर भी अपनी मृत्यु को नहीं टाल सकता है। मनुष्य अच्छे-अच्छे कर्म करके और दूसरों के प्रति सहानुभूति दिखाते हुए परोपकार करके अपनी मृत्यु को सुमृत्यु बना सकता है।

प्रश्न 3. कवि ने परोपकार के संदेश को और अधिक प्रभावी बनाने के लिए किन महापुरुषों का उदाहरण दिया है?

उत्तर— कवि ने परोपकार के संदेश को और अधिक प्रभावी बनाने के लिए उशीनर, रंतिदेव, दधीचि और कर्ण जैसे महापुरुषों का उदाहरण दिया है। इन महापुरुषों ने मानवता की रक्षा के लिए अपने प्राणों तक का बलिदान कर दिया है। आज इनका नाम बड़े ही आदर के साथ लिया जाता है।

प्रश्न 4. कवि के अनुसार मनुष्य किसकी संतान है? उसे किस प्रकार का जीवन जीना चाहिए?

उत्तर— कवि के अनुसार संसार के सभी मनुष्य एक परमपिता की संतान हैं। सबको समत्व तथा एकत्व के भाव से जीवन-यापन करना चाहिए। एकत्व का भाव इसलिए आवश्यक है क्योंकि साथ-साथ सबका विकास आवश्यक है। एक-दूसरे की सहायता करते हुए ही हमें आगे बढ़ना चाहिए।

प्रश्न 5. बुद्ध के विरुद्धवाद के विषय में आप क्या जानते हैं?

उत्तर— भगवान बुद्ध परम शांति प्रिय और युद्ध के घोर विरोधी थे। बुद्ध ने शाक्य संघ की सदस्यता ग्रहण की थी और उसके नियमों का पालन करने का वचन दिया था। एक बार शाक्य संघ ने अपने पड़ोसी से युद्ध करने का निर्णय किया तो बुद्ध ने उसका विरोध किया। बुद्ध की इस नीति से संघ के सभी लोग उनके खिलाफ हो गए थे किन्तु बुद्ध की करुणा के आगे सभी को झुकना पड़ा। इस प्रकार अपनी परमार्थ की भावना के कारण बुद्ध ने अपने ही विरोधियों को अपना अनुयायी बना लिया। बुद्ध की इसी नीति को कवि ने विरुद्धवाद की संज्ञा दी है।

प्रश्न 6. कवि किसके जीवन और मरने को एक समान बताता है?

उत्तर— कवि ने, जो लोग केवल अपने लिए जीते हैं, उनके जीने और मरने को एक समान बताया है। इस नश्वर संसार में हजारों-लाखों लोग प्रतिदिन मरते और जन्म लेते हैं। इनकी मृत्यु को लोग थोड़े ही दिन बाद भूल जाते हैं। ये लोग अपने स्वार्थ को पूरा करने के लिए ही जीते हैं। उन्हें दूसरों के दु:ख से कुछ लेना-देना नहीं होता, इस प्रकार के लोग केवल आत्मकेन्द्रित होते हैं। उनके सारे आयास और प्रयास केवल अपने हित के लिए होते हैं। इस प्रकार के लोगों का मरना-जीना एक समान है।

प्रश्न 7. कवि मनुष्य को समस्त प्राणियों में अखण्ड आत्मभाव भरने के लिए क्यों कहता है?

उत्तर— कवि मनुष्य को समस्त प्राणियों में अखण्ड आत्मभाव भरने के लिए इसलिए कहता है ताकि लोग एक-दूसरे से वैमनस्य, ईर्ष्या, द्वेष आदि भाव न रखें और सारी दुनिया के लोगों के साथ एकता अखण्डता बनाए रखने हेतु सभी को अपना भाई मानें। प्राय: लोग जाति-धर्म, भाषा क्षेत्रवाद, सम्प्रदाय आदि की संकीर्णता में फँसकर मनुष्य को भाई समझना तो दूर, मनुष्य भी नहीं समझते हैं। कवि इसी संकीर्णता का त्याग करने और सभी के साथ आत्मीयता बनाने की बात कर रहा है। कवि का मानना है कि जब तक परस्पर बंधुत्व का भाव न हो तब तक मानवता की रक्षा संभव नहीं है।

प्रश्न 8. कवि मनुष्य को कभी मन में अधीर भाव नहीं भरने के लिए क्यों कहता है?

उत्तर— कवि का मानना है कि मनुष्य को कभी भी मन में अधीर भाव नहीं भरना चाहिए क्योंकि परमपिता परमेश्वर बड़े ही दयालु हैं। उनका हाथ सब पर समान रूप से रहता है। अधीर व्यक्ति भाग्यहीन के समान होता है। उसके पास विपरीत परिस्थितियों से निपटने का धैर्य नहीं होता। उसके पास धन तो होता है परन्तु धैर्य नहीं होता और कठिन परिस्थिति आने पर वह घबरा जाता है। कवि के अनुसार ऐसे अधीर व्यक्ति के पास इतना आत्मबल नहीं होता कि वह परिस्थितियों को जीतने में सफल हो। अत: कवि कहता है कि कभी भी मन में अधीर भाव नहीं भरना चाहिए।

प्रश्न 9. 'उशीनर' के विषय में आप क्या जानते हैं? उन्होंने मानवता की रक्षा के लिए क्या किया था?

उत्तर— 'उशीनर' एक पौराणिक राजा थे। उनका राज्य गांधार था। उन्हें शिवि के नाम से भी जाना जाता है। एक बार जब वे बैठे थे तभी एक कबूतर, बाज से भयभीत होकर शिवि की गोद में आकर बैठ गया। इसी बीच बाज शिवि के पास आकर अपना शिकार वापस माँगने लगा। जब राजा ने कबूतर को वापस देने से मना किया तो उसने राजा से कबूतर के वजन के बराबर माँस माँगा। राजा ने इसे सहर्ष स्वीकार कर लिया। उन्होंने अपने शरीर से कबूतर के वजन के बराबर माँस काटकर दान दे दिया। अपनी इस अलौकिक दानशीलता के कारण उशीनर प्रसिद्ध हैं।

प्रश्न 10. कवि ने सहानुभूति को महाविभूति क्यों कहा है? विस्तार से लिखिए।

उत्तर— कवि ने सहानुभूति को महाविभूति इसलिए कहा है क्योंकि यह ईश्वर का प्रतिरूप है। सहानुभूति का ही पर्याय सहनशीलता है। इसका कारण यह है कि सहानुभूति के कारण मनुष्य दूसरों के दु:ख की अनुभूति करता है और उसे परोपकार करने की प्रेरणा मिलती है यदि मनुष्य के भीतर सहानुभूति न हो तो कोई भी व्यक्ति चाहे सुखी रहे या दु:खी वह उसके प्रति उदासीन ही रहेगा और वह परोपकार करने की सोच भी नहीं सकता है। सहानुभूति ही एकमात्र ऐसा गुण है जो सामान्य मानव को विशेष दृष्टि प्रदान कर उसे दूसरों की सेवा के लिए प्रेरित करता है अर्थात् कवि कहना चाहते हैं कि हमें सहानुभूति का भाव अपनाना चाहिए।

दीर्घ उत्तरीय प्रश्न

प्रश्न 1. मैथिलीशरण गुप्त ने 'मनुष्यता' कविता में क्या अनर्थ माना है और क्यों?

उत्तर— मैथिलीशरण गुप्त ने 'मनुष्यता' कविता में एक मनुष्य मात्र को बंधु माना है और जब एक बंधु दूसरे बंधु की सहायता न करे तो वे इसे अनर्थ मानते हैं। कवि ने मनुष्य को यह बताने का प्रयास किया है कि सभी मनुष्य आपस में भाई-भाई हैं। सबको जन्म देने वाला परमपिता परमेश्वर एक है। पुराणों में भी इस बात के प्रमाण हैं कि सृष्टि का रचनाकार वही एक है। वह सारे जगत का पिता है। फिर मनुष्य-मनुष्य में थोड़ा-बहुत जो भेद है वह उसके अपने कर्मों के कारण है परन्तु एक ही ईश्वर या आत्मा का अंश उनमें समाए होने

के कारण सभी एकात्म भाव हैं। इतना जानने के बाद भी कोई मनुष्य दूसरे मनुष्य की अर्थात् अपने भाई की मदद न करे और उसकी व्यथा दूर न करे तो यह बहुत बड़ा अनर्थ है।

प्रश्न 2. आज के संदर्भ में 'मनुष्यता' कविता में वर्णित विषय और उसकी आवश्यकता और अधिक बढ़ गई है। स्पष्ट करें।

उत्तर— यह पूर्णत: सत्य है कि आज के संदर्भ में 'मनुष्यता' कविता में वर्णित विषय और उसकी आवश्यकता और अधिक बढ़ गई है। वर्तमान में चारों तरफ स्वार्थ और कदाचार का बोलबाला बढ़ता जा रहा है। लोग केवल अपने ही बारे में सोचते हैं। मनुष्यता कविता हमें सच्चा मनुष्य बनने की राह दिखाती है। मनुष्य को इस कविता द्वारा सभी मनुष्यों को अपना भाई मानने, उनकी भलाई करने और एकता बनाकर रखने की सीख दी गई है। कविता के अनुसार सच्चा मनुष्य वही है जो सभी को अपना समझते हुए दूसरों की भलाई के लिए ही जीता और मरता है। वह दूसरों के साथ उदारता से रहता है और मानवीय एकता को दृढ़ करने के लिए प्रयासरत रहता है। वह खुद उन्नति के पथ पर चलकर दूसरों को भी आगे बढ़ने की प्रेरणा देता है। वर्तमान में इस कविता की आवश्यकता और भी बढ़ जाती है क्योंकि आज दुनिया में स्वार्थवृत्ति, अहंकार, लोभ, ईर्ष्या, छल-कपट आदि बढ़ रहा है जिससे मनुष्य-मनुष्य में दूरी बढ़ रही है। सभी लोग एक-दूसरे को नीचा दिखाने और झूठे दिखावे के लिए मानवता का परित्याग कर दूसरों को पछाड़कर किसी प्रकार से आगे निकल जाना चाहते हैं।

प्रश्न 3. कविता के आधार पर 'मनुष्यता' के गुणों/लक्षणों की चर्चा विस्तारपूर्वक कीजिए।

उत्तर— 'मनुष्यता' कविता में कवि ने मनुष्यता के अनेक गुणों की चर्चा की है ताकि समाज में बंधुत्व, एकता सौहार्द्र, उदारता और आपसी हेलमेल का भाव कायम रहे। सभी एक पिता परमेश्वर की संतान हैं इसलिए सभी को प्रेम भाव से रहना चाहिए, सहायता करनी चाहिए और एक होकर चलना चाहिए। इससे हमारे बीच ईर्ष्या-द्वेष के भाव का अंत हो जाएगा। मैत्री भाव से आपस में मिलकर रहने से सभी कार्य सफल होते हैं, ऊँच-नीच, वर्ग भेद नहीं रहता और समाज का कल्याण होता है। कवि ने मानवता के गुणों को दैदीप्यमान रखने वाले अनेक ऋषियों और मुनियों की चर्चा, कविता में की है। मनुष्यता का सबसे बड़ा गुण यही है कि हमें सबकी भलाई करते हुए, सबको साथ लेकर चलते हुए ही अपना कल्याण करना चाहिए। समाज का सही मायने में विकास और लाभ तभी संभव है जब सबका विकास हो तथा निरभिमान और विश्वबंधुत्व का भाव भी रखना चाहिए।

प्रश्न 4. 'मनुष्यता' कविता का मूल भाव अपने शब्दों में समझाइए।

उत्तर— 'मनुष्यता' कविता समस्त मानव जाति के सद्‌गुणों की स्थापना करने का संदेश देती है। कवि ने मनुष्य को अनेक उदाहरणों तथा तर्कों द्वारा यह समझाने का प्रयास किया है, कि वह समस्त भिन्नताओं को त्यागकर समस्त विश्व को अपना बंधु मान ले तथा एक-दूसरे के सुख-दुख में भागीदार बने। कविता का संदेश है कि व्यक्ति स्वार्थ से ऊपर उठे तथा परमार्थ के लिए जीवन का उत्सर्ग कर दे। कवि ने कर्ण, दधीचि, रंतिदेव आदि का उदाहरण देकर मानव जाति हेतु सर्वस्व दान कर देने वाले महान व्यक्तियों का परिचय दिया है तथा समस्त मनुष्य को त्याग और बलिदान का महत्व बताया है। आत्मत्याग हो तो मानव की सेवा हेतु हो, यही इस कविता का मूल भाव है।

प्रश्न 5. 'मनुष्यता' कविता में 'परोपकार' के सम्बन्ध में दिए गए उदाहरण को स्पष्ट करते हुए लिखिए कि आपका मित्र परोपकारी है, यह आपने कैसे जाना?

उत्तर— 'मनुष्यता' कविता में 'परोपकार' के सम्बन्ध में कवि ने दधीचि, कर्ण आदि महान व्यक्तियों का उदाहरण देकर मनुष्यता के लिए संदेश दिया है कि प्रत्येक मनुष्य को परोपकार करते हुए अपना सर्वस्व त्यागने से कभी पीछे नहीं हटना चाहिए। इन व्यक्तियों ने दूसरों की भलाई के लिए अपना सर्वस्व दान कर दिया था। दधीचि ने अपनी अस्थियों का तथा कर्ण ने कुंडल और कवच का दान कर दिया था। हमारा शरीर नश्वर है। इसलिए इसके मोह को त्यागकर इसे दूसरों के हित-चिंतन में लगा देने में ही इसकी सार्थकता है। जी हाँ, मेरा मित्र भी परोपकारी है। इसकी जानकारी मुझे तब हुई जब मैं स्वयं बीमार था और विद्यालय पहुँचा तो मैंने सोचा मुझे मेरे मित्र ने दस दिन का पूरा काम करा दिया। उसने इन दस दिनों में अपने काम के साथ-साथ मेरा भी काम किसी कॉपी में कर रखा था, जिससे मैं काफी प्रसन्न हुआ और मित्र को धन्यवाद भी दिया।

प्रश्न 6. 'मनुष्यता' कविता के द्वारा कवि ने क्या प्रतिपादित करना चाहा है? विस्तार से स्पष्ट कीजिए।

उत्तर— 'मनुष्यता' कविता के माध्यम से कवि यह प्रतिपादित करना चाहता है कि परोपकार, मानवता, प्रेम, एकता, दया, करुणा, सहानुभूति, सद्‌भावना, त्याग, उदारता आदि मानव के महान गुण हैं। मनुष्य को सभी प्रकार के आपसी भेदभाव त्यागकर सहयोगात्मक भाव से उन्नति पथ पर चलते रहना चाहिए। कवि ने उशीनर, रंतिदेव, कर्ण, दधीचि आदि ऋषियों से त्याग की प्रेरणा लेने के लिए कहा है। कवि के अनुसार मनुष्य को कभी घमंडी नहीं होना चाहिए। एकत्व और समत्व के भाव के साथ परस्पर विकास के पथ को अवलंब बनाते हुए आगे बढ़ते रहना चाहिए। जो मनुष्य सेवा, त्याग और बलिदान का जीवन जीता है और किसी महान कार्य की पूर्ति के लिए अपना जीवन समर्पित कर देता है, उसका जीवन तो सफल होता ही है उसकी मृत्यु भी सुमृत्यु बन जाती है।

पर्वत प्रदेश में पावस

|5|

कवि-सुमित्रानंदन पंत

कवि परिचय—हिन्दी साहित्य में सुमित्रानंदन पंत को छायावादी परंपरा के प्रवर्तक तथा प्रकृति के सुकुमार कवि के रूप में ख्याति प्राप्त है। इनका जन्म उत्तराखण्ड के अल्मोड़ा जिले के कौसानी गाँव में 20 मई, 1900 ई. में हुआ था। जन्म के 6 घण्टे के बाद ही इनकी माता का निधन हो गया था इसलिए इनका पालन-पोषण इनकी दादी ने किया था। इनके पिता का नाम गंगादत्त पंत था तथा इनके बचपन का नाम गोंसाई दत्त था। उनकी प्रारंभिक शिक्षा अल्मोड़ा में ही हुई। 1918 में वे अपने भाई के साथ काशी आ गए और क्वींस कॉलेज में पढ़ने लगे। वहाँ से माध्यमिक परीक्षा उत्तीर्ण करके वे इलाहाबाद चले गए। इलाहाबाद में ही उनकी काव्यचेतना का विकास हुआ। अनेक वर्षों तक वे आकाशवाणी से जुड़े रहे। सुमित्रानंदन पंत ने 1921 में असहयोग आंदोलन के दौरान महाविद्यालय छोड़ दिया और घर पर ही हिन्दी, संस्कृत, बांग्ला और अंग्रेजी भाषा के साहित्य का अध्ययन करने लगे। इसके बाद ये पूरी तरह से काव्य सर्जन के प्रति समर्पित हो गए और आजीवन रचनारत रहे। अविवाहित पंत जी के अंतस्थल में नारी और प्रकृति के प्रति आजीवन सौंदर्यपरक पूज्य प्रेम की भावना रही। इनकी मृत्यु 28 दिसम्बर, 1977 को हुई थी।

रचनाएँ—सुमित्रानंदन पंत ने सात वर्ष की उम्र से ही कविता लेखन शुरू कर दिया था। 1926-1927 में उनका प्रसिद्ध काव्य-संकलन 'पल्लव' प्रकाशित हुआ था। 'तारापथ' उनकी प्रतिनिधि कविताओं का संकलन है। सुमित्रानंदन पंत की कुछ अन्य प्रसिद्ध कृतियाँ—ग्रंथि, गुंजन, ग्राम्या, युगांत, स्वर्णकिरण, स्वर्णधूलि, कला और बूढ़ा चाँद, लोकायतन, चिदंबरा, सत्यकाम, ज्योत्सना आदि हैं।

काव्यगत विशेषताएँ—सुमित्रानंदन पंत की भाषा संस्कृत प्रधान शुद्ध खड़ी बोली है। उनकी रचनाओं में संस्कृत भाषा के शब्दों की अधिकता है। वे कोमल, मधुर और सूक्ष्म भावों को प्रकट करने वाले शब्दों का प्रयोग करते हैं। कविता का सौंदर्य बढ़ाने के लिए उपमा, रूपक, अनुप्रास और मानवीकरण अलंकारों का सुंदर प्रयोग इन्होंने अपनी कविताओं में किया है। पंत जी जितना कुशल प्राकृतिक सौंदर्य का वर्णन करने में थे उतना ही कुशल मानवीय सौंदर्य के वर्णन में भी थे। उनकी गिनती जहाँ छायावाद के शीर्ष कवियों में होती है वही यथार्थवादी चित्रण करने वाले कवियों में भी उनका नाम बड़े ही आदर के साथ लिया जाता है। महाप्राण निराला ने भी कहा था 'पंत जी में सबसे जबरदस्त कौशल जो है, वह है 'शैली' की तरह अपने विषय को अनेक उपमाओं से सँवारकर मधुर-से-मधुर और कोमल-से-कोमल कर देना, सटीक शब्दों का चयन और मन के भावों को व्यक्त करने की अप्रतिम कला के कारण उन्हें शब्द शिल्पी कहा जाता है। वे अपने काव्य में कोमल, मधुर और सूक्ष्म भावों को प्रकट करने वाले शब्दों का प्रयोग करते हैं।

पुरस्कार—सुमित्रानंदन पंत को हिन्दी साहित्य सेवा के लिए पद्मभूषण, ज्ञानपीठ, साहित्य अकादमी तथा सोवियत लैंड नेहरू पुरस्कार जैसे उच्च श्रेणी के सम्मानों से विभूषित किया गया है।

शब्द-सम्पदा

पावस = वर्षा ऋतु। **प्रांत** = राज्य। **प्रकृति** = कुदरत। **सहस्र** = हजार। **अवलोक** = देख। **निज** = अपना। **पला** = पोषित। **गिरि** = पर्वत। **उत्तेजित** = तीव्रता। **उच्चाकांक्षाओं** = ऊँची इच्छाएँ। **नभ** = आकाश। **अचानक** = एकाएक। **भू** = पृथ्वी। **सभय** = भय के साथ। **जलद** = मेघ। **ऋतु** = मौसम। **पल-पल** = क्षण-क्षण। **वेश** = रूप। **आकार** = गढ़न या बनावट। **दृग** = नेत्र, नयन। **बार-बार** = लगातार। **महाकार** = विशाल रूप। **ताल** = तालाब। **गौरव** = बड़प्पन। **निर्झर** = झरना। **तरुवर** = पेड़ों का समूह। **अनिमेष** = बिना पलक झपकाए। **भूधर** = पहाड़। **पर** = पंख। **अंबर** = आकाश। **शाल** = एक प्रकार का पेड़ (जो पहाड़ों पर पाया जाता है)। **यान** = परिवहन का माध्यम। **पर्वत** = पहाड़। **परिवर्तित** = बदला हुआ। **मेखलाकार** = करघनी के आकार की पहाड़ की ढालें। **अपार** = विशाल। **सुमन** = फूल। **जल** = पानी। **चरण** = पद। **दर्पण** = आईना। **मद** = मस्ती। **उर** = हृदय। **नीरव** = शांत। **अटल** = दृढ़। **पारद** = एक प्रकार का पंख। **रव** = ध्वनि। **धरा** = पृथ्वी। **यों** = इस तरह। **इंद्रजाल** = जादूगरी।

निम्नलिखित पद्यांशों की व्याख्या कीजिए—

1. **पावस ऋतु थी पर्वत प्रदेश**
पल-पल परिवर्तित प्रकृति वेश।
मेखलाकार पर्वत अपार
अपने सहस दृग सुमन फाड़
अवलोक रहा है बार-बार
नीचे जल में नि महाकार,
जिसके चरणों में पला ताल
दर्पण-सा फैला है विशाल।

व्याख्या—प्रस्तुत कविता में कवि ने अपनी अद्भुत वर्णन कौशल से शब्द चित्र के माध्यम से पर्वतीय इलाके में वर्षा ऋतु में पल-पल बदलने वाले प्राकृतिक दृश्य का मनोहारी चित्र प्रस्तुत किया है। ये वर्णन इतने सजीव हैं कि लगता है कि सब कुछ आँखों के सामने हो रहा हो। वर्षा ऋतु में पर्वतीय प्रदेशों की अद्भुत सुंदरता और क्षण-क्षण प्रकृति द्वारा नए रूप का धारण कर लेना मन को आकर्षित कर लेता है।

करधनी के आकार की ढाल वाले पर्वतों की दूर तक फैली पर्वत शृंखलाओं पर अनेक फूल सुशोभित हैं, लगता है मानो पर्वत अपनी पुष्प रूपी नयनों से तालाब में चकित होकर अपनी विशालता को देख रहा है। तालाब का जल इतना स्वच्छ है कि पर्वतों के चरणों में दर्पण-सा फैला हुआ दिख रहा है तथा पर्वतों का महाकार उसके जल में प्रतिबिंबित हो रहा है।

प्रश्न– (क) कवि पद्यांश में किसका वर्णन कर रहा है?

(i) पहाड़ों का (ii) वर्षा का

(iii) तालाब का (iv) पहाड़ों की मनोरम दृश्यावली का

(ख) पावस ऋतु किसे कहते हैं?

(i) वर्षा ऋतु (ii) ग्रीष्म ऋतु

(iii) शरद ऋतु (iv) इनमें से कोई नहीं

(ग) पर्वत की आँखें किसे कहा गया है?

(i) पर्वत पर उगी घास को (ii) पर्वत पर उगे छोटे पौधे को

(iii) पर्वत पर उगे हजारों फूलों को (iv) इनमें से कोई नहीं

(घ) मेखलाकार पर्वत अपार में किस भाग का वर्णन किया गया है?

(i) विशाल पर्वत का (ii) विशाल पेड़ का

(iii) भू-भाग का (iv) विशाल ढालदार भाग का

उत्तर– (क) (iv) पहाड़ों की मनोरम दृश्यावली का (ख) (i) वर्षा ऋतु

(ग) (iii) पर्वत पर उगे हजारों फूलों को (घ) (iv) विशाल ढालदार भाग का

2. गिरि का गौरव गाकर झर-झर
मद में नस-नस उत्तेजित कर
मोती की लड़ियों से सुंदर
झरते हैं झाग भरे निर्झर।

गिरिवर के उर से उठ-उठ कर
उच्चाकांक्षाओं से तरुवर
हैं, झाँक रहे नीरव नभ पर
अनिमेष, अटल, कुछ चिंता पर।
उड़ गया, अचानक लो, भूधर
फड़का अपार पारद के पर!

व्याख्या—पर्वतों से झरते हुए झरनों की आवाज सुनकर ऐसा लगता है, मानो ये झरने पर्वतों की विशालता और महानता का यशगान कर रहे हों। इनसे निकलता हुआ मधुर स्वर तथा इनका अनुपम सौंदर्य तन-मन में अभूतपूर्व जोश, उमंग व उल्लास का संचार कर देता है। झरनों से गिरती जल की बूँदें मोती की लड़ी-सी दिखती हैं तथा झरनों का जल सुंदर सफेद झाग बनाता है। पर्वतों पर बड़े-बड़े वृक्षों को देखकर लगता है, मानो ये पर्वतों के हृदय से निकलने वाली महत्त्वाकांक्षाएँ हैं। ये विशाल वृक्ष शांत आकाश की ओर एकटक देखते हुए अत्यंत चिंतित तथा कुछ भयभीत से प्रतीत होते हैं।

प्रश्न– (क) प्रस्तुत काव्यांश में कवि ने किसका वर्णन किया है?

(i) प्रकृति का (ii) सर्दियों का

(iii) गर्मियों का (iv) पतझड़ का

(ख) मोतियों की लड़ियों के समान क्या आवाज करते हुए बह रहे हैं?

(i) हार (ii) पुष्प

(iii) नदियाँ (iv) झरने

(ग) पर्वतों के हृदय से उठ-उठ कर कौन झाँक रहे हैं?

(i) पेड़ (ii) झरने

(iii) पत्थर (iv) पुष्प

(घ) कवि के अनुसार झरने किसका गुणगान कर रहे हैं?

(i) पेड़ों का (ii) पहाड़ों का

(iii) आकाश का (iv) मोतियों का

उत्तर– (क) (i) प्रकृति का (ख) (iv) झरने

(ग) (i) पेड़ (घ) (ii) पहाड़ों का

3. रव-शेष रह गए हैं निर्झर
है टूट पड़ा भू पर अंतर!

धँस गए धरा में सभ्य शाल।
उठ रहा धुआँ, जल गया ताल।
यों जलद-यान में विचर-विचर
था इंद्र खेलता इंद्रजाल

व्याख्या—अचानक दृश्य बदलता है। सामने कुछ भी दृश्यमान नहीं है। कवि कल्पना करता है कि मानो बादलों के पंख लगाकर पहाड़ वहाँ से उड़कर कहीं चले गए हैं। अब कुछ भी दिखाई नहीं पड़ रहा है। मात्र झरने की मधुर आवाज़ ही उस शांत वातावरण की सुंदरता में वृद्धि कर रही है। झरनों की आवाज़ इतनी तेज है कि लगता है, मानो आकाश ही धरती पर टूट पड़ रहा है। भयवश शाल के वृक्ष धरती की गोद में समा गए हों या मानो वह तालाब ही जल गया हो और उसी का धुआँ बादल बनकर चारों ओर दिशाओं में व्याप्त है जिसमें तब कुछ समा-सा गया है।

अचानक बादल इधर-उधर बिखर जाते हैं। सूर्य के निकल आने से आकाश में बड़ा-सा सुंदर इन्द्रधनुष दिखाई देता है, मानो इन्द्र देव स्वयं बादल रूपी वायुयान से विहर-विहर कर अपनी माया का खेल दिखा रहे हों।

पाठ से सम्बन्धित प्रश्नोत्तर

(क) निम्नलिखित प्रश्नों के उत्तर दीजिए—

प्रश्न 1. पावस ऋतु में प्रकृति में कौन-कौन से परिवर्तन आते हैं? कविता के आधार पर स्पष्ट कीजिए।

उत्तर— पावस ऋतु में प्रकृति में अनेक मनभावन परिवर्तन आते हैं। पहाड़, तालाब, झरने आदि भी मानवीय भावनाओं के समान अपने व्यवहार को करते हुए दिखाई पड़ते हैं और भावनाओं से ओत-प्रोत दिखाई देते हैं। पर्वत ताल के दर्पण समान स्वच्छ जल में अपने विशाल आकार को देखकर चकित हैं। पर्वतों से बहते हुए झरने मोतियों की लड़ियों सदृश प्रतीत होते हैं। अचानक बादलों की ओट में छिपे हुए पर्वत मानो पंख लगाकर कहीं उड़ गए हों तथा तालाबों में से उठता भाप गहरे धुएँ-सा प्रतीत होता है। इस प्रकार पावस ऋतु में प्रकृति नये-नये रूप में प्रकट होती है।

प्रश्न 2. 'मेखलाकार' शब्द का क्या अर्थ है? कवि ने इस शब्द का प्रयोग यहाँ क्यों किया है?

उत्तर— 'मेखलाकार' शब्द का अर्थ है—करधनी के आकार की पहाड़ की ढाल। यह एक आभूषण है और यह कटि भाग में पहनी जाती है। कवि ने इस शब्द का प्रयोग पर्वतों की शृंखला के लिए किया है जो दूर-दूर तक फैली है तथा करधनी की भाँति ही धरती पर सुशोभित हैं। कवि ने इस प्रयोग से पर्वत की विशालता और प्रकृति का सौंदर्य परिलक्षित किया है।

प्रश्न 3. 'सहस्र दृग-सुमन' से क्या तात्पर्य है? कवि ने इस पद का प्रयोग किसके लिए किया होगा?

उत्तर— 'सहस्र दृग-सुमन' से कवि का तात्पर्य पावस ऋतु में पर्वतों पर लिखे हुए हजारों पुष्पों से है। कवि इन पुष्पों को पर्वतों की आँखों के समान कह रहे हैं। पावस ऋतु में पर्वतों पर हजारों रंग-बिरंगे फूल खिले हुए हैं। कवि को ये हजारों फूल पहाड़ की आँखों के समान लगते हैं। कवि ने इस पद का प्रयोग सजीव चित्रण करने के लिए किया है। कवि को लगता है मानो पर्वत अपने सुंदर पुष्प रूपी नेत्रों से चकित होकर अपने विशाल आकार को निहार रहा है इसलिए कवि ने सुमनों को पहाड़ के नेत्र कहा है।

प्रश्न 4. कवि ने तालाब की समानता किसके साथ दिखाई है और क्यों?

उत्तर— कवि ने तालाब की समानता दर्पण के साथ दिखाई है। तालाब के जल में स्वच्छता है और पारदर्शिता है तथा दर्पण में भी स्वच्छता और पारदर्शिता होती है। कवि कल्पना करता है कि महाकाय पर्वत अपने पुष्प रूपी नेत्रों से अपने महाकार को चकित भाव से तालाब रूपी दर्पण में देख रहा है। इस प्रकार दर्पण तथा तालाब दोनों ने अपना प्रतिबिंब देखने के गुण होने के कारण कवि ने तालाब से दर्पण की समानता दिखाई है। यहाँ मानवीकरण अलंकार को दिखाना भी कवि का उद्देश्य है।

प्रश्न 5. पर्वत के हृदय से उठकर ऊँचे-ऊँचे वृक्ष आकाश की ओर क्यों देख रहे थे और वे किस बात को प्रतिबिंबित करते हैं?

उत्तर— पर्वत के हृदय से उठकर ऊँचे-ऊँचे वृक्ष आकाश की ओर अपनी महत्त्वकांक्षाओं को प्रकट करने के लिए देख रहे हैं। ये वृक्ष इस बात को प्रतिबिंबित करते हैं कि मानो ये बादलों की घनघोर वर्षा को देखकर गंभीर और सभी चिंतन में लीन हो गए हों। आकाश की ओर एकटक देखते हुए अपनी कामनाओं को पूर्ण करने के लिए अपेक्षित हों। वे मानव की महत्त्वाकांक्षा को प्रतिबिंबित करते हैं।

प्रश्न 6. शाल के वृक्ष भयभीत होकर धरती में क्यों धँस गए?

उत्तर— पर्वत पर बादल चारों ओर फैलने लगे तथा मूसलाधार वर्षा होने लगी। घनघोर वर्षा के कारण चारों तरफ धुआँ-सा उठता प्रतीत हो रहा था। उस धुँध में शाल के वृक्ष अदृश्य हो गए थे। इसे देखकर कवि कल्पना करता है कि मानो शाल के वृक्ष भयभीत होकर धरती में धँस गए हैं।

प्रश्न 7. झरने किसके गौरव का गान कर रहे हैं? बहते हुए झरने की तुलना किससे की गई है?

उत्तर— ऊँचे पर्वतों से झर-झर के स्वर में बहते हुए झरने पर्वत की विशालता और महानता का गुणगान कर रहे हैं। यह कवि की कल्पना है कि उसे झरनों की ध्वनि से मधुर स्वर सुनाई पड़ रहा है। कवि के द्वारा बहते हुए झरने की तुलना मोती की लड़ियों से की गई है।

(ख) निम्नलिखित का भाव स्पष्ट कीजिए—

प्रश्न 1. है टूट पड़ा भू पर अंबर!

उत्तर— उपर्युक्त पंक्ति का भाव यह है कि पर्वतीय प्रदेश में कभी-कभी अकस्मात् इतनी अधिक वर्षा होने लगती है कि मानो धरती पर आकाश टूट पड़ा हो। आकाश में चारों तरफ घनघोर बादल छा जाते हैं जिससे वातावरण धुँधमय हो जाता है। केवल झरनों और वर्षा की झर-झर

ध्वनि ही सुनाई देती है, तब ऐसा प्रतीत होता है कि भू पर अंबर टूट पड़ा हो तथा चारों ओर आनन्दमय तथा सुखद वातावरण हो जाता है। शीतल मन्द हवा भी मन को मुग्ध कर देती है।

प्रश्न 2. यों जलद-यान में विचर-विचर
था इन्द्र खेलता इंद्रजाल।

उत्तर— उपर्युक्त पंक्तियों का भाव यह है कि पर्वतीय प्रदेश में बादलों के स्वरूप में अचानक इतने बदलाव आ रहे हैं कि मानो बादल रूपी यान पर आरूढ़ हो इन्द्र अपना करतब दिखा रहा हो। बादल कभी पर्वतों को ढक लेता है, वह कभी मूसलाधार बरस जाता है तो छँटकर इधर-उधर बिखर जाता है। कभी सूरज के प्रकट होने से आकाश में बड़ा-सा इन्द्रधनुष दिखाई देता है। ये सभी क्रियाएँ इन्द्र की माया के समान प्रतीत हो रही हैं अर्थात् प्रकृति में पल-पल परिवर्तन आ रहे हैं।

प्रश्न 3. गिरिवर के उर से उठ-उठकर
उच्चाकांक्षाओं से तरुवर
हैं झाँक रहे नीरव नभ पर
अनिमेष, अटल, कुछ चिंता पर।

उत्तर— उपर्युक्त पंक्तियों में कवि सुमित्रानंदन पंत ने पर्वतों पर स्थित ऊँचे वृक्षों की तुलना मानव के हृदय से निकलने वाली ऊँची महत्त्वाकांक्षाओं से की है। कवि कल्पना करता है कि पर्वतों पर खड़े ऊँचे-ऊँचे पेड़ पर्वतों के हृदय से निकलने वाली बड़ी-बड़ी महत्त्वाकांक्षाएँ हैं। ये सभी अपेक्षित भाव से अपलक, अटल पर चिंतापुर हो आकाश की ओर निहार रहे हैं। इनके मन में आशंकाएँ हैं कि भविष्य क्या होगा।

(ग) कविता का सौंदर्य—

प्रश्न 1. इस कविता में मानवीकरण अलंकार का प्रयोग किस प्रकार किया गया है? स्पष्ट कीजिए।

उत्तर— सुमित्रानंदन पंत कोमल कांत प्रकृति के सुकुमार कवि हैं। 'पर्वत प्रदेश में पावस' कविता में कवि ने प्रकृति के विभिन्न उपादानों पर मानवीय गुणों का अधान किया है। कवि अपने शब्द चित्र के माध्यम से प्रकृति का सजीव चित्रण करने में सिद्धहस्त हैं। पहाड़, झरने, वहाँ उगे वृक्ष, शाल के पेड़, बादल आदि पर मानवीय गुणों का आरोपण कर कवि ने अत्यंत आकर्षक चित्र प्रस्तुत किया है। बादलों से बारिश होना प्रकृति के विभिन्न उपादानों पर कवि द्वारा प्रयुक्त मानवीकरण अलंकार निम्न है—

(i) तालाब रूपी स्वच्छ दर्पण में अपना प्रतिबिंब देखकर पर्वत का चकित होना।

(ii) झर-झर गिरते झरनों द्वारा पर्वत का गुणगान किया जाना।

(iii) बादलों का पर लगाकर पहाड़ का अचानक उड़ जाना इत्यादि।

प्रश्न 2. आपकी दृष्टि में इस कविता का सौंदर्य इनमें से किस पर निर्भर करता है?
(क) अनेक शब्दों की आवृत्ति।
(ख) शब्दों की चित्रमयी भाषा पर।
(ग) कविता की संगीतात्मकता पर।

उत्तर— मेरी दृष्टि में 'पर्वत प्रदेश में पावस' कविता का सौंदर्य की आवृत्ति, शब्दों की चित्रमयी भाषा और कविता की संगीतात्मकता तीनों पर ही निर्भर करता है। इनमें से यदि एक को भी हटा दिया जाए तो पूरी कविता का सौंदर्य बाधित हो जाएगा तथा कवि अपने उद्देश्य से विलग हो जाएगा। उदाहरण के लिए देख सकते हैं–'पल-पल परिवर्तित प्रकृति-वेश' और 'मद में नस-नस उत्तेजित कर'—यहाँ सौंदर्य शब्दों की आवृत्ति पर निर्भर है, 'फँस गए धरा में सभय ताल!' और 'झरते हैं झाग भरे निर्झर।'—यहाँ सौंदर्य चित्रमयी भाषा पर निर्भर है। लगता है सब कुछ हमारे सामने चल रहा हो। इसी प्रकार 'मोती की लड़ियों-से सुंदर, झरते हैं झाग भरे निर्झर!' और 'रव-शेष रह गए हैं निर्झर! है टूट पड़ा भू पर अंबर!' पंक्तियों में सौंदर्य संगीतात्मकता पर निर्भर है। इस प्रकार कवि की यह कविता अपने-आप में अनूठी है। कवि ने यहाँ चित्रात्मकता शैली का प्रयोग करते हुए प्रकृति का सुन्दर रूप प्रस्तुत किया है।

प्रश्न 3. कवि ने चित्रात्मक शैली का प्रयोग करते हुए पावस ऋतु का सजीव चित्र अंकित किया है। ऐसे स्थलों को छाँटकर लिखिए।

उत्तर— कवि ने पूरी कविता में ही अपनी चित्रात्मक शैली का वर्णन चातुर्य और शब्द-चयन-कौशल के कारण पावस ऋतु का सजीव चित्रण किया है। कुछ प्रमुख वर्णन इस प्रकार से है जिसमें चित्रात्मक शैली का प्रयोग परिलक्षित होता है।

- मेखलाकार पर्वत अपार अपने सहस्र दृग-सुमन फाड़,
  अवलोक रहा है बार-बार नीचे जल में निज महाकार
  —जिसके चरणों में पला ताल दर्पण-सा फैला है विशाल!
- मोती की लड़ियों-से सुंदर झरते हैं झाग भरे निर्झर!
- उड़ गया, अचानक लो, भूधर फड़का अपार पारद के पर!

योग्यता विस्तार

प्रश्न 1. इस कविता में वर्षा ऋतु में होने वाले प्राकृतिक परिवर्तनों की बात कही गई है। आप अपने यहाँ वर्षा ऋतु में होने वाले प्राकृतिक परिवर्तनों के विषय में जानकारी प्राप्त कीजिए।

उत्तर— कवि सुमित्रानंदन पंत ने अपनी कविता 'पर्वत प्रदेश में पावस' में पर्वतीय प्रदेश में वर्षा ऋतु के कारण होने वाले परिवर्तनों का उल्लेख किया है। मैं मैदानी प्रदेश में रहता हूँ अतः यहाँ होने वाले परिवर्तन पर्वतीय प्रदेश से भिन्न हैं। कुछ जीवंत तथा प्रमुख परिवर्तन निम्न प्रकार से हैं—

चारों ओर धरती हरी-भरी हो जाती है। मूसलाधार वर्षा हो जाने पर सब ओर पानी-ही-पानी दिखता है। किसानों का मन हर्षित हो जाता है। रास्ते अवरुद्ध हो जाते हैं, रातें भयोत्पादक हो जाती हैं, पेड़-पौधों को नवजीवन मिल जाता है, मेंढक की आवाज गुंजित होने लगती है, अनेक प्रकार के जीव-जंतु और पशु-पक्षियों की आवाज से वातावरण गुंजायमान हो जाता है, आसमान में काले बादलों के छाए रहने से सूरज की गर्मी कम हो जाती है, यदा-कदा इन्द्रधनुष भी गगन में अपनी छटा बिखेर देता है। मानसून आने पर 30 किमी. प्रति घण्टे की गति से हवाएँ चलती हैं।

परियोजना कार्य

प्रश्न 1. वर्षा ऋतु पर लिखी गई अन्य कवियों की कविताओं का संग्रह कीजिए और कक्षा में सुनाइए।

उत्तर— उदाहरण के रूप में कविताएँ दी जा रही हैं।

वर्षा बहार सबके मन को लुभा रही है—

वर्षा बहार सबके मन को लुभा रही है।
उमड़-घुमड़ कर काले बदरा छा रहे हैं॥
चपला भी चमक कर रोशनी बिखेर रही है।
गुड़-गुड़ कर के बादल भी गरज रहे हैं॥
ठण्डी-ठण्डी हवा चल रही मन को भा रही है।
बागों में लताओं पर फूल खिल रहे हैं॥
मदमस्त मोर पीहू-पीहू करके नाच रहा है।
कोयल भी मस्त राग सुना रही है॥
मेंढक भी प्यारे संगीत गा रहे हैं
बाज भी बादलों के ऊपर उड़ान भरकर इतरा रहा है॥
कल-कल करती नदियाँ, इठलाती हुई बह रही हैं।
मानो कोई नया संगीत सुना रही हैं॥
बागों में फूल खिल रहे हैं, सुगंध मन को भा रही है।
सावन में झूले पर झूल रही है बिटिया॥
वर्षा बहार भू पर जीवन की ज्योति जला रही है।
वर्षा बहार सबके मन को लुभा रही है।॥

'नरेन्द्र वर्मा'

घन, गर्जन से भर दो वन—

घन, गर्जन से भर दो वन
तरु-तरु-पादप-पादप-तन।
अब तक गुँजन-गुँजन पर
नाचीं कलियाँ छवि-निर्भर;
भौंरों ने मधु पी-पीकर
माना, स्थिर मधु-ऋतु कानन।
गरजो, हे मन्द्र, वज्र-स्वर;
थर्राये भूधर-भूधर,
झरझर-झरझर धारा झर
पल्लव-पल्लव पर जीवन।

सूर्यकांत त्रिपाठी 'निराला'

परीक्षापयोगी महत्त्वपूर्ण प्रश्नोत्तर

लघु उत्तरीय प्रश्न

प्रश्न 1. कवि को ऐसा क्यों लग रहा है कि जैसे धरा पर आकाश टूट पड़ा हो? कविता के आधार पर लिखिए।

उत्तर— वर्षा की तीव्रता के कारण कवि को लग रहा है कि मानो धरा पर आकाश टूट पड़ा हो। मूसलाधार वर्षा के उपरांत चारों ओर केवल पानी-ही-पानी दिख रहा है। पर्वत के चारों ओर फैला विशाल जल ताल के समान प्रतीत हो रहा है। आकाश में बादलों और धरा पर धुँध के कारण विशाल शाल के पेड़ अदृश्य हो गए हैं। चतुर्दिक विचित्र शांति है और केवल झरने की आवाज सुनाई पड़ रही है अर्थात् चारों ओर से हर प्रकार का भय बना हुआ है।

प्रश्न 2. प्रकृति नटी किस प्रकार अपने वेश को पल-पल बदल रही है?

उत्तर— पर्वतों की चोटियों पर कभी गहरे बादलों का छा जाना, कभी बादलों का पंख लगाकर पर्वतों का उड़ जाना, कभी बहुत ही तेज़ वर्षा जैसे भू पर अंबर टूट पड़ा हो, कभी तालाबों से उठता धुआँ तो कभी झरनों में मोतियों की लड़ियों के समान झाग का भर जाना—इन प्रतिपल परिवर्तित हो रहे दृश्यों को देखकर लगता है जैसे प्रकृति नटी अपने वेश को पल-पल बदल रही है अर्थात् प्रत्येक क्षण प्रकृति विभिन्न रूपों में दिखाई पड़ रही है।

प्रश्न 3. कवि ने मानव मन की महत्त्वाकांक्षाओं की तुलना किससे की है?

उत्तर— कवि ने मानव मन की महत्त्वाकांक्षाओं की तुलना पर्वत के उर पर उगे विशाल वृक्षों से की है। इन वृक्षों को देखकर ऐसा लगता है मानो इनके हृदय में अनेक महत्त्वाकांक्षाएँ और उनकी पूर्ति के लिए चिंतातुर ये आसमान को देख रहे हैं।

प्रश्न 4. 'पर्वत प्रदेश में पावस' कविता में कवि ने पर्वत को मनुष्य के समान कौन-सा कार्य करते हुए प्रस्तुत किया है?

उत्तर— 'पर्वत प्रदेश में पावस' कविता में वर्णित पर्वत अत्यंत ऊँचा और विशालकाय है। पर्वत पर हजारों फूल खिले हैं। पर्वत की तलहटी में स्वच्छ जल से भरा तालाब है। पर्वत इस तालाब में पुष्प रूपी नेत्रों से अपनी परछाई निहारते हुए आत्ममुग्ध हो रहा है। मनुष्य भी अपने शारीरिक सौंदर्य पर खुश होता है। अत: कवि ने यहाँ पर्वत को मानव के समान खुश होता हुआ दिखलाया है।

प्रश्न 5. मानवीकरण अलंकार का प्रयोग इस कविता के सौंदर्य को द्विगुणित कर देता है। स्पष्ट कीजिए।

उत्तर— 'पर्वत प्रदेश में पावस' कविता में जगह-जगह पर मानवीकरण अलंकार का प्रयोग करके कवि द्वारा प्रकृति में प्राणों का संचार किया गया है जिससे प्रकृति का चित्रण सजीव प्रतीत हो रहा है। जैसे—पर्वत पर उगे फूल को आँखों के द्वारा मानवीकरण कर उसे सजीव प्राणी की तरह प्रस्तुत किया गया है। 'उच्चाकांक्षाओं से तरुवर हैं झाँक रहे नीरव नभ पर' यहाँ तरुवर के झाँकने में मानवीकरण अलंकार दिखाया गया है मानो कोई व्यक्ति झाँक रहा हो। 'लो उड़ गया भूधर' यहाँ सजीव प्राणी पक्षी के समान पर्वत के उड़ने में मानवीकरण अलंकार की परिकल्पना है। इस प्रकार के प्रयोग से कविता के सौंदर्य में चार चाँद लग गये हैं। यहाँ पर कवि के लिए प्रकृति के सभी अंग मानवीय चेतना से परिपूर्ण हैं।

प्रश्न 6. किन उदाहरणों से पता चलता है कि कवि ने पर्वत को मनुष्य के रूप में चित्रित किया है?

उत्तर— सुमित्रानंदन पंत ने 'पर्वत प्रदेश में पावस' कविता में पर्वत का मानवीकरण कर पर्वत का सजीव चित्र प्रस्तुत किया है। कवि ने पर्वत के गोल आकार को मेखला का आकार कहा है। उस पर उगे फूलों को दृग-सुमन कहकर उसकी आँखें बताया है। नीचे पले ताल को दर्पण कहकर उसमें पर्वत अपना प्रतिबिंब निहार रहा है। इस प्रकार कवि ने अपनी प्रतिभा से पर्वत को मानव के रूप में चित्रित किया है।

प्रश्न 7. पावस ऋतु में पर्वत के मध्य भाग में उगे ऊँचे वृक्ष कवि की कल्पना में क्या है?

उत्तर— कवि सुमित्रानंदन पंत ने 'पर्वत प्रदेश में पावस' कविता के माध्यम से वर्षा ऋतु में प्रकृति के सौंदर्य को चित्रित किया है। पर्वतीय प्रदेशों में वर्षा के मौसम में बहुत अधिक वर्षा होने के बाद चारों ओर धुँध छा जाती है। धुँध के कारण केवल पर्वत और वृक्षों की चोटियाँ ही दृश्यमान रहती हैं। इन वृक्षों को देखकर कवि कल्पना करता है कि पर्वतों के मध्य में उगे शाल के वृक्ष पर्वतों की महत्त्वाकांक्षाएँ हैं। वे आकाश की ओर अपलक इसलिए निहार रहे हैं क्योंकि उन्हें अपनी आकांक्षाएँ पूर्ण होने में कुछ आशंकाएँ हैं।

प्रश्न 8. 'पर्वत प्रदेश में पावस' कविता के आधार पर पर्वत के रूप-स्वरूप का चित्रण कीजिए।

उत्तर— 'पर्वत प्रदेश में पावस' कविता में पर्वत शृंखला को ही मेखलाकार कहा गया है। पर्वत की ढाल भी मेखलाकार (करधनी के आकार) की होती है। हजारों फूल खिले हैं। पहाड़ पर खड़े पेड़ बहुत ऊँचे हैं। पहाड़ से गिरने वाले झरने झर-झर करते हुए शोर कर रहे हैं।

प्रश्न 9. मूसलाधार वर्षा के बाद पर्वत की तलहटी में स्थित तालाब के सौंदर्य का चित्रण कीजिए।

उत्तर— मूसलाधार वर्षा के बाद पर्वत की तलहटी में स्थित तालाब स्वच्छ जल से परिपूरित हो गया है। पानी की मात्रा बहुत अधिक हो जाने के कारण तालाब का आकार विशाल हो गया है। तालाब के पास ही विशालकाय पर्वत है। इसकी परछाई इसके पानी में उसी तरह दिखाई देती है जैसे साफ दर्पण में कोई वस्तु दिखाई देती है। यहाँ कवि ने तालाब की तुलना दर्पण से करते हुए उसके सौंदर्य को दिखाया है। दोनों में ही समान गुण विद्यमान होते हैं।

प्रश्न 10. कवि 'फड़का अपार पारद के पर' लिखकर बादलों द्वारा क्या प्रतिबिंबित करना चाहता है?

उत्तर— कवि की कल्पना अद्वितीय है। कवि ने अपनी नवीन कल्पना शक्ति का परिचय देते हुए लिखा है कि पर्वतीय प्रदेश में बादल इधर-उधर उड़ते फिर रहे हैं। इन बादलों से वर्षा होने से तालाब में धुँध उठने लगी है। पर्वत, वृक्ष और झरने अदृश्य होने लगे हैं। शाल के पेड़ अस्पष्ट से दिखने लगे। इन सारे परिवर्तनों का कारण बादल हैं। कवि ने इन बादलों को इन्द्रयान के रूप में कल्पना कर मानव के रूप में प्रतिबिंबित करना चाहा है। कवि को इस जीवंत वर्णन में सफलता भी मिली है।

दीर्घ उत्तरीय प्रश्न

प्रश्न 1. 'पर्वत प्रदेश में पावस' कविता में वर्षा के कारण अचानक होने वाले परिवर्तनों को संक्षेप में लिखिए।

उत्तर— 'पर्वत प्रदेश में पावस' कविता में वर्षा के अचानक होने वाले परिवर्तनों को कवि ने अपनी अनुपम कल्पना शक्ति के कारण नवीन रूप में प्रस्तुत किया है। वर्षा ऋतु में कवि ने देखा कि आकाश में काले-काले बादल उठे और नीचे की ओर आकर पर्वत, पेड़ तथा तालाब आदि को घेर लिया, जिससे वे अदृश्य से हो गए। मूसलाधार वर्षा होने लगी, जिससे ऐसा लगा कि धरती पर आकाश टूट पड़ा हो। धुँध-सी उठने लगी जिसे देखकर ऐसा लगा जैसे तालाब जलने लगा हो। पर्वत चमकीले भूरे पारद के पंख लगाकर फड़फड़ाकर उड़ गया हो। झरनों के सुंदर स्वर ऐसे सुनाई पड़ रहे थे मानो वे गिरि के गौरव का गान कर रहे हों। काले-काले बादलों में ऐसी मूसलाधार वर्षा होने लगी मानो आकाश ने धरती पर बारिश रूपी बाणों से आक्रमण कर दिया हो।

प्रश्न 2. पावस ऋतु में पर्वतीय प्रदेश में इन्द्र अपने इंद्रजाल को कैसे फैला रहा था?

उत्तर— सुमित्रानंदन पंत प्रकृति के कवि है। वे प्रकृति के सूक्ष्म परिवर्तनों को भी बड़े गौर से निहारते हैं। पावस ऋतु में पर्वतीय प्रदेश में अचानक बादल छाने और धुँध उठने से वातावरण अंधकारमय हो गया। इससे पर्वत अदृश्य हो गए। पहाड़ पर बहते झरने दिखने बंद हो गए। झरनों की आवाज अब भी आ रही थी। अचानक जोरदार वर्षा होने लगी। बढ़ती धुँध के शाल के पेड़ ओझल होने लगे। ऐसा लगा, ये पेड़ कटकर धरती में धँसते जा रहे हैं। अचानक तालाब से धुआँ ऐसे उठा मानो आग लग गई हो। इस प्रकार अपने इंद्रजाल को फैलाए हुए इंद्र जलद-यान में बैठकर घूम रहा था। ये सारे परिवर्तन इन्द्र का इंद्रजाल था।

प्रश्न 3. कवि ने कविता 'पर्वत प्रदेश में पावस' में अपनी कल्पना और सूक्ष्म अवलोकन शक्ति से वृक्ष के किन दो रूपों का वर्णन किया है? बताइए।

उत्तर— कवि ने कविता 'पर्वत प्रदेश में पावस' में अपनी कल्पना और सूक्ष्म अवलोकन शक्ति से वृक्ष के दो रूपों का वर्णन किया है। पर्वतीय प्रदेश में बहुत से पेड़ पर्वत पर उगे हैं, जिन्हें देखकर लगता है कि ये वृक्ष मनुष्य की ऊँची आकांक्षाओं के समान हैं। जिस प्रकार मनुष्य अपनी आकांक्षाएँ पूरी करने के लिए चिंतित रहता है उसी प्रकार ये पेड़ भी अटल तथा अपलक भाव से आकाश की ओर देखे जा रहे हैं।

दूसरी ओर पर्वत के पास उगे शाल के वृक्ष वर्षा होने और धुँध के कारण अस्पष्ट से दिखाई दे रहे हैं। ऐसा लगता है कि अचानक होने वाली मूसलाधार वर्षा और धुँध से भयभीत होकर ये पेड़ धरती में धँस गए हों।

इस प्रकार कवि ने यहाँ महत्त्वाकांक्षा रूपी ऊँचे-ऊचे पेड़ और भयभीत शाल के वृक्षों का मानवीकरण कर प्रस्तुत किया है।

प्रश्न 4. 'पर्वत प्रदेश में पावस' कविता का उद्देश्य/संदेश/प्रतिपाद्य/कथ्य अपने शब्दों में लिखिए।

उत्तर— 'पर्वत प्रदेश में पावस' कविता 'सुमित्रानंदन पंत' की वर्षा ऋतु पर आधारित छायावादी कविताओं में श्रेष्ठ कविता है। 'पर्वत प्रदेश में पावस' कविता पर्वतीय सौंदर्य को व्यक्त करने वाली सुंदर कविता है। पर्वतीय इलाके में प्रकृति का यह सौंदर्य वर्षा में और भी बढ़ जाता है। वर्षा काल में प्रकृति में क्षण-क्षण होने वाला परिवर्तन देखकर लगता है कि प्रकृति सजने-धजने के क्रम में पल-पल अपना वेश बदल रही है। विशाल आकार वाला मेखलाकार पर्वत है जिस पर फूल खिले हैं। वे फूल कवि को पर्वत के नेत्र के समान प्रतीत होते हैं। पर्वत के पास ही विशाल तालाब है। वह तालाब कवि को दर्पण सदृश दिखता है, जिसमें पर्वत अपना सौंदर्य निहारता है और आत्ममुग्ध होता है। पर्वत के उर से निकलते वृक्ष मानव के मन की महत्त्वाकांक्षाओं सदृश कवि को लगते हैं। पर्वतों से गिरते झरने सफेद मोतियों की लड़ियों जैसे लगते हैं। अचानक बादलों में पर्वत और झरने अदृश्य हो जाते हैं। ऐसा लगता है जैसे पर्वत विशालकाय पक्षी की भाँति पंख फड़फड़ाकर उड़ जाते हैं। मूसलाधार वर्षा आरंभ हो जाती है। शाल के पेड़ भयभीत होकर धरती में धँसने से लगते हैं। तालाब से धुआँ उठने लगता है ऐसा लगता है जैसे इन्द्र अपनी जादूगरी दिखा रहा है। इस प्रकार कवि ने समस्त कविता का मानवीकरण कर जीवंत चित्र के रूप में पर्वतीय प्रदेश पावस को प्रस्तुत किया है।

प्रश्न 5. वर्षा-ऋतु में पर्वतीय प्राकृतिक सुषमा का वर्णन सुमित्रानंदन पंत की कविता के आधार पर कीजिए।

उत्तर— कवि ने वर्षा ऋतु में पर्वतीय प्रदेश पर होने वाले प्रकृति में क्षण-क्षण परिवर्तन को बड़े ही सुंदर ढंग से व्यक्त किया है। वर्षा ऋतु में कवि को वहाँ का दृश्य देखकर ऐसा लगता है कि मानो मेखलाकार पर्वत अपने ऊपर खिले सुमन रूपी नेत्रों से तालाब के पारदर्शी जल में अपना प्रतिबिंब देख रहा हो। पहाड़ों के बीच में बहते झरने पहाड़ों का गौरवगान करते प्रतीत होते हैं। मूसलाधार वर्षा के कारण पूरा दृश्य ओझल हुआ दिखता है। पहाड़ों की छाती पर उगे वृक्ष ऐसे लगते हैं मानो मन में आकांक्षाएँ लिए आकाश की ओर निहार रहे हों शाल के वृक्ष जमीन में धँसे हुए प्रतीत होते हैं। कभी बादलों में उड़ जाने से ऐसा लगने लगता है कि पर्वत बादल रूपी पंख लगाकर आकाश में उड़ रहे हैं। मोती की लड़ियों जैसे झाग भरे झरने दिखाई पड़ते हैं। यह सब जादुई दृश्य देखकर ऐसा लगता है कि जैसे इंद्र देवता जादू में खेल दिखा रहे हैं। तालाब जलता हुआ-सा प्रतीत होता है।

तोप

|7|

कवि-वीरेन डंगवाल

कवि परिचय—स्वनाम धन्य 'वीरेन डंगवाल' की प्रतिभा बहुमुखी थी। 'वीरेन डंगवाल' को हिन्दी कविता की नई पीढ़ी के सबसे प्रिय और आदर्श कवियों में से एक माना जाता है। उनका व्यक्तित्व लेखक, पत्रकार, कवि, प्राध्यापक और अनुवादक जैसे अनेक गुणों से संवलित था। 'वीरेन डंगवाल' का जन्म 5 अगस्त, 1947 को उत्तराखण्ड के गढ़वाल जिले में हुआ था। उनकी माँ एक मिलनसार धर्मपरायण गृहिणी थीं और पिता स्वर्गीय रघुनंदन प्रसाद डंगवाल प्रदेश सरकार में प्रथम श्रेणी अधिकारी थे। पत्नी रीता भी शिक्षिका थीं। ये स्थाई रूप से बरेली के निवासी थे। अंतिम दिनों में स्वास्थ्य सम्बन्धी कारणों से इन्हें दिल्ली में रहना पड़ा था। उन्होंने मुजफ्फरनगर, सहारनपुर, कानपुर, बरेली, नैनीताल और अन्त में इलाहाबाद विश्वविद्यालय से एम.ए. और डी. फिल की डिग्री प्राप्त की। 1971 में बरेली कॉलेज में हिन्दी के प्राध्यापक पद पर नियुक्त हुए और कुछ दिनों तक कानपुर से निकलने वाले हिन्दी दैनिक 'अमर उजाला' के संपादक भी रहे। 68 वर्ष की अल्पायु में ही 17 सितम्बर, 2015 को बरेली में इनकी मृत्यु हो गई।

रचनाएँ—श्री डंगवाल की पहली रचना 'एक कविता' 22 साल की आयु में प्रकाशित हुई थी। इस प्रकार वर्तमान में उनकी चार प्रमुख रचनाएँ उपलब्ध हैं—'इसी दुनिया में, 'दुष्चक्र में स्रष्टा', 'कवि ने कहा' और 'स्याही ताल।' इनकी रचनाएँ बाँग्ला, मराठी, पंजाबी, अंग्रेजी, मलयालम और उड़िया जैसी भाषाओं में अनुवादित होकर प्रकाशित हो चुकी हैं।

काव्यगत विशेषताएँ—वीरेन डंगवाल का पहला कविता संग्रह 43 वर्ष की उम्र में आया। उन्हें हिन्दी कविता की नई पीढ़ी के सबसे प्रिय और आदर्श कवियों में माना जाता है। विद्वानों के अनुसार उनकी रचनाओं में नागार्जुन और त्रिलोचन के समान लोक मंगल का भाव, निराला का सजग फक्कड़पन और मुक्तिबोध की बेचैनी और बौद्धिकता का एक साथ संगम है। दुर्लभ मौलिक प्रतिभा के बावजूद वीरेन डंगवाल की रचनाओं में साधारण-सी आत्मीयता है। अपनी पीढ़ी के कवियों से उनका स्वर एकदम स्पष्ट अलग और मौलिक था। जब कविताओं में एक विशेष प्रकार के ढंग का प्रयोग हो रहा था तब भी वीरेन विश्वास, सादगी और सहजता के साथ कविता में अपने ढंग से साधारण चीजों और दैनंदिन जीवन की गति तथा आशा और संघर्ष के सौंदर्य का विवरण भरते रहे। उनकी भाषा खड़ी बोली और सामान्य जन की भाषा थी। यह उनकी अपनी एक अलग तथा अलौकिक प्रतिभा थी कि सीधे-सादे शब्दों में भी सटीक लाख टके की बात कह जाते थे। 'तोप' कविता में भी उन्होंने जनता को भूली हुई स्मृतियों को ताजा किया है।

पुरस्कार—'श्री वीरेन डंगवाल' नई पीढ़ी के प्रसिद्ध और हस्ताक्षर कवि थे। सामान्य से शब्दों में बिना लाग-लपेट के गंभीर बात कह जाने की कला में श्री डंगवाल कुशल थे। उनकी विलक्षण काव्य प्रतिभा से प्रभावित होकर साहित्य जगत ने उन्हें अनेक सम्मान व पुरस्कार से सम्मानित किया है। कुछ प्रमुख इस प्रकार से हैं—'वीरेन डंगवाल' को रघुवीर सहाय स्मृति पुरस्कार (1992), श्रीकांत वर्मा स्मृति पुरस्कार (1993), शमशेर सम्मान (2002) और साहित्य अकादमी पुरस्कार (2004) से भी नवाज़ा गया।

शब्द-सम्पदा

आरंभिक = शुरुआती। **उपलब्धियों** = प्राप्तियाँ। **दमन** = कुचलना। **नेक** = अच्छा। **सँभाल** = देखभाल। **सैलानी** = दर्शनीय स्थलों पर आने वाले यात्री। **धज्जे** = चिथड़े-चिथड़े करना। **जबर** = जबरदस्त, बलवान। **शैतानी** = बदमाशी। **धरोहर** = विरासत। **भान** = ज्ञान। **दारुण** = दु:ख से भरा। **मुहाने** = प्रवेश द्वार पर। **विरासत** = पूर्व पीढ़ियों से प्राप्त वस्तुएँ। **फ़ारिग** = मुक्त/खाली। **बहरहाल** = सामान्य रूप से। **मुँह बंद** = शांत होना। **किस्म** = प्रकार। **पूर्वजों** = पूर्व की वंशज। **निस्तेज** = निष्क्रिय। **धर रखी** = सँभाल कर रखी गई। **सूरमा** = वीर। **साल** = वर्ष। **गपशप** = बातचीत। **दरअसल** = वास्तव में।

निम्नलिखित पद्यांशों की व्याख्या कीजिए—

1. **कंपनी बाग के मुहाने पर**
धर रखी गई है यह 1857 की तोप
इसकी होती है बड़ी सम्हाल, विरासत में मिले
कंपनी बाग की तरह
साल में चमकाई जाती है दो बार।
सुबह-शाम कंपनी बाग में आते हैं बहुत से सैलानी
उन्हें बताती है यह तोप
कि मैं बड़ी जबर
बड़ा दिए थे मैंने
अच्छे-अच्छे सूरमाओं के धज्जे
अपने जमाने में

व्याख्या—तोप कविता में वीरेन डंगवाल ने भारत के पहले स्वतन्त्रता-संग्राम के समय अंग्रेजों द्वारा उपयोग की गई तोप और उसकी शक्ति के बारे में बताया है। कम्पनी बाग (कानपुर में अंग्रेजों द्वारा बनाया गया एक बाग) के प्रवेश द्वार पर अंग्रेजों की विरासत के रूप में सन् 1857 की तोप रखी हुई है। इसे हर साल स्वतन्त्रता दिवस एवं गणतन्त्र दिवस के अवसर पर कम्पनी बाग के साथ-साथ चमकाया जाता है। कम्पनी बाग तथा यह तोप दोनों ही जो अंग्रेजों के द्वारा दी गई इतिहास की निशानियाँ हैं।

2. **अब तो बहरहाल**
छोटे लड़कों की घुड़सवारी से अगर वह फारिंग हो
तो उसके ऊपर बैठकर
चिड़ियाँ ही अकसर करती हैं गपशप
कभी-कभी शैतानीं वे इसके भीतर भी घुस जाती है
खासकर गौरैयें
ये बताती हैं कि दरअसल कितनी भी बड़ी हो तोप
एक दिन तो होना ही है उसका मुँह बंद।

व्याख्या—कवि ने तोप की वर्तमान दशा का वर्णन करते लिखा है कि हर अत्याचारी के आतंक का अंत जरूर होता है। तोप की वर्तमान स्थिति यह है कि वह एक बगीचे के प्रवेश द्वार पर केवल ऐतिहासिक निशानी के रूप में रखी हुई है जिसके ऊपर बच्चे चढ़कर खेलते हैं। जब बच्चे नहीं होते हैं, तो उसके ऊपर चिड़िया आकर बैठ जाती है। खासकर गौरैया तो इसके मुँह के अंदर भी घुस जाती है।

वास्तव में, गौरैया का तोप के मुँह के अंदर घुसना संकेत करता है कि आतंक का या बल का शासन कितना ही बड़ा क्यों न हो एक न एक दिन उसका मुँह बंद होना ही है। जिस तोप ने बड़े-बड़े सूरमाओं का अंत किया था आज उसकी दशा ऐसी है कि उसके मुँह में घुसकर एक छोटी-सी कोमल चिड़िया खेल रही है अर्थात् यहाँ बताया गया है कि बड़ी-से-बड़ी शक्तिशाली वस्तु का अंत भी निश्चित है।

पाठ से सम्बन्धित प्रश्नोत्तर

(क) निम्नलिखित प्रश्नों के उत्तर दीजिए—

प्रश्न 1. विरासत में मिली चीजों की बड़ी सँभाल क्यों होती है? स्पष्ट कीजिए।

उत्तर— विरासत में मिली चीजों की बड़ी सँभाल होती है क्योंकि यह हमारे लिए हमारे पूर्वजों से प्राप्त धरोहर हैं। इनसे हमें प्राचीन काल की सभ्यता और संस्कृति के बारे में पता चलता है। यह चीजें हमारे इतिहास से जुड़ी होती हैं। इनके द्वारा हमें पूर्वजों के अनुभवों व उपलब्धियों के बारे में भी जानकारियाँ मिलती हैं। इन चीजों के द्वारा नई पीढ़ी को प्रेरणा मिलती है और वे इतिहास की सच्चाई से अवगत होते हैं। इन्हीं कारणों से इन्हें अमूल्य मानते हुए बहुत ही संभालकर रखा जाता है।

प्रश्न 2. इस कविता से आपको तोप के विषय में क्या जानकारी मिलती है?

उत्तर— इस कविता से तोप के विषय में यह जानकारी मिलती है कि यह अंग्रेजों के समय की तोप है। सन् 1857 में इसका प्रयोग एक खतरनाक, भयंकर और शक्तिशाली हथियार के रूप में किया गया था। उस समय अंग्रेजों ने भारतीय क्रांतिकारियों के लिए इसे प्रयोग किया था। इसने अनेक वीर स्वतन्त्रता सेनानियों को मौत के घाट सुला दिया था। इसके सामने कोई भी सूरमा ठहरता नहीं था। पर, आज यह तोप शांत है और कम्पनी बाग के द्वार पर प्रदर्शनी के रूप में निष्क्रिय खड़ी है। लोगों के लिए अब यह केवल दर्शनीय वस्तु है। बच्चों के खेलने का अच्छा साधन है तथा गौरैया नामक छोटी और कोमल चिड़िया के लिए यह घर के रूप में है।

प्रश्न 3. कम्पनी बाग में रखी तोप क्या सीख देती है?

उत्तर— कम्पनी बाग में रखी तोप यह सीख देती है कि अत्याचारी चाहे कितना भी शक्तिशाली हो, उसका अंत अवश्य होता है। आतंक और भय का शासन लंबे समय तक स्थापित नहीं किया जा सकता है। मानवता के सामने एक-न-एक दिन उसे पराजित होना ही पड़ता है। कवि ने इस संदर्भ में तोप का उदाहरण दिया है। तोप भी अपने समय में बहुत शक्तिशाली थी। उसने बड़े-बड़े सूरमाओं के छक्के छुड़ा दिए थे। समय के साथ अब वह निस्तेज हो गई है। उसका प्रभाव समाप्त हो गया है। इस प्रकार कभी भी किसी भी शासक को घमंडी नहीं होना चाहिए अन्यथा उसे तोप की तरह चुप होना ही पड़ेगा। साथ ही हमें शहीदों की याद दिलाती है और सीख भी देती है कि दुबारा कोई हम पर राज न करे।

प्रश्न 4. कविता में तोप को दो बार चमकाने की बात की गई है। ये दो अवसर कौन-से होंगे?

उत्तर— कविता में तोप को दो बार चमकाने की बात कही गई है। वे दो अवसर हैं—15 अगस्त (स्वतन्त्रता दिवस) और 26 जनवरी (गणतन्त्र दिवस)। ये दोनों अवसर हमारे देश के लिए स्वर्णिम अवसर हैं। स्वतंत्रता के प्रतीक हैं। इन्हें हम राष्ट्रीय पर्व के रूप में मनाते हैं। इन दोनों अवसरों पर तोप को चमकाने का उद्देश्य यह है कि इसके द्वारा लोगों के मन में राष्ट्रीयता की भावना को बढ़ावा मिलेगा तथा स्वतन्त्रता दिलाने वाले वीर सपूतों की याद दिलाई जा सके। यह तोप अब अंग्रेजों के आतंक का पर्याय और स्वतन्त्रता के लिए बलिदान करने वालों की पहचान बन गई है। इन्हीं दो दिनों पर कम्पनी बाग को सजाया भी जाता है।

(ख) निम्नलिखित का भाव स्पष्ट कीजिए—

प्रश्न 1. अब तो बहरहाल
छोटे लड़कों की घुड़सवारी से अगर यह फ़ारिग हो
तो उसके ऊपर बैठकर
चिड़ियाँ ही अक्सर करती हैं गपशप।

उत्तर— 'तोप' कविता की उपर्युक्त पंक्तियों का भाव यह है कि जिस तोप ने अत्यंत क्रूरता से स्वतन्त्रता सेनानियों का दमन किया था अब वह शांत हो गई है। आजकल वह दमन का प्रतीक बनकर कम्पनी बाग के प्रवेश द्वार पर प्रदर्शनी के लिए रख दी गई है। राष्ट्रीय पर्व से अलग अन्य दिनों में वह बालकों के खेलने का साधन बन गई है और यदि इससे मुक्ति मिलती है तो चिड़ियाँ उस पर उछलती-फुदकती रहती हैं। इस प्रकार अब तोप का भय पूर्णतः समाप्त हो गया है अर्थात् तोप का भय अब हर इंसान के अंदर से समाप्त हो गया है।

प्रश्न 2. वे बताती हैं कि दरअसल कितनी भी बड़ी हो तोप
एक दिन तो होना ही है उसका मुँह बंद।

उत्तर— 'तोप' कविता में कवि इन पंक्तियों द्वारा बताना चाहते हैं कि तोप जो कि बहुत ही शक्तिशाली और भयंकर थी उसे भी अपना मुँह बंद करना ही पड़ा। यहाँ तोप आतंक और भय के शासन का प्रतीक है। कवि यह बताना चाहते हैं कि आतंक का शासन स्थायी नहीं होता है।

प्रश्न 3. उड़ा दिए थे मैंने
अच्छे-अच्छे सूरमाओं के धज्जे।

उत्तर— श्री वीरेन डंगवाल की कविता 'तोप' की इन पंक्तियों का यह भाव है कि यहाँ तोप अपने को बहुत ही शक्तिशाली बता रही है। वह कहना चाहती है कि जब मेरा समय था तब मैंने बड़े-बड़े वीर योद्धाओं के छक्के छुड़ा दिए थे। कवि ने 'मैंने' शब्द का प्रयोग कर यहाँ मानवीकरण अलंकार का सुंदर प्रयोग किया है। इस पंक्ति में 'मैंने' शब्द के प्रयोग में अहंकार का भाव अभिप्रेत है।

➾ भाषा अध्ययन

प्रश्न 1. कवि ने इस कविता में शब्दों का सटीक और बेहतरीन प्रयोग किया है। इसकी एक पंक्ति देखिए 'धर रखी गई है यह 1857 की तोप।' 'धर' शब्द देशज है और कवि ने इसका कई अर्थों में प्रयोग किया है। 'रखना', 'धरोहर' और 'संचय' के रूप में।

उत्तर— जैसे—मुहाने, चमकायी, सैलानी, जबर, धज्जे, बहरहाल, फ़ारिग, मुँह, दरअसल इत्यादि।

प्रश्न 2. 'तोप' शीर्षक कविता का भाव समझते हुए इसका गद्य में रूपांतरण कीजिए।

उत्तर— अंग्रेजी भारत में व्यापार करने के लिए आए थे। व्यापार करते-करते वे यहाँ के शासक बन बैठे। अपने शासन के क्रम में अंग्रेजों ने कुछ बाग बनवाए तथा कुछ तोंपें भी तैयार कीं। 1857 में उसका प्रयोग शक्तिशाली हथियार के रूप में किया गया था। उन तोपों ने इस देश को फिर से आजाद करने का सपना साकार करने निकले जाँबाजों को मौत के घाट उतारा, पर एक दिन ऐसा भी आया जब हमारे पूर्वजों ने उस सत्ता को उखाड़ फेंका। तोप को निस्तेज कर दिया। आखिरकार अब इस तोप को अपना मुँह बन्द करना पड़ा। इस प्रकार यह कविता हमें यह संदेश देती है कि कोई कितना भी शक्तिशाली क्यों न हो, उसे एक-न-एक दिन शांत होना ही पड़ता है।

➾ योग्यता विस्तार

प्रश्न 1. तेजी से बढ़ती जनसंख्या और घनी आबादी वाली जगहों के आसपास पार्कों का होना क्यों जरूरी है? कक्षा में परिचर्चा कीजिए।

उत्तर— परिचर्चा—

पहला विद्यार्थी—पार्क का तात्पर्य ऐसी जगह से है जहाँ बहुत सारे पेड़-पौधे और हरियाली हो।

दूसरा विद्यार्थी—हाँ! और आजकल नगरीय सभ्यता में पार्क की आवश्यकता बहुत ही अधिक बढ़ गई है।

तीसरा विद्यार्थी—आजकल ही क्यों इसकी आवश्यकता तो हमेशा से रही है।

चौथा विद्यार्थी—हाँ मित्र! परन्तु वर्तमान में लोगों के पास गाड़ियों की संख्या बढ़ गई है। इससे वायुमण्डल में प्रदूषण बढ़ता जा रहा है। लोगों का जीवन दूभर हो गया है।

पाँचवाँ विद्यार्थी—पूर्ण सत्य कह रहे हो। इसके लिए अब उपाय करना आवश्यक हो गया है।

पहला विद्यार्थी—इसका सबसे सरल और अच्छा उपाय है कि अधिक-से-अधिक संख्या में पेड़ लगाए जाएँ। शहरों में लगभग प्रत्येक कॉलोनी में पार्क है। उन पार्कों को विकसित कर दिया जाए और उनमें भी और अधिक पेड़ लगा दिए जाएँ। (सबका धन्यवाद!)

➾ परियोजना कार्य—

प्रश्न 1. स्वतन्त्रता सैनानियों की गाथा सम्बन्धी पुस्तक को पुस्तकालय से प्राप्त कीजिए और पढ़कर कक्षा में सुनाइए।

उत्तर— कुछ प्रमुख पुस्तकों के नाम—क्रांतिकारी, महात्मा गाँधी और उनका स्वराज, भारत के स्वतन्त्रता सेनानी इत्यादि।

➾ परीक्षोपयोगी महत्त्वपूर्ण प्रश्नोत्तर

लघु उत्तरीय प्रश्न

प्रश्न 1. पूर्वजों से प्राप्त धरोहरों से क्या लाभ है?

उत्तर— इन धरोहरों से हमारा भावनात्मक सम्बन्ध होता है इसलिए इन्हें अमूल्य माना जाता है। ये तात्कालिक परिस्थितियों की जानकारी देने के साथ-साथ भविष्य की पीढ़ी के भविष्य-निर्माण में सहायक होते हैं। साथ ही बीते हुए इतिहास के ज्ञान की भी जानकारी प्राप्त होती है।

प्रश्न 2. 1857 के स्वतन्त्रता संग्राम में तोप की क्या भूमिका थी?

उत्तर— 1857 के स्वतन्त्रता संग्राम में तोप का प्रयोग शक्तिशाली हथियार के रूप में किया गया था। इसने अनगिनत शूरवीरों को मार गिराया था। उस समय यह आतंक का पर्याय थी।

प्रश्न 3. राष्ट्रीय त्योहारों के अवसर पर ही तोप को क्यों चमकाया जाता था?

उत्तर— यह तोप हमारी विजय और आजादी के प्रतीक के रूप में एक महत्त्व की वस्तु बन गई है। राष्ट्रीय त्योहारों 15 अगस्त और 26 जनवरी पर तोप को चमकाकर कम्पनी बाग को सजाया जाता है। इससे शहीद वीरों की याद दिलाई जाती है ताकि लोगों के मन में राष्ट्रीयता की भावना को बढ़ावा मिले।

प्रश्न 4. 'छोटे लड़कों की घुड़सवारी' और 'ऊपर बैठकर चिड़ियाँ ही अक्सर करती हैं गपशप।' इन पंक्तियों द्वारा कवि क्या कहना चाहता है?

उत्तर— 'छोटे लड़कों की घुड़सवारी' और 'ऊपर बैठकर चिड़ियाँ ही अक्सर करती हैं गपशप' इन पंक्तियों द्वारा कवि कहना चाहता है कि तोप का आतंक अब समाप्त हो चुका है। अब यह केवल खिलौना मात्र है। चिड़ियाँ इस पर अपना घोंसला बना रही हैं, बच्चे खेलते हैं। इससे यह संकेत मिलता है कि कोई कितना शक्तिशाली क्यों न हो, एक-न-एक दिन उसे पराजित होना ही पड़ता है। तात्पर्य यह है कि सन् 1857 में इस तोप का भय था पर आज तोप भी शांत बैठी हुई है।

प्रश्न 5. तोप कविता में तोप की तुलना किससे की गई है?

उत्तर— तोप कविता में तोप की तुलना आतंक का शासन स्थापित करने वाले से की गई है। कवि ने यह भी समझाने का प्रयास किया है कि यह तोप अपने समय में बड़ी जबर थी परन्तु अब यह तोप प्रदर्शन की वस्तु बन गई है। अब इससे कोई नहीं डरता। इस पर बच्चे घुड़सवारी करते हैं। चिड़ियाँ, गौरैयाँ इसके भीतर घुस जाती हैं। तात्पर्य है कि तोप के बल पर आतंक का शासन अधिक दिनों तक कायम नहीं हो सकता है।

प्रश्न 6. कवि तोप कविता के द्वारा पाठकों को क्या संदेश देना चाहता है?

उत्तर— कवि अपनी कविता 'तोप' के द्वारा यह संदेश देना चाहता है कि कोई भी शासक तोप की तरह कितना भी अत्याचारी और निरंकुश क्यों न हो उसे एक-न-एक दिन तोप की तरह चुप होना ही पड़ता है। अत: आतंक का शासन न स्थापित कर प्रेम और भाईचारे का शासन कायम करना चाहिए। प्रेम, सहयोग, समानता और भाईचारे का शासन अधिक स्थायी होता है।

प्रश्न 7. कविता में 'कम्पनी बाग' का नाम आया है। इसके विषय में आप क्या जानते हैं?

उत्तर— कविता में कवि ने लिखा है कि 'कम्पनी बाग' के मुहाने पर तोप रखी है। यह कम्पनी बाग अंग्रेजों के समय का बनवाया गया बाग है। यह आज भी कानपुर के मुख्य शहर में है तथा इसके प्रवेश द्वार पर तोप रखी हुई है। सन् 1857 में भारतीय स्वतन्त्रता संग्राम की पहली लड़ाई में इस नगर का सबसे महत्वपूर्ण स्थान था।

प्रश्न 8. तोप अपने बारे में सैलानियों से क्या कहती है?

उत्तर— कवि ने तोप का यहाँ मानवीकरण किया है। तोप अपने बारे में सैलानियों से कहती है कि कभी वह बहुत शक्तिशाली थी। उसने, उस समय अच्छे-अच्छे वीरों को मौत की नींद सुला दिया था। उस समय लोगों के मन में इसका भय था। वे तोप के पास आने से बचते थे, पर अब कम्पनी बाग में न तोप का आतंक है और न अंग्रेजों का। अब वह केवल प्रदर्शन की वस्तु बनकर रह गई है। वहाँ लोग सुबह-शाम घूमने के लिए आते हैं।

प्रश्न 9. 'कि मैं बड़ी जबर उड़ा दिये थे मैंने अच्छे-अच्छे सूरमाओं के धज्जे अपने ज़माने में' कवि ने यहाँ किन 'सूरमाओं' और 'जमाने' की चर्चा की है?

उत्तर— 'कि मैं बड़ी जबर उड़ा दिये थे मैंने अच्छे-अच्छे सूरमाओं के धज्जे अपने ज़माने में 'कवि ने यहाँ 'सूरमाओं' और 'जमाने' के माध्यम से उन भारतीय वीर स्वतन्त्रता सैनानियों और क्रांतिकारियों की चर्चा की है जिन्होंने अंग्रेजों की गुलामी और अत्याचार का विरोध करते हुए विद्रोह कर दिया था। उन्होंने अंग्रेजों के साथ युद्ध किया। इसमें हज़ारों वीर मारे गए। कवि ने कविता की प्रथम पंक्ति में प्रथम स्वतन्त्रता संग्राम अर्थात् सन् 1857 के समय की चर्चा की है। यहाँ कवि अमर स्वतन्त्रता सेनानियों और क्रांतिकारियों का आदर कर उनका नमन करना चाहता है।

प्रश्न 10. तोप के लिए 'धर रखी गई है' वाक्यांश का प्रयोग क्यों किया गया है?

उत्तर— तोप के लिए 'धर रखी गई है' वाक्यांश यह सीख देता है कि आततायी शक्ति चाहे कितनी भी बड़ी क्यों न हो, पर उसका अंत अवश्य होकर रहता है। कंपनी बाग में धरी हुई इस तोप ने हमारे जाँबाजों को मौत के घाट उतारा था। पर एक दिन ऐसा आया कि लोगों ने ब्रिटिश सत्ता को ही उखाड़ फेंका। यह तोप उसी सत्ता का प्रतीक है।

प्रश्न 11. 1857 की तोप का क्या आशय है?

उत्तर— कविता में उल्लिखित 1857 की तोप, जो कि 1857 के स्वतन्त्रता संग्राम में प्रयोग की गई थी, से आशय है कि कोई कितना शक्तिशाली क्यों न हो, एक-न-एक दिन उसकी सत्ता का अंत होता ही है। इस तोप ने भारतीयों पर अनेक अत्याचार किए थे, परन्तु अब यह केवल प्रदर्शन मात्र की वस्तु ही रह गयी है।

प्रश्न 12. 'तोप' कविता के आलोक में विरासत में मिली चीजों के महत्व पर अपना दृष्टिकोण लिखिए।

उत्तर— विरासत में मिली चीजों का बहुत महत्व होता है। ये हमारे पूर्वजों से प्राप्त हमारे धरोहर हैं। इनसे हमें प्राचीन काल की सभ्यता और संस्कृति के बारे में पता चलता है। साथ ही इन चीजों के द्वारा नई पीढ़ी को उत्साहित रहने की प्रेरणा मिलती है और वे इतिहास की सच्चाई से अवगत होते हैं। इन्हीं कारणों से इनका महत्व हमेशा बना रहता है।

दीर्घ उत्तरीय प्रश्न

प्रश्न 1. स्वतन्त्रता पूर्व और स्वतन्त्रता पश्चात् के कम्पनी बाग में हुए बदलाव के बारे में लिखिए।

उत्तर— स्वतन्त्रता पूर्व और स्वतन्त्रता पश्चात् के कम्पनी बाग में हुए बदलाव निम्न हैं। अंग्रेजों के समय कानपुर की कम्पनी में अंग्रेजों का आतंक छाया रहता था। इस बाग के मुहाने पर रखी तोप गरज उठती थी। लोग वहाँ जाने से डरते थे और बचते थे। स्वतन्त्रता के पश्चात् कम्पनी बाग की स्थिति धरोहर जैसी हो गई। अब वहाँ आने-जाने के लिए न कोई प्रतिबंध था और न डर। सैलानी पर्यटन के लिए यहाँ घूमने आते हैं और बच्चे खेलने और घूमने आते हैं। अब अंग्रेजों का तोप के प्रति कोई डर नहीं रह गया है। अत: तोप एक प्रदर्शन मात्र की वस्तु बन चुकी है।

प्रश्न 2. श्री वीरेन डंगवाल द्वारा रचित कविता 'तोप का प्रतिपाद्य/संदेश/भावार्थ/कथ्य/मूल भाव/उद्देश्य अपने शब्दों में लिखिए।

उत्तर— श्री वीरेन डंगवाल द्वारा रचित कविता 'तोप' कविता का प्रतिपाद्य यह है कि हमें अपनी विरासतों की रक्षा करते हुए उनसे प्रेरणा लेनी चाहिए। इसे अलावा हमें अपनी शक्ति और धन का घमण्ड किए बिना सभी के साथ विनम्रतापूर्ण व्यवहार करना चाहिए। अपनी शक्ति से कभी भी दूसरों पर अत्याचार नहीं करना चाहिए क्योंकि समय सदा एक-सा नहीं रहता। शक्ति के बल पर मानव को अधिक दिनों तक दबाया नहीं जा सकता। हमें विरासत में मिली चीजों की देखभाल करनी चाहिए ताकि आने वाली पीढ़ियाँ उसके बारे में जानें और समझें कि उनसे क्या गलतियाँ हुई थीं और क्या उन्होंने अच्छे कार्य किए थे? यह सब कुछ देख और समझकर वह अपने जीवन में उन गलतियों को न दोहराएँ जो उनके पूर्वजों द्वारा अनजाने में की गई थीं। साथ ही अच्छाइयों को अपनाकर अपने स्वर्णिम भविष्य का निर्माण कर सकें।

प्रश्न 3. कविता की पृष्ठभूमि में 'तोप' की अतीत में भूमिका और उसकी वर्तमान स्थिति का वर्णन कीजिए। कवि को क्यों कहना पड़ा—

कितनी ही कड़ी हो तोप
"एक दिन तो होना ही है उसका मुख बंद।"

उत्तर— 'वीरेन डंगवाल' द्वारा रचित कविता 'तोप' एक प्रतीकात्मक कविता है। अपनी पृष्ठभूमि में शुरुआत के दिनों में अंग्रेजों के आतंक का प्रतीक था। अपने जमाने में तोप न जाने कितने सूरमाओं की धज्जियाँ उड़ा दी थीं। भारतीय स्वतन्त्रता संग्राम को कुचलने में इसका प्रयोग किया गया। पर, यह मात्र धरोहर के रूप में स्थापित हो गई। लड़के ऊपर खेलते हैं तथा पक्षी इसके अंदर घोंसला बनाने का काम करते हैं। दूर-दूर से सैलानी इसे देखने आते हैं। वर्तमान में इसकी तेज समाप्त हो गया है। इसी तोप को प्रतीक बनाकर कवि कहता है कि आतंक का शासन अधिक दिनों तक नहीं चल सकता। कोई कितना भी शक्तिवान हो, तोप की तरह एक दिन उसके आतंक का साम्राज्य समाप्त हो ही जाता है। आज यह प्रदर्शन मात्र है, वर्ष में दो बार (स्वतन्त्रता दिवस तथा गणतन्त्र दिवस) पर इसे चमकाया जाता है।

प्रश्न 4. विरासत में मिली चीज़ों की बड़ी सँभाल क्यों होती है? 'तोप' कविता के आधार पर स्पष्ट करते हुए तोप की विशेषताएँ भी लिखिए।

उत्तर— **तोप की विशेषताएँ**—कविता में प्रस्तुत की गई तोप 1857 की है। आज यह कंपनी बाग की तरह हमारी धरोहर है, किंतु कभी यह अंग्रेजी शासन की क्रूरता की प्रतीक रही है। अब इस पर सैलानियों के बच्चे घुड़सवारी करते हैं तथा गौरैयाँ इस पर बैठकर गपशप करती हैं। कभी जो तोप आतंक का पर्याय रही हो, उस पर बच्चों व चिड़ियों का इस प्रकार खेलना यह सिद्ध करता है कि अत्याचारी चाहे कितना ही बड़ा क्यों न हो, एक-न-एक दिन उसके अत्याचारों का अंत अवश्य होता है और तब यह भी तोप के समान बेबस और लाचार बनकर रह जाता है।

कर चले हम फ़िदा

|8|

कवि-कैफ़ी आज़मी

कवि परिचय—प्रगतिशील उर्दू कवियों में मूर्धन्य श्री कैफ़ी आज़मी की कविताओं में एक ओर सामाजिक और राजनैतिक जागरूकता का समावेश है तो दूसरी ओर हृदय की कोमलता, भावों की लोचकता और परिपक्वता भी है। मशहूर अभिनेत्री शबाना आज़मी के पिता कैफ़ी आज़मी का जन्म 19 जनवरी, 1919 को उत्तर प्रदेश के आजमगढ़ जिले में हुआ था। इनका वास्तविक नाम अतहर हुसैन रिज़्वी था। कैफ़ी आज़मी उर्दू के मशहूर शायर थे, अक्सर मुशायनों में भाग लिया करते थे। 11 साल की उम्र में इन्होंने अपनी पहली गज़ल लिखी। फिर हिन्दी सिनेमा के गीत लिखने का मौका मिला तो इन्होंने अनेक गीत और गज़लें लिखीं। श्री कैफ़ी कलाकारों के परिवार से थे। इनके तीनों बड़े भाई भी शायर थे। पत्नी शौकत आज़मी, बेटी शबाना आज़मी मशहूर अभिनेत्रियाँ हैं। मुशायरा में माहिर कैफ़ी आज़मी ने देशभक्ति से सम्बन्धित सैकड़ों बेहतरीन गीत भी लिखे हैं। अपने मधुर तरानों को पीछे छोड़ कैफ़ी आज़मी 10 मई, 2002 को इस दुनिया से अलविदा हो गए। इनके लिखे देश भक्ति के गीत भी बड़े प्रसिद्ध हुए हैं।

रचनाएँ—श्री कैफ़ी आज़मी सामाजिक रूढ़िवादिता से परेशान थे। फलत: कैफ़ी साम्यवादी विचारधारा से अधिक प्रभावित हुए और उन्होंने निश्चय किया कि वे सामाजिक संदेश के लिए अपनी लेखनी का उपयोग करेंगे। उनके मन की कोमल और कठोर भावनाएँ मुख्य रूप से पाँच रचनाओं में संकलित हैं—

1. आवारा सज़दे, 2. झंकार, 3. आखिरे-शब, 4. सरमाया और 5. फिल्मी गीतों का संग्रह।

काव्यगत विशेषताएँ—कैफ़ी आज़मी ग्राम्य जीवन से जुड़े हुए थे परिणामत: इनकी भाषा सरल और सुगम है। प्रमुख रूप से उर्दू के शायर होने के कारण इनकी रचनाओं में उर्दू के शब्दों का प्रयोग अधिक है पर कठिन नहीं हैं, वे शब्द ऐसे हैं जो हिन्दी के साथ-साथ सरलता से साहित्य का अंग बन सके। 'कर चले हम फ़िदा 'फिल्म' 'हकीकत' का गीत है, जो सन् 1962 में हुए भारत-चीन युद्ध की ऐतिहासिक पृष्ठभूमि पर आधारित है, इस गीत में बड़े ही मार्मिक शब्दों में सैनिकों के मन की बात को कवि व्यक्त करने में सफल हुए हैं।

पुरस्कार—अपनी रचना में नवीन शैली के प्रयोग से कैफ़ी आज़मी को अनेक राष्ट्रीय पुरस्कारों के अलावा साहित्य अकादमी पुरस्कार और फिल्मफेयर अवॉर्ड से पुरस्कृत किया गया है। सन् 1974 में भारत सरकार ने इनकी रचनाधर्मिता के कारण उन्हें पद्मश्री सम्मान से सम्मानित किया।

शब्द-सम्पदा

फ़िदा = न्यौछावर। जानो तन = प्राण और शरीर। **हुस्न** = सुंदरता। **काफ़िले** = यात्रियों का समूह। **नब्ज** = नाड़ी। लकीर = रेखा। **मौसम** = ऋतु/अवसर। **वतन** = देश। **इश्क** = प्रेम। **राह** = रास्ता। **कफ़न** = मृत्यु के समय काम आने वाला सफेद वस्त्र। **दामन** = आँचल। **प्रगतिशील** = विकासशील। **हवाले** = सौंपना। **साथियों** = मित्रों। **रुस्वा** = बदनाम। **फ़तह** = जीत। **कुर्बानियाँ** = बलिदान। **गम** = दु:ख। **रावन** = आतंक के पर्याय के रूप में प्रयुक्त। **रुत** = मौसम। **असाध्य** = लाइलाज़। **सीता** = पवित्रता का प्रतीक। **थमती** = रुकती। **खूँ** = खून। **जश्न** = खुशी मनाना। **ज़मीं** = जमीन। **बाँकपन** = जवानी का जोश। **वीरान** = सूनी। **जश्न** = खुशी मनाना। **लकीर** = रेखा। **मुशायरा** = कविता वाचन।

निम्नलिखित पद्यांशों की व्याख्या कीजिए—

1. **कर चले हम फ़िदा जानो तन साथियो**
अब तुम्हारे हवाले वतन साथियो
साँस थमती गई, नब्ज़ जमती गई
फिर भी बढ़ते कदम को न रुकने दिया
कट गए सर हमारे तो कुछ गम नहीं
सर हिमालय का हमने न झुकने दिया
मरते-मरते रहा बाँकपन साथियो
अब तुम्हारे हवाले वतन साथियो
ज़िंदा रहने के मौसम बहुत हैं मगर
जान देने की रुत रोज आती नहीं
हुस्न और इश्क दोनों को रुस्वा करे
वो जवानी जो खूँ में नहाती नहीं
आज धरती बनी है दुल्हन साथियो
अब तुम्हारे हवाले वतन साथियो
राह कुर्बानियों की न वीरान हो
तुम सजाते ही रहना नए काफ़िले
फतह का ज़श्न इस ज़श्न के बाद है
ज़िंदगी मौत से मिल रही है गले
बाँध लो अपने सर से कफ़न साथियो
अब तुम्हारे हवाले वतन साथियो
इस तरफ आने पाये ना रावण कोई
तोड़ दो हाथ अगर हाथ उठने लगे
छू न पाए सीता का दामन कोई
राम भी तुम, तुम्हीं लक्ष्मण साथियो
अब तुम्हारे हवाले वतन साथियो।

व्याख्या—सैनिक कहते हैं कि हे देशवासियों! देश के लिए हमने अपना सर्वस्व समर्पित कर दिया है अब यह देश तुम्हारे हवाले है। दुश्मनों से युद्ध करते समय हमारी साँसें रुकने लगी थीं तथा नसों में रक्त भी जमने लगा था। फिर भी हमने अपने कदमों को रुकने नहीं दिया। हमारे सिर क्यों न कट जाए, पर हम देश का सिर नहीं झुकने देंगे। हिमालय जो देश की शान है उस पर कभी भी आँच नहीं आने देंगे। मरते दम तक हमारा जोश बना रहा। अब यह देश तुम्हारे हवाले है।

सैनिक कहते हैं कि इस संसार में जीवित रहने के लिए बहुत सारे अवसर उपलब्ध हैं परंतु देश के लिए प्राण त्यागने का अवसर प्रतिदिन नहीं मिलता। सैनिकों का मानना है कि जो जवानी खून में नहीं नहाती अर्थात् देश के लिए बलिदान करना नहीं जानती, वह जवानी व्यर्थ है। ऐसी जवानी सौंदर्य और प्रेम दोनों को बदनाम करती है। आज धरती दुल्हन बनी है और जिस प्रकार दुल्हन की रक्षा सर्वोपरि होती है उसी प्रकार इस धरती रूपी दुल्हन की रक्षा हमारे लिए सबसे बड़ा कर्तव्य है। अब यह देश तुम्हारे हवाले है।

सैनिक कहते हैं कि हमारे बाद भी देश के लिए कुर्बानियों का क्रम बंद न होने पाए। युद्ध में यदि वीरों का एक दल शहीद हो जाए तो दूसरा दल आकर उसका स्थान ले ले। मृत्यु के इस उत्सव के बाद ही विजय का उत्सव आता है। यह युद्ध की घड़ी है जिसमें जिंदगी मौत को गले लगा रही है। तुम भी अपने सिर पर कफन बाँधकर देश के लिए शहीद होने को तैयार हो जाओ क्योंकि अब ये मेरा वतन अब तुम सभी के हवाले है।

यहाँ सैनिक संदेश देते हैं कि सीमा पर अपने खून से लक्ष्मण रेखा खींच दो, ताकि दुश्मन रूपी रावण हमारी सरजमीं पर कदम भी न रख सके। कवि भारत की तुलना सीता की पवित्रता से करते हुए कहते हैं कि अगर कोई भी हाथ इसकी ओर उठे, तो उसे वहीं तोड़ देना चाहिए ताकि वह सीता के पवित्र आँचल को छू भी न सके। जैसे राम एवं लक्ष्मण ने सीता को रावण से बचाया, ठीक उसी प्रकार तुम्हें भी हर हाल में भारत माता की रक्षा करनी होगी क्योंकि अब तुम्हीं सहनशील राम और क्रोध की प्रतिमूर्ति लक्ष्मण हो। सैनिक अपने साथियों से कहता है, "मैं भले ही शहीद हो रहा हूँ, लेकिन अब देश तुम्हारे हवाले है, इसकी किसी भी परिस्थिति में रक्षा करना, साथियो!"

प्रश्न— (क) 'सर हिमालय का हमने न झुकने दिया' –'सर' किसका प्रतीक है?

(i) स्वाभिमान (ii) सिर
(iii) घमंड (iv) पराक्रम

(ख) पद्यांश में 'बांकपन' शब्द प्रतीक है–

(i) वक्रता (ii) अद्‌भुत
(iii) छवि (iv) बेमिसालपन

(ग) धरती के दुल्हन बनने से तात्पर्य है–

(i) दुल्हन की भांति शरमा रही है (ii) सैनिकों के खून से नहा गई है
(iii) बलिदान से गौरवान्वित हुई है (iv) दुल्हन की भांति अपने प्रियतम की आस देख रही है

(घ) सर पर कफन बाँधने का अर्थ है–

(i) बलिदान के लिए तैयार होना (ii) मरने की कोशिश करना
(iii) अपने लिए जान की बाजी लगाना (iv) लोगों को दिखाना कि हम मरने से नहीं डरते

उत्तर— (क) (i) स्वाभिमान (ख) (iv) बेमिसालपन
(ग) (iii) बलिदान से गौरवान्वित हुई है (घ) (i) बलिदान के लिए तैयार होना

पाठ से सम्बन्धित प्रश्नोत्तर

(क) निम्नलिखित प्रश्नों के उत्तर दीजिए–

प्रश्न 1. क्या इस गीत की कोई ऐतिहासिक पृष्ठभूमि है?

उत्तर— हाँ! इस गीत की ऐतिहासिक पृष्ठभूमि है। सन् 1962 में चीन ने भारत पर आक्रमण किया था, उस समय अनेक सैनिक युद्धभूमि में लड़ते-लड़ते देश की रक्षा के लिए वीरगति को प्राप्त हो गए। इसी युद्ध की पृष्ठभूमि पर चेतन आनंद ने 'हकीकत' फिल्म बनाई थी। यह गीत इसी फिल्म के लिए लिखा गया था। कवि का मुख्य उद्देश्य जन साधारण में देशभक्ति की भावना जाग्रत करना था जिसमें उन्हें पूरी सफलता प्राप्त हुई थी।

प्रश्न 2. 'सर हिमालय का हमने न झुकने दिया', इस पंक्ति में हिमालय किस बात का प्रतीक है?

उत्तर— इस पंक्ति में हिमालय भारत के मान-सम्मान का प्रतीक है। यहाँ भारतीय सैनिकों का कहना है कि देश की रक्षा के लिए उन्होंने हँसते-हँसते अपने प्राण गवाँ दिए पर भारत की प्रतिष्ठा पर आँच नहीं आने दी। हिमालय की बर्फीली चोटियों पर भारतीय जवानों ने बहादुरी एवं बलिदान की अनोखी मिसाल कायम की थी। इन भारतीय जवानों के दम पर ही हिमालय की चोटियाँ गर्व से खड़ी हैं।

प्रश्न 3. इस गीत में धरती को दुल्हन क्यों कहा गया है?

उत्तर— इस गीत में धरती को दुल्हन इसलिए कहा गया है क्योंकि जिस तरह दुल्हन को लाल जोड़े में सजाया जाता है उसी तरह आज भारतीय सैनिकों के बलिदानी खून से यह धरती लाल रंग की हो गई है। साथ ही भारतीय संस्कृति में दुल्हन की प्रतिष्ठा की रक्षा के लिए प्राणों की बाजी लगा दी जाती है उसी प्रकार दुल्हन रूपी भारत भूमि की रक्षा में भारतीय सैनिक भी अपने प्राणों की बाजी लगा रहे हैं।

प्रश्न 4. गीत में ऐसी क्या खास बात होती है कि वे जीवन भर याद रह जाते हैं?

उत्तर— भाव मर्मस्पर्शी, भाषा सुमधुर, शब्द भावानुकूल, गेयता से युक्त, संगीतात्मकता से भरपूर, जीवन की सच्चाई पर आधारित गीत जीवन भर याद रह जाते हैं। जब गीत को सुनकर या पढ़कर लगे कि यह गीत मेरे ही मन के भावों को व्यक्त कर रहा है तब उसे भूलना और भी कठिन हो जाता है। 'कर चले हम फ़िदा' गीत में भी बलिदान की विशेष भावना स्पष्ट रूप से झलकती है। इसलिए यह किसी एक विशेष व्यक्ति का गीत न बनकर सभी भारतीयों का गीत बन गया। इसके शब्द भी भावानुकूल और श्रुतिमधुर हैं अत: इस गीत को भी भूलना असंभव है।

प्रश्न 5. कवि ने 'साथियो' संबोधन का प्रयोग किसके लिए किया है?

उत्तर— प्रस्तुत गीत में कवि ने 'साथियो' संबोधन का प्रयोग सैनिकों और समग्र देशवासियों के लिए किया है। देश युद्ध की विभीषिका से गुजर रहा था। सैनिकों का मानना है कि इस देश की रक्षा हेतु हम बलिदान की राह पर बढ़ रहे हैं। हमारे बाद यह राह सूनी न हो जाए। अत: इसके लिए वे सभी सैनिकों और देशवासियों को सम्बोधित कर सावधान कर रहे हैं।

प्रश्न 6. कवि ने इस कविता में किस काफ़िले को आगे बढ़ाते रहने की बात कही है?

उत्तर— कवि ने इस कविता में देश के लिए अपने प्राणों के बलिदान करने के लिए तैयार रहने वाले काफ़िले को आगे बढ़ाते रहने की बात कही है। कवि चाहता है कि यदि सैनिकों की एक टोली देश के लिए शहीद हो जाए, तो सैनिकों की दूसरी टोली युद्ध की राह पर आगे बढ़ जाए। इस प्रकार यहाँ कवि द्वारा देश की रक्षा करने वाले सैनिकों के समूह के लिए 'काफ़िले' शब्द का प्रयोग किया गया है।

प्रश्न 7. इस गीत में 'सर पर कफ़न बाँधना' किस ओर संकेत करता है?

उत्तर— इस गीत में 'सर पर कफ़न बाँधना का संकेत है—देश की रक्षा के लिए अपने जीवन को बलिदान करने के लिए तैयार रहना। 'सर पर कफ़न बाँधना' मुहावरा है जिसका अर्थ होता है मौत के लिए तैयार हो जाना। यह गीत शत्रुओं से रणभूमि में लड़ने की ओर संकेत करता है। सैनिक जब युद्धक्षेत्र में उतरते हैं तो वे देश की इज़्जत की रक्षा के लिए सर पर कफ़न बाँधकर प्राण तक देने के लिए तैयार रहते हैं। उनके जीवन का एकमात्र उद्देश्य अपनी मातृभूमि की रक्षा करना होता है।

प्रश्न 8. इस कविता का प्रतिपाद्य अपने शब्दों में लिखिए।

उत्तर— प्रस्तुत कविता की रचना कैफ़ी आज़मी ने भारत चीन के युद्ध की पृष्ठभूमि पर आधारित फिल्म '**हकीकत**' के लिए की थी। देश की सुरक्षा के लिए अपने प्राणों का बलिदान देने वाला सैनिक चाहता है कि कुर्बानियों का सिलसिला ऐसे ही चलता रहे। जीवन के यौवन की सार्थकता तभी है जब वह देश की रक्षा के लिए समर्पित हो जाए। भीषण कष्ट सहकर भी सैनिक अपने कर्त्तव्य से पीछे न हटें। अपने शौर्य का ऐसा प्रदर्शन करें कि दूसरे देश कभी भारत पर आक्रमण करने का विचार भी न करें। शत्रु रूपी रावण का संहार करने के लिए राम और लक्ष्मण के रूप को धारण करके अपनी सीता रूपी पवित्र धरती की रक्षा करना ही सैनिकों का परम कर्त्तव्य है। एक सैनिक के जीवन की सफलता इसी में है कि वह अपनी अंतिम साँस तक देश के मान की रक्षा कर उसे शत्रुओं से बचाए।

(ख) निम्नलिखित पंक्तियों का भाव स्पष्ट कीजिए—

प्रश्न 1. साँस थमती गई, नब्ज जमती गई
फिर भी बढ़ते कदम को न रुकने दिया।

उत्तर— प्रस्तुत पंक्तियाँ कैफ़ी आज़मी द्वारा रचित गीत 'कर चले हम फ़िदा' से उद्धृत हैं। इन पंक्तियों में कवि ने भारतीय जवानों के साहस की प्रशंसा की है। चीनी आक्रमण के समय भारतीय जवानों ने हिमालय की बर्फीली चोटियों पर लड़ाई लड़ी। बर्फीली ठण्ड के कारण उनकी साँसें घुटने लगीं, साथ ही तापमान कम होने से नब्ज भी जमने लगी परन्तु उन्होंने किसी भी बात की परवाह किए बिना आगे बढ़ते कदम को कभी भी रुकने नहीं दिया। कवि इन पंक्तियों द्वारा देशवासियों को प्रेरित करना चाहता है।

प्रश्न 2. खींच दो अपने खूँ से जमीं पर लकीर
इस तरफ आने पाए न रावण कोई।

उत्तर— प्रस्तुत पंक्तियाँ कैफ़ी आज़मी द्वारा रचित गीत 'कर चले हम फ़िदा' से उद्धृत हैं। यह गीत की प्रेरणा देने वाली पंक्तियाँ हैं। कवि सैनिकों से कहते हैं कि भारतभूमि सीता की तरह पवित्र है। अगर कोई शत्रुरूपी रावण उसकी तरफ बढ़ेगा तो अपने खून से लक्ष्मण (सैनिक) रेखा खींचकर उसे बचाएँगे अर्थात् देश की रक्षा में हँसते-हँसते खून की होली खेल जाएँगे। खूँ से जमीं पर लकीर का तात्पर्य इस तरह की दीवार खड़ी कर देना जिसे कोई पार न कर सके।

प्रश्न 3. छू न पाए सीता का दामन कोई
राम भी तुम, तुम्हीं लक्ष्मण साथियो।

उत्तर— प्रस्तुत पंक्तियाँ कैफ़ी आज़मी द्वारा रचित गीत 'कर चले हम फ़िदा' से उद्धृत हैं। इन पंक्तियों में कवि सैनिकों को कहना चाहता है कि भारत का सम्मान सीता की पवित्रता के समान है। जिस प्रकार सीता की पवित्रता की रक्षा करना राम और लक्ष्मण का कर्त्तव्य था उसी प्रकार देश की रक्षा करना भारतीय सैनिकों का कर्त्तव्य है। कवि ने यहाँ भारतीय सैनिकों की तुलना राम और लक्ष्मण से की है।

भाषा अध्ययन

प्रश्न 1. इस गीत में कुछ विशिष्ट प्रयोग हुए हैं। गीत के संदर्भ में उनका आशय स्पष्ट करते हुए अपने वाक्यों में प्रयोग कीजिए। कट गए सर, नब्ज जमतीं गई, जान देने की रुत, हाथ उठने लगे आदि।

उत्तर— (क) कट गए सर—मृत्यु को प्राप्त हो जाना—मेवाड़ सैनिकों की तलवार को देखते ही मुगल सैनिकों के सर कट गए।

(ख) नब्ज जमती गई—नसों में खून का जम जाना—सियाचिन की वादियों में सैनिकों की नब्ज जमती गई फिर भी वे सीमा की ओर बढ़ते रहे।

(ग) जान देने की रुत—देश के लिए बलिदान होने का अवसर—कारगिल पर आक्रमण सुन भारतीय सैनिकों ने समझ लिया कि यह जान देने की रुत है।

(घ) हाथ उठने लगे—विरोध होने लगना—यदि देश की प्रतिष्ठा पर हाथ उठने लगे तो काट देना चाहिए।

प्रश्न 2. ध्यान दीजिए संबोधन में बहुवचन 'शब्द-रूप' पर अनुस्वर का प्रयोग नहीं होता; जैसे—भाइयो, बहनो, देवियो, सज्जनो आदि।

उत्तर— विद्यार्थी इसका अभ्यास अध्यापक की सहायता से स्वयं करेंगे। जैसे—

मित्रो—मित्रो! आज की सभा में केवल शास्त्रार्थ ही होगा।

बच्चो—बच्चो! परीक्षा में आपकी लिखावट अच्छी होनी चाहिए।

बालिकाओ—बालिकाओ! तुम सब अब पढ़ने के लिए तैयार हो जाओ।

योग्यता विस्तार

प्रश्न 1. 'फिल्म का समाज पर प्रभाव' विषय पर कक्षा में परिचर्चा आयोजित कीजिए।

उत्तर— **पहला विद्यार्थी**—साहित्य के दो रूप हैं—दृश्य तथा श्रव्य। फिल्म दृश्य साहित्य का ही एक रूप है। जिस प्रकार साहित्य समाज का प्रतिबिंब होता है उसी प्रकार फिल्में भी हमारे समाज का प्रतिबिंब होती हैं। तत्कालीन समाज में जो कुछ घटित होता है या होने वाला होता है, उसका जीवंत स्वरूप फिल्मों में दिखाया जाता है।

दूसरा विद्यार्थी—हाँ! यह सत्य है। अतः इनका निर्माण समाज में उच्च मानवीय मूल्यों की स्थापना एवं सामाजिक विकास के लिए लोगों को प्रेरित करने के लिए किया जाना चाहिए। फिल्मों से एक ओर जहाँ समाज का मनोरंजन होता है वहीं फिल्में समाज को संदेश देते हुए कुछ करने के लिए दिशा दिखा जाती हैं। फिल्मों का प्रभाव सामान्य जनमानस पर बहुत देर तक रहता है। अतः इनके द्वारा दिए जाने वाले संदेश के प्रति सावधान भी रहना चाहिए।

तीसरा विद्यार्थी—अवश्य! 'हकीकत' चेतन आनंद की एक ऐसी ही फिल्म थी जिसे देखकर अपनी मातृभूमि के लिए सर्वस्व समर्पित करने का उत्साह उत्पन्न होता है। इस फिल्म में युवा पीढ़ी के मन में मातृभूमि के प्रति प्रेम जाग्रत करने का श्रेष्ठ कार्य किया गया है।

परियोजना कार्य

प्रश्न 1. सैनिक जीवन की चुनौतियों को ध्यान में रखते हुए एक निबन्ध लिखिए।

उत्तर— **सैनिक जीवन की चुनौतियाँ**—जिस प्रकार एक सैनिक का जीवन आम भारतीयों के जीवन से पूर्णतः अलग होता है उसी प्रकार उसके जीवन की चुनौतियाँ भी सामान्य आदमी के जीवन से भिन्न होती हैं। एक सैनिक अपने देश पर बलिदान होने के लिए तत्पर रहता है। जब हम अपने घरों में सो रहे होते हैं, तब वह सीमा पर दुश्मनों का सामना कर रहा होता है। युद्ध के क्षेत्र में सैनिक कभी पीठ नहीं दिखाता। वह सदैव दुश्मनों पर हावी रहता है। सैनिकों के जीवन का कोई भरोसा नहीं होता कि कब मौत आ जाए सैनिक न केवल युद्ध के मैदान में बल्कि देश पर आने वाली अन्य विपदाओं जैसे—बाढ़, भूकम्प, तूफान, दुर्घटना आदि में भी सहायता करने के लिए सदैव तत्पर रहते हैं। उन्हें कभी आराम नहीं मिलता है। देश पर किसी भी प्रकार का संकट गहराता है तो सबसे पहले सैनिकों को याद किया जाता है।

हर सैनिक सेना में रहने के कारण अनुशासन-प्रिय हो जाता है तथा परिवार को भी सदैव अनुशासन में ही रहना होता है। सैनिकों में देश-प्रेम इतना प्रबल होता है कि वह अपने परिवार को छोड़कर देश के लिए वर्षों तक देश की सीमा पर रहता है। उसके लिए ठण्ड या गर्मी कोई महत्व नहीं रखती। धूप, बारिश और बर्फ का सामना करते हुए भी वे देश की रक्षा करते हैं। हर समय उनको सतर्क रहना होता है इसलिए उनको नींद भी अच्छी तरह से नहीं मिलती।

सैनिकों के रहने के लिए सही सुविधाएँ नहीं होती हैं और न ही मन पसंद खाना मिलता है। वे अपने प्राणों की परवाह नहीं करते हुए देश की सीमा और प्रतिष्ठा की रक्षा के लिए युद्ध लड़ते हैं। उनके जीवन में सुख और दुःख का भी महत्व नहीं होता है। उनके लिए देश ही सर्वस्व है। सैनिकों का व्यक्तिगत जीवन नहीं होता, वे देश के लिए जीते और देश के लिए मरते हैं। देश की समस्त प्रजा सैनिकों को सलाम करती है। आज हम जीवित हैं, उत्सव मना रहे हैं, व्यापार और व्यवसाय कर रहे हैं तो इसका एक कारण हमारे देश के सैनिक हैं जिनके परम त्याग से यह देश फल-फूल रहा है। अतः हमें मिलकर सैनिकों के जीवन की चुनौतियों को कम करने का प्रयास करना चाहिए।

प्रश्न 2. आज़ाद होने के बाद सबसे मुश्किल काम है' आज़ादी बनाए रखना'। इस विषय पर कक्षा में चर्चा कीजिए।

उत्तर— चर्चा—

पहला विद्यार्थी—आज़ादी सबको प्रिय है। आज़ाद होना कठिन है पर उससे भी मुश्किल है अपनी आज़ादी को अक्षुण्ण रखना। आज़ादी पाने के लिए लंबे समय तक संघर्ष करना पड़ता है, त्याग करना पड़ता है और हज़ारों को कुर्बान होना पड़ता है। इतनी कठिनाई से प्राप्त आज़ादी को बनाए रखना भी आसान काम नहीं है। आज़ादी प्राप्ति के समय जो विभिन्न जाति, धर्म, सम्प्रदाय, भाषा क्षेत्र आदि के लोग अपनी इस संकीर्णता को छोड़कर एकजुट होकर आज़ादी के लिए तन-मन-धन अर्थात् सर्वस्व न्यौछावर करने को तैयार थे और जिनके अथक प्रयासों से आज़ादी मिली वही बाद में जाति, धर्म, संप्रदाय, क्षेत्र, भाषा आदि के नाम पर अलगाववाद का समर्थन करते नज़र आते हैं, जिससे हमारी एकता पर अनेकता में बदलने का खतरा उत्पन्न हो जाता है जिससे हमारी आजादी खतरे में पड़ जाती है।

दूसरा विद्यार्थी—जब ऐसी विषय परिस्थितियाँ उत्पन्न हो जाती हैं तब हमारे शत्रु देश सक्रिय हो जाते हैं और वे हमारी फूट का अनुचित लाभ उठाने लगते हैं। वे धन, छल-बल, कूटनीति का सहारा लेकर एकता को कमज़ोर करने का प्रयास करते हैं। इसमें तनिक भी सफलता मिलते ही वे दंगे भड़काने का प्रयास करते हैं, भेदभाव को उकसाते हैं ताकि हम आपस में ही लड़-मरें। इससे हमारा समाज खंडित होने लगता है और हम आपस में ही टकराने लगते हैं।

तीसरा विद्यार्थी—सत्य कहते हो! शत्रुओं को तो इसी अवसर की प्रतीक्षा होती है। हमें भूलकर भी ऐसी स्थिति नहीं आने देनी चाहिए। यद्यपि कुछ लोग दिग्भ्रमित होकर गलत कदम उठा लेते हैं, परंतु हमें ऐसे लोगों को भी सही राह पर लाने का हर संभव प्रयास करना चाहिए और अपनी आज़ादी को हर संभावित संकट से बचाना चाहिए। यदि हम आपस में सहिष्णुता रखेंगे और प्रेमभाव से रहेंगे तो हमारी आज़ादी को कोई खण्डित न कर सकेगा।

परीक्षोपयोगी महत्त्वपूर्ण प्रश्नोत्तर

लघु उत्तरीय प्रश्न

प्रश्न 1. सैनिक किसके हवाले अपने वतन को करना चाहता है?

उत्तर— सैनिक अपने सैनिक साथियों के हवाले अपने वतन को करना चाहता है। उसे विश्वास है कि उसकी कुर्बानी के बाद उसके सैनिक साथी देश की प्रतिष्ठा और सीमा पर आँच नहीं आने देंगे। अत: वह अपने अंतिम समय में बड़े ही विश्वास से कहता है कि अब तुम्हारे हवाले वतन साथियो!

प्रश्न 2. सैनिकों ने हिमालय का सर क्यों नहीं झुकने दिया?

उत्तर— कवि द्वारा प्रयुक्त हिमालय का सर यहाँ भारत के मान-सम्मान का प्रतीक है। यदि हिमालय का सर झुक जाता तो भारत की हार हो जाती और सारी दुनिया में भारत की इज्जत खराब हो जाती। अत: सैनिक कहता है कि हमने अपना सर कटने दिया पर भारत के सर को झुकने नहीं दिया।

प्रश्न 3. सैनिकों को किस बात पर गर्व है?

उत्तर— सैनिकों को इस बात पर गर्व है कि उन्होंने अपने प्राणों का सहर्ष बलिदान देकर देश की रक्षा की है। मातृभूमि की रक्षा करते हुए यदि उनके सिर भी कट गए या उन्हें अपने प्राणों का बलिदान भी देना पड़े फिर भी उन्हें गर्व ही होगा।

प्रश्न 4. 'सैनिक धरती माता' को किस रूप में देखते हैं?

उत्तर— सैनिक धरती माता को दुल्हन के रूप में देखते हैं। दुश्मन की गोलियों से धरती पर खून बिखरा पड़ा है जिसे देखकर सैनिक कल्पना करता है कि मानो यह धरती लाल जोड़े पहनकर सज गई हो।

प्रश्न 5. देश के लिए युद्ध पर गए सैनिक अपने साथियों से क्या कहते हैं?

उत्तर— देश के लिए युद्ध पर गए सैनिक अपने साथियों से कहते हैं कि हम देश के लिए मरने को तैयार हैं। यदि शत्रु हमारी पवित्र मातृभूमि पर कदम रखने का दुस्साहस करे तो अपने रक्त से जमीन पर लक्ष्मण रेखा खींच दो जिसमें वह जलकर भस्म हो जाए। हमारी सीता-सी पावन धरती के लिए तुम्हीं राम और लक्ष्मण हो। इस तरफ रावण रूपी किसी भी शत्रु को नहीं आने देना है।

प्रश्न 6. इस गीत द्वारा पता चलता है कि सैनिकों के लड़ने के लिए परिस्थितियाँ अनुकूल नहीं थीं। कैसे?

उत्तर— सन् 1962 में भारत और चीन के बीच हुए युद्ध का क्षेत्र था—हिमालय की घाटियाँ। जहाँ तापमान इतना कम होता है कि वहाँ खड़ा रहना भी कठिन होता है। हड्डियों में कँप-कँपी पैदा कर देने वाली सर्दी में भारतीय सैनिक चीनी सैनिकों का मुँहतोड़ जवाब दे रहे थे। तिरंगे की शान के लिए वे अपने प्राणों की परवाह नहीं कर रहे थे। सर्दी के कारण उनकी साँसें थमती हुई प्रतीत हो रही थीं और उनकी नसों का खून जमने लगा था पर वे आगे बढ़ते ही जा रहे थे। इस प्रकार पता चलता है कि सैनिकों के लड़ने के लिए परिस्थितियाँ अनुकूल नहीं थीं।

प्रश्न 7. 'सर हिमालय का हमने न झुकने दिया' से कवि का क्या अभिप्राय है?

उत्तर— 'सर हिमालय का हमने न झुकने दिया' से कवि का अभिप्राय भारत के मान-सम्मान को कम न होने से है। कवि ने इस कविता में हिमालय का मानवीकरण किया है। 'हिमालय का सर' भारत की प्रतिष्ठा का सूचक है। भारतीय सैनिकों में देशप्रेम और राष्ट्रभक्ति

की भावना चरम पर थी। उन्हें अपना देश और मातृभूमि प्राणों से भी प्रिय थी। इसकी रक्षा के लिए उन्होंने विपरीत परिस्थितियों की परवाह नहीं की। वे निरंतर आगे–ही–आगे बढ़ते जा रहे थे। हालात ऐसे थे कि उनकी साँसें रुक रहीं थीं तथा रक्त जमता जा रहा था। सैनिकों ने अपना बलिदान दे दिया पर हिमालय का सिर झुकने नहीं दिया।

प्रश्न 8. सन् 1962 के युद्ध में भाग लेने वाले सैनिकों के बलिदान की गाथा को अपने शब्दों में लिखिए।

उत्तर— सन् 1962 में भारत और चीन की लड़ाई में सीमा पर लड़ते हुए सैनिक जब यह जान गए कि उनका अंतिम समय आ गया है। उन्होंने अपने देशवासियों को संबोधित करते हुए अपनी स्थिति का बयान किया कि यद्यपि उनकी साँसें रुक रही हैं और धड़कनें बंद हो रही हैं फिर भी अपनी मातृभूमि की आजादी के लिए वे मरते दम तक अपने कर्त्तव्य का पालन करेंगे। यदि इस लड़ाई में उनकी मौत हो जाती है तो वे देश को आज़ाद रखने का दायित्व देशवासियों को सौंपकर जा रहे हैं। उन्होंने मरते दम तक हिमालय का सर झुकने न दिया। अत: अब उनकी अंतिम इच्छा है कि उनके बाद भी उनके सैनिक साथी अपने प्राणों का बलिदान देकर भारत के मान–सम्मान की रक्षा करें।

प्रश्न 9. 'कर चले हम फ़िदा' गीत में सैनिकों की देशवासियों से क्या अपेक्षाएँ हैं?

उत्तर— 'कर चले हम फ़िदा' गीत में सैनिकों की देशवासियों से अपेक्षा है कि देश की रक्षा के लिए कुर्बानियों का सिलसिला ऐसे ही चलता रहे। जिस प्रकार उसने अपने प्राणों का बलिदान देकर भी हिमालय का सर नहीं झुकने दिया, उसी प्रकार अन्य देशवासियों को भी तैयार रहना चाहिए। जीवन के यौवन की सार्थकता तभी है जब वह देश की रक्षा के लिए समर्पित हो जाए।

दीर्घ उत्तरीय प्रश्न

प्रश्न 1. इस गीत को पढ़ने या सुनने के बाद ऐसा कहीं नहीं लगता है कि सैनिक अपना बलिदान देकर दु:ख का अनुभव कर रहे हों। ऐसा क्यों?

उत्तर— सैनिकों का जीवन देश के लिए ही होता है। वे दिन–रात देश के बारे में ही सोचते हैं। उनके जीवन का हर पल मातृभूमि के नाम होता है। वे अपनी मातृभूमि की रक्षा करते हुए अपने प्राणों की बाजी लगाना अपना धर्म समझते हैं। वे अपना सब कुछ अर्पित कर देश के काम आना चाहते हैं। ऐसा करके वे अपने सैन्य धर्म का पालन करके गर्वानुभूति करते हैं। इस गीत में चीन के साथ युद्ध में शहीद भारतीय सैनिक अपना बलिदान देकर गर्वानुभूति कर रहे हैं, फिर उन्हें दु:ख का अनुभव कैसे हो पाता? उन्हें गर्व है कि उन्होंने हिमालय का सर झुकने नहीं दिया। वे साथियों को इस बलिदान के अमर महापर्व में सम्मिलित होने के लिए आह्वान कर रहे हैं। इस प्रकार पूरे गीत में कहीं भी ऐसा नहीं लग रहा है कि सैनिक अपना बलिदान देकर दु:खी हो। इसके विपरीत वे गीत गाते हुए मातृभूमि पर शीश चढ़ाते हुए विदा हो रहे हैं।

प्रश्न 2. कवि ने प्रस्तुत गीत में कुछ पौराणिक पात्रों का नामोल्लेख किया है। उनका नाम लिखते हुए संदर्भ भी स्पष्ट करें।

उत्तर— कवि ने 'कर चले हम फ़िदा' गीत में राम, लक्ष्मण, सीता और रावण जैसे पौराणिक और ऐतिहासिक पात्रों का नामोल्लेख किया है। इन पात्रों का प्रयोग देशवासियों, भारतमाता और देश के शत्रुओं के संदर्भ में किया गया है। राम और लक्ष्मण का प्रयोग भारतवासी के रूप में है। राम जहाँ धैर्य का प्रतीक है वहीं लक्ष्मण क्रोध का प्रतीक है। सीता का चरित्र अत्यंत पवित्र, गरिमामयी और पूजनीय था। कुछ ऐसी ही स्थिति हमारी मातृभूमि माता की है। हमारी भारत माता सीता के आँचल के समान समृद्ध, गौरवपूर्ण और पूजनीय है। रावण का चरित्र निंदनीय, अत्याचारी और आतंकी के समान था। गीत में भारत की ओर कुदृष्टि रखने वालों की तुलना रावण के चरित्र से की गई है। जिस प्रकार राम और लक्ष्मण ने रावण को मारकर सीता की रक्षा की थी, उसी प्रकार गीत में भारतीय सैनिकों और देशवासियों से अपेक्षा की गई है कि वे सीता रूपी भारत माता की रक्षा के लिए रावण रूपी शत्रुओं से युद्ध करें तथा आवश्यकता पड़ने पर कुदृष्टि रखने वाले रावणों को मारकर अपनी शौर्यगाथा लिखें।

प्रश्न 3. कैफ़ी आज़मी द्वारा रचित गीत 'कर चले हम फ़िदा' में राष्ट्रप्रेम और देशभक्ति की भावना अपने चरम रूप में प्रतिपादित है। सिद्ध करें।

उत्तर— कैफ़ी आज़मी द्वारा रचित गीत 'कर चले हम फ़िदा' राष्ट्रप्रेम और देशभक्ति की गाथा है। सन् 1962 के युद्ध में सैनिकों ने अत्यंत विपरीत परिस्थितियों में चीनी सैनिकों का मुँहतोड़ जवाब दिया और उन्हें रोकते हुए आगे कदम बढ़ाते गए। देश की रक्षा करते हुए उन्होंने अपनी जान की परवाह नहीं की और कुर्बान हो गए। इस गीत को पढ़कर युवामन राष्ट्रप्रेम और देशभक्ति की भावना से भर उठता है तथा देश एवं मातृभूमि की शत्रुओं से रक्षा करने के लिए अपना सर्वस्व न्यौछावर होने के लिए प्रेरित होता है। सभी देशवासियों के मन में देशभक्ति की भावनाएँ हिलोरें लेने लगती हैं। इस गीत को सुनने मात्र से ही ह्रदय प्रफुल्लित और रोमांचित हो जाता है तथा देश के लिए अपना सर्वस्व समर्पण का भाव जाग्रत हो जाता है। इस प्रकार कैफ़ी आज़मी द्वारा रचित गीत 'कर चले हम फ़िदा' में राष्ट्रप्रेम और देशभक्ति की भावना अपने चरम रूप में प्रतिपादित है।

प्रश्न 4. वर्तमान परिवेश में कैफ़ी आज़मी द्वारा रचित कविता 'कर चले हम फ़िदा' का महत्व और अधिक बढ़ गया है। स्पष्ट करें।

उत्तर— कैफ़ी आज़मी द्वारा रचित कालजयी 'कर चले हम फ़िदा' में चीन के साथ युद्ध का मर्म–स्पर्शी वर्णन है। यह कविता एक ओर भारतीयों के साहस तथा वीरता का उत्कृष्ट नमूना प्रस्तुत करती है साथ ही उनके त्याग एवं बलिदान की अनुपम गाथा भी दोहराती है। इस कविता

का अपने रचना काल में जितना महत्व था उससे कहीं अधिक आज भी इसका महत्व है। आज देश की सीमाओं पर पड़ोसी देश से जब घुसपैठ का खतरा बढ़ा है, जयचंदों की संख्या बढ़ी है तथा लोग भाषा, जाति, क्षेत्र, धर्म आदि के नाम पर अपनी डफली अपना राग अलाप रहे हों, तब इस कविता का महत्व और भी बढ़ जाता है। यह कविता वीरों का उत्साह बढ़ाने और युवाओं में राष्ट्रभक्ति की भावना जाग्रत करने का सार्थक प्रयास कर रही है। यह कविता अपने पौराणिक पात्रों के द्वारा हमारे प्राचीन गौरव का स्मरण कराती है आज के संदर्भ में एकत्व, सौहार्द्र तथा देश के लिए समर्पण का भाव उत्पन्न करने में पूर्णत: समर्थ है। इस प्रकार स्पष्ट होता है कि वर्तमान परिवेश में कैफ़ी आज़मी द्वारा रचित कविता 'कर चले हम फ़िदा' का महत्व और अधिक बढ़ गया है।

प्रश्न 5. 'कर चले हम फ़िदा' कविता के आधार पर प्रतिपादित कीजिए कि बलिदानी वीर भारतीय युवकों से क्या अपेक्षा करते हैं और क्यों?

उत्तर— इस कविता में कवि ने संदेश दिया है कि देश की रक्षा करना हमारा सबसे बड़ा कर्तव्य है। हमारे मन में यह भावना होनी चाहिए कि देश का सर ऊँचा रहे। किसी भी शत्रु के अपवित्र कदम इस देश पर न पड़ जाएँ।

हमारे अंदर इतनी शक्ति होनी चाहिए कि हम उसे उसके दुस्साहस का मजा चखा सकें। विदेशी ताकतों का सामना करने के लिए सीमाओं को सशक्त बनाने के लिए लक्ष्मण रेखा जैसी मजबूत सीमा तैयार करनी चाहिए ताकि शत्रु देश में पाँव भी न रख पाएँ। यह देश को सुरक्षित रखने के लिए केवल हमारे सीमा प्रहरी ही नहीं हर एक नागरिक का कर्त्तव्य होना चाहिए।

'कर चले हम फ़िदा' कविता के आधार पर बलिदानी वीर भारतीय युवकों से अपेक्षा करते हैं क्योंकि न्याय और मर्यादा की स्थापना का संकल्प धारण कर सकें तथा मातृभूमि की रक्षा प्रत्येक देशवासी का धर्म होना चाहिए।

प्रश्न 6. 'कर चले हम फ़िदा' कविता में किस प्रकार की मृत्यु को अच्छा कहा गया है और क्यों? इससे कवि क्या संदेश देना चाहता है?

उत्तर— 'कर चले हम फ़िदा' कविता में कवि ने देश की खातिर होने वाली मृत्यु को अच्छा बताया है। उसका कहना है कि देश पर मर-मिटने का अवसर बार-बार नहीं मिलता।

शायर कैफी आज़मी इस कविता के माध्यम से संदेश देते हैं कि जीने के मौसम तो बहुत आते हैं, पर देश पर अपनी जान कुर्बान करने का मौका बड़ी मुश्किल से मिलता है। अवसर मिलने पर हमें इस प्रकार के मौके को गँवाना नहीं चाहिए। देश का मान-सम्मान सर्वोपरि है। इसकी रक्षा में अपने प्राण तक न्यौछावर करने को तत्पर रहना चाहिए। हमें सैनिकों के जीवन बलिदान करने के जज्बे का सम्मान करना चाहिए।

प्रश्न 7. कविता के आलोक में सैनिक के जीवन की चुनौतियों का उल्लेख करते हुए भाव स्पष्ट कीजिए—'राम भी तुम, तुम्हीं लक्ष्मण साथियो।'

उत्तर— सैनिकों का जीवन रोमांच से भरा हुआ परंतु बड़ा ही कष्टमय होता है। कवि सैनिकों से कहता है कि उन्हें सीमा पर अपने खून से लक्ष्मण रेखा खींच देनी चाहिए ताकि उसे लाँघकर कोई रावण रूपी आतताई अंदर नहीं आ सके। आज़ादी की रक्षा करनी चाहिए तथा रावण जैसे दुश्मनों के लिए सीमा निर्धारित करनी चाहिए। यदि कोई हाथ हम पर उठने लगे तो उस हाथ को फौरन तोड़ देना चाहिए। यहाँ पर मातृभूमि की तुलना सीता से की गई है जिनका दामन छूने का कोई साहस न कर सका। सैनिक यह भी प्रेरणा देता है कि हम ही में राम भी हैं और लक्ष्मण भी। अर्थात् हम हर तरह से अपनी मातृभूमि की रक्षा करने में सक्षम हैं। यहीं वीर और रौद्र का मिला-जुला रूप मिलता है। राम-लक्ष्मण जैसा शौर्य एवं संकल्प धारण करके न्याय एवं मर्यादा की स्थापना करनी चाहिए।

प्रश्न 8. 'कर चले हम फ़िदा' नामक गीत के आधार पर सैनिक जीवन की चुनौतियों का वर्णन कीजिए। सैनिकों का हौसला बढ़ाने के लिए आप क्या करेंगे?

उत्तर— जिस प्रकार एक सैनिक का जीवन आम भारतीयों के जीवन से पूर्णत: अलग होता है उसी प्रकार उसके जीवन की चुनौतियाँ भी सामान्य आदमी के जीवन से भिन्न होती हैं। एक सैनिक अपने देश पर बलिदान होने के लिए तत्पर रहता है। जब हम अपने घरों में सो रहे होते हैं, तब वह सीमा पर दुश्मनों का सामना कर रहा होता है। युद्ध के क्षेत्र में सैनिक कभी पीठ नहीं दिखाता। वह सदैव दुश्मनों पर हावी रहता है। सैनिकों के जीवन का कोई भरोसा नहीं होता कि कब मौत आ जाए। सैनिक न केवल युद्ध के मैदान में बल्कि देश पर आने वाली अन्य विपदाओं, जैसे—बाढ़, भूकम्प, तूफान, दुर्घटना आदि में भी सहायता करने के लिए सदैव तत्पर रहते हैं। उन्हें कभी आराम नहीं मिलता है। देश पर किसी भी प्रकार का संकट गहराता है, सबसे पहले सैनिकों को याद किया जाता है।

सैनिकों में देश-प्रेम इतना प्रबल होता है कि वह अपने परिवार को छोड़कर देश के लिए वर्षों तक देश की सीमा पर रहता है। उसके लिए ठण्ड या गर्मी कोई महत्व नहीं रखती। धूप, बारिश और बर्फ का सामना करते हुए भी देश की रक्षा करते हैं।

सैनिकों के रहने के लिए सही सुविधाएँ नहीं होती हैं और न ही मनपसंद खाना मिलता है। उनके जीवन में सुख और दु:ख का भी महत्व नहीं होता है। उनके लिए देश ही सर्वस्व है। सैनिकों का व्यक्तिगत जीवन नहीं होता वे देश के लिए जीते और देश के लिए मरते हैं। आज हम जीवित हैं, उत्सव मना रहे हैं, व्यापार और व्यवसाय कर रहे हैं तो इसका एक कारण हमारे देश के सैनिक हैं जिनके परम त्याग से यह देश फल-फूल रहा है। अत: हमें मिलकर सैनिकों के जीवन की चुनौतियों को कम करने का प्रयास करना चाहिए।

प्रश्न 9. सीमा पर भारतीय सैनिकों के द्वारा सहर्ष स्वीकारी जा रही कठिन परिस्थितियों का उल्लेख कीजिए और प्रतिपादित कीजिए कि 'कर चले हम फ़िदा' गीत सैनिकों के हृदय की आवाज है।

उत्तर— सीमा पर भारतीय सैनिकों द्वारा सहर्ष स्वीकारी जा रही कठिन परिस्थितियाँ भी उनके ज़ज्बे को रोक नहीं सकती सैनिक अपने अदम्य साहस व शक्ति से देश की रक्षा के लिए प्राकृतिक व मानवजनित अनेक चुनौतियों (आपत्तियों) का सामना करते हैं। वे भीषण गर्मी, सर्दी, वर्षा, अथवा किसी भी प्रकार की प्राकृतिक आपदा में अड़े रहकर देश रक्षा के लिए तत्पर रहते हैं। सीमा पर खड़े दुश्मन उन्हें परास्त करने का कोई मौका नहीं छोड़ते, पर हमारे वीर सैनिक दुश्मन की हर चाल को काटते हैं। सैनिक अपने प्रशिक्षण काल से लेकर देश सेवा के आखिरी दिन तक चुनौतियों का मुकाबला करते हैं। वास्तव में चुनौतियों का मुकाबला करने का दूसरा नाम सैनिक है। बलिदान होने वाले वीर सैनिक बाकी देशवासियों से यह अपेक्षा कर रहे हैं कि वे अब बलिदान के पथ को सूना नहीं रहने देंगे। इसलिए उन्हें प्रत्येक देशवासियों से कुछ आशाएँ हैं, अपेक्षाएँ हैं कि उनके इस संसार से विदा हो जाने के बाद भी वे देश की आन, बान, शान पर आँच नहीं आने देंगे, बल्कि समय आने पर अपना बलिदान देकर देश की रक्षा करेंगे।

❑❑

आत्मत्राण

|9|

कवि-रवीन्द्रनाथ ठाकुर

कवि परिचय—बहुमुखी प्रतिभा के धनी, नोबेल पुरस्कार विजेता और गुरुदेव की उपाधि से विभूषित श्री रवीन्द्रनाथ टैगोर का जन्म 6 मई, 1861 को बंगाल के एक सम्पन्न परिवार में हुआ था। अध्ययनशील और कुशाग्र बुद्धि श्री रवीन्द्रनाथ ने बचपन में घर पर अनेक विषयों और भाषाओं का ज्ञान हासिल कर लिया था। इनके पिता इनको बैरिस्टर बनाना चाहते थे इसलिए उन्होंने सन् 1878 में लंदन विश्वविद्यालय में इनका दाखिला करवाया पर, साहित्यिक रुचि, अपने देश तथा समाज से प्यार ने इनको वहाँ ठहरने नहीं दिया और परीक्षा दिए बिना ही ये सन् 1880 में भारत लौट आए। उसके बाद स्वाध्याय, साहित्य सृजन, मानव सेवा, समाज सेवा और देश सेवा जैसे महनीय कार्यों में लग गए। प्रकृति से इनका अगाध लगाव था। इन्होंने शांति निकेतन नाम की एक शैक्षिक और सांस्कृतिक संस्था की स्थापना की। यह एक तरह का अनूठा संस्थान माना जाता है। श्री रवीन्द्र के दर्शन में मानवता सबसे बड़ा धर्म है। गुरुदेव श्री रवीन्द्रनाथ टैगोर 7 अगस्त, 1941 को भारतीय साहित्य को रिक्त कर दिवंगत हो गए।

रचनाएँ—रवीन्द्रनाथ टैगोर की प्रसिद्धि उनकी पद्यात्मक अमर कृति गीतांजलि को लेकर सर्वाधिक है। पर, उन्होंने अपने जीवनकाल में अनेक उपन्यास, निबन्ध, लघु कथाएँ, यात्रा-वृत्तांत, नाटक और सैकड़ों गीतों की रचना की है। इनकी चित्रकला, संगीत और भावनृत्य के प्रति विशेष रुचि ने 'रवीन्द्र संगीत' नाम की विधा को जन्म दिया जो आज भी प्रचलित है। टैगोर की गद्यात्मक रचना में उनकी छोटी-छोटी कहानियाँ सबसे अधिक लोकप्रिय हैं। रवीन्द्रनाथ टैगोर को वास्तव में बंगाली भाषा के संस्करण की उत्पत्ति का श्रेय दिया जाता है। उन्होंने अपने कृतित्व के बल पर इस भाषा को विश्वस्तर पर प्रसिद्ध कर दिया है। श्री टैगोर द्वारा बहुचर्चित तथा सुप्रसिद्ध रचनाएँ इस प्रकार से हैं—गीतांजलि, गोरा, घरे बाइरे, जन गण मन, रवीन्द्र संगीत, आमार सोनार बांग्ला, नौका डूबी, गीताली, गीतिमाल्य, कथा और कहानी, कणिका, क्षणिका आदि प्रमुख हैं।

काव्यगत विशेषताएँ—बाल्यावस्था से ही रवीन्द्रनाथ टैगोर कविता, छन्द और भाषा-प्रयोग में कुशल थे। उनकी पहली कविता आठ साल की उम्र में प्रकाशित हुई थी। भारतीय संस्कृति को अभिव्यक्ति प्रदान करने वाले तथा युगद्रष्टा टैगोर की रचनाओं में इतनी विविधताएँ हैं कि उनमें साहित्य की सारी विधाएँ उसी प्रकार समाहित हो गई हैं जैसे एक माला में अनेक मोतियों को पिरो दिया गया हो। उन्होंने बंगाली साहित्य नवीन विधा से गद्य और पद्य का प्रयोग किया है। उसके बाद ही बांग्ला भाषा संस्कृत के प्रभाव से मुक्त हो सकी है। टैगोर की रचनाओं में लोकसंस्कृति को प्रमुखता से स्वर मिला है। रवीन्द्र संगीत बांग्ला संस्कृति का अभिन्न अंग है। संगीत को उनके साहित्य से अलग नहीं किया जा सकता है। हिन्दुस्तानी शास्त्रीय संगीत की ठुमरी शैली से प्रभावित उनके गीत मानवीय भावनाओं के अलग-अलग रंग प्रस्तुत करते हैं। अलग-अलग रागों में गुरुदेव के गीत यह आभास कराते हैं मानो उनकी रचना उस राग विशेष के लिए ही की गई थी। इनकी चित्रकला, संगीत और भावनृत्य के प्रति विशेष रुचि ने **'रवीन्द्र संगीत'** नाम की विधा को जन्म दिया है।

पुरस्कार—स्वनाम धन्य गुरुदेव रवीन्द्रनाथ टैगोर किसी पुरस्कार या सम्मान के लिए अपेक्षित नहीं थे। सन् 1913 में रवीन्द्रनाथ टैगोर को साहित्य का सर्वश्रेष्ठ नोबेल पुरस्कार मिला। सन् 1915 में उन्हें राजा जॉर्ज पंचम् ने नाइटहुड की पदवी से सम्मानित किया। कालांतर में उन्होंने इसे सन् 1919 में जलियाँवाला बाग हत्याकाण्ड से दुःखी होकर अंग्रेज सरकार के विरोध में वापस कर दिया था।

शब्द-सम्पदा

विपदा = विपत्ति/मुसीबत। **दुःख-ताप** = कष्ट की पीड़ा। **व्यथित** = दुःखी। **चित्त** = मन। **क्षय** = नाश। **त्राण** = भय/निवारण/बचाव/आश्रय। **अनामय** = रोग रहित/स्वस्थ। **हानि** = नुकसान। **अनुनय** = विनय। **मानूँ** = स्वीकार करूँ। **दुःख रात्रि** = दुःख से भरी रात। **निखिल** = सम्पूर्ण। **वहन** = ढोना। **छिन-छिन** = प्रतिक्षण। **संशय** = संदेह। **करुणामय** = दूसरों पर दया करने वाला। **भय** = डर। **सहायक** = मददगार। **पौरुष** = पराक्रम। **हिले** = कम न हो। **अनुदिन** = प्रतिदिन। **सांत्वना** = ढाँढस बँधाना/तसल्ली देना। **जगत** = संसार। **नत शिर** = सिर झुकाकर। **लघु** = छोटा। **वंचना** = धोखा देना/छलना। **निर्भय** = बिना डर के। **मही** = धरती। **भार** = बोझ।

निम्नलिखित पद्यांशों की व्याख्या कीजिए—

1. **विपदाओं से मुझे बचाओ, यह मेरी प्रार्थना नहीं**
केवल इतना हो (करुणामय)
कभी न विपदा में पाऊँ भय।
दुःख-ताप से व्यथित चित्त को न दो सांत्वना नहीं सही
पर इतना होवे (करुणामय)
दुख को मैं कर सकूँ सदा जय।
मेरा त्राण करो अनुदिन तुम यह मेरी प्रार्थना नहीं
बस इतना होवे (करुणामय)
तरने की हो शक्ति अनामय।
मेरा भार अगर लघु करके न दो सांत्वना नहीं सही।
केवल इतना रखना अनुनय-
वहन कर सकूँ इसको निर्भय।

कोई कहीं सहायक न मिले
तो अपना बल पौरुष न हिले;
हानि उठानी पड़े जगत् में लाभ वंचना रही
तो भी मन में ना मानूँ क्षय॥

नत शिर होकर सुख के दिन में
तव मुख पहचानूँ छिन-छिन में।
दु:ख-रात्रि में करे वंचना मेरी जिस दिन निखिल मही
उस दिन ऐसा हो करुणामय,
तुम पर करूँ नहीं कुछ संशय॥

व्याख्या—प्रस्तुत कविता में कवि का मानना है कि ईश्वर के पास सब कुछ कर देने की क्षमता है पर कवि यह नहीं चाहता कि ईश्वर ही उसके लिए सब कुछ कर दे। कवि ईश्वर से अपने ऊपर आने वाली विपत्तियों को दूर करने की प्रार्थना नहीं करता है अपितु वह विपत्ति से कभी डरे नहीं इसकी प्रार्थना कर रहा है। वह उन दु:खों से लड़ने की शक्ति की याचना करता है। कवि कहता है कि मुझे इस संसार में हानि भी उठानी पड़े, कोई लाभ प्राप्त न हो या धोखा ही खाना पड़े तब भी मेरा मन दु:खी न हो। हे ईश्वर! तुम रात-दिन मेरी रक्षा करो यह मेरी प्रार्थना नहीं है, आप केवल इतनी कृपा करो कि मुझमें विपत्ति से निकलने की क्षमता में कमी न आए। कभी भी मेरे मन की शक्ति का नाश न हो। आत्मविश्वास बना रहे और पुरुषार्थ कम न हो। कवि यह भी प्रार्थना करता है वह उसमें इतनी निर्भीकता दे कि वह सभी मुसीबतों का डटकर सामना कर सके। सुख के दिनों में भी ईश्वर को एक क्षण के लिए वह न भूल सके। दुखों से भरी रात में जब सारा संसार उसे धोखा दे, फिर भी कवि के मन में उनके प्रति अविश्वास उत्पन्न न हो, ऐसी क्षमता दे। निष्कर्ष रूप में इस कविता में जो एक प्रार्थना गीत है, कवि प्रभु से अपनी रक्षा के लिए नहीं अपितु आत्मशक्ति की याचना करता है जिससे वह अपनी रक्षा स्वयं कर सके।

प्रश्न— (क) काव्यांश में किन शब्दों का खुलकर प्रयोग किया गया है?

(i) तद्भव (ii) तत्सम
(iii) देशज (iv) विदेशज

(ख) 'कोई कहीं' में कौन-सा अलंकार मौजूद है?

(i) श्लेष (ii) यमक
(iii) अनुप्रास (iv) उत्प्रेक्षा

(ग) प्रस्तुत काव्यांश है—

(i) छंदयुक्त (ii) दोहा
(iii) सोरठा (iv) सवैया

(घ) आत्मत्राण शीर्षक की सार्थकता कविता का अर्थ बताइए—

(i) आत्मा का त्राण (ii) अपने आप संशय
(iii) आत्मबल (iv) आत्मशक्ति

उत्तर— (क) (ii) तत्सम (ख) (iii) अनुप्रास
(ग) (i) छंदयुक्त (घ) (i) आत्मा का त्राण

पाठ से सम्बन्धित प्रश्नोत्तर

(क) निम्नलिखित प्रश्नों के उत्तर दीजिए—

प्रश्न 1. कवि किससे और क्या प्रार्थना कर रहा है?

उत्तर— प्रस्तुत कविता में कवि करुणामय ईश्वर से दु:खों को दूर करने के लिए नहीं अपितु दु:खों को स्वयं सहने, मुश्किलों का खुद से सामना करने और विपत्ति के समय में भी प्रभु पर अटल विश्वास रखने के लिए आत्मशक्ति की प्रार्थना कर रहा है। वह प्रभु से यह भी प्रार्थना करता है कि विपदाओं में भी वह डगमगाए नहीं, उसे अपने बल-पौरुष पर पूरा विश्वास बना रहे। वह यह भी चाहता है कि सुख के दिनों में भी ईश्वर को भूल न सके।

प्रश्न 2. 'विपदाओं से मुझे बचाओ, यह मेरी प्रार्थना नहीं—कवि इस पंक्ति के द्वारा क्या कहना चाहता है?

उत्तर— 'विपदाओं से मुझे बचाओ, यह मेरी प्रार्थना नहीं'—कवि इस पंक्ति के द्वारा यह कहना चाहता है कि हे ईश्वर! मैं यह प्रार्थना नहीं करता कि तुम मुझे विपत्तियों से बचाओ या मुझ पर कोई विपत्ति न आए। मेरी प्रार्थना यह है कि मुझे इतनी शक्ति दो कि मैं उन विपदाओं का सामना कर सकूँ। याचक यह कहता है कि वह पलायनवादी नहीं है, वह मुसीबतों से घबराता नहीं है वह तो केवल प्रभु की इतनी कृपा चाहता है कि जिससे वह सभी विपत्तियों का डटकर सामना कर सके।

प्रश्न 3. कवि सहायक के न मिलने पर क्या प्रार्थना करता है?

उत्तर— कवि सहायक के न मिलने पर यह प्रार्थना करता है कि उसका बल-पौरुष न डगमगाए। वह सभी प्रकार के कष्टों को साहस और धैर्य के साथ सहन कर सके। उसके पास इतनी आत्मशक्ति हो कि वह विपत्तियों में प्रभु पर विश्वास बनाए रखे। वह सभी प्रकार के कष्टों को सह सके।

प्रश्न 4. अंत में कवि क्या अनुनय करता है?

उत्तर— अंत में कवि यह अनुनय करता है कि दुःख के दिनों में सब उसे धोखा दे, सब ओर से उसे हानि हो या सब उसका साथ छोड़ दें पर ईश्वर के प्रति उसका विश्वास कभी कम नहीं हो। उसका अपना आत्मबल कभी हिल न सके। साथ ही वह यह भी प्रार्थना करता है कि सुख के दिनों में ईश्वर को एक पल के लिए भी भूल न सके।

प्रश्न 5. 'आत्मत्राण' शीर्षक की सार्थकता कविता के संदर्भ में स्पष्ट कीजिए।

उत्तर— 'आत्मत्राण' कविता का शीर्षक कविता के संदर्भ में पूरी तरह से सार्थक है। आत्मत्राण शब्द का अर्थ है आत्मा का त्राण अर्थात् अपनी रक्षा या मुक्ति। रक्षा के सभी उपायों में सबसे बड़ा उपाय आत्मशक्ति का प्रयोग होता है। प्रस्तुत गीत में भी कवि प्रभु से दुःख न देने की नहीं बल्कि दुःखों पर विजय के लिए आत्मबल की याचना करता है। कवि याचना करता है कि हे प्रभु! मुझे इतनी क्षमता दो कि संसार की सभी विपदाओं पर मैं स्वयं से विजय प्राप्त कर सकूँ। पराजय के भाव में भी आप पर संशय न करूँ और विजयी होकर भी विनम्र भाव से आपको याद रखूँ।

प्रश्न 6. अपनी इच्छाओं की पूर्ति के लिए आप प्रार्थना के अतिरिक्त और क्या-क्या प्रयास करते हैं? लिखिए।

उत्तर— अपनी इच्छाओं की पूर्ति के लिए हम प्रार्थना के अतिरिक्त कठिन मेहनत, सतत प्रयास, आत्मबल का प्रयोग और अपने उद्देश्य के प्रति समर्पण के भाव से लगे रहते हैं। सफलता के लिए ईश्वर की कृपा के साथ-साथ स्वयं का प्रयास भी आवश्यक है।

प्रश्न 7. क्या कवि की यह प्रार्थना आपको अन्य प्रार्थना गीतों से अलग लगती है? यदि हाँ, तो कैसे?

उत्तर— हाँ! कवि की यह प्रार्थना अन्य प्रार्थना गीतों से बिल्कुल भिन्न है। इस प्रार्थना गीत में प्रभु से दुःखों को दूर भगाने की प्रार्थना की जगह दुःखों से जूझने की शक्ति की याचना की गई है। इस प्रार्थना में कवि दुःख के क्षण में भी ईश्वर पर अविश्वास न करके उन पर पूरी आस्था के साथ भक्ति की प्रार्थना करता है। अन्य प्रार्थना गीतों में दास्यभाव, आत्मसमर्पण, समस्त दुःखों को दूर करके सुख शांति की प्रार्थना, कल्याण, मानवता का विकास, ईश्वर सभी कार्य पूरे करें ऐसी प्रार्थनाएँ होती हैं परन्तु इस कविता में कष्टों से छुटकारा नहीं कष्टों को सहने की शक्ति के लिए प्रार्थना की गई है। अन्य गीतों में प्रार्थी प्रभु से दुःखों से मुक्ति की याचना करता है पर इस गीत में प्रार्थी ईश्वर से आत्मशक्ति की याचना करता है जिसके द्वारा वह सभी प्रकार के दुःखों से लड़ते हुए उस पर विजय पा सके। इन्हीं कारणों से यह प्रार्थना अन्य प्रार्थना से अलग है।

(ख) निम्नलिखित का आशय/भाव स्पष्ट कीजिए—

प्रश्न 1. नत शिर होकर सुख के दिन में
तब मुख पहचानूँ छिन-छिन में।

उत्तर— प्रस्तुत पंक्तियाँ श्री रवीन्द्रनाथ टैगोर द्वारा रचित कविता 'आत्मत्राण' से उद्धृत है। इन पंक्तियों में कवि कहना चाहता है कि वह सुख के दिनों में भी प्रभु को हर क्षण विनम्रता और विश्वास के भाव से याद रखना चाहता है, वह एक पल भी ईश्वर को भुलाना नहीं चाहता। यहाँ भाव यह है कि कवि दुःख-सुख दोनों में ही प्रभु को सम भाव से याद करना चाहता है। वह प्रभु से कभी विलग नहीं होना चाहता है। वह कभी भी ईश्वर से विश्वास खोना नहीं चाहता है।

प्रश्न 2. हानि उठानी पड़े जगत में लाभ वंचना रही
तो भी मन में ना मानूँ क्षय।

उत्तर— प्रस्तुत पंक्तियाँ श्री रवीन्द्रनाथ टैगोर द्वारा रचित कविता 'आत्मत्राण' से उद्धृत हैं। इन पंक्तियों में कवि कहना चाहता है कि उसे जीवन भर हानि ही मिलती रहे, यदि वह लाभ से सदा वंचित रहे, फिर भी वह मन में क्षय का भाव अर्थात् निराशा भावों को स्थान न दें। उसके मन में ईश्वर के प्रति आस्था, आशा और विश्वास का भाव बना रहे। कवि ईश्वर से अनुनय करता है कि हे ईश्वर! मुझे इतनी क्षमता दो कि मैं हानि-लाभ को जीवन का अनिवार्य अंग मानते हुए आप पर हमेशा अपना विश्वास बनाए रखूँ। मैं अपने मन में कभी निराशा या दुःख का भाव न आने दूँ।

प्रश्न 3. तरने की हो शक्ति अनामय
मेरा भार अगर लघु करके न दो सांत्वना नहीं सही।

उत्तर— प्रस्तुत पंक्तियाँ श्री रवीन्द्रनाथ टैगोर द्वारा रचित कविता 'आत्मत्राण' से उद्धृत हैं। इन पंक्तियों में कवि कहना चाहता है कि हे अनामय! हे ईश्वर! आप मेरे भार को कम मत करो। आप मेरे दुःखों को कम करके मुझे सांत्वना मत दो। मेरी प्रार्थना केवल इतनी है कि मुझे उन दुःखों से तरने अर्थात् मुक्त होने की क्षमता अवश्य दो। मुझे सहनशील और संघर्षशील अवश्य बनाओ जिससे मैं उन दुःखों से स्वयं लड़कर मुक्त हो सकूँ।

योग्यता विस्तार

प्रश्न 1. रवीन्द्रनाथ ठाकुर ने अनेक गीतों की रचना की है। उनके गीत-संग्रह में से दो गीत छाँटिए और कक्षा में कविता पाठ कीजिए।

उत्तर— विद्यार्थियों की सुविधा के लिए यहाँ दो गीत दिए जा रहे हैं। वे अध्यापक और अभिभावक की सहायता से इनका अभ्यास कर कक्षा में पाठ कर सकेंगे। अपनी रुचि के अनुसार वे अन्य गीत का चयन भी कर सकते हैं।

(1)
मेरा मस्तक अपनी चरण धूल तले नत कर दो
मेरा सारा अहंकार मेरे अश्रुजल में डुबो दो।
अपने मिथ्या गौरव की रक्षा करता
मैं अपना ही अपमान करता रहा,
अपने ही घेरे का चक्कर काट-काट
मैं प्रतिपल बेदम बेकल होता रहा,
मेरा सारा अहंकार मेरे अश्रुजल में डुबो दो।
अपने कामों में मैं अपने प्रचार से रहूँ दूर
मेरे जीवन द्वारा तुम अपनी इच्छा पूरी करो, हे पूर्ण!
मैं याचक हूँ तुम्हारी चरम शांति का
अपने प्राणों में तुम्हारी परम कांति का,
अपने हृदय-कमल दल में ओट मुझे दे दो,
मेरा सारा अहंकार मेरे अश्रुजल में डुबो दो।

(2)
अंतर मम विकसित करो, हे अंतरयामी!
निर्मल करो, उज्ज्वल करो,
सुंदर करो हे!
जाग्रत करो, उद्यत करो,
निर्भय करो हे!
मंगल करो, निरलस निःसंशय करो हे!
अंतर मम विकसित करो,
हे अंतरयामी
सबके संग युक्त करो,
बंधन से मुक्त करो
सकल कर्म में संचरित कर
निज छंद में शामिल करो।
मेरा अंतर चरण कमल में निस्पंदित करो हे।
नंदित करो, नंदित करो,
नंदित करो हे!
अंतर मम विकसित करो, हे अंतरयामी!

(**नोट**—दोनों गीत संकलित हैं।)

प्रश्न 2. अनेक अन्य कवियों ने भी प्रार्थना गीत लिखे हैं, उन्हें पढ़ने का प्रयास कीजिए; जैसे—

(क) महादेवी वर्मा—क्या पूजा क्या अर्चन रे!

(ख) सूर्यकांत त्रिपाठी निराला—दलित जन पर करो करुणा।

(ग) इतनी शक्ति हमें देना दाता
मन का विश्वास कमजोर हो न
हम चलें नेक रस्ते पर हम से
भूल कर भी कोई भूल हो न

इस प्रार्थना को ढूँढ़कर पूरा पढ़िए और समझिए कि दोनों प्रार्थनाओं में क्या समानता है? क्या आपको दोनों में कोई भी अंतर प्रतीत होता है? इस पर आपस में चर्चा कीजिए।

उत्तर— प्रार्थना गीत

इतनी शक्ति हमें देना दाता, मन का विश्वास कमजोर हो न।
हम चलें नेक रस्ते पे हमसे, भूलकर भी कोई भूल हो न।
दूर अज्ञान के हो अँधेरे, तू हमें ज्ञान की रोशनी दे
हर बुराई से बचते रहें हम, जितनी भी दे भली जिंदगी दे
बैर हो न किसी का किसी से, भावना मन में बदले की हो न
हम चलें नेक रस्ते पे हमसे, भूलकर भी कोई भूल हो न।
इतनी शक्ति हमें देना दाता, मन का विश्वास कमजोर हो न
हम ना सोचें हमें क्या मिला है, हम ये सोचें किया क्या है अर्पण
फूल खुशियों के बाँटे सभी को, सबका जीवन ही बन जाए मधुबन
अपनी करुणा को जब तू बहा दे, कर दे पावन हर इक मन का कोना
हम चले नेक रस्ते पे हमसे, भूलकर भी कोई भूल हो न
इतनी शक्ति हमें देना दाता, मन का विश्वास कमजोर हो न।।

'इतनी शक्ति हमें देना दाता' और 'आत्मत्राण' दोनों ही कविताएँ प्रार्थना गीत हैं। ये दोनों गीत पारंपरिक प्रार्थनाओं से हटकर हैं। दोनों ही प्रार्थनाओं में दुःख से उबारने या दुःख कर लेने की प्रार्थना न करके प्रभु के प्रति अटूट विश्वास बनाए रखने की शक्ति पाने की प्रार्थना की गई है।

आम तौर पर सभी प्रार्थना गीतों में कष्टों से मुक्त कर देने के लिए आग्रह किया जाता है पर यहाँ दोनों ही प्रार्थनाओं में कष्टों को सहने की शक्ति की प्रार्थना की गई है।

दोनों का भाव एक समान है किन्तु 'इतनी शक्ति हमें देना दाता' में स्वयं नेक रास्ते पर चलने की अभिलाषा है वहीं 'आत्मत्राण' में आत्मशक्ति की प्रार्थना है।

परियोजना कार्य

प्रश्न 1. रवीन्द्रनाथ ठाकुर ने कलकत्ता (कोलकाता) के निकट एक शिक्षण संस्थान की स्थापना की थी। पुस्तकालय की मदद से उसके विषय में जानकारी एकत्रित कीजिए।

उत्तर— रवीन्द्रनाथ टैगोर के पिता महर्षि देवेन्द्रनाथ ठाकुर ने 1863 ई. में अपनी साधना हेतु कलकत्ता के निकट बोलपुर नामक ग्राम में एक आश्रम की स्थापना की जिसका नाम 'शांति-निकेतन' रखा गया। 1901 ई. में गुरुदेव रवीन्द्रनाथ टैगोर ने इसी स्थान पर बालकों की शिक्षा हेतु एक प्रयोगात्मक विद्यालय स्थापित किया जो प्रारम्भ में ब्रह्म विद्यालय, बाद में 'शांति निकेतन' तथा 1921 ई. में 'यत्र विश्वम् भवत्येकनीडम्' (सारा विश्व एक घर है) के नए आदर्श वाक्य के साथ विश्व भारतीय विश्वविद्यालय की स्थापना की। तभी से यह संस्था एक अंतर्राष्ट्रीय विश्वविद्यालय के रूप में ख्याति प्राप्त कर रही है।

विश्व भारती महर्षि रवीन्द्रनाथ टैगोर के शिक्षा सम्बन्धी विचारों का मूर्तमान स्वरूप है। यहाँ खुले गगन के नीचे वृक्षों व कुंजों के झुरमुटों में पृथ्वी पर बैठकर देश-विदेशों से आकर असंख्य विद्यार्थी धर्म, दर्शन, साहित्य एवं कला का उच्च अध्ययन करते हैं। प्राच्य व पाश्चात्य संस्कृतियों के सम्मिश्रण में इस संस्था ने बड़ा योगदान दिया है। सात्विक व सादा जीवन, प्रकृति से सम्पर्क, प्राचीन व आधुनिक शिक्षा पद्धतियों का एकीकरण आध्यात्मिक व भौतिक शिक्षा पर समान बल एवं सांस्कृतिक उत्थान इत्यादि इस संस्था की अपनी विशेषताएँ हैं। भारत की शिक्षा के इतिहास में यह एक नूतन व महान परीक्षण माना जाता है।

परीक्षोपयोगी महत्त्वपूर्ण प्रश्नोत्तर

लघु उत्तरीय प्रश्न

प्रश्न 1. कवि गुरु रवीन्द्रनाथ ईश्वर से क्या प्रार्थना कर रहे हैं?

उत्तर— कवि गुरु रवीन्द्रनाथ ईश्वर से प्रार्थना करते हुए कहते हैं कि मैं संसार के दु:खों और कष्टों से बचाने की प्रार्थना नहीं करता, मैं तो उन्हें सहन करने की शक्ति चाहता हूँ। मैं चाहता हूँ कि जब भी मेरे ऊपर कोई संकट आए, तो मैं उनसे भयभीत न होकर साहस के साथ उनका सामना करूँ। हे प्रभु! यही मेरी प्रार्थना है।

प्रश्न 2. कवि हानि-लाभ दोनों परिस्थितियों में कैसा बना रहना चाहता है?

उत्तर— कवि कहता है कि कभी जीवन में ऐसा समय आ जाय कि जहाँ लाभ मिलना था, वहाँ हानि मिल जाय, तब भी मेरा आत्मबल बना रहे। इस प्रकार कवि हानि-लाभ दोनों परिस्थितियों में एक समान बना रहना चाहता है। अपने तथा ईश्वर पर से अपना विश्वास खोना नहीं चाहता है।

प्रश्न 3. संसार से वंचना (धोखा) पाकर भी कवि ईश्वर से क्या अपेक्षा करता है?

उत्तर— संसार से वंचना पाकर भी कवि ईश्वर से अपेक्षा करता है कि हे ईश्वर! मुझमें इस धोखे को सहन करने की शक्ति बनी रहे। मेरा मन ऐसी विपरीत परिस्थितियों में भी निराश होने के बजाय आशा और उम्मीद से भरा रहे। मैं कभी भी पलभर के लिए भी आप पर अविश्वास न करूँ। आप पर मेरा भरोसा सर्वदा अविचल भाव से बना रहे।

प्रश्न 4. कवि सुख के दिनों में भी ईश्वर से क्या प्रार्थना करता है?

उत्तर— कवि सुख के दिनों में भी ईश्वर से प्रार्थना करता है कि अनुकूल परिस्थितियों में भी उनके मन में ईश्वर के प्रति भक्ति की भावना बनी रहे। वे कभी भी ईश्वर को विस्मृत न करें तथा एक क्षण के लिए ईश्वर से उसका विश्वास डगमगाए नहीं।

प्रश्न 5. कवि गुरु रवीन्द्रनाथ की 'आत्मत्राण' प्रार्थना हमारी प्रार्थना से बिल्कुल भिन्न है। कैसे?

उत्तर— कवि गुरु रवीन्द्रनाथ की 'आत्मत्राण' प्रार्थना हमारी प्रार्थना से बिल्कुल भिन्न है। हमारी प्रार्थना होती है कि हे ईश्वर! हमें दु:खों से मुक्त करो। हे प्रभु! हमारे दु:ख हर लो। हमें सभी दु:खों से बचाकर ही रखना। हमें बिना प्रयास और आयास के ही संसार के सभी सुख मिल जाएँ। पर, कवि गुरु रवीन्द्रनाथ की इस प्रार्थना में दु:ख को सहने, आपदाओं के स्वयं से जीतने और स्वयं दु:खों पर विजय पाने के लिए आत्मबल की प्रार्थना की गई है।

प्रश्न 6. कवि किन दिनों में प्रभु की याद बनाए रखना चाहता है? 'आत्मत्राण' कविता के आधार पर लिखिए।

उत्तर— आत्मत्राण कविता के आधार पर हम कह सकते हैं कि व्यक्ति को दु:खों और मुसीबतों को याद रखना चाहिए लेकिन दूसरी तरफ यह भी कहना है कि यदि हमारे पास सुख है तो भी हमें ईश्वर को भूलना नहीं चाहिए। परमात्मा को याद करना, धन्यवाद देना तथा उनके प्रति विनय प्रकट करना न भूलें।

प्रश्न 7. 'आत्मत्राण' कविता में कवि किससे और क्या प्रार्थना करता है?

उत्तर— 'आत्मत्राण' कविता में कवि यह नहीं चाहता कि ईश्वर इसे दिन-प्रतिदिन विपदाओं से बचाए। वह तो ईश्वर से यह प्रार्थना करता है कि वह उसे इतनी शक्ति दे कि वह इन विपदाओं से भयभीत न हो और जीवन में आने वाले दु:खों पर विजय प्राप्त कर सके। उसे

कोई सहायक भले ही न मिले, पर उसका बल-पौरुष न हिले। कवि अपने मन की दृढ़ता की कामना करता है तथा ईश्वर से केवल कष्ट सहने की शक्ति चाहता है।

प्रश्न 8. 'आत्मत्राण' कविता में किसी सहायक पर निर्भर न रहने की बात कवि क्यों कहता है? स्पष्ट कीजिए।

उत्तर— 'आत्मत्राण' कविता में कवि सहायक के न मिलने पर किसी पर निर्भर न रहने की बात इसलिए करता है ताकि उसका अपना बल-पौरुष न डगमगाए। वह सभी प्रकार के कष्टों का साहस और धैर्य के साथ सामना कर सके। उसके पास इतनी आत्मशक्ति हो कि वह विपत्तियों में प्रभु पर विश्वास बनाए रखे।

प्रश्न 9. 'आत्मत्राण' कविता में कवि विपदा में ईश्वर से क्या चाहता है और क्यों?

उत्तर— 'आत्मत्राण' कविता में कवि विपदा में ईश्वर से चाहता है कि वह मुसीबत में निर्भय रहे। किसी भी सुख में वह ईश्वर पर संशय न करे। कभी किसी भी परिस्थिति में आत्मबल, आत्मविश्वास व आत्म-निर्भरता खोकर दीन-दु:खी अथवा असहाय की भाँति रुदन न करे। वे ऐसा इसलिए चाहते हैं, क्योंकि मनुष्य को आपदाओं का सामना स्वयं ही करना चाहिए और अपने लिए आत्मविश्वास पाने के लिए ईश्वर से प्रार्थना करनी चाहिए।

दीर्घ उत्तरीय प्रश्न

प्रश्न 1. 'आत्मत्राण' कविता में निहित संदेश/उद्देश्य/केन्द्रीय भाव/मूल भाव/प्रतिपाद्य स्पष्ट कीजिए।

उत्तर— रवीन्द्रनाथ की कविता 'आत्मत्राण' एक प्रार्थना गीत है। यह अन्य प्रार्थना गीतों से अलग है। इस कविता में कवि प्रभु से दु:ख दूर करने की प्रार्थना नहीं करता है बल्कि वह स्वयं अपने साहस और आत्मबल से दु:खों को सहना चाहता है तथा उनसे पार पाना चाहता है। वह दु:खों से मुक्ति नहीं, बल्कि उसे सहने और उबरने की आत्मशक्ति चाहता है। इस कविता में निहित संदेश यह है कि हम अपने दु:खों के लिए प्रभु को जिम्मेदार न ठहराएँ। हम दु:खों को सहर्ष स्वीकार करें तथा उन पर ईश्वर की अनुकंपा से विजय प्राप्त करने का प्रयास करें। हम आस्थावादी और आशावादी बनने की जगह निराशावादी न बनें। हम हर प्रकार की स्थिति में प्रभु के प्रति अटूट आस्था एवं विश्वास बनाए रखें। प्रभु को सुख या दु:ख दोनों ही परिस्थितियों में न भूलें और न ही उन पर कभी अविश्वास करें।

प्रश्न 2. कवि गुरु रवीन्द्रनाथ ने 'आत्मत्राण' कविता में हानि-लाभ और सुख-दु:ख के प्रति नया दृष्टिकोण दिया है। स्पष्ट कीजिए।

उत्तर— कवि गुरु रवीन्द्रनाथ ने 'आत्मत्राण' कविता में हानि-लाभ और सुख-दु:ख के प्रति नया दृष्टिकोण दिया है। इस कविता में दु:ख से पलायन करने की प्रवृत्ति त्यागकर उसे सहर्ष स्वीकारने तथा उस पर विजय पाने की प्रेरणा दी गई है। कविता में दु:ख और सुख दोनों को समान भाव से अपनाने का संदेश है, दु:ख के समय में भी प्रभु के प्रति मन में संदेह न पैदा होने देने तथा हर स्थिति में आस्था एवं विश्वास बनाए रखने के लिए प्रेरित किया गया जिससे हमारी आस्थावादिता बढ़ती है। इस तरह सुख में प्रभु को धन्यवाद देने तथा एक पल के लिए उन्हें न भूलने के लिए प्रेरित किया गया है। पूरी कविता में दु:ख को आत्मबल से जीतने का भाव समाहित है। कहीं पर भी प्रभु से दु:खों व प्रतिकूल परिस्थितियों से मुक्ति देने का अनुनय नहीं किया गया अपितु सर्वत्र ईश्वर से आत्मशक्ति देने के लिए निवेदन किया गया है जिसके द्वारा स्वयं-से सभी विपत्तियों से मुक्त हो सके।

प्रश्न 3. कवि ने अपनी कविता में किन परिस्थितियों में बल-पौरुष बनाए रखने और किसी भी संकट का सामना कैसे करने की सलाह दी है?

उत्तर— कवि प्रार्थना करता है कि कैसी भी विपदा आ जाए या कैसी भी संकटपूर्ण स्थिति हो जाए उसकी शक्ति, उसका बल-पौरुष न डगमगाए। उसका आत्मविश्वास सदा स्थिर रहे। उसका आत्मविश्वास सदा बना रहे ताकि वह विपरीत परिस्थितियों का सामना कर सके। कवि कहता है कि कभी भी संकट से भयभीत नहीं होना चाहिए। संकट के समय व्यथित नहीं होना चाहिए। संकट में भी ईश्वर के प्रति आस्था एवं विश्वास बनाए रखना चाहिए। हमेशा सावधान रहना चाहिए कि मन की शक्ति का क्षय न होने पाए। कवि कहता है कि सुख के दिनों में भी विनम्रता से उन्हें याद करता रहे। दु:ख से भरी गहरी रात में भी सम्पूर्ण पृथ्वी उसे धोखा दे दे तब भी ईश्वर पर उसका विश्वास अटल रहे। इस प्रकार श्री रवीन्द्रनाथ टैगोर ईश्वर पर भरोसा रखते हुए आत्मबल से संकटों का सामना करने की सलाह देते हैं।

गद्य खण्ड

GURUKUL

बड़े भाई साहब

|10|

लेखक-प्रेमचंद

लेखक परिचय—हिन्दी साहित्याकाश में देदीप्यमान नक्षत्र की भाँति सुशोभित, कथा सम्राट की उपाधि से विभूषित और अपनी लेखनी की नई विधा से सबको नई दिशा देने वाले प्रेमचन्द अमर हैं। इनका जन्म 31 जुलाई, 1880 को बनारस के समीप लमही गाँव में और देहावसान 8 अक्टूबर, 1936 को हुआ था। इनके जन्म का नाम धनपत राय था। कालान्तर में वे उर्दू में गुलाब राय और हिन्दी में प्रेमचन्द के नाम से लेखन कार्य करते रहे। वर्तमान में वे प्रेमचन्द के नाम से विश्वप्रसिद्ध हैं।

प्रेमचन्द का जीवन संघर्षों का पर्याय रहा है। वे आजीवन आर्थिक तंगी से जूझते रहे परन्तु हमेशा खुश रहते थे। विषम पारिवारिक परिस्थितियों में भी उनकी साहित्यिक रुचि कम न हुई थी। उनके जीवन का प्रारम्भिक उद्देश्य वकील बनने का था पर आर्थिक और पारिवारिक समस्याओं के कारण उन्हें अपनी पढ़ाई बीच में ही छोड़नी पड़ी और वे स्कूल टीचर के रूप में काम करने लगे।

प्रेमचन्द का जीवन 'सादा जीवन उच्च विचार' का उदाहरण था। वे हँसमुख प्रवृत्ति के व्यक्ति थे। उनका स्वभाव सरल और उदार था। उनमें दया का भाव भरा हुआ था। अपनी स्वाभाविक प्रवृत्ति के कारण वह कभी साहित्यसेवा से अलग न हो सके और उपन्यास सम्राट के नाम से सुप्रसिद्ध हुए।

आजीविका के लिए शिक्षक, मैनेजर, इंस्पेक्टर के अलावा इन्होंने 'हंस', 'माधुरी' जैसी मुख्य पत्रिकाओं का संपादन किया। परन्तु, वर्तमान में वह हिन्दी साहित्य में एक सफल कथाकार और उपन्यासकार के रूप में जाने जाते हैं। उन्होंने अपनी रचनाओं के लिए पात्रों का चयन ग्रामीण परिवेश से किया। गोबर, हरिया, धनिया, गंगू आदि पात्रों के नाम उनकी रचना को पाठकों के दिल के पास ला देते हैं। पाठक उसको आत्मसात कर कथावस्तु से अपना सम्बन्ध जोड़ लेता है। प्रेमचन्द को सामान्य जनों के पास ले जाने में उनको पात्रों का बहुत बड़ा योगदान है।

प्रेमचन्द को एक युगप्रवर्तक माना जाता है। उनके समय में साहित्य एक नवीन करवट ले रहा था। हिन्दी संस्कृत के प्रभाव से मुक्त होना चाहती थी। भारत में भी सामाजिक परिवर्तन हो रहा था। प्रेमचन्द की भाषा और उनका साहित्य भी इससे अछूता नहीं रहा। उनकी भाषा उर्दू से प्रभावित थी तथा रचनाओं की पृष्ठभूमि और कथावस्तु में सामाजिक बदलाव या सामंतवादी व्यवस्था का विरोध रहा है।

प्रमुख रचनाएँ—

कहानियाँ—मानसरोवर (आठ खण्डों में)

उपन्यास—गबन, गोदान, प्रेमाश्रम, कर्मभूमि, रंगभूमि, निर्मला, सेवासदन, कायाकल्प, प्रतिज्ञा और मंगलसूत्र (अपूर्ण)।

'बड़े भाई साहब' बाल मनोविज्ञान का विश्लेषण करती हुई अनेक प्रकार के सामाजिक उद्देश्यों से पूरित प्रेमचन्द की सशक्त कहानी है। यह पूरी कहानी प्रारम्भ से अन्त तक भारत की स्कूली शिक्षा व्यवस्था की व्याख्या करती है। बड़े भाई साहब समाज में अपने कर्त्तव्यों को वहन करने वालों के लिए प्रेरणा स्त्रोत हैं। छोटे भाई के समक्ष अपने को आदर्श रूप में उपस्थित करने के प्रयास में उनका बचपन तिरोहित हो जाता है। मात्र चौदह साल का बड़ा भाई अपने छोटे भाई के उज्ज्वल भविष्य के लिए अपने समस्त स्वार्थों का परित्याग कर देता है। छोटा भाई अपने भाई को आदर्श बनाने का प्रयास करता रहता है। वर्तमान समाज विकास की अंधी दौड़ में आदर्श के उच्च मानदण्डों और शिक्षा के वास्तविक स्वरूप से कोसों दूर होता जा रहा है। कलम के सिपाही प्रेमचन्द की प्रस्तुत कहानी समाज को सही दिशा दिखाने में पूर्णतः सफल हुई है।

पाठ का सारांश—प्रस्तुत कहानी में प्रेमचन्द ने स्वयं को कथावाचक के रूप में प्रस्तुत किया है। उन्होंने कहा है कि मेरे बड़े भाई साहब मुझसे पाँच साल बड़े थे लेकिन वे मुझसे केवल तीन कक्षा आगे थे। दोनों ने साथ-साथ पढ़ना शुरू किया था। वे एक साल की पढ़ाई दो-तीन साल में करते थे, ताकि उनकी नींव मजबूत हो जाये। मेरी आयु नौ वर्ष की थी, वे चौदह वर्ष के थे। वे मुझ पर पूरी निगरानी रखते थे। यह उनका जन्मसिद्ध अधिकार था। वे स्वभाव से अध्ययनशील थे और हमेशा किताबों में व्यस्त रहते थे। वे विभिन्न प्रकार की तस्वीरें कॉपियों में बनाया करते थे। जिसके मतलब को समझना मेरे बस की बात नहीं थी और न उनसे पूछने का साहस था। मेरा मन पढ़ने में नहीं लगता था। मैं अक्सर हॉस्टल से निकलकर मैदान में आ जाता और खेलने लगता। जब खेल-कूद कर कमरे में आता, तो भाई साहब क्रोधित हो जाते थे और डाँटते हुए कहते, "इस तरह अंग्रेजी पढ़ोगे तो ज़िन्दगी भर पढ़ते रहोगे और एक हर्फ़ न आयेगा। अंग्रेजी पढ़ना कोई हँसी-खेल नहीं है कि जो चाहे पढ़ ले। यहाँ दिन-रात आँखें फोड़नी पड़ती हैं और खून जलाना पड़ता है। तक कहीं यह विद्या आती है। और आती क्या है, हाँ कहने को आ जाती है। बड़े-बड़े विद्वान् भी शुद्ध अंग्रेजी नहीं लिख सकते, बोलना तो दूर रहा है। अगर तुम्हें इसी तरह उम्र गँवानी है तो बेहतर है, घर चले जाओ और मजे से गुल्ली-डण्डा खेलो। दादा की गाढ़ी कमाई के रुपये क्यों बरबाद करते हो?"

मैं इस तरह की डाँट सुनकर रोता रहता। उनकी बातें सुनकर मेरी हिम्मत टूट जाती। सोचता, गाँव चला जाऊँ। फिर हिम्मत करके टाइम-टेबल बनाता, पर उस पर अमल न कर पाता। प्राकृतिक वातावरण मुझे इस कदर लुभाता कि फिर मैं खेलने निकल पड़ता। अगली

वार्षिक परीक्षा में भाई साहब फेल हो गये और मैं कक्षा में प्रथम आया। अब हम दोनों में केवल दो साल का अन्तर रह गया। अब मैं भाई साहब से कहना चाहता था कि आपकी वह घोर तपस्या कहाँ गई पर चुप रह गया। मैं फिर खेल-कूद में लग गया। एक दिन बड़े भाई साहब मुझ पर टूट पड़े "देखता हूँ, इस साल पास हो गये और कक्षा में अव्वल हो गये तो तुम्हें दिमाग हो गया है, घमण्ड तो बड़े-बड़े का नहीं रहा, तुम्हारी क्या हस्ती है?" उन्होंने अनेक उदाहरण देकर डराना शुरू कर दिया। उन्होंने अनेक राजाओं का नाम लिया। इतिहास, एलजबरा आदि विषयों की कठिनता के बारे में बताया। उन्होंने 'समय की पाबंदी' पर चार पन्नों का निबन्ध लिखने को भी कहा। सुयोग के स्कूल का समय निकट था इसलिए भाई साहब के उपदेश को विराम मिल गया।

हर बार की तरह फिर सालाना परीक्षा हुई। संयोग से इस बार फिर भाई साहब फेल हो गये और मैं फिर पास हो गया। भाई साहब ने अत्यधिक परिश्रम किया था। मुझे उन पर दया आ रही थी। नतीजा सुनकर वे रो पड़े। अब मेरे और उनके बीच केवल एक कक्षा का अन्तर रह गया। वास्तव में यह उनके उपदेशों का ही सार था मैं पास हो गया। अब उनका व्यवहार नरम हो गया था। उन्होंने मुझे डाँटना बन्द कर दिया। मेरे मन में भी यह धारणा घर कर गई कि पढ़ूँ या न पढ़ूँ, पास तो हो ही जाऊँगा। एक दिन संध्या के समय हॉस्टल से दूर मैं कनकौआ लूटने के लिए दौड़ा जा रहा था। अचानक भाई साहब से मेरी मुठभेड़ हो गई। उन्होंने फिर मुझे डाँटना शुरू कर दिया कि एक ज़माना था कि लोग आठवाँ दरज़ा पास करके नायब तहसीलदार हो जाते थे। उस समय आठवीं कक्षा को बहुत अहमियत दी जाती थी। तुम हो कि आठवें दरज़े में आकर बाज़ारी लड़कों के साथ कनकौए के लिए दौड़ रहे हो। भार्द साहब का मानना है कि जीवन जीने के लिए अनुभव ज्यादा जरूरी है। उन्होंने दादा, हेडमास्टर साहब और उनकी बूढ़ी माँ का उदाहरण प्रस्तुत कर जीवन का पाठ पढ़ाना शुरू कर दिया। घर का काम-काज और ख़र्च का हिसाब घर के बड़े-बूढ़े ही ठीक प्रकार से रख पाते हैं।

उस समय मुझे अनुभव हुआ कि मेरे भाई साहब कितना अनुभव तथा ज्ञान रखते हैं। बड़े भाई साहब ने मुझे गले से लगा लिया। मैं भी उनके ज्ञान और अनुभव के सामने नतमस्तक हो गया। वे कहने लगे, जब तक मैं हूँ तुम बेराह न चलने पाओगे। मैंने भी उनके अधिकार को विनम्र भाव से स्वीकार कर लिया। संयोग से एक कटा हुआ कनकौआ हमारे ऊपर से गुज़रा। उसकी डोर लटक रही थी। भाई साहब ने लम्बाई का लाभ उठाया, उछलकर पतंग पकड़ ली और बेतहाशा हॉस्टल की तरफ दौड़े। समस्त उपदेशों को आत्मसात कर मैं पीछे-पीछे दौड़ रहा था।

प्रेमचन्द के कथा कौशल के समस्त गुण यहीं दिख जाते हैं कि पूरी कहानी की गम्भीरता बचपन के खेल में किलकारी भरने लगती है।

शब्द-सम्पदा

तालीम = शिक्षा। **पुख्ता** = मजबूत। **तम्बीह** = डाँट-डपट। **सामंजस्य** = तालमेल। **मसलन** = उदाहरणत:। **इबारत** = लेख। **चेष्टा** = कोशिश। **जमात** = कक्षा। **हर्फ़** = अक्षर। **लताड़** = डाँट-डपट। **सूक्ति-बाण** = तीखी बातें। **स्कीम** = योजना। **अमल करना** = पालन करना। **नसीहत** = सलाह। **हिमाकत** = बेवकूफ़ी। **किफ़ायत** = बचत। **ताज्जुब** = आश्चर्य। **टास्क** = कार्य। **शरीक** = शामिल। **आधिपत्य** = प्रभुत्व/साम्राज्य। **स्वाधीन** = स्वतन्त्र। **महीप** = राजा। **मुमतहिन** = परीक्षक। **प्रयोजन** = उद्देश्य। **खुराफ़ात** = व्यर्थ की बातें। **फजीहत** = अपमान। **तिरस्कार** = उपेक्षा। **अवहेलना** = तिरस्कार। **जलील** = अपमानित। **प्राणांतक** = प्राण लेने वाला। **कांतिहीन** = चेहरे पर चमक न होना। **स्वच्छंदता** = आज़ादी। **सहिष्णुता** = सहनशीलता। **कनकौआ** = पतंग। **अदब** = इज्ज़त। **ज़हीन** = प्रतिभावान। **तजुरबा** = अनुभव। **बदहवास** = बेहाल। **मुहताज (मोहताज)** = दूसरे पर आश्रित। **सालाना इम्तिहान** = वार्षिक परीक्षा। **लज्जास्पद** = शर्मनाक।

पाठ से सम्बन्धित प्रश्नोत्तर

मौखिक प्रश्नोत्तर—

निम्नलिखित प्रश्नों के उत्तर एक-दो पंक्तियों में दीजिए—

प्रश्न 1. कथा नायक की रुचि किन कार्यों में थी?

उत्तर— कथा नायक खेल प्रेमी था। उसकी रुचि कंकरियाँ उछालने, कागज की तितलियाँ उड़ाने, चारदीवारी पर चढ़कर नीचे कूदने, फाटक पर सवार होकर उसे आगे-पीछे चलाते हुए मोटरकार का आनन्द उठाने में थी। सबसे अधिक आनन्द तो उसे कनकौआ (पतंग) लूटने में आता था।

प्रश्न 2. बड़े भाई साहब छोटे भाई से हर समय पहला सवाल क्या पूछते थे?

उत्तर— बड़े भाई साहब छोटे भाई से हर समय सबसे पहला सवाल यह पूछते—'कहाँ थे'?

प्रश्न 3. दूसरी बार पास होने पर छोटे भाई के व्यवहार में क्या परिवर्तन आया?

उत्तर— दूसरी बार पास होने पर छोटे भाई के व्यवहार में नकारात्मक परिवर्तन आया और वह घमण्डी हो गया। वह सोचने लगा कि पढ़ूँ या न पढ़ूँ पास तो हो ही जाऊँगा।

प्रश्न 4. बड़े भाई साहब लेखक से उम्र में कितने बड़े थे और वे कौन-सी कक्षा में पढ़ते थे?

उत्तर— बड़े भाई साहब लेखक से उम्र में पाँच साल बड़े थे और नौवीं कक्षा में पढ़ते थे।

प्रश्न 5. बड़े भाई साहब दिमाग को आराम देने के लिए क्या करते थे?

उत्तर— बड़े भाई साहब अपने दिमाग को आराम देने के लिए कॉपी पर चिड़ियों, कुत्तों, बिल्लियों की तस्वीरें बनाया करते थे। वे कभी-कभी एक ही वाक्य को दस-बीस बार लिखा करते थे। कभी एक शेर को बार-बार सुन्दर अक्षरों में नकल करते रहते थे। कभी ऐसी शब्द रचना करते, जिनका न कोई अर्थ होता न कोई सामंजस्य।

लिखित प्रश्नोत्तर—

(क) निम्नलिखित प्रश्नों के उत्तर (30-40) शब्दों में लिखिए—

प्रश्न 1. छोटे भाई ने अपनी पढ़ाई का टाइम-टेबिल बनाते समय क्या-क्या सोचा और फिर उसका पालन क्यों नहीं कर पाया?

उत्तर— बड़े भाई ने जो पढ़ाई का भय दिखाया था उससे भयभीत होकर छोटे भाई ने अपनी पढ़ाई का टाइम-टेबिल बनाने का निर्णय किया। उसने सोचा कि वह खेलकूद बन्द कर देगा और वह प्रातःकाल छह बजे मुँह-हाथ धो, नाश्ता कर पढ़ने बैठ जायेगा। छह से साढ़े नौ तक अनेक विषयों का अध्ययन फिर भोजन कर स्कूल जायेगा। वापस आने पर आधा घण्टा आराम, फिर शाम को चार बजे से ग्यारह बजे तक अलग-अलग विषयों की पढ़ाई कर फिर रात्रि विश्राम करेगा।

इस टाइम-टेबिल का पालन नहीं कर पाने में सबसे बड़ी समस्या इससे खेल-कूद में मस्त हो जाना था। सुरम्य प्राकृतिक वातावरण में वह सब कुछ भूल जाता था इसलिए वह इसका पालन नहीं कर पाया।

प्रश्न 2. एक दिन जब गुल्ली-डण्डा खेलने के बाद छोटा भाई बड़े भाई साहब के सामने पहुँचा, तो उनकी क्या प्रतिक्रिया हुई?

उत्तर— एक दिन जब गुल्ली-डण्डा खेलने के बाद छोटा भाई बड़े भाई के सामने पहुँचा तो बड़े भाई ने स्नेह और रोष भरे शब्दों में उसका स्वागत किया। उन्होंने डाँटते हुए कहा कि अंग्रेजी की पढ़ाई बहुत कठिन है। उन्होंने लेखक को अपने समान हर समय पढ़ते रहने की नसीहत दी नहीं तो उसे एक ही कक्षा में सड़ते रहना पड़ सकता है। उन्होंने व्यर्थ उम्र गँवाने से घर जाकर मज़े से गुल्ली-डण्डा खेलने की सलाह दे डाली। दादा की गाढ़ी कमाई के रुपये नहीं बरबाद करने की बात कही।

प्रश्न 3. बड़े भाई साहब को अपने मन की इच्छाएँ क्यों दबानी पड़ती थीं?

उत्तर— बड़े भाई साहब को अपने मन की इच्छाएँ इसलिए दबानी पड़ती थीं क्योंकि वह अपने छोटे भाई को सही राह पर चलाना अपना कर्त्तव्य समझते थे। बड़े भाई साहब ने कहा था, "मेरा जी भी ललचाता है पर क्या करूँ खुद बेराह चलूँ तो तुम्हारी रक्षा कैसे करूँ? यह कर्त्तव्य भी तो मेरे सिर है।" उनकी यही सोच उन्हें अपने मन की इच्छाएँ दबाकर रखने के लिए विवश कर देती थीं। वे खेल-तमाशों से दूर रहते और खेल-कूद पर भी ध्यान नहीं देते थे। दिन-रात बैठकर पढ़ते रहना उनका स्वभाव था। उन्हें अपने बड़े होने का भी अहसास हमेशा बना रहता था।

प्रश्न 4. बड़े भाई साहब छोटे भाई को क्या सलाह देते थे और क्यों?

उत्तर— बड़े भाई साहब छोटे भाई को मेहनती और पढ़ाकू बनने की सलाह देते थे। वे कहते थे कि पढ़ाई करने के लिए आँखें फोड़नी पड़ती हैं, खून जलाना पड़ता है, तब कहीं जाकर विद्या आती है। मन की इच्छाओं को दबाना पड़ता है। जो घमण्ड करते हैं, वे नीचे डूबते चले जाते हैं। वे अपने छोटे भाई को हमेशा विनम्र, समझदार और अच्छा आदमी बनने की सलाह देते थे वह चाहते थे कि उनका भाई जीवन में आगे बढ़े।

प्रश्न 5. छोटे भाई ने बड़े भाई साहब के नरम व्यवहार का क्या फ़ायदा उठाया?

उत्तर— लेखक ने बड़े भाई साहब के नरम व्यवहार का गलत फ़ायदा उठाना शुरू किया। वह पहले से अधिक खेलने लगा। बड़े भाई साहब फेल होकर कुछ नरम पड़ गये थे। अब वे डाँटने का अवसर पाकर भी धैर्य से काम लेने लगे। लेखक ने सोच लिया था कि वे अब उनको डाँट नहीं सकते हैं। उसके व्यवहार में कटुता आ गई तथा वह घमण्डी होने लगा था। वह अब मानने लगा था कि बिना पढ़े भी पास किया जा सकता है और वह अपना समय पतंग उड़ाने में ही व्यतीत करने लगा।

(ख) निम्नलिखित प्रश्नों के उत्तर (80-100) शब्दों में लिखिए—

प्रश्न 1. बड़े भाई की डाँट-फटकार अगर न मिलती, तो क्या छोटा भाई कक्षा में अव्वल आता? अपने विचार प्रकट कीजिए।

उत्तर— बड़े भाई की डाँट-फटकार अगर न मिलती, तो सम्भवतः छोटा भाई कक्षा में अव्वल न आता। बड़ा भाई हमेशा छोटे भाई के साथ अभिभावक के रूप में रहता था। वह उसकी प्रत्येक गतिविधि पर नज़र रखता था। उसकी प्रत्येक बुरी संगति, समय के दुरुपयोग और आलस से उसे बचाता रहता था। बड़ा भाई हमेशा उसे समय पर काम करने तथा पढ़ाई में रात-दिन कर देने की सलाह देता रहता था। बड़े भाई के उपदेश का ही परिणाम होता था कि छोटा भाई टाइम-टेबिल बना लेता था। इस प्रकार छोटे भाई की सफलता में बड़े भाई की डाँट-फटकार का बड़ा ही महत्त्व है।

प्रश्न 2. इस पाठ में लेखक ने समूची शिक्षा के किन तौर-तरीकों पर व्यंग्य किया है? क्या आप उनके विचार से सहमत हैं?

उत्तर— बड़े भाई साहब पाठ में लेखक ने समूची शिक्षा के अनेक तौर-तरीकों पर व्यंग्य किया है। लेखक के अनुसार इस शिक्षा प्रणाली में केवल रटंत व्यवस्था है। यह विद्यार्थियों की प्रतिभा को कुंठित कर देती है। इसमें विषयों का विस्तार है, एक निबन्ध लिखने के लिए चार-चार पन्नों का प्रयोग किया जाता है। फिर भी इसे संक्षिप्त कहा जाता है। इस प्रणाली में विदेशी भाषा अंग्रेजी का प्रयोग किया जाता है। अन्य विषयों का अध्ययन-अध्यापन अंग्रेजी में ही किया जाता है। इस शिक्षा प्रणाली की सबसे बड़ी कमी इसमें बच्चों को खेल-कूद के लिए समय नहीं दिया जाता है। पूरी शिक्षा व्यवस्था पुस्तकीय ज्ञान पर आधारित है।

प्रश्न 3. बड़े भाई साहब के अनुसार जीवन की समझ कैसे आती है?

उत्तर— बड़े भाई साहब के अनुसार जीवन की समझ अनुभव से आती है। अपने विचारों की पुष्टि में उन्होंने दादा, हैडमास्टर साहब और उनकी बूढ़ी माँ का दृष्टान्त प्रस्तुत किया था। उनका मानना था कि जीवन में अनुभव पुस्तकीय ज्ञान में भी अधिक महत्वपूर्ण है।

ज्ञान को अनुभव में उतारे बिना वह ज्ञान अधूरा है। बड़े-बुजुर्गों को जीवन की समझ हमसे ज्यादा है। वे अच्छी बातों को अपने जीवन में उतारते थे। वे उतने शिक्षित नहीं पर अनुभवी थे अत: जहाँ विपरीत परिस्थितियों में हम घबरा जाते हैं वहीं वे सभी मुश्किलों का सामना हँसते-हँसते कर लेते थे। वे स्पष्ट रूप से कहते हैं, "समझ किताबें पढ़ने से नहीं आती, दुनिया देखने से आती है।"

प्रश्न 4. छोटे भाई के मन में बड़े भाई के प्रति श्रद्धा क्यों उत्पन्न हुई?

उत्तर— जब छोटे भाई और बड़े भाई में केवल एक दरज़े का अन्तर रह गया तो छोटे भाई के मन में कुटिलता आ गई और उसके मन में बड़े भाई के प्रति आदर का भाव कम होने लगा। उनके उदार व्यवहार का अनुचित लाभ उठाना शुरू कर दिया। वह सोचने लगा कि मैं पढ़ूँ या न पढ़ूँ पास तो हो ही जाऊँगा। बड़ा भाई भी धैर्य से काम ले रहा था।

अचानक एक दिन कनकौआ लूटने के क्रम में बड़े भाई ने उसे पकड़कर अधिकारपूर्वक कर्त्तव्यबोध करवाया। बड़े भाई का अनुभव, तर्कशक्ति और शुभेच्छा जानकर छोटा भाई श्रद्धा से नतमस्तक हो गया और बड़े भाई का आदर करने लगा।

प्रश्न 5. बड़े भाई की स्वभावगत विशेषताएँ बताइए।

उत्तर— भाई साहब के स्वभावगत विशेषताएँ निम्नलिखित हैं—

(1) अध्ययनशील—बड़े भाई साहब स्वभाव से ही अध्ययनशील थे। वे हरदम किताबों में लीन रहते थे। उनमें रटने की प्रवृत्ति थी।

(2) गंभीर प्रवृत्ति—भाई साहब गंभीर प्रवृत्ति के थे व छोटे भाई के सामने उदाहरण प्रस्तुत करना चाहते थे। उनका गंभीर स्वभाव ही उन्हें विशिष्टता प्रदान करता था।

(3) घोर परिश्रम—भाई साहब जीवन में परिश्रम करने में कोई कसर नहीं छोड़ते थे। वह एक कक्षा में तीन बार फेल होकर भी लगन से पढ़ते रहे। वे दिन रात पढ़ते थे उनकी तपस्या बड़े-बड़े तपस्वियों को भी मात करती है।

(4) वाक्पटु—भाई साहब वाक कला में निपुण थे वह उदाहरणों के जरीए बात समझाने में निपुण थे इस कला के सामने सब उनके सामने नतमस्तक थे।

(5) संयमी व कर्तव्यपरायण—भाई साहब अत्यंत संयमी व कर्त्तव्यपरायण थे। वह भी पतंग उड़ाना चाहते थे लेकिन छोटे भाई के आगे ऐसा नहीं करते थे। वह अपने कर्तव्य को बखूबी निभाते थे छोटे भाई के अभिमान को उन्होंने आड़े हाथ लिया जिससे उसका सिर श्रद्धा से झुक गया।

(6) उपदेश देने की कला में निपुण—उपदेश देने की कला में निपुण थे व अपनी बात को साबित करने के लिए सुक्ति बाण चलाते थे।

(7) बड़ों का आदर—बड़े भाई साहब बड़ों का आदर करते थे। वह अपने माता-पिता, गुरुजनों का आदर करते थे और उनके अनुभव को सम्मान देते थे।

प्रश्न 6. बड़े भाई साहब ने ज़िंदगी के अनुभव और किताबी ज्ञान में से किसे और क्यों महत्त्वपूर्ण कहा है?

उत्तर— बड़े भाई साहब ने ज़िंदगी के अनुभव और किताबी ज्ञान में से अनुभव को महत्त्वपूर्ण कहा है। छोटे भाई को उपदेश देने के क्रम में उन्होंने कहा था कि समझ किताबें पढ़ने से नहीं आती, दुनिया देखने से आती है।

वे अपने परिवार के सदस्यों के उदाहरण देकर अपने कथन की पुष्टि करते हैं। वे अपनी माँ व दादा के उदाहरण देते है। वे कहते हैं कि हम चाहे कितनी भी पुस्तकें पढ़ लें, पर हमारे बुजुर्गों का हमें सुधारने का अधिकार हमेशा रहेगा क्योंकि उन्हें दुनिया का तजुरबा हमसे ज्यादा है। वास्तव में पुस्तकीय ज्ञान के आधार पर ही केवल मानव सफल नहीं हो सकता अपितु सफल जीवन के लिए व्यावहारिक ज्ञान होना आवश्यक है।

प्रश्न 7. बताइए पाठ के किन अंशों से पता चलता है कि—

(क) छोटा भाई अपने भाई साहब का आदर करता है।

उत्तर— मैं उनकी इस नई युक्ति से नत-मस्तक हो गया। मुझे आज सचमुच अपनी लघुता का अनुभव हुआ और भाई साहब के प्रति मेरे मन में श्रद्धा उत्पन्न हुई। मैंने सजल आँखों से कहा—हरगिज़ नहीं। आप जो कुछ फ़रमा रहे हैं, वह बिलकुल सच है और आपको उसके कहने का अधिकार है।

(ख) भाई साहब को ज़िंदगी का अच्छा अनुभव है।

उत्तर— मेरा कहना मानिये। लाख फेल हो गया हूँ, लेकिन तुमसे बड़ा हूँ, संसार का मुझे तुमसे कहीं ज्यादा अनुभव है। उन्होंने बताया कि समझ केवल किताबों से ही नहीं अनुभव से भी आती है।

(ग) भाई साहब के भीतर भी एक बच्चा है।

उत्तर— संयोग से उस वक्त कटा हुआ कनकौआ हमारे ऊपर से गुज़रा। उसकी डोर लटक रही थी। लड़कों का झुण्ड पीछे-पीछे दौड़ा चला आता था। भाई साहब लम्बे होने के कारण उन्होंने उछलकर उसकी डोर पकड़ ली और होस्टल की तरफ दौड़े। मैं पीछे-पीछे दौड़ रहा था।

(घ) भाई साहब छोटे भाई का भला चाहते हैं?

उत्तर— बड़े भाई साहब छोटे भाई का भला चाहते हैं और ज्यादा खेलने के लिए डाँटते, मेरे रहते तुम बेराह न चलने पाओगे। अगर तुम यों न मानोगे तो मैं (थप्पड़ दिखाकर) इसका प्रयोग भी कर सकता हूँ। मैं जानता हूँ, तुम्हें मेरी बातें ज़हर लग रही हैं।...........

(ग) निम्नलिखित के आशय स्पष्ट कीजिए—

प्रश्न 1. इम्तिहान पास कर लेना कोई चीज़ नहीं, असल चीज़ है बुद्धि का विकास।

उत्तर— प्रस्तुत पंक्ति में पुस्तकीय ज्ञान से अधिक बौद्धिक ज्ञान को अधिक महत्त्व दिया गया है। यथार्थ में परीक्षा उत्तीर्ण करना बहुत बड़ी बात नहीं है। महत्त्वपूर्ण है बुद्धि को विकसित करना। परीक्षाएँ तो किताबें पढ़कर पास कर ली जाती हैं, परन्तु बुद्धि का विकास तो केवल अनुभव से ही होता है। अनुभवजन्य बुद्धि ही श्रेष्ठ है।

प्रश्न 2. फिर भी जैसे मौत और विपत्ति के बीच भी आदमी मोह और माया के बन्धन में जकड़ा रहता है, मैं फटकार और घुड़कियाँ खाकर भी खेल-कूद का तिरस्कार न कर सकता था।

उत्तर— जिस प्रकार मृत्यु के समीप पहुँचकर भी मानव सांसारिकता में लिप्त रहता है उसी प्रकार लेखक बड़े भाई की फटकार और घुड़कियाँ खाकर भी खेल-कूद का त्याग नहीं कर पाता था। वह डाँट सुनकर भी खेल-कूद में लगा रहता था और समय नष्ट करता रहता था।

प्रश्न 3. बुनियाद ही पुख़्ता न हो, तो मकान कैसे पायदार बने?

उत्तर— उपर्युक्त उक्ति लेखक के द्वारा बड़े भाई के सन्दर्भ में व्यंग्य-बाण है। दरअसल बड़े भाई एक ही जमात में दो-तीन साल लगाते थे। वे इसे बुनियाद को मज़बूत बनाना समझते थे। मकान की मजबूती उसकी नींव पर निर्भर करती है। नींव यदि मजबूत होगी तो मकान भी मज़बूत होगा। इसी प्रकार ज्ञान की बुनियाद परिश्रम पर निर्भर करती है न कि एक ही कक्षा में दो-तीन साल लगाना। यह बड़े भाई की मंदबुद्धि का परिचायक है।

प्रश्न 4. आँखें आसमान की ओर थीं और मन उस आकाशगामी पथिक की ओर, जो मंद गति से झूमता पतन की ओर चला आ रहा था, मानो कोई आत्मा स्वर्ग से निकलकर विरक्त मन से नये संस्कार ग्रहण करने जा रही हो।

उत्तर— उपर्युक्त पंक्ति में लेखक ने बड़े ही कलात्मक तरीके से आकाश से टूटकर गिरती हुई पतंग की व्याख्या की है। लेखक कनकौआ (पतंग) लूटने के लिए बेतहाशा दौड़े जा रहा था, उस समय उसकी आँखें आकाश में गड़ी थीं। इसमें लेखक ने आकाशगामी पथिक उस पतंग को कहा है, जो धीरे-धीरे धरती की ओर आ रही थी। लेखक को ऐसा प्रतीत हो रहा था कि कोई दिव्य आत्मा स्वर्ग से निकलकर उदार मन से इस धरती पर कुछ नये संस्कार लेने उतरती चली आ रही हो। इस पंक्ति में पतंग के प्रति लेखक के अतिशय लगाव का बोध होता है।

प्रश्न 5. निम्नलिखित पठित गद्यांश को पढ़कर पूछे गये प्रश्नों के उत्तर उचित विकल्प चुनकर लिखिए—

मेरा जी पढ़ने में बिलकुल न लगता था। एक घंटा भी किताब लेकर बैठना पहाड़ था। मौका पाते ही होस्टल से निकलकर मैदान में आ जाता और कभी कंकरियाँ उछालता, कभी कागज की तितलियाँ उड़ाता और कहीं कोई साथी मिल गया, तो पूछना ही क्या। कभी चारदीवारी पर चढ़कर नीचे कूद रहे हैं। कभी फाटक पर सवार, उसे आगे-पीछे चलाते हुए मोटरकार का आनंद उठा रहे हैं, लेकिन कमरे में आते ही भाई साहब का वह रौद्र-रूप देखकर प्राण सूख जाते। उनका पहला सवाल यह होता—'कहाँ थे'?

(क) किसका जी पढ़ने में न लगता था?

(i) लेखक का (ii) बड़े भाई का
(iii) मित्र का (iv) सभी का

(ख) छोटा भाई अवसर मिलते ही कहाँ चला जाता था?

(i) पुस्तकालय (ii) विद्यालय
(iii) बाजार (iv) मैदान

(ग) छोटा भाई कैसी तितलियाँ उड़ाता था?

(i) तालाब की (ii) कुएँ की
(iii) कागज की (iv) नदी की

(घ) छोटा भाई किससे डरता था?

(i) पिता से (ii) बड़े भाई से
(iii) माँ से (iv) लोगों से

(ङ) प्रस्तुत पंक्तियाँ किस पाठ की हैं?

(i) भाई साहब (ii) छोटे साहब

(iii) बड़े भाई साहब (iv) साहब

उत्तर– (क) (i) लेखक का (ख)(iv) मैदान

(ग) (iii) कागज की (घ) (ii) बड़े भाई से

(ङ) (iii) बड़े भाई साहब

⇨ रचना और अभिव्यक्ति

भाषा अध्ययन

प्रश्न 1. निम्नलिखित शब्दों के दो-दो पर्यायवाची शब्द लिखिए—

नसीहत, आजादी, ताज्जुब, रोष, राजा।

उत्तर– नसीहत—सलाह, उपदेश

रोष—कोप, क्रोध

आज़ादी—स्वतन्त्रता, स्वाधीनता

राजा—राजा, नरेश

ताज्जुब—चकित, आश्चर्य।

प्रश्न 2. निम्नलिखित मुहावरों का वाक्यों में प्रयोग कीजिए।

उत्तर– **(क) सिर पर नंगी तलवार लटकना**—गुल्ली-डण्डा खेलते समय बड़े भाई साहब की डाँट हमेशा सिर पर नंगी तलवार के समान लटकती रहती थी।

(ख) आड़े हाथों लेना—बड़े भाई साहब छोटे भाई की हर छोटी गलती को आड़े हाथों लेते थे।

(ग) अन्धे के हाथ में बटेर लगना—बिना परिश्रम ही परीक्षा में अव्वल आना छोटे भाई के लिए अन्धे के हाथ में बटेर लगने के समान था।

(घ) लोहे के चने चबाना—प्रतियोगिता परीक्षा में सर्वोत्तम स्थान पाना लोहे के चने चबाने के समान है।

(ङ) दाँतों पसीना आना—बड़े भाई ने छोटे भाई को समझाया कि जब तुम मेरी जमात में आओगे तब दाँतों पसीना आ जायेगा।

(च) ऐरा-गैरा नत्थू खैरा—चुनाव में विजय प्राप्त होते ही नेतागण प्रजा को ऐरा-गैरा नत्थू खैरा समझने लगते हैं।

प्रश्न 3. निम्नलिखित तत्सम्, तद्भव, देशी, आगत शब्दों को दिये गये उदाहरणों के आधार पर छाँटकर लिखिए।

उत्तर– तत्सम—सूक्तिबाण, आधिपत्य, प्रातःकाल, विद्वान, निपुण, अवहेलना

तद्भव—आँखफोड़, पन्ना

देशज—जानलेवा, घुड़कियाँ, मेला-तमाशा, फटकार

आगत—(अंग्रेजी एवं उर्दू/अरबी-फ़रसी)—दरज़ा, तालीम, जल्दबाजी, पुख्ता, हाशिया, जमात, हर्फ़, मसलन, स्पेशल, स्कीम, टाइम-टेबिल

प्रश्न 4. नीचे दिये वाक्यों में कौन-सी क्रिया है—सकर्मक या अकर्मक? लिखिए—

(क) उन्होंने वहीं हाथ पकड़ लिया। सकर्मक

(ख) फिर चोरों-सा जीवन कटने लगा। सकर्मक

(ग) शैतान का हाल भी पढ़ा ही होगा। सकर्मक

(घ) मैं यह लताड़ सुनकर आँसू बहाने लगता। सकर्मक

(ङ) समय की पाबंदी पर एक लेख लिखो। सकर्मक

(च) मैं पीछे-पीछे दौड़ रहा था। सकर्मक

प्रश्न 5. 'इक' प्रत्यय लगाकर शब्द बनाइए—

उत्तर– विज्ञान + इक = वैज्ञानिक

इतिहास + इक = ऐतिहासिक

संसार + इक = सांसारिक

दिन + इक = दैनिक

नीति + इक = नैतिक

प्रयोग + इक = प्रायोगिक

अधिकार + इक = अधिकारिक

⇨ परीक्षोपयोगी महत्त्वपूर्ण प्रश्नोत्तर

लघु उत्तरीय प्रश्न—

प्रश्न 1. छोटे भाई पर बड़े भाई साहब का रौब-दाब क्यों खत्म होने लगा था?

उत्तर– छोटा भाई कक्षा में प्रथम आया और बड़ा भाई जी तोड़ मेहनत के बाद भी फेल हो गया। इसी कारण छोटे भाई के मन में बड़े भाई के प्रति उतनी श्रद्धा कम होती जा रही थी। उसके मन में घमण्ड का भाव आ गया था।

प्रश्न 2. छोटे भाई की खुशी अधूरी क्यों रह गई?

उत्तर— छोटे भाई की खुशी परीक्षा में बड़े भाई के फेल होने के कारण अधूरी रह गई। फेल होने पर बड़े भाई रोने लगे। उन्हें देखकर छोटा भाई भी रोने लगा। इस प्रकार उसे अपने पास होने की खुशी तो हुई पर वह अधूरी-सी प्रतीत हुई। अपनी खुशी को वह मना न सका।

प्रश्न 3. बड़े भाई की मानसिक स्थिति का वर्णन अपने शब्दों में कीजिए।

उत्तर— बड़ा भाई बार-बार परीक्षा में फेल हो रहा था जिससे उसका मन कुंठित हो गया था। इसी कुंठित भावना के कारण वह उसे डाँटता रहता था। उसको हमेशा उपदेश देता रहता था। उसके मन में भाई की सफलता पर नकारात्मक स्पर्धा का भाव भी आ गया था।

प्रश्न 4. छोटे भाई को कौन-सा काम पहाड़ लगता था?

उत्तर— छोटे भाई का मन पढ़ाई में बिल्कुल नहीं लगता था। उसे एक घण्टा भी किताब के साथ बैठना पहाड़ के समान लगता था। उसकी रुचि खेलों तथा पठनेत्तर गतिविधियों में अधिक रहती थी।

प्रश्न 5. बड़े भाई साहब अपने उपदेश में छोटे भाई को मुख्य रूप से क्या समझाते थे?

उत्तर— बड़े भाई साहब अपने उपदेश में छोटे भाई को परिश्रमी बनने, खेलकूद में समय न बिताने और विभिन्न विषयों की कठिनता के बारे में समझाते थे। समझ के लिए किताबी ज्ञान कर आवश्यकता नहीं बल्कि व्यावहारिक ज्ञान आवश्यक है। साथ ही वे विनम्र बनने के लिए कहते थे।

प्रश्न 6. लेखक बड़े भाई से आतंकित क्यों रहता था?

उत्तर— बड़े भाई का स्वभाव लेखक के स्वभाव से विपरीत था। लेखक हमेशा खेलकूद में मस्त रहता था। जबकि बड़ा भाई गम्भीर और अनुशासन प्रिय और पढ़ाकू था। लेखक को लगता था कि कमरे में जाकर जैसे ही बड़े भाई का सामना होगा वह उस सवाल-जवाब करेंगे, पढ़ाई के बारे में पूछेंगे, कहा था इसके बारे में भी पूछेंगे तथा डाँटेंगे। इन्हीं कारणों से लेखक बड़े भाई से आतंकित रहता था।

प्रश्न 7. लेखक किस प्रकार का स्वभाव वाला बालक था?

उत्तर— लेखक स्वभाव से खेलकूद प्रेमी और मस्त स्वभाव वाला बालक था। लेखक को खेलने-कूदने और घूमने-फिरने में अच्छा लगता था। समय पाते ही वह हॉस्टल से बाहर आ जाता था। कभी कंकरियाँ उछालता, कभी तितलियाँ उड़ाता और कहीं कोई साथी मिल जाता तो खूब मटरगश्ती करता। अपने दोस्तों के साथ कनकौआ के पीछे घण्टों भागता रहता।

प्रश्न 8. लेखक के किस व्यवहार से पता चलता है कि वह बड़े भाई का सम्मान करता था?

उत्तर— खेल-कूद कर आने पर लेखक अपने भाई से हमेशा डाँट-फटकार खाता था। बड़े भाई का क्रोध देखकर चुप हो जाता था। वह उनको अपनी सफाई देना चाहता था, किन्तु अपनी सफ़ाई में कुछ कह नहीं पाता था। भाई के गुस्से और उनके अकाट्य तर्कों के सामने वह विनम्र हो जाता था इससे पता चलता है कि वह बड़े भाई का सम्मान करता था।

प्रश्न 9. अंग्रेजी भाषा के विषय में बड़े भाई साहब के क्या विचार थे?

उत्तर— अंग्रेजी भाषा के विषय में बड़े भाई साहब कहते थे कि इस भाषा को पढ़ना कोई हँसी-खेल नहीं है। ऐसा नहीं कि इसे जो चाहे पढ़ ले यदि ऐसा होता जो ऐरा-गैरा नत्थू-खैरा सब कोई पढ़ लेता। इसको पढ़ने के लिए आँखें फोड़नी पड़ती हैं, खून जलाना पड़ता है, तब कहीं जाकर यह विद्या आती है।

प्रश्न 10. बड़ा भाई अपने आपको किस रूप में छोटे भाई के सामने प्रस्तुत करता था?

उत्तर— बड़ा भाई अपने आपको बहुत मेहनती, पढ़ाकू और आदर्श रूप में प्रस्तुत करता है। छोटे भाई से बड़ा भाई अपने बारे में कहता है कि वह बहुत मेहनत करता है। अपना समय किसी भी खेल-कूद या अन्य मनोरंजन में बर्बाद नहीं करता। वह हमेशा पढ़ता रहता है। फिर भी पास नहीं होता। वह कहता कि खुद बेराह चलेगा तो छोटे भाई को कैसे संभालेगा।

प्रश्न 11. बड़े भाई की डाँट-फटकार सुनकर लेखक की क्या मनोदशा होती थी?

उत्तर— बड़े भाई की डाँट सुनकर लेखक को अपराध बोध होता था। वह आँसू बहाने लगता था। पढ़ाई न करने का अपराध तो वह करता ही था उसका मन खेलने-कूदने में ही अधिक लगता था। इसी कारण उसे डाँट भी पड़ती थी। बड़े भाई से डाँट सुनना उसे बहुत बुरा लगता था। वह घण्टों उदास मन से बैठा रहता था।

प्रश्न 12. छोटा भाई पढ़ता नहीं था फिर भी पास कैसे हो जाता था? आप इसका क्या कारण समझते हैं?

उत्तर— छोटा भाई कम मेहनत करके भी परीक्षा में अच्छे अंक लेकर उत्तीर्ण हो जाता था। उसका मन पढ़ाई में कम, खेल-कूद में ज्यादा लगता है। वह कुशाग्र बुद्धि का था इसलिए कम मेहनत करके भी परीक्षा में अच्छे अंकों से पास हो जाता था। इससे हमारी रटंत और अव्यावहारिक शिक्षा प्रणाली का प्रमाण मिलता है।

प्रश्न 13. मैदान का आकर्षण छोटे भाई को कहाँ ले जाता था और क्या-क्या करवाता था? कहानी 'बड़े भाई साहब' के आधार पर लिखिए।

उत्तर— छोटे भाई को मैदान की सुखद हरियाली, हवा के हल्के-हल्के झोंके, फुटबॉल की वह उछल-कूद, कबड्डी के वह दाँव-घात, वालीबॉल की तेजी और फुर्ती का आकर्षण उसे खेल के मैदान की ओर ले जाता था। वहाँ वह कभी कंकरियाँ उछालता था तो कभी कागज की तितलियाँ उड़ाता रहता था। कभी वह फाटक पर सवार होकर मोटर साइकिल चलाने जैसा आनंद लेता था।

प्रश्न 14. लेखक टाइम-टेबिल का अमल क्यों नहीं कर पाता था?

उत्तर— बड़े भाई की डाँट के बाद लेखक को आत्मग्लानि होती थी। इससे उबरने के लिए वह टाइम-टेबिल बनाता था तथा योजनाबद्ध तरीके से पढ़ाई करना चाहता था। उसके टाइम-टेबिल में खेलने-कूदने तथा अन्य किसी मनोरंजन का समय बिल्कुल नहीं रहता था। इसी कारण वह उस पर अमल नहीं कर पाता और उसकी योजना अधूरी रह जाती थी।

प्रश्न 15. छोटे भाई ने बड़े भाई साहब के नरम व्यवहार का क्या लाभ उठाया? आपके विचार से छोटे भाई का व्यवहार उचित था या नहीं तर्क सहित उत्तर लिखिए।

उत्तर— छोटे भाई ने बड़े भाई के नरम स्वभाव का नाज़ायज फायदा उठाया। छोटे भाई ने बड़े भाई का विनम्रता का लाभ उठाकर स्वच्छंद हो गया और पढ़ना लिखना तक बंद कर दिया। उसके मन में अभिमान आ गया कि वह पढ़े या न पढ़े परीक्षा में पास हो ही जाएगा और वह अपने पढ़ने के समय का प्रयोग पतंगबाजी को देने लगा। मेरे विचार से छोटे भाई का व्यवहार पूर्ण रूप से अनुचित था, क्योंकि अभिमान द्वारा हित नहीं हो सकता।

दीर्घ उत्तरीय प्रश्न—

प्रश्न 1. छोटे भाई के मन में क्या कुटिल भावना आई जिसे उसने क्या सोचकर निकाल दिया?

उत्तर— छोटे भाई के मन में यह कुटिल भावना आई कि इतना पढ़ने पर भी बड़े भाई फेल हो गये और मैं अब उनसे एक साल ही नीचे हूँ यदि अगली सालाना परीक्षा में भी वे असफल हो जाते हैं तो मैं उनके बराबर हो जाऊँगा। बाद में उसने इस भावना को बलपूर्वक मन से निकाल दिया। उसने सोचा कि वे उसकी भलाई के लिए ही डाँटते हैं। उसकी सफलता में बड़े भाई की डाँट का पूरा महत्त्व है।

प्रश्न 2. परीक्षा पास करने के लिए बड़े भाई द्वारा किये गये परिश्रम का वर्णन अपने शब्दों में लिखें।

उत्तर— बड़े भाई ने परीक्षा पास करने के लिए अत्यन्त परिश्रम किया था। वे दिन-रात पढ़ते रहते थे। वे रात के दस बजे तक फिर सुबह चार बजे से उठकर पढ़ते थे। फिर स्कूल जाने से पहले छह बजे से साढ़े नौ बजे तक पढ़ते थे। वे कोर्स का एक-एक शब्द रट गये थे। अत्यधिक मेहनत के कारण उनकी मुद्रा कांतिहीन हो गई थी।

प्रश्न 3. किन बातों से पता चलता है कि बड़ा भाई छोटे भाई पर अपना अधिकार जमाना चाहता था?

उत्तर— बड़ा भाई लेखक पर अपना जन्मसिद्ध अधिकार समझता था। वह लेखक से कहता है कि वह चाहे कितनी बार इम्तिहान में फेल हो जाये, पढ़ाई में भी कमजोर रहे। दोनों एक ही कक्षा में आ जाये। किन्तु उम्र में वह लेखक से सदा बड़ा है और बड़ा ही रहेगा और इस कारण छोटे भाई को डाँटने, फटकारने और सुधारने का उन्हें पूरा अधिकार है।

प्रश्न 4. प्रेमचन्द की कहानी में 'बड़े भाई साहब' एक जीवन मूल्य परक कहानी है। तर्क सहित उत्तर अपने शब्दों में लिखिए।

उत्तर— 'बड़े भाई साहब' कहानी दो भाइयों के परस्पर स्नेह की कहानी है। कहानी के प्रत्येक अंश में बड़े भाई का स्नेहपूर्ण अधिकार झलकता है साथ ही छोटे भाई का अपने बड़े भाई के प्रति सम्मान भी प्रदर्शित होता है। बड़ा भाई स्वयं अध्ययन में अव्वल नहीं आता है पर उसकी इच्छा रहती है कि उसका छोटा भाई हमेशा अव्वल रहे। जब कभी भी उसे अनुभव होता है कि उसका छोटा भाई पथ से विचलित हो रहा है तो उसे पकड़ लेता है और उपदेशों की झड़ी लगा देता है। सर्वदा वह उसे घमण्ड न करने, अध्ययनशील बने रहने, कुसंगति से बचने की सलाह देता रहता है। बड़ा भाई अपनी ज़िम्मेदारी का निर्वहन करने में नहीं चूकता तो छोटा भाई भी पूरी नैतिकता के साथ बड़े भाई के सभी उपदेशों को शान्ति से श्रवण कर पालन करने का भरपूर प्रयास करता है। तभी तो वह बड़े भाई की डाँट सुनकर टाइम-टेबिल बनाने बैठ जाता है। इस प्रकार प्रस्तुत कहानी में दोनों भाई जीवन के नैतिक मूल्यों का पालन करते हुए दिखाये गये हैं।

प्रश्न 5. प्रेमचन्द की प्रसिद्ध कहानी 'बड़े भाई साहब' में बड़े भाई द्वारा छोटे भाई को घमण्ड नहीं करने की सलाह दी गई है। कहानी में प्रस्तुत किये गये उदाहरणों का उल्लेख कीजिए।

उत्तर— घमण्ड या अभिमान मनुष्य के पतन का प्रथम द्वार है। जिस मनुष्य में घमण्ड का भाव आ जाता है वह दूसरों को महत्त्व नहीं देता है। उसकी उन्नति अवरुद्ध हो जाती है। वह अपने विकास के लिए प्रयत्नशील भी नहीं रहता। बड़ा भाई जीवन की इस सच्चाई को समझता था। वह अपने छोटे भाई को भी इससे बचाकर रखना चाहता था। इसके लिए उसने अनेक उदाहरणों को भी प्रस्तुत किया था। वह पहला उदाहरण रावण का देता है। रावण इतना विद्वान और बलशाली राजा था, लेकिन घमण्ड के कारण उसकी पराजय हुई। उसका अभिमान खण्डित हो गया। इसी तरह शैतान को भी अपने घमण्ड के कारण नरक भोगना पड़ा। तीसरा उदाहरण शाहेरूम का दिया जो अपने घमण्ड के कारण भीख माँगते-माँगते मर गया। बड़े भाई साहब ने छोटे भाई को परीक्षा में अव्वल आ जाने पर घमण्डी बनने से बचने के लिए और मेहनती बनने की प्रेरणा देने के लिए इन उदाहरणों को प्रस्तुत किया।

प्रश्न 6. 'बड़े भाई साहब' कहानी बाल जीवन को उज्ज्वल बनाने वाली कहानी है। लेखक द्वारा पाठ में दिये गये सन्देश को अपने शब्दों में लिखिए।

उत्तर— कथा सम्राट् प्रेमचन्द की प्रसिद्ध कहानी 'बड़े भाई साहब' शिक्षाप्रद कहानी है। प्रेमचन्द ने इस कहानी के माध्यम से यह सन्देश देने का प्रयास किया है कि शिक्षा आनन्द का विषय है। इसे यदि भार रूप में ग्रहण किया जाये तो सफलता प्राप्त नहीं हो सकती है। बड़े भाई साहब रात-दिन लगे रहते थे, आँख फोड़ और खून जलने वाली मेहनत करते थे फिर भी वे असफल हो जाते थे पर, छोटा भाई

हँसते-खेलते परीक्षा में अव्वल आ जाता था। साथ ही यह कहानी हमें व्यावहारिकता का भी सन्देश देती है। मनुष्य को अपनी समझ विकसित करने का प्रयास करना चाहिए पुस्तकीय ज्ञान से कोई सफल नहीं हो सकता। समाज में सबका दरज़ा निर्धारित है। सबको यथोचित सम्मान, अधिकार और स्नेह मिलते रहना चाहिए। तभी बड़ा भाई छोटे भाई को सुधारने का अधिकार गँवाना नहीं चाहता है तो छोटा भाई, बड़े भाई की डाँट फटकार सुनकर भी उनके प्रति आदर का भाव बनाये रखता है।

प्रश्न 7. बड़े भाई साहब के कुछ कथनों से तत्कालीन शिक्षा-व्यवस्था के कुछ विशेष पहलुओं पर प्रकाश पड़ता है उनका उल्लेख करते हुए लिखिए कि आज की शिक्षण-व्यवस्था में किस प्रकार परिवर्तन आप पाते हैं?

उत्तर— बड़े भाई साहब के कुछ कथनों से तत्कालीन शिक्षा-व्यवस्था के निम्न विशेष पहलुओं पर प्रकाश पड़ता है। उनके अनुसार तत्कालीन शिक्षा प्रणाली में केवल रटंत व्यवस्था है। यह विद्यार्थियों की प्रतिभा को कुंठित कर देती है। एक निबंध लिखने के लिए चार-चार पन्नों का प्रयोग किया जाता है। अन्य विषयों का अध्ययन-अध्यापन अंग्रेजी में ही किया जाता है। उस समय की शिक्षा प्रणाली की सबसे बड़ी कमी-बच्चों को खेल-कूद के लिए समय नहीं दिया जाना है। पूरी शिक्षा व्यवस्था पुस्तकीय ज्ञान पर आधारित है। आज की शिक्षा-व्यवस्था पढ़ो और बढ़ो के आधार पर है। इसमें कौशल के विकास के खेल-कूद को भी पूरा महत्त्व दिया जाता है। इसके द्वारा बच्चों का सर्वांगीण विकास संभव है।

प्रश्न 8. पढ़ाई और परीक्षाओं के प्रति बड़े भाई साहब और छोटे भाई के दृष्टिकोण में क्या मौलिक अंतर है? आपके विचार से दोनों में सामंजस्य किस प्रकार बिठाया जा सकता है?

उत्तर— पढ़ाई और परीक्षाओं के प्रति बड़े भाई साहब और छोटे भाई के दृष्टिकोण अनेक मौलिक अंतर हैं। बड़े भाई साहब परीक्षा पास करने के लिए प्राणांतक परिश्रम पर बल देते थे। छोटे भाई को मेहनती और पढ़ाकू बनने की सलाह देते थे। वे कहते थे कि पढ़ाई करने के लिए आँखें फोड़नी पड़ती हैं, खून जलाना पड़ता है, तब कहीं जाकर विद्या आती है। मन की इच्छाओं को दबाना पड़ता है। छोटा भाई इसके विपरीत खेलकूद को अधिक महत्त्व देता था। वह मानता था, कि पढ़े या नहीं पढ़े परीक्षा में अव्वल तो वही आएगा। वह किताबों से दूर ही रहता था। वास्तव में जीवन की सफलता के लिए दोनों में सामंजस्य का होना आवश्यक है। परीक्षा उत्तीर्ण करना बहुत बड़ी बात नहीं है। महत्त्वपूर्ण है बुद्धि को विकसित करना। जीवन में पढ़ाई और खेलकूद दोनों का उचित महत्त्व होना चाहिए।

प्रश्न 9. 'प्रेक्टिकल आइडियॉलिस्ट' से क्या अभिप्राय है? गाँधीजी 'प्रेक्टिकल आइडियॉलिस्ट' थे, कैसे?

उत्तर— प्रेक्टिकल आइडियॉलिस्ट से आशय है वे लोग, जो अपनी नीतियों, अपने सिद्धान्तों में आदर्शों के साथ व्यावहारिकता को मिला देते हैं और अपने तथा समाज के आचरण में उसे उतारना चाहते हैं।

गाँधीजी 'प्रेक्टिकल आइडियॉलिस्ट' थे, क्योंकि उनमें नेतृत्व की अद्‌भुत क्षमता थी। वे व्यावहारिकता को पहचानते थे और उसकी कीमत जानते थे। वे कभी भी आदर्शों को व्यावहारिकता के स्तर पर उतरने नहीं देते थे बल्कि व्यावहारिकता को आदर्शों पर चढ़ाते थे। गाँधीजी के आदर्श और व्यवहार के सन्दर्भ में यह बात 'ताँबें में सोना' के आधार पर झलकती है अर्थात् वे ताँबा सामने रखकर उस पर सोना मिलाते थे यानी व्यावहारिक पर आदर्शों का रंग चढ़ाते थे। वे यह रंग इतना चढ़ा देते थे कि व्यावहारिकता कहीं खो जाती थी और आदर्श ही सामने आते थे। उन्होंने कभी अपनी नीतियों को व्यावाहारिकता के स्तर पर नीचे नहीं गिरने दिया बल्कि उन्हें आदर्शों से सँवारा। उनका स्वयं का जीवन आदर्शों की मिसाल थी। इसी कारण उनकी नीतियों, उनके सिद्धान्तों को समाज में सम्मान मिला और देश उनके पीछे दौड़ा।

प्रश्न 10. 'बड़े भाई साहब' पाठ में लेखक ने समूची शिक्षा के किन तौर-तरीकों पर व्यंग्य किया गया है। क्या आप उनके विचारों से सहमत हैं। उदाहरण सहित स्पष्ट कीजिए।

उत्तर— बड़े भाई साहब पाठ में लेखक ने समूची शिक्षा के अनेक तौर-तरीकों पर व्यंग्य किया है। इस शिक्षा प्रणाली में केवल रटंत व्यवस्था है। यह विद्यार्थियों की प्रतिभा को कुंठित कर देती है। इसमें विषयों का विस्तार है, एक निबन्ध लिखने के लिए चार-चार पन्नों का प्रयोग किया जाता है। इस प्रणाली में विदेशी भाषा अंग्रेजी का प्रयोग किया जाता है। अन्य विषयों का अध्ययन -अध्यापन अंग्रेजी में ही किया जाता है। इस शिक्षा प्रणाली की सबसे बड़ी कमी इसमें बच्चों को खेलकूद के लिए समय नहीं दिया जाता है। पूरी शिक्षा व्यवस्था पुस्तकीय ज्ञान पर आधारित है। बच्चे पुस्तकीय ज्ञान के बोझ से दबे रहते हैं अत: उनमें व्यावहारिकता का समावेश हो ही नहीं पाता है। इस प्रकार में लेखक के विचारों से पूरी तरह सहमत हूँ।

❑❑

डायरी का एक पन्ना

|11|

लेखक-सीताराम सेकसरिया

लेखक परिचय—'सीताराम सेकसरिया' का नाम उन मूर्धन्य साहित्यकारों में आता है जिन्हें अपनी लेखनी से स्वतंत्रता संग्राम के संघर्ष का सजीव चित्रण करने का अवसर प्राप्त हुआ है। इनका जन्म 1892 में राजस्थान के नवलगढ़ में हुआ था। राजस्थान के जन्मे सीताराम सेकसरिया का अधिकांश जीवन कोलकाता में बीता। सेकसरिया जी का परिवार व्यापार-व्यवसाय से जुड़ा हुआ था। इसके बाद भी वे अनेक साहित्यिक, सांस्कृतिक और नारी शिक्षण संस्थाओं के प्रेरक, संस्थापक और संचालक रहे। गाँधीजी के आह्वान पर वे स्वतन्त्रता आन्दोलन में कूद पड़े थे। समाजवादी होते हुए भी उनका जीवन गाँधीवादी विचारधारा से अनुप्राणित था। वे अंग्रेजी भाषा के प्रभाव के प्रकोप से हिन्दी भाषा को बचाने के लिए आजीवन प्रयास करते रहे। उनका मंतव्य था कि हिन्दी के साथ भारतीय भाषाओं का इतना प्रचार-प्रसार किया जाना चाहिए कि अंग्रेजी स्वत: निष्प्रभावी हो जाये। उन्होंने श्री रवीन्द्रनाथ ठाकुर, महात्मा गाँधी, नेताजी सुभाषचन्द्र बोस के साथ भी काम किया था। सीताराम सेकसरिया को विद्यालयी शिक्षा पाने का अवसर नहीं मिला परन्तु शिक्षा के प्रति अत्यधिक लगाव और अभिरुचि के कारण स्वाध्याय से ही इन्होंने पढ़ना-लिखना सीखा और साहित्य सेवा में लगे रहे। इनकी मृत्यु सन् 1982 में हुई थी।

प्रमुख रचनाएँ—सीताराम सेकसरिया की अनेक रचनाएँ हैं। उनकी मुख्य रचनाओं में—स्मृतिकण, मन की बात, बीता युग, नयी याद और दो भागों में एक कार्यकर्ता की डायरी उनकी उल्लेखनीय कृतियाँ हैं।

पुरस्कार—सीताराम सेकसरिया को अनेक संस्थाओं द्वारा अलग-अलग पुरस्कारों से सम्मानित किया गया था। भारत सरकार ने भी उन्हें 1962 में पद्मश्री सम्मान से सम्मानित किया था।

पाठ परिचय—भारतीय स्वतन्त्रता संग्राम के संघर्ष में अनेक साहित्यकारों ने अपने साहित्य से समाज को संगठित कर उसे एकसूत्र में बाँधने का प्रयास किया था। अपनी लेखनी से तत्कालीन समाज में हो रही गतिविधियों का वर्णन कर एक-दूसरे को अवगत करा समाज को जागृत करने का सार्थक प्रयास कर रहे थे। आजादी की लड़ाई के अन्तिम चरण में भारत के लगभग सभी प्रान्तों में अंग्रेजों के विरोध में अनेक प्रकार के आन्दोलनों का श्रीगणेश हो चुका था। बंगाल को लेकर यह भ्रम हो उठा था कि यहाँ आज़ादी की लड़ाई के नाम पर कुछ नहीं किया जा रहा है। प्रस्तुत पाठ 'डायरी का एक पन्ना' लेखक 'सीताराम सेकसरिया' द्वारा लिखित एक सशक्त संस्मरण है जिसमें लेखक ने बंगाल में 26 जनवरी, 1930 को होने वाली घटनाओं का सजीव वर्णन कर इसी भ्रम को तोड़ने का सार्थक प्रयास किया है।

पाठ का सारांश—पिछले वर्ष भी 26 जनवरी को सारे हिन्दुस्तान में स्वतन्त्रता दिवस के रूप में मनाया गया था। इस वर्ष भी उसकी पुनरावृत्ति थी, परन्तु विशेष तैयारी के साथ। सारे कार्यकर्त्ताओं ने केवल प्रचार में ही दो हजार रुपये खर्च किए थे। बड़े बाजार के सभी मकानों पर राष्ट्रीय ध्वज फहराए गए तथा सजावट की गई जिसे देखकर लोग बहुत उत्साहित थे। बड़े-बड़े पार्कों तथा मैदानों में सवेरे से ही कहीं घुड़सवार पुलिस तो कहीं मोटर गाड़ियों में गोरखे तथा सरजेंट तैनात हो गश्त दे रहे थे।

मोनुमेन्ट के नीचे सभास्थल को सवेरे छह बजे से ही पुलिस ने घेर लिया था। फिर भी कई जगह तो सवेरे से ही झण्डा फहराया गया। श्रद्धानंद पार्क में बंगाल प्रांतीय विद्यार्थी संघ के मंत्री अविनाश बाबू ने झंडा गाड़ा तो पुलिस ने उनको पकड़ लिया और अन्य लोगों को मारकर भगा दिया। गुजराती सेविका संघ की लड़कियों ने जुलूस निकाला तो उन्हें गिरफ्तार कर लिया। 11 बजे मारवाड़ी बालिका विद्यालय की लड़कियों ने अपने विद्यालय में झंडोत्सव मनाया।

सुभाष बाबू के जुलूस का प्रबन्ध पूर्णोदास ने किया। पूर्णोदास, पुरुषोत्तम राय व उनके साथियों को पुलिस ने गिरफ्तार कर लिया। जगह-जगह से स्त्रियाँ भी अपने जुलूस के साथ ठीक स्थान पर पहुँच रहीं थीं। तीन बजे से ही मैदान में हजारों आदमियों की भीड़ होने लगी। कानून भंग करते हुए इतनी बड़ी सभा पहले कभी नहीं हुई थी। यह सभा तो ओपन लड़ाई थी। पुलिस कमिश्नर ने नोटिस निकाला कि अमुक धारा के अनुसार कोई सभा नहीं हो सकती। कौंसिल ने नोटिस निकाला कि मोनुमेंट के नीचे शाम को ठीक 4 : 24 बजे झंडा फहराया जाएगा तथा स्वतन्त्रता की प्रतिज्ञा पढ़ी जाएगी। सभी लोगों को पहुँचना अनिवार्य है।

सुभाष बाबू ठीक 4 : 10 पर जुलूस लेकर आए। उनको चौरंगी पर रोका गया। भीड़ की अधिकता के कारण मैदान के मोड़ पर पहुँचते ही पुलिस ने लाठियाँ चलानी शुरु कर दीं। क्षितिज चटर्जी का सिर फट गया। उधर ही स्त्रियाँ भी मोनुमेंट की सीढ़ियों पर चढ़कर झंडा फहरा रहीं थीं और घोषणा पढ़ रही थीं। वालेंटियर (स्वयंसेवक) भी गए थे, जो लाठियाँ खाकर भी हटते नहीं थे। सुभाष बाबू को पकड़कर गाड़ी में बैठाकर लाल बाजार लॉकअप में भेज दिया गया। स्त्रियों के जुलूस पर भी पुलिस ने लाठियाँ बरसाईं। बहुत लोग घायल हुए। धर्मतल्ले के मोड़ पर जुलूस टूट गया। करीब 50-60 स्त्रियाँ वहीं बैठ गईं। पौन घंटे बाद पुलिस की लारी में उनको लाल बाजार जेल में भेजा गया।

बृजलाल गोयनका झंडा लेकर वंदेमातरम् बोलता हुआ मोनुमेंट की ओर दौड़ा। पुलिस ने उसे दूर भगा दिया। वह स्त्रियों के जुलूस में शामिल होकर दो सौ आदमियों का जुलूस लेकर लाल बाजार गया वहाँ उसे गिरफ्तार कर लिया गया और थाने में पीटा।

कुल मिलाकर 105 स्त्रियाँ पकड़ी गई जिन्हें रात को 9 बजे छोड़ दिया गया। कांग्रेस ऑफिस से फोन आने पर बहुत से घायलों को अस्पताल भेज दिया गया। डॉ. दास गुप्ता उनकी देख-रेख के साथ उनके फोटो भी उतरवा रहे थे। 160 घायल आदमी अस्पतालों में पहुँचे और कुछ लोग घरों में चले गए। पकड़े हुए आदमियों की संख्या का पता नहीं चला, लेकिन उस दिन जो संघर्ष हुआ वह अपूर्व था। कोलकाता के नाम पर कलंक था कि यहाँ कि यहाँ स्वतन्त्रता आंदोलन का काम नहीं हो पा रहा था। लोगों को आशा थी कि यहाँ भी काम हो सकता है।

पात्रों के नाम—सीताराम सेकसरिया (लेखक), अविनाश बाबू, हरिशचन्द्र सिंह, पूर्णोदास, सुभाष बाबू, पुरुषोत्तम राय, जानकी देवी, मदालसा, ज्योतिर्मय गांगुली, क्षितीज चटर्जी, विमल प्रतिभा, बृजलाल गोयनका, डॉक्टर दासगुप्ता।

शब्द-सम्पदा

सांस्कृतिक = संस्कृति से सम्बन्धित। **राष्ट्रीय** = राष्ट्र से सम्बन्धित। **आह्वान** = बुलावा। **प्रदर्शन** = दिखावा। **कार्यकर्ता** = काम करने वाला। **भंग करना** = तोड़ना। **तत्पर** = तैयार। **अनंत** = जिसका अंत न हो। **जुल्म** = अत्याचार। **पुनरावृत्ति** = फिर से आना। **सारजेंट** = सेना में एक पद। **जुलूस** = भीड़/समूह। **कौंसिल** = परिषद्। **बालेंटियर** = स्वयंसेवक। **कलंक** = दाग। **नेतृत्व** = अगुआई। **संस्थापक** = स्थापना करने वाला। **नवीनता** = नयापन। **स्वाध्याय** = खुद से पढ़ना। **प्रबन्ध** = व्यवस्था। **अलख** = ज्योति। **फ़ासला** = दूरी। **सिलसिला** = क्रम। **अपराध** = गलती। **संगठित** = एक साथ। **गश्त** = पुलिस कर्मचारी का पहरे के लिए घुमना। **मोनुमेंट** = स्मारक। **अपूर्ण** = जो पहले कभी नहीं हुआ हो। **चौरंगी** = कोलकता शहर में एक स्थान का नाम। **संगीन** = गम्भीर। **अंश** = भाग। **घायल** = जख्मी।

➯ पाठ से सम्बन्धित प्रश्नोत्तर

मौखिक प्रश्नोत्तर—

निम्नलिखित प्रश्नों के उत्तर एक-दो पंक्तियों में दीजिए—

प्रश्न 1. कलकत्तावासियों के लिए 26 जनवरी, 1931 का दिन क्यों महत्त्वपूर्ण था?

उत्तर— कलकत्तावासियों के लिए 26 जनवरी, 1931 का दिन इसलिए महत्त्वपूर्ण था क्योंकि 26 जनवरी, 1931 को कलकत्तावासी महात्मा गाँधी द्वारा घोषित आज़ादी की दूसरी वर्षगाँठ मना रहे थे। देश का स्वतन्त्रता दिवस एक वर्ष पहले इसी दिन मनाया गया था और मोनुमेंट पर राष्ट्रीय ध्वज फहराया गया था। इसलिए यह दिन उनके लिए महत्त्वपूर्ण था।

प्रश्न 2. सुभाष बाबू के जुलूस का भार किस पर था?

उत्तर— सुभाष बाबू के जुलूस का भार पूर्णोदास पर था।

प्रश्न 3. विद्यार्थी संघ के मन्त्री अविनाश बाबू के झण्डा गाड़ने पर क्या प्रतिक्रिया हुई?

उत्तर— विद्यार्थी संघ के मन्त्री अविनाश बाबू ने जैसे ही झण्डा गाड़ा, पुलिस ने उन्हें पकड़ लिया और लॉकअप में डाल दिया। लोगों को लाठियाँ मार कर वहाँ से हटा दिया।

प्रश्न 4. लोग अपने-अपने मकानों व सार्वजनिक स्थलों पर राष्ट्रीय झण्डा फहराकर किस बात का संकेत देना चाहते थे?

उत्तर— लोग अपने मकानों और सार्वजनिक स्थलों पर राष्ट्रीय झण्डा फहराकर यह संकेत देना चाहते थे कि आजादी के उनमें अत्यन्त जोश और उत्साह है तथा वे अपने को आज़ाद समझकर आजादी मना रहे हैं। कई घर तो ऐसे सजे हुए थे मानो आजादी मिल गई हो।

प्रश्न 5. पुलिस ने बड़े-बड़े पार्कों तथा मैदानों को क्यों घेर लिया था?

उत्तर— पुलिस ने पार्कों और मैदानों को इसलिए घेर लिया था जिससे कि जनता वहाँ एकत्रित न हो सके और किसी प्रकार का आयोजन न कर सके। आज़ादी मनाने के लिए पूरे कलकत्ता शहर में जुलूस, जनसभाओं व झण्डोत्सव का आयोजन किया गया था।

लिखित प्रश्नोत्तर—

(क) निम्नलिखित प्रश्नों के उत्तर (30-40) शब्दों में लिखिए—

प्रश्न 1. 26 जनवरी, 1931 के दिन को अमर बनाने के लिए क्या-क्या तैयारियाँ की गईं?

उत्तर— 26 जनवरी, 1931 के दिन को अमर बनाने के लिए अनेक तैयारियाँ की गईं। कलकत्ता शहर में जगह-जगह झण्डे लगाये गये थे। नगर को वधू के समान सजाया गया था। शहर के कई स्थानों पर जुलूस निकाले गये तथा झण्डा फहराया गया। टोलियाँ बनाकर लोगों की भीड़ उस जगह पर जुटने लगी जहाँ सुभाष बाबू के जुलूस को पहुँचना था। मोनूमेंट के नीचे प्रतिज्ञा पढ़ी गई और झण्डा फहराया गया था।

प्रश्न 2. 'आज जो बात थी वह निराली थी'—किस बात से पता चल रहा था कि आज का दिन अपने-आप में निराला है? स्पष्ट कीजिए।

उत्तर— 26 जनवरी, 1931 का दिन स्वतन्त्रता दिवस के रूप में मनाने का निश्चय किया था। इसके लिए लोगों का उत्साह चरम सीमा पर था। 4 बजकर 24 मिनट पर मोनूमेंट के नीचे झण्डा फहराने और स्वतन्त्रता की प्रतिज्ञा पढ़ने के लिए कोलकाता के अलग-अलग भागों से जुलूस आगे बढ़ रहे थे। उन्हें रोकने के लिए पुलिस द्वारा लाठी चार्ज किया जा रहा था। इसके बावजूद भी लोग आगे बढ़ रहे थे। कलकत्तावासियों का जुनून, सभाओं में उत्साह के साथ भाग लेना और जोश भरा माहौल ने इस दिन को निराला बना दिया था।

प्रश्न 3. पुलिस कमिश्नर के नोटिश और कौंसिल के नोटिस में क्या अन्तर था?

उत्तर— पुलिस कमिश्नर के नोटिश और कौंसिल के नोटिस में परस्पर विरोधाभास था। पुलिस कमिश्नर का नोटिस था कि कोई भी जनसभा करना या जुलूस निकालना कानून के खिलाफ़ होगा क्योंकि सभा गैरकानूनी है और सभाओं में भाग लेने वाले लोगों को दोषी माना जायेगा। कौंसिल का नोटिस था कि मोनुमेंट के नीचे 4 बजकर 24 मिनट पर झण्डा फहराया जायेगा और स्वतन्त्रता की प्रतिज्ञा पढ़ी जाएगी।

प्रश्न 4. धर्मतल्ले के मोड़ पर आकर जुलूस क्यों टूट गया?

उत्तर— धर्मतल्ले के मोड़ पर आकर जुलूस के टूटने का कारण सुभाष बाबू को गिरफ्तार किया जाना और पुलिस द्वारा जुलूस के लोगों पर लाठियाँ बरसाना था। इस जुलूस को सफल बनाने के लिए 50-60 महिलाएँ भी मोड़ पर बैठी थीं, उन्हें भी गिरफ्तार कर जेल भेज दिया गया।

प्रश्न 5. डॉ. दास गुप्ता जुलूस में घायल लोगों की देख-रेख तो कर ही रहे थे, उनके फोटो भी उतरवा रहे थे। उन लोगों के फोटो खींचने की क्या वजह हो सकती थी? स्पष्ट कीजिए।

उत्तर— लोगों के फोटो खींचने की सबसे बड़ी वजह यह थी कि वे देश और दुनिया के लोगों को अंग्रेज़ों की बर्बरता और अमानवीयता से अवगत करना चाहते थे। वे समाचार-पत्रों में इसे प्रकाशित करवाकर अंग्रेज़ों के खिलाफ प्रमाण इकट्ठा करना चाहते थे तथा सबको यह बताना चाहते थे कि कोलकता में भी स्वतन्त्रता के लिए काम हो रहा है।

(ख) निम्नलिखित प्रश्नों के उत्तर (80-100) शब्दों में लिखिए—

प्रश्न 1. सुभाष बाबू के जुलूस में, स्त्री समाज की क्या भूमिका थी?

उत्तर— सुभाष बाबू के जुलूस में स्त्री समाज की महत्त्वपूर्ण भूमिका थी। सुभाष बाबू को गिरफ्तार कर लिए जाने के उपरान्त स्त्रियों ने भी जुलूस को आगे बढ़ाने का काम किया था। कलकत्ता शहर की अनेक महिला समितियों ने इस स्वतन्त्रता समारोह में उत्साहपूर्वक भाग लिया। जानकी देवी और मदालसा बजाज जैसी स्त्रियों ने जुलूस का सफल नेतृत्व किया। धर्मतल्ले के मोड़ पर 50-60 स्त्रियों ने धरना दे दिया। इस आन्दोलन में लगभग 105 स्त्रियाँ पकड़ी गईं और कोलकाता के इतिहास में ऐसा पहली बार हुआ था। इस प्रकार इन घटनाओं से स्पष्ट होता है कि स्त्रियों ने उस दिन अच्छा योगदान दिया था।

प्रश्न 2. जुलूस के लालबाजार आने पर लोगों की क्या दशा हुई?

उत्तर— जुलूस के लालबाजार आने पर लोगों की बुरी दशा हो गई। पुलिस के अत्याचार के कारण जुलूस अनियन्त्रित हो गया। लोगों को गिरफ्तार कर लॉकअप में भेजा जा रहा था। इतनी बड़ी संख्या में स्त्रियों की गिरफ्तारी कभी नहीं हुई थी। लोगों का उत्साह थमने का नाम नहीं ले रहा था। पुलिस जितना गिरफ्तार करती उतनी ही लोगों की संख्या बढ़ती जा रही थी। पुलिस की लाठी से घायल और खून से लथपथ होने के बाद भी उनके जोश में कोई कमी नहीं दिख रही थी। भीड़ बढ़ती ही जा रही थी।

प्रश्न 3. 'जब से कानून भंग का काम शुरू हुआ है तब से आज तक इतनी बड़ी सभा ऐसे मैदान में नहीं की गई थी और यह सभा तो कहना चाहिए की ओपन लड़ाई थी।' यहाँ पर कौन-से और किसके द्वारा लागू किये गये कानून को भंग करने की बात कही गई है? क्या कानून भंग करना उचित था? पाठ के सन्दर्भ में अपने विचार प्रकट कीजिए।

उत्तर— यहाँ पर पुलिस कमिश्नर के द्वारा सभा न करने, जूलूस न निकालने, झण्डा न फहराने आदि के लिए बनाये गये कानून को भंग करने की बात कही गई है। यह कानून अभिव्यक्ति के अधिकार का स्पष्ट हनन था।

मेरे विचार से इस प्रकार के कानून का भंग करना अति आवश्यक था। यह अंग्रेजों के साथ ओपन लड़ाई थी यदि ऐसा न किया जाता तो देश में स्वतन्त्रता के आन्दोलन को और बढ़ावा न मिलता और आन्दोलन को दबा दिया जाता।

प्रश्न 4. बहुत से लोग घायल हुए, बहुतों को लॉकअप में रखा गया, बहुत-सी स्त्रियाँ जेल गईं, फिर भी इस दिन को अपूर्ण बताया गया है। आपके विचार में यह सब अपूर्ण है? अपने शब्दों में लिखिए।

उत्तर— मेरे विचार में यह सब अपूर्ण इसलिए था क्योंकि इससे पहले कोलकाता में इतने बड़े स्तर पर जुलूस नहीं निकाला गया था और न ही इस प्रकार से सरकार को खुली चुनौती देकर विरोध किया गया था। स्त्रियों का इतनी बड़ी संख्या में भाग लेकर गिरफ्तारी देना भी इस दिन को अपूर्व बनाने में महत्त्वपूर्ण भूमिका निभाता है। आन्दोलनकर्ताओं के प्रति पुलिस के निर्मम अत्याचार के बाद भी उनका उत्साह कम नहीं हो रहा था। मोनुमेंट के पास झण्डा फहराने और आजादी की शपथ लेने के लिए लोगों की उमड़ती भीड़ को पुलिस काबू नहीं कर पा रही थी।

(ग) निम्नलिखित का आशय स्पष्ट कीजिए—

प्रश्न 1. आज तो जो कुछ हुआ वह अपूर्व हुआ है। बंगाल के नाम या कलकत्ता के नाम पर कलंक था कि यहाँ काम नहीं हो रहा है वह आज बहुत अंश में धुल गया।

उत्तर— उपर्युक्त पंक्ति का आशय यह है कि 26 जनवरी, 1931 के दिन को कोलकाता में दूसरा स्वतन्त्रता दिवस मनाया गया था। इस स्वतन्त्रता दिवस को मनाने के लिए, जुलूस निकाले गये जनसभा करने के लिए तथा झण्डा फहराने के लिए अंग्रेजी सरकार द्वारा निषेधाज्ञा जारी

किया गया था। इसके बावजूद लोगों ने सरकारी आदेश का उल्लंघन कर स्वतन्त्रता दिवस के आयोजन में बढ़-चढ़ कर भाग लिया। मोनुमेंट के नीचे झण्डा फहराया गया और स्वतन्त्रता की प्रतिज्ञा पढ़ी गई। पुलिस की लाठियाँ खाने और गम्भीर रूप से घायल होने के बाद भी उनके जोश और उत्साह में कमी नहीं आई। इससे पूर्व कोलकाता में इस अवसर पर इस प्रकार का विशेष आयोजन नहीं हुआ था जिसके कारण निष्क्रियता का कलंक लग गया था। इस बार अपूर्व आयोजन और उत्साह के कारण निष्क्रियता का कलंक बहुत अंश में धुल गया।

प्रश्न 2. खुला चैलेंज देकर ऐसी सभा पहले नहीं की गई थी।

उत्तर— उपर्युक्त पंक्ति का आशय यह है कि पुलिस ने नोटिस निकाला था कि सभा तथा जुलूस नहीं निकाले जा सकते क्योंकि सभा गैर-कानूनी है। लेकिन सुभाष बाबू की अध्यक्षता में कौंसिल ने नोटिस निकाला था कि मोनुमेंट के नीचे झण्डा फहराया जायेगा और स्वतन्त्रता की प्रतिज्ञा पढ़ी जायेगी। सरकारी निषेधाज्ञा के बाद भी लोगों ने अदम्य उत्साह और साहस से इस आन्दोलन में भाग लिया। पुलिस की बर्बरता के बावजूद महिलाओं और पुरुषों ने झण्डा फहराया तथा सभा की। इस प्रकार यह आन्दोलन सरकार और कोलकातावासियों के बीच खुला चैलेंज था जिसे लोगों ने पूरा करके दिखा दिया कि स्वतन्त्रता जन्मसिद्ध अधिकार है।

प्रश्न 3. निम्नलिखित पठित गद्यांश को पढ़कर पूछे गये प्रश्नों के उत्तर उचित विकल्प चुनकर लिखिए—

सुभाष बाबू को पकड़ लिया गया और गाड़ी में बैठकर लालबाजार लॉकअप में भेज दिया गया। कुछ देर बाद ही स्त्रियाँ जुलूस बनाकर वहाँ से चलीं। साथ में बहुत बड़ी भीड़ इकट्ठी हो गई। बीच में पुलिस कुछ ठंडी पड़ी थी, उसने फिर डंडे चलाने शुरू कर दिए। अबकी बार भीड़ ज्यादा होने के कारण बहुत आदमी घायल हुए। धर्मतल्ले के मोड़ पर आकर जुलूस टूट गया और करीब 50-60 स्त्रियाँ वहीं मोड़ पर बैठ गईं। पुलिस ने उनको पकड़कर लालबाजार भेज दिया। स्त्रियों का एक भाग आगे बढ़ा जिसका नेतृत्व विमल प्रतिभा कर रही थीं। उनको बहू बाजार के मोड़ पर रोका गया और वे वहीं मोड़ पर बैठ गईं। आस-पास बहुत बड़ी भीड़ इकट्ठी हो गई, जिस पर पुलिस बीच-बीच में लाठी चलाती थी।

(क) सुभाष बाबू को पकड़कर कहाँ भेजा गया?

(i) लालबाजार लॉकअप (ii) घर

(iii) बाजार (iv) मैदान

(ख) कहाँ आकर जुलूस टूट गया?

(i) लालबाजार (ii) पुलिस थाना

(iii) धर्मतल्ले के मोड़ पर (iv) भीड़ में

(ग) स्त्रियों का नेतृत्व कौन कर रहा था?

(i) विमल प्रतिभा (ii) भीड़

(iii) सुभाष बाबू (iv) अविनाश बाबू

(घ) धर्मतल्ले के मोड़ पर आकर जुलूस क्यों टूट गया?

(i) स्त्रियों को गिरफ्तार करने पर (ii) अविनाश बाबू को गिरफ्तार करने पर

(iii) सुभाष बाबू को गिरफ्तार करने पर (iv) पुलिस के डंडे चलाने पर

उत्तर— (क) (i) लालबाजार लॉकअप (ख)(iii) धर्मतल्ले के मोड़ पर

(ग) (i) विमल प्रतिभा (घ) (iii) सुभाष बाबू को गिरफ्तार करने पर

भाषा अध्ययन

1. रचना की दृष्टि से वाक्य तीन प्रकार के होते हैं—

(क) सरल वाक्य—सरल वाक्य में कर्ता, कर्म, पूरक क्रिया और क्रिया-विशेषण घटकों का इनमें से कुछ घटकों का योग होता है। स्वतन्त्र रूप से प्रयुक्त होने वाला उपवाक्य ही सरल वाक्य है।

उदाहरण—लोग टोलियाँ बनाकर मैदान में घूमने लगे।

(ख) संयुक्त वाक्य—जिस वाक्य में दो या दो से अधिक स्वतन्त्र या मुख्य उपवाक्य समानाधिकरण योजक से जुड़े हों, वह संयुक्त वाक्य कहलाता है, योजक शब्द—और, परन्तु इसलिए आदि।

उदाहरण—मोनुमेंट के नीचे झण्डा फहराया जायेगा और स्वतन्त्रता की प्रतिज्ञा पढ़ी जायेगी।

(ग) मिश्र वाक्य—वह वाक्य जिसमें एक प्रधान उपवाक्य हो और एक या अधिक आश्रित उपवाक्य हों, मिश्र वाक्य कहलाता है।

उदाहरण—जब अविनाश बाबू ने झण्डा गाड़ा तब पुलिस ने उनको पकड़ लिया।

निम्नलिखित वाक्यों को सरल वाक्यों में बदलिए—

(क) दो सौ आदमियों का जुलूस लालबाजार गया और वहाँ पर गिरफ्तार हो गया।

(ख) मैदान में हजारों आदमियों की भीड़ होने लगी और लोग टोलियाँ बना-बनाकर मैदान में घूमने लगे।

(ग) सुभाष बाबू को पकड़ लिया गया और गाड़ी में बैठाकर लालबाजार लॉकअप भेज दिया गया।

उत्तर— (क) दो सौ आदमियों का जुलूस लालबाज़ार जाकर गिरफ्तार हो गया।

(ख) हज़ारों आदमियों की भीड़ होने पर लोग टोलियाँ बना-बनाकर मैदान में घूमने लगे।

(ग) सुभाष बाबू को पकड़कर गाड़ी में बैठाकर लालबाज़ार लॉकअप में भेज दिया गया।

2. 'बड़े भाई साहब' पाठ में से दो-दो सरल, संयुक्त और मिश्र वाक्य छाँटकर लिखिए।

उत्तर— **सरल वाक्य—**

(क) मैं यह लताड़ सुनकर आँसू बहाने लगता।

(ख) भाई साहब उपदेश की कला में निपुण थे।

संयुक्त वाक्य—

(क) तेज़ भी दौड़िये और धीरे-धीरे भी।

(ख) मैं तुमसे पाँच साल बड़ा हूँ और हमेशा रहूँगा।

मिश्र वाक्य—

(क) वह तो वही देखते हैं जो पुस्तक में लिखा है।

(ख) तुम कितने घोंघा हो कि मुझे देखकर भी सबक नहीं लेते।

3. निम्नलिखित शब्दों में सन्धि कीजिए—

(क) श्रद्धा + आनन्द = श्रद्धानन्द

(ख) प्रति + एक = प्रत्येक

(ग) पुरुष + उत्तम = पुरुषोत्तम

(घ) झण्डा + उत्सव = झण्डोत्सव

(ङ) पुनः + आवृत्ति = पुनरावृत्ति

(च) ज्योतिः + मय = ज्योतिर्मय।

परियोजना कार्य—

प्रश्न 1. स्वतन्त्रता आन्दोलन में निम्नलिखित महिलाओं ने जो योगदान दिया, उसके बारे में संक्षिप्त जानकारी प्राप्त करके लिखिए।

(क) सरोजिनी नायडू— श्रीमती सरोजिनी नायडू का जन्म 13 फरवरी, 1879 ई. को हैदराबाद नगर में हुआ था। इनके पिता का नाम अघोरनाथ चट्टोपाध्याय था। बचपन से ही कुशाग्र-बुद्धि होने के कारण उन्होंने 12 वर्ष की अवस्था में ही 12वीं की परीक्षा उत्तीर्ण कर ली। हैदराबाद के निज़ाम द्वारा दिये गये अनुदान से श्रीमती नायडू को इंग्लैण्ड भेजा गया था। इन्होंने लंदन के किंग्स कॉलेज और बाद में कैम्ब्रिज़ के गिरटन कॉलेज में अध्ययन किया। ये पढ़ाई के साथ-साथ कविताएँ भी लिखती रहीं। 'गोल्डन थ्रेशोल्ड' उनका पहला कविता-संग्रह था। उनके दूसरे तथा तीसरे कविता संग्रह 'बर्ड ऑफ टाइम' तथा 'ब्रोकन विंग' ने उन्हें एक सुप्रसिद्ध कवयित्री बना दिया।

1898 ई. में सरोजिनी नायडू का विवाह डॉ. गोविन्दराजुलू नायडू के साथ हुआ। 1914 ई. में इंग्लैण्ड में वे पहली बार गाँधीजी से मिलीं और उनके विचारों से प्रभावित होकर देश के लिए समर्पित हो गई। उन्होंने अनेक राष्ट्रीय आन्दोलनों का नेतृत्व किया और जेल भी गई। गाँव-गाँव घूमकर देश-प्रेम का अलख जगाती रहीं और देशवासियों को उनके कर्तव्य की याद दिलाती रहीं। उनके वक्तव्य जनता के हृदय को झकझोर देते थे और देश के लिए अपना सर्वस्व न्यौछावर करने के लिए प्रेरित कर देते थे। अपनी लोकप्रियता और प्रतिभा के कारण 1925 ई. में कानपुर में हुए कांग्रेस अधिवेशन की अध्यक्ष बनीं। भारत की स्वतन्त्रता-प्राप्ति के बाद वे उत्तर-प्रदेश की पहली राज्यपाल बनीं। गाँधीजी की इस प्रिय शिष्या ने अपना सारा जीवन देश के लिए अर्पण कर दिया। 2 मार्च, 1949 ई. को उनका देहांत हुआ और राष्ट्र शोकग्रस्त हो गया। देश आज भी उन्हें श्रद्धा सुमन अर्पित करता है।

(ख) अरुणा आसफ़ अली— श्रीमती अरुणा आसफ़ अली का जन्म बंगाली परिवार में 16 जुलाई, 1909 ई. को हुआ था। इनका प्रारम्भिक नाम 'अरुणा गांगुली' था। बाद में कांग्रेसी नेता आसफ़ अली से विवाह होने के बाद श्रीमती अरुणा आसफ़ अली हो गई। पढ़ाई पूरी करने के बाद शिक्षिका बन गई और कोलकाता के 'गोखले मेमोरियल कॉलेज' से अपने नये जीवन की शुरूआत की।

स्वतन्त्रता आन्दोलन के क्रम में उन्हें अनेक नेताओं के सम्पर्क में आने का अवसर मिला, परन्तु वे जयप्रकाश नारायण, डॉ. राम मनोहर लोहिया, अच्युत पटवर्धन जैसे समाजवादियों के विचारों से अधिक प्रभावित हुईं। 1942 ई. के 'भारत छोड़ो आन्दोलन' में अरुणा जी ने अपने अन्य साथियों के साथ स्वतन्त्रता आन्दोलन का नेतृत्व किया और देश के लिए पूरी तरह से समर्पित हो गईं। 1947 ई. में श्रीमती अरुणा आसफ़ अली दिल्ली प्रदेश कांग्रेस कमेटी की अध्यक्ष निर्वाचित की गईं और कांग्रेस संगठन मज़बूत किया। 1948 ई. में श्रीमती अरुणा आसफ़ अली 'सोशलिस्ट पार्टी' में सम्मिलित हुईं और दो साल बाद 1950 ई. में उन्होंने अलग से 'लेफ्ट स्पेशलिस्ट पार्टी' बनाई और वे सक्रिय होकर 'मज़दूर-आन्दोलन' में जी जान से जूट गईं। श्रीमती अरुणा आसफ़ अली केन्द्रीय समिति की सदस्या और 'ऑल इण्डिया ट्रेड यूनियन कांग्रेस' की उपाध्यक्ष बनाई गई थीं। 1964 ई. में पं. जवाहरलाल नेहरू के निधन के पश्चात् वे पुनः 'कांग्रेस पार्टी से जुड़ गईं।

श्रीमती अरुणा आसफ़ अली 1958 ई. में 'दिल्ली नगर निगम' की प्रथम महापौर चुनी गईं। मेयर बनकर उन्होंने दिल्ली के विकास, सफाई और स्वास्थ्य आदि के लिए बहुत अच्छा कार्य किया।

दिल्ली से प्रकाशित वामपंथी अंग्रेजी दैनिक समाचार-पत्र 'पेट्रियट' से वे जीवनपर्यन्त कर्मठता से जुड़ी रहीं। 29 जुलाई, 1996 ई. को उनका देहान्त हुआ और राष्ट्र शोकग्रस्त हो गया। देश आज भी उन्हें श्रद्धा सुमन अर्पित करता है।

(ग) कस्तूरबा गाँधी—कस्तूरबा गाँधी का जन्म 11 अप्रैल, 1869 ई. में काठियावाड़ के पोरबन्दर नगर में हुआ था। कस्तूरबा गाँधी के पिता 'गोकुलदास मकनजी' साधारण व्यापारी थे। तेरह साल की आयु में उनका विवाह मोहनदास करमचंद गाँधी के साथ हो गया। वे बापू के धार्मिक एवं देशसेवा के महाव्रत में सदैव उनके साथ रहीं।

धर्म और संस्कार के प्रति कस्तूरबा जी कटिबद्ध थीं और आजीवन बस इसी बात पर अडिग रहीं। दक्षिण अफ्रीका में जेल जाने के बाद से ही उनके सार्वजनिक जीवन की शुरूआत हो गई थी। भारत आगमन के बाद बापू के साथ देश को स्वतन्त्र कराने के लिए वे पूरी तरह से समर्पित हो गई। चंपारण के सत्याग्रह के समय कस्तूबा जी भी गाँव-गाँव घूमतीं और दवा वितरण कार्य करती रहीं। इसी प्रकार खेड़ा सत्याग्रह के समय कस्तूरबा जी स्त्रियों के बीच घूम-घूमकर उन्हें उत्साहित करती रहीं।

1922 ई. में जब बापू गिरफ्तार किये गये और उन्हें छह साल की सजा सुनाई गई उस समय उन्होंने जो वक्तव्य दिया वह आज भी स्मरण ीय है। 1932 ई. में और 1933 ई. का अधिकांश समय उनका जेल में ही बीता। 1939 ई. में राजकोट के ठाकुर साहब ने प्रजा को कतिपय अधिकार देना स्वीकार किया था किन्तु बाद में मुकर गये। जनता ने इसके विरुद्ध अपना विरोध प्रकट करने के लिए सत्याग्रह करने का निश्चय किया। कस्तूरबा जी ने जब सुना तो उन्हें लगा कि राजकोट उनका अपना घर है। वहाँ होने वाले सत्याग्रह में भाग लेना उनका कर्तव्य है और उन्होंने वहाँ पहुँचकर उस आन्दोलन को सफल बनाया। महादेव देसाई के अचानक महाप्रयाण से वे बहुत दु:खी हुई और बार-बार यही कहती रहीं महादेव क्यों गया; मैं क्यों नहीं? बाद में महादेव देसाई का चितास्थान उनके लिए शंकर-महादेव का मन्दिर-सा बन गया। वे नित्य वहाँ जाती, समाधि की प्रदक्षिणा कर उसे नमस्कार करतीं। वे उस पर दीप भी जलवातीं। यह उनके चरित्र का मार्मिक और उदात्त पक्ष है।

1942 ई. में बापू आदि के गिरफ्तार हो जाने पर कस्तूरबा जी ने शिवाजी पार्क (बम्बई) में, जहाँ स्वयं बापू भाषण देने वाले थे, सभा में भाषण करने का निश्चय किया किन्तु पार्क के द्वार पर पहुँचने पर गिरफ्तार कर ली गई। दो दिन बाद वे पूना के आगा खाँ महल में भेज दी गई। बापू गिरफ्तार कर पहले ही वहाँ भेजे जा चुके थे। उस समय वे गम्भीर रूप से अस्वस्थ थीं। 15 अगस्त को गिरफ्तारी की रात को उनका जो स्वास्थ्य बिगड़ा वह फिर सन्तोषजनक रूप से सुधरा नहीं और अंततोगत्वा उन्होंने 22 फरवरी, 1944 ई. को अपना ऐहिक जीवन समाप्त किया। उनकी मृत्यु के उपरान्त सम्पूर्ण राष्ट्र शोकग्रस्त हो गया। देश आज भी उन्हें श्रद्धा सुमन अर्पित करता है।

प्रश्न 2. आपको अपने विद्यालय में लगने वाले पल्स पोलियो केन्द्र की सूचना पूरे मोहल्ले को देनी है। आप इस बात का प्रचार बिना पैसे के कैसे कर पायेंगे? उदाहरण के साथ लिखिए।

उत्तर— वर्तमान समय में अनेक ऐसे माध्यम हैं जिनके सहारे बिना पैसे खर्च किये भी अच्छा प्रचार-प्रसार मिल सकता है। उन साधनों में से प्रमुख साधन हैं—

(क) मोहल्ले के सूचना-पट पर सूचना लेखन,

(ख) मोहल्ले में जाकर नुक्कड़ नाटक का आयोजन,

(ग) जनसम्पर्क अभियान के द्वारा

(घ) मोहल्ले के सभागृह में आम सभा का आयोजन कर सूचना देना इत्यादि।

परीक्षोपयोगी महत्त्वपूर्ण प्रश्नोत्तर

लघु उत्तरीय प्रश्न—

प्रश्न 1. आज़ादी से पूर्व भारत में प्रथम स्वतन्त्रता दिवस कब मनाया गया?

उत्तर— आज़ादी से पूर्व भारत में प्रथम स्वतन्त्रता दिवस 26 जनवरी, 1930 को मनाया गया था।

प्रश्न 2. लाल बाज़ार लॉकअप में गिरफ्तार स्त्रियों की संख्या कितनी थी?

उत्तर— लाल बाज़ार लॉकअप में गिरफ्तार स्त्रियों की संख्या 105 थी।

प्रश्न 3. 26 जनवरी, 1931 के दिन होने वाली सभा की क्या विशेषता थी?

उत्तर— 26 जनवरी, 1931 के दिन होने वाली सभा की सबसे बड़ी विशेषता यह थी कि इस दिन स्वतन्त्रता की प्रतिज्ञा पढ़ी जानी थी तथा झण्डा फहराया जाना था। इसका उद्देश्य पूर्ण स्वराज था।

प्रश्न 4. सबसे अधिक लोग मोनुमेंट पर घायल हुए थे। इसकी क्या वजह थी?

उत्तर— कौंसिल ने सार्वजनिक रूप से यह नोटिस दिया था कि शाम के वक्त मोनुमेंट के नीचे प्रतिभा पढ़ी जायेगी तथा झण्डा फहराया जायेगा। इससे वहाँ लोगों की भीड़ अधिक हो गई और पुलिस की बर्बरता की वजह से अधिक लोग वहीं घायल हुए थे।

प्रश्न 5. दूसरे स्वतन्त्रता दिवस के आयोजन में लेखक का आर्थिक योगदान क्या था?

उत्तर— दूसरे स्वतन्त्रता दिवस के सफल आयोजन में लेखक ने लगभग 2000 रुपये का आर्थिक योगदान दिया था।

प्रश्न 6. बृजलाल गोयनका कौन थे तथा उनकी गिरफ्तारी कैसे हुई?

उत्तर— बृजलाल गोयनका एक स्वतन्त्रता सेनानी थे। वे स्वतन्त्रता के लिए संघर्ष करने में सबसे आगे रहते थे। जब वे 200 आदमियों का जुलूस लेकर लालबाज़ार की ओर जा रहे थे तब उन्हें गिरफ्तार कर लिया गया।

प्रश्न 7. युद्ध मन्त्री हरिशचन्द्र जी को क्यों पकड़ा गया तथा वे किस कार्य से सफल न हो सके?

उत्तर— युद्ध मन्त्री हरिशचन्द्र जी तारा सुन्दरी पार्क में झण्डा फहराने गये थे। जहाँ उनके साथ मारपीट की गई तथा उनके साथियों को भी मारा-पीटा गया। इन्हीं कारणों से वे इस कार्य में सफल न हो सके।

प्रश्न 8. मोनुमेंट की जगह पुलिस ने सुबह से घेरा क्यों डाल दिया था?

उत्तर— कौंसिल की सुचना के अनुसार मोनुमेंट की जगह 4 बजकर 24 मिनट पर झण्डा फहराया जाना था तथा प्रतिज्ञा पढ़ी जानी थी। कार्यक्रम को असफल बनाने के लिए उस जगह पर पुलिस ने सुबह से घेरा डाल दिया था।

प्रश्न 9. क्षितीश चटर्जी की स्थिति इतनी भयानक क्यों हुई?

उत्तर— मोनुमेंट की ओर जुलूस को बढ़ने से रोकने के लिए पुलिस भयानक रूप से लाठी चार्ज़ कर रही थी। पुलिस की लाठी की चोट से क्षितीश चटर्जी का सिर बुरी तरह फट गया था। अत्यधिक खून के बह जाने के कारण उनकी स्थिति भयानक हो गई थी।

प्रश्न 10. अविनाश बाबू कौन थे? उनके झण्डा गाड़ने पर क्या प्रतिक्रिया हुई?

उत्तर— अविनाश बाबू बंगाल प्रान्तीय विद्यार्थी संघ के मन्त्री थे। उनके झण्डा गाड़ने पर भयंकर प्रतिक्रिया हुई। लोगों को मारा-पीटा गया तथा भीड़ को हटा दिया गया।

प्रश्न 11. 26 जनवरी, 1931 के दिन कोलकाता में मार्गों की क्या स्थिति हो गयी थी। बताइए।

उत्तर— 26 जनवरी, 1931 के दिन कोलकाता में मार्गों की स्थिति अत्यंत असंतोषजनक थी। भीड़ की अधिकता के कारण पुलिस जुलूस को रोक नहीं पा रही थी। पुलिस उन पर लाठियाँ चला रही थीं। चारों ओर हाहाकार मचा हुआ था और वातावरण अशांत था।

प्रश्न 12. 'एक संगठित समाज कृतसंकल्प हो तो ऐसा कुछ भी नहीं जो वह न कर सके।' 'डायरी का एक पन्ना' पाठ के संबंध में कहे गए उक्त कथन को उदाहरण सहित पुष्टि कीजिए।

उत्तर— पाठ 'डायरी का एक पन्ना' यह उजागर करता है कि एक संगठित समाज कृतसंकल्प हो तो ऐसा कुछ भी नहीं जो वह न कर सके। इसमें 26 जनवरी, 1931 को बंगाल में अंग्रेजी सरकार के आदेश के विरुद्ध सभा की गई, जुलूस निकाले गए तथा मोनुमेंट के नीचे स्वतन्त्रता की प्रतिज्ञा पढ़ी गई।

प्रश्न 13. 'डायरी का एक पन्ना' पाठ के आधार पर लिखिए 26 जनवरी, 1931 का दिन विशेष क्यों था?

उत्तर— 26 जनवरी, 1931 का दिन विशेष इसलिए था, क्योंकि इस दिन गुलाम भारत में पहली बार स्वतंत्रता दिवस मनाया जा रहा था। यह विशेष आयोजन कलकत्ता में मनाया जा रहा था क्योंकि तब तक वहाँ कुछ खास नहीं हुआ था जिससे उसके नाम पर कलंक लग गया था कि कलकत्ता में आजादी के लिए कोई कार्य नहीं किया जा रहा। इस कलंक को धोने के लिए कलकत्तावासियों ने काफी तैयारियाँ की थी। मकानों व सार्वजनिक स्थालों में राष्ट्रीय झण्डे फहराए गए जिसे देखकर ऐसा प्रतीत हो रहा था मानो स्वतंत्रता मिल गई हो।

दीर्घ उत्तरीय प्रश्न—

प्रश्न 1. 26 जनवरी, 1931 के दिन कोलकाता में दूसरा स्वतंत्रता दिवस किस प्रकार मनाया गया? 'डायरी का एक पन्ना' पाठ के आधार पर लिखिए।

उत्तर— 26 जनवरी, 1931 के दिन कोलकाता में दूसरा स्वतंत्रता दिवस बड़े ही धूमधाम से मनाया गया। पूरे नगर में वधू के समान सजाया गया था। जगह-जगह घरों व सार्वजनिक भवनों पर झण्डे लगाये गये थे। पुलिस की निषेधाज्ञा के बावजूद लोग घरों से बाहर निकलकर जुलूस निकाल रहे थे तथा वंदे मातरम् का नारा लगा रहे थे। लोगों की संख्या बढ़ती ही जा रही थी। लोगों में असीम उत्साह व आनन्द था। नगर की ऐसी सजावट कभी नहीं देखी गई थी। पुलिस की लाठी खाने के बाद भी सामान्य जन मोनुमेंट के पास सभा करने और झण्डा फहराने के लिए एकत्र हो गये थे। पुलिस का विरोध करने और सभा का आयोजन करने में स्त्रियाँ भी किसी से कम नहीं थीं। 105 स्त्रियों का पकड़ा जाना और उन्हें लॉकअप में रखा जाना इसका सबसे बड़ा प्रमाण है। इस प्रकार 26 जनवरी, 1931 के दिन का आयोजन अपने-आप में अपूर्व था।

प्रश्न 2. आज़ादी की लड़ाई में विद्यार्थियों की क्या भूमिका थी? 'डायरी का एक पन्ना' पाठ के आधार पर बताइए।

उत्तर— आज़ादी की लड़ाई में विद्यार्थियों की भी महत्त्वपूर्ण भूमिका रही है। 'डायरी का एक पन्ना' पाठ के आधार पर यह बात पूरी तरह से सिद्ध हो जाती है। बंगाल विद्यार्थी संघ के मन्त्री अविनाश बाबू झण्डोत्सव और जुलूस आदि में अपनी श्रेष्ठ भूमिका का निर्वहन कर रहे थे। श्रद्धानन्द पार्क में इनके द्वारा झण्डा फहराया गया तथा जुलूस का नेतृत्व किया गया। यहीं पर इनके सहयोगियों पर लाठियाँ

बरसाई गईं तथा गिरफ्तार भी किया गया। मारबाड़ी बालिका विद्यालय जैसे अनेक विद्यालयों में लड़कियों ने झण्डोत्सव मनाया था। अनेक विद्यालयों में घूम-घूमकर जानकी देवी, मदालसा जैसी प्रसिद्ध नेताओं ने विद्यार्थियों को सम्बोधित किया तथा उन्हें स्वतंत्रता के संघर्ष में बढ़-चढ़कर भाग लेने के लिए प्रेरित किया।

प्रश्न 3. कोलकाता में दूसरे स्वतन्त्रता दिवस 26 जनवरी, 1931 के दिन को अमर और सफल बनाने में किन लोगों की प्रमुख भूमिका थी?

उत्तर— 26 जनवरी, 1931 का दिन कोलकाता के लिए अमर दिन बन गया था। यह एक सामान्य आन्दोलन न बनकर जन-आन्दोलन का रूप ले चुका था। सार्वजनिक सभा भी बुलाई गई जिसमें लोगों को जुलूस बनाकर पहुँचाना था। इस दिवस को महान दिवस बनाने में अनेक लोगों ने अपना खून-पसीना बहाया था। सुभाष बाबू मोनुमेंट के नीचे झण्डा फहराने और स्वतन्त्रता की प्रतिज्ञा पढ़ने की घोषणा कर चुके थे। उनके साथ वहाँ मार-पीट की गई तथा उन्हें गिरफ्तार कर लिया गया। इसी प्रकार श्रद्धानन्द पार्क के बंगाल प्रान्तीय संघ के मन्त्री अविनाश बाबू ने झण्डा गाड़ा तो उन्हें पुलिस पकड़कर ले गई। युद्ध मन्त्री हरिश्चन्द्र जी को तारा सुन्दरी पार्क में जाने से रोक दिया गया। इसी क्रम क्षितीश चटर्जी का सिर फट गया। जानकी देवी और मदालसा आदि महिलाओं ने भी जुलूस का नेतृत्व करने का काम किया। बृजलाल गोयनका आदि का योगदान तो अविस्मरणीय है।

प्रश्न 4. 26 जनवरी, 1931 के दिन से पूर्व कोलकाता पर क्या कलंक था? इस कलंक को कैसे धोया जा सका?

उत्तर— 26 जनवरी, 1931 के दिन पूर्व कोलकाता पर यह कलंक था कि यहाँ स्वतंत्रता के लिए काम नहीं होता है। 26 जनवरी, 1930 के दिन जब प्रथम स्वतन्त्रता दिवस मनाने का निर्णय लिया गया था तब कोलकाता में अधिक काम नहीं किया गया था। कोलकाता वाले इसे अपने ऊपर कलंक के रूप में मनाने लगे थे। परन्तु 26 जनवरी, 1931 के आते ही दूसरे स्वतन्त्रता दिवस पर सभी कोलकाता वासी कमर कस चुके थे। वे अपने ऊपर लगने वाले कलंक को पूरी तरह धोने को तैयार थे। यही कारण था कि पूरे कलकत्ते को नगर के समान सजा दिया गया था। पुलिस के दमनचक्र के बाद भी चारों ओर जुलूस निकाले जा रहे थे तथा सभा की तैयारियाँ चल रहीं थीं। लोग पुलिस की लाठी खा रहे थे तथा वन्दे मातरम् का नारा लगा रहे थे। अनेक लोग तथा महिलाओं को जेल में डाल दिया गया पर उनके उत्साह में कमी नहीं हो रही थी। इस सब घटनाओं से कोलकाता पर लगने वाला कलंक काफी हद तक धुल गया।

प्रश्न 5. 'डायरी का एक पन्ना' पाठ प्रेरक पाठ है। तर्क सहित स्पष्ट करें।

उत्तर— 'डायरी का एक पन्ना' पाठ लेखक की निजी डायरी का एक अंश है। इस अंश में लेखक ने 26 जनवरी, 1931 के दिन मनाये जाने वाले दूसरे स्वतन्त्रता दिवस के विषय में सविस्तार लिखा है। इस दिन पूरे कोलकाता को नगर-वधू के समान सजाया गया था। इस दिवस को सफल बनाने में अनेक महापुरुषों के त्याग तथा बलिदान से प्रेरणा ग्रहण करन की आवश्यकता है। यह पाठ देश प्रेम की भावना से ओत-प्रोत है। इस पाठ में अनेक महान हस्तियों का वर्णन है जिन्होंने स्वतन्त्रता के लिए अपना जीवन समर्पित कर दिया। इस प्रकार यह प्रेरक पाठ हैं।

प्रश्न 6. मैदान में सभा न होने देने के लिए पुलिस बंदोबस्त का विवरण देते हुए सुभाष बाबू के जुलूस और उनके साथ पुलिस के व्यवहार की चर्चा कीजिए।

उत्तर— पुलिस कमिश्नर का नोटिस था कि कोई सभा नहीं हो सकती यदि सभा में भाग लेंगे तो दोषी समझे जाएँगे। इधर कौंसिल का नोटिस था कि मोनुमेंट के नीचे चार बजकर चौबीस मिनट पर झण्डा फहराया जाएगा तथा स्वतन्त्रता की प्रतिज्ञा पढ़ी जाएगी। खुला चैलेंज देकर ऐसी सभा पहले नहीं की गई थी और यह सभा तो कहना चाहिए कि खुली लड़ाई थी। चार बजकर दस मिनट पर सुभाष बाबू जुलूस लेकर आए। उनको चौरंगी पर ही रोका गया और पुलिस ने लाठियाँ चलानी शुरु कर दी। ट्रैफिक पुलिस के साथ-साथ अन्य पुलिस बल द्वारा शहर में गश्त दी गई। पुलिस अत्यंत बर्बर हो चुकी थी। पर सुभाष बाबू ज्योतिर्मय गांगुली के साथ आगे बढ़ते रहे। सुभाष बाबू को पकड़ लिया गया और गाड़ी में बैठाकर लालबाज़ार लॉकअप में भेज दिया गया। इस प्रकार पुलिस ने आन्दोलनकारियों के साथ अत्यंत क्रूर व्यवहार किया। लाठियाँ पड़ने के बाद सुभाष बाबू द्वारा वन्देमातरम् बोला गया।

❑❑

ततॉरा वामीरो कथा

|12|

लेखक-लीलाधर मंडलोई

लेखक परिचय—प्रतिभाशाली व्यक्तित्व के धनी 'लीलाधर मंडलोई' यथार्थ रूप में एक कवि हैं परन्तु इनके चिन्तन की गहराई और कल्पना की उड़ान गद्य साहित्य में भी कम नहीं है। 'ततॉरा वामीरो कथा' में आद्यन्त पाठकों की जो उत्सुकता बनी रहती है वह इनके लेखन कौशल को चार चाँद लगाने के लिए पर्याप्त है। इनका जन्म 1954 ई. में जन्माष्टमी के दिन छिंदवाड़ा जिले के एक छोटे से गाँव 'गुढ़ी' में हुआ था। इनकी शिक्षा-दीक्षा भोपाल और रायपुर में हुई थी। इनको प्रसारण की उच्च शिक्षा के लिए 1987 ई. में कॉमनवेल्थ रिलेशन ट्रस्ट, लन्दन की ओर से आमन्त्रित किया गया था। मंडलोई जी इन दिनों प्रसार भारती, दूरदर्शन के महानिदेशक के साथ-साथ अनेक साहित्यिक संस्थाओं का कार्यभार सँभाल रहे हैं।

लीलाधर मंडलोई मूलत: कवि हैं। उनकी कविताओं में छत्तीसगढ़ अंचल की बोली की मिठास और वहाँ के जनजीवन का सजीव चित्रण है। अण्डमान निकोबार द्वीपसमूह की जनजातियों पर लिखा इनका गद्य अपने आप में एक समाजशास्त्रीय अध्ययन भी है। उनका कवि मन ही वह स्त्रोत है जो उन्हें लोककथा, लोकगीत, यात्रा-वृत्तान्त, डायरी, मीडिया, रिपोर्ताज और आलोचना लेखन की ओर प्रवृत्त करता है। मंडलोई जी की कविताओं से सरसता टपकती है। एक गम्भीर अन्तर्दृष्टा के समान श्री मंडलोई जी ने साहित्यकार के रूप में अपने उत्तरदायित्व का निर्वाह किया है। उन्होंने ग्राम्य जीवन की गरीबी को यथार्थ गद्य के रूप में जीवन्त अनुभव किया है। परिणामत: उनकी रचनाएँ इन सबसे अछूती न रह सकी हैं। 'ततॉरा वामीरो कथा' में समाज में पलते बिखरते प्रेम की कहानी का वर्णन किया गया है।

प्रमुख रचनाएँ—अपनी रचनाओं के लिए वे कई पुरस्कारों से सम्मानित किये गये हैं। मंडलोई जी की प्रमुख कृतियाँ हैं—घर-घर घूमा, रात-विरात, मगर एक आवाज़, देखा-अनदेखा, ये बदमस्ती तो होगी, लिखे में दु:ख, मनवा बेपरवाह, एक बहुत कोमल तान, चाँद पर धब्बा, पेड़ बोलते हैं (कहानी संग्रह) और काला पानी।

पुरस्कार—लीलाधर मंडलोई को अनेक संस्थानों और सरकारों द्वारा अलग-अलग पुरस्कारों से सम्मानित किया गया था। जिनमें से पूश्किन, शमशेर, नागार्जुन, रज़ा, रामविलास शर्मा (मध्यप्रदेश साहित्य परिषद), कृति सम्मान, साहित्यकार सम्मान (दिल्ली राजधानी, साहित्य अकादमी) आदि उल्लेखनीय हैं।

पाठ परिचय—प्रस्तुत पाठ 'ततॉरा वामीरो कथा' प्रेम की घटना पर आधारित एक दुखान्त कथा है। अण्डमान निकोबार द्वीपसमूह के निवासियों के मध्य अनेक प्रकार की दन्त-कथाएँ प्रचलित हैं। इन कथाओं के माध्यम से वहाँ की संस्कृति और सभ्यता का परिचय मिलता है। प्राचीन काल में अण्डमान निकोबार एक ही द्वीप था जो कालान्तर में विभक्त होकर दो भागों में विभक्त हो गया। इस द्वीपसमूह का विभक्त होने के सन्दर्भ में अनेक कथाएँ प्रचलित हैं। कुछ कथाओं का इतिहास साक्ष्य है पर कुछ कथाएँ केवल कपोल कल्पनाओं पर ही आधारित हैं। 'ततॉरा वामीरो कथा' का भी ऐतिहासिक साक्ष्य नहीं है पर लेखक श्री मंडलोई जी ने अपनी कल्पना चातुर्य से इस दन्त कथा को सत्य कथा के रूप में प्रस्तुत करने का कार्य किया है।

पाठ का सारांश—निकोबार द्वीपसमूह का पहला प्रमुख द्वीप है कार-निकोबार जो लिटिल अण्डमान से 96 किमी. दूर है। निकोबारियों का विश्वास है कि प्राचीन काल में ये दोनों द्वीप एक ही थे। इनके विभक्त होने की एक लोककथा प्रचलित है। इस द्वीप पर पासा नाम का एक सुन्दर गाँव था और उस गाँव में ततॉरा नाम का एक सुन्दर, साहसी, वीर, शक्तिशाली और परोपकारी युवक रहा करता था। अच्छे स्वभाव और आकर्षक व्यक्तित्व के कारण अपने गाँव वालों के साथ-साथ दूसरे गाँव के लोग भी विभिन्न अवसरों पर उसे अपने गाँव में निमन्त्रित करते थे। गाँव के लोगों का मानना था कि ततॉरा के पास कोई दैवीय शक्ति है और वह शक्ति एक तलवार के रूप में सदा उसके साथ रहती है इसलिए वह असम्भव कार्य भी सम्भव कर देता है।

पासा गाँव के समीप ही लपाती गाँव में वामीरो नाम की एक सुन्दर लड़की रहती थी। एक दिन शाम को समुद्र के किनारे सूर्यास्त के सुन्दर दृश्य को देखते हुए वामीरो मधुर स्वर में एक प्रेम-गीत गा रही थी। दिन भर के परिश्रम से थका ततॉरा समुद्र के किनारे टहल रहा था। वह वामीरो के गीत के मधुर स्वर सुनकर अनायास ही उस ओर बढ़ता चला गया, जहाँ वामीरो गा रही थी। ततॉरा को सामने देखकर वामीरो ने गाना बन्द कर दिया। ततॉरा बार-बार उसे पूरा करने का अनुनय करने लगा। उसने वामीरो से उसका नाम भी पूछा।

ततॉरा को अपने समीप पाकर वामीरो का मन भी विचलित हो रहा था। उसने केवल इतना ही कहा कि वह लपाती गाँव का नहीं है पासा गाँव का है। दूसरे गाँव का होने के कारण वह उसके प्रश्नों का उत्तर नहीं दे सकती। यह गाँव की परम्परा के अनुसार गलत होगा। परन्तु ततॉरा के नाम बताने के आग्रह को वह नहीं ठुकरा सकी और जाते-जाते अपना नाम 'वामीरो' बता दिया। ततॉरा और वामीरो एक-दूसरे के आकर्षण में आ चुके थे। वे रोज़ उसी समुद्र के किनारे मिलने लगे, जहाँ पहली बार एक-दूसरे को देखा था। जब गाँव के लोगों को पता चला तो उन्होंने इसका बहुत विरोध किया दोनों पर ही इसका कोई प्रभाव नहीं हुआ और वे यथावत् समुद्र के किनारे मिलते रहे।

कुछ समय के बाद तताँरा के गाँव में पशु-पर्व का आयोजन हुआ। इसमें आस-पास के गाँव के सभी लोग शामिल होकर नृत्य संगीत आदि का आनन्द उठाते थे। इसी के साथ पर्व में हृष्ट-पुष्ट पशुओं के प्रदर्शन भी किये जाते थे। हर साल इस आयोजन में बढ़-चढ़कर हिस्सा लेने वाले ततॉरा का मन इस वर्ष कार्यक्रम में नहीं लग रहा था। वह लगातार वामीरो के आने की राह देख रहा था। कुछ समय पश्चात् जब छिपती-छिपाती वामीरो आई तो ततॉरा को देखते ही रोने लगी। वामीरो को रोता हुआ देखकर ततॉरा अत्यन्त व्यग्र हो गया। ततॉरा के पास इस समय वामीरो को चुप करने का कोई उपाय न था। रोना सुनकर वामीरो की माँ भी वहाँ आ गई और ततॉरा को उसके कृत्य के लिए अपमानित किया। यह देखकर गाँव के लोग भी वहाँ एकत्रित होने लगे और उन्होंने भी वामीरो की माँ का साथ दिया और ततॉरा के विरोध में आवाज़ें उठाने लगे।

लोगों में हमेशा सम्मान पाने वाले ततॉरा के लिए यह अपमान असह्य था। वह समझ नहीं पा रहा था कि इस समय क्या करे? कैसे गाँव के लोगों को समझाए कि गाँव के बाहर की लड़की से विवाह न करने की उनकी परम्परा गलत है। अन्ततः क्रोध में आकर उसने अपनी कमर में बँधी लकड़ी की तलवार निकाली और उसे पूरी ताकत से धरती में गाड़ दिया तथा खींचने लगा। वह पसीने से लथपथ हो चुका था तभी जहाँ उसने तलवार से लकीर खींची थी वहाँ एक दरार-सी होने लगी और लकीर के सीध में धरती फट कर अलग हो गई। फटी धरती के एक छोर पर वामीरो थी तो दूसरी छोर पर ततॉरा था। अचानक ततॉरा की ओर का द्वीप समुद्र में धँसने लगा। उसने छलाँग लगाकर वामीरो के द्वीप पर जाना चाहा, परन्तु सफल न हो सका और समुद्र के पानी के बहाव के साथ बहता चला गया। बहता हुआ ततॉरा, वामीरो-वामीरो कहता जा रहा था पर उसे बचाने का सामर्थ्य न तो वामीरो में था और न गाँव वालों में। अन्ततः ततॉरा समुद्र में अदृश्य हो गया।

ततॉरा के समुद्र में बह जाने के बाद, वामीरो पागल-सी हो गई। उसने खाना-पीना छोड़ दिया। वह दिनभर उसी स्थान पर जाकर बैठी रहती, जहाँ ततॉरा समुद्र में बह गया था और फिर एक दिन वह भी गायब हो गई। इस तरह इस प्रेमकथा का दु:खद अन्त हो गया।

आज न ततॉरा है, न वामीरो, परन्तु उनकी प्रेमकथा घर-घर में सुनाई जाती है। इस घटना के बाद निकोबारी एक-दूसरे के गाँवों में वैवाहिक सम्बन्ध स्थापित करने लगे। प्रेमी युगल के बलिदान के बाद यह कुप्रथा समाप्त हो गई। ततॉरा वामीरो की मृत्यु नि:सन्देह सुखद परिवर्तन के लिए थी।

प्रमुख पात्र—ततॉरा (युवक), वामीरो (युवती), वामीरो की माँ और ग्रामीण।

शब्द-सम्पदा

अन्तिम = अन्त का। **आदिम** = प्रारम्भिक। **विभक्त** = बँटा हुआ। **लोककथा** = जन-समाज में प्रचलित कथा। **पोशाक** = वेशभूषा। **क्षितिज़** = आकाश। **विलक्षण** = असाधारण। **तन्द्रा** = एकाग्रता। **नि:शब्द** = चुपचाप। **विकल** = बेचैन। **संचार** = उत्पन्न होना (भावना का)। **असंगत** = अनुचित। **झुंझलाना** = चिढ़ना। **निनिर्मेष** = बिना पलक झपकाये। **रोमांचित** = पुलकित। **निश्चल** = स्थिर। **उफनना** = उबलना। **याचक** = माँगने वाला। **साहसिक कारनामा** = साहसपूर्ण कार्य। **दरार** = रेखा के समान। **मूक** = मौन। **प्रबन्ध** = व्यवस्था। **झिझक** = संकोच। **क्षोभ** = गुस्सा। **करुण** = दुखपूर्ण। **शृंखला** = क्रम। **तत्पर** = तैयार। **स्मरण** = याद। **आत्मीय** = अपना। **अथक** = बिना थके। **क्षीण** = कमज़ोर। **बयार** = शीतल मन्द हवा। **विवश** = मज़बूर। **चैतन्य** = चेतना। **विस्मित** = हैरान। **सम्मुख** = सामने। **सम्मोहित** = मुग्ध। **अन्यमनस्कता** = जिसका चित्त कहीं और हो। **अचम्भित** = चकित। **झुरमुट** = झुण्ड। **अफवाह** = उड़ती खबर। **शमन** = शान्त करना। **घोंपना** = भोंकना। **निषेध** = रोक, मना। **सांस्कृतिक** = संस्कृति से सम्बन्धित। **राष्ट्रीय** = राष्ट्र से सम्बन्धित। **आह्वान** = बुलावा। **समर्पण** = झुकना। **आकृति** = आकार। **सचेत** = होश में। **प्रदर्शन** = दिखावा। **अंश** = भाग। **विह्वल** = भावुक। **सिहरना** = काँपना। **विलग** = अलग।

➪ पाठ से सम्बन्धित प्रश्नोत्तर

मौखिक प्रश्नोत्तर—

निम्नलिखित प्रश्नों के उत्तर एक-दो पंक्तियों में दीजिए—

प्रश्न 1. ततॉरा वामीरो कहाँ की कथा है?

उत्तर— ततॉरा वामीरो अण्डमान निकोबार द्वीप समूह की लोक कथा है।

प्रश्न 2. वामीरो अपना गाना क्यों भूल गई?

उत्तर— अचानक समुद्र की ऊँची लहरों ने वामीरो को भिगो दिया और वह इसी हड़बड़ाहट में गाना भूल गई।

प्रश्न 3. ततॉरा ने वामीरो से क्या याचना की?

उत्तर— ततॉरा ने वामीरो से याचना की कि वह अपने मधुर गीत को गाये और वह कल (अगले दिन) उसी समुद्री चट्टान पर आये।

प्रश्न 4. ततॉरा और वामीरो के गाँव की क्या रीति थी?

उत्तर— ततॉरा और वामीरो के गाँव की रीति थी कि वैवाहिक सम्बन्धों के लिए युवक और युवती को एक ही गाँव का होना आवश्यक था। दूसरे गाँव के लड़के और लड़की से विवाह करना अनुचित समझा जाता था।

प्रश्न 5. क्रोध में ततॉरा ने क्या किया?

उत्तर— क्रोध में तताँरा ने तलवार निकाल कर ज़मीन में गाड़ दी। फिर पूरी ताकत से खींचते हुए दूर तक चला गया। जिससे धरती के दो टुकड़े हो गये।

लिखित प्रश्नोत्तर—

(क) निम्नलिखित प्रश्नों के उत्तर (30-40) शब्दों में लिखिए—

प्रश्न 1. तताँरा की तलवार के बारे में लोगों का क्या मत था?

उत्तर— तताँरा की तलवार के बारे में लोगों का मत था कि उसकी तलवार भले साधारण लकड़ी की थी पर तलवार में अद्‌भुत विलक्षण और दैवीय शक्ति थी।

प्रश्न 2. वामीरो ने तताँरा को बेरुखी से क्या जवाब दिया?

उत्तर— वामीरो ने ततँारा को बेरुखी से जवाब दिया कि वह कौन है, उसे क्यों घूर रहा है? और उसके इस तरह के असंगत प्रश्नों का उत्तर वह क्यों दे? वह अपने गाँव के अतिरिक्त किसी अन्य युवक के प्रश्नों के उत्तर देने के लिए बाध्य नहीं है और यह बात वह भी जानता है।

प्रश्न 3. ततँारा वामीरो की त्यागमयी मृत्यु से निकोबार में क्या परिवर्तन आया?

उत्तर— ततँारा वामीरो की त्यागमयी मृत्यु से निकोबार की सदियों से चल ही रूढ़िवादी परम्परा में बहुत बड़ा परिवर्तन आया। उन दोनों की मृत्यु के बाद गाँव वाले दूसरे गाँववालों से वैवाहिक सम्बन्ध करने लगे और लोगों की सोच में भी अन्तर आया।

प्रश्न 4. निकोबार के लोग ततँारा को क्यों पसन्द करते थे?

उत्तर— ततँारा एक नेक, परोपकारी युवक था। वह सदैव दूसरों की सहायता करने के लिए तत्पर रहता था। अपने नहीं बल्कि समूचे द्वीपवासियों की सेवा करना अपना कर्त्तव्य समझता था। उसके इन्हीं मानवीय गुणों के कारण निकोबार के लोग ततँारा को पसन्द करते थे।

(ख) निम्नलिखित प्रश्नों के उत्तर (80-100) शब्दों में लिखिए—

प्रश्न 1. निकोबार द्वीपसमूह के विभक्त होने के बारे में निकोबारियों का क्या विश्वास है?

उत्तर— निकोबारियों का विश्वास था कि पहले अण्डमान निकोबार दोनों एक ही द्वीप थे। इनके दो होने के पीछे ततँारा वामीरो की लोककथा प्रचलित है। ये दोनों आपस में प्रेम करते थे। दोनों एक गाँव के नहीं थे। इसलिए रीति के अनुसार विवाह नहीं हो सकता। पारम्परिक रूढ़ियों में जकड़े होने के कारण वे कुछ कर भी नहीं सकते थे। ततँारा बहुत ही साहसी और वीर था। उसे अत्यधिक क्रोध आया और उसने क्रोध में अपनी दैवीय तलवार धरती में गाड़ दी और उसे खींचते-खींचते वह दूर भागता चला गया। इससे धरती दो भागों में विभक्त हो गई—एक निकोबार और दूसरा अण्डमान बन गया।

प्रश्न 2. ततँारा खूब परिश्रम करने के बाद कहाँ गया? वहाँ के प्राकृतिक सौन्दर्य का वर्णन अपने शब्दों में कीजिए।

उत्तर— ततँारा दिनभर के अथक परिश्रम के बाद समुद्र किनारे टहलने निकल गया। सूरज समुद्र से लग क्षितिज तले डूबने वाला था। समुद्र से ठण्डी हवा आ रही थी। पक्षियों की सायंकालीन चहचहाहटें धीरे-धीरे मन्द हो रही थीं। डूबते हुए सूरज की किरणें समुद्र के पानी पर पकड़कर सतरंगी छटा बिखरे रही थी। बीच-बीच में लहरों का संगीत सुनाई दे रहा था। पूरा वातावरण संगीतमय लग रहा था।

प्रश्न 3. वामीरो से मिलने के बाद ततँारा के जीवन में क्या परिवर्तन आया?

उत्तर— लीलाधर मंडलोई ने ततँारा-वामीरो के माध्यम से प्रेम की अनुभूति का सूक्ष्म चित्रण किया है। वामीरो से मिलने के बाद ततँारा का जीवन अशान्त हो गया वह हर समय वामीरो से मिलने को व्याकुल रहने लगा। परिश्रमी, शान्त और गम्भीर स्वभाव के ततँारा का जीवन वामीरो से मिलने के बाद बदल-सा गया वह हर समय केवल वामीरो के बारे में सोचने लगा। वामीरो से मिलने के लिए वह बेचैनी से शाम होने की प्रतिक्षा करता रहता। काम में अब उसका मन नहीं लगता था। वामीरो के प्रति अपने आकर्षण को वह समझ नहीं पा रहा था और न ही खुद को रोक पा रहा था। एक तरह से असहाय-सा हो गया था। वह अपनी सुधबुध खो बैठा था। वह दिन ढलने से पहले ही लपाती की समुद्री चट्टान पर पहुँच जाता था।

प्रश्न 4. प्राचीन काल में मनोरंजन और शक्ति-प्रदर्शन के लिए किस प्रकार के आयोजन किये जाते थे?

उत्तर— प्राचीन काल में शक्ति प्रदर्शन और मनोरंजन के लिए पशुओं की लड़ाई का आयोजन करवाया जाता था। कहीं-कहीं पर मनुष्य और पशु की लड़ाई भी होती थी। लड़ाकू साँडों, शेर, पहलवानों की कुश्ती, तलवारबाजी जैसे शक्ति प्रदर्शन के कार्यक्रम होते थे। तीतर, बटेर की लड़ाई, पतंगबाजी, पैठे लगाना जिसमें विशिष्ठ सामग्रियाँ बिकतीं। खाने-पीने की दुकानें, जानवरों की नुमाइश, ये सभी मनोरंजन के आयोजन होते थे। साथ में नाच और गाने का भी आयोजन होता था। भोजन की भी व्यवस्था होती थी।

प्रश्न 5. रूढ़ियाँ जब बन्धन बन बोझ बनने लगें तब उनका टूट जाना ही अच्छा है। क्यों? स्पष्ट कीजिए।

उत्तर— यथार्थ में रूढ़ियाँ जब बन्धन बन बोझ बनने लगें तब उनका टूट जाना ही अच्छा है क्योंकि तभी हम समय के साथ आगे बढ़ पायेंगे। इस कहानी के सन्दर्भ में देखा जाये तो ततँारा-वामीरो का विवाह एक रूढ़ि के कारण नहीं हो सकता था जिसके कारण उन्हें जान देनी पड़ती है। इस तरह की रूढ़ियाँ किसी का भला करने की जगह नुकसान करती हैं। बन्धनों में जकड़कर व्यक्ति और समाज का विकास, सुख-आनन्द, अभिव्यक्ति आदि रुक जाती है। यदि हमें आगे बढ़ना है तो इन रुढ़िवादी विचारधाराओं को तोड़ना ही होगा। कोई भी परम्परा मानव से अधिक कीमती नहीं हो सकती।

(ग) निम्नलिखित का आशय स्पष्ट कीजिए—

प्रश्न 1. जब कोई राह न सूझी तो क्रोध का शमन करने के लिए उसमें शक्ति भर उसे धरती में घोंप दिया और ताकत से उसे खींचने लगा।

उत्तर— ततााँरा को पता लग गया था कि वामीरो के साथ उसका विवाह नहीं हो सकता है। पशु पर्व में वामीरो ततााँरा से मिलकर रोने लगी। इस पर उसकी माँ ने क्रोध किया और गाँव वालों के साथ ततााँरा को अपमानित करने लगी। ततााँरा अपने अपमान को सहन नहीं कर पाया और उसे भी क्रोध आने लगा। अपने गुस्से को शान्त करने के लिए अपनी दैवीय तलवार को ज़मीन में गाड़कर खींचता चला गया। इस कारण धरती दो हिस्सों में बँट गई और द्वीप के दो टुकड़े हो गये।

प्रश्न 2. बस आस की एक किरण थी जो समुद्र की देह पर डूबती किरणों की तरह कभी भी डूब सकती थी।

उत्तर— ततााँरा वामीरो से अत्यधिक प्रेम करता था। एक दिन वह शाम के समय समुद्र के किनारे वामीरो की प्रतीक्षा कर रहा था। प्रतीक्षा की घड़ी लम्बी होती जा रही थी। जैसे-जैसे सूरज डूब रहा था, उसको वामीरो के न आने की आशंका बढ़ती जा रही थी। जिस प्रकार सूर्य की किरणें समुद्र की लहरों में कभी दिखती तो कभी छिप जाती थी, उसी तरह ततााँरा के मन में भी उम्मीद बनती और डूबने लगती थी। अनायास उसे लगने लगता था कि वामीरो का इंतजार विफल न हो जाये।

प्रश्न 3. निम्नलिखित पठित गद्यांश को पढ़कर पूछे गए प्रश्नों के उत्तर उचित विकल्प चुनकर लिखिए।

ततााँरा एक नेक और मददगार व्यक्ति था। सदैव दूसरों की सहायता के लिए तत्पर रहता। अपने गाँववालों की ही नहीं, अपितु समूचे द्वीपवासियों की सेवा करना अपना परम कर्तव्य समझता था। उसके इस त्याग की वजह से वह चर्चित था। सभी उसका आदर करते। मुसीबत के वक्त में उसे स्मरण करते और वह भागा-भागा वहाँ पहुँच जाता। दूसरे गाँवों में भी पर्व-त्योहारों के समय उसे विशेष रूप से आमन्त्रित किया जाता। उसका व्यक्तित्व तो आकर्षक था ही, साथ ही आत्मीय स्वभाव की वजह से लोग उसके करीब रहना चाहते थे। पारम्परिक पोशाक के साथ वह अपनी कमर में सदैव एक लकड़ी की तलवार बाँधे रहता। लोगों का मत था, बावजूद लकड़ी की होने पर, उस तलवार में अद्‌भुत दैवीय शक्ति थी। ततााँरा अपनी तलवार को कभी अलग न होने देता। उसका दूसरों के सामने उपयोग भी न करता। किन्तु उसके चर्चित साहसिक कारनामों के कारण लोग-बाग तलवार में अद्‌भुत शक्ति का होना मानते थे। ततााँरा की तलवार एक विलक्षण रहस्य थी।

(क) पठित पाठ तथा उसके लेखक के नाम का चुनाव कीजिये—

(i) लेखक—लीलाधर मंडलोई
(ii) पाठ—तारा वमीरो कथा, लेखक— लीलाधर
(iii) पाठ—ततााँरा वामीरो कथा, लेखक—लीलाधर मंडलोई
(iv) पाठ—वामीरो कथा, लेखक—लीलाधर मंडलोई

(ख) ततााँरा का इनमें से कौन-सा चरित्रिक गुण है?

(i) ततााँरा एक नेक व्यक्ति था तथा सभी की सहायता करता था
(ii) ततााँरा एक मददगार व्यक्ति था किसी की सहायता नहीं करता था
(iii) ततााँरा एक नेक और मददगार व्यक्ति था पर वह कहीं नहीं जाता था
(iv) ततााँरा एक नेक और मददगार व्यक्ति था उसके त्याग के कारण लोग उसकी चर्चा करते रहते थे

(ग) लोग उसके करीब क्यों रहना चाहते थे—

(i) क्योंकि वह मुसीबत में सबकी सहायता करता था
(ii) क्योंकि वह मुसीबत में सबकी सहायता करता था तथा उसका व्यक्तित्व आकर्षक था
(iii) क्योंकि वह मुसीबत में सबकी सहायता करता था तथा उसका व्यक्तित्व आकर्षक नहीं था
(iv) क्योंकि वह मुसीबत में किसी की सहायता नहीं करता था

(घ) ततााँरा की तलवार के बारे में लोगों का क्या विचार था—

(i) ततााँरा की तलवार लकड़ी की थी
(ii) ततााँरा की तलवार में दैवीय शक्ति थी
(iii) ततााँरा की तलवार लकड़ी की थी परन्तु उसमें दैवीय शक्ति थी
(iv) ततााँरा की तलवार साधारण थी

(ङ) ततााँरा के पास ऐसा क्या था जिसमें दैवीय शक्ति थी?

(i) तलवार (ii) भाला
(iii) हल (iv) धनुष

उत्तर— (क) (iii) पाठ—ततााँरा वामीरो कथा, लेखक—लीलाधर मंडलोई
(ख) (iv) ततााँरा एक नेक और मददगार व्यक्ति था उसके त्याग के कारण लोग उसकी चर्चा करते रहते थे

(ग) (ii) क्योंकि वह मुसीबत में सबकी सहायता करता था तथा उसका व्यक्तित्व आकर्षक था

(घ) (iii) तताँरा की तलवार लकड़ी की थी परन्तु उसमें दैवीय शक्ति थी

(ङ) (i) तलवार

भाषा अध्ययन

प्रश्न 1. निम्नलिखित वाक्यों के सामने दिये कोष्ठक में (✓) का चिह्न लगाकर बतायें कि वह वाक्य किस प्रकार का वाक्य है—

उत्तर—

(क) निकोबारी उसे बेहद प्रेम करते थे।	विधानवाचक
(ख) तुमने एकाएक इतना मधुर गाना अधूरा क्यों छोड़ दिया?	प्रश्नवाचक
(ग) वामीरो की माँ क्रोध में उफन उठी।	विधानवाचक
(घ) क्या तुम्हें गाँव का नियम नहीं मालूम?	प्रश्नवाचक
(ङ) वाह! कितना सुन्दर नाम है।	विस्मयादिबोधक
(च) मैं तुम्हारा रास्ता छोड़ दूँगा।	विधानवाचक

प्रश्न 2. निम्नलिखित मुहावरों का अपने वाक्यों में प्रयोग कीजिए—

उत्तर— **(क) सुध-बुध खोना**—अपने सामने अजनबी आदमी को देख रीता ने अपनी सुधबुध खो दी।

(ख) बाट जोहना—शाम होते ही घोंसले में चिड़िया अपने बच्चों की बाट जोहने लगती है।

(ग) खुशी का ठिकाना न रहना—परीक्षा में सफल होने पर रमेश की खुशी का ठिकाना न रहा।

(घ) आग बबूला होना—छात्रों की गलती देखकर अध्यापक आग बबूला हो गये।

(ङ) आवाज़ उठाना—जनता ने सरकार के विरुद्ध आवाज़ उठाई।

प्रश्न 3. नीचे दिये गये शब्दों में से मूल शब्द और प्रत्यय अलग करके लिखिए—

उत्तर—

शब्द	**मूल शब्द**	**प्रत्यय**
चर्चित	चर्चा	इत
साहसिक	साहस	इक
छटपटाहट	छटपट	आहट
शब्दहीन	शब्द	हीन

प्रश्न 4. नीचे दिये गये शब्दों में उचित उपसर्ग लगाकर शब्द बनाइए—

उत्तर—

अन	+	आकर्षक	=	अनाकर्षक
अ	+	ज्ञात	=	अज्ञात
सु	+	कोमल	=	सुकोमल
बे	+	होश	=	बेहोश
दुर्	+	घटना	=	दुर्घटना

प्रश्न 5. निम्नलिखित वाक्यों को निर्देशानुसार परिवर्तित कीजिए—

उत्तर— **(क) मिश्र वाक्य**—जीवन में ऐसा पहली बार हुआ है जब मैं विचलित हुआ हूँ।

(ख) संयुक्त वाक्य—फिर तेज़ कदमों से चलती हुई आई और ततॉरा के सामने आकर ठिठक गई।

(ग) सरल वाक्य—वामीरो कुछ सचेत होकर घर की तरफ़ दौड़ी।

(घ) संयुक्त वाक्य—उसने ततॉरा को देखा और वह फूटकर रोने लगी।

(ङ) मिश्र वाक्य—रीति के अनुसार यह आवश्यक था कि दोनों एक ही गाँव के हों।

प्रश्न 6. नीचे दिये गये शब्दों के विलोम लिखिए—

उत्तर—

भय	—	निर्भय
मधुर	—	कटु
सभ्य	—	असभ्य
मूक	—	वाचाक
तरल	—	ठोस
उपस्थिति	—	अनुपस्थिति
दुखद	—	सुखद

प्रश्न 7. नीचे दिये गये शब्दों के दो-दो पर्यायवाची शब्द लिखिए—

उत्तर—

समुद्र	—	सिंधु, उदधि
आँख	—	नयन, चक्षु
दिन	—	दिवा, वार
अँधेरा	—	तम, अंधकार
मुक्त	—	स्वतन्त्र, आज़ाद

प्रश्न 8. नीचे दिये गये शब्दों का वाक्य में प्रयोग कीजिए—

उत्तर—

किंकर्तव्यविमूढ़	—	अतिथि के अचानक आ जाने पर घर के लोग किंकर्तव्यविमूढ़ हो गये।
विह्वल	—	पुत्री के ससुराल विदा करते समय माता-पिता विह्वल हो जाते हैं।
भयाकुल	—	मोहन अँधेरी रात के सन्नाटे में भयाकुल हो गया।
याचक	—	याचक को कभी भी दरवाज़े से निराश नहीं भेजना चाहिए।
आकंठ	—	आजकल भक्त भक्तिसागर में आकंठ मग्न हो जाते हैं।

प्रश्न 9. 'किसी तरह आँचरहित एक ठण्डा और ऊबाऊ दिन गुज़रने लगा ' वाक्य में दिन के लिए किन-किन विशेषणों का प्रयोग किया गया है? आप दिन के लिए कोई तीन विशेषण और सुझाइए।

उत्तर— दिन के लिए प्रयुक्त विशेषण—ठण्डा और उबाऊ।

दिन के लिए तीन विशेषण—गरम, शुभ और ठण्डा।

प्रश्न 10. इस पाठ में 'देखना' क्रिया के कई रूप आये हैं 'देखना' के इन विभिन्न शब्दप्रयोगों में क्या अन्तर है? वाक्यप्रयोग द्वारा स्पष्ट कीजिए। इसी प्रकार 'बोलना' क्रिया के विभिन्न शब्दप्रयोग बताइए—

उत्तर— देखना—

(क) आँखें केन्द्रित करना—शिकारी अपने शिकार को देख रहा था।

(ख) नज़र पड़ना—माली ने फूल के पास बच्चे को अचानक देख लिया।

(ग) ताकना—मेले में मोहन अपने मित्र को इधर-उधर देख रहा था।

(घ) घूरना—माता खाना नहीं छोड़ देने पर अपने बच्चे को गुस्से से देखने लगी।

(ङ) निहारना—सुबह-शाम प्राकृतिक सौन्दर्य देखने लायक होता है।

(च) निर्मिमेष ताकना—भक्त मन्दिर में माता की प्रतिमा को देखते ही रह गये।

बोलना—

(क) बोलना = कहना, (ख) बोलना = बकना, (ग) बोलना = भाषण, (घ) बोलना = पुकारना, (ङ) बोलना = तात्पर्य, (च) बोलना = वाचन।

प्रश्न 11. वाक्यों के रेखांकित पदबन्धों का प्रकार बताइए—

उत्तर—

वाक्य	उत्तर
(क) उसकी कल्पना में वह एक अद्भुत साहसी युवक था।	विशेषण पदबन्ध
(ख) ततााँरा को मानो कुछ होश आया।	क्रिया पदबन्ध
(ग) वह भागा-भागा वहाँ पहुँच जाता।	क्रिया-विशेषण पदबन्ध
(घ) ततााँरा की तलवार एक विलक्षण रहस्य थी।	विशेषण पदबन्ध
(ङ) उसकी व्याकुल आँखें वामीरो को ढूँढ़ने में व्यस्त थीं।	संज्ञा पदबन्ध

परीक्षोपयोगी महत्त्वपूर्ण प्रश्नोत्तर

लघु उत्तरीय प्रश्न—

प्रश्न 1. 'ततााँरा वमीरो कथा' कहाँ की लोककथा है?

उत्तर— 'ततााँरा वामीरो कथा' अण्डमान निकोबार द्वीपसमूह की लोककथा है।

प्रश्न 2. ततााँरा सदैव अपने साथ क्या रखता था?

उत्तर— ततााँरा सदैव अपने साथ लकड़ी की तलवार रखता था। लोगों का मानना था कि उसमें दैवीय शक्ति थी इसलिए वह उसे हमेशा अपने कमर में बाँधे रखता था।

प्रश्न 3. तताँरा किसके आकर्षण में विकल-सा हो गया?

उत्तर— तताँरा वामीरो के आकर्षण में विकल-सा हो गया जो ढलती हुई शाम के सौन्दर्य में बेसुध, एकटक समुद्र की देह पर डूबते आकर्षक रंगों को निहारते हुए अत्यन्त मधुर स्वर में गा रही थी।

प्रश्न 4. तताँरा ने युवती (वामीरो) से याचना भरे स्वर में क्या कहा?

उत्तर— तताँरा ने युवती (वामीरो) से याचना भरे स्वर में समुद्र किनारे उसी जगह पर मिलने आने के लिए कहा।

प्रश्न 5. परम्परा के विरूद्ध क्या था? 'तताँरा-वामीरो कथा' के आधार पर लिखिए।

उत्तर— निकोबार द्वीप समूह पर एक गाँव की युवती का दूसरे गाँव के युवक के साथ वैवाहिक सम्बन्ध होना परम्परा के विरुद्ध था।

प्रश्न 6. प्रतीक्षारत तताँरा के भीतर क्या आशंका दौड़ रही थी?

उत्तर— प्रतीक्षारत तताँरा के भीतर सूरज की किरणों को समुद्र की लहरों में डूबते जाने और अंधेरे के बढ़ते जाने के साथ वामीरो के न आने की आशंका दौड़ रही थी। वह समुद्र के किनारे बैठकर वामीरो की प्रतीक्षा कर रहा था।

प्रश्न 7. वामीरो और तताँरा किस-किस गाँव के रहने वाले थे?

उत्तर— वामीरो और तताँरा क्रमशः लपाती और पासा गाँव के रहने वाले थे।

प्रश्न 8. तताँरा की तलवार के द्वारा जो लकीर खिंच गई थी, अचानक वहाँ क्या होने लगा?

उत्तर— तताँरा की तलवार के द्वारा जो लकीर खिंच गई थी, अचानक वहाँ एक दरार होने लगी। धरती भयानक गड़गड़ाहट के साथ दो टुकड़ों में बँटने लगी और धीरे-धीरे द्वीप के दो टुकड़े हो गये और तताँरा समुद्र में डूबता जा रहा था।

प्रश्न 9. वामीरो ने क्या श्रेयस्कर समझा?

उत्तर— वामीरो तताँरा से मन ही मन प्रेम करने लगी थी। वह तताँरा को अपने प्रेमी के रूप में स्वीकार कर चुकी थी परन्तु वह अपने गाँव की परम्परा के विरुद्ध जा नहीं सकती थी। अतः उसने तताँरा को भूल जाना ही श्रेयस्कर समझा।

प्रश्न 10. तताँरा वामीरो की त्यागमयी मृत्यु का क्या सुखद परिणाम निकला?

उत्तर— तताँरा वामीरो की त्यागमयी मृत्यु का सुखद परिणाम यह निकला कि उस समय के बाद वहाँ की रूढ़िवादी परम्परा टूट गई और उस समय से दो अलग-अलग गाँव के युवक-युवतियों के बीच वैवाहिक सम्बन्ध होने लगे।

प्रश्न 11. 'प्रेम सबको जोड़ता है।' 'तताँरा-वामीरो कथा' पाठ के आधार पर इस कथन की पुष्टि कीजिए।

उत्तर— प्रेम सबको जोड़ता है यह कथन 'तताँरा वामीरो कथा' पाठ के आधार पर पूर्ण रूप से युक्तिसंगत है क्योंकि यद्यपि इस कथा में तताँरा वामीरो मिल नहीं पाए पर उनकी प्रेम कथा आज घर-घर सुनाई जाती है। निकाबारी इस घटना के बाद दूसरे गाँवों में भी आपसी वैवाहिक सम्बन्ध स्थापित करने लगे। इस तरह से तताँरा और वामीरो की त्यागमयी मृत्यु से एक सुखद परिवर्तन हुआ। उनका बलिदान व्यर्थ नहीं गया। उनके प्रेम ने सभी को जोड़ दिया।

दीर्घ उत्तरीय प्रश्न—

प्रश्न 1. तताँरा वामीरो कथा के आधार पर क्या यह एक सच्ची प्रेम-गाथा प्रतीत होती है?

उत्तर— सच्चा प्रेम किसी प्रकार के बन्धन को स्वीकार नहीं करता और न ही किसी प्रकार के रीति-रिवाजों को स्वीकार करता है प्रेम का सम्बन्ध जाति, धर्म सम्प्रदाय और अहंकार के भाव से ऊपर होता है। एक सच्ची प्रेम कथा वह होती है जिसमें मानवीय सम्बन्धों का आधार सिर्फ प्रेम रहता है। प्रेमी-प्रेमिका, मान-मर्यादा, धन-सम्पत्ति के लिए नहीं अपितु मन में सच्चे प्रेम के कारण एक-दूसरे को चाहते हैं। एक-दूसरे पर मर-मिटने को तैयार रहते हैं। इन तथ्यों के आधार पर यह एक सच्ची प्रेम-कथा प्रतीत होती है। इसमें तताँरा वामीरो से सच्चा प्यार करता है। वामीरो भी समझती है कि सामाजिक रूढ़ियों के कारण उसका विवाह सम्भव नहीं है पर वह तताँरा से प्रेम करना नहीं छोड़ती है और अन्ततः दोनों अपने प्राणों को न्यौछावर कर मधुर प्रेम को अमर कर देते हैं।

प्रश्न 2. द्वीप के विभक्त होने के बाद तताँरा का क्या हुआ? पाठ के आधार पर लिखिए।

उत्तर— तताँरा वामीरो से अनन्य प्रेम करता था। उसका प्रेम सच्चा था। उसे रात-दिन का चैन नहीं था। वह वामीरो से मिलने का यत्न सोचता रहता था। यही कारण है कि उसका मन गाँव के पशु-पर्व में भी नहीं लग रहा था। उसने वामीरो को पाने के लिए दुनियाभर से संघर्ष किया। मेले में वामीरो की माँ के साथ जब गाँववाले उसे अपमानित करने लगे तो यह अपमान उसके लिए असह्य हो गया। क्रोध में अपनी दैवीय तलवार से उसने द्वीप को दो भागों में विभक्त कर दिया। तताँरा की ओर का विभाजित द्वीप समुद्र में धँसने लगा और वह छटपटाने लगा। उसने छलाँग लगाकर दूसरा सिरा थामना चाहा किन्तु पकड़ ढीली पड़ने लगी। वह समुद्र की तलहटी की ओर फिसलने लगा और कालान्तर में तताँरा का क्या हुआ किसी को भी मालूम न चल सका। इस प्रकार अपने प्रेम को अमर कर वह विलुप्त हो गया।

प्रश्न 3. तताँरा और वामीरो की मानसिक स्थिति का वर्णन अपने शब्दों में कीजिए।

उत्तर— तताँरा गम्भीर, शान्त, स्वस्थ और प्रसिद्ध मन वाले व्यक्तित्व का स्वामी था। वामीरो को देखने और मिलने के बाद वह पहली बार स्वयं को अचम्भित और रोमांचित अनुभव कर रहा था। वह अनिर्णय की स्थिति में था। उसके मन में बस एक ही धुन सवार थी—वामीरो

से मिलने की। उसके बिना उसे पूरा संसार नीरस, उबाऊ और बेकार प्रतीत हो रहा था। उसका मन अब विकल, अशान्त और बेचैन हो चुका था।

वामीरो की मानसिक स्थिति ततँारा से भिन्न थी। वह ततँारा के व्यक्तित्व के आकर्षण में उलझ चुकी थी और उससे अनन्य प्रेम करने लगी थी। वामीरो के समक्ष बहुत बड़ा धर्मसंकट उपस्थित हो चुका था। वह गाँव की मर्यादा का पालन भी करना चाहती थी और ततँारा को खोना भी नहीं चाहती थी। इसी कारण वह ऊपर से कठोरता दिखा रही थी, किन्तु अन्दर से ततँारा के प्रेम में मग्न हो चुकी थी।

प्रश्न 4. 'पासा' गाँव में किस पर्व का आयोजन किया गया तथा इस प्रकार के पर्व का तत्कालीन समाज में क्या महत्त्व था?

उत्तर— 'पासा' गाँव में 'पशु-पर्व' का आयोजन किया गया था। इस पर्व में हृष्ट-पुष्ट पशुओं का प्रदर्शन होता था, साथ ही पशुओं से युवकों की शक्ति-परीक्षा प्रतियोगिता भी होती थी। वर्ष के एक बार पासा गाँव के साथ-साथ अन्य गाँव के लोग भी इसमें हिस्सा लेते थे। प्रतियोगिता के बाद नृत्य संगीत तथा भोजन का भी आयोजन होता है। उस समय भी इस प्रकार को पर्वों के आयोजन का उद्देश्य सांस्कृतिक मिलन ही था। ऐसे पर्वों के माध्यम से लोगों के एक-दूसरे में जानने का अवसर मिलता था। शक्ति-परीक्षा प्रतियोगिता के माध्यम से उत्तम युवक तथा पशु की भी पहचान होती थी। इस प्रकार के पर्व निकोबारी समुदाय में जानने का अवसर मिलता था। शक्ति-परीक्षा प्रतियोगिता के माध्यम से उत्तम युवक तथा पशु की भी पहचान होती थी। इस प्रकार के पर्व निकोबारी समुदाय की पहचान थी।

प्रश्न 5. ततँारा किस प्रकार के व्यक्तित्व का स्वामी था?

उत्तर— ततँारा पासा नामक जनजातीय गाँव का आकर्षक, सुन्दर, साहसी एवं शक्तिशाली युवक था उसके व्यक्तित्व की विशेषताओं के कारण वामीरो भी उसके आकर्षण में आ गई थी। ततँारा सदा दूसरों की सहायता करता रहता था। वह समूचे द्वीपवासियों की सहायता करना अपना कर्तव्य समझता था। इस कारण सभी लोग उसको बहुत चाहते थे। ततँारा के पास लकड़ी की एक अद्वितीय तलवार थी। सभी लोगों का विश्वास था कि उस तलवार में दैवीय शक्ति थी जिसके सहारे ततँारा अद्भुत कार्य में समर्थ हो जाता था। ततँारा एक सच्चा, समर्पित और एकनिष्ठ प्रेमी था। वह वामीरो के मधुर स्वर और उसकी अलौकिक सुन्दरता पर आकर्षित होकर और अन्त तक अडिग रहा। जब उसने देखा कि उसका प्रेम उसे हासिल नहीं हो रहा है तो उसने अपने प्राण तक न्यौछावर कर दिए।

प्रश्न 6. ततँारा और वामीरो की मृत्यु कैसे हुई? पठित पाठ के आधार पर लिखिए।

उत्तर— ततँारा निकोबार द्वीप के एक गाँव का सुन्दर एवं बलिष्ठ युवक था। वह बहुत नेक और मददगार था। वह समूचे द्वीपवासियों की सेवा करना अपना कर्तव्य समझता था। अतः लोग उसे बहुत पसंद करते थे। उसके पास लकड़ी की एक जादुई तलवार रहती थी। एक दिन समुद्र-तट पर उसकी मुलाकात वामीरो से हुई। वह लपाती गाँव की सुन्दरी थी और बहुत मधुर गाती थी। ततँारा वामीरो से प्रेम करने लगा था। वामीरो भी ततँारा जैसा ही योग्य जीवनसाथी चाहती थी परन्तु स्थानीय परम्परा के अनुसार वामीरो का विवाह किसी अन्य गाँव के नवयुवक से नहीं हो सकता था। वे दोनों एक-दूसरे से बहुत प्रेम करते थे और साथ रहना चाहते थे। जब लोगों के सामने वामीरो की माँ तथा गाँव वालों ने ततँारा का अपमान किया तो वह क्रोध से भर उठा। उसने अपनी तलवार जमीन में गाढ़ दी और धरती को दो टुकड़ों में काट दिया। ततँारा लहुलुहान हो चुका था। अचेत होने के बाद ततँारा समुद्र के जल में बह गया। बाद में उसका क्या हुआ, इसकी जानकारी किसी को नहीं मिली। ततँारा के खो जाने के बाद वामीरो पागलों की तरह व्यवहार करने लगी। वह ततँारा को खोजती रहती। उसने खाना-पीना भी छोड़ दिया था, अन्ततः वामीरो का भी दुःखद अंत हो गया। दोनों प्रेम की बलिवेदी पर भेंट चढ़ गए।

प्रश्न 7. 'ततँारा वामीरो कथा' में निहित सन्देश को लिखिए।

उत्तर— अण्डमान निकोबार द्वीपसमूह में विद्वेष गहरी जड़ें जमा चुका था। उस विद्वेष की जड़ को समूल नष्ट करने के लिए ततँारा-वामीरो नामक प्रेमी युगल को आत्मबलिदान देना पड़ा था। प्रेम और सामाजिक परम्पराएँ सबको जोड़ने का काम करती हैं। जो समाज के लिए अपने प्रेम का, अपने जीवन का बलिदान करता है, समाज उसे याद रखता है। केवल उसे याद ही नहीं करता अपितु उससे शिक्षा ग्रहण कर परिवर्तन भी लाता है और नये-विचारों को भी अपनाता है यही कारण है निकोबारी जन समुदाय दोनों के बलिदान से सन्देश ग्रहण कर उस समय व्याप्त रूढ़िवादी प्रथा का अन्त कर दूसरे गाँव के युवक-युवतियों से वैवाहिक सम्बन्ध स्थापित करने की अनुमति देने लगे। इस प्रकार इस पाठ का मूल सन्देश यह है कि प्रेम सबको जोड़ता है तथा घृणा दूरी बढ़ाता है साथ ही यदि कोई परम्परा रूढ़ि बन यदि समाज के विकास में बाधक हो जाये तो उसे तोड़ देना उचित है।

तीसरी कसम के शिल्पकार शैलेंद्र

|13|

लेखक-प्रहलाद अग्रवाल

लेखक परिचय—आधुनिक हिन्दी रचनाओं में श्री 'प्रहलाद अग्रवाल' का नाम बड़े ही आदर और सम्मान के साथ लिया जाता है जिसे सुधी आलोचकों द्वारा अधिक सराहा गया है। इन्होंने हिन्दी साहित्य की उस विधा को अपनी लेखनी से जीवंत बनाया जो स्वयं ही प्रसिद्धि के शिखर पर है। मध्य प्रदेश के जबलपुर शहर में 20 मई, 1947 ई. को जन्में प्रहलाद अग्रवाल ने अच्छी शिक्षा हासिल की थी। हिन्दी से एम. ए. तक की शिक्षा हासिल करने के बाद ये जीविकोपार्जन में लग गए। मध्य प्रदेश के सतना के शासकीय स्वशासी स्नातकोत्तर महाविद्यालय में 35 वर्षों तक प्राध्यापन करने के उपरान्त सेवानिवृत्त हो श्री अग्रवाल वर्तमान में साहित्य सर्जन में लगे हुए हैं। इन्हें किशोर अवस्था से ही हिन्दी फिल्मों, इतिहास और फिल्मकारों के जीवन और उनके अभिनय के बारे में विस्तार से जानने और उस पर चर्चा करने का शौक रहा है। राज कपूर निर्मित फिल्म 'आवारा' से बेहद प्रभावित होकर श्री प्रहलाद अग्रवाल स्वयं को 'आवारामिज़ाज' कहते हैं। यायावर प्रवृत्ति के कारण इनका फिल्म साहित्य के प्रति अत्यधिक लगाव था। श्री प्रहलाद अग्रवाल फिल्म क्षेत्र से जुड़े लोगों और फिल्मों पर बहुत कुछ लिख चुके हैं और आगे भी इसी क्षेत्र को अपने लेखन का विषय बनाए रखने के लिए कृतसंकल्प हैं। फिल्म जगत के अतिरिक्त भी इनकी लेखनी अभिव्यक्ति पर सूक्ष्म विश्लेषण प्रस्तुत किए हैं।

प्रमुख रचनाएँ—इनकी प्रमुख कृतियाँ हैं—सातवाँ दशक, तानाशाह, मैं खुशबू, सुपर स्टार, राजकपूर : आधी हकीकत आधा फ़साना, कवि शैलेन्द्र : जिंदगीं की जीत में यकीन, प्यासा : चिर अतृप्त गुरुदत्त, उत्ताल, उमंग : सुभाष घई की फिल्मकला, ओ रे माँझी : विमल राय का सिनेमा और महाबाजार के महानायक : इक्कीसवीं सदी का सिनेमा।

पुरस्कार—श्री प्रहलाद अग्रवाल प्रतिभा सम्पन्न रचनाकार हैं। उनकी बहुमुखी प्रतिभा को देखकर समय-समय पर अनेक सरकारी और गैर-सरकारी संस्थाएँ उन्हें पुरस्कृत करती रहती हैं।

पाठ परिचय—प्रतिवर्ष प्रति शुक्रवार एक न एक नई हिन्दी फिल्म सिनेमाघरों में आ ही जाती है। उनमें से कुछ को लोग सिनेमाघर से बाहर निकलते ही भूल जाते हैं और कुछ को लोग अर्से तक याद रख लेते हैं। लेकिन जब कोई फिल्मकार किसी फिल्म को पूरी ईमानदारी से बनाता है तो वह फिल्म मनोरंजन के साथ महत्त्वपूर्ण संदेश देने में भी सफल रहती है।

कवि और प्रसिद्ध गीतकार शैलेन्द्र ने जब फणीश्वरनाथ रेणु की अमर कृति 'तीसरी कसम उर्फ मारे गए गुलफाम' को परदे पर उतारा तो यह फिल्म मील का पत्थर सिद्ध हुई। आज भी इस फिल्म को कुछ खास अमर फिल्मों में याद किया जाता है। इस फिल्म में न केवल अपने गीत, संगीत और कहानी के बलबूते पर प्रसिद्धि कमाई बल्कि इस फिल्म में राजकपूर की बेहतरीन एक्टिंग ने सभी को आश्चर्य में डाल दिया। फिल्म की हीरोइन वहीदा रहमान ने भी वैसी ही एक्टिंग की।

'तीसरी कसम' को आज इसलिए भी याद किया जाता है क्योंकि हिन्दी फिल्म जगत में एक सार्थक और उद्देश्य से भरपूर फिल्म को बनाना कठिन और जोखिम भरा काम है। जोखिम इसलिए क्योंकि ऐसी फिल्म बनाने के बाद सफल होगी या नहीं इसकी कोई गारंटी नहीं दे सकता।

पाठ प्रवेश—शैलेन्द्र एक भावुक कलाकार थे। उनकी फिल्में केवल व्यावसायिक दृष्टिकोण से ही नहीं बनती थीं बल्कि उनमें भारतीय संस्कृति की महक, इतिहास की झलक और कलाकारों की संवेदनाएँ निहित होती थीं। फणीश्वर नाथ रेणु की 'तीसरी कसम उर्फ मारे गए गुलफाम' को जब चित्रों के माध्यम से परदे पर उतारा गया तो इस फिल्म की जगह कोई दूसरी फिल्म नहीं ले पाई। आज भी इस फिल्म के गीत, संगीत और कहानी के साथ-साथ लोग राजकपूर और वहीदा रहमान की एक्टिंग की प्रशंसा करते थकते नहीं हैं। व्यावसायिकता की दृष्टि से यह फिल्म सफल नहीं रही पर संवेदना की दृष्टि से यह कालजयी फिल्म है।

पाठ का सारांश—सन् 1966 में प्रदर्शित कवि शैलेन्द्र की 'तीसरी कसम' वह फिल्म है जिसमें राजकपूर ने अपने जीवन की सर्वोत्कृष्ट भूमिका अदा की है। 'तीसरी कसम' वह फिल्म है, जिसने हिन्दी साहित्य की एक अत्यंत मार्मिक कृति को 'सैल्यूलाइड' पर पूरी सार्थकता से उतारा है। कहा जा सकता है कि 'तीसरी कसम' फिल्म नहीं बल्कि कवि शैलेन्द्र द्वारा कैमरे की रील पर लिखी गई एक कविता थी। 'तीसरी कसम' शैलेन्द्र के जीवन की पहली और अंतिम फिल्म है।

'तीसरी कसम' को राष्ट्रपति स्वर्णपदक, बंगाल फिल्म जर्नलिस्ट एसोसिएशन द्वारा सर्वश्रेष्ठ फिल्म और कई अन्य पुरस्कारों द्वारा सम्मानित किया गया। मास्को फिल्म फेस्टिवल में भी यह फिल्म पुरस्कृत हुई। इसमें शैलेन्द्र की संवेदनशीलता पूरी गहराई के साथ मौजूद है। उन्होंने ऐसी फिल्म बनाई थी जिसे सच्चा कवि हृदय ही बना सकता था क्योंकि इतनी भावुकता केवल एक कवि के हृदय में ही हो सकती है। शैलेन्द्र ने राजकपूर की भावनाओं को शब्द दिए हैं। राजकपूर ने अपने अनन्य सहयोगी की फिल्म में किसी पारिश्रमिक की अपेक्षा किए बगैर ही बड़ी तन्मयता के साथ काम किया। फिल्म को देखकर ऐसा लगता है कि शैलेन्द्र ने फिल्म को पहले नहीं लिखा बल्कि राजकपूर की भावनाओं को ही बाद में शब्द दे दिए हों।

राजकपूर ने एक अच्छे और सच्चे मित्र की हैसियत से शैलेन्द्र को फिल्म की असफलता के खतरों से आगाह भी किया था। 'तीसरी कसम' के लिए एक दु:खद सत्य है कि इसे प्रदर्शित करने के लिए वितरण बहुत ही कठिनाई से मिले थे। बावजूद इसके कि 'तीसरी कसम' में राजकपूर और वहीदा रहमान जैसे नामजद सितारे थे, शंकर-जयकिशन का संगीत था, जिनकी लोकप्रियता उन दिनों सातवें आसमान पर थी और इसके गीत भी फिल्म के प्रदर्शन के पूर्व ही बेहद लोकप्रिय हो चुके थे। लेकिन इस फिल्म को खरीदने वाला कोई नहीं था। दरअसल इस फिल्म की संवेदना किसी दो से चार बनाने का गणित जानने वाले की समझ से परे थी। इसलिए जब 'तीसरी कसम' रिलीज हुई तो इसका कोई प्रचार-प्रसार नहीं हुआ। फिल्म कब आई और कब चली गई। किसी को मालूम ही नहीं पड़ा।

शैलेन्द्र बीस सालों तक फिल्म इण्डस्ट्री में रहते हुए वहाँ के तौर-तरीकों से वाकिफ़ थे परन्तु उन में उलझकर वे अपनी आदमियता नहीं खो सकते थे। उनका दृढ़ मंतव्य था कि कलाकार का कर्त्तव्य है कि वह उपभोक्ता की रुचियों का परिष्कार करने का प्रयत्न करे। शैलेन्द्र ने झूठे अभिजात्य को कभी नहीं अपनाया। उनका व्यक्तित्व शांत नदी का प्रवाह और समुद्र की गहराई लिए हुए था।

'तीसरी कसम' यदि एकमात्र नहीं तो उन चंद फिल्मों में से है जिन्होंने साहित्य-रचना के साथ शत-प्रतिशत न्याय किया हो। शैलेन्द्र ने राजकपूर जैसे स्टार को 'हीरामन' बना दिया था। हीरामन पर राजकपूर हावी नहीं हो सका और छींट की सस्ती साड़ी में लिपटी 'हीराबाई' ने वहीदा रहमान की प्रसिद्ध ऊँचाइयों को बहुत पीछे छोड़ दिया था। जिन्दगी में कई कमियों को झेलते हुए लोगों के सपनों की कहानियाँ, इसी तरह की बहुत-सी बारीकियों वाली फिल्म है 'तीसरी कसम'।

हमारी फिल्मों की सबसे बड़ी कमजोरी त्रासद स्थितियों का ग्लोरिफाई किया जाना होता है। दु:ख का ऐसा वीभत्स रूप प्रस्तुत होता है जो दर्शकों का भावनात्मक शोषण कर सके। 'तीसरी कसम' की यह खास बात थी कि वह दु:ख को भी सहज स्थिति में, जीवन-सापेक्ष प्रस्तुत करती है।

शैलेन्द्र के गीतों में सिर्फ करुणा नहीं, जूझने का संकेत भी था और वह प्रक्रिया भी मौजूद थी जिसके तहत अपनी मंजिल तक पहुँचा जाता है। व्यथा आदमी को पराजित नहीं करती, उसके आगे बढ़ने का संकेत देती है। मुकेश की आवाज में शैलेन्द्र का यह गीत तो अद्वितीय बन गया है—'सजनबा बेरी हो गए हमार चिठिया हो तो हर कोई बाँचै भाग न बाँचै कोय...........' अनोखा ही बन गया।

अभिनय के दृष्टिकाण से 'तीसरी कसम' राजकपूर की जिन्दगी की सबसे हसीन फिल्म है। 'जागते रहो' में राजकपूर के अभिनय को बहुत सराहा गया था, लेकिन 'तीसरी कसम' वह फिल्म है जिसमें राजकपूर अभिनय नहीं करता। वह हीरामन के साथ एकाकार हो गया है। एक देहाती गाड़ीवान जो सिर्फ दिल की जुबान समझता है, दिमाग की नहीं। जिसके लिए मोहब्बत के अलावा किसी दूसरी चीज का कोई अर्थ नहीं। हीराबाई की 'मनुआ-नटुआ' जैसी भोली सूरत पर न्यौछावर होता हुआ और हीराबाई की तनिक-सी उपेक्षा पर अपने अस्तित्व से जूझता हुआ सच्चा हीरामन बन गया है।

'तीसरी कसम' की मुख्य कहानी स्वयं लेखक फणीश्वरनाथ रेणु द्वारा लिखित है। कहानी का एक छोटे-से-छोटा भाग, उसकी छोटी-सी-छोटी बारीकियाँ फिल्म में पूरी तरह से दिखाई देती हैं।

प्रमुख पात्र—(पाठ में उल्लेखित प्रमुख पात्रों के नाम) शैलेन्द्र, राजकुमार (हीरामन), वहीदा रहमान (हीराबाई), फणीश्वरनाथ रेणु, संगीतकार जयकिशन आदि।

शब्द-सम्पदा

गहन = गहरा। **संभवत:** = संभव/मुमकिन है कि। **अंतराल** = समय, के बाद। **सर्वोत्कृष्ट** = सर्वश्रेष्ठ/सबसे अच्छा। **सैल्यूलाइड** = कैमरे की रील पर चित्र प्रस्तुत करना। **कलात्मकता** = कला से परिपूर्ण। **मौजूद** = उपस्थित। **तन्मयता** = तल्लीनता। **बगैर** = बिना। **हैसियत** = रंग-ढंग/नाते। **भावुक** = भावनाओं में बहने वाला। **अभिलाषा** = इच्छा। **वितरक** = प्रसारित करने वाले लोग। **संवेदना** = सहानुभूति। **आदमियता** = इंसानियत। **परिष्कार** = सुन्दर एवं स्वच्छ बनाना। **भाव प्रवण** = भावनाओं से भरा हुआ। **उकडू** = घूटने मोड़कर पैर के तलवों के सहारे बैठना। **टप्पर गाड़ी** = अर्धगोलाकार छप्परयुक्त बैलगाड़ी। **अभिव्यक्ति** = प्रकट करना। **त्रासद** = दु:खद। **वीभत्स** = भयावह। **चकाचौंध** = चकम-दमक। **प्रक्रिया** = प्रणाली। **पराजित** = हारना। **अद्वितीय** = अनोखा। **हसीन** = खूबसूरत। **कला-मर्मज्ञ** = कला की परख करने वाला। **खालिस** = शुद्ध। **भुच्च** = गँवार। **किंवदंती** = कहावत। **स्पंदित** = संचालित करना। **घोषणा** = सार्वजनिक बात। **कल्पना** = मन की उपज। **अभिनीत** = अभिनय किया गया। **मार्मिक** = जो दिल या मर्म को छू जाए। **सार्थकता** = सफलता के साथ। **संवेदनशील** = भावुकता। **अनन्य** = एकमात्र/परम। **पारिश्रमिक** = मेहनताना। **याराना मस्ती** = दोस्ताना अंदाज। **आगाम** = सचेत। **कामना** = इच्छा। **बमुश्किल** = बहुत कठिनाई से। **नामजद** = विख्यात। **नावाकिफ़** = अनजान। **मंतव्य** = इच्छा। **अभिजात्य** = परिष्कृत। **दुरूह** = कठिन। **सूक्ष्मता** = बारीकी। **हुजूम** = भीड़। **लोक-तत्व** = लोक सम्बन्धी। **ग्लोरीफाई** = गुणगान करना। **जीवन-सापेक्ष** = जीवन के प्रति। **धन-लिप्सा** = धन की अत्यधिक चाह। **व्यथा** = बहुत अधिक दु:ख। **संकेत** = इशारा। **दृष्टिकोण** = देखने का नजरिया। **समीक्षक** = समीक्षा करने वाला। **चर्मोत्कर्ष** = ऊँचाई के शिखर पर। **देहाती** = गाँव में रहने वाला। **मुकाम** = पड़ाव। **पटकथा** = मुख्य कथा। **प्रतिरूप** = छाया।

पाठ से सम्बन्धित प्रश्नोत्तर

मौखिक प्रश्नोत्तर–

निम्नलिखित प्रश्नों के उत्तर एक-दो पंक्तियों में दीजिए–

प्रश्न 1. 'तीसरी कसम' फिल्म को कौन-कौन से पुरस्कारों से सम्मानित किया गया है?

उत्तर– 'तीसरी कसम' फिल्म को राष्ट्रपति स्वर्ण पदक, बंगाल फिल्म जर्नलिस्ट एसोसिएशन द्वारा सर्वश्रेष्ठ पुरस्कार और मॉस्को फिल्म फेस्टिवल में पुरस्कृत किया गया था।

प्रश्न 2. शैलेन्द्र ने कितनी फिल्में बनाईं?

उत्तर– शैलेन्द्र ने केवल एक ही फिल्म बनाई थी जिसका नाम 'तीसरी कसम' था।

प्रश्न 3. राजकपूर द्वारा निर्देशित कुछ फिल्मों के नाम बताइए।

उत्तर– राजकपूर द्वारा निर्देशित कुछ फिल्मों के नाम इस प्रकार से हैं–मेरा नाम जोकर, सत्यम् शिवम् सुन्दरम्, अंजता, मैं और मेरा दोस्त इत्यादि।

प्रश्न 4. 'तीसरी कसम' फिल्म के नायक व नायिकाओं के नाम बताइए और फिल्म में इन्होंने किन पात्रों का अभिनय किया है?

उत्तर– 'तीसरी कसम' फिल्म का नायक राजकपूर और नायिका वहीदा रहमान थी। राजकपूर ने हीरामन और वहीदा रहमान ने हीराबाई की भूमिका निभाई थी।

प्रश्न 5. फिल्म 'तीसरी कसम' का निर्माण किया था?

उत्तर– फिल्म 'तीसरी कसम' का निर्माण गीतकार शैलेन्द्र ने किया इनकी अंतिम और पहली फिल्म थी।

प्रश्न 6. राजकपूर ने 'मेरा नाम जोकर' के निर्माण के समय किस बात की कल्पना भी नहीं की थी?

उत्तर– राजकपूर ने 'मेरा नाम जोकर' के निर्माण के समय इस बात की कल्पना भी नहीं की थी कि इसके एक भाग को ही बनाने में छः साल लग जाएँगे।

प्रश्न 7. राजकपूर की किस बात पर शैलेन्द्र का चेहरा मुरझा गया?

उत्तर– जब राजकपूर ने शैलेन्द्र से एडवांस में अपना पारिश्रमिक माँगा तो शैलेन्द्र का चेहरा मुरझा गया। शैलेन्द्र उनकी याराना मस्ती को समझ नहीं पाए थे।

प्रश्न 8. फिल्म समीक्षक राजकपूर को किस तरह का कलाकार मानते थे?

उत्तर– फिल्म समीक्षक राजकपूर को आँखों से बात करने वाला भाव प्रवण कुशल कलाकार मनाते थे।

लिखित प्रश्नोत्तर–

(क) निम्नलिखित प्रश्नों के उत्तर (30-40) शब्दों में लिखिए–

प्रश्न 1. 'तीसरी कसम' फिल्म को 'सैल्यूलाइड पर लिखी कविता' क्यों कहा गया है?

उत्तर– तीसरी कसम फिल्म की पटकथा 'फणीश्वरनाथ रेणु' की लिखी साहित्यिक रचना है। सैल्यूलाइड का अर्थ है–'कैमरे की रील'। कविता में भावुकता, मार्मिकता एवं संवेदनशील जैसे गुणों का होना अनिवार्य माना गया है। 'तीसरी कसम' फिल्म भी कविता के समान भावुकता, संवेदना, मार्मिकता से भरी हुई कैमरे की रील पर उतरी हुई फिल्म है। इसलिए इसे सैल्यूलाइड पर लिखी कविता (रील पर उतरी हुई फिल्म) कहा गया है।

प्रश्न 2. 'तीसरी कसम' फिल्म को खरीददार क्यों नहीं मिल रहे थे?

उत्तर– 'तीसरी कसम' फिल्म एक सामान्य कोटि की मनोरंजन फिल्म न होकर एक उच्च कोटि की भाव प्रधान साहित्यिक फिल्म थी। इसमें अनावश्यक मनोरंजन के सस्ते मसाले नहीं डाले गए थे साथ ही फिल्म वितरक इस फिल्म की करुणा को पैसे के तराजू में तौल रहे थे और कोई जोखिम उठाने को तैयार नहीं थे। वितरकों को यह डर था कि अगर यह फिल्म न चली, तो उन्हें भारी नुकसान उठाना पड़ेगा इसीलिए 'तीसरी कसम' फिल्म को खरीददार नहीं मिल रहे थे।

प्रश्न 3. शैलेन्द्र के अनुसार कलाकार का कर्त्तव्य क्या है?

उत्तर– शैलेन्द्र के अनुसार सच्चे कलाकार का यह कर्त्तव्य है कि दर्शकों की रुचियों की आड़ लेकर उन पर उथलापन न थोपे, बल्कि उनकी रुचियों का परिष्कार करने का प्रयास करे। दर्शकों की रुचियों के अनुसार चीजों को प्रस्तुत न कर उनकी रुचियों को ही और अधिक विकसित तथा उच्च स्तर तक लाना चाहिए।

प्रश्न 4. फिल्मों में त्रासद स्थितियों का चित्रांकन ग्लोरीफाई क्यों कर दिया जाता है?

उत्तर– फिल्मों में त्रासद स्थितियों का चित्रांकन ग्लोरीफाई इसलिए कर दिया जाता है जिससे कि दर्शकों का भावनात्मक शोषण किया जा सके। फिल्म निर्माता का उद्देश्य केवल टिकट-विंडो पर ज्यादा-से-ज्यादा टिकटें बिकवाना और अधिक-से-अधिक पैसा कमाना है।

इसलिए दु:ख को बहुत बढ़ा-चढ़ा कर बताते हैं जो वास्तव में सत्य नहीं होता है। दर्शक उस दु:ख के जादू में सम्मोहित होते चले जाते हैं और कथानक को बहुत दिनों तक भूल नहीं पाते हैं।

प्रश्न 5. 'शैलेन्द्र ने राजकपूर की भावनाओं को शब्द दिए हैं'—इस कथन से आप क्या समझते हैं? स्पष्ट कीजिए।

उत्तर— 'तीसरी कसम' फिल्म को देखते समय यह नहीं लगता कि राजकपूर अभिनय कर रहे हैं, बल्कि लगता है कि जैसे हीरामन ही पर्दे पर उतर आया हो। वास्तव में, यहाँ राजकपूर की अभिनय कुशलता का तो कमाल था ही, किन्तु इसमें शैलेन्द्र की संवेदनशीलता और शब्दचयन का भी विशेष योगदान था। शैलेन्द्र ने राजकपूर की अभिनय कला को शब्दों के माध्यम से परदे पर उतरने में पूरी सफलता पाई है तभी यह फिल्म अद्वितीय बन पाई।

प्रश्न 6. लेखक ने राजकपूर को एशिया का सबसे बड़ा शोमैन कहा है। शोमैन से आप क्या समझते हैं?

उत्तर— फिल्म 'तीसरी कसम' के निर्माण के समय राजकपूर एशिया के सबसे बड़े शोमैन थे। शोमैन का अर्थ है—ऐसा व्यक्ति जो अपनी अभिनय कला के प्रदर्शन से ज्यादा-से-ज्यादा जन समुदाय इकट्ठा कर सके और लोगों के बीच चर्चा का विषय बना रहे। अपने अभिनय के जादू से दर्शकों को शो के प्रारम्भ से लेकर अंत तक बाँधे रखे। राजकपूर जिस पात्र की भूमिका निभाते थे वे उसी में समाहित हो जाते थे। राजकपूर पूरे एशिया में प्रसिद्ध हो चुके थे। उनकी फिल्में भारत में ही नहीं, बल्कि पूरे एशिया में धूम मचा रही थीं। इसी कारण उन्हें एशिया का सबसे बड़ा शोमैन कहा है।

प्रश्न 7. फिल्म 'श्री 420' के गीत 'रातों दसों दिशाओं से कहेंगी अपनी कहानियाँ' पर संगीतकार जयकिशन ने आपत्ति क्यों की?

उत्तर— फिल्म 'श्री 420' के गीत 'रातें दसों दिशाओं से कहेंगी अपनी कहानियाँ' पर संगीतकार जयकिशन को आपत्ति थी। उनका मानना था कि सामान्यत: दिशाएँ चार होती हैं और सभी दर्शक दस दिशाओं को समझ नहीं पाएँगे। अत: जयकिशन चार दिशाएँ शब्द का प्रयोग करना चाहते थे। पर, शैलेन्द्र इसके लिए तैयार नहीं हुए। वे दर्शकों के सामने उथलेपन और सस्तेपन को परोसना नहीं चाहते थे। वे दर्शकों की रुचि को परिष्कृत कर उनके ज्ञान को परिमार्जित करना चाहते थे।

(ख) निम्नलिखित प्रश्नों के उत्तर (80-100) शब्दों में लिखिए—

प्रश्न 1. राजकपूर द्वारा फिल्म की असफलता के खतरों से आगाह करने पर भी शैलेन्द्र ने यह फिल्म क्यों बनाई?

उत्तर— राजकपूर द्वारा फिल्म की असफलता के खतरों से आगाह करने पर भी शैलेन्द्र ने यह फिल्म इसलिए बनाई क्योंकि वे अपनी साहित्यिक रुचि को संतुष्ट करना चाहते थे। शैलेन्द्र फिल्म इंडस्ट्री में काफी अरसे से थे, फिर भी उन्हें यश या धन की लालसा नहीं थी। वे तो अपनी कृति से आत्मसुख प्राप्त करना चाहते थे। वह अपने अन्दर के कलाकार का गला घोंटकर काम करना नहीं चाहते थे। फिल्म बनाने का उनका उद्देश्य व्यापार करना नहीं, साहित्य सेवा था।

प्रश्न 2. 'तीसरी कसम' में राजकपूर का महिमामय व्यक्तित्व किस तरह हीरामन की आत्मा में उतर गया है? स्पष्ट कीजिए।

उत्तर— 'तीसरी कसम' फिल्म राजकपूर के फिल्मी जीवन में अभिनय का वह पड़ाव था, जब राजकपूर एशिया के सबसे बड़े शोमैन के रूप में स्थापित हो चुके थे। 'तीसरी कसम' फिल्म में राजकपूर ने अपने उस महान् व्यक्तित्व को पूरी तरह से हीरामन बना दिया था। पूरी फिल्म में राजकपूर कहीं पर भी हीरामन का अभिनय करते हुए नहीं दिखे, बल्कि वे तो खुद ही हीरामन बन गए थे। ऐसा हीरामन जो हीराबाई की 'मनुआ-नटुआ' जैसे भोली सूरत पर अपना सब कुछ हारने को तैयार है और हीराबाई के थोड़ा-सा भी गुस्सा हो जाने पर अपने आप को ही दोषी ठहराता हुआ सच्चा हीरामन बन जाता है।

प्रश्न 3. लेखक ने ऐसा क्यों लिखा है कि 'तीसरी कसम' ने साहित्य-रचना के शत-प्रतिशत न्याय किया है।

उत्तर— 'तीसरी कसम' फिल्म को शैलेन्द्र ने साहित्य-सेवा और आत्मसंतुष्टि के उद्देश्य से बनाया था। इस फिल्म को बनाते समय उन्होंने साहित्य के साथ कोई समझौता नहीं किया था। तीसरी कसम में ग्रामीण जीवन का सटीक चित्रण हुआ है। किरदारों की पोशाकों से लेकर उनके हाव-भाव और बात करने के ढंग तक में लोक जीवन की छाप मिलती है। इस फिल्म में उस जमाने के बड़े-बड़े कलाकारों ने काम किया है, लेकिन किसी भी कलाकार का व्यक्तित्व किरदार पर हावी नहीं हुआ। 'तीसरी कसम' की कहानी का एक छोटे-से-छोटा भाग, उसकी छोटी-से-छोटी बारीकियाँ फिल्म में पूरी तरह से दिखाई देती है। इन्हीं कारणों से लेखक ने लिखा है कि 'तीसरी कसम' ने साहित्य-रचना के साथ शत-प्रतिशत न्याय किया है।

प्रश्न 4. शैलेन्द्र के गीतों की क्या विशेषताएँ हैं? अपने शब्दों में लिखिए।

उत्तर— शैलेन्द्र के गीतों में उच्चकोटि के भाव होते हुए भी भाषा सरल होती है। उनके गीतों में सिर्फ करुणा ही नहीं, बल्कि जूझने का संकेत भी था और ऐसी प्रेरणा भी मौजूद थी, जिसके बल पर अपनी मंजिल तक पहुँचा जा सकता है। उनके सभी गीत भावप्रवण थे, कठिन नहीं। इसी कारण उनके गीतों के लिए कहा गया है कि उनमें शांत नदी का प्रवाह और समुद्र की गहराई थी अर्थात् शैलेन्द्र के गीतों में शांत नदी जैसी सरलता होती थी और समुद्र की गहराई जैसे अर्थ छुपे हुए थे।

प्रश्न 5. फिल्म निर्माता के रूप में शैलेन्द्र की विशेषताओं पर प्रकाश डालिए।

उत्तर— फिल्म निर्माता के रूप में शैलेन्द्र की सबसे बड़ी विशेषता उनका साहित्यिक होना था। तीसरी कसम फिल्म उन्होंने व्यावसायिक लाभ और प्रसिद्धि की कामना न करते हुए केवल अपनी आत्मसंतुष्टि के लिए बनाई थी। यह फिल्म निर्माता के रूप में शैलेन्द्र की पहली

और अंतिम फिल्म थी। शैलेन्द्र फिल्म निर्माण के खतरों से परिचित होकर भी एक शुद्ध साहित्यिक फिल्म का निर्माण कर अपने साहसी होने का परिचय देते हैं। सिद्धांतवादी होने के कारण उन्होंने अपनी फिल्म में कोई भी परिवर्तन स्वीकार नहीं किया। इस प्रकार शैलेन्द्र उस समय और आज के व्यावसायिक प्रवृत्ति वाले निर्माताओं से काफी अलग एक साहित्य प्रेमी निर्माता थे।

प्रश्न 6. शैलेन्द्र के निजी जीवन की छाप उनकी फिल्म में झलकती है—कैसे? स्पष्ट कीजिए।

उत्तर— शैलेन्द्र के निजी जीवन की छाप उनकी फिल्म 'तीसरी कसम' में बखूबी झलकती है। शैलेन्द्र अपने व्यक्तिगत जीवन में सीधे-सरल, व्यावसायिकता से कोसों दूर, सिद्धान्तवादी व्यक्ति थे। जिस प्रकार शांत नदी का प्रवाह और समुद्र की गहराई उनके व्यक्तित्व की विशेषता थी ऐसी विशेषताएँ उनके सीधे-साधे, धन से कोसों दूर, प्रेम को ही अपना सर्वस्व समझने वाले फिल्म के किरदार हीरामन में बखूबी दिखाई देती है। इस प्रकार कभी-कभी हीरामन के रूप में शैलेन्द्र का ही व्यक्तित्व दिखता है।

प्रश्न 7. लेखक के इस कथन से कि 'तीसरी कसम' फिल्म कोई सच्चा कवि-हृदय ही बना सकता था, आप कहाँ तक सहमत हैं? स्पष्ट कीजिए।

उत्तर— लेखक के इस कथन से कि 'तीसरी कसम' फिल्म कोई सच्चा कवि हृदय ही बना सकता था—से हम पूरी तरह से सहमत हैं। कवि हृदय व्यावसायिकता से कोसों दूर कोमल भावनाओं से ओतप्रोत होता है। उसके व्यक्तित्व में शांत नदी का प्रवाह तथा समुद्र की गहराई का होना जैसे गुण भरे होते हैं। ऐसे ही विचारों से भरी हुई 'तीसरी कसम' एक ऐसी फिल्म है, जिसमें न केवल दर्शकों की रुचियों का ध्यान रखा गया है, बल्कि उनकी गलत रुचियों को परिष्कृत करने का प्रयास किया गया है। इस फिल्म में साहित्य के साथ पूरा न्याय किया गया है। कथानक में व्यावसायिक दृष्टि से कोई परिवर्तन नहीं किया गया है। ऐसा कार्य कवि हृदय ही कर सकता है।

(ग) निम्नलिखित का आशय स्पष्ट कीजिए—

प्रश्न 1. ....वह तो एक आदर्शवादी भावुक कवि था, जिसे अपार सम्पत्ति और यश तक की इतनी कामना नहीं थी जितनी आत्म-संतुष्टि के सुख की अभिलाषा थी।

उत्तर— प्रस्तुत पंक्ति 'तीसरी कसम' पाठ के उद्धृत है। शैलेन्द्र एक आदर्शवादी और भावुक कवि थे, उन्हें अपार सम्पत्ति और यश की इतनी कामना नहीं थी जितनी कि आत्म-सन्तुष्टि के सुख की अभिलाषा थी। तीसरी कसम के निर्माण में निर्माता का व्यावसायिक उद्देश्य कतई नहीं था। राजकपूर ने सच्चे मित्र के नाते शैलेन्द्र को फिल्म की असफलता के खतरों से भी परिचित करवाया। पर, शैलेन्द्र ने उनकी बात नहीं मानी क्योंकि वह एक भावनात्मक कवि थे, उनको न तो अधिक धन-सम्पत्ति का लालच था न ही नाम कमाने की इच्छा। तीसरी कसम के निर्माण के पीछे उनका उद्देश्य साहित्य के साथ न्याय और आत्मसंतोष था।

प्रश्न 2. उनका यह दृढ़ मंतव्य था कि दर्शकों की रुचि की आड़ में हमें उथलेपन को उन पर नहीं थोपना चाहिए। कलाकार का यह कर्त्तव्य भी है कि वह उपभोक्ता की रुचियों का परिष्कार करने का प्रयत्न करे।

उत्तर— प्रस्तुत पंक्ति प्रहलाद अग्रवाल द्वारा लिखित 'तीसरी कसम' पाठ से उद्धृत है। इस पंक्ति का आशय यह है कि कवि शैलेन्द्र का यह मानना था कि हर कलाकार का यह कर्त्तव्य है कि वह दर्शकों की रुचियों को ऊपर उठाने का प्रयास करें। इसके लिए कलाकारों को चाहिए कि वे अपने मनोरंजन के माध्यमों का स्तर ऊँचा करें न कि दर्शकों का नाम लेकर सस्ता और उथला मनोरंजन उन पर थोपने का प्रयास करे। वे अपनी कला को व्यवसाय के नाम बेचने के लिए परोसे नहीं अपितु दर्शकों का इस प्रकार से मनोरंजन करें कि वे जीवन की गम्भीर समस्याओं से जुझने के लिए प्रेरित हो जाएँ।

प्रश्न 3. व्यथा आदमी को पराजित नहीं करती, उसे आगे बढ़ने का संदेश देती है।

उत्तर— प्रस्तुत पंक्ति प्रहलाद अग्रवाल द्वारा लिखित 'तीसरी कसम' पाठ के उद्धृत है। इस पंक्ति का आशय यह है कि व्यथा, पीड़ा, दुःख आदि व्यक्ति को कमजोर या हतोत्साहित अवश्य कर देते हैं, लेकिन उसे पराजित नहीं करते बल्कि उसे मजबूत बनाकर आगे बढ़ने की प्रेरणा देते हैं। हर व्यथा आदमी को जीवन की एक नई सीख देती है। व्यथा की जड़ से मीठे फल का पेड़ पल्लवित, पुष्पित और फलित होता है। व्यथा से मानव को परेशान होकर हारना नहीं चाहिए अपितु उससे लड़ने के लिए कृतसंकल्प होकर उस पर जीत प्राप्त कर आगे बढ़ना चाहिए।

प्रश्न 4. दरअसल इस फिल्म की संवेदना किसी दो से चार बनाने वाली की समझ से परे है।

उत्तर— प्रस्तुत पंक्ति प्रहलाद अग्रवाल द्वारा लिखित 'तीसरी कसम' पाठ से उद्धृत है। इस पंक्ति का आशय यह है कि 'तीसरी कसम' फिल्म की संवेदना किसी ऐसे आदमी जिसके जीवन का उद्देश्य केवल धनोपार्जन करना हो, के समझ से परे थी। यह फिल्म अन्य फिल्मों की तरह केवल लाभ कमाने के लिए नहीं बनाई गई थी। इसमें सस्ते लोक-लुभावन मसालों को नहीं डाला गया था। तीसरी कसम फिल्म आत्मसंतुष्टि, साहित्य के साथ न्याय और दर्शकों की रुचियों का परिष्कार करने के लिए बनाई गई थी।

प्रश्न 5. उनके गीत भाव-प्रवण थे—दुरूह नहीं।

उत्तर— प्रस्तुत पंक्ति प्रहलाद अग्रवाल द्वारा लिखित 'तीसरी कसम' पाठ से उद्धृत है। इस पंक्ति का आशय यह है कि शैलेन्द्र के गीत सरल और भावमय थे। ये गीत कठिन नहीं बल्कि इनमें भावों और विचारों की गहराई समाई हुई थी। भाषा की सरलता होते हुए भी उनके गीतों में अर्थ और भाव की गंभीरता होती थी।

प्रश्न 6. निम्नलिखित पठित गद्यांश को पढ़कर पूछे गए प्रश्नों के उत्तर उचित विकल्प चुनकर लिखिए।

अभिनय के दृष्टिकोण से 'तीसरी कसम' राजकपूर की जिंदगी की सबसे हसीन फ़िल्म है। राजकपूर जिन्हें समीक्षक और कला-मर्मज्ञ आँखों से बात करने वाला कलाकार मानते हैं, 'तीसरी कसम' में मासूमियत के चर्मोत्कर्ष को छूते हैं। अभिनेता राजकपूर जितनी ताकत के साथ 'तीसरी कसम' में मौजूद हैं, उतना 'जागते रहो' में भी नहीं। 'जागते रहो' में राजकपूर के अभिनय को बहुत सराहा गया था, लेकिन 'तीसरी कसम' वह फ़िल्म है जिसमें राजकपूर अभिनय नहीं करता। वह हीरामन के साथ एकाकार हो गया है। खालिस देहाती भुच्च गाड़ीवान जो सिर्फ़ दिल की जुबान समझता है, दिमाग की नहीं। जिसके लिए मोहब्बत के सिवा किसी दूसरी चीज़ का कोई अर्थ नहीं। बहुत बड़ी बात यह है कि 'तीसरी कसम' राजकपूर के अभिनय-जीवन का वह मुकाम है, जब वह एशिया के सबसे बड़े शोमैन के रूप में स्थापित हो चुके थे। उनका अपना व्यक्तित्व एक किंवदंती बन चुका था। लेकिन 'तीसरी कसम' में वह महिमामय व्यक्तित्व पूरी तरह हीरामन की आत्मा में उतर गया है। वह कहीं हीरामन का अभिनय नहीं करता, अपितु खुद हीरामन में ढल गया है। हीराबाई की फेनू-गिलासी बोली पर रीझता हुआ, उसकी 'मनुआ-नटुआ' जैसे भोली सूरत पर न्यौछावर होता हुआ और हीराबाई की तनिक-सी उपेक्षा पर अपने अस्तित्व से जूझता हुआ सच्चा हीरामन बन गया है।

(क) अभिनय के दृष्टिकोण से 'तीसरी कसम' किसकी जिंदगी की सबसे हसीन फिल्म है?

(i) राजकपूर (ii) शैलेन्द्र
(iii) वहीदा रहमान (iv) मुकेश

(ख) किस फिल्म में अभिनय को बहुत सहारा गया था?

(i) मनुआ-नटुआ (ii) तीसरी कसम
(iii) जागते रहो (iv) इनमें से कोई नहीं

(ग) शोमैन के रूप में कौन स्थापित हो चुके थे?

(i) राजकपूर (ii) हीरामन
(iii) शैलेन्द्र (iv) मुकेश

(घ) खालिस देहाती भुच्च गाड़ीवान जो सिर्फ समझता है—

(i) दिमाग की (ii) दिल की जुबान
(iii) लोगों की (iv) अपनी मोहब्बत की

उत्तर— (क) (i) राजकपूर (ख) (iii) जागते रहो
(ग) (i) राजकपूर (घ) (ii) दिल की जुबान

➡ भाषा अध्ययन

प्रश्न 1. पाठ में आए 'से' के विभिन्न प्रयोगों से वाक्य की संरचना को समझिए।

(क) राजकपूर ने एक अच्छे और सच्चे मित्र की हैसियत से शैलेन्द्र को फिल्म की असफलता के खतरों से आगाह भी किया।
(ख) रातें दसों दिशाओं से कहेंगी अपनी कहानियाँ।
(ग) फिल्म इंडस्ट्री में रहते हुए भी वहाँ के तौर-तरीकों से नाबाकिफ़ थे।
(घ) दरअसल इस फिल्म की संवेदना किसी दो से चार बनाने के गणित जानने वाले की समझ से परे थी।
(ङ) शैलेन्द्र राजकपूर की इस याराना दोस्ती से परिचित तो थे।

उत्तर— सामान्यत: 'से' का प्रयोग करण कारक और समानता दिखने के लिए किया जाता है। पर यहाँ 'से' का प्रयोग शब्दों के अर्थ पर बल देने के लिए किया गया है।

प्रश्न 2. इस पाठ में आए निम्नलिखित वाक्यों की संरचना पर ध्यान दीजिए—

(क) 'तीसरी कसम' फिल्म नहीं सैल्यूलाइड पर लिखी कविता थी।
(ख) उन्होंने ऐसी फिल्म बनाई थी जिसे सच्चा कवि-हृदय ही बना सकता था।
(ग) फिल्म कब आई, कब चली गई, मालूम ही नहीं पड़ा।
(घ) खालिस देहाती भुच्च गाड़ीवान जो सिर्फ दिल की जुबान समझता है, दिमाग की नहीं।

उत्तर— यहाँ अभिव्यक्ति को बल प्रदान करने के लिए विशेष वाक्य संरचना का प्रयोग किया गया है।

प्रश्न 3. पाठ में आए निम्नलिखित मुहावरों से वाक्य बनाइए—

चेहरा मुरझाना, चक्कर खा जाना, दो से चार बनाना, आँखों से बोलना

उत्तर— **चेहरा मुरझाना**—रोहित के परीक्षा में कम अंक आने पर उसका चेहरा मुरझा गया।
चक्कर खा जाना—मित्र की दुर्घटना के विषय में सुनकर गणेश को चक्कर आ गया।
दो से चार बनाना—वर्तमान में सब दो से चार बनाने की कोशिश करते रहते हैं।
आँखों से बोलना—दो प्रिय मित्र आँखों से ही बातें कर लेते हैं।

प्रश्न 4. निम्नलिखित शब्दों के हिन्दी में पर्याय दीजिए—

(क) शिद्दत............ (ख) याराना............

(ग) बमुश्किल............ (घ) खालिस............

(ङ) नावाकिफ़............ (च) यकीन............

(छ) हावी............ (ज) रेशा............

उत्तर— (क) शिद्दत—तीव्रता (ख) याराना—मित्रता

(ग) बमुश्किल—कठिनाई से (घ) खालिस—शुद्ध

(ङ) नावाकिफ़—अनभिज्ञ (च) यकीन—विश्वास

(छ) हावी—दबाव (ज) रेशा—तंतु

प्रश्न 5. निम्नलिखित का संधि-विच्छेद कीजिए—

(क) चित्रांकन................ + ...

(ख) सर्वोत्कृष्ट................ + ...

(ग) चर्मोत्कर्ष................ + ...

(घ) रूपांतरण................ + ...

(ङ) घनानंद................ + ...

उत्तर— (क) चित्रांकन = चित्र + अंकन (ख) सर्वोत्कृष्ट = सर्व + उत्कृष्ट

(ग) चर्मोत्कर्ष = चरम + उत्कर्ष (घ) रूपांतरण = रूप + अंतरण

(ङ) घनानंद = घन + आनंद

प्रश्न 6. निम्नलिखित का समास विग्रह कीजिए और समास का नाम भी लिखिए—

(क) कला मर्मज्ञ................

(ख) लोकप्रिय................

(ग) राष्ट्रपति................

उत्तर— (क) कला मर्मज्ञ — कला के मर्मज्ञ (तत्पुरुष समास)

(ख) लोकप्रिय — लोक को प्रिय (तत्पुरुष समास)

(ग) राष्ट्रपति — राष्ट्र का पति (तत्पुरुष समास)

योग्यता विस्तार

प्रश्न 1. फणीश्वरनाथ रेणु की किस कहानी पर 'तीसरी कसम' फिल्म आधारित है? जानकारी प्राप्त कीजिए और मूल रचना पढ़िए।

उत्तर— फणीश्वरनाथ रेणु की 'तीसरी कसम उर्फ मारे गए गुलफ़ाम' कहानी पर 'तीसरी कसम' फिल्म की पटकथा आधारित है। विद्यार्थी इस कहानी को पुस्तकालय से संकलित कर पढ़ें।

परियोजना कार्य

प्रश्न 1. 'तीसरी कसम' जैसी और भी फिल्में हैं, जो किसी न किसी की साहित्यिक रचना पर बनी हैं। ऐसी फिल्मों की सूची निम्नांकित प्रपत्र के आधार पर तैयार करें।

उत्तर—

क्र. सं.	फिल्म का नाम	साहित्यिक रचना	भाषा	रचना
1.	देवदास	देवदास	बांग्ला	शरत्चंद
2.	गोदान	गोदान	हिन्दी	प्रेमचंद
3.	शतरंज के खिलाड़ी	शतरंज के खिलाड़ी	हिन्दी	प्रेमचंद
4.	वैशाली की नगरवधू	वैशाली की नगरवधू	हिन्दी	आचार्य चतुरसेन

परीक्षोपयोगी महत्त्वपूर्ण प्रश्नोत्तर

लघु उत्तरीय प्रश्न—

प्रश्न 1. अपनी सफलता पर उत्साहित होकर राजकपूर ने कौन-सा कदम उठाया?

उत्तर— राजकपूर परिपक्व कलाकार थे। उन्हें संगम फिल्म से अद्‌भुत सफलता मिली थी। इससे उत्साहित होकर उन्होंने एक साथ चार फिल्मों के निर्माण की घोषणा की। ये फिल्में थीं—अजंता, मेरा नाम जोकर, मैं और मेरा दोस्त, सत्यम् शिवम् सुंदरम्। पर, उन्हें यह अनुमान नहीं था कि 'मेरा नाम जोकर' के एक भाग के निर्माण में ही छह से अधिक वर्ष लग जाएँगे।

प्रश्न 2. 'तीसरी कसम' फिल्म की सबसे खास बात क्या थी?

उत्तर— 'तीसरी कसम' फिल्म की सबसे खास बात यह थी कि इसमें दु:ख को किसी भी तरह बढ़ा-चढ़ा कर प्रस्तुत नहीं किया गया था। दूसरे शब्दों में इस फिल्म में दु:ख को ग्लोरीफाई नहीं किया गया था। इसमें दु:ख को जीवन की सही परिस्थितियों को ही भाँति प्रस्तुत किया गया था। यह मानव को जीवन में जूझने की प्रेरणा देता है, जीवन-शक्ति देता है।

प्रश्न 3. शैलेन्द्र के साथ राजकपूर ने अपनी मित्रता का निर्वाह कैसे किया?

उत्तर— शैलेन्द्र की फिल्म 'तीसरी कसम' में राजकपूर ने पूरी तन्मयता से काम किया। इस काम के बदले उन्होंने किसी प्रकार के पारिश्रमिक की अपेक्षा नहीं की। उन्होंने याराना अंदाज में मात्र एक रुपया एडवांस लेकर काम किया और मित्रता का निर्वाह किया।

प्रश्न 4. शैलेन्द्र द्वारा अच्छी फिल्म बनाने के लिए किए गए प्रयासों का पता कैसे चलता है?

उत्तर— शैलेन्द्र ने अच्छी फिल्म बनाने के लिए राजकपूर और वहीदा रहमान जैसे श्रेष्ठ कलाकारों का लिया। इसके अलावा उन्होंने फणीश्वरनाथ 'रेणु' की मार्मिक कृति 'तीसरी कसम उर्फ मारे गए गुलफाम' की कहानी को पटकथा बनाकर सैल्यूलाइड पर पूरी सार्थकता से उतारा। साथ ही उन्होंने फिल्म के साहित्य के साथ पूरा नाम न्याय किया। राजकपूर के आग्रह के बाद भी इसमें कोई बदलाव नहीं किया।

प्रश्न 5. अभिनय और साहित्यिक दृष्टिकोण के अलावा भी 'तीसरी कसम' को क्यों याद किया जाता है?

उत्तर— एक यादगार फिल्म होने के बावजूद 'तीसरी कसम' को आज इसलिए भी याद किया जाता है क्योंकि इस फिल्म को बनाने के बाद यह भी सिद्ध हो गया कि हिन्दी फिल्म जगत में एक सार्थक और उद्देश्य से भरपूर फिल्म को बनाना कितना कठिन और कितना जोखिम भरा काम है। जोखिम इसलिए क्योंकि ऐसी फिल्म बनाने के बाद सफल होगी या नहीं कोई प्रमाणित नहीं कर सकता।

दीर्घ उत्तरीय प्रश्न—

प्रश्न 1. फिल्म बनाते समय शैलेन्द्र दर्शकों के लिए क्या चाहते थे?

उत्तर— शैलेन्द्र चाहते थे कि दर्शकों की पसंद को ध्यान में रखकर किसी भी फिल्म निर्माता को कोई भी बिना मतलब की चीज दर्शकों को नहीं दिखानी चाहिए। उनका मानना था कि एक कलाकार का यह कर्त्तव्य भी है कि वह दर्शकों की पसंद को अच्छा और सुन्दर भी बनाने की कोशिश करे। इसीलिए शैलेन्द्र ने जो भी गीत लिखे वे सभी बहुत पसंद किये जाते रहे हैं। शैलेन्द्र ने कभी भी झूठे रंग-ढंग या दिखावे को नहीं अपनाया। उनके गीत नदी की तरह शांत तो लगते थे परन्तु उनका अर्थ समुद्र की तरह गहरा होता था।

प्रश्न 2. एक सशक्त, उद्देश्यपूर्ण और सार्थक फिल्म बनाना जोखिम का कार्य है। कैसे पता चलता है।

उत्तर— तीसरी कसम एक सशक्त और सार्थक फिल्म है। इस फिल्म का निर्माण प्रसिद्ध गीतकार शैलेन्द्र ने किया था। इस फिल्म में राजकपूर और वहीदा रहमान जैसे प्रसिद्ध सितारों का सशक्त अभिनय था। अपने जमाने के मशहूर संगीतकार शंकर जयकिशन का संगीत था। जिनकी लोकप्रियता उस समय सातवें आसमान पर थी। इसके बाद भी इस महान फिल्म को कोई न तो खरीदने वाला था और न इसके वितरक मिले। यह फिल्म कब आई और कब चली गई मालूम ही न पड़ा, इसलिए ऐसी फिल्में बनाना जोखिमपूर्ण काम है। वर्तमान में वे फिल्म सफल मानी जाती हैं जिनका व्यावसायिक उद्देश्य होता है तथा जिनमें हल्का मनोरंजन होता है।

प्रश्न 3. फिल्म 'तीसरी कसम' के आधार पर राजकपूर के व्यक्तित्व पर विस्तार से प्रकाश डालिए।

उत्तर— राजकपूर अपने समय में एशिया के सबसे बड़े शोमैन थे। अभिनय की दुनिया में आने के बाद उन्होंने कभी पीछे मुड़कर नहीं देखा। संगम फिल्म की अद्भुत सफलता से उत्साहित होकर उन्होंने एक साथ चार फिल्मों के निर्माण की घोषणा की। राजकपूर अभिनीत फिल्म 'तीसरी कसम' के बाद उन्हें अनेक पुरस्कारों से पुरस्कृत किया गया। इनका अपना व्यक्तित्व लोगों के लिए किंवदंती बन चुका था। वे आँखों से बात करने वाले कलाकार थे जो हर भूमिका में जान डाल देते थे। उनकी विशेषता थी कि वे अपने रोल में इतना खो जाते थे कि उनमें राजकपूर कहीं नजर नहीं आता था। वे सच्चे इंसान और मित्र भी थे, जिन्होंने अपने मित्र शैलेन्द्र की फिल्म में मात्र एक रुपया पारिश्रमिक लेकर काम किया और मित्रता का आदर्श प्रस्तुत किया। हीरामन का अभिनय करते समय कहीं पर भी राजकपूर नहीं दिखते सर्वत्र वे हीरामन ही बने रहते हैं। यही उनकी अभिनय कला की श्रेष्ठता और पहचान है।

अब कहाँ दूसरे के दुख से दुखी होने वाले

|15|

लेखक-निदा फ़ाज़ली

'अब कहाँ दूसरे के दुःख से दुःख होने वाले' पाठ आमकथा का एक अंश है, जो कि उनकी पुस्तक 'तमाशा मेरे आगे' से लिया गया है। इस अंश में उन्होंने सुलेमान, शेख अयाज़ के पिता, नूह एवं अपनी माँ के धार्मिक, भावुक, संवेदनशील व उदार स्वभाव का उल्लेख करते हुए यह बताने का प्रयास किया है कि पहले लोगों में न केवल मानव जाति, बल्कि पशु-पक्षी, पेड़-पौधों सबके प्रति उदारता का भाव था, जबकि आज लोहे-पत्थरों की बस्ती में रहते हुए मानव खुद पत्थर बन गया है और उसकी संवेदनशीलता धीरे-धीरे खत्म होती जा रही है।'

लेखक परिचय—भारतीय साहित्य को सुदृढ़ बनाने में उर्दू साहित्य के लेखक निदा फ़ाज़ली का बहुत बड़ा योगदान रहा है। निदा फ़ाज़ली का नाम इन उर्दू साहित्यकारों में बड़े ही आदर के साथ लिया जाता है। इनका जन्म 12 अक्टूबर, 1938 को दिल्ली के कश्मीरी परिवार में हुआ था। इनका पूरा नाम मुस्तिदा हसन निदा फ़ाज़ली था। विद्यालय से महाविद्यालय तक इनकी समस्त शिक्षा ग्वालियर में पूरी हुई बाद में ये मुम्बई जाकर रहने लगे। शायर एवं गीतकार के रूप में फिल्म इंडस्ट्री में अपनी एक अलग पहचान बनाने वाले 'निदा फ़ाज़ली' का गद्य साहित्य में उल्लेखनीय योगदान है। ये साठोत्तर पीढ़ी के महत्त्वपूर्ण रचनाकार माने जाते हैं। उनकी कविताएँ पाठकों के दिल को छू लेने में सक्षम हैं। आम बोलचाल की भाषा में और सरलता से किसी के भी दिलो-दिमाग में घर कर सके ऐसी रचना करने में इन्हें महारत हासिल है। गद्य रचनाओं में शेर-ओ शायरी परोसकर बहुत कुछ को कम शब्द में व्यक्त कर देने वाले ये अपनी तरह के अनोखे गद्यकार हैं। इस प्रकार यह एक संस्मरणात्मक निबन्ध है।

प्रमुख रचनाएँ—निदा फ़ाज़ली बहुमुखी प्रतिभा सम्पन्न व्यक्ति थे। अतः उनकी लेखनी से साहित्य की सभी विधाओं को सम्पन्नता मिली है। कुछ प्रमुख तथा प्रसिद्ध रचनाएँ इस प्रकार से हैं—

काव्य संग्रह—लफ़्ज़ों के फूल, मोर नाच, आँख और ख्वाब के दरमियाँ, खोया हुआ-सा कुछ, आँखों भर आकाश, सफ़र में धूप तो होगी इत्यादि।

आत्मकथा—दीवारों के बीच, दीवारों के बाहर, निदा फ़ाज़ली (संपादक: कन्हैया लाल नंदन)

संस्मरण—मुलाकातें, दरबारी कण, तमाशा मेरे आगे।

सम्पादन—बशीर बद्र : नयी ग़ज़ल का एक नाम, जाँनिसार अख़्तर : एक जवान मौत, दाग़ देहलवी : ग़ज़ल का एक स्कूल, मुहम्मद अलवी: शब्दों का चित्रकार, जिगर मुरादाबादी : मुहब्बतों का शायर।

इन सबके अतिरिक्त श्री निदा फ़ाज़ली ने अनेक फिल्मों में अविस्मरणीय गीत दिये हैं जिन्हें आज भी बड़े अनुराग से गुनगुनाया जाता है।

पुरस्कार—निदा फ़ाज़ली को सहज और मौलिक रचनाओं तथा अभिव्यक्ति की कुशलता के लिए अनेक सरकारी तथा गैरसरकारी संस्थाओं द्वारा समय-समय पर अनेक पुरस्कारों से पुरस्कृत किया गया है। कुछ प्रमुख इस प्रकार हैं—साहित्य अकादमी पुरस्कार, नेशनल हारमनी अवॉर्ड फॉर राइटिंग ऑन कम्युनल हारमनी, स्टार स्क्रीन पुरस्कार, बॉलीवुड मूवी पुरस्कार, म. प्र. सरकार द्वारा मीर तकी मीर पुरस्कार, खुसरो पुरस्कार, महाराष्ट्र उर्दू अकादमी का श्रेष्ठतम कविता पुरस्कार, बिहार उर्दू अकादमी पुरस्कार, उ. प्र. उर्दू अकादमी पुरस्कार, हिन्दी उर्दू संगम पुरस्कार, मारवाड़ कला संगम, पंजाब एसोसिएशन कला संगम के साथ-साथ 2013 में प्राप्त पद्मश्री पुरस्कार शामिल हैं।

पाठ परिचय—प्रस्तुत पाठ 'अब कहाँ दूसरे के दुःख से दुःखी होने वाले' निदा फ़ाज़ली की एक पुस्तक 'तमाशा मेरे आगे' से संकलित है। लेखक ने इस पाठ में गाँव, शहर और नगर में मनुष्य के द्वारा अपने हित के लिए किये जा रहे प्राकृतिक संसाधनों का दोहन तथा पशु-पक्षियों पर किये जा रहे अत्याचार का यथार्थ चित्रण किया है। इस पाठ में लेखक के द्वारा मानव की सोती जा रही संवेदनाओं को सरल और स्पष्ट शब्दों में जगाने का सार्थक प्रयास किया गया है।

पाठ का सारांश—1025 ई. से पूर्व एक बादशाह ने जिनका नाम बाइबिल के अनुसार सोलोमेन था। उन्हें कुरान में सुलेमान कहा गया है। वह मानव जाति के साथ-साथ सभी छोटे-बड़े, पशु-पक्षियों के भी सर्वमान्य राजा थे और सबकी भाषा जानते थे। एक बार चींटियों के समूह को जो उनके लश्कर से डर गया था उसे उन्होंने अभयदान दिया था। परिणामतः चींटियों ने उनके लिए दुआ की और सुलेमान आगे बढ़ चले।

महाकवि शेष अयाज़ ने अपनी आत्मकथा में लिखा है कि उनके पिता अपना भोजन छोड़कर एक बेघर हुए च्योंटे को वापस उसके घर कुएँ पर छोड़ आये थे। बाइबिल और अन्य ग्रन्थों में नूह नामक एक पैगम्बर का जिक्र मिलता है जिनका असली नाम लश्कर था। एक बार इनके सामने से एक घायल कुत्ता गुजरा चूँकि इस्लाम में कुत्ते को गन्दा माना जाता है इसलिए इन्होंने उसे गन्दे कुत्ते को दूर हो जा कहा। कुत्ते ने जवाब दिया कि न मैं अपनी मर्जी से कुत्ता हूँ और न तुम अपनी पसन्द से इंसान हो। बनाने वाला सब एक ही है। इन बातों को सुनकर वे

दुःखी हो गये और सारी उम्र रोते रहे। भले ही इस संसार की रचना की अलग-अलग कहानियाँ हों, परन्तु इतना तय है कि धरती किसी एक की नहीं है। सभी जीव-जन्तुओं, पशु-पक्षियों का नदी-तालाबों, झरनों, समुद्रों, वनों और पहाड़ों पर समान रूप से अधिकार है।

साहित्यिक विशेषताएँ—मानव इस बात को नहीं समझता। पहले उसने संसार जैसे परिवार को तोड़ा फिर खुद टुकड़ों में बँटकर एक-दूसरे से दूर हो चुका है। पहले लोग मिल-जुलकर बड़े-बड़े दालानों-आँगनों में रहते थे पर अब छोटे-छोटे डिब्बे जैसे घरों में सिमटने लगे हैं। बढ़ती हुई आबादी के कारण समंदर को पीछे सरकाना पड़ रहा है, पेड़ों को रास्ते से हटाना पड़ रहा है जिस कारण फैले प्रदूषण ने बेघर पक्षियों को भागना शुरू कर दिया है। नेचर की भी सहनशक्ति होती है इसके गुस्से का नमूना हम कई बार अत्यधिक गर्मी, जलजले, सैलाब आदि के रूप में देख रहे हैं।

लेखक की माँ फूल-पत्तियों को तोड़ने, चिड़ियों को सताने से मना करती थीं। लेखक बताते हैं कि उनका ग्वालियर में मकान था। उस मकान के दालान के रोशनदान में कबूतर के एक जोड़े ने अपना घोंसला बना लिया। एक बिल्ली ने उचककर दो में से एक अण्डा फोड़ दिया। लेखक की माँ से दूसरा अण्डा असावधानी से टूट गया। इसकी माफ़ी के लिए उन्होंने दिन भर कुछ नहीं खाया और नमाज़ अदा करती रहीं।

अब लेखक मुम्बई के वर्सोवा में रहते हैं। पहले यहाँ पेड़, परिंदे और दूसरे जानवर रहते थे परन्तु अब यह शहर बन चुका है। दूसरे पशु-पक्षी इसे छोड़कर जा चुके हैं, जो नहीं गये वे इधर-उधर डेरा डाले रहते हैं। लेखक के फ्लैट में भी कबूतरों ने एक मचान पर अपना घोंसला बनाया, बच्चे अभी छोटे थे। खिलाने-पिलाने की जिम्मेदारी बड़े कबूतरों पर थी। वे दिन-भर आते जाते रहते थे। लेखक और उनकी पत्नी को इससे परेशानी होती थी इसलिए उन्होंने जाली लगाकर उन्हें बाहर कर दिया। अब दोनों कबूतर खिड़की के बाहर खामोश और उदास बैठे रहते हैं, परन्तु अब न सोलोमेन है जो इनकी भाषा को समझ इनके दुःख को बाँटे, न लेखक की माँ है जो इनके दुःख में नमाज अदा कर सके।

प्रमुख पात्र—लेखक स्वयं, लेखक की माँ, लेखक की पत्नी, सोलोमेन, शेख अयाज और पैगम्बर।

शब्द-सम्पदा

हाकिम = राजा/मालिक। **एक दफा** = एक बार। **कलब** = पद सूचक नाम। **मंजिल** = गंतव्य। **दालान** = बरामदा। **जख्मी** = घायल। **ज़लज़ला** = भूकम्प। **दुत्कार** = तिरस्कार। **सैलानी** = ऐसे पर्यटक जो भ्रमण कर नये-नये स्थानों के विषय में जानना चाहते हैं। **हिस्सेदारी** = भागीदारी। **अज़ीज** = प्रिय/प्यारा। **बेवक्त** = असमय। **गुंबद** = मस्जिद, मन्दिर और गुरुद्वारे आदि के ऊपर बनी गोल छत जिसमें आवाज़ गूँजती है। **समंदर** = सागर। **अज़ान** = नमाज के समय की सूचना। **मुआफ़** = माफ़। **जुबान** = भाषा। **लश्कर (लशकर)** = सेना/विशाल जनसमुदाय। **दुआ** = प्रार्थना। **प्रतीकात्मक** = प्रतीक स्वरूप। **ज़िक्र** = चर्चा। **सिमटना** = सिकुड़ना। **पावन** = पवित्र। **सैलाब** = बाढ़। **वजूद** = सत्ता। **पंछी** = पक्षी। **मज़ार** = दरगाह, कब्र। **नेचर** = प्रकृति। **उचककर** = उछलकर। **डेरा** = अस्थायी आवास। **लाइब्रेरी** = पुस्तकालय। **आशियाना** = घर।

➪ पाठ से सम्बन्धित प्रश्नोत्तर

मौखिक प्रश्नोत्तर—

निम्नलिखित प्रश्नों के उत्तर एक-दो पंक्तियों में दीजिए—

प्रश्न 1. बड़े-बड़े बिल्डर समुद्र को पीछे क्यों धकेल रहे थे?

उत्तर— आबादी बढ़ने के कारण स्थान का अभाव हो रहा था इसलिए बड़े-बड़े बिल्डर नई-नई इमारतें बनाने के लिए समुद्र को पीछे धकेल रहे थे।

प्रश्न 2. लेखक का घर किस शहर में था?

उत्तर— लेखक का घर ग्वालियर शहर में था बाद में मुम्बई के वर्सोवा में जाकर रहने लगे।

प्रश्न 3. जीवन कैसे घरों में सिमटने लगा है?

उत्तर— एकल परिवारों का चलन होने के कारण जीवन डिब्बों जैसे फ्लैटों में सिमटने लगा है।

प्रश्न 4. कबूतर परेशानी में इधर-उधर क्यों फड़फड़ा रहे थे?

उत्तर— कबूतर के घोंसले में दो अण्डे थे। एक बिल्ली ने तोड़ दिया था दूसरा बिल्ली से बचाने के चक्कर में लेखक की माँ की असावधानी से टूट गया। कबूतर इससे परेशान होकर इधर-उधर बेचैनी से फड़फड़ा रहे थे।

लिखित प्रश्नोत्तर—

(क) निम्नलिखित प्रश्नों के उत्तर (30-40) शब्दों में लिखिए—

प्रश्न 1. अरब में लश्कर को नूह के नाम से क्यों याद करते हैं?

उत्तर— लश्कर बहुत ही भावुक, संवेदनशील, उदार व धार्मिक स्वभाव के व्यक्ति थे। नूह को पैगम्बर या ईश्वर का दूत भी कहा गया है। अनजाने में एक घायल कुत्ते के हृदय को ठेस पहुँचाने के कारण वे एक मुद्दत तक पश्चाताप करते रहे थे। उनके इन्हीं गुणों के कारण नूह यानी पैगम्बर के नाम से याद किया जाता है।

प्रश्न 2. लेखक की माँ किस समय पेड़ों के पत्ते तोड़ने के लिए मना करती थीं और क्यों?

उत्तर— लेखक की माँ शाम के समय पेड़ों के पत्ते तोड़ने के लिए मना किया करती थी क्योंकि वे बहुत धार्मिक व उदार, स्वभाव की महिला थीं और उन्हें लगता था कि ऐसा करने से पेड़ों को कष्ट होगा, वे रोयेंगे और पत्ते तोड़ने वाले को बद्दुआ देते हैं।

प्रश्न 3. प्रकृति में आये असन्तुलन का क्या परिणाम हुआ?

उत्तर— प्रकृति में आये असन्तुलन का बहुत ही भयानक परिणाम हुआ। इससे मौसम चक्र अव्यवस्थित हो गया। अब गर्मी में बहुत अधिक गर्मी पड़ने लगी, बेवक्त की बरसातें होने लगीं, ज़लज़ले, सैलाब तथा तुफ़ान आकर हाहाकार मचाने लगे, नित्य नई-नई बीमारियाँ धरतर पर बढ़ने लगीं और बहुत से पशु-पक्षी अपने घर से बेघर हो गये।

प्रश्न 4. लेखक की माँ ने पूरे दिन रोज़ा क्यों रखा?

उत्तर— लेखक के घर में कबूतरों के एक जोड़े से घोंसला बनाया था। उनके घोंसले में दो अण्डे थे। एक बिल्ली ने एक अण्डा फोड़ दिया और दूसरे अण्डे को बचाने के प्रयास में माँ से टूट गया। इस घटना के बाद कबूतरों के दु:ख को देखकर माँ न इसे अपनी गलती माना और पूरे दिन रोज़ा रखकर खुदा से इस गलती को माफ़ करने की विनती करती रहीं।

प्रश्न 5. लेखक ने ग्वालियर से बम्बई तक दिन बदलावों को महसूस किया? पाठ के आधार पर स्पष्ट कीजिए।

उत्तर— लेखक ने ग्वालियर से बम्बई तक अनेक भौतिक एवं भावात्मक बदलावों को महसूस किया। ग्वालियर में बड़े-बड़े आँगनों-दालानों वाले घरों में सब संयुक्त परिवार में मिल-जुलकर रहते थे, जबकि बम्बई में डिब्बे जैसे घरों में जीवन सिमटा हुआ दिखाई दिया। ग्वालियर में लोगों में उदारता, दयालुता, लघु जीवों के प्रति गहरी संवेदना थी, जबकि मुम्बई में इन जीवन मूल्यों से रहित वातावरण दिखाई दिया।

प्रश्न 6. डेरा डालने से आप क्या समझते हैं? स्पष्ट कीजिए।

उत्तर— डेरा डालने का अर्थ है—कुछ समय के लिए रहना। बड़ी-बड़ी इमारतें बनने के कारण पक्षियों को घोंसले बनाने की जगह नहीं मिल रही है। वे इमारतों में ही डेरा डालने लगे हैं।

प्रश्न 7. शेख अयाज़ के पिता अपने बाज़ू पर काला च्योंटा रेंगता देख भोजन छोड़कर क्यों उठ खड़े हुए?

उत्तर— शेख अयाज़ के पिता बहुत ही संवेदनशील व्यक्ति थे। एक बार वे कुएँ से नहाकर लौटने के बाद जब भोजन करने के लिए बैठे, तो उन्होंने अपने बाज़ू पर काला च्योंटा देखा। वे सोचने लगे, अगर वे उसे कुएँ तक नहीं छोड़कर आये, तो वह बेघर हो जायेगा। उसके दु:ख का यह अनुमान लगाते ही वे छोड़कर उठ खड़े हुए और उसे कुएँ पर छोड़कर आने के बाद ही उन्होंने भोजन किया।

(ख) निम्नलिखित प्रश्नों के उत्तर (80-100) शब्दों में लिखिए—

प्रश्न 1. बढ़ती हुई आबादी का पर्यावरण पर क्या प्रभाव पड़ा?

उत्तर— बढ़ती हुई आबादी का पर्यावरण पर प्रतिकूल प्रभाव पड़ा। पर्यावरण असंतुलित होने का सबसे बड़ा कारण आबादी का बढ़ना ही है। बढ़ती आवास की समस्या से निपटने के लिए मानव ने समुद्र की लहरों तक को सीमित कर दिया है। आसपास के जंगल काट-काटकर नष्ट कर डाले हैं। परिणामस्वरूप पशु-पक्षी के लिए आवास ही नहीं बचे हैं। प्राकृतिक आपदाएँ दिन-प्रतिदिन बढ़ती जा रही हैं कहीं भूकम्प, कहीं बाढ़, कहीं तूफान, कभी गर्मी, कभी तेज़ वर्षा इनके कारण कई बीमारियाँ हो रही हैं। इस तरह पर्यावरण के असन्तुलन का जन जीवन तथा पर्यावरण पर गहरा प्रभाव पड़ा है।

प्रश्न 2. लेखक की पत्नी को खिड़की में जाली क्यों लगवानी पड़ी?

उत्तर— मुम्बई के जिस फ्लैट में लेखक रह रहे थे उसमें कबूतरों के एक जोड़े ने घोंसला बना लिया था। वे कबूतर खिड़की के रास्ते घर में आते-जाते थे और घर की चीजों को गिराकर तोड़ देते थे कभी-कभी घर पर नुकसान भी कर देते थे तथा कभी किताबें गन्दी कर दिया करते थे। उनके बार-बार आने-जाने से लेखक की पत्नी को काफ़ी परेशानी होती थी। इस परेशानी से बचने के लिए ही उन्हें खिड़की में जाली लगवानी पड़ी।

प्रश्न 3. समुद्र के गुस्से की क्या वजह थी? उसने अपना गुस्सा कैसे निकाला?

उत्तर— समुद्र की जमीन से लाभ कमाने के लिए बड़े-बड़े बिल्डर समुद्र को पीछे धकेल रहे थे। एक सीमा तक तो समुद्र ने बर्दाश्त किया, लेकिन जब पानी सिर से ऊपर उतर गया तो वह गुस्से से भर उठा तथा अपनी लहरों पर दौड़ते हुए तीन जहाजों को अलग-अलग दिशाओं में पटक दिया। एक वर्ली के समुद्र किनारे, दूसरा बांद्रा में कार्टर के सामने और तीसरा गेट वे ऑफ इण्डिया पर गिरा। समुद्र का गुस्सा इतना भयानक था कि लोग इस प्रकोप से बचने के लिए ईश्वर से विनती करने लगे थे।

प्रश्न 4. 'मिट्टी से मट्टी मिले, खो के सभी निशान,
किसमें कितना कौन है, कैसे हो पहचान,
इन पंक्तियों के माध्यम से लेखक क्या कहना चाहता है? स्पष्ट कीजिए।

उत्तर— मिट्टी से········पहचान। इन पंक्तियों के माध्यम से लेखक मनुष्य को नश्वर शरीर पर घमण्ड न करने की सीख देना चाहते हैं। अर्थात् सभी मनुष्य समान हैं। उनमें भेदभाव करना उचित नहीं है। पशु-पक्षियों को भी वही ईश्वर बनाता है जो इंसानों को बनाता है। वे कहते

हैं कि मनुष्य को अपने रंग, रूप आदि पर कभी घमण्ड नहीं करना चाहिए क्योंकि अंत में यह शरीर अपनी सभी पहचान खो देता है तथा मिट्टी में मिलकर मिट्टी बन जाता है अर्थात् यह शरीर नश्वर है।

(ग) निम्नलिखित पंक्तियों का आशय स्पष्ट कीजिए—

प्रश्न 1. नेचर की सहनशक्ति की एक सीमा होती है। नेचर के गुस्से का एक नमूना कुछ साल पहले बम्बई में देखने को मिला था।

उत्तर— 'निदा फ़ाज़ली' द्वारा रचित 'अब कहाँ दूसरे के दुःख से दुःखी होने वाले' पाठ के इस कथन में लेखक ने प्रकृति के अंधाधुंध तरीके से किये जा रहे दोहन के लिए मनुष्य को सचेत किया है। उन्होंने कहा है कि प्रकृति एक हद तक अपना शोषण सहती है, इसके बाद उसकी सहनशक्ति जवाब दे जाती है तब वह भावनाओं और संवेदनाओं से अलग होकर अपने रौद्र रूप में सामने आ जाती है। इसके लिए लेखक ने बम्बई में समुद्र के गुस्से का उदाहरण दिया है कि जब सहनशीलता ही हद हो गई तब समुद्र ने गुस्से में भरकर इतना भयानक रूप धारण कर दिया है जब सहनशीलता की हद हो गई तब समुद्र ने गुस्से में भरकर इतना भयानक रूप धारण कर लिया कि उसने तीन जहाजों को गेंद की तरह उछाल दिया था और बम्बई वाले त्राहि-त्राहि कर उठे।

प्रश्न 2. जो जितना बड़ा होता है उसे उतना ही कम गुस्सा आता है।

उत्तर— 'निदा फ़ाज़ली' द्वारा रचित 'अब कहाँ दूसरे के दुःख से दुःखी होने वाले लोग' पाठ के इस कथन में लेखक ने प्रकृति के प्रकोप के लिए मनुष्य को सचेत किया है। उन्होंने कहा है कि छोटे प्राणियों व छोटे दिल के लोगों को जल्दी गुस्सा आता है और उनका गुस्सा क्षणित होता है लेकिन समुद्र जैसे विशाल हृदय वाले लोगों को गुस्सा देर से आता है और वे अत्याचारी को गम्भीर परिणाम भुगतने के लिए बाध्य कर देते हैं। जिस प्रकार समुद्र पर बिल्डरों, मछुआरों का कोप, धरती पर भू-माफ़ियाओं का अतिक्रमण तथा वायु में व्याप्त ज़हरीली गैसों के कारण प्रकृति सभी को गम्भीर परिणाम भुगतने के लिए बाध्य कर रही है क्योंकि प्रकृति सबसे शक्तिशाली है। वैसे तो महान व्यक्तियों की तरह इन सब में अथाह गहराई, शान्ति व सहनशक्ति है अर्थात् हमें भी समुद्र की तरह उदार व विनम्र बनना चाहिए।

प्रश्न 3. इस बस्ती ने न जाने कितने परिन्दों-चरिन्दों से उनका घर छीन लिया है। इनमें से कुछ शहर छोड़कर चले गये हैं। जो कहीं जा सके हैं उन्होंने यहाँ-वहाँ डेरा डाल दिया है।

उत्तर— 'निदा फ़ाज़ली' द्वारा रचित 'अब कहाँ दूसरे के दुःख से दुःखी होने वाले' पाठ के इस कथन में लेखक ने वनों की अंधा-धुंध कटाई से उत्पन्न समस्या की ओर मनुष्य का ध्यान आकर्षित किया है। उन्होंने कहा है कि बस्तियों के फैलाब से पेड़ कटते गये और पक्षियों के घर छिन गये। कुछ की तो जातियाँ ही नष्ट हो गईं कुछ पक्षियों ने यहाँ-वहाँ इमारतों में डेरा जमा लिया है। इन सबसे मानव ने अपने दुर्भाग्य को ही निमन्त्रण दिया है। प्रकृति ने इन सबकी सर्जना मानव-मित्र के रूप में की है पर जब इनकी सत्ता ही खतरे में है तो मनुष्य का अस्तित्व धीरे-धीरे समाप्त हो ही जायेगा।

प्रश्न 4. शेख अयाज़ के पिता बोले, 'नहीं, यह बात नहीं है।' मैंने एक घर वाले को बेघर कर दिया है। इस बेघर को कुएँ पर उसके घर छोड़ने जा रहा हूँ। इन पंक्तियों में छिपी उनकी भावना को स्पष्ट कीजिए।

उत्तर— 'निदा फ़ाज़ली' द्वारा रचित 'अब कहाँ दूसरे के दुःख से दुःखी होने वाले' पाठ के इस कथन में लेखक ने पशु-पक्षी और मनुष्य सभी की कठिनाइयों को एक समान माना है। उन्होंने कहा है कि जिस प्रकार मानव अपने परिवार से अलग होकर दुःखी हो सकता है उसी प्रकार यह चींटा भी अपने घर से अलग होकर बेघर और दुःखी हो सकता है। शेख अयाज़ के पिता पशु-पक्षियों की भावनाओं को समझते थे अतः उन्होंने कहा कि मैंने एक घर वाले को बेघर कर दिया है और उस बेघर को कुएँ पर उसके घर छोड़ने जा रहा हूँ। वे किसी को भी तकलीफ नहीं देना चाहते थे।

प्रश्न 5. निम्नलिखित पठित गद्यांश को पढ़कर पूछे गए प्रश्नों के उत्तर उचित विकल्प चुनकर लिखिए—

ऐसी एक घटना को जिक्र सिंधी भाषा के महाकवि शेख अयाज ने अपनी आत्मकथा में किया है। उन्होंने लिखा है—'एक दिन उनके पिता कुएँ से नहाकर लौटे। माँ ने भोजन परोसा। उन्होंने जैसे ही रोटी का कौर तोड़ा। उसकी नजर अपनी बाजू पर पड़ी। वहाँ एक काला च्योंटा रेंग रहा था। वह भोजन छोड़कर उठ खड़े हुए।' माँ ने पूछा, 'क्या बात है? भोजन अच्छा नहीं लगा?' शेख अयाज के पिता बोले, 'नहीं यह बात नहीं है। मैंने एक घर वाले को बेघर कर दिया है। उस बेघर को कुएँ पर उसके घर छोड़ने जा रहा हूँ।'

(क) महाकवि शेख अयाज़ किस भाषा के कवि थे?

(i) हिन्दी (ii) अंग्रेजी
(iii) सिंधी (iv) फारसी

(ख) शेख अयाज़ ने क्या लिखा?

(i) एकांकी (ii) कहानी
(iii) उपन्यास (iv) आत्मकथा

(ग) शेख अयाज़ के पिता कहाँ से लौटे?

(i) तालाब से (ii) कुएँ से
(iii) समुद्र से (iv) नदी से

(घ) काला च्योंटा कहाँ रेंग रहा था?

(i) पिता की बाजू पर (ii) शेख अयाज़ की बाजू पर

(iii) माँ की बाजू पर (iv) जमीन पर

(ङ) पिता को अपराध बोध क्यों हुआ?

(i) च्योंटा को मारने के कारण (ii) भोजन छोड़ने के कारण

(iii) च्योंटा को बेघर करने के कारण (iv) शेख अयाज़ को कष्ट देने के कारण

उत्तर— (क) (iii) सिंधी (ख) (iv) आत्मकथा

(ग) (ii) कुएँ से (घ) (i) पिता की बाजू पर

(ङ) (iii) च्योंटा को बेघर करने के कारण

रचना और अभिव्यक्ति

भाषा-अध्ययन—

प्रश्न 1. उदाहरण के अनुसार निम्नलिखित वाक्यों में कारक चिह्नों को पहचानकर रेखांकित कीजिए और उनके नाम रिक्त स्थानों में लिखिए; जैसे—

वाक्य	उत्तर
(क) माँ ने भोजन परोसा।	कर्ता कारक
(ख) मैं किसी के लिए मुसीबत नहीं हूँ।	संप्रदान कारक
(ग) मैं एक घर वाले को बेघर कर दिया।	कर्म कारक
(घ) कबूतर परेशानी में इधर-उधर फड़फड़ा रहे थे।	अधिकरण कारक
(ङ) दरिया पर जाओ तो उसे सलाम किया करो।	अधिकरण कारक

प्रश्न 2. नीचे दिये गये शब्दों के बहुवचन रूप लिखिए—

चींटी, घोड़ा, आवाज, बिल, फौज, रोटी, बिन्दु, दीवार, टुकड़ा।

उत्तर—

एकवचन	बहुवचन
चींटी	चींटियाँ
घोड़ा	घोड़े
आवाज	आवाज़ें
बिल	बिलों
फौज	फौजें
रोटी	रोटियाँ
बिन्दु	बिन्दुएँ
दीवार	दीवारें
टुकड़ा	टुकड़े

प्रश्न 3. ध्यान दीजिए नुक्ता लगने से शब्द के अर्थ में परिवर्तन हो जाता है। पाठ में 'दफा' शब्द का प्रयोग हुआ है जिसका अर्थ होता है—बार (गणना सम्बन्धी), कानून सम्बन्धी। यदि इस शब्द में नुक्ता लगा दिया जाये तो शब्द बनेगा 'दफ़ा' जिसका अर्थ होता है—दूर करना, हटाना। यहाँ नीचे कुछ नुक्तायुक्त और नुक्तारहित शब्द दिये जा रहे हैं उन्हें ध्यान से देखिए और अर्थगत अन्तर को समझिए।

सजा सज़ा, नाज नाज़, जरा ज़रा, तेज तेज़।

निम्नलिखित वाक्यों में उचित शब्द भरकर वाक्य पूरे कीजिए—

(क) आजकल..........जमाना..........बहुत खराब है। (जमाना/ज़माना)

(ख) पूरे कमरे को..........सजा..........दो। (सजा/सज़ा)

(ग) ....ज़रा..........चीनी तो देना। (जरा/ज़रा)

(घ) माँ दही..........जमाना..........भूल गई। (जमाना/ज़माना)

(ङ) दोषी को..........सज़ा..........दी गई। (सजा/सज़ा)

(च) महात्मा के चेहरे पर..........तेज़..........था। (तेज/तेज़)

परियोजना कार्य

प्रश्न 1. अपने आसपास प्रतिवर्ष एक पौधा लगाइए और उसकी समुचित देखभाल कर पर्यावरण में आये असन्तुलन को रोकने में अपना योगदान दीजिए।

उत्तर— छात्र स्वप्रेरणा से अपने तथा मित्रों के जन्मदिवस पर पौधे लगायें तथा पर्यावरण सन्तुलन में सार्थक योगदान करें।

प्रश्न 2. किसी ऐसी घटना का वर्णन कीजिए जब अपने मनोरंजन के लिए मानव द्वारा पशु-पक्षियों का उपयोग किया गया हो।

उत्तर— कुछ दिनों पहले मुझे पटना से लगभग 60 किमी दूर एक मन्दिर में जाने का अवसर मिला। इस मन्दिर के बाहर एक मदारी कुछ बन्दरों की पकड़कर उनसे मनुष्य जैसे करतब करवा रहा था। बन्दर कभी दुल्हा बनता तो कभी पानी पिलाने वाला नौकर बन जाता। वह कभी राजा की नकल कर रहा था तो कभी सैनिक की तरह चल रहा था। जहाँ उससे गलती होती मदारी उसकी पिटाई कर देता था। इस प्रकार वह वहाँ खड़ी भीड़ का अच्छा मनोरंजन कर रहा था। वह मेरे लिए रोमांचकारी और अनोखा अवसर था जब मैंने मनुष्य को अपने मनोरंजन हेतु बन्दरों को नचाते देखा हो। परन्तु अन्त में बन्दरों की दुर्दशा देख मन विचलित हो गया।

परीक्षोपयोगी महत्त्वपूर्ण प्रश्नोत्तर

लघु उत्तरीय प्रश्न—

प्रश्न 1. निदा फ़ाजली प्रस्तुत पाठ में किसके प्रति चिंतित है?

उत्तर— निदा फ़ाजली प्रस्तुत पाठ में पर्यावरण और उसकी सुरक्षा के प्रति चिंतित है।

प्रश्न 2. पर्यावरण में किसके साथ अन्योन्याश्रय सम्बन्ध है?

उत्तर— पर्यावरण को प्रकृति ने विभिन्न अवयवों से बनाया है जो आपस में सुरक्षा चक्र के समान जुड़े हुए हैं। यहाँ मनुष्य तथा पशु-पक्षी परस्पर अन्योन्याश्रय हैं।

प्रश्न 3. सुलेमान ने चींटियों की बातों को सुनकर क्या कहा?

उत्तर— सुलेमान ने चींटियों की बातों को सुनकर कहा कि घबराओ नहीं, सुलेमान को खुदा ने सबका रखवाला बनाया है। मैं किसी के लिए मुसीबत नहीं बल्कि सबके लिए मुहब्बत हूँ इससे सुलेमान का सामान्य प्राणियों के प्रति स्नेह झलकता है।

प्रश्न 4. 'नूह' के सन्दर्भ में आप क्या जानते हैं? लिखिए।

उत्तर— नूह एक पैगम्बर का नाम है जिसकी चर्चा बाइबिल आदि पवित्र ग्रन्थों में मिलती है। उनका असली नाम लश्कर था। अरब वालों ने उन्हें नूह के लकब से याद किया है उनका हृदय पवित्र करुणा से भरा हुआ था।

प्रश्न 5. पाठ के अनुसार धरती किसकी है?

उत्तर— पाठ के अनुसार धरती किसी एक की नहीं है। इस धरती पर पंछी, मानव, पशु, नदी, पर्वत, समंदर आदि सबकी समान भागीदारी है। प्रकृति ने सबको समान रूप से जीने योग्य साधनों, अधिकारों और कर्त्तव्यों को सौंपा है।

प्रश्न 6. गुस्सा आने पर समुद्र ने अपना गुस्सा कैसे शान्त किया?

उत्तर— समुद्र ने अपने गुस्से को शान्त करने के लिए लहरों पर तैर रहे तीन जहाज़ों को बच्चों की गेंद की तरह तीन दिशाओं में फेंक दिया। वे इस तरह से क्षित-विक्षत हो गये कि पुनःचलने लायक रह नहीं सके।

प्रश्न 7. लेखक की माँ द्वारा एक अण्डे को बचाने के प्रयास में क्या अघटित हो गया?

उत्तर— लेखक की माँ द्वारा एक अण्डे को बचाने के प्रयास में असावधानी से दूसरा अण्डा भी उसके हाथ से टूटकर गिर गया। इस अघटित घटना से उनकी माँ बहुत दुःखी हुई।

प्रश्न 8. विकास और आधुनिकता के नाम पर मानव ने दुनिया में क्या परिवर्तन लाया और इसके क्या परिणाम हुए?

उत्तर— विकास और आधुनिकता के नाम पर मानव ने समंदर को पीछे सरकाना शुरू कर दिया, पेड़ों को रास्तों में हटाया तथा बारूदों की विनाशलीलाओं से वातावरण को सताना शुरू कर दिया जिस कारण प्रकृति में अनियन्त्रित असन्तुलन आ गया। परिणामस्वरूप गरमी में ज्यादा गर्मी, बेवक्त की बरसातें, ज़लज़ले सैलाब, तुफान और नित्य नये रोग उत्पन्न हुए। धीरे-धीरे मानव का अस्तित्व ही खतरे में पढ़ता जा रहा है।

प्रश्न 9. पाठ में लेखक के अनुसार मनुष्य की पहचान कैसे होती है? इस सन्दर्भ में लेखक क्या कहना चाहता है?

उत्तर— पाठ में लेखक के अनुसार मनुष्य की पहचान उसकी प्रवृत्ति और प्रकृति से होती है। इस सन्दर्भ में लेखक यह कहना चाहता है कि मिट्टी का शरीर एक दिन मिट्टी में मिल जाता है फिर मिट्टी और शरीर में कोई अन्तर नहीं रह जाता। केवल मनुष्य के सत्कर्म ही उसे महान बनाने में सहायक होते हैं।

प्रश्न 10. लेखक के अनुसार मनुष्य क्या गलती कर रहा है?

उत्तर— लेखक के अनुसार मनुष्य यह गलती कर रहा है कि वह नदी, समुद्र, पहाड़, पेड़-पौधों आदि को अपनी जागीर समझकर मनचाहा प्रयोग उपयोग करते हुए उनका दोहन कर रहा है। वह केवल अपने लिए ही सोच रहा है उसे अपनी आने वाली पीढ़ी तथा अन्य प्राणियों की बिल्कुल चिन्ता नहीं है। इससे प्राकृतिक असन्तुलन पैदा हो गया है।

प्रश्न 11. लेखक की माँ का स्वभाव कैसा था? वह लेखक को क्या शिक्षा देती थी? लिखिए।

उत्तर— लेखक की माँ का स्वभाव बहुत ही उदार और सहिष्णु था। वह प्रकृति और पशु-पक्षियों के प्रति संवेदनशील थीं। वे प्रकृति के प्रति आदर भाव रखती थीं। पशु-पक्षियों के प्रति उनका विशेष लगाव था। वे लेखक को पेड़-पौधों, नदियाँ और मुर्गे तक से प्रेम करने की सीख देती थीं ताकि लेखक भी ऐसा कार्य-व्यवहार कर सके।

प्रश्न 12. लेखक ने ग्वालियर से मुम्बई तक प्रकृति और मनुष्य के सम्बन्धों में किन बदलावों को महसूस किया? 'अब कहाँ दूसरे के दुःख से दुःखी होने वाले' पाठ के आधार पर स्पष्ट कीजिए।

उत्तर— लेखक ने ग्वालियर से मुम्बई तक अनेक भौतिक एवं भावनात्मक बदलावों को महसूस किया। ग्वालियर में बड़े-बड़े आँगनों-दालानों वाले घरों में सब संयुक्त परिवार में मिलजुलकर रहते थे, जबकि मुम्बई में डिब्बे जैसे घरों में जीवन सिमटा हुआ दिखाई देता है। ग्वालियर में लोगों में उदारता, दयालुता, लघु जीवों के प्रति गहरी संवेदना थी, जबकि मुम्बई में इन जीवन मूल्यों से रहित वातावरण अनुभव होता है।

दीर्घ उत्तरीय प्रश्न—

प्रश्न 1. सब की पूजा एक-सी अलग-अलग है रीत।
मस्जिद जाए मौलवी, कोयल गाए गीत॥
प्रस्तुत दोहे के माध्यम से निदा फ़ाज़ली क्या सन्देश देना चाहते हैं?

उत्तर— निदा फ़ाजली का मानना है कि संसार के सभी प्राणी एक ही ईश्वर की सन्तान हैं। अब अपने-अपने तरीके से ईश्वर की पूजा करते हैं सबका पूजा करने का तरीका भिन्न है पर एक ही ईश्वर को याद करते हैं। मौलवी मस्जिद जाकर नमाज़ अदा करते हैं तो पुजारी मन्दिर जाकर भक्ति करते हैं। कोयल गीत गाकर प्रभु का वंदन करती है तो मुर्गा सबसे पहले अज़ान दे सबको सबेरे जगाता है। सब संसार में एक समान हैं। सबका समान महत्त्व है। अत: सबको मिल-जुलकर समत्व और एकत्व के भाव से रहना चाहिए। सभी प्राणियों के बीच सद्‌भाव और सहयोग रहना चाहिए। यही समाज का शाश्वत मूल्य आदर्श है।

प्रश्न 2. ग्वालियर से लेकर वर्सोवा तक के बदलाव को पाठ के आधार पर लिखिए।

उत्तर— लेखक का प्रारम्भिक जीवन ग्वालियर में बीता था। कालान्तर में वे वर्सोवा में जाकर बस गये। उन्होंने दोनों जगह तथा दोनों के प्राकृतिक वातावरण को बड़े ही गौर से देखा था। ग्वालियर में जहाँ बड़े-बड़े घर थे, घरों के आगे पेड़-पौधे थे जिस पर चिड़ियों का रैन-बसेरा था वहीं वर्सोवा में वे डिब्बेनुमा घरों में बन्द हो गये थे। जगह की कमी होने के कारण समुद्र को पीछे ढकेल दिया गया। लोगों की संख्या जैसे-जैसे बढ़ती गई वैसे-वैसे वनों की कटाई होती गई। परिणामत: पशु-पक्षियों के प्राकृतिक आवास समाप्त होते गये। उन मनुष्यों को बीच या इधर-उधर अपना आवास बनाना पड़ा। लोग असहिष्णु होते गये और अपने स्वार्थ को सर्वोपरि मानने लगे।

प्रश्न 7. पाठ से शेख अयाज़ ने किस घटना का वर्णन किया है तथा वह किससे सम्बन्धित है?

उत्तर— पाठ में शेख अयाज़ ने जिस घटना का वर्णन किया है वह उनके पिता से सम्बन्धित है। उन्होंने अपनी आत्मकथा में लिखा है कि एक बार उनके पिता कुएँ पर नहाने आये थे। नहाकर लौटने के बाद वे जैसे ही खाना खाने बैठे वैसे ही उनकी नज़र अपनी बाजू पर चलते हुए च्योंटे पर गई। वे जल्दी से खाना छोड़कर उस च्योंटे को कुएँ पर छोड़ने चले गये। उन्होंने सोचा कि यह च्योंटा बेघर होकर अपनों से बिछड़ गया तो उसे महान कष्ट होगा। यह उनकी उदारता, महानता और सहिष्णुता थी। दूसरे प्राणियों के कष्ट को अपने कष्ट से ऊपर समझना ही सबसे बड़ी महानता है।

प्रश्न 4. ग्वालियर में लेखक की माँ लेखक को क्या और क्यों शिक्षा दिया करती थीं?

उत्तर— लेखक की माँ सात्विक प्रवृत्ति की थीं। वे प्रकृति के प्रत्येक अवयव से प्यार करती थीं तथा सभी प्राणियों को अपने समान महत्त्व देती थीं। उनकी माँ कहती थीं कि सूरज ढलने पर पेड़ों से पत्ते मत तोड़ो पेड़ रोयेंगे। दीया-बत्ती के समय फूलों को मत तोड़ो, फूल बद्‌दुआ देते हैं। दरिया पर जाओ तो उसे सलाम किया करो, वह खुश होता है। कबूतरों को मत सताया करो, वे हज़रत मुहम्मद को अज़ीज हैं। मुर्गे को परेशान नहीं करो वह मौलवी साहब से पहले मुहल्ले में सबको सबेरे जगाकर काम पर लगाता है। इन शिक्षाओं का उद्देश्य सामान्य जीव-जन्तुओं और सभी प्राणियों के प्रति लेखक के मन में सहानुभूति उत्पन्न करता था अर्थात् एक अच्छे मार्ग की ओर अग्रसर होने की प्रेरणा देते हैं।

प्रश्न 5. पाठ 'अब कहाँ दूसरों के दुःख से दुःखी होने वाले' में लेखक का मूल कथ्य/उद्देश्य/सन्देश क्या है?

उत्तर— श्री 'निदा फाज़ली' के द्वारा पाठ 'अब कहाँ दूसरों के दु:ख में दु:खी होने वाले' में प्राणीमात्र के प्रति प्राणत्व की भावना ही जीवन है, यह बताया गया है। इस धरती के सभी चर-अचर प्राणी एक ईश्वर की संतान हैं ईश्वर सभी से उसी भाँति एकसमान प्यार करता है जैसे माँ अपने सभी बच्चों में बिना भेदभाव किये समत्व भाव से प्यार बाँटती है। साथ ही लेखक ने इस पाठ के द्वारा प्राकृतिक संसाधनों के दोहन से उत्पन्न दुष्परिणाम को भी दिखाने का प्रयास किया है। पाठ में विभिन्न उदाहरणों द्वारा लेखक ने समस्त प्राकृतिक आपदाओं का कारण मानव की प्रकृति का भोगवादी और संचय प्रवृत्ति को माना है।

प्रश्न 6. 'अब कहाँ दूसरों के दुःख में दुःखी होने वाले' पाठ के आधार पर स्पष्ट कीजिए कि बढ़ती हुई आबादी का पशुपक्षियों और मनुष्यों के जीवन पर क्या प्रभाव पड़ रहा है? इसका समाधान क्या हो सकता है?

उत्तर— बढ़ती हुई आबादी का पर्यावरण पर बहुत दुष्प्रभाव पड़ा। इस बढ़ती हुई आबादी ने प्रकृति के संतुलन को गड़बड़ा दिया। इस आबादी ने समुद्र को पीछे धकेलना शुरू कर दिया, पेड़ों को रास्ते से हटाना और प्रदूषण को बढ़ाना शुरू कर दिया। पशु-पक्षी बस्तियाँ छोड़कर कहीं भाग गए। वातावरण में गर्मी होने लगी। इस प्रकार बढ़ती आबादी से पर्यावरण प्रदूषित हो गया। ईश्वर ने धरती के साथ-साथ अनगिनत ऐसी वस्तुएँ बनाई हैं, जो मानव हित में हैं, लेकिन स्वयं को बुद्धिमान समझने वाला मानव इन सबसे लाभ उठाकर स्वार्थी हो गया। स्वार्थ के वशीभूत होकर उसने नई-नई खोज करनी शुरू कर दी। नई-नई खोजों की लालसा में उसने प्रकृति का अत्यधिक दोहन करना शुरू कर दिया। दोहन इतना अधिक था कि सहनशील प्रकृति के इस असंतुलन का परिणाम यह भी हुआ कि पक्षियों ने बस्तियों से भागना शुरू कर दिया। अब भयंकर गर्मी पड़ने लगी। भूकंप, बाढ़, तूफान जैसी प्राकृतिक आपदा आने लगीं। नित्य नए-नए रोग पनपने लगे।

इन सभी समस्याओं का समाधान है कि आबादी पर रोक लगाई जाए। प्रदूषण को नियन्त्रित किया जाए और प्रकृति के साथ छेड़-छाड़ बन्द करके अधिकाधिक वृक्षारोपण किया जाए।

प्रश्न 7. प्रकृति के साथ मानव के दुर्व्यवहार और उसके परिणाम को 'अब कहाँ दूसरों के दुःख से दुःखी होने वाले' पाठ के आधार पर स्पष्ट कीजिए।

उत्तर— मानव अपनी बढ़ती महत्वाकांक्षाएँ, कभी न खत्म होने वाली इच्छाएँ, बढ़ती हुई आबादी की लोलुपता की पूर्ति हेतु पेड़ों की कटाई, जंगलों का सफाया, जंगली जानवरों का शिकार तथा प्रकृति के साथ दुर्व्यवहार करता है, जिसके परिणामस्वरूप वह प्रकृति का संतुलन ही बिगाड़ देता है। प्रकृति में आए असंतुलन का बहुत ही भयानक परिणाम हुआ। इससे मौसम-चक्र अव्यवस्थित हो गया। अब गर्मी में बहुत अधिक गर्मी पड़ने लगी, बेवक्त की बरसातें होने लगीं, जलजले, सैलाब तथा तूफान आकर हाहाकार मचाने लगे तथा नित्य नई-नई बीमारियाँ धरती पर बढ़ने लगीं। समुद्र के तट पर मानवों ने अपनी बस्ती बसा ली है। आस-पास के जंगल काट लिए गये हैं अतः पशु-पक्षी मारे-मारे फिर रहे हैं। समुद्र को भी अँगड़ाई लेने के लिए कभी-कभी मानवों की बस्ती के बीच पसरना पड़ता है। कुल मिलाकर मानव ने अपनी आवश्यकताओं की पूर्ति के क्रम में अपने मार्ग में आने वाली प्रत्येक वस्तु को ध्वस्त ही कर दिया। इससे पर्यावरण असंतुलन की स्थिति उत्पन्न हो गई तथा सम्पूर्ण प्रकृति के अस्तित्व पर खतरा मँडरा रहा है।

❑❑

पतझर में टूटी पत्तियाँ

|16|

लेखक-रवीन्द्र केलेकर

1. गिन्नी का सोना, 2. झेन की देन

'पतझर में टूटी पत्तियाँ' बताती हैं कि सर्दी, गर्मी, धूप, बरसात, आँधी, तूफ़ान को झेल चुका जीवन, जीवन के सत्य अनुभवों से ओत-प्रोत होता है फिर चाहे वे 'पतझर में टूटी पत्तियाँ' ही क्यों न हों, वे भी जीवन की सच्चाई का सन्देश दे जाती है।

लेखक परिचय—गाँधीवादी विचारक कोंकणी एवं मराठी के शीर्षस्थ लेखक और पत्रकार रवीन्द्र केलेकर का जन्म 7 मार्च, 1925 को दक्षिण गोवा के कोकुलिम क्षेत्र में हुआ था। वे छात्र जीवन से ही स्वतन्त्रता संग्राम और गोवा के मुक्ति संग्राम से जुड़े रहे। वे आधुनिक कोंकणी आन्दोलन के प्रणेता थे और कोंकणी भाषा मण्डल की स्थापना में उनकी महत्त्वपूर्ण भूमिका रही। गाँधीवादी चिन्तक के रूप में विख्यात केलेकर के अपने लेखन में जन-जीवन के विविध पक्षों, मान्यताओं और व्यक्तिगत विचारों को देश और समाज परिप्रेक्ष्य में प्रस्तुत किया है। इनकी अनुभवजन्य टिप्पणियों में अपने चिन्तन की मौलिकता के साथ ही मानवीय सत्य तक पहुँचने की सहज चेष्टा रहती है। उन्होंने साहित्य सृजन भी किया।

रवीन्द्र केलेकर की कोंकणी में पच्चीस, मराठी में तीन, हिन्दी और गुजराती में भी कुछ पुस्तकें प्रकाशित हैं। रवीन्द्र केलेकर कोंकणी साहित्य के सबसे मजबूत स्तम्भ थे। केलेकर ने काका कालेलकर की अनेक पुस्तकों का सम्पादन और अनुवाद भी किया है। 'पतझर में टूटी पत्तियाँ' श्री रवीन्द्र केलेकर की कालजयी रचनाओं में से एक मानी जाती है। श्री केलेकर 27 अगस्त, 2010 को 85 वर्ष की अवस्था में साहित्य-संसार को सदा के लिए अलविदा कर पंचतत्व में विलीन हो गये।

प्रमुख रचनाएँ—श्री रवीन्द्र केलेकर की प्रमुख कृतियाँ कोंकणी में उपलब्ध हैं। इनके अतिरिक्त उनकी रचनाएँ हिन्दी और मराठी में भी प्रसिद्ध हैं।

कुछ प्रमुख कृतियाँ—कोंकणी में—उजवाढाचे सूर, समिधा, सांगली, ओथांबे, हिमालयांत, नवी शाला, कथा आनि कान्यो, तुलशी, वेलेवाईल्लो गुलो, ऊजवडेचे सूर, बहुभाषिक भारतान्त भाषान्चे समाजशास्त्र इत्यादि।

मराठी में—कोंकणीचें राजकरण, जापान जसा दिसला इत्यादि।

हिन्दी में—पतझर में टूटी पत्तियाँ और गाँधीजी एक जीवनी इत्यादि।

पुरस्कार—कोंकणी और मराठी भाषा के मूर्धन्य साहित्यकार श्री केलेकर को वर्ष 2006 का ज्ञानपीठ पुरस्कार, 1976 में साहित्य अकादमी पुरस्कार, 2008 में पद्मभूषण, 2007 में उन्हें साहित्य अकादमी का फैलो के लिए चुना गया था। इन सबके अतिरिक्त उन्हें भाषा भारती पुरस्कार, साहित्य अकादमी अनुवाद पुरस्कार, गोवा कला अकादमी पुरस्कार, केन्द्रीय हिन्दी निदेशालय पुरस्कार, गोमंत शारदा पुरस्कार आदि प्राप्त हो चुके हैं।

पाठ परिचय—कोंकणी और मराठी भाषा के महान साहित्यकार तथा चिन्तक रवीन्द्र केलेकर की रचना 'पतझर में टूटी पत्तियाँ' दो आलेखों का संग्रह है। पहले का शीर्षक हैं—'गिन्नी का सोना' तथा दूसरे का शीर्षक 'झेन की देन' है। 'गिन्नी का सोना' में लेखक हमें शुद्ध सोना अर्थात् आदर्शवादी तरीके से रहने की ओर ताँबे जैसे कठोर होने की प्रेरणा देते हैं। लेखक का मानना है कि जिस प्रकार केवल शुद्ध सोने से आभूषण नहीं बन सकता, उसके लिए सोने में गिन्नी की मिलावट आवश्यक है उसी प्रकार केवल शुद्ध आदर्श के सहारे जीवन नहीं चल सकता उसके लिए व्यवहार रूपी गिन्नी को मिलाना आवश्यक होता है। तभी जीवन सफल हो सकता है। 'झेन की देन' में लेखक जापानी संस्कृति की चर्चा करते हैं। जापानी लोग मशीन से अधिक कार्य करते हैं। परिणामत: जापानी मनोरोग से ग्रस्त हैं। मन की गति को धीमा करने के लिए जापानी 'चा-नो-यू' (चाय पीने का उत्सव)आयोजित करते हैं। यह जापानी संस्कृति की अनुपम देन है।

गिन्नी का सोना

पाठ का सारांश—शुद्ध सोना अलग होता है। इसमें किसी प्रकार की मिलावट नहीं होती है। शुद्ध सोना अपनी शुद्धता के कारण महँगा भी होता है पर इससे आभूषण नहीं बनाये जा सकते। यह केवल दिखावे के लिए होता है। लोग इसको महत्व अधिक देते हैं।

गिन्नी का सोना अलग होता है। गिन्नी का सोना धातु मिश्रित सोना होता है। इस मिलावट से एक तरफ सोने की चमक बढ़ जाती है, तो दूसरी तरफ उसमें मजबूती आ जाती है। यह शुद्ध सोने से सस्ता होता है। गिन्नी के सोने से ही आभूषण बनवाये जाते हैं। महिलाएँ इसे अधिक पसन्द करती हैं। यह सर्व सुलभ होता है पर लोग शुद्ध सोने की तुलना में इसको महत्व कम देते हैं।

शुद्ध आदर्श भी शुद्ध सोने की तरह होता है। शुद्ध आदर्श भी शुद्ध सोने की तरह मूल्यवान होते हैं। समाज में शुद्ध आदर्श और उसे पालन करने वाले लोग विरल होते हैं परन्तु शुद्ध आदर्श की अहमियत बहुत होती है। आदर्शवादी लोग सामाजिक मूल्यों की रक्षा करते हैं। स्वयं उन्नति करते हैं और समाज की उन्नति में सहायक बनते हैं।

व्यवहार और व्यवहारवादी लोग जीवन में सबसे सफल माने जाते हैं। व्यवहारवादी लोग हमेशा सजग रहकर अपने लाभ की बात सोचकर ही आगे बढ़ते हैं। वे जीवन में सफल होते हैं किन्तु समाज के लिए इनका कोई योगदान नहीं होता है फलतः समाजवादी इनका महत्त्व कम आँकते हैं। कभी-कभी ऐसे व्यक्तियों से समाज का नुकसान हो जाता है।

शुद्ध सोने में ताँबे को मिलाकर उसे मजबूत बनाया जाता है तथा गहने आदि बनवाने के लिए उपयोगी बनाया जाता है।

शुद्ध आदर्श में भी व्यवहार रूपी ताँबा मिलाकर जब आदर्शवादी लोग इसका उपयोग करते हैं तब यह 'प्रैक्टिकल आइडियॉलिस्ट' कहलाता है। इसमें व्यवहार तो होता है पर आदर्श ही सबसे ऊपर होता है। गाँधीजी 'प्रैक्टिकल आइडियॉलिस्टिक के सबसे बड़े उदाहरण थे। वह हमेशा व्यावहारिकता को पहचानते थे। वे कभी भी ताँबे को सोने पर हावी नहीं होने देते थे। उन्होंने अपने आदर्शों में थोड़ी-सी व्यावहारिकता मिलाकर उसे गिन्नी के सोने जैसा मजबूत बनाया और समाज का नेतृत्व किया।

समाज में सबसे महत्त्व की बात है कि खुद विकास करें और अपने साथ दूसरों को भी विकसित करें और दूसरों को भी सही मार्ग पर चलने की प्रेरणा दें। इस प्रकार की जिम्मेदारी आदर्शवादी लोग ही लेते हैं। समाज को शाश्वत मूल्यों का वरदान आदर्शवादी लोगों ने ही दिया है। व्यावहारवादी लोगों ने तो समाज को पतन की ओर ही अग्रसर किया है।

झेन की देन

पाठ का सारांश—'झेन की देन' पाठ के द्वारा लेखक रवीन्द्र केलेकर ने पाठकों का जापानी संस्कृति से परिचय करवाया है। अमेरिका द्वारा जापान के शहरों को नष्ट कर दिये जाने के बाद जापानियों में अमेरिका से आगे निकलने की होड़-सी लग गई और इस होड़ में वे एक दिन का काम एक घण्टे में करने लगे। लगातार सोचने से दिमाग में तनाव बढ़ने लगा और मानसिक बीमारियों का जन्म हुआ। मानसिक शान्ति और दिमागी बीमारी के इलाज के लिए 'टी सेरेमनी' नाम की पद्धति प्रचलित है जिसे जापानी भाषा में 'चा-नो-यू' कहते हैं।

'चा-नो-यू' चाय पीने की एक पद्धति है। इस 'टी सेरेमनी' में शान्ति बनी रहे इसलिए तीन से अधिक आदमियों को प्रवेश नहीं दिया जाता है। छह मंजिली इमारत की छत पर बनी पर्णकुटी में लेखक और उसके मित्र पहुँचे। 'चाजीन' ने लेखक और उनके मित्र को झुककर प्रणाम किया और बैठने के लिए कहा। उसने अँगीठी सुलगाकर उस पर चायदानी रखी और पास के कमरे से चाय बनाने के बर्तन लेकर आया। उस कमरे में इतनी शान्ति थी कि चाय के बनने की आवाज़ भी सुनाई दे रही थी। चाय तैयार होने के बाद प्यालों में भरी गई प्यारे में केवल दो घूँट चाय थी जिसे करीब डेढ़ घण्टे तक पीना था। चाय पीते-पीते लेखक का दिमाग इतना शान्त हो गया कि उन्हें अजीब-सा सुकून महसूस होने लगा।

'टी सेरेमनी' का मुख्य उद्देश्य था, दिमाग से भूत और भविष्य काल को हटाकर वर्तमान में ले आना। लेखक को ऐसा लगा जैसे वह अनंतकाल में जी रहा हो। हम या तो भूतकाल में रहते हैं या भविष्यकाल में। असल में दोनों काल मिथ्या हैं। हमारे सामने जो वर्तमान क्षण है, वही सत्य है, वही शाश्वत है और वर्तमान हमारे जीवन का आधार है। वर्तमान जिसका सँवर जाता है उसका भविष्य खुद-ब-खुद उज्ज्वल हो जाता है।

प्रमुख पात्र—गाँधीजी, लेखक (स्वयं), लेखक के अनाम मित्र, चाजीन।

शब्द-सम्पदा

गिन्नी = ताँबा। **गरिमापूर्ण** = सलीके से। **चंद** = कुछ। **अक्सर** = हमेशा। **बखान** = वर्णन करना। **स्तर** = श्रेणी। **सजग** = सचेत। **विलक्षण** = अद्‌भुत। **हिसाब** = जोड़-घटाव। **वरना** = नहीं तो। **मानसिक** = मस्तिष्क सम्बन्धी। **खदबदाना** = उबलना। **सूर** = ध्वनि। **प्रतिस्पर्द्धा** = होड़। **सज्जा** = सजावट। **रफ़्तार** = तेज। **फीसदी** = प्रतिशत। **महीना** = मास। **पर्णकुटी** = पत्तों से बनी कुटिया। **क्षण** = पल। **तातामी** = चटाई। **विधि** = तरीका। **जयजयवंती** = एक राग का नाम। **सन्नाटा** = पूर्ण शान्ति। **मिथ्या** = झूठ। **व्यावहारिकता** = समय और अवसर देखकर कार्य करने की सूझ। **भंगिमा** = मुद्रा। **प्रैक्टिकल आइडियॉलिस्ट** = व्यावहारिक आदर्श। **कीमत** = मूल्य। **सूझ-बूझ** = काम करने की समझ। **के स्तर** = के बराबर। **शाश्वत** = जो सदैव एक-सा रहे। **शुद्ध सोना** = 24 कैरेट का (बिना मिलावट का) सोना। **अन्यों** = दूसरों। **गिन्नी का सोना** = 22 कैरेट का (सोने में ताँबा मिला हुआ) सोना। **मनोरुग्ण** = तनाव के कारण मन से अस्वस्थ। **उलझन** = असमंजस की स्थिति। **दफ़्ती** = लकड़ी की खोखली सरकने वाली दीवार जिस पर चित्रकारी होती है। **तशरीफ** = महत्व। **बेढब-सा** = बेडौल-सा। **चाजीन** = जापानी विधि से चाय पिलाने वाला। **सुलगाई** = जलाई। **अँगीठी** = चूल्हा। **अनंतकाल** = जिस काल का अन्त न हो। **विस्तृत** = विस्तार।

पाठ से सम्बन्धित प्रश्नोत्तर

मौखिक प्रश्नोत्तर—

निम्नलिखित प्रश्नों के उत्तर एक-दो पंक्तियों में दीजिए—

प्रश्न 1. शुद्ध सोना और गिन्नी का सोना अलग क्यों होता है?

उत्तर— शुद्ध सोना और गिन्नी का सोना अलग इसलिए होता है क्योंकि शुद्ध सोना बिना किसी मिलावट के पूरी तरह शुद्ध होता है। इसमें चमक कम होती है तथा यह मजबूत होता है बल्कि गिन्नी के सोने में थोड़ा-सा ताँबा मिलाया होता है, इसलिए वह ज्यादा चमकता है और शुद्ध सोने से मजबूत भी होता है। आभूषण आदि बनवाने के लिए इसी सोने का उपयोग होता है।

प्रश्न 2. प्रैक्टिकल आइडियॉलिस्ट किसे कहते हैं?

उत्तर— प्रैक्टिकल आइडियॉलिस्ट उन्हें कहते हैं जो आदर्शों को व्यावहारिकता के साथ प्रस्तुत करते हैं और सफल जीवन जीते हैं। ऐसे लोग अपने हानि-लाभ के अनुसार आदर्शों में व्यवहार को मिलाकर प्रयोग करते हैं। समाज ऐसे लोगों का अनुकरण करता है।

प्रश्न 3. पाठ के सन्दर्भ में शुद्ध आदर्श क्या है?

उत्तर— पाठ के सन्दर्भ में शुद्ध आदर्श शुद्ध सोने की तरह है जिस प्रकार शुद्ध सोने में मिलावट की सम्भावना नहीं होती उसी प्रकार शुद्ध आदर्श में व्यावहारिकता की मिलावट नहीं होती है। शुद्ध आदर्श वाला व्यक्ति अपने सिद्धान्त पर स्थिर रहता है। शुद्ध आदर्शों पर व्यावहारिकता कभी हावी नहीं होती। शुद्ध आदर्श समाज के शाश्वत मूल्यों को बनाये रखने में सक्षम होता है।

प्रश्न 4. लेखक ने जापानियों के दिमाग में 'स्पीड' का इंजन लगने की बात क्यों कही है?

उत्तर— लेखक ने जापानियों के दिमाग में 'स्पीड' का इंजन लगने की बात इसलिए कही है क्योंकि वे अमेरिका से आगे निकलने की होड़ में तीव्र गति से प्रगति करना चाहते हैं। महीने के काम को एक दिन में पूरा करना चाहते हैं इसलिए उनका दिमाग भी तेज़ रफ़्तार से स्पीड इंजन की भाँति सोचता है।

प्रश्न 5. जापान में चाय पीने की विधि को क्या कहते हैं?

उत्तर— जापान में चाय पीने की विधि को 'चा-नो-यू' कहते हैं। इसे 'टी-सेरेमनी' भी कहा जाता है और इसमें केवल तीन लोग ही सम्मिलित होते हैं। चाय पिलाने वाला को 'चाजीन' कहा जाता है।

प्रश्न 6. जापान में जहाँ चाय पिलाई जाती है, उस स्थान की क्या विशेषता है?

उत्तर— जापान में जहाँ चाय पिलाई जाती है, उस स्थान की विशेषता है कि वह एक पर्णकुटी होती है। वह पारम्परिक रूप से सजाई गई होती है। उस छोटे-से स्थान में केवल तीन लोग ही बैठकर चाय पी सकते हैं। वहाँ अत्यन्त शान्ति और गरिमा के साथ चाय बनाई और पिलाई जाती है। उस स्थान की मुख्य विशेषता शान्ति होती है।

लिखित प्रश्नोत्तर—

(क) निम्नलिखित प्रश्नों के उत्तर (30-40) शब्दों में लिखिए—

प्रश्न 1. शुद्ध आदर्श की तुलना सोने से और व्यावहारिकता की तुलना ताँबे से क्यों की गई है?

उत्तर— जिस प्रकार शुद्ध सोने में किसी प्रकार की मिलावट करने से उसका महत्व कम हो जाता है उसी प्रकार शुद्ध आदर्श में किसी प्रकार की मिलावट करने से उसका महत्त्व कम हो जाता है। सोने में ताँबे को मिलाने से ताँबे का महत्त्व बढ़ जाता हे और आदर्श में व्यावहारिकता को मिला देने से व्यावहारिकता का महत्त्व बढ़ जाता है इसलिए शुद्ध आदर्श की तुलना सोने से और व्यावहारिकता की तुलना ताँबे से की गई है।

प्रश्न 2. चाजीन ने कौन-सी क्रियाएँ गरिमापूर्ण ढंग से पूरी कीं?

उत्तर— चाजीन से टी-सेरेमनी से जुड़ी सभी क्रियाएँ गरिमापूर्ण ढंग से कीं। अतिथियों का उठकर स्वागत करना, आराम से अँगीठी सुलगाना, चायदानी रखना, दूसरे कमरे से चाय के बर्तन लाना, उन्हें तौलिए से पोंछना व चाय को बर्तनों में डालने आदि सभी क्रियाएँ गरिमापूर्ण ढंग से पूरी कीं।

प्रश्न 3. 'टी-सेरेमनी' में कितने आदमियों को प्रवेश दिया जाता था और क्यों?

उत्तर— 'टी-सेरेमनी' में केवल तीन आदमियों को प्रवेश दिया जाता था। इसका सबसे बड़ा कारण शान्ति बनाये रखना है। यदि तीन से अधिक आदमियों को प्रवेश की अनुमति दे दी जाये तो शान्ति भंग होने की सम्भावना बढ़ जायेगी तथा 'टी-सेरेमनी' का उद्देश्य पूरा नहीं हो पाएगा।

प्रश्न 4. चाय पीने के बाद लेखक ने स्वयं में क्या परिवर्तन महसूस किया?

उत्तर— चाय पीने के बाद लेखक ने स्वयं में बहुत बड़ा परिवर्तन महसूस किया। उसे लगने लगा कि जैसे उनके दिमाग की गति सुस्त पड़ गई हो। चाय की चुस्की के साथ धीरे-धीरे उसका दिमाग चलना भी बन्द हो गया। उसे अनुभव हुआ कि वह भूत और भविष्य दोनों की चिन्ता छोड़ वर्तमान के अनंतकाल में जी रहा हो क्योंकि भूत और भविष्य तो मिथ्या है। तो सुखद शान्ति का अनुभव हो रहा था।

(ख) निम्नलिखित प्रश्नों के उत्तर (80-100) शब्दों में लिखिए—

प्रश्न 1. गाँधीजी में नेतृत्व की अद्भुत क्षमता थी; उदाहरण सहित इस बात की पुष्टि कीजिए।

उत्तर— वस्तुतः गाँधीजी में नेतृत्व की अद्‌भुत क्षमता थी। वे अपने कार्यों में कभी भी आदर्शों को हावी नहीं होने देते थे अपितु व्यावहारिकता को आदर्शों पर चढ़ाकर व्यावहारिकता का मूल्य बढ़ा देते थे। वे सोने में ताँबा नहीं, बल्कि ताँबे में सोना मिलाकर उसकी कीमत बढ़ाते थे। गाँधीजी ने सत्याग्रह आन्दोलन, भारत छोड़ो आन्दोलन, असहयोग आन्दोलन व दाण्डी मार्च जैसे आन्दोलनों का नेतृत्व किया। सत्य और अहिंसा जैसे महान आदर्श समाज के लिए स्थापित किये। उनके नेतृत्व में सभी भारतीयों ने पूर्ण विश्वास किया और उन्हें सर्वमान्य नेता के रूप में स्वीकार किया क्योंकि उन्होंने कभी अपना स्वार्थ सिद्ध करने का कार्य नहीं किया और लोगों को भी सही मार्ग पर अग्रसर होने के लिए प्रेरित किया।

प्रश्न 2. आपके विचार से कौन-से ऐसे मूल्य हैं जो शाश्वत हैं? वर्तमान में इन मूल्यों की प्रासंगिकता स्पष्ट कीजिए।

उत्तर— मेरे विचार से ईमानदारी, सत्य, अहिंसा, परोपकार, सहिष्णुता आदि मूल्य शाश्वत हैं। वर्तमान समय में भी इनकी प्रासंगिकता पूरी तरह बनी हुई है क्योंकि आज भी इन मूल्यों के बिना देश, समाज और व्यक्ति की भलाई और प्रगति नहीं हो सकती है। एक-दूसरे से आगे भागने की अंधी दौड़ में विकासोन्मुख शान्तिपूर्ण जीवन व्यतीत करने के लिए इन शाश्वत मूल्यों की प्रासंगिकता और महत्ता स्वयंसिद्ध है। यदि आज भी समाज इन शाश्वत मूल्यों से रक्षित है तो वह अलगाव और द्वेष आदि दोषों से बच सकता है।

प्रश्न 3. अपने जीवन की किसी घटना का उल्लेख कीजिए जब—

(i) शुद्ध आदर्श से आपको हानि-लाभ हुआ हो।

उत्तर— शुद्ध आदर्शों का पालन करना बहुत ही कठिन है पर इसके पालन से कभी-कभी बहुत बड़ा लाभ हो जाता है। एक बार मेरा एक मित्र कक्षा-परीक्षा में नकल कर रहा था। मैंने शिक्षक को बताकर उसे नकल करने के लिए दण्ड दिलवा दिया। इसका उस पर अच्छा प्रभाव पड़ा और वह बाद में पढ़ाई करने लगा तथा कक्षा का पढ़ाकू छात्र बन गया। वह मेरे द्वारा किए गए उपकार से उपकृत रहता है।

(ii) शुद्ध आदर्श में व्यावहारिकता का पुट देने से लाभ हुआ हो।

उत्तर— शुद्ध आदर्श में व्यावहारिकता का पुट देने से लाभ होता है। एक बार माता जी ने कुछ फल खरीदने के लिए बाज़ार भेजा था। रास्ते में एक भूखा आदमी मिल गया। मैंने फल की मात्रा कम कर कुछ पैसे उस भूखे आदमी को भी दे दिये। घर आने पर माँ ने मुझे इसके लिए पुरस्कार भी दिया और मुझसे एक परोपकार भी हो गया।

प्रश्न 4. 'शुद्ध सोने में ताँबे की मिलावट या ताँबे में सोना', गाँधीजी के आदर्श और व्यवहार के सन्दर्भ में यह बात किस तरह झलकती है? स्पष्ट कीजिए।

उत्तर— 'शुद्ध सोने में ताँबे की मिलावट या ताँबे में सोना', गाँधीजी के आदर्श और व्यवहार के सन्दर्भ में यह बात इस तरह झलकती है कि गाँधीजी शुद्ध सोने को ताँबे में मिलाकर चलाने में विश्वास करते थे। वे सोने में ताँबा नहीं बल्कि ताँबे में सोना मिलाकर उसकी कीमत बढ़ाते थे। यहाँ शुद्ध सोना आदर्श का और ताँबा व्यवहार का प्रतीक है। वे सोने को गिराने में नहीं अपितु ताँबे को उठाने में विश्वास करते थे। गाँधीजी व्यावहारिकता की कीमत जानते थे। वे व्यवहार को आदर्श के स्तर पर ऊँचा करके चलाते थे। आदर्शों को गिरने नहीं देते थे इसीलिए वे अपना विलक्षण आदर्श चला सके जिस कारण कई लोगों ने उन्हें 'प्रैक्टिकल आइडियॉलिस्ट' भी कहा। उनकी गति नीचे से ऊपर उठने की थी न कि ऊपर से नीचे गिरने की।

प्रश्न 5. 'गिरगिट' कहानी में आपने समाज में व्याप्त अवसरानुसार अपने व्यवहार को पल-पल में बदल डालने की एक बानगी देखी। इस पाठ के अंश 'गिन्नी का सोना' के सन्दर्भ में स्पष्ट कीजिए कि 'आदर्शवादिता' और 'व्यावहारिकता' इनमें से जीवन में किसका महत्व है?

उत्तर— 'गिरगिट' कहानी का नायक अवसर के अनुसार आदर्शों को पल-पल बदलता रहता है। जीवन में आदर्शवादिता और व्यावहारिकता दोनों का महत्व है। 'गिन्नी का सोना' कहानी में 'प्रैक्टिकल आइडियॉलिस्ट' की तरह हमें व्यवहार में आदर्श को मिलाकर व्यवहार को ऊपर उठाना चाहिए। परन्तु आदर्शों का परित्याग नहीं करना चाहिए। आदर्श शुद्ध सोने के समान हैं। आज भी समाज के पास जो भी मूल्य हैं वे सब आदर्शवादी द्वारा ही दिये गये हैं। आदर्श और व्यवहार के समतल धरातल पर ही जीवन का सुन्दर भवन तैयार हो सकता है।

प्रश्न 6. लेखक के मित्र ने मानसिक रोग के क्या-क्या कारण बताये? आप इन कारणों से कहाँ तक सहमत हैं?

उत्तर— लेखक के मित्र ने मानसिक रोग का कारण जापानियों द्वारा क्षमता से अधिक तेजी से काम करना बताया है। अमेरिका से आर्थिक प्रतिस्पर्धा के चलते उस देश के लोग एक महीने का काम एक दिन में करने का प्रयास करते हैं। वे लोग चलते नहीं भागते हैं, बोलते नहीं बक-बक करते हैं। इस कारण वे शारीरिक व मानसिक रूप से बीमार रहने लगे हैं। मैं इन कारणों से पूरी तरह सहमत हूँ। शरीर और मन को यदि आवश्यकता से अधिक भगाया और उपयोग किया जाये तो रोगग्रस्त होना स्वाभाविक है।

प्रश्न 7. लेखक के अनुसार सत्य केवल वर्तमान है, उसी में जीना चाहिए। लेखक ने ऐसा क्यों कहा होगा?

उत्तर— लेखक के अनुसार सत्य केवल वर्तमान है, उसी में जीना चाहिए। लेखक ने ऐसा इसलिए कहा होगा क्योंकि लेखक 'टी सेरेमनी' के क्रम में चाय की चुस्की लेते समय स्वयं वर्तमान के अनंतकाल में चला गया था। अक्सर हम भूत या भविष्य में जीते हैं। वास्तव में दोनों काल मिथ्या हैं जो समय बीत गया उसे हम संभाल नहीं सकते और जो समय आने वाला है वह भी हमारे वश में नहीं है। इस प्रकार भूत और भविष्य दोनों हमारे वश में नहीं है। सत्य केवल वर्तमान है। यदि वर्तमान अच्छा हो जायेगा तो भूत के दु:ख स्वत: मिट जायेंगे तथा भविष्य की चिन्ताएँ खुद-ब-खुद मिट जायेंगी इसलिए मानव को सर्वदा वर्तमान में जीना चाहिए और उसे ही सुन्दर बनाने का प्रयास करना चाहिए।

(ग) निम्नलिखित पंक्तियों का आशय स्पष्ट कीजिए—

प्रश्न 1. समाज के पास अगर शाश्वत मूल्यों जैसा कुछ है तो वह आदर्शवादी लोगों का ही दिया हुआ है?

उत्तर— उपर्युक्त पंक्ति का आशय यह है कि समाज का निर्माण आदर्शों के सहारे होता है। आदर्शवादी लोग ही समाज में मूल्यों की स्थापना करते हैं इन आदर्शों की स्थापना में उनका स्वार्थ और व्यवहार कहीं हावी नहीं होता है। आज समाज ईमानदारी, सत्यता, सद्‌भाव आदि शाश्वत मूल्यों पर टिका हुआ है। ये सभी शाश्वत मूल्य आदर्शवादी लोगों के द्वारा ही दिये हुए हैं। इन लोगों ने समाज को ऊपर उठाने का ही काम किया है। अत: यह पूर्णत: सत्य है कि समाज के पास अगर शाश्वत मूल्यों जैसा कुछ है तो वह आदर्शवादी लोगों का ही दिया हुआ है, व्यवहारवादियों का योगदान न के बराबर है। व्यवहारवादियों ने तो समाज को गिराने का ही काम किया है।

प्रश्न 2. जब व्यावहारिकता का बखान होने लगता है तब 'प्रैक्टिकल आइडियॉलिस्टों' के जीवन से आदर्श धीरे-धीरे पीछे हटने लगते हैं और उनकी व्यावहारिक सूझ-बूझ ही आगे आने लगती है।

उत्तर— प्रस्तुत पंक्ति का आशय है कि 'प्रैक्टिकल आइडियॉलिस्ट' एक ऐसा व्यक्तित्व है जिसमें आदर्श एवं व्यवहार का सन्तुलन होता है परन्तु आज के समाज में व्यावहारिकता को इतना महत्व दे दिया जाता है कि शाश्वत मूल्य जैसे आदर्शवादी विचारधारा अदृश्य होकर केवल व्यावहारिकता ही बची रह जाती है। लोग आदर्शों की चर्चा न कर व्यावहारिकता का ही बखान करते रहते हैं और आदर्श कहीं गायब हो जाते हैं परिणामत: व्यक्ति और समाज पतन की ओर अग्रसर हो जाता है।

प्रश्न 3. हमारे जीवन की रफ़्तार बढ़ गई है। यहाँ कोई चलना नहीं बल्कि दौड़ता है। कोई बोलता नहीं, बकता है। हम जब अकेले पड़ते हैं तब अपने आपसे लगातार बड़बड़ाते रहते हैं।

उत्तर— उपर्युक्त पंक्ति का आशय यह है कि अमेरिका से आगे निकलने की स्पर्धा में जापान के लोगों के जीवन की गति इतनी तेज़ हो गई है कि वहाँ के लोग सामान्य जीवन जीने की बजाय असामान्य-से होते जा रहे हैं उनका व्यवहार असामान्य हो गया है। वे चलते नहीं दौड़ते हैं, बोलते नहीं बकते हैं। आगे निकलने की होड़ ने लोगों का चैन छीन लिया है और धीरे-धीरे वे मानसिक रोग के शिकार होते जा रहे हैं।

प्रश्न 4. सभी क्रियाएँ इतनी गरिमापूर्ण ढंग से कीं कि उसकी हर भंगिमा से लगता था मानो जयजयवंती के सुर गूँज रहे हों।

उत्तर— उपर्युक्त पंक्ति उस समय की है जब लेखक 'टी सेरेमनी' में भाग लेने गया था। इसका आशय यह है कि वहाँ उपस्थित चाजीन ने चाय बनाने से लेकर परोसने तक सभी काम बहुत ही सलीके से किये मानो कोई कलाकार बड़ी ही तन्मयता से सुर में गीत गा रहा हो। वहाँ की परम शान्ति तथा चाजीन द्वारा गरिमापूर्ण ढंग से काम करने का तरीका देखकर लेखक को लग रहा था जैसे उसके कानों में जयजयवंती सुर गूँज रहे हों।

प्रश्न 5. कहने लगे, ''हमारे जीवन की रफ्तार बढ़ गई है। यहाँ कोई चलता नहीं, बल्कि दौड़ता है। कोई बोलता नहीं, बकता है। हम जब अकेले पड़ते हैं तब अपने आपसे लगातार बड़बड़ाते रहते हैं। अमेरिका से हम प्रतिस्पर्धा करने लगे। एक महीने में पूरा होने वाला काम एक दिन में ही पूरा करने की कोशिश करने लगे। वैसे भी दिमाग की रफ्तार से दौड़ने लगता है। फिर एक क्षण ऐसा आता है जब दिमाग का तनाव बढ़ जाता है और पूरा इंजन टूट जाता है।.......यही कारण है जिससे मानसिक रोग यहाँ बढ़ गए हैं।''

(क) प्रस्तुत पंक्तियों के लेखक कौन है?

(i) लीलाधर मंडलोई (ii) निदा फ़ाज़ली
(iii) हबीब (iv) रविंद्र केलेकर

(ख) किसके जीवन की रफ्तार बढ़ गई है?

(i) तुम्हारी (ii) हमारी
(iii) रूस की (iv) चीन की

(ग) हम किस देश से प्रतिस्पर्धा करने लगे?

(i) चीन से (ii) रूस से
(iii) अमेरिका से (iv) जापान से

(घ) दिमाग का तनाव कब बढ़ जाता है?

(i) अकेलेपन के कारण (ii) प्रतिस्पर्धा के कारण
(iii) रफ्तार के कारण (iv) उक्त सभी

(ङ) किसमें स्पीड इंजन लगाने की बात हो रही है?

(i) पैरों में (ii) दिमाग में
(iii) हाथों में (iv) पेट में

उत्तर— (क) (iv) रविंद्र केलेकर (ख) (ii) हमारी
(ग) (iii) अमेरिका से (घ) (iv) उक्त सभी
(ङ) (ii) दिमाग में

प्रश्न 6. शुद्ध सोना अलग है और गिन्नी का सोना अलग। गिन्नी के सोने में थोड़ा-सा ताँबा मिलाया हुआ होता है, इसलिए वह ज्यादा चमकता है और शुद्ध सोने से मजबूत भी होता है। औरतें अकसर इसी सोने के गहने बनवा लेती हैं।
फिर भी होता तो वह है गिन्नी का ही सोना।
शुद्ध आदर्श भी शुद्ध सोने के जैसे ही होते हैं। चंद लोग उनमें व्यावहारिकता का थोड़ा-सा ताँबा मिला देते हैं और चलाकर दिखाते हैं। तब हम लोग उन्हें 'प्रैक्टिकल आइडियॉलिस्ट' कहकर उनका बखान करते हैं।

(क) कौन से सोने को शुद्ध कहा जाता है?
(i) गिन्नी का (ii) 24 कैरेट का
(iii) आभूषणों का (iv) 23 कैरट

(ख) गिन्नी किस लिए चमकती है?
(i) पीतल की मिलावट के कारण (ii) ताँबे की मिलावट के कारण
(iii) पारे की मिलावट के कारण (iv) मिलावट के कारण

(ग) शुद्ध आदर्शो की तुलना किसके साथ की गयी है?
(i) गिन्नी के साथ (ii) ताँबे के साथ
(iii) शुद्ध सोने के साथ (iv) सोने के साथ

(घ) प्रैक्टिकल आइडियॉलिस्ट किसे कहते हैं?
(i) आदर्श व्यक्ति को
(ii) शुद्ध आदर्शो के प्रयोग को
(iii) शुद्ध आदर्शो के साथ व्यवहारिकता के प्रयोग करने वाले को
(iv) आदर्शो के प्रयोग को

(ङ) पाठ के संदर्भ में शुद्ध आदर्श क्या है?
(i) जिसमें व्यावहारिकता का स्थान न हो (ii) जिसमें आइडिया का स्थान न हो
(iii) जिसमें न्यूरॉन का स्थान न हो (iv) इनमें से कोई नहीं

उत्तर— (क) (i) गिन्नी का (ख) (ii) ताँबे की मिलावट के कारण
(ग) (iii) शुद्ध सोने के साथ (घ) (iii) शुद्ध आदर्शो के साथ व्यवहारिकता के प्रयोग करने वाले को
(ङ) (i) जिसमें व्यावहारिकता का स्थान न हो।

रचना और अभिव्यक्ति

भाषा-अध्ययन—

प्रश्न 1. नीचे दिये गये शब्दों का वाक्यों में प्रयोग कीजिए—
व्यावहारिकता, आदर्श, सूझबूझ, विलक्षण, शाश्वत।

उत्तर— (क) व्यावहारिकता—व्यावहारिकता में आदर्शों को मिला देने से उसका महत्व बढ़ जाता है।
(ख) आदर्श—वर्तमान समाज में केवल आदर्श के सहारे जीवन यापन करना दुष्कर है।
(ग) सूझबूझ—जीवन के हर मोड़ पर सूझबूझ की आवश्यकता होती है।
(घ) विलक्षण—गाँधीजी विलक्षण प्रतिभा के धनी थे।
(ङ) शाश्वत—सत्य, अहिंसा और परोपकार मानव जीवन के शाश्वत मूल्य हैं।

प्रश्न 2. नीचे दिये गये द्वंद्व समास का विग्रह कीजिए—

उत्तर— (क) माता-पिता = माता और पिता
(ख) पाप-पुण्य = पाप और पुण्य
(ग) सुख-दु:ख = सुख और दु:ख
(घ) रात-दिन = रात और दिन
(ङ) अन्न-जल = अन्न और जल
(च) घर-बाहर = घर और बाहर
(छ) देश-विदेश = देश और विदेश।

प्रश्न 3. नीचे दिये गये विशेषण शब्दों से भाववाचक संज्ञा बनाइए—

उत्तर— (क) सफल = सफलता
(ख) विलक्षण = विलक्षणता
(ग) व्यावहारिक = व्यावहारिकता
(घ) सजग = सजगता

(ङ) आदर्शवादी = आदर्शवादिता

(च) शुद्ध = शुद्धता

प्रश्न 4. शब्दों के भिन्न-भिन्न अर्थ स्पष्ट करने के लिए उनका वाक्यों में प्रयोग कीजिए—
उत्तर, कर, अंक, नग।

उत्तर— (क) उत्तर—सभी प्रश्नों के उत्तर लिखना आवश्यक है। (जवाब)

(ख) उत्तर—हिमालय भारत की उत्तर दिशा में है। (दिशा)

(ग) कर—प्रधानाचार्य के कर-कमलों से छात्रावास का उद्‌घाटन किया गया। (हाथ)

(घ) कर—भारत में कर चोरी करना एक अपराध है। (टैक्स)

(ङ) अंक—चन्द्रगुप्त नाटक का हर अंक नाट्य साहित्य का अच्छा उदाहरण है। (भाग)

(च) अंक—वार्षिक परीक्षा में सर्वाधिक अंक लाकर महेश ने अपने माता-पिता का नाम रोशन कर दिया। (नम्बर)

(छ) नग—पुखराज एक कीमती और दुर्लभ नग है। (चमकीला पत्थर)

(त) नग—नगराज हिमालय उत्तर से भारत की रक्षा करता है। (पहाड़)

प्रश्न 5. नीचे दिये गये वाक्यों को संयुक्त वाक्य में बदलकर लिखिए—

उत्तर— (क) अँगीठी सुलगाई और उस पर चायदानी रखी।

(ख) चाय तैयार हुई और उसने वह प्यालों में भरी।

(ग) बगल के कमरे में जाकर कुछ बर्तन ले आया और तौलिए से बरतन साफ किए।

प्रश्न 6. नीचे दिये गये वाक्यों से मिश्र वाक्य बनाइए—

उत्तर— (क) यह चाय पीने की एक विधि है जिसे जापानी चा-नो-यू कहते हैं।

(ख) बाहर बेढब-सा एक मिट्टी का बर्तन था जिसमें पानी भरा हुआ था।

(ग) जब चाय तैयार हुई तो उसने प्यालों में भरकर हमारे सामने रख दी।

योग्यता विस्तार

प्रश्न 1. विद्यार्थी पुस्तकालय की सहायता से करेंगे।

प्रश्न 2. पाठ में वर्णित 'टी-सेरेमनी' का शब्द चित्र प्रस्तुत कीजिए।

उत्तर— 'टी-सेरेमनी' (चा-नो-यू) का आयोजन स्थल। एक छह मंजिली इमारत की छत पर दफ्ती की दीवारों वाली तथा तातमी की ज़मीन वाली सुन्दर सी पर्णकुटी। बाहर और अन्दर का वातावरण अत्यन्त शान्तिपूर्ण है। बाहर ही एक बड़े-से बेडौल मिट्टी के बर्तन में पानी रखा है। लोग यहाँ हाथ-पैर धोकर अन्दर जाते हैं। अन्दर बैठा चाय बनाकर पिलाने वाला चाजीन झुककर सलाम करता है। दो···· झो·····कहकर स्वागत करता है। वह चाय बनाने के लिए अँगीठी जलाता है और बड़े ही सलीके-से बर्तन वगैरह साफ करता है। अलभ्य शान्ति होने के कारण चायदानी में उबरते पानी की आवाज साफ सुनाई दे रही है। चाय तैयार होने के बाद वह कप में दो-तीन घूँट भर ही चाय देता है जिसे लोग धीरे-धीरे चुस्कियाँ लेकर एक-डेढ़ घण्टे में पीते हैं। लेखक इस चाय को पीते हुए अनंतकाल का भाव अनुभव करता है।

परीक्षोपयोगी महत्त्वपूर्ण प्रश्नोत्तर

लघु उत्तरीय प्रश्न—

प्रश्न 1. गिन्नी का सोना अधिक उपयोगी क्यों होता है?

उत्तर— गिन्नी का सोना शुद्ध सोने से अधिक चमकदार और मजबूत होने के कारण उपयोगी होता है। महिलाएँ आभूषण आदि बनवाने के लिए इसी सोने का प्रयोग करती हैं

प्रश्न 2. 'प्रैक्टिकल आइडियालिस्ट' किसे कहते हैं?

उत्तर— जो लोग व्यावहारिकता रूपी ताँबे में थोड़ा-सा सोना रूपी आदर्श को मिलाकर चलाते हैं वे 'प्रैक्टिकल आइडियालिस्ट' कहलाते हैं। समाज में ऐसे लोग ही सफल माने हैं। समाज इनके गुणों का ही बखान करता है।

प्रश्न 3. गाँधीजी अपने किन गुणों के कारण लोगों के सर्वमान्य नेता बन गये?

उत्तर— गाँधीजी 'प्रैक्टिकल आइडियॉलिस्ट' थे। वे व्यवहारों के महत्व को पहचानते थे, परन्तु आदर्शों का परित्याग भी करना नहीं चाहते थे। आदर्श को गिराने के बजाय वे व्यवहार को ऊपर उठाकर उसमें आदर्श रूपी शुद्ध सोना मिलाकर प्रयोग करते थे। इन्हीं कारणों से लोग उन्हें सर्वमान्य नेता के रूप में स्वीकार करने लगे थे।

प्रश्न 4. आदर्शवादियों के लिए महत्व की बात क्या है?

उत्तर— आदर्शवादियों के लिए महत्व की बात है कि वे स्वयं भी ऊपर उठते हैं तथा दूसरों को भी ऊपर उठने में मदद करते हैं। वे सबके सामूहिक विकास में विश्वास करते हैं।

प्रश्न 5. व्यवहारवादी लोगों की सोच संकुचित क्यों होती है?

उत्तर— व्यवहारवादी लोग केवल अपनी उन्नति और अपने लाभ को अधिक महत्व देते हैं। वे आदर्शों और मानवीय मूल्यों को महत्व नहीं देते हैं। अपने लाभ या अपनी हानि के लिए आदर्शों को ताक पर रख देते हैं। वे समाज के अन्य लोगों की उन्नति या कल्याण की चिन्ता नहीं करते हैं इन्हीं कारणों से व्यवहारवादी लोगों की सोच संकुचित मानी जाती है, वे व्यक्तिनिष्ठ होते हैं।

प्रश्न 6. लेखक ने ताँबे की तुलना किससे की है? ताँबे की अधिकता का क्या प्रभाव पड़ता है?

उत्तर— लेखक ने ताँबे की तुलना व्यवहारवाद से की है। इसकी अधिकता से आदर्श पर व्यवहार हावी हो जाता है। जब लोग केवल अपने उत्थान के बारे में सोचने लगते हैं तब व्यवहारवाद का जन्म होता है और यह समाज के लिए घातक होता है।

प्रश्न 7. अधिकतर जापानी किस रोग से ग्रसित होते हैं और क्यों?

उत्तर— अधिकतर जापानियों के दिमाग में 'स्पीड' का इंजन लगा होता है फलतः वे मानसिक रोग से ग्रसित होते हैं।

प्रश्न 8. 'टी-सेरेमनी' को जापानी में क्या कहते हैं? इसका मूल उद्देश्य है?

उत्तर— 'टी-सेरेमनी' को जापानी में 'चा-नो-यू' कहते हैं। इसका मूल उद्देश्य दिमाग की 'स्पीड' को कम करना है अर्थात् शान्ति की प्राप्ति है।

प्रश्न 9. 'टी-सेरेमनी' में कितनी लोगों को प्रवेश दिया जाता है तथा क्यों?

उत्तर— 'टी-सेरेमनी' में केवल तीन लोगों को प्रवेश दिया जाता है इससे अधिक लोगों को प्रवेश देने से शान्ति भंग की सम्भावना रहती है।

प्रश्न 10. चाय पीते-पीते लेखक को क्या अनुभव हुआ?

उत्तर— चाय पीते-पीते लेखक के दिमाग की रफ़्तार धीरे-धीरे, धीमी पड़ती जा रही थी। थोड़ी देर में बिल्कुल बन्द भी हो गई। उसे लगा कि मानो वह अनंतकाल में जी रहा हो।

दीर्घ उत्तरीय प्रश्न—

प्रश्न 1. गाँधीजी के आदर्श और व्यवहार की शुद्ध सोने और ताँबे से तुलना की गई है। 'गिन्नी का सोना' पाठ के आधार पर स्पष्ट कीजिए।

उत्तर— 'गिन्नी का सोना' पाठ में गाँधीजी के आदर्श को शुद्ध सोना और व्यवहार को ताँबा कहा गया है। गाँधीजी अक्सर ताँबे में सोना मिलाया करते थे अर्थात् वे व्यवहार को आदर्श के स्तर पर लाकर उसका प्रयोग किया करते थे। यही उनकी सफलता का मूलमन्त्र था। वे अपनी नीतियों में आदर्शों को इस मात्रा में मिला देते थे कि आदर्श प्रमुख और व्यवहार गौण हो जाता था। उनकी व्यावहारिकता पूरे समाज के कल्याण के लिए होती थी फलतः वह आदर्शवाद के रूप में स्थापित हो जाती थी। इसी कारण पूरा समाज उनके नेतृत्व को स्वीकार कर उनकी नीतियों को आदर्श के रूप में मान लेता था। गाँधीजी कभी भी आदर्श को व्यवहार के स्तर पर गिरने नहीं देते थे। वे हमेशा व्यावहारिकता को आदर्श के स्तर पर लाकर स्थापित करते थे।

प्रश्न 2. 'गिन्नी का सोना' पाठ के आधार पर बताइए कि महत्व की बात क्या है?

उत्तर— 'गिन्नी का सोना' पाठ के आधार पर महत्व की बात समाज में शाश्वत मूल्यों की स्थापना करना है। व्यवहारवादी लोग स्वार्थी होते हैं। वे अपने लाभ और अपनी हानि का हिसाब लगाकर ही कदम उठाते हैं। समाज के अन्य लोगों से उनका कोई मतलब नहीं होता है इसके विपरीत आदर्शवादी लोग न केवल खुद, बल्कि सम्पूर्ण समाज को साथ लेकर चलते हैं। वे स्वयं भी आगे बढ़ते हैं तथा दूसरों को भी ऊपर उठाने में विश्वास रखते हैं। समाज के शाश्वत मूल्य दया, त्याग, परोपकार, भाईचारा आदि आदर्शवादियों के द्वारा ही स्थापित होते हैं। ऐसे लोग ही समाज के नैतिक स्तर को सदा ऊपर उठाकर रखते हैं। इस प्रकार महत्व की बात शाश्वत मूल्यों की स्थापना के साथ-साथ उन मूल्यों का अनुपालन भी है।

प्रश्न 3. समाज में अक्सर सोने की तुलना में ताँबा आगे आ जाता है। ऐसा क्यों? 'गिन्नी का सोना' पाठ के आधार पर लिखिए।

उत्तर— 'गिन्नी का सोना' पाठ में ताँबा व्यावहारिकता का और सोना शुद्ध आदर्शों का प्रतीक है। समाज केवल शुद्ध आदर्शों के सहारे नहीं चल सकता परन्तु समाज में जो 'प्रैक्टिकल आइडियॉलिस्ट' हैं वे नीतियों एवं सिद्धान्तों में अपना स्वार्थ सिद्ध करने के लिए व्यावहारिकता को जब अधिकतम बढ़ावा देते हैं तब उनके जीवन से आदर्श और शाश्वत मूल्य धीरे-धीरे पीछे हटने लगते हैं और उनकी व्यावहारिक सूझ-बूझ ही आगे आने लगती है यदि वे ऐसा नहीं करेंगे तो उन्हें व्यक्तिगत कोई लाभ नहीं होगा। इससे समाज का नैतिक स्तर गिरने लगता है उनकी इस स्वार्थ भावना के कारण ही सोने की अपेक्षा ताँबा आगे आ जाता है परन्तु समाज का शाश्वत सत्य शुद्ध सोना ही है।

प्रश्न 4. 'झेन की देन' पाठ में लेखक 'जीना इसी का नाम है' किस स्थिति को कहा जाता है?

उत्तर— 'झेन की देन' पाठ में लेखक ने 'जीना इसी का नाम है' उस स्थिति को कहा है जब वह चाय पीते-पीते भूतकाल और भविष्य दोनों को मिथ्या मानकर दोनों को भूल बैठा। उसके सामने जो वर्तमान था उसी को उसने सच मान लिया था। 'टी सेरेमनी' में चाय पीते-पीते उसके दिमाग से दोनों काल इस प्रकार उड़ गये जैसे मानो उसका कोई अस्तित्व ही नहीं हो। वह अनंतकाल जितने विस्तृत वर्तमान में जी रहा था उसके दिमाग का इंजन धीरे-धीरे बन्द होने लगा था। वह अपार शक्ति का अनुभव कर रहा था उसके मानसिक विचारों की गति अत्यन्त मंद हो गई और वह अपने को तनाव मुक्त महसूस कर रहा था।

प्रश्न 5. पाश्चात्य प्रभाव से भारत में भी लोगों की गतिशीलता बढ़ गई है। 'झेन की देन' पाठ के आधार पर इसके कारण और परिणाम को लिखिए।

उत्तर— यह सत्य है कि पाश्चात्य प्रभाव से भारत में भी लोगों की गतिशीलता बहुत अधिक बढ़ गई है। भारतीय अब गाँव से नगर, नगर से महानगर और महानगर से विदेश तक की दौड़ लगाने लगे हैं। बहुत से अधिक सुख-सुविधाएँ पाने की लालसा, भौतिकवादी सोच, अकूत धन-सम्पदा और अधिक विकसित बनने की चाहत ने भारतीयों की जिन्दगी की गतिशीलता में बेहिसाब वृद्धि ला दी है। लोगों के पास अब अपनों के लिए भी समय ही नहीं बचा है। परिणामत: यहाँ के लोगों की स्थिति भी जापानियों जैसी होती जा रही है जो चलने की जगह दौड़ रहे हैं, बोलने की जगह बक रहे हैं और इससे भी दो कदम आगे बढ़कर मनोरोगी होने लगे हैं। भारतीय अस्पतालों में मनोचिकित्सक और मानसिक रोगियों की संख्या भी बढ़ती जा रही है।

प्रश्न 6. रवीन्द्र केलेकर पाठ 'झेन की देन' से पाठकों को क्या सन्देश देना चाहते हैं? सविस्तार लिखिए।

उत्तर— रवीन्द्र केलेकर द्वारा लिखित पाठ 'झेन की देन' हमें आधुनिक और अत्यधिक व्यस्त जीवन शैली और उसके कुपरिणामों से अवगत कराता है। लेखक ने पाठ में जापानियों की व्यस्त दिनचर्या से उत्पन्न मनोरोग की चर्चा करते हुए उससे मुक्ति का उपाय भी बताया है। जापानियों की 'टी-सेरेमनी' के माध्यम से मानसिक तनाव से मुक्त होने का संकेत करते हुए यह सन्देश दिया है कि अधिक तनाव मनुष्य को विक्षिप्त बना सकता है। उस तनाव से मुक्ति का एकमात्र उपाय है—मन को शान्त रखते हुए वर्तमान में जीवन को जीना। वास्तव में मानव को भूत और भविष्य की चिन्ता छोड़ केवल वर्तमान में जीवन यापन करना चाहिए, वर्तमान ही सत्य है अन्य सब मिथ्या। जो वर्तमान के अनंतकाल को साध लेता है वह सभी भूत-भविष्य की चिन्ताओं और परेशानियों से मुक्त होकर स्वस्थ और आनंदमय जीवन व्यतीत कर सकता है।

प्रश्न 7. तनाव से मुक्ति दिलाने में झेन परंपरा की चा-नो-यू विधि किस प्रकार सहायक है?

उत्तर— तनाव से मुक्ति दिलाने में झेन परम्परा की चा-नो-यू विधि उपयोगी व सहायक होती है। टी सेरेमनी (चा-नो-यू) से तनाव से मुक्ति मिल जाती है।

वर्तमान परिवेश को तनावपूर्ण जिंदगी में कुछ समय के लिए इतर होकर नए दृष्टिकोण का विकास होता है। साथ ही अनंत काल का अनुभव कराती है।

प्रश्न 8. चा-नो-यू की पूरी प्रक्रिया का वर्णन अपने शब्दों में करते हुए लिखिए कि उसे झेन परम्परा की अनोखी देन क्यों कहा गया है?

उत्तर— चा-नो-यू जापान में चाय पीने की एक विधि है। इसमें घर की छत पर दफ़्ती की दीवारों वाली और तातामी (चटाई) की जमीन वाली एक सुंदर पर्णकुटी होती है। मिट्टी के बर्तन में भरे हुए पानी से हाथ-पैर धोए जाते हैं और तौलिये से साफ कर बैठा जाता है। 'चाजीन' सबको झुककर प्रणाम करता है। अँगीठी सुलगाकर उस पर चायदानी रखी जाती है। शांत वातावरण में चायदानी के पानी का उबाल भी सुनाई देता है। चाय तैयार होने पर उसे प्यालों में भरा जाता है। इसमें तीन आदमियों से अधिक को प्रवेश नहीं दिया जाता है। प्यालों में दो घूँट से ज्यादा चाय नहीं होती है और लोग होठों से प्याला लगाकर एक-एक बूँद चाय पीते रहते हैं। करीब डेढ़ घंटे तक चुस्कियों का यह सिलसिला चलता रहता है। इस गतिविधि से दिमाग की रफ्तार धीमी पड़ने लगती है तथा थोड़े समय बाद पूरी तरह से बंद हो जाती है। ऐसा लगता है कि सब अनंतकाल में जी रहे हों जापानियों को झेन परंपरा की यह बहुत बड़ी देन है। इससे लोग अपने व्यस्ततम जीवन में नई गति, शांति और ताजगी पा लेते हैं।

प्रश्न 9. शाश्वत मूल्य से आप क्या समझते हैं? 'गिन्नी का सोना' पाठ के आधार पर बताइए कि वर्तमान समय में इन मूल्यों की क्या प्रासंगिकता है?

उत्तर— ईमानदारी, सत्य, अहिंसा, परोपकार, सहिष्णुता आदि शाश्वत मूल्य हैं। वर्तमान समय में भी इनकी प्रासंगिकता पूरी तरह बनी हुई है, क्योंकि आज भी इन मूल्यों के बिना देश, समाज और व्यक्ति की भलाई और प्रगति नहीं हो सकती है। एक दूसरे से आगे भागने की अंधी दौड़ में विकासोन्मुख शांतिपूर्ण जीवन व्यतीत करने के लिए इन शाश्वत मूल्यों की प्रासंगिकता और महत्ता स्वयंसिद्ध है। यदि आज भी समाज इन शाश्वत मूल्यों से रक्षित है तो वह अलगाव और द्वेष आदि दोषों से बच सकता है। वे सभी मूल्य आदर्शवादी लोगों द्वारा बचाकर रखे गए हैं। इन मूल्यों के आधार पर ही समाज आज ऊपर उठा हुआ है।

प्रश्न 10. 'पतझर में टूटी पत्तियाँ' में गांधीजी के संदर्भ में दो प्रकार के सोने की चर्चा क्यों की गई है और कैसे कहा जा सकता है कि गांधीजी गिन्नी का सोना थे? अपना तर्कसम्मत मत व्यक्त कीजिए।

उत्तर— 'पतझर में टूटी पत्तियाँ' में गाँधीजी के संदर्भ में दो प्रकार के सोने की चर्चा की गई है—एक शुद्ध सोना और दूसरा गिन्नी का सोना। शुद्ध सोना 100 प्रतिशत शुद्ध होता है पर गिन्नी का सोना मिश्रित होता है, पर आभूषण आदि बनाने में गिन्नी का सोना ही काम आता है, क्योंकि यह लचीला और मजबूत होता है। गाँधीजी भी गिन्नी के सोने की तरह थे। गाँधीजी के आदर्श और व्यवहार के संदर्भ में यह बात इस तरह झलकती है कि गाँधीजी शुद्ध सोने को ताँबे में मिलाकर चलाने में विश्वास करते थे। वे सोने में ताँबा नहीं बल्कि ताँबे में सोना मिलाकर उसकी कीमत बढ़ाते थे। यहाँ शुद्ध सोना आदर्श का और ताँबा व्यवहार का प्रतीक है। वे व्यवहार को आदर्श के स्तर पर ऊँचा करके चलाते थे। आदर्शों को गिरने नहीं देते थे। इन्हीं कारणों से कई लोगों ने उन्हें 'प्रैक्टिकल आइडियॉलिस्ट' भी कहा है।

कारतूस

|17|

लेखक-हबीब तनवीर

लेखक परिचय—हिन्दी साहित्य के क्षेत्र में **'हबीब तनवीर'** का नाम और व्यक्तित्व सुप्रसिद्ध है। श्री तनवीर का व्यक्तित्व बहुमुखी प्रतिभाओं से संचालित था। साहित्य में वे एक साथ सफल पटकथा लेखक, नाटककार, अभिनेता, कवि और निष्पक्ष पत्रकार के रूप में जाने जाते हैं। हबीब तनवीर का व्यक्तित्व और कृतित्व बुद्धिजीवी वर्ग में जितना स्वीकार्य था उतना ही सामान्य वर्गों के लिए भी लोकप्रिय था। उन्होंने अपनी लेखन-प्रतिभा और अभिनय कुशलता से थियेटर को नई दिशा दी है।

हबीब तनवीर का जन्म 1 सितम्बर, 1923 को मध्य प्रदेश के रायपुर (वर्तमान में छत्तीसगढ़ की राजधानी) में हुआ था। इनके बचपन का नाम हबीब अहमद खान था। बचपन से ही कविता लिखने का शौक चढ़ा। पहले 'तनवीर' ने छद्मनाम नाम से लिखना शुरू किया, बाद में वे इसी नाम से प्रसिद्ध हो गये। इनके पिता पेशावर से और माता जी रायपुर से थीं। अपनी प्रारम्भिक शिक्षा छत्तीसगढ़ से पूरी करने के बाद 1944 में मॉरीस कॉलेज, नागपुर से स्नातक किया। स्नातकोत्तर की पढ़ाई के लिए अलीगढ़ मुस्लिम विश्वविद्यालय में नामांकन करवाया परन्तु प्रथम वर्ष के बाद वे अपनी पढ़ाई पूरी नहीं कर पाये और सन् 1945 में वे मुम्बई चले गये जहाँ प्रोड्यूसर के तौर पर आकाशवाणी में नौकरी शुरू की। वहाँ रहते हुए उन्होंने हिन्दी फिल्मों के लिए गाने लिखे और कुछ फिल्मों में अभिनय भी किया। वहाँ हिन्दुस्तानी थियेटर से जुड़े। श्री तनवरी का 1959 में अपनी पत्नी मोनिका मिश्रा और छह अन्य कलाकारों के साथ मिलकर उन्होंने **'नया थियेटर'** की स्थापना की। सन् 2008 में 8 जून को जब यह **'नया थियेटर'** अपनी 50वीं वर्षगाँठ मना रहा था तब श्री हबीब तनवीर संसार के रंगमंच से सदा के लिए अलविदा कह गये।

प्रमुख रचनाएँ—श्री हबीब तनवीर बहुआयामी प्रतिभा के धनी थे। अनेक नाटकों के सर्जन और मंचन के साथ-साथ उन्होंने अनेक फिल्मों में कुशल अभिनय भी किया। कुछ प्रमुख नाटकों और फिल्मों के नाम इस प्रकार से हैं—नाटक—आगरा बाजार, शतरंज के मोहरे, लाल शोहरत राय, देख रहे हैं नैन, हिरमा की अमर कहानी, मिट्टी की गाड़ी, गाँव का नाम ससुराल मोर नाम दामाद, चरनदास चोर, पोंगा पण्डित, द ब्रोकन ब्रिज, ज़हरीली हवा, राज रक्त इत्यादि। फिल्म—फुटपाथ, राही, गाँधी, ये वो मंजिल तो नहीं, हीरो हीरालाल, प्रहार, द बर्निंग सीजन, द राइजिंग : मंगल पाण्डे, ब्लैक एण्ड व्हाइट इत्यादि।

सम्मान और पुरस्कार—हबीब तनवीर को सन् 1969 में संगीत नाटक अकादमी पुरस्कार, 1972 से 1978 तक भारतीय संसद के उच्च सदन में राज्यसभा सदस्य, सन् 1982 में **'चरणदास चोर'** एडिनवर्ग इंटरनेशनल ड्रामा फेस्टीवल सम्मान, सन् 1996 में संगीत नाटक एकादमी फेलोशिप और 2002 में पद्मविभूषण पुरस्कार से पुरस्कृत किया गया।

पाठ परिचय—कारतूस पाठ **'हबीब तनवीर'** द्वारा लिखित एकांकी है। जिसमें वज़ीर अली नामक देशभक्त की वीरता और साहस का वर्णन है। अंग्रेज इस देश में व्यापारी के वेश में आये थे। प्रारम्भ में वे केवल व्यापार ही करते रहे, लेकिन उनके इरादे केवल व्यापार करने के नहीं थे। धीरे-धीरे उनकी ईस्ट इण्डिया कम्पनी ने रियासतों पर कब्जा जमाना शुरू कर दिया। उनकी नीयत उजागर होते ही अंग्रेजों को हिन्दुस्तान से खदेड़ने के प्रयास भी शुरू हो गये। प्रारम्भ में यह प्रयास छिटपुट तरीके से होता रहा। भारत के अनेक प्रान्तों में अनेक देशभक्त वीर साहसी नौजवान थे जो अपने तरीके से अंग्रेजों का विरोध करते रहे। इन्हीं प्रयासों की एक कड़ी के रूप में इस पाठ का नायक है जिसकी वीरता से भरे कारनामों को, लेखक श्री तनवीर ने बड़े ही सलीके से लघु एकांकी के रूप में प्रस्तुत किया है।

पाठ का सारांश—प्रस्तुत पाठ अंग्रेजों के विरोध में अवध के एक वीर, साहसी और निडर युवक वज़ीर अली के कारनामों का वर्णन करता है। पूरे पाठ की कथावस्तु वज़ीर अली से प्रारम्भ होकर वज़ीर अली को जाँबाज सिपाही बताते हुए समाप्त होती है।

सन् 1799 में आसिफ़उद्दौला अवध का नवाब था। उसकी अपनी संतान न होने के कारण उसका छोटा भाई सआदत अली स्वयं को आसिफ़ उद्दौला का उत्तराधिकारी मानता था। आसिफ़उद्दौला संतान की उम्मीद छोड़ चुका था। कालान्तर में आसिफ़उद्दौला के पुत्र वज़ीर अली का जन्म हुआ। उसके जन्म के बाद सआदत अली का सपना टूट गया क्योंकि अब वज़ीर अली अपने पिता का उत्तराधिकारी हो गया था। समय के साथ चाचा सआदत अली को वज़ीर अली से नफ़रत बढ़ती गयी और वह वज़ीर अली को किसी भी तरह अवध से बाहर भेजना चाहता था। इसी सन्दर्भ में वह अंग्रेजों को अवध की आधी जायदाद और दस लाख रुपये नकद देता है। इसके बदले में अंग्रेजों ने उसे अवध का नवाब बना दिया और सालाना तीन लाख रुपये का वजीफ़ा तय कर वज़ीर को बनारस भेज दिया।

वज़ीर अली एक जाँबाज़ सिपाजी था, जो हर हाल में अंग्रेजों को देश से बाहर निकालना चाहता था इसके लिए उसने अफगानिस्तान को भारत पर हमला करने के लिए तैयार कर लिया था और अपना सैन्य बल बढ़ाने में लगा हुआ था। वज़ीर अली को बनारस भेजने के कुछ ही महीनों बाद उसे गवर्नर जनरल द्वारा कोलकाता बुलाया जाता है। वज़ीर अली को कम्पनी से चिढ़ तो थी ही और बुलाने का कारण जानने के लिए जब वह वकील के पास गया तो वकील ने भला-बुरा कह दिया। अपने अपमान का बदला लेने के लिए वज़ीर अली ने वकील का खून कर दिया और सज़ा से बचने के लिए अपने साथियों के साथ आजमगढ़ के जंगलों की ओर भाग गया। वज़ीर अली अफगानिस्तान के साथ मिलकर अवध का नवाब बनना चाहता था जिससे वह अंग्रेजों को भारत से बाहर भगा सके।

वज़ीर अली की वीरता के अंग्रेज भी कायल थे तभी कर्नल उसकी तुलना रॉबिनहुड से करते हैं। वज़ीर अली के साहस का सबसे बड़ा उदाहरण तब मिलता है जब अंग्रेजी कर्नल और लेफ्टीनेंट उसको पकड़ने के लिए कई हफ्तों से जंगल में खाक छान रहे थे और वज़ीर अली बड़ी ही निडरता से उसके खेमे में घुसकर कर्नल से दस कारतूस माँग लेता है और अपना परिचय भी दे देता है। कर्नल हक्का-बक्का रह जाता है तथा वज़ीर अली के लिए उसके मुँह से अनायास ही निकल जाता है—एक जाँबाज सिपाही।

प्रमुख पात्र—नाटक के पात्र—कर्नल, लेफ्टीनेंट, सिपाही, सवार (वज़ीर अली)

शब्द-सम्पदा

गुंजाइश = सम्भावना। **खेमा** = डेरा। **शुक्रिया** = धन्यवाद। **कारनामे** = ऐसे काम जो याद रहें। **तख्त** = सिंहासन। **दावत** = आमन्त्रण। **मसलेहत** = रहस्य। **जाँबाज़** = जान की बाज़ी लगाने वाला। **कामयाब** = सफल। **जाती तौर पर** = व्यक्तिगत रूप से। **मुकर्रर** = तय करना। **तलब किया** = यदि किया। **जानिसार** = सैनिक। **हुक्मरां** = शासक। **हिफ़ाजत** = सुरक्षा। **शुब्हे** = सन्देह। **मसलेहत** = रहस्य। **मुकाम** = मंजिल। **हफ्ता** = पन्द्रह दिन का समय। **स्कीम** = योजना। **कारतूस** = पीतल और दफ्ती आदि की एक नली जिसमें गोली तथा बारूद भरी होती है। **तन्हाई** = एकान्त। **अफ़साने** = कहानियाँ। **राज़ेदिल** = रहस्य। **पैदाइश** = जन्म। **हुकूमत** = शासन। **निस्बती** = रिश्ता। **ऐश पसन्द** = भोग विलास पसन्द करने वाला। **दमखम** = शक्ति और दृढ़ता। **परवाह** = चिन्ता। **वज़ीफा** = परवरिश के लिए दी जाने वाला राशि। **तलब किया** = याद किया। **तकरीबन** = लगभग। **कारवाँ** = समूह। **गर्द** = धूल। **काफिला** = यात्रियों का समूह। **दिवार हमगोश दारश** = दीवारों के भी कान होते हैं। **लावलश्कर** = सेना का बड़ा समूह और युद्ध सामग्री। **चन्द** = कुछ। **मुमलिकत** = जायदाद, दौलत। **मुमकिन** = सम्भव।

पाठ से सम्बन्धित प्रश्नोत्तर—

मौखिक प्रश्नोत्तर—

निम्नलिखित प्रश्नों के उत्तर एक-दो पंक्तियों में दीजिए—

प्रश्न 1. कर्नल कालिंज का खेमा जंगल में क्यों लगा हुआ था?

उत्तर— कर्नल कालिंज को यह सूचना थी कि वज़ीर अली जंगल में ही कहीं छुपा हुआ है। अतः कर्नल उसे गिरफ्तार करने के लिए खेमा लगाये हुए था।

प्रश्न 2. वज़ीर अली से सिपाही क्यों तंग आ चुके थे?

उत्तर— हफ्तों से डेरा डालने और ढूँढ़ने के बावजूद भी वज़ीर अली पकड़ा नहीं जा रहा था। वह हर बार सिपाहियों की आँखों में धूल झोंकने में कामयाब हो जाता। अतः सिपाही वज़ीर अली से तंग आ चुके थे।

प्रश्न 3. कर्नल ने सवार पर नज़र रखने के लिए क्यों कहा?

उत्तर— कर्नल ने सवार पर नज़र रखने के लिए इसलिए कहा, ताकि वह यह देख सके कि सवार किस दिशा की तरफ जा रहा है और उसकी गतिविधियों की जाँच हो सके क्योंकि वह सवार वज़ीर अली का दूत या साथी हो सकता था। धूल के उड़ने से कर्नल ने अनुमान लगाया कि लोग ज्यादा हैं और सम्भवतः वज़ीर अली को ढूँढ़ रहे हैं।

प्रश्न 4. सवार ने क्यों कहा कि वज़ीर की गिरफ्तारी बहुत मुश्किल है?

उत्तर— सवार और कोई नहीं खुद वज़ीर अली था। उसे अपने साहस और अपनी बुद्धिमानी पर पूरा विश्वास था। वह कर्नल को डराना और भ्रम में रखना चाहता था इसलिए उसने कहा कि वज़ीर अली की गिरफ्तारी बहुत मुश्किल है।

लिखित प्रश्नोत्तर—

(क) निम्नलिखित प्रश्नों के उत्तर (30-40) शब्दों में लिखिए—

प्रश्न 1. वज़ीर अली के अफसाने सुनकर कर्नल को रॉबिनहुड की याद क्यों आ जाती थी?

उत्तर— वज़ीर अली और रॉबिनहुड में बहुत अधिक समानता थी। वज़ीर अली भी रॉबिनहुड की तरह साहसी, निडर और बहादुर था। वह दुश्मनों को चमक देकर भागने में कुशल होने का कारण अंग्रेजी सरकार की पकड़ में नहीं आ रहा था। इन्हीं कारणों से वज़ीर अली की बहादुरी के अफसाने सुनकर ही कर्नल को रॉबिनहुड की याद आती थी।

प्रश्न 2. सआदत अली कौन था? उसने वज़ीर अली की पैदाइश को अपनी मौत क्यों समझा?

उत्तर— सआदत अली वज़ीर का चाचा और नवाब आसिफउद्दौला का छोटा भाई था। आसिफउद्दौला की संतान के रूप में वज़ीर अली की पैदाइश के साथ सआदत अली के नवाब बनने की सम्भावना पूरी तरह समाप्त हो गई इसलिए उसने वज़ीर अली की पैदाइश को अपनी मौत समझा।

प्रश्न 3. सआदत अली को अवध के तख्त पर बिठाने के पीछे कर्नल का क्या मकसद था?

उत्तर— सआदत अली को अवध के तख्त पर बिठाने के पीछे कर्नल का मकसद अवध की धन, सम्पत्ति और सत्ता पर अधिकार करना था। सआदत अली लोभी, आलसी, आराम पसन्द और अंग्रेजों का गुलाम था। उसने अंग्रेजों को इसके लिए आधी सम्पत्ति और दस लाख रुपये दिये थे। इस तरह सआदत अली को गद्दी पर बैठाने से उन्हें लाभ ही लाभ था।

प्रश्न 4. कम्पनी के वकील का कत्ल करने के बाद वज़ीर अली ने अपनी हिफाजत कैसे की?

उत्तर— कम्पनी के वकील का कत्ल करने के बाद वज़ीर अली अपने सिपाहियों के साथ आजमगढ़ भाग गया और वहाँ के नवाब से सहायता पाकर सुरक्षित घाघरा पहुँच गया। वह जंगलों में रहकर अंग्रेजों से लोहा लेने के लिए अपनी शक्ति बढ़ाने लगा। इस प्रकार वज़ीर अली ने अपनी हिफाजत की।

प्रश्न 5. सवार के जाने के बाद कर्नल क्यों हक्का-बक्का रह गया?

उत्तर— सवार के जाने के बाद कर्नल हक्का-बक्का इसलिए रह गया, क्योंकि जिस वज़ीर अली को पकड़ने के लिए वह जंगल में हफ्तों से खेमा डाले हुआ था वही सवार के रूप में बड़ी चतुराई और निडरता से कारतूस लेने कर्नल के खेमे में आ जाता है। वज़ीर अली बहुत हिम्मत वाला व्यक्ति था जाते समय कर्नल के द्वारा नाम पूछे जाने पर बड़ी सहजता से अपना नाम वज़ीर अली बताकर नौ दो ग्यारह हो जाता है।

(ख) निम्नलिखित प्रश्नों के उत्तर (80-100) शब्दों में लिखिए—

प्रश्न 1. लेफ्टीनेंट को ऐसा क्यों लगा कि कम्पनी के खिलाफ सारे हिन्दुस्तान में एक लहर दौड़ गई है?

उत्तर— वज़ीर अली के बारे में बात करते हुए कर्नल ने लेफ्टीनेंट को बताया कि कम्पनी के खिलाफ युद्ध करने के लिए केवल वज़ीर अली ही नहीं बल्कि दक्षिण में टीपू सुल्तान, बंगाल में नवाब का भाई शमसुद्दौला भी तैयार बैठा है साथ ही इन लोगों ने अफगानिस्तान के बादशाह शाहेज़मा को आक्रमण के लिए निमन्त्रण भी दे दिया है। इन सब बातों को सुनकर लेफ्टीनेंट को लगने लगा था अंग्रेजों को भारत से हटाने के लिए चारों ओर से प्रयास किये जा रहे हैं और कम्पनी के खिलाफ पूरे हिन्दुस्तान में लहर-सी दौड़ गई है।

प्रश्न 2. वज़ीर अली ने कम्पनी के वकील का कत्ल क्यों किया?

उत्तर— अंग्रेजों ने वज़ीर अली का वज़ीफा मुकर्रर कर बनारस भेज दिया था और समय-समय पर उसे कोलकाता तलब करता रहता था। इसी क्रम में एक बार कोलकाता बुलवाये जाने पर वह कारण पता करने के लिए बनारस में रहने वाली कम्पनी के वकील के पास गया। वकील, कारण बताने की जगह उसे भरा-बुरा कहने लगा। वज़ीर अली स्वाभिमानी था तथा वह कम्पनी से नफरत भी करता था। फलत: क्रोध में आकर उसने वकील का कत्ल कर दिया।

प्रश्न 3. सवार ने कर्नल से कारतूस कैसे हासिल किये?

उत्तर— सवार और कोई नहीं खुद वज़ीर अली था। वह अकेला ही घोड़े पर सवार होकर बड़ी ही निडरता से अंग्रेजों के खेमे में पहुँच गया और कर्नल को दिखाया कि वह भी वज़ीर अली के खिलाफ है और उसके साथ मिलकर वज़ीर अली को गिरफ्तार करवाना चाहता है। उसने कर्नल से अकेले में मिलने के लिए कहा। कर्नल उसकी बात मान गया और वज़ीर अली के द्वारा दस कारतूस माँगने पर उसने दे दिये। इस तरह सवार ने कर्नल को पागल बनाकर उससे कारतूस हासिल किए।

प्रश्न 4. वज़ीर अली एक जाँबाज सिपाही था, कैसे? स्पष्ट कीजिए।

उत्तर— वास्तव में वज़ीर अली एक जाँबाज सिपाही था। उसमें शौर्य और साहस कूट-कूट भरा हुआ था। अंग्रेजों ने उसे अवध के तख्त से हटा दिया। परन्तु उसने हिम्मत नहीं हारी। कम्पनी के वकील द्वारा अपमानित किये जाने पर वह उसके घर में घुसकर हत्या कर देता है। अंग्रेज जंगलों में महीनों तक खाक छानते रहे पर वह हाथ नहीं आया। वह निर्भयता से अंग्रेजों के खेमे में घुसकर कर्नल को चकमा देकर उससे कारतूस भी ले लेता है और अपना परिचय भी दे देता है। इन घटनाओं से प्रमाणित हो जाता है कि वज़ीर अली एक जाँबाज सिपाही था।

(ग) निम्नलिखित पंक्तियों का आशय स्पष्ट कीजिए—

प्रश्न 1. मुट्ठीभर आदमी और इतना दमखम।

उत्तर— उपर्युक्त पंक्ति कर्नल के द्वारा वज़ीर अली के सन्दर्भ में कही गई है। वज़ीर अली बहुत ही साहस और शौर्य वाला व्यक्ति है। उसकी गजब की चुस्ती-फुर्ती और कौशल को देखकर कर्नल के मुँह से अनायास इस प्रकार के भाव निकल जाते हैं। वह थोड़े से सैनिकों के साथ जंगल में रह रहा था। अंग्रेजों की पूरी फौज उसका पीछा कर रही थी फिर भी उसे पकड़ नहीं पा रही थी। उसने अंग्रेजों की नाक में दम कर दिया था।

प्रश्न 2. गर्द तो ऐसे उड़ रही है जैसे कि पूरा एक काफिला चला आ रहा हो मगर मुझे तो एक ही सवार नज़र आता है।

उत्तर— उपर्युक्त पंक्ति लेफ्टीनेंट के द्वारा सवार के सन्दर्भ में कही गई है। वह सवार खुद वज़ीर अली अंग्रेजों के खेमे में अकेला ही आ रहा था, परन्तु इतनी तेज़ी से आ रहा था और इतनी धूल उड़ रही थी कि मानो कई सैनिक एक साथ आ रहे हों। वह दृश्य एक काफिले का प्रभाव उत्पन्न कर रहा था।

निम्नलिखित पठित गद्यांश को पढ़कर नीचे लिखे प्रश्नों के उत्तर दीजिये—

प्रश्न 3. **लेफ़्टीनेंट** — मगर वज़ीर अली की स्कीम क्या है?

कर्नल — स्कीम ये है कि किसी तरह नेपाल पहुँच जाए। अफगानी हमले का इंतेज़ार करे, अपनी ताकत बढ़ाए, सआदत अली को उसके पद से हटाकर खुद अवध पर कब्जा करे और अंग्रेजों को हिंदुस्तान से निकाल दे।

लेफ़्टीनेंट — नेपाल पहुँचना तो कोई ऐसा मुश्किल नहीं, मुमकिन है कि पहुँच गया हो।

कर्नल — हमारी फौजें और नवाब सआदत अली खाँ के सिपाही बड़ी सख्ती से उसका पीछा कर रहे हैं। हमें अच्छी तरह मालूम है कि वो इन्हीं जंगलों में है। (एक सिपाही तेज़ी से दाखिल होता है)

(क) वज़ीर अली की क्या योजना थी?

(i) नेपाल पहुँचना (ii) काफिल पर पहुँचना
(iii) अफगानिस्तान पहुँचना (iv) जंगलों में पहुँचना

(ख) वज़ीर अफगानी हमले का इंतजार क्यों करना चाहता था?

(i) लड़ाई लड़ने के लिए (ii) पद से हटाने के लिए
(iii) पीछा करने के लिए (iv) ताकत बढ़ाने के लिए

(ग) वज़ीर अली का पीछा कौन कर रहे थे?

(i) कर्नल की फौजें (ii) सिपाही
(iii) काफिला (iv) अंग्रेज

(घ) अवध पर कब्जा किसे करना था?

(i) सआदत अली (ii) अंग्रेजों
(iii) आसिफ उद्दौला (iv) वजीर अली

उत्तर– (क) (i) नेपाल पहुँचना (ख) (iv) ताकत बढ़ाने के लिए
(ग) (i) कर्नल की फौजें (घ) (i) सआदत अली

रचना और अभिव्यक्ति–

भाषा अध्ययन

प्रश्न 1. निम्नलिखित शब्दों का एक-एक पर्याय लिखिए–

उत्तर–

खिलाफ	–	विरुद्ध
पाक	–	पवित्र
उम्मीद	–	आशा
हासिल	–	प्राप्त
कामयाब	–	सफल
वजीफा	–	छात्रवृत्ति
नफरत	–	घृणा
हमला	–	आक्रमण
इंतजार	–	प्रतीक्षा
मुमकिन	–	सम्भव

प्रश्न 2. निम्नलिखित मुहावरों का अपने वाक्यों में प्रयोग कीजिए–

उत्तर– **(क) आँखों में धूल झोंकना**–शरारती बच्चे शिक्षक की आँखों में धूल झोंककर नकल कर लेते हैं।
(ख) कूट-कूट कर भरना–भारतीय सैनिकों में देश भक्ति की भावना कूट-कूट कर भरी होती है।
(ग) काम तमाम कर देना–सैनिकों ने आतंकवादियों का काम तमाम कर दिया।
(घ) जान बख्श देना–युद्ध क्षेत्र में शत्रु सैनिकों की जान नहीं बख्शनी चाहिए।
(ङ) हक्का-बक्का रह जाना–अचानक पुराने मित्र को सामने देख अमित हक्का-बक्का रह गया।

प्रश्न 3. निम्नलिखित वाक्यों में कारकों को रेखांकित कर उनके नाम लिखिए–

उत्तर–

(क) जंगल की जिन्दगी बड़ी खतरनाक होती है।	–सम्बन्ध कारक
(ख) कम्पनी के खिलाफ सारे हिन्दुस्तान में एक लहर दौड़ गई।	–सम्बन्ध कारक और अधिकरण कारक
(ग) वज़ीर को उसके पद से हटा दिया गया।	–कर्म कारक और अपादान कारक
(घ) फौज के लिए कारतूस की आवश्यकता थी।	–सम्प्रदान कारक और सम्बन्ध कारक
(ङ) सिपाही घोड़े पर सवार था।	–अधिकरण कारक

प्रश्न 4. नीचे दिये गये वाक्यों में 'ने' लगाकर उन्हें दुबारा लिखिए–

उत्तर–

(क) घोड़ा पानी पी रहा था।	–	घोड़े ने पानी पिया।
(ख) बच्चे दशहरे का मेला देखने गये।	–	बच्चों ने दशहरे का मेला देखा।
(ग) रॉबिनहुड गरीबों की मदद करता था।	–	रॉबिनहुड ने गरीबों की मदद की।
(घ) देशभर के लोग उसकी प्रशंसा कर रहे थे।	–	देशभर के लोगों ने उसकी प्रशंसा की।

प्रश्न 5. निम्नलिखित वाक्यों में उचित विराम-चिन्ह लगाइए–

उत्तर– (क) कर्नल ने कहा, "सिपाहियो! इस पर नज़र रखो। ये किस तरफ जा रहा है?"

(ख) सवार ने पूछा, "आपने इस मुकाम पर क्यों खेमा डाला है? इतने लावलश्कर की क्या जरूरत है?"

(ग) खेमे के अन्दर दो व्यक्ति बैठे बातें कर रहे थे। चाँदनी छिटकी हुई थी और बाहर सिपाही पहरा दे रहे थे। एक व्यक्ति कह रहा था, "दुश्मन कभी भी हमला कर सकता है।"

परियोजना कार्य—

प्रश्न 1. 'कारतूस' एकांकी का मंचन अपने विद्यालय में कीजिए।

उत्तर— हिन्दी अध्यापक/अध्यापिका की सहायता से विद्यार्थी स्वयं करेंगे।

प्रश्न 2. 'एकांकी' और 'नाटक' में क्या अन्तर है? कुछ नाटकों और एकांकियों की सूची तैयार कीजिए।

उत्तर— 'एकांकी' नाम से ही स्पष्ट है—एक + अंकी, अर्थात् एक अंक वाली। ऐसा छोटा-सा नाटक जिसमें एक अंक हो तथा जिसमें जीवन की किसी समस्या या घटना का चित्रण हो, उसे एकांकी कहते हैं इसके मंचन के लिए कम पात्रों, कम समय तथा कम साज-सज्जा की आवश्यकता होती है।

नाटक बड़ी रचना होती है। नाटक एक दृश्य-श्रव्य रचना होती है। इसमें पाँच या उससे अधिक अंक होते हैं। नाटक में एक मुख्य कहानी तथा उससे जुड़ी अन्य कहानियाँ भी हो सकती हैं। इसमें जीवन विभिन्न पहलुओं का चित्रण अनेक दृश्यों और अंकों में किया जाता है। इसके मंचन के लिए अनेक पात्रों, अधिक समय तथा ढेर सारी साज-सज्जा की आवश्यकता होती है।

कुछ प्रमुख एकांकियों के नाम—एक घूँट, गुन्नौर की रानी, पृथ्वीराज की आँखें, एक तोले अफीम की कीमत, संस्कार या भावना, सुहाग की बिन्दी इत्यादि।

कुछ प्रमुख नाटकों के नाम—चन्द्रगुप्त, अंधेर नगरी, ध्रुवस्वामिनी, अंधा युग, आषाढ का एक दिन, कबीरा खड़ा बाजार में, महाभोज इत्यादि।

परीक्षोपयोगी महत्त्वपूर्ण प्रश्नोत्तर—

लघु उत्तरीय प्रश्न

प्रश्न 1. सन् 1799 में अंग्रेजों के भय को किसने लगभग समाप्त कर दिया था?

उत्तर— सन् 1799 में अंग्रेजों के भय को वज़ीर अली ने अपने 5 माह के शासन काल में ही अवध राज्य से लगभग समाप्त कर दिया था।

प्रश्न 2. वज़ीर अली कौन था? अंग्रेज उसे क्यों पकड़ना चाहते थे?

उत्तर— वज़ीर अली अवध के शासक आसिफउद्दौला का पुत्र और सआदत अली का भतीजा था। उसने पाँच माह तक अवध पर शासन भी किया। वह भारत से अंग्रेजों को भगाना चाहता था तथा उसके मन में अंग्रेजों के प्रति घृणा भरी थी। वज़ीर अली ने कम्पनी के वकील की हत्या भी कर दी थी, इसलिए अंग्रेज उसे पकड़ना चाहते थे।

प्रश्न 3. सआदत अली वज़ीर अली को अपना दुश्मन क्यों मानता था?

उत्तर— वज़ीर अली के जन्म के बाद सआदत अली का अवध का नवाब बनना लगभग नामुमकिन था, अतः वह वज़ीर अली को अपना दुश्मन मानता था।

प्रश्न 4. वज़ीर अली को पकड़ने के लिए अंग्रेजों द्वारा किये गये प्रयासों को लिखिए।

उत्तर— लगभग सन् 1799 के आसपास वज़ीर अली अंग्रेजों का सबसे बड़ा दुश्मन था। उसने अंग्रेजों की नाक में दम कर रखा था। अंग्रेजों ने भी उसे पकड़ने के लिए पूरा दम लगा रखा था। वकील की हत्या करने के बाद जब वज़ीर अली जंगलों में जा छिपा तो अंग्रेज सैनिक भी अपने कर्नल और लेफ्टीनेंट के साथ वहीं जंगल में खेमा डालकर वज़ीर अली को पकड़ने का निरर्थक प्रयास कर रहे थे।

प्रश्न 5. वज़ीर अली ने अफगानिस्तान के शासक शाहेज़मा को भारत आने के लिए क्यों निमन्त्रित किया?

उत्तर— अफगानिस्तान के शासक शाहेज़मा को वज़ीर अली ने भारत आने के लिए इसलिए निमन्त्रित किया ताकि वह उसका साथ पाकर अंग्रेजों पर हमला कर दे। वह चाहता था कि वह शाहेज़मा के सहयोग से अंग्रेजों को भारत से भगा दे और फिर से अपनी खोई सत्ता हासिल कर ले।

प्रश्न 6. पाठ में बक्सर और प्लासी के सन्दर्भ में क्या कहा गया है?

उत्तर— लार्ड क्लाइव के नेतृत्व में अंग्रेजों ने बक्सर और प्लासी में लड़ाई जीतकर लगभग पूरे भारत पर आधिपत्य स्थापित कर लिया था। वज़ीर अली यदि अपनी योजना में कामयाब हो जाता था तो तत्कालीन वायसराय के नेतृत्व में अंग्रेजों की बेइज्जती हो जाती। इसी तथ्य की ओर कर्नल ने लेफ्टीनेंट का ध्यान आकर्षित किया था।

प्रश्न 7. वज़ीर अली सआदत अली से नफरत क्यों करता था?

उत्तर— सआदत अली आराम पसन्द और अंग्रेजों का गुलाम था। सआदत अली और अंग्रेजों के आपसी तालमेल के कारण उसे दर-दर भटकना पड़ रहा था, इसलिए वज़ीर अली सआदत अली से नफरत करता था।

प्रश्न 8. सआदत अली को अवध की सत्ता पर बैठाने से अंग्रेजों को क्या लाभ हुआ?

उत्तर— सआदत अली कामचोर और आराम पसन्द व्यक्ति था। सआदत अली को अवध की सत्ता पर बैठाने से अंग्रेजों को कई लाभ हुए। सबसे पहले इसके द्वारा उसने वज़ीर अली को सामर्थ्यहीन कर दिया। साथ ही अंग्रेजों को अवध की आधी जायदाद और दौलत के अलावा दस लाख रुपये नकद भी मिले। सआदत अली कोई काम नहीं करना चाहता था, अतः अवध पर परोक्ष रूप से अंग्रेजों का ही शासन था।

प्रश्न 9. 'कारतूस' पाठ में सआदत अली को किस प्रकार का व्यक्ति बताया गया है?

उत्तर— सआदत अली अवध के नवाब आसिफउद्दौला का छोटा भाई था। आसिफउद्दौला के कोई लड़का न था। अत: सआदत अली यह मान बैठा था कि बड़े भाई के बाद वही अवध का नवाब बनेगा, परन्तु जब वजीर अली का जन्म हुआ तो उसके सपने चकनाचूर हो गए। सआदत अली कर्नल का दोस्त भी था। कर्नल ने उसे अपने स्वार्थ की सिद्धि के लिए अवध के तख्त पर बिठाया था। सआदत अली एक ऐश पसन्द आदमी था।

प्रश्न 10. कर्नल ने सिपाहियों से सवार पर नज़र रखने के लिए क्यों कहा?

उत्तर— कर्नल वज़ीर अली की बहादुरी और चालाकी से वाकिफ था। वह सवार वज़ीर अली का कोई दूत या जानकार हो सकता था। अत: उसने सिपाहियों से सवार पर नज़र रखने के लिए कहा।

दीर्घ उत्तरीय प्रश्न

प्रश्न 1. सआदत अली का चरित्र कैसा था?

उत्तर— सआदत अली का चरित्र उत्तम नहीं था। वह सत्ता का लोभी था। उसकी प्रवृत्ति षडयन्त्रकारी थी। एक षडयन्त्र के द्वारा ही वह अंग्रेजों से मिलकर वज़ीर अली को अवध के तख्त से बेदखल कर खुद नवाब बन जाता है। वह अव्वल दर्जे का आलसी और कामचोर है तभी तो अवध पर उसका शासन नाममात्र का रह जाता है और असली शासन अंग्रेजों का चलता है उसकी गुलामी और ऐश पसन्द होने की वजह से ही कर्नल उसको अपना दोस्त और वज़ीर अली को दुश्मन मानता है, इस प्रकार सआदत अली का चरित्र अनेक प्रकार के दोषों का समूह था।

प्रश्न 2. अंग्रेजों को भारत से बाहर निकालने के लिए वज़ीर अली की क्या योजना थी?

उत्तर— वज़ीर अली अंग्रेजों की नीयत को समझ चुका था। अंग्रेज केवल भारत को लूटना चाहते थे अत: वह किसी भी परिस्थिति में उनकी अधीनता स्वीकार नहीं करना चाहता था। इसके लिए वह पहले नेपाल जाना चाहता था तथा वहाँ से भारतीय शासकों के साथ अफगानिस्तान के शासक शाहेजमा को भी भारत पर हमला करने के लिए आमन्त्रित करना चाहता था। वज़ीर अली बहुत ही साहसी और चतुर था।

प्रश्न 3. 'कारतूस' पाठ के आधार पर वज़ीर अली का चरित्र-चित्रण करें।

उत्तर— वज़ीर अली बहुत ही साहसी, वीर महत्वाकांक्षी और स्वाभिमानी शासक था। वज़ीर अली कर्नल के कैंप में घुसकर बहुत ही बुद्धिमानी से कारतूस ले आता है और अपनी परिचय भी दे देता है। अपमानित होने पर अपने स्वाभिमान को बचाने के लिए वह कम्पनी के वकील की हत्या करने में भी संकोच नहीं करता है। वज़ीर अली अपनी वीरता के कारण अन्तिम समय तक अंग्रेजों को देश से खदेड़ने के लिए तैयार रहता है। अपनी महत्वाकांक्षा के कारण ही वह अवध का शासक बनना चाहता है।

प्रश्न 4. लेखक हबीब तनवीर ने 'कारतूस' पाठ के द्वारा पाठकों को क्या सन्देश दिया है?

उत्तर— लेखक ने 'कारतूस' पाठ के माध्यम से आज़ादी के महत्व को बताने का सफल प्रयास किया है। साथ ही इस पाठ में लेखक ने मनुष्य को अपना स्वाभिमान नहीं खोने का भी संकेत दिया है। वज़ीर अली के माध्यम से लेखक ने पूरे पाठ में नायक को अपने स्वाभिमान और मातृभूमि की रक्षा के लिए संघर्ष करते हुए दिखाया हैं। पाठ में निहित सन्देश है कि मानव को सर्वदा अपनी मातृभूमि और स्वामिभमान की रक्षा के लिए सदैव तत्पर रहना चाहिए। हमें देशप्रेम, देशभक्ति, साहस, त्याग जैसी मानवीय मूल्य से सम्बन्धित भावनाओं का पालन दृढ़ता से करना चाहिए।

प्रश्न 5. वज़ीर अली कौन था? उसके चरित्र की क्या विशेषताएँ हैं? अपने शब्दों में सोदाहरण स्पष्ट कीजिए।

उत्तर— वज़ीर अली, नवाब आसिफउद्दौला का इकलौता बेटा और अवध का बादशाह था। उसे पकड़ना अंग्रेजों के लिए बहुत मुश्किल था, कई सालों से वे वज़ीर अली को पकड़ना चाह रहे थे, परन्तु निडरता, बहादुरी और जाँबाजी के कारण, वे वज़ीर अली को छू तक नहीं पा रहे थे।

निडरता—वज़ीर अली एक निडर सिपाही था जो अंग्रेजों से बहुत नफरत करता था, इसलिए उसने खुलेआम अंग्रेजों के वकील का कत्ल कर डाला।

बहादुर—वज़ीर अली की बहादुरी को किसी उदाहरण की आवश्यकता नहीं है। उनकी बहादुरी के किस्से अंग्रेजी खेमों में प्राय: ही सुने और सुनाए जाते थे। वजीर अली अपनी बहादुरी के दम पर ही अंग्रेजों के खेमे से, उनके कारतूस उन्हीं के हाथों से लेकर गया था और कर्नल देखता रह गया था।

जाँबाज सिपाही—वज़ीर अली एक जाँबाज अर्थात् जान की बाजी लगा देने वाला सिपाही था। वह अंग्रेजों को खूब छका रहा था और अपनी जान की परवाह किए बगैर कर्नल कालेज के खेमे में घुस गया था।

□□

संचयन

GURUKUL

हरिहर काका

|1|

लेखक-मिथिलेश्वर

पाठ का सारांश—कथावाचक और हरिहर काका की उम्र में काफी अंतर होने के बावजूद वह उनका पहला मित्र था। महंत और हरिहर काका के भाई ने अपना लक्ष्य साधने के लिए हरिहर काका के साथ बुरा व्यवहार किया। हरिहर काका अनपढ़ थे पर उनको दुनिया की बेहतर समझ थी। उन्होंने अपने अनुभव से सीखा था कि सम्पत्ति छिन जाने के बाद व्यक्ति की बड़ी दुर्दशा होती है। वे अनेक लोगों के बारे में जानते थे जिनकी सम्पत्ति अपने नाम लिखवाने के बाद उनके घर वालों ने उनकी हालत कुत्ते से भी बदतर कर दी थी। इसलिए उन्होंने तय कर लिया था कि जीते जी वे अपनी जायदाद किसी के नाम नहीं लिखेंगे। ठाकुरबारी की घटना के बाद उन्हें पता चल गया कि कोई उन्हें मार नहीं सकता था, सिर्फ धमका सकता था। इसलिए उन्हें मृत्यु का भय नहीं था और उन्हें अपने भाइयों को इस बात के बारे में चुनौती भी दी थी। हरिहर काका को जब यह असलियत पता चली कि सब लोग उनकी जायदाद के पीछे पड़े हैं तो उन्हें उन सब लोगों की याद लाई जिन्होंने अपने परिवार के मोह में आकर अपनी जमीन उनके नाम कर दी थी और अपने अंतिम दिन तक कष्ट भोगते रहे। वे लोग भोजन तक के लिए तरसते रहे। इसलिए उन्होंने सोचा कि ऐसा जीवन व्यतीत करने से तो एक बार मरना अच्छा है। उन्होंने तय किया कि जीते जी किसी को जमीन नहीं देंगे। वे मरने को तैयार थे। इसीलिए लेखक कहते हैं कि अज्ञात की स्थिति में मनुष्य मृत्यु से डरता है परन्तु ज्ञान होने पर मृत्यु वरण को तैयार करता है।

शब्द-सम्पदा

तबियत = शरीर की स्थिति, मन की स्थिति। **यंत्रणा** = यातना, कलेश, कष्ट। **मन:स्थिति** = मन की स्थिति। **चंद** = कुछ। **आसक्ति** = लगाव। **व्यावहारिक** = व्यवहार सम्बन्धी। **वैचारिक** = विचार सम्बन्धी। **दुलार** = प्यार। **सयाना** = वयस्क। **बुद्धिमान** = समझदार। **प्रतीक्षा** = इंतजार। **फिलहाल** = अभी, इस समय। **मझधार** = बीच में (जल प्रवाह या भवसागर के मध्य में)। **विलीन** = लुप्त हो जाना। **विकल्प** = दूसरा उपाय। **उक्ति** = कथन, वाक्य। **ठाकुरबारी** = देवस्थान। **प्रचलित** = चलनसार। **जाग्रत** = जगाना। **कलेवर** = शरीर, देह, ऊपरी ढाँचा। **मनौती** = मन्नत। **परंपरा** = प्रथा, प्रणाली। **अधिकांश** = ज्यादातर। **समिति** = संस्था। **संचालन** = नियंत्रण, चलाना। **नियुक्ति** = तैनाती, लगाया गया। **विमुख** = प्रतिकूल। **चपेट** = आघात, प्रहार। **अहाता** = चारों ओर से दीवारों से घिरा हुआ मैदान। **अखंड** = निर्विघ्न। **दवनी** = गेंहूँ, धान निकालने की प्रक्रिया। **अगउम** = प्रयोग में लाने से पहले देवता के लिए निकाला गया अंश। **घनिष्ठ** = अत्यधिक निकटता। **प्रवचन** = वेद, पुराण आदि का उपदेश करना। **सार्थक** = उद्देश्य वाला। **परिस्थितिवश** = परिस्थितियों के कारण। **फूटी आँखों न सुहाना** = थोड़ा भी अच्छा न लगना। **दोनों जून** = दोनों वक्त। **अलावा** = अतिरिक्त। **क्लर्की** = लिपिक, कर्मचारी। **प्रतीक्षारत** = इंतजार करना। **इत्मीनान** = तसल्ली। **व्यंजन** = अच्छा खाना। **संतोष** = तृप्ति, प्रसन्नता, हर्ष। **मशगूल** = व्यक्त। **धमाचौकड़ी** = उछल-कूद। **दालान** = बरामदा। **मोहभंग** = प्रेम की भ्रान्ति का नाश। **विस्फोट** = फूटकर बाहर निकलना। **आगमन** = आने पर। **उपलक्ष्य** = संकेत। **सराहना** = प्रशंसा। **निश्चित** = बेफिक्र। **विराजमान** = उपस्थिति। **हुमाध** = हवन में प्रयुक्त होने वाली सामग्री। **कान खड़े होना** = सावधान होना। **तत्क्षण** = उसी समय। **योग** = किस्मत। **एकांत** = खाली। **स्वार्थ** = अपना मतलब। **संकोच** = झिझक। **बैकुंठ** = स्वर्ग। **कीर्ति** = प्रसिद्धि, ख्याति। **पाँव पखारना** = पाँव धोना। **अकारथ** = अकारण। **प्रतिक्रिया** = प्रतिकार, बदला, क्रिया के विरोध में होने वाली घटना। **परिवर्तित** = बदला हुआ। **इंतजाम** = प्रबंध। **चिंतामग्न** = सोच में पड़ना। **शंकालु** = संदेह करने वाला। **बेचैन** = व्याकुल। **भावी आशंका** = भविष्य की चिंता। **मथना** = बार-बार सोचना। **पसीज** = में दया का भाव जागना। **याचना** = माँगना। **आवभगत** = सत्कार। **मुस्तैद** = कमर कस कर तैयार रहना। **श्रद्धा** = आदरपूर्ण आस्था या विश्वास। **निरंतर** = लगातार। **तथ्य** = वास्तविक घटना। **वाकिफ** = परिचित। **अवगत** = जाना हुआ। **कीर्ति** = प्रसिद्धि, ख्याति। **अचल** = गतिहीन। **समाधान** = उपाय। **प्रत्यक्ष** = जो सामने दिखाई दे। **परोक्ष** = जो सामने दिखाई न दे। **हिमायती** = तरफदारी करने वाला, पक्षपाती। **टोह** = खोज। **विलम्ब** = देर। **बय** = वसीयत। **जागरूक** = सावधान। **रहस्यात्मक** = राज की भरी हुई। **भयावनी** = डरावनी। **आच्छादित** = छाया हुआ।

पाठ से सम्बन्धित प्रश्नोत्तर

प्रश्न 1. कथावाचक और हरिहर काका के बीच क्या सम्बन्ध है और इसके क्या कारण हैं?

उत्तर— हरिहर काका और कथावाचक (लेखक) दोनों के बीच में बड़े ही मधुर एवं आत्मीय सम्बन्ध थे, क्योंकि दोनों एक गाँव के निवासी थे। हरिहर काका की कोई संतान नहीं थी इसलिए वह कथावाचक को पिता की तरह प्यार करते थे तथा उनकी देखभाल भी किया करते थे। कथावाचक गाँव के चंद लोगों का ही सम्मान करता था और उनमें हरिहर काका एक थे। इसके निम्नलिखित कारण थे—

1. हरिहर काका कथावाचक के पड़ोसी थे।
2. कथावाचक की माँ के अनुसार हरिहर काका ने उसे बचपन में बहुत प्यार किया था।
3. कथावाचक के बड़े होने पर उसकी पहली दोस्ती हरिहर काका के साथ ही हुई थी। दोनों आपस में बहुत ही खुलकर बातें करते थे अर्थात् उनके बीच दोस्ती का गहरा सम्बन्ध था।

प्रश्न 2. हरिहर काका को महंत और अपने भाई एक ही श्रेणी के क्यों लगने लगे?

उत्तर— हरिहर काका एक नि:संतान व्यक्ति थे। इसलिए महंत और उनके भाई जमीन को अपने नाम लिखवाना चाहते थे। उनके पास पन्द्रह बीघे जमीन थी। हरिहर काका के भाइयों ने पहले तो उनकी खूब देखभाल की परन्तु धीरे-धीरे उनकी पत्नियों ने काका के साथ दुर्व्यवहार करना शुरू कर दिया। महंत को जब यह पता चला तो वह बहला-फुसलाकर काका को ठाकुरबारी ले आए और उन्हें वहाँ रखकर उनकी खूब सेवा की। साथ ही उसने काका ने उनकी पन्द्रह बीघे जमीन ठाकुरबारी के नाम लिखवाने की बात की। काका ने जब ऐसा करने से मना किया तो महंत ने उन्हें मार-पीटकर जबरदस्ती कागजों पर अँगूठा लगवा दिया। इस बात पर दोनों पक्षों में जमकर झगड़ा हुआ। दोनों ही पक्ष स्वार्थी थे। वे हरिहर काका को सुख नहीं दु:ख देने पर उतारू थे। उनका हित नहीं अहित करने के पक्ष में थे। दोनों का लक्ष्य जमीन हथियाना था। इसके लिए दोनों ने ही काका के साथ छल व बल का प्रयोग किया। इसी कारण हरिहर काका को अपने भाई और महंत एक ही श्रेणी के लगने लगे।

प्रश्न 3. ठाकुरबारी के प्रति गाँव वालों के मन में अपार श्रद्धा के जो भाव हैं उससे उनकी किस मनोवृत्ति का पता चलता है?

उत्तर— ठाकुरबारी के प्रति गाँव वालों के मन में अपार श्रद्धा के जो भाव हैं, उनसे उनकी ठाकुर जी के प्रति भक्ति भावना, आस्तिकता, प्रेम तथा विश्वास का पता चलता है। वे अपने प्रत्येक कार्य की सफलता का कारण ठाकुर जी की कृपा को मानते थे।

प्रश्न 4. अनपढ़ होते हुए भी हरिहर काका दुनिया की बेहतर समझ रखते थे ? कहानी के आधार पर स्पष्ट कीजिए।

उत्तर— अनपढ़ होते हुए भी हरिहर काका दुनिया की बेहतर समझ रखते हैं। वे जानते हैं कि जब तक उनकी जमीन-जायदाद उनके पास हैं, तब तक सभी उनका आदर करते हैं। उनके भाई उनसे जमीन अपने नाम करवाने के लिए उन्हें डराते थे बाद में उन्हें समझ आया कि उनके भाई उनके जायदाद के लिए प्यार करते हैं। ठाकुरबारी के महंत उनको इसलिए समझाते हैं क्योंकि वह उनकी जमीन ठाकुरबारी के नाम करवाना चाहते हैं। उनके भाई उनका आदर-सत्कार जमीन के कारण करते हैं। हरिहर काका ऐसे कई लोगों को जानते हैं, जिन्होंने अपने जीते जी अपनी जमीन किसी और के नाम लिख दी थी। बाद में उनका जीवन नरक बन गया था। वे नहीं चाहते थे कि उनके साथ भी ऐसा हो।

प्रश्न 5. हरिहर काका को जबरन उठा ले जाने वाले कौन थे? उन्होंने उनके साथ कैसा बर्ताव किया?

उत्तर— महंत के संकेत पर ठाकुरबारी के साधु-संत हरिहर काका को उठाकर ले गए थे। पहले उन्हें समझा-बुझाकर सादे कागज पर अँगूठे का निशान लेने का प्रयास किया गया। सफलता न मिलने पर जबरदस्ती निशान लेकर हाथ-पाँव और मुँह बाँधकर उन्हें कमरे में बंद कर दिया गया तथा पुलिस के आने पर स्वयं नौ दो ग्यारह हो गये।

प्रश्न 6. हरिहर काका के मामले में गाँव वालों की क्या राय थी और उसके क्या कारण थे?

उत्तर— हरिहर काका के मामले में गाँव के लोगों के दो वर्ग बन गए थे। दोनों ही पक्ष के लोगों की अपनी-अपनी राय थी। आधे लोग परिवार वालों के पक्ष में थे। उनका कहना था कि काका की जमीन पर हक तो उनके परिवार वालों का बनता है। काका को अपने जमीन-जायदाद अपने भाइयों के नाम लिख देनी चाहिए, ऐसा न करना अन्याय होगा। दूसरे पक्ष के लोगों का मानना था कि महंत हरिहर की जमीन उनको मोक्ष दिलाने के लिए लेना चाहता है। काका को अपनी जमीन ठाकुरजी के नाम लिख देनी चाहिए। इससे उनका नाम और यश भी फैलेगा और उन्हें सीधे बैकुंठ की प्राप्ति होगी। इस प्रकार जितने मुँह थे उतनी बातें होने लगीं। प्रत्येक का अपना मत था इन सबका एक कारण था कि हरिहर काका विधुर थे और उनकी अपनी कोई संतान न थी जो उनका उत्तराधिकारी बनता। पन्द्रह बीघे जमीन के कारण इन सबका लालच स्वाभाविक था।

प्रश्न 7. कहानी के आधार पर स्पष्ट कीजिए कि लेखक ने यह क्यों कहा, "अज्ञान की स्थिति में ही मनुष्य मृत्यु से डरते हैं। ज्ञान होने के बाद तो आदमी आवश्यकता पड़ने पर मृत्यु को वरण करने के लिए तैयार हो जाता है।"

उत्तर— लेखक ने यह इसलिए कहा है क्योंकि अज्ञान की ही स्थिति में अर्थात सांसारिक या नश्वर संसार के सुख की इच्छा के कारण ही मनुष्य मृत्यु से डरते हैं। जब उन्हें यह ज्ञान हो जाता है कि मृत्यु तो अटल सत्य है, क्योंकि जो इस धरती पर जन्म लेता है, उसकी मृत्यु तो निश्चित तथा जब यह शरीर जीर्ण-शीर्ण हो जाता है, तो इस मृत्यु के माध्यम से प्रभु हमें नया शरीर और नया जीवन देते हैं, तब वे मृत्यु से घबराते नहीं, डरते नहीं, बल्कि मृत्यु आने पर उसका स्वागत करते हैं, अर्थात् उसका वरण करते हैं। हरिहर काका की स्थिति में फँसा हर आदमी यही कहेगा बार-बार की मौत से तो एक बार की मौत अच्छी है।

प्रश्न 8. समाज में रिश्तों की क्या अहमियत है ? इस विषय पर अपने विचार प्रकट कीजिए।

उत्तर— आज समाज में मानवीय मूल्य तथा पारिवारिक मूल्य धीरे-धीरे समाप्त होते जा रहे हैं। ज्यादातर व्यक्ति अपने स्वार्थ के लिए रिश्ते-नाते निभाते हैं। अब रिश्तों से ज्यादा रिश्तेदार की कामयाबी और स्वार्थसिद्धि की अहमियत है। रिश्ते ही उसे अपने-पराए में अंतर करने की पहचान करवाते हैं। रिश्तों के द्वारा व्यक्ति की समाज में विशेष भूमिका निर्धारित होती है। रिश्ते ही सुख-दु:ख में काम आते हैं। यह दु:ख की बात है कि आज के इस बदलते दौर में रिश्तों पर स्वार्थ की भावना हावी होती जा रही है। रिश्तों में प्यार व बंधुत्व समाप्त हो गया है। इस कहानी में भी यदि पुलिस न पहुँचती तो परिवार वाले काका की हत्या कर देते। इंसानियत तथा रिश्तों का खून तब स्पष्ट नजर आता है जब महंत तथा परिवार वालों को काका के लिए अफसोस नहीं बल्कि उनकी हत्या न कर पाने का अफसोस है।

ठीक उसी प्रकार आज रिश्तों से ज्यादा धन-दौलत को अहमियत दी जा रही है। आज लोगों के पास रिश्तों को निभाने का समय भी नहीं है।

प्रश्न 9. यदि आपके आसपास हरिहर काका जैसी हालत में कोई हो तो आप उसकी किस प्रकार मदद करेंगे?

उत्तर— यदि हमारे आसपास हरिहर काका जैसी हालत में कोई हो तो हम उसकी सहायता निम्न प्रकार से करेंगे—

1. सबसे पहले हम उसके घरवालों को समझाएंगे कि वे अपने पुनीत कर्तव्य के प्रति सचेत रहें।

2. असहाय व्यक्ति की खान-पान, रहन-सहन, वस्त्र आदि की व्यवस्था समयानुसार करें।

3. उसके परिवार के सदस्यों को समझाएँगे कि असहाय व्यक्ति की यदि तुम सहायता करोगे, तो उसका फल तुम्हें अवश्य मिलेगा अर्थात् उनकी जमीन, संपत्ति स्वतः ही तुम्हें मिल जाएगी।

4. धूर्त महंत, पुजारी, साधु आदि की रिपोर्ट पुलिस में करेंगे और पुलिस को बताएँगे कि इनकी आँखों पर लालच का चश्मा लगा हुआ है। ये असहाय व्यक्ति की जमीन पर बलपूर्वक कब्जा करना चाहते हैं।

5. भाइयों, महंत, साधु व पुजारियों की खबर मीडिया को देंगे ताकि उनका दुष्प्रचार हो सके। साथ ही सरकारी हस्तक्षेप से उन्हें अपने किए की सजा मिल सके। साथ ही हरिहर काका जैसे व्यक्ति को न्याय मिल सके।

प्रश्न 10. हरिहर काका के गाँव में यदि मीडिया की पहुँच होती तो उनकी क्या स्थिति होती? अपने शब्दों में लिखिए।

उत्तर— हरिहर काका का जिस प्रकार से धर्म और घर अर्थात् खून के रिश्तों से विश्वास उठा चुका था, उससे वे मानसिक रूप से बीमार हो गए थे। वे बिल्कुल चुप रहते थे। किसी की भी कोई बात का कोई उत्तर नहीं देते थे। वर्तमान दृष्टि से यदि देखा जाए तो आज मीडिया की अहम् भूमिका है। लोगों को सच्चाई से अवगत करना उसका मुख्य कार्य है। जन-संचार के द्वारा घर-घर में बात पहुँचाई जा सकती है। इसके द्वारा लोगों तथा समाज तक बात पहुँचाना आसान है। यदि हरिहर काका की बात मीडिया तक पहुँच जाती तो शायद स्थिति थोड़ी भिन्न होती। वे अपनी बात लोगों के सामने रख पाते और स्वयं पर हुए अत्याचारों के विषय में लोगों को जागृत करते। हरिहर काका को मीडिया ठीक प्रकार से न्याय दिलवाती। उन्हें स्वतन्त्र रूप से जीने की व्यवस्था उपलब्ध करवाने में मदद करती। जिस प्रकार के दबाव में वे जी रहे थे वैसी स्थिति मीडिया की सहायता मिलने के बाद नहीं होती।

परीक्षोपयोगी महत्त्वपूर्ण प्रश्नोत्तर

प्रश्न 1. हरिहर काका की किस स्थिति ने लेखक को चिंतित कर दिया?

उत्तर— इस बार जब लेखक हरिहर काका से मिलने गया और उनकी तबीयत के बारे में पूछा तो उन्होंने सिर उठाकर एक बार लेखक की ओर देखा और सिर झुका लिया। इसके बाद उन्होंने दुबारा सिर नहीं उठाया। उनकी यंत्रणा और मनोदशा के बारे में उनकी आँखों ने बहुत कुछ कह दिया पर काका कुछ बोल न सके। उनकी इस दशा ने लेखक को चिंतित कर दिया।

प्रश्न 2. गाँव वालों को ठाकुरबारी के प्रति अत्यंत घनिष्ठ सम्बन्ध है। स्पष्ट कीजिए।

उत्तर— ठाकुरबारी के साथ अधिकांश लोगों का सम्बन्ध मन और तन दोनों स्तर पर बहुत ही घनिष्ठ है। कृषि-कार्य से अपना बचा हुआ समय वे ठाकुरबारी में ही बिताते हैं। ठाकुरबारी में साधु-संतों का प्रवचन सुन और ठाकुर जी का दर्शन कर वे अपना यह जीवन सार्थक मानने लगते हैं। उन्हें यह महसूस होता है कि ठाकुरबारी में प्रवेश करते ही वे पवित्र हो जाते हैं। उनके पिछले सारे पाप अपने आप खत्म हो जाते हैं और वह ईश्वर भक्ति में मग्न हो जाते हैं।

प्रश्न 3. स्वादिष्ट पकवान की आस लगाए बैठे हरिहर काका के सामने जब रूखा-सूखा खाना परोसा गया तो उनकी क्या प्रतिक्रिया हुई?

उत्तर— भतीजे के मित्र के आने से घर में स्वादिष्ट पकवान बनाए गए थे। हरिहर काका को स्वादिष्ट पकवान मिलने की आशा थी जब उनके सामने रूखा-सूखा भोजन आया तो उन्होंने प्रतिक्रिया स्वरूप—

❒ थाली उठाकर बीच आँगन में फेंक दी, जिससे सारे चावल बिखर गये।

❒ गरजते हुए घर की औरतों को देख लेने की धमकी देने लगे।

अर्थात् ढंग से खाना भी नसीब नहीं होता था।

प्रश्न 4. यंत्रणाओं के बीच जी रहे हरिहर काका की तुलना लेखक ने किससे की है और क्यों?

उत्तर— यंत्रणाओं के बीच जी हरे हरिहर काका की तुलना लेखक में फँसी उस नाव से की है, जिस पर बैठे सवार चिल्लाकर भी अपनी जान की रक्षा नहीं कर सकते हैं। इसका कारण यह है कि उनकी चिल्लाहट दूर-दूर तक फैले सागर की उठती-गिरती लहरों में खोकर रह जाती है। इस तरह उसकी मदद के लिए कोई नहीं आ पाता और वह जहाज डूबकर रह जाता है। हरिहर काका भी इस दयनीय दशा से जूझ हरे थे।

प्रश्न 5. हरिहर काका के परिवार का संक्षिप्त परिचय दीजिए।

उत्तर— हरिहर काका का भूरा-पूरा परिवार है। उनके चार भाई हैं। सबकी शादी हो चुकी है। हरिहर काका के अलावा सबके बच्चे हैं। बड़े और छोटे भाई के लड़के काफी सयाने हो गए हैं। दो की शादियाँ हो गई हैं। उनमें से एक पढ़-लिखकर शहर के किसी दफ्तर में क्लर्की करने लगा है, लेकिन हरिहर काका की अपनी देहर से कोई औलाद नहीं। औलाद के लिए उन्होंने दो शादियाँ कीं, लेकिन बिना बच्चा जन्में उनकी दोनों पत्नियाँ स्वर्ग सिधार गईं।

प्रश्न 6. हरिहर काका के भाइयों द्वारा अपनी पत्नियों को क्या सीख दी गई? उनके व्यवहार में क्या बदलाव आता गया?

उत्तर— हरिहर काका के तीनों भाइयों ने अपनी पत्नियों को यह सीख दी थी कि हरिहर काका की अच्छी तरह सेवा करें। समय पर उन्हें नाश्ता-खाना दें। किसी बात की तकलीफ न होने दें। कुछ दिनों तक वे हरिहर काका की खोज-खबर लेती रहीं, फिर उन्हें कौन पूछने वाला? 'ठहर-चौका' लगाकर पंखा झलते हुए अपने मर्दों को अच्छे-अच्छे व्यंजन खिलातीं। हरिहर काका के आगे तो बची-खुची चीजें आतीं। कभी-कभी तो हरिहर काका को रूखा-सूखा खाकर ही संतोष करना पड़ता।

प्रश्न 7. अपने भाइयों के परिवार के प्रति हरिहर काका के मोहभंग की शुरुआत कैसे हुई?

उत्तर— कभी हरिहर काका का तबीयत खराब हो जाती तो वह मुसीबत में पड़ जाते। इतने बड़े परिवार के रहते हुए भी कोई उन्हें पानी देने वाला तक नहीं था। बच्चे या तो पढ़-लिख रहे होते या धमाचौकड़ी मचाते। भाई खेतों पर गए रहते और औरतें हाल पूछने भी नहीं आतीं अर्थात् वह बिना किसी सहारे के हो गये थे। दालान के कमरे में अकेले पड़े हरिहर काका को स्वयं उठकर अपनी जरूरतों की पूर्ति करनी पड़ती। ऐसे वक्त अपनी पत्नियों को याद कर-करके हरिहर काका की आँखें भर आतीं। भाइयों के परिवार के प्रति मोहभंग की शुरुआत इन्हीं क्षणों में हुई थी।

प्रश्न 8. परिवार वालों से हरिहर काका के असंतुष्ट होने की बात महंत को कैसे पता चली? यह सुनकर महंत ने क्या किया?

उत्तर— हरिहर काका जिस वक्त घर की औरतों को खरी-खोटी सुना रहे थे, उसी वक्त ठाकुरबारी के पुजारी जी उनके दालान पर ही विराजमान थे। वार्षिक हुमाध के लिए वह घी और शकील लेने आए थे। उन्होंने लौटकर महंत जी को विस्तार के साथ सारी बात बताई। उनके कान खड़े हो गए। यह सुनकर हाथ आए अवसर का लाभ उठाने के लिए महंत जी ने टीका तिलक लगाया और कंधे पर रामनामी लिखी चादर डाल ठाकुरबारी से चल पड़े।

प्रश्न 9. हरिहर काका का दिल जीतने के लिए ठाकुरबारी के महंत जी ने क्या-क्या उपाय अपनाया?

उत्तर— हरिहर काका का दिल जीतने के लिए महंत जी ने स्वादिष्ट भोजन खिलाने और धर्म-चर्चा करने जैसे उपाय अपनाए। उन्होंने रात में हरिहर काका को भोग लगाने के लिए जो मिष्ठान और व्यंजन दिए, वैसे उन्होंने कभी नहीं खाए थे। घी टपकते मालपुए, रस बुनिया, लड्डू, छेने की तरकारी, दही, खीर.....। इन्हें पुजारी जी ने स्वयं अपने हाथों से खाना परोसा था। पास में बैठे महंत जी धर्म-चर्चा से मन में शांति पहुँचा रहे थे।

प्रश्न 10. ठाकुरबारी से लौट हरिहर काका सुखद आश्चर्य में क्यों पड़ गए?

उत्तर— ठाकुरबारी से लौट काका सुखद आश्चर्य में इसलिए पड़ गए, क्योंकि परिवार के जिन सदस्यों को उनसे बात करने की भी फुरसत न थी, वही सब अब सिर आँखों पर उठाने को तैयार थे। उनके भाइयों की पत्नियों ने उनके पैर पर माथा रख गलती के लिए क्षमा-याचना की। फिर उनकी आवगत और जो खारित शुरु हुई, वैसी खातिर किसी के यहाँ मेहमान आने पर भी नहीं होती होगी। उनकी रुचि और इच्छा के मुताबिक दोनों जून खाना-नाश्ता तैयार मिलने लगा तथा घर की महिलाएँ उनकी सेवा में तल्लीन रहती थीं।

प्रश्न 11. 'महंतों और मठाधीशों का लोभ बढ़ाने में लोगों की गहन धार्मिक आस्था का भी हाथ होता है।' 'हरिहर काका' पाठ के आलोक में अपने विचार लिखिए।

अथवा

लोगों की गहन धार्मिक आस्था के कारण महंत और मठाधीशों में लालच एवं शोषण की प्रवृत्ति बढ़ती जाती है। इससे आप कितना सहमत हैं? स्पष्ट कीजिए।

उत्तर— लोगों की धार्मिक आस्था ज्यों-ज्यों बढ़ती है, त्यों-त्यों वे अपने हर अच्छे कार्य का श्रेय धर्म और देवालयों में विराजमान अपने आराध्य को देने लगते हैं। वे यह भूल जाते हैं कि ऐसा उनके परिश्रम के कारण हुआ है। अपनी खुशी की अभिव्यक्ति एवं अपने आराध्य के प्रति वे कृतज्ञता प्रकट करने के लिए धन, रुपये, जेबर आदि अर्पित आदि अर्पित करते हैं। उनकी इस भावना का अनुचित लाभ वहाँ उपस्थित महंत और मठाधीश उठाते हैं और धर्म का भय तथा स्वर्गलोक का मोह दिखाकर लोगों को उकसाते हैं कि वे अधिकाधिक चढ़ाव चढ़ाएँ जो प्रत्यक्ष और परोक्ष दोनों ही रूपों में उनकी स्वार्थपूर्ति, लोभ, लिप्सा एवं उदरपूर्ति का साधन बनता है। ठाकुरबारी में ज्यों-ज्यों चढ़ावा आता है त्यों-त्यों वहाँ के महंत, पुजारी एवं अन्य साधुओं का लोभ इस तरह बढ़ जाता है कि वे साधुता ही नहीं मानवता को छोड़कर हैवानियत पर उतर आते हैं। वे हरिहर काका का जमीन हड़पने के लिए मानवता को कलंकित करने से भी बाज नहीं आता हैं। इस तरह निस्संदेह मनुष्य की गहन धार्मिक भावना महंतों और मठाधीशों में लोभ, लालच और स्वार्थपरकता पैदा करती है।

प्रश्न 12. ठाकुरबारी से छुड़ाकर लाए गए हरिहर काका की सुरक्षा के लिए उनके भाइयों ने क्या-क्या प्रबंध किए?

उत्तर— ठाकुरबारी के महंत हरिहर काका को बलपूर्वक अपने साथ न ले जा सकें, इसे रोकने और उनकी सुरक्षा के लिए उनके भाइयों द्वारा अपने रिश्ते-नाते में जितने 'सूरमा' थे, सबको बुला लिया गया था। हथियार जुटा लिए गए थे। चौबीसों घंटे पहरे दिए जाने लगे थे। अगर किसी आवश्यक कार्यवश काका घर से गाँव में निकलते तो चार-पाँच की संख्या में हथियारों से लैस लोग उनके आगे-पीछे चलते रहते और रात में आधे लोग सोते तो आधे लोग जागकर पहरा देते रहते।

प्रश्न 13. ठाकुरबारी से छुड़ाकर लाए गए हरिहर काका अपने घर के किस वातावरण से अंजान थे?

उत्तर— ठाकुरबारी से छुड़ाकर लाने के बाद अपने ही घर में हरिहर काका के लिए में नया वातावरण तैयार हो रहा था। उन्हें ठाकुरबारी से जिस दिन वापस लाया गया था, उसी दिन से उनके भाई और रिश्ते-नाते के लोग समझाने लगे थे कि विधिवत अपनी जायदाद वे अपने भतीजों के नाम लिख दें। वह जब तक ऐसा नहीं करेंगे तब तक महंत की गिद्ध-दृष्टि उनके ऊपर लगी रहेगी लेकिन हरिहर काका अपनी सम्पत्ति किसी को नहीं देना चाहते थे। उनका मानना था कि मेरे बाद सम्पत्ति स्वत: ही मेरे परिवार को मिल जायेगी।

प्रश्न 14. लेखक ठाकुरबारी से घनिष्ठ सम्बन्ध क्यों न बना सका?

उत्तर— लेखक मन बहलाने के लिए कभी-कभी ठाकुरबारी में जाता था लेकिन वहाँ के साधु-संत उसे फूटी आँखों नहीं सुहाते थे। वे काम-धाम करने में कोई रुचि नहीं लेते हैं। ठाकुर जी को भोग लगाने के नाम पर दोनों जून हलवा-पूड़ी खाते हैं और आराम से पड़े रहते हैं। उन्हें अगर कुछ आता है, तो सिर्फ बात बनाना आता है। ठाकुरबारी के साधु-संतों की अकर्मण्यता और उनकी बातूनी आदतों के कारण लेखक ठाकुरबारी से अपना घनिष्ठ सम्बन्ध नहीं बना सका।

प्रश्न 15. महंत जी ने हरिहर काका का अपहरण किस तरह करवाया?

उत्तर— हरिहर काका से उनकी जमीन की वसीयत करवाने के लिए महंत जी ने उनके अपहरण का रास्ता अपनाया। इसके लिए आधी रात के आसपास ठाकुरबारी के साधु-संत और उनके पक्षधर भाला, औंडासा और बंदूक से लैस एकाएक हरिहर काका के दालान पर आ धमके। हरिहर काका के भाई इस प्रत्याशित हमले के लिए तैयार नहीं थे। इससे पहले कि वे जवाबी कार्यवाई करें और गुहार लगाकर अपने लोगों को जुटाएँ, तब तक ठाकुरबारी के लोग उनको पीठ पर लादकर चंपत हो गए।

प्रश्न 16. हरिहर काका की मृत्यु के बाद उनकी जमीन-जायदाद पर कब्जा करने के लिए उनके भाइयों ने क्या योजना बना रखी थी?

उत्तर— हरिहर काका की मृत्यु के बाद उनकी जमीन पर कब्जा करने के लिए उनके भाई ने अभी से इलाके के मशहूर डाकू बुटन सिंह से बातचीत पक्की कर ली। हरिहर के पन्द्रह बीघे खेत में से पाँच बीघे बुटन लेगा और दखल करा देगा। इससे पहले भी इस तरह के दो-तीन मामले बुटन ने निपटाए हैं। इस योजना द्वारा वे काका की जमीन पर कब्जा करना चाहते थे।

प्रश्न 17. हरिहर काका द्वारा ठाकुरबारी में रात बिताने पर उनके भाइयों पर क्या बीती?

उत्तर— हरिहर काका को लाने के लिए उनके भाई ठाकुरबारी पहुँचे पर काका का मन अशांत होने की बात कहकर महंत जी ने उन्हें वापस न जाने दिया। इससे काका के तीनों भाई रात भर सो नहीं सके। भावी आशंका उनके मन को मथती रहती। पन्द्रह बीघे खेत ! इस गाँव की उपजाऊ जमीन ! दो लाख से अधिक की सम्पत्ति ! अगर हाथ से निकल गई तो फिर वह कहीं के न रहेंगे।

प्रश्न 18. पुलिस द्वारा ठाकुरबारी के कमरे से मुक्त कराए काका ने वहाँ के महंत, पुजारी और साधुओं की किस असलियत से परिचित कराया?

उत्तर— पुलिस ने जब हरिहर काका को ठाकुरबारी के एक कमरे से निकालकर बंधन मुक्त किया और उनके मुँह में ठूँसा कपड़ा निकाला तो हरिहर काका ने ठाकुरबारी के महंत, पुजारी और साधुओं की काली करतूतों का पर्दाफाश करना शुरू किया कि वह साधु नहीं, डाकू, हत्यारे और कसाई हैं, वे उन्हें इस रूप में कमरे में बंद कर गुप्त दरवाजे से भाग गए, इसके अलावा उन्होंने कई सादे और लिखे हुए कागजों पर जबरन उनके अँगूठे के निशान लिए ताकि जमीन-जायदाद पर कब्जा कर सकें।

प्रश्न 19. हरिहर काका ने यह निश्चित क्यों किया कि वे अपनी जायदाद किसी के नाम नहीं लिखेंगे?

उत्तर— कथावाचक और हरिहर काका की उम्र में काफी अंतर होने के बावजूद वह उनका पहला मित्र था। महंत और हरिहर काका के भाई ने अपना लक्ष्य साधने वे लिए हरिहर काका के साथ बुरा व्यवहार करा। हरिहर काका अनपढ़ थे पर उनको दुनिया की बेहतर समझ थी। उन्होंने अपने अनुभव से सीखा था कि सम्पत्ति छिन जाने के बाद व्यक्ति की बड़ी दुर्दशा होती है। वे अनेक लोगों के बारे में जानते थे जिनकी सम्पत्ति अपने नाम लिखवाने के बाद उनके घर वालों ने उनकी हालत कुत्ते से भी बद्‌तर कर दी थी। इसलिए उन्होंने तय कर लिया था कि जीते जी वे अपनी जायदाद किसी के नाम नहीं लिखेंगे।

प्रश्न 20. हरिहर काका पाठ के किस सन्दर्भ में आपको सबसे अधिक प्रभावित किया और क्यों?

उत्तर— वैसे तो पाठ के कई प्रसंग दिल को छू लेते हैं मगर जब काका के भाइयों के द्वारा जन पर आक्रमण किया जाता है तो वह अंश क्रूरता की पराकाष्ठा को पार कर जाता है। आज समाज में रिश्तों की अहमियत खत्म होती जा रही है। स्वार्थ परमार्थ पर हावी हो रहा है। आज समाज में मानवीय मूल्य समाप्त होते जा रहे हैं और लोग स्वार्थ के लिए रिश्ते निभा रहे हैं। मानवीय भावनाओं की आज कोई कद्र नहीं है।

प्रश्न 21. हरिहर काका की दयनीय स्थिति का वर्णन अपने शब्दों में करें।

उत्तर— हरिहर काका बिल्कुल अकेले हो गए थे। उनकी स्थिति बड़ी दयनीय हो गयी थी। वे बड़े हताश उदास और निराश रहने लगे थे। एक बार तो काका का अपहरण भी कर लिया गया था। काका पूरी तरह सदमे में थे और उनके मन में रिश्तों को लेकर कड़वाहट और गुस्सा भरा हुआ था।

प्रश्न 22. हरिहर काका पाठ के माध्यम से लेखक ने संयुक्त परिवार के बारे में जो कुछ कहा क्या वह सत्य है?

उत्तर— लेखक ने संयुक्त परिवार के बारे में कुछ कहा वह सत्य है। आज संयुक्त परिवार टूटते जा रहे हैं। लोग एकाकीपन में जीने को मजबूर हो गए हैं। स्वार्थ लिप्सा के कारण प्रेम स्नेह लुप्त होता जा रहा है और रिश्ते स्वार्थ लोभ के वशीभूत निभाए जा रहे हैं। इस प्रकार के रिश्ते ज्यादा दिन नहीं चलते और उनमें बैर-भाव बढ़ता चला जाता है।

प्रश्न 23. महंत जी ने हरिहर काका की जमीन हड़पने के लिए धर्म, मोह और माया का सहारा किस तरह लिया? उनका ऐसा करना आप कितना उचित मानते हैं?

उत्तर— खलिहान की ओर जाते हुए गुस्साए हरिहर काका को महंत जी अपने साथ ठाकुरबारी ले गए और उनकी जमीन पाने के लिए धर्म, मोह और माया का सहारा लेते हुए काका को समझाते हुए कहने लगे, ''हरिहर ! यहाँ कोई किसी का नहीं है। सब माया का बंधन है। तू तो धार्मिक प्रवृत्ति का आदमी है। मैं समझ नहीं पा रहा हूँ कि तुम इस बंधन में कैसे फँस गए? ईश्वर में भक्ति लगाओ। उसके सिवाय कोई तुम्हारा अपना नहीं। पत्नी, बेटे, भाई-बंधु सब स्वार्थ के साथी हैं। जिस दिन उन्हें लगेगा कि तुमसे उनका स्वार्थ सधने वाला नहीं, उस दिन वे तुम्हें पूछेंगे तक नहीं। इसीलिए ज्ञानी, संत, महात्मा ईश्वर के सिवाय किसी और में प्रेम नहीं लगाते।'

महंत द्वारा हरिहर काका के साथ जैसा व्यवहार किया गया उसे मैं तनिक भी उचित नहीं मानता, क्योंकि इससे महंत, काका की जमीन हड़पना चाहते थे। इसके अलावा वे काका के मन में उनके परिवार और भाइयों के प्रति दुर्भावना भी भर रहे थे।

प्रश्न 24. लोभी महंत एक ओर हरिहर काका को यश और बैकुंठ का लोभ दिखा रहा था तो दूसरी ओर पूर्व जन्म के उदाहरण द्वारा भय भी दिखा रहा था। स्पष्ट कीजिए।

उत्तर— हरिहर काका को समझाते हुए लोभी महंत कर रहा था कि तुम अपने हिस्से की जमीन ठाकुरबारी के नाम लिखकर स्वर्ग प्राप्त करोगे। तुम्हारी कीर्ति तीनों लोकों में फैल जाएगी और सूरज-चाँद के रहने तक तुम्हारा नाम अमर हो जाएगा। इससे साधु-संत भी तुम्हारे पाँव पखारेंगे। सभी तुम्हारा यशोगान करेंगे और तुम्हारा जीवन सार्थक हो जाएगा। ठाकुर जी के साथ तुम्हारी भी आरती गाई जाएगी। महंत उनसे कह रहा था कि पता नहीं पूर्वजन्म में तुमने कौन-सा पाप किया था कि तुम्हारी दोनों पत्नियाँ अकाल मृत्यु को प्राप्त हुई। तुमने औलाद का मुँह तक नहीं देखा। अपना यह जन्म तुम अकारथ न जाने दो। ईश्वर को एक भर दोगे तो दस भर पाओगे। मैं अपने लिए तो तुमसे माँग नहीं रहा हूँ। तुम्हारा यह लोक और परलोक दोनों बन जाएँ, इसकी राह तुम्हें बता रहा हूँ।

प्रश्न 25. महंत की बातें सुनकर हरिहर काका किस दुविधा में फँस गए? पाठ के आधार पर स्पष्ट कीजिए।

उत्तर— महंत की बातें सुनकर हरिहर काका अपनी जमीन किसे दें—भाइयों को या ठाकुर जी के नाम लिखें; इस दुविधा में फँस गए। वे सोचने लगे कि पन्द्रह बीघे खेत की फसल भाइयों के परिवार को देते हैं, तब तो कोई पूछता नहीं, अगर कुछ न दें तब क्या हालत होगी? उनके जीवन में तो यह स्थिति है, मरने के बाद कौन उन्हें याद करेगा? सीधे-सीधे उनके खेत हड़प जाएँगे। ठाकुर जी के नाम लिख देंगे तो पुश्तों तक लोग उन्हें याद करेंगे। अब तक वे जीवन में तो ईश्वर के लिए उन्होंने कुछ नहीं किया। अंतिम समय तो यह बड़ा पुण्य कमा लें, लेकिन यह सोचते हुए भी हरिहर काका का मुँह खुल नहीं रहा था। भाई का परिवार तो अपना ही होता है। उनको न देकर ठाकुरबारी में दे देना उनके साथ धोखा और विश्वासघात होगा।

दीर्घ उत्तरीय प्रश्नोत्तर

प्रश्न 1. 'हरिहर काका' कहानी के आधार पर बताइए कि एक महंत से समाज की क्या अपेक्षा होती है? उक्त कहानी में महंतों की भूमिका पर टिप्पणी कीजिए।

उत्तर— महंतों से कोई भी समाज यह अपेक्षा रखता है कि ये ईश्वर के दिखाए मार्ग से लोगों को अवगत कराएँ, धर्म और अधर्म की वास्तविक परिभाषा को लोगों के समक्ष लाएँ, दु:खियों और बेसहारों को मंदिर/आश्रम इत्यादि में स्थान देकर उनमें भगवान के प्रति आस्था एवं विश्वास जगाएँ।

'हरिहर काका' पाठ में महंत को धूर्त, मक्कार, चालाक, स्वार्थी एवं हिंसक प्रवृत्ति वाला बताया गया है। वह हरिहर काका को अपने जाल में फँसाने का हरसंभव प्रयास करता है। पहले समझाता-बुझाता तथा अच्छे खाने का जाल फेंकता है, फिर हरिहर काका को पिटवाने तक से बाज नहीं आता। वह एक प्रकार से महंत न होकर एक गुंडा है जो धर्मगुरु का चोला पहनकर अनैतिक कार्यों में लिप्त रहता है। वह कहीं से भी धार्मिक व्यक्ति प्रतीत नहीं होता। ठाकुरबारी में साधु-संतों का रहन-सहन, ठाठ-बाट का बात का प्रतीक था। ठाकुरबारी के साधु-संत काम-धाम करने में कोई रुचि नहीं लेते थे। वह ठाकुर जी को भोग लगाने के नाम पर दोनों समय हलवा-पूड़ी खाते थे और आराम से पड़े रहते थे। वे सिर्फ बातें बनाना जानते थे। गाँव के लोगों में ठाकुरबारी के प्रति अंधभक्ति थी। वे लोग ठाकुरबारी में प्रवचन सुनकर और ठाकुरजी के दर्शन कर अपना जीवन सार्थक मानते थे।

प्रश्न 2. हरिहर काका के साथ उनके भाइयों तथा ठाकुरबारी के महंत ने कैसा व्यवहार किया? क्या आप उसे उचित मानते हैं? कारण सहित स्पष्ट कीजिए।

उत्तर— हरिहर काका के साथ उनके भाइयों तथा ठाकुरबारी के महंत ने समस्त नैतिक मूल्यों को ठुकराकर, सभी प्रकार की मर्यादाओं को तार-तार कर धन और जमीन की लिप्सा से ग्रसित होकर अमानवीय व्यवहार किया। हाथ-पैर बाँधकर मुँह में कपड़ा ठूँस दिया तथा सादे एवं लिखे कागजों पर अंगूठे के निशान लिये गये। जमीन नाम न करने पर भाइयों द्वारा हरिहर काका को बेरहमी से पीटा गया तथा ठाकुरबारी के महंत द्वारा अपने पद की गरिमा को ध्वस्त करते हुए हरिहर काका का अपहरण करवाया गया।

हरिहर काका के भाइयों तथा ठाकुरबारी के महंत द्वारा किया गया दुर्व्यवहार किसी भी दृष्टि से उचित नहीं ठहराया जा सकता है। आज लोगों पर स्वार्थ, लोभ व धन-लिप्सा इतने भावी हो चुके हैं कि आज उन्हें इनके लिए रिश्ते-नातों व अपने पदों की मर्यादा को भुलाने में भी संकोच नहीं होता।

प्रश्न 3. ''एक ही रात में ठाकुरबारी में जो सुख-शांति और संतोष पाया, वह अपने अब तक के जीवन में हरिहर काका ने कभी नहीं पाया था।'' इस कथन के संदर्भ में सच्चे सुख-शांति और संतोष की आवश्यकता पर प्रकाश डालिए तथा बताइए कि आप काका की उस स्थिति को कहाँ तक उचित मानते हैं? और क्यों?

उत्तर— रात में हरिहर काका को भोग लगाने के लिए जो मिष्ठान और व्यंजन मिले, वैसे उन्होंने कभी भी नहीं खाए थे। घी टपकते मालपुए, रस बुनिया, लड्डू, छेने की तरकारी, दही, खीर। पुजारी जी ने स्वयं अपने हाथों से खाना परोसा था। पास में बैठे महंत जी धर्म चर्चा से मन में शांति पहुँचा रहे थे। एक ही रात में ठाकुरबारी में जो सुख-शांति और संतोष उन्होंने पाया, वह अपने अब तक के जीवन में उन्होंने नहीं पाया था।

हम काका की उस स्थिति और उस सोच को बिल्कुल उचित मानते हैं, क्योंकि अपनी पत्नी और संतान न होने के कारण उन्हें प्रतिदिन रोटी के लिए अपने भाइयों की पत्नियों पर आश्रित रहना पड़ता था और बदले में उन्हें बासी-रूखा-सूखा भोजन ही मिलता था। ऐसे में ठाकुरबारी में प्रेमपूर्वक खिलाए गए स्वादिष्ट पकवान के कारण उन्होंने ऐसा सोचा।

प्रश्न 4. हरिहर काका के जीवन के अनुभवों से हमें क्या सीख मिलती है? पाठ के आधार पर लिखिए।

उत्तर— (i) संबंधों में किसी भी प्रकार का लालच/स्वार्थ न आने देना।

(ii) जीते-जी किसी के नाम जायदाद न करना।

(iii) धार्मिक अंधविश्वास/बहकावे में न आना।

(iv) राजनीतिक बहकावे में न आना।

(v) परिवार में एक-दूसरे के प्रति भरोसा, विश्वास कायम रखना।

(vi) परिवार में बाहरी हस्तक्षेप का न होना।

प्रश्न 5. हरिहर काका के जीवन में आई कठिनाइयों का मूल कारण क्या था? ऐसी सामाजिक समस्या के समाधान के क्या उपाय हो सकते हैं? लिखिए।

उत्तर— हरिहर काका के जीवन में कठिनाइयों का मूल कारण 15 बीघा जमीन थी। समाज में रिश्तों की बहुत अहमियत होती है। आज के समय में स्वार्थ और लालच बढ़ता जा रहा है। चूँकि काका के औलाद नहीं थी इसलिए समाज व उनके भाई उनके हिस्से की जमीन हड़पने की कोशिश करते थे। मंदिर के महंत ने भी जमीन हड़पने के लिए उनका अपहरण करवाकर जबरदस्ती काका के अँगूठे के निशान लिए। जायदाद के लिए उसके भाई तथा महंत उसके दुश्मन बन गये। यदि हमारे पास भी कोई ऐसी परिस्थिति का व्यक्ति है तो हमें उसके घर जाकर उनसे बातें करनी चाहिए। उसे समझाना चाहिए कि अंधविश्वास से दूर रहें। यदि हरिहर काका के घर मीडिया पहुँची होती तो वे इस स्थिति में नहीं होते। उनकी ऐसी हालत होने से पहले ही कोई समाधान निकाल लिया जाता। खबरों में आने के बाद उनके भाइयों तथा महंत आदि की हिम्मत नहीं होती कि इनके साथ दुर्व्यवहार करें। उनको जीवन जीने का आसान रास्ता मिल जाता। पुलिस की सुरक्षा में अपना जीवन खुशी से जिया जा सकता है। पारिवारिक समस्याओं को परिवार में ही सुलझाना चाहिए। साथ ही सुख-दुख, आपदा-विपदा में सहयोग बना रहता है।

प्रश्न 6. आप कैसे कह सकते हैं कि हरिहर काका संयुक्त परिवार के मूल्यों के प्रति एक समर्पित व प्रेरक मानव थे। पठित पाठ के आधार पर समझाइए।

उत्तर— हरिहर काका चार भाई थे। हरिहर काका की दो शादियाँ हुई थीं, परंतु उनके कोई बच्चा नहीं हुआ और उनकी दोनों बीवियाँ मर चुकी थीं। उनका परिवार एक संयुक्त परिवार था। परिवार के पास 60 बीघा जमीन थी। उस हिसाब से हरिहर काका के हिस्से में 15 बीघा जमीन आती थी। वैसे तो उनके भाइयों ने अपनी पत्नियों से कह रखा था कि वे हरिहर काका की खूब सेवा करें—पर वे इस बात का पालन नहीं करती थीं। हरिहर काका को खाने में बचाखुचा भोजन ही मिलता था। जब कभी उनकी तबियत खराब हो जाती, तो उनको कोई पानी तक नहीं पूछता था। अपने ही घर में उनके साथ बुरा व्यवहार किया जाता था, परन्तु इतना सब कुछ होने के बाद भी वह अपने भाइयों के साथ ही रहना चाहते थे। वे संयुक्त परिवार के मूल्यों के प्रति एक समर्पित व प्रेरक मानव थे। यदि वह चाहते तो अपने परिवार से अलग रहकर सुखी जीवन बिता सकते थे, परन्तु उन्हें मिल-जुलकर रहने में ही सुख की अनुभूति होती थी। उनके

भाइयों ने उनकी सेवा करके उन्हें प्रभावित करना चाहा जिससे काका अपने हिस्से की जमीन उनके नाम करके उन्हें समृद्ध कर दें, परन्तु जब इससे भाइयों को कुछ प्राप्त न हुआ तो उनकी पत्नियों तथा बच्चों ने काका को जबरन घर में कैद कर लिया। उन्हें बुरी तरह मारा-पीटा और जमीन के कागजातों पर जबरदस्ती अंगूठा लगवा लिया। हरिहर काका अपने परिवार के स्वार्थ को भली-भाँति समझते थे, परन्तु फिर भी वे अपने परिवार के प्रत्येक सदस्य से अत्यंत प्रेम करते थे।

प्रश्न 7. कल्पना कीजिए कि एक पत्रकार के रूप में आप हरिहर काका के बारे में अपने समाचार-पत्र को क्या-क्या बताना चाहेंगे और समाज को उसके उत्तरदायित्व का बोध कैसे कराएंगे?

उत्तर— एक पत्रकार के रूप में हरिहर काका के बारे में अपने समाचार-पत्र को सूचित किया जाएग कि धन की लालसा में उसके सगे संबंधी उसे परेशान कर रहे हैं। अपने समाचार-पत्र में समाज की शीर्ष संस्था के पुरोधा महंत के चरित्र के बारे में विस्तार विवरण देना चाहूँगा। धन केन्द्रित मानसिकता से समाज को बचाने के लिए लोगों को अपनत्व व सौहार्द्र से भरे सामाजिक जीवन जीने के लाभ से परिचित करवाना होगा। इसके लिए नुक्कड़ नाटक के आयोजन तथा टी.वी. आदि पर घर-घर की कलह आदि को दिखाने के स्थान पर प्रेम, सौहार्द्र व भाईचारे की भावना से ओतप्रोत धारावाहिकों को प्रसारण किया जाना चाहिए लोग जागरूक हों और अपनत्व के महत्व को समझते हुए अपने उत्तरदायित्व का निर्वहन कर सकें।

प्रश्न 8. महंत द्वारा हरिहर काका का अपहरण महंत के चरित्र की किस सच्चाई को सामने लाता है? ठाकुरबारी जैसी संस्थाओं से कैसे बचा जा सकता है?

उत्तर— महंत द्वारा हरिहर काका का अपहरण किए जाने से महंत के चारित्रिक पतन की सच्चाई सामने आती है। 'ठाकुरबारी' के महंत भी हरिहर काका की ज़मीन पर नज़र गढ़ाए हुए थे। जब उन्हें काका के गुस्से के बारे में पता चला तो उन्होंने हरिहर काका को प्यार से समझाया कि वे अपनी ज़मीन 'ठाकुरबारी' के नाम लिखकर यहीं रहें। जब हरिहर काका ने अपनी ज़ायदाद किसी को भी न देने का फैसला किया तो महंत ने उसका अपहरण कर लिया और ज़बरदस्त काका के अँगूठे के निशान लगवा दिए। 'ठाकुरबारी' जैसे संस्थाओं से बचने के लिए इनसे दूर रहने की आवश्यकता है। इस प्रकार की संस्थाएँ भी आजकल लोभी और ढोंगी लोगों के नेतृत्व में आ गई हैं।

प्रश्न 9. अपने जीते जी ही अपनी धन-सम्पत्ति को हड़पने के लिए रचे जा रहे षड्यंत्र और दाँव-पेच देखकर हरिहर काका पर क्या बीती होगी, कल्पना के आधार पर लिखिए।

उत्तर— अपने जीते जी ही अपनी धन सम्पत्ति को हड़पने के लिए रचे जा रहे षडयंत्र और दाँव-पेच देखकर हरिहर काका अत्यंत निराश और हताश हो गए थे। हरिहर काका को परिवार व ठाकुरबारी दोनों से धोखा मिला। सभी उनकी जमीन-ज़ायदाद को हड़प लेना चाहते थे। किसी को उनकी भावनाओं की कद्र नहीं थी। यह सब देखकर उनका मन बुरी तरह से आहत हो गया होगा। इसका कारण वर्तमान समय में पारिवारिक रिश्तों में स्वार्थ और लालच का बढ़ना है। उन्होंने अपने मन में अवश्य सोचा होगा कि अब परिवार में प्रेम, सेवा, त्याग, सहानुभूति जैसे मानवीय मूल्य समाप्त हो गए हैं और समाज में फैली इस समस्या के समाधान का यही उपाय है कि मानवीय मूल्यों की स्थापना होनी चाहिए।

प्रश्न 10. 'हरिहर काका' कहानी के आधार पर लिखिए कि रिश्तों की नींव मजबूत बनाने के लिए गुणों की आवश्यकता है और स्पष्ट कीजिए कि ऐसा क्यों जरूरी है?

उत्तर— हरिहर काका कहानी के आधार पर रिश्तों की नींव मजबूत बनाने के लिए परिवार के सभी सदस्यों को आपसी प्रेम, स्नेह तथा बड़ों को आदर देना जैसे गुणों का होना आवश्यक है। परिवार के सदस्यों का एक-दूसरे के दुःख, सुख को समझने तथा विपरीत परिस्थितियों में एक-दूसरे का साथ देने की प्रवृत्ति होनी चाहिए। घर के वृद्ध व्यक्तियों के प्रति सम्मान व आदर की भावना होनी चाहिए। इन गुणों के चलते रिश्तों की नींव मजबूत बनी रहेगी एवं रिश्ते नहीं बिखरेंगे।

प्रश्न 11. हरिहर काका अनपढ़ थे लेकिन अपने अनुभव और विवेक से दुनिया को बेहतर समझते थे, उदाहरण सहित स्पष्ट कीजिए।

उत्तर— हरिहर काका अनपढ़ थे लेकिन अनुभव और विवेक से दुनिया से बेहतर समझते थे, क्योंकि जिंदगी में उनहें जो अनुभव हुए, उन अनुभवों ने उनकी समझ को निखार दिया। परिवार वाले और मठाधीश दोनों ही उनके लिए काल विकराल बन जाते हैं। इन दोनों ने हरिहर काका से 15 बीघे ज़मीन हथियाने के लिए हर तरह के हथकंडे अपनाए तथा उन पर बहुत जुल्म और अत्याचार किए। इन सबके बावजूद हरिहर काका ने जीते जी अपने ज़मीन किसी के नाम नहीं खिली, क्योंकि अपनी ज़मीन इनके नाम करके वे अपना जीवन 'रमेसर की विधवा' की तरह नरक में नहीं झोंकना चाहते थे तथा न ही जीते जी कुत्ते की मौत मरना चाहते थे।

❑❑

सपनों के-से दिन

|2|

लेखक-गुरदयाल सिंह

पाठ का सारांश—सपनों के-से दिन कहानी दुनिया के हर आम बच्चे की कहानी है। इस कहानी से लेखक ने उस रह छोटे-छोटे बड़े पहलू को उजागर किया है जो हम शायद नजर अंदाज कर देते हैं। लेखक ने इस कहानी को साधारण व सरल भाषा में लिखा है। यह कहानी आजादी से पहले हमारे गाँव के जीवन सोच, परिवेश, उनकी धारणाओं, समस्याओं आदि को उजागर करती है। यह कहानी एक गाँव के जीवन में आरंभ होती है। जहाँ बच्चों के लिए पढ़ना घर में कैद करने के समान है। इसका कारण शिक्षा का दबाव होना नहीं है अपितु शिक्षा देने वाले अध्यापकों के सख्त व्यवहार के कारण है। विद्यालय वह स्थान है जहाँ विद्यार्थी आकार व रूप पाता है। उसके उज्जवल भविष्य की नींव उसका विद्यालय रखता है। यहाँ दो अध्यापकों के माध्यम से कवि हमारे आगे समस्या व निवारण दोनों रखता है।

विद्यालय में एक प्रधानाचार्य शर्मा जी हैं जो नम व स्नेही स्वभाव के हैं। उनका मानना है कि बच्चों की उम्र सख्त व्यवहार करके समझना नहीं है अपितु उन्हें स्नेह वह प्रेम से समझना है। वह बच्चों के साथ सख्तपूर्ण व्यवहार व सजा देने वे सख्त विरोधी हैं। इसी कारण बच्चे उनसे प्यार करते हैं। उनकी कक्षा में पढ़ते हैं। उसके विपरीत उनके विद्यालय के दूसरे अध्यापक प्रीतम चंद हैं जो बच्चों से सख्त व्यवहार ही नहीं करते हैं अपितु उन्हें कड़ी व क्रूरपूर्ण सजा भी देते हैं। सभी बच्चे उनसे डरते हैं व उनके व्यवहार के कारण पढ़ाई से दूर भागते हैं। शर्मा जी जिस दिन उनके इस तरह के व्यवहार से अवगत होते हैं, वह उनकी सेवा स्थगित कर देते हैं। यह कहानी आज के अध्यापकों को एक संदेश देती है कि बच्चों का बाल मन स्नेह देने के लिए है सख्त सजा देने के लिए नहीं।

शब्द-सम्पदा

पिंडलियाँ = घुटने और टखने के बीच का पिछला मांसला भाग। **गुस्सैल** = गुस्से वाला। **ट्रेनिंग** = प्रशिक्षण। **बाल-मनोविज्ञान** = बच्चों के मन की जानकारी देने वाला ज्ञान। **परचूनिये** = राशन की दुकान वाला। **आढ़तिये** = जो किसानों की फसलों को खरीदते और बेचते हैं। **बहियाँ** = खाता। **मुनीमी** = दुकानदारी। **श्रेणी** = कक्षा। **सयाने** = समझदार। **ननिहाल** = नानी के घर। **पिछड़ा** = जो उन्नति न कर सका हो। **श्रेणी** = कक्षा। **गंदले** = गंदा, मटमैला। **दुम** = पूँछ। **सलाह** = विचार-विमर्श, परामर्श। **ढाँढ़स** = धीरज, दिलाना, हौसला देना। **हाँड़ी** = मटका। **ठिगने** = छोटे कद का। **बालिश्त** = हथेली जितना। **कतार** = पंक्ति। **घुड़की** = धमकी भरी डाँट। **ठुड्डों** = लात-घुस्से। **खाल उधेड़ना** = कड़ा दंड देना। **बहुत अधिक मारना** = पीटना। **तमगा** = पदक, मैडल। **डिसीप्लिन** = अनुशासन, गुडविल साख प्रख्याति। **सतिगुर** = सतगुरु। **फटकारना** = डाँटना। **धनाढ्य** = अधिक धन वाले। **दिलचस्पी** = रुचि। **रकम** = सम्पत्ति, दौलत। **चाव** = शौक, इच्छा। **जिक्र**= चर्चा। **हरफनमौला** = सर्वगुण सम्पन्न, हर क्षेत्र में आगे रहने वाला।

पाठ से सम्बन्धित प्रश्नोत्तर

प्रश्न 1. कोई भी भाषा आपसी व्यवहार में बाधा नहीं बनती पाठ के किस अंश से यह सिद्ध होता है?

उत्तर— कोई भी भाषा आपसी व्यवहार में बाधा नहीं बनती, पाठ से इस अंश से यह सिद्ध होता है कि हमारे आधे से अधिक साथी राजस्थान तथा हरियाणा से आकर मंडी में व्यापार या दुकानदारी करते थे। जब वे छोटे थे तो उनकी बोली हमें बहुत कम समझ आती थी, इसलिए उनके कुछ शब्द सुनकर हमें हँसी आती थी, लेकिन खेलते समय सभी एक-दूसरे की बात समझ लेते थे। इससे सिद्ध हो जाता है कि कोई भाषा आपसी व्यवहार में बाधक नहीं होती।

प्रश्न 2. पीटी साहब की 'शाबाश' फौज के तमगों-सी क्यों लगती थी? स्पष्ट कीजिए।

उत्तर— पीटी साहब प्रीतमचंद बहुत कड़क इंसान थे। उन्हें किसी ने न हँसते देखा, न किसी की प्रशंसा करते। सभी छात्र उनसे भयभीत रहते थे। वे मार-मारकर बच्चों की चमड़ी तक उधेड़ देते थे। छोटे-छोटे बच्चे यदि थोड़ा-सा भी अनुशासन भंग करते तो वे उन्हें कठोर सजा देते थे। ऐसे कठोर स्वभाव वाले पीटी साहब बच्चों के द्वारा गलती न करने पर अपनी चमकीली आँखें हल्के से झपकाते हुए उन्हें शाबाश करते थे। इसलिए पीटी मास्टर से मिली गुड उन्हें अन्य अध्यापकों से मिली गुड से मूल्यवान प्रतीत होती थी। उनकी यह शाबाश बच्चों को फौज के सारे तमगों को जीतने के समान लगती थी।

प्रश्न 3. नई श्रेणी में जाने और नई कापियों और पुरानी किताबों से आती विशेष गंध से लेखक का बालमन क्यों उदास हो उठता था?

उत्तर— नयी श्रेणी में जाकर लेखक का बालमन इसलिए उदास हो जाता था, क्योंकि उसे किताबें अन्य लड़कों द्वारा पढ़ी हुई ही पढ़नी पड़ती थीं। उसके लिए पुरानी किताबों का प्रबंध हेडमास्टर साहब कर देते थे, क्योंकि लेखक के परिवार की आर्थिक स्थिति अच्छी नहीं थी,

जबकि अन्य बच्चे नई कक्षा में नई किताबें खरीदते थे। इसलिए लेखक का बालमन नई कॉपियों तथा पुरानी किताबों से आती विशेष गंध से उदास हो उठता था।

प्रश्न 4. स्काउट परेड करते समय लेखक अपने को महत्वपूर्ण 'आदमी' फौजी जवान क्यों समझने लगता था?

उत्तर— लेखक गुरदयाल सिंह फौजी बनना चाहता था। उसने फुटबूट और शानदार वर्दी पहने लेफ्ट-राइट करते फौजी जवानों की परेड को देखा था। इसी कारण स्काउट परेड के समय धोबी की धुली वर्दी, पॉलिस किए बूट तथा जुराबों को पहन वह स्वयं को फौजी जवान ही समझता था। स्काउट परेड में जब पीटी मास्टर लेफ्ट-राइट की आवाज या मुँह की सीटी बजाकर मार्च करवाया करते थे तथा उनके राइट टर्न या लेफ्ट टर्न या अबाउट टर्न कहने पर लेखक अपने छोटे-छोटे बूटों की एड़ियों पर दाएँ-बाएँ या एक कदम पीछे मुड़कर बूटों की ठक-ठक की आवाज करते हुए स्वयं को विद्यार्थी न समझकर एक महत्वपूर्ण फौजी समझने लगता था।

प्रश्न 5. हेडमास्टर शर्मा जी ने पीटी साहब को क्यों मुअत्तल कर दिया?

उत्तर— पीटी. साहब चौथी कक्षा को फारसी भी पढ़ाते थे। एक दिन बच्चे उनके द्वारा दिया गया शब्द-रूप रट कर नहीं आएग। इस पर उन्होंनें बच्चों को पीठ ऊँची करके क्रूरतापूर्ण ढंग से मुर्गा बनने का आदेश दिया, तो उस समय वहाँ हेडमास्टर साहब आ गए। यह दृश्य देखकर हेडमास्टर उत्तेजित हो उठे इसी कारण उन्होंने पीटी साहब को मुअत्तल कर दिया।

प्रश्न 6. लेखक के अनुसार उन्हें स्कूल खुशी से भागे जाने की जगह न लगने पर भी कब और क्यों उन्हें स्कूल जाना अच्छा लगने लगा?

उत्तर— 'सपनों के-से दिन' पाठ के लेखक गुरदयाल सिंह के अनुसार उन्हें तथा उनके साथियों को बचपन में स्कूल जाना अच्छा नहीं लगाया था। चौथी कक्षा तक कुछ लड़कों को छोड़कर अन्य सभी साथी रोते-चिल्लाते हुए स्कूल जाया करते थे। स्कूल में धोबी पिटाई तथा मास्टरों की डाँट फटकार के कारण स्कूल उन्हें एक नीरस व भयानक स्थान प्रतीत होता था, जिसके प्रति उनके मन में एक भय-सा बैठ गया था।

इसके बावजूद कई बार ऐसी स्थितियाँ आती थीं जब उन्हें स्कूल जाना अच्छा भी लगता था। वह मौका तब आता था जब उनके पीटी सर स्काउटिंग का अभ्यास करवाते थे। वे पढ़ाई-लिखाई के स्थान पर लड़कों के हाथों में नीली-पीली झंडियाँ पकड़ा देते थे, वे वन-टू-थ्री करके इन झंडियों को ऊपर-नीचे करवाते थे। हवा में लहराती बड़ी अच्छी लगती थीं। अच्छा काम करने पर पीटी सर की शाबाशी भी मिलती थी, तब यही कठोर पीटी सर बच्चों को बड़े अच्छे लगते थे। ऐसे अवसर पर स्कूल आना अच्छा व सुखद प्रतीत होता था।

प्रश्न 7. लेखक अपने छात्र जीवन में स्कूल से छुट्टियों में मिले काम को पूरा करने के लिए क्या-क्या योजनाएँ बनाया करता था और उसे पूरा न कर पाने की स्थिति में किसकी भाँति 'बहादुर' बनने की कल्पना किया करता था?

उत्तर— लेखक अपने छात्र जीवन में स्कूल से छुट्टियों में मिले काम को पूरा करने के लिए तरह-तरह की योजनाएँ बनाया करता था। जैसे— हिसाब के मास्टर जी द्वारा दिए गए 200 सवालों को पूरा करने के लिए लेखक योजना बनाता। रोज दस सवाल निकाले जाने पर 20 दिन में पूरे हो जाएँगे, लेकिन खेल-कूद में छुट्टियाँ भागने लगतीं, तो मास्टर जी की पिटाई कर डर सताने लगता। फिर लेखक रोज के 15 सवाल पूरे करने की योजना बनाता, तब उसे छुट्टियाँ भी बहुत कम लगने लगतीं और दिन बहुत छोटे लगने लगते तथा स्कूल का भय भी बढ़ने लगता। ऐसे में लेखक पिटाई से डरने के बावजूद भी उन लोगों की भाँति बहादुर बनने की कल्पना करने लगता, तो छुट्टियों में काम पूरा करने की बजाय मास्टर जी से पिटना भी अधिक बेहतर समझते थे।

प्रश्न 8. पाठ में वर्णित घटनाओं के आधार पर पीटी सर की चारित्रिक विशेषताओं पर प्रकाश डालिए।

उत्तर— पाठ के आधार पर हम यह कह सकते हैं कि पीटी सर प्रीतमचंद बहुत सरल अध्यापक थे। उनके व्यक्तित्व की विशेषताएँ इस प्रकार हैं—

1. **बाह्य व्यक्तित्व**-पीटी सर अर्थात् प्रीतमचंद ठिगने कद के थे, उनका शरीर दुबला-पतला पर गठीला था। उनका चेहरा चेचक के दागों से भरा था। उनकी आँखें बाज की तरह तेज थीं। वे खाकी वर्दी, चमड़े के पंजों वाले बूट पहनते थे। उनके बूटों की ऊँची एड़ियों के नीचे खुरियाँ लगती रहती थीं। बूटों के अगले हिस्से में पंजों के नीचे मोटी सिरों वाले कील ठुके रहते थे।

2. **आंतरिक व्यक्तित्व—**

(i) **कुशल अध्यापक**—प्रीतमचंद एक कुशल अध्यापक थे। वे चौथी श्रेणी के बच्चों को फारसी पढ़ाया करते थे। वे मौखिक अभिव्यक्ति एवं याद करने पर बल दिया करते थे। वे छात्रों को दिन-रात एक करके पढ़ाई करने की शिक्षा दिया करते थे।

(ii) **कुशल प्रशिक्षक—**वे कुशल प्रशिक्षक थे। वे छात्रों को स्काउट और गाइड की ट्रेनिंग दिया करते थे। वे छात्रों को विभिन्न रंग की झंडियाँ पकड़ाकर हाथ ऊपर-नीचे करके अच्छी ट्रेनिंग दिया करते थे। उनके इस प्रशिक्षण कार्य से छात्र सदा प्रसन्न रहा करते थे। वे उस पर छात्रों द्वारा सही काम करने पर शाबाशी भी देते थे।

(iii) **कठोर अनुशासन प्रिय—**प्रीतमचंद अनुशासन प्रिय होने के कारण कठोर अनुशासन बनाए रखते थे। वे छात्रों को भयभीत रखते थे। यदि कोई लड़का अपना सिर इधर-उधर हिला लेता था तो वे उस पर बाघ की तरह झपट पड़ते थे। प्रार्थना करते समय भी

वह अनुशासनहीन छात्रों को दंडित करते थे। अगर कोई छात्र कतार से बाहर या टेढ़ा-मेढ़ा हो जाता था तो भी समझाने के बजाय कठोर दण्ड देते थे।

(iv) **कोमल हृदयी**—प्रीतम चंद बाहर से कठोर किन्तु अंदर से कोमल थे। उन्होंने अपने घर में तोते पाल रखे थे, वे उनसे बात करते थे और उन्हें भीगे हुए बादाम भी खिलाया करते थे। इसके अलावा वे छात्रों द्वारा सही काम किए जाने पर उन्हें शाबाशी भी देते थे।

प्रश्न 9. विद्यार्थियों को अनुशासन में रखने के लिए पाठ में अपनाई गई युक्तियों और वर्तमान में स्वीकृत मान्यताओं के सम्बन्ध में अपने विचार प्रकट कीजिए।

उत्तर— विद्यार्थियों को अनुशासन में रखने के लिए पाठ में अपनाई युक्तियाँ इस प्रकार से हैं—पीटी साहब बल्ला मार-मारकर बच्चों की चमड़ी तक उधेड़ देते थे। तीसरी-चौथी कक्षाओं के बच्चों से थोड़ा-सा भी अनुशासन भंग हो जाता, तो उन्हें कठोर सजा मिलती थी ताकि वे विद्यार्थी के जीवन में अनुशासन की नींव दृढ़ बना सकें। इसके साथ-साथ विद्यार्थियों को प्रोत्साहित तथा उत्साहित करने के लिए उन्हें 'शाबाशी' भी दी जाती थी लेकिन वर्तमान में स्वीकृत मान्यताएँ इसके विपरीत हैं। शिक्षकों को आज विद्यार्थियों को पीटने का अधिकार नहीं है इसलिए विद्यार्थी निडर होकर अनुशासनहीनता की ओर बढ़ रहे हैं, क्योंकि आज पहले की भाँति विद्यार्थी शिक्षकों से डरते नहीं हैं। इसके लिए विद्यालय और माता-पिता दोनों जिम्मेवार हैं। बच्चों में अनुशासन का विकास करने के लिए उन्हें शारीरिक व मानसिक यातना देना उचित नहीं। उन्हें प्रेमपूर्वक नैतिक मूल्य सिखाए जाने चाहिए, जिनसे उनमें स्वानुशासन का विकास हो सके।

प्रश्न 10. बचपन की यादें मन को गुदगुदाने वाली होती हैं विशेषकर स्कूली दिनों की। अपने अब तक के स्कूली जीवन की खट्टी-मीठी यादों को लिखिए।

उत्तर— बचपन की ओर विशेषकर स्कूली जीवन की खट्टी-मीठी यादें मन को गुदगुदाती रहती हैं। ये यादें सभी को निजी होती हैं। मेरी भी कुछ ऐसी यादें मेरे साथ हैं। मैं जब नवीं कक्षा में पढ़ती थी मेरी माँ किसी कारणवश बाहर गई थीं। इसलिए मैं बिना गृहकार्य किए और बिना लंच किए स्कूल पहुँची। पहले तो अध्यापिका से खूब डाँट पड़ी, फिर आधी छुट्टी में मुझे अध्यापिका ने खिड़की के पास खड़ा पाया तो डाँट लगा दी। अगले पीरियड में मुझे बहुत बेचैनी हुई कि अध्यापिका मेरे बारे में क्या सोच रही होंगी, मैं अध्यापिका कक्षा में उनसे मिलने गई। उन्हें देखते ही मेरा रोना छूट गया। उन्होंने रोने का कारण पूछा तो मैंने रोते-रोते उन्हें कारण बताया कि मेरी माता जी घर पर नहीं हैं उन्होंने मुझे सांत्वना दी फिर मुझे अपने डिब्बे से खाना खिलाया। आज भी मैं इस घटना को याद करती हूँ तो अध्यापिका के प्रति भाव-विभोर हो उठती हूँ।

प्रश्न 11. अभिभावक बच्चों को खेलकूद में ज्यादा रुचि लेने पर रोकते हैं और समय बर्बाद न करने की नसीहत देते हैं। बताइए—

(क) खेल आपके लिए क्यों जरूरी है?

(ख) आप कौन से ऐसे नियम-कायदों को अपनाएँगे जिससे अभिभावकों को आपके खेल पर आपत्ति न हो?

उत्तर— (क) खेल प्रत्येक उम्र के बच्चे के लिए जरूरी हैं। खेल की बच्चे के शारीरिक-मानसिक विकास में अहम भूमिका होती है। खेल, बच्चे की सोच को विस्तृत तथा विकसित करते हैं। इससे बच्चें में सामूहिक रूप से काम करने की भावना का संचार होता है। बच्चे में प्रतिस्पर्धा तथा प्रतियोगिता हेतु आगे बढ़ने की होड़ और दौड़ में भाग की इच्छा पैदा होती है। खेलों में भाग लेने से बच्चे को अपना तथा अपने देश का नाम रोशन करने का सुअवसर प्राप्त होता है। अतः लेख मानसिक तथा शारीरिक विकास दोनों के लिए अत्यन्त जरूरी है।

(ख) मैं अपने अभिभावकों के लिए वही नियम और कायदों को अपनाऊँगा, जिनसे उनकी भावनाओं को ठेस न पहुँचे इसलिए मैं समय पर खेलूँगा और समय पर खेलकर वापस आऊँगा। खेलने के साथ पढ़ाई पर भी पूरा ध्यान दूँगा। मैं खेलने में उतना ही समय खर्च करूँगा, जितना आवश्यक होगा अर्थात् मैं केवल वही नियम और कायदे अपनाऊँगा, जिनसे मेरे अभिभावकों को सुख-शांति मिलेगी।

परीक्षोपयोगी महत्वपूर्ण प्रश्नोत्तर

प्रश्न 1. 'सपनों के से दिन' पाठ में पी.टी. सर की किन चारित्रिक विशेषताओं का उल्लेख किया गया है? वर्तमान शिक्षा व्यवस्था में स्वीकृत मान्यताओं और पाठ में वर्णित युक्तियों के सम्बन्ध में अपने विचार जीवन मूल्यों की दृष्टि से व्यक्त कीजिए।

उत्तर— पी.टी. सर का नाम प्रीतमचंद था। उनका चेहरा दागों से भरा था। उनकी आँखें बाज-सी तेज थीं। वे बड़े कठोर स्वभाव के थे। उन्हें किसी ने स्कूल के समय में मुस्कराते नहीं देखा था।

बाह्य विशेषताएँ—

(i) उनका कद ठिगना और बदन गठीला था। वे खाकी वर्दी पहने रहते थे। उनके पैरों में चमड़े के चौड़े वाले बूट होते थे।

(ii) प्रीतमचंद पढ़ाने के प्रति बहुत सचेत रहते थे। पाठ में याद न करने पर बर्बरता की हद तक सजा देते थे। उनके इसी रूप ने उन्हें नौकरी से मुअत्तल करा दिया।

(iii) स्काउटिंग की परेड कराते समय उनका रूप लड़कों को बहुत अच्छा लगता था। तब वे सामान्य व्यवहार से हटकर, लड़कों को उत्साहित करते हुए शाबासी देते थे।

(iv) अंत में उनहें एक नरमदिल व्यक्ति के रूप में दर्शाया गया है जो नौकरी से निकाले जाने पर दु:खी नहीं थे और प्रेमपूर्वक अपने तोतों को बादाम की गिरियाँ खिलाते थे। पाठ में बताया गया कि स्कूल में अनुशासन बनाए रखने के लिए छात्रों को भयभीत अवस्था में रखा जाता था। पाठ याद न करने पर उन्हें मुर्गा बना दिया जाता था। इस तरह की सजा देना अत्यंत बर्बरतापूर्ण है। वर्तमान समय में शारीरिक दण्ड और भयपूर्ण वातावरण में छात्रों को पढ़ाने पर पूर्ण प्रतिबन्ध लगाया गया है। ऐसी शारीरिक सजाओं पर प्रतिबंध लगाना बिल्कुल उचित है।

प्रश्न 2. 'सपनों के से दिन' कहानी के आधार पर पी. टी. साहब के व्यक्तित्व की दो विशेषताएँ बताते हुए लिखिए कि स्काउट परेड करते समय लेखक स्वयं को महत्वपूर्ण आदमी, एक फौजी जवान क्यों समझता था।

उत्तर— 'सपनों के से दिन' कहानी के आधार पर पी.टी. साहब के व्यक्तित्व की दो विशेषताएँ हैं—प्रथम पी.टी. सर बहुत ही अनुशासनप्रिय और कठोर स्वभाव के थे। उन्हें स्कूल में कभी भी किसी ने मुस्कुराते हुए नहीं देखा था। सुबह की प्रार्थना सभा में किसी लड़के द्वारा सिर इधर-उधर हिलाने पर वे शेर की तरह झपट पड़ते थे और खाल खींचने के मुहावरे को भी चरितार्थ कर देते थे। द्वितीय—पी.टी. साहब पक्षियों से बहुत प्रेम करते थे। उन्होंने अपने घर में दो तोतों को पाल रखा था। अवकाश के समय पिंजरे में रखे उन दो तोतों को बादाम आदि खिलाते थे। इससे पक्षियों के प्रति उनका अनुराग झलकता है।

पी.टी. साहब जैसे कठोर और अनुशासित अध्यापक के निर्देशन में स्काउट परेड करते समय लेखक साफ-सुथरे धोबी के धुले कपड़े, पॉलिस किए हुए बूट, जुराबों को पहन कर जब ठक-ठक करके चलता था तो वह अपने आपको महत्त्वपूर्ण आदमी और फौजी से कम नहीं समझते थे। उनके मन में इस प्रकार फौजी बनने की इच्छा होती थी।

प्रश्न 3. बच्चों की यह स्वाभाविक विशेषता होती है कि खेल ही उन्हें सबसे अच्छा लगता है। 'सपनों के-से-दिन' नामक पाठ के आधार पर स्पष्ट कीजिए।

उत्तर— 'सपनों के-से दिन' नामक पाठ से ज्ञात होता है कि लेखक और उसके बचपन के साथी मिल-जुलकर खेलते थे। खेल-खेल में जब उन्हें चोट लग जाती थी और धूल एवं रक्त जमे कई जगह से छिले पाँव लेकर घर जाते थे तो सभी की माँ-बहनें और बाप उन पर तरस खाने की जगह बुरी तरह से पिटाई करते थे, फिर भी वे अगले दिन खेलने चले जाते थे। इससे स्पष्ट होता है कि बच्चों को खेलना सबसे अधिक अच्छा लगता है।

प्रश्न 4. लेखक के बचपन के समय बच्चे पढ़ाई में रुचि नहीं लेते थे—स्पष्ट कीजिए।

उत्तर— अपने बचपन के दिनों में लेखक जिन बच्चों के साथ खेलता था, उनमें अधिकांश तो स्कूल जाते ही नहीं थे और जो कभी गए भी वे पढ़ाई में अरुचि होने के कारण किसी दिन अपना बस्ता तालाब में फेंककर आ गए और स्कूल गए ही नहीं। उनका सारा ध्यान खेलने में रहता था। इससे स्पष्ट है कि लेखक के बचपन के दिनों में बच्चे पढ़ाई में रुचि नहीं लेते थे।

प्रश्न 5. लेखक के बचपन में बच्चों के न पढ़ पाने के लिए अभिभावक अधिक जिम्मेदार थे। इससे आप कितना सहमत हैं?

उत्तर— लेखक के बचपन में अधिकांश अभिभावक अपने बच्चों को स्कूल भेजने का प्रयास नहीं करते थे। परचूनिये और आढ़तिये जैसे करोबारी भी अध्यापक से कहते थे कि मास्टर जी, हमने इसे कौन-सा तहसीलदार लगवाना है थोड़ा बड़ा हो जाए तो पंडित घनश्याम दास से मुनीमी का काम सिखा देंगे। स्कूल में अभी तक यह कुछ भी नहीं सीख पाया है। इससे स्पष्ट है कि बच्चों की पढ़ाई न हो पाने के लिए अभिभावक अधिक जिम्मेदार थे।

प्रश्न 6. गर्मी की छुट्टियों के पहले और आखिरी दिनों में लेखक ने क्या अंतर बताया है?

उत्तर— लेखक ने बताया है कि तब गर्मी की छुट्टियाँ डेढ़-दो महीने की हुआ करती थीं। छुट्टियों के शुरू के दो-तीन सप्ताह तक बच्चे खूब खेल-कूद करते थे। वे सारा समय खेलने में बिताया करते थे। छुट्टियों के आखिरी पन्द्रह-बीस दिनों अध्यापकों द्वारा दिए गए कार्य को पूरा करने का हिसाब लगाते थे और कार्य पूरा करने की योजना बनाते हुए उन छुट्टियों को भी खेलकूद में बिता देते थे। यह योजना बनाते हुए बच्चे अपना कार्य पूरा नहीं करते थे।

प्रश्न 7. लेखक ने 'सस्ता सौदा' किसे कहा है और क्यों?

उत्तर— लेखक ने 'सस्ता सौदा' उस समय के मास्टरों द्वारा की जाने वाली पिटाई को कहा है। इसका कारण यह है कि उस समय के अध्यापक गर्मी की छुट्टियों के लिए दो सौ सवाल दिया करते थे। बच्चे इसके बारे में तब सोचते जब उनकी छुट्टियाँ पन्द्रह-बीस बचती। वे सोचते थे कि एक दिन में दस सवाल करने पर भी बीस दिन में पूरा हो जाएगा। दस दिन छुट्टियाँ और बीतने पर वे बीस सवाल प्रतिदिन पूरा करने की बात सोचते, पर काम न करते। अंत में मास्टरों की पिटाई को सस्ता सौदा समझकर उसे ही स्वीकार कर लेते थे।

प्रश्न 8. लेखक ने सातवीं कक्षा तक की जो पढ़ाई की उसमें स्कूल के हैडमास्टर शर्मा जी का योगदान अधिक था। स्पष्ट कीजिए।

अथवा

लेखक की पढ़ाई में हैडमास्टर शर्मा जी का योगदान स्पष्ट कीजिए।

उत्तर— लेखक को याद है कि उस समय पूरे साल की किताबें एक या दो रुपये में आ जाती थीं फिर भी अभिभावक पैसों की कमी के कारण नहीं दिला पाते थे। ऐसी स्थिति में उसकी पढ़ाई भी तीसरी-चौथी में छूट जाती, परन्तु के हैडमास्टर जो किसी अमीर परिवार के बच्चे को पढ़ाने जाते थे, उसकी पुरानी किताबें प्रतिवर्ष लेखक को दे दिया करते थे। इससे लेखक ने सातवीं तक की पढ़ाई कर ली। इस तरह उसकी पढ़ाई में हैडमास्टर शर्मा जी का विशेष योगदान था।

प्रश्न 9. पीटी मास्टर प्रीतमचंद को देखकर बच्चे क्यों डरते थे?

उत्तर— पीटी मास्टर प्रीतमचंद को स्कूल के समय में कभी भी हमने मुस्कुराते या हँसते न देखा था। उनका ठिगना कद, दुबला-पतला परन्तु गठीला शरीर, माता के दागों से भरा चेहरा और बाज-सी तेज आँखें, खाकी वर्दी, चमड़े के चौड़े पंजों वाले बूट सभी कुछ ही भयभीत करने वाला हुआ करता। उनका ऐसा व्यक्तित्व बच्चों के मन में भय पैदा करता और वे डरते थे। पीटी मास्टर बच्चों को मुर्गा भी बना देते थे।

प्रश्न 10. लेखक और उसके साथी प्रीतमचंद की दी गई सजा वाला कौन-सा दिन आजीवन नहीं भूल सके?

अथवा

फारसी की कक्षा में मास्टर प्रीतमचंद ने किस तरह शारीरिक दण्ड दिया जो बच्चों को आजीवन याद रहा?

उत्तर— मास्टर प्रीतमचंद बच्चों को चौथी कक्षा में फारसी पढ़ाते थे। बच्चों को फारसी, अंग्रेजी से भी कठिन लगती थी। एक सप्ताह बाद ही प्रीतमचंद ने बच्चों को शब्द रूप याद करके आने और उसे जबानी सुनाने को कहा पर कठिन होने के कारण कोई भी लड़का न सुना सका। यह देख प्रीतमचंद को गुस्सा आया और उन्होंने बच्चों को मुर्गा बना दिया। उनके द्वारा लड़कों को मुर्गा बनाने का ढंग बड़ा ही कष्टदायी होता था। उनके द्वारा दिया गया यह शारीरिक दण्ड बच्चे आजीवन नहीं भूल सके।

प्रश्न 11. हैडमास्टर ने प्रीतम चंद के विरुद्ध क्या कार्यवाही की?

उत्तर— हैडमास्टर शर्मा जी ने देखा कि प्रीतमचंद छात्रों को मुर्गा बनवाकर शारीरिक दण्ड दे रहे हैं तो वे क्रोधित हो उठे। उन्होंने इसे तुरंत रोकने का आदेश दिया। उन्होंने प्रीतमचंद के निलंबन का आदेश रियासत की राजधानी नाभा भेज दिया। वहाँ के शिक्षा विभाग के डायरेक्टर हरजीलाल के आदेश की मंजूरी मिलना आवश्यक था तब तक प्रीतमचंद स्कूल नहीं आ सकते थे।

प्रश्न 12. प्रीतमचंद के निलंबन के बाद भी बच्चों के मन में उनका डर किस तरह समाया था?

उत्तर— विद्यालय के लड़के पीटी मास्टर प्रीतमचंद की पिटाई से इतने डरे हुए थे कि यह पता होते हुए भी कि पीटी मास्टर प्रीतमचंद को जब तक नाभा से डायरेक्टर 'बहाल' नहीं करेंगे तब तक वह स्कूल में कदम नहीं रख सकते, जब भी फारसी की घंटी बजती तो बच्चों की छाती धक्-धक् करती फटने को आती। परन्तु जब तक शर्मा जी स्वयं या मास्टर नौहरिया राम जी कमरे में फारसी पढ़ाने न आ जाते, उनके चेहरे मुरझाए रहते। इस तरह उनका डर बच्चों के मन में जमकर बैठ चुका था।

प्रश्न 13. लेखक ने अपने विद्यालय को हरा-भरा बनाने के लिए किए गए प्रयासों का वर्णन किया है इससे आपको क्या प्रेरणा मिलती है?

उत्तर— लेखक के विद्यालय में अंदर जाने के रास्ते के दोनों ओर अलियार के बड़े ढंग से कटे-छँटे झाड़ उगे थे। उसे उनके नीम जैसे पत्तों की गंध अच्छी लगती थी। इसके अलावा उन दिनों क्यारियों में कई तरह के फूल उगाए जाते थे। इनमें गुलाब, गेंदा और मोतिया की दूध-सी कलियाँ होती थीं जिनकी महक बच्चों को आकर्षित करती थी। ये फूलदार पौधे विद्यालय की सुंदरता में वृद्धि करते थे। इससे हमें यह प्रेरणा मिलती है कि हमें भी अपने विद्यालय को स्वच्छ बनाते हुए हरा-भरा बनाने का प्रयास करना चाहिए। हमें तरह-तरह के पौधे लगाकर उनकी देखभाल करनी चाहिए और विद्यालय को हरा-भरा बनाने में अपना योगदान देना चाहिए।

प्रश्न 14. लेखक और उसके साथियों द्वारा गर्मी की छुट्टियाँ बिताने का ढंग आजकल के बच्चों द्वारा बिताई जाने वाली छुट्टियों से किस तरह अलग होता था?

उत्तर— लेखक और उसके साथी गर्मी की छुट्टियाँ खेलकूद कर बिताते थे। वे घर से कुछ दूर तालाब पर चले जाते, कपड़े उतार पानी में कूद जाते और कुछ समय बाद, भागते हुए एक रेतीले टीले पर जाकर, तेल के ऊपर लेटने लगते। गीले शरीर को गरम रेत से खूब लथपथ कर उसी तरह भागते, किसी ऊँची जगह से तालाब में छलाँग लगा देते। रेत को गंदले पानी से साफ कर फिर टीले की ओर भाग जाते।

याद नहीं कि ऐसा, पाँच-दस बार करते या पन्द्रह-बीस बार करते हुए आनंदित होते। आजकल के बच्चों द्वारा ग्रीष्मावकाश पूरी तरह अलग ढंग से बिताया जाता है। अब तालाब न रहने से वहाँ नहाने का आनंद नहीं लिया जा सकता। बच्चे घर में रहकर लूडो, चेस,

वीडियो गेम, कम्प्यूटर पर गेम जैसे इंडोर गेम खेलते हैं। वे टी.वी. पर कार्टून और फिल्में देखकर अपना समय बिताते हैं। कुछ बच्चे माता-पिता के साथ ठण्डे स्थानों पर पर्वतीय स्थानों की सैर के लिए जाते हैं।

प्रश्न 15. मास्टर प्रीतमचंद को स्कूल से क्यों निलंबित कर दिया गया? निलंबन के औचित्य और उस घटना से उभरने वाले जीवन-मूल्यों पर विचार कीजिए।

उत्तर— मास्टर प्रीतमचंद सख्त अध्यापक थे। वे छात्रों की जरा-सी गलती देखते ही उनकी पिटाई कर देते थे। वे छात्रों को फारसी पढ़ाते थे। छात्रों को पढ़ाते हुए अभी एक सप्ताह भी न बीता था कि प्रीतमचंद ने उन्हें शब्द रूप याद करके आने को कहा। अगले दिन जब कोई भी छात्र शब्द रूप न सुना सका तो उन्होंने सभी को मुर्गा बनवा दिया और पीठ ऊँची करके खड़े होने के लिए कहा। इसी समय हैडमास्टर साहब वहाँ आ गए। उन्होंने प्रीतमचंद को ऐसा करने से तुरंत रोकने के लिए कहा और उन्हें निलंबित कर दिया।

प्रीतमचंद का निलंबन उचित ही था, क्योंकि बच्चों को इस तरह फारसी क्या कोई भी विषय नहीं पढ़ाया जा सकता है। शारीरिक दण्ड देने से बच्चों को ज्ञान नहीं दिया जा सकता है। इससे बच्चे दब्बू हो जाते हैं। उनके मन में अध्यापकों और शिक्षा के प्रति भय समा जाता है। इससे पढ़ाई में उनकी रुचि समाप्त हो जाती है।

प्रश्न 16. 'सपनों के-से दिन' पाठ में हैडमास्टर शर्मा जी की, बच्चों को मारने-पीटने वाले अध्यापकों के प्रति क्या धारणा थी? जीवन-मूल्यों के संदर्भ में उसके औचित्य पर अपने विचार लिखिए।

उत्तर— 'सपनों के-से दिन' पाठ में वर्णित हैडमास्टर शर्मा जी बच्चों से प्यार करते थे। वे प्रेम, अपनत्व, पुरस्कार आदि के माध्यम से बच्चों को अनुशासित रखते हुए उन्हें पढ़ाने के पक्षधर थे। वे गलती करने वाले छात्र की भी पिटाई करने के पक्षधर न थे। जो अध्यापक बच्चों को मारने-पीटने या शारीरिक दण्ड देने का तरीका अपनाते थे, उनके प्रति उनकी धारणा अच्छी न थी। ऐसे अध्यापकों के विरुद्ध वे कठोर कदम उठाते थे। ऐसे अध्यापकों को स्कूल में आने से रोकने के लिए वे उनके निलंबन तक की सिफारिश कर देते थे। हैडमास्टर शर्मा जी का ऐसा करना पूरी तरह उचित था, क्योंकि बच्चों के मन से शिक्षा का भय निकालने के लिए मारपीट जैसे तरीके को बच्चों से कोसों दूर रखा जाना चाहिए। मारपीट के भय से अनेक बच्चे स्कूल छोड़ देते हैं तो बहुत से डरे-सहमे कक्षा में बैठे रहते हैं और पढ़ाई के नाम पर किसी तरह दिन बिताते हैं। ऐसे बच्चों के मन में अध्यापकों के सम्मान के नाम पर घृणा भर जाती है।

प्रश्न 17. 'सपनों के-से दिन' पाठ के आधार पर बताइए कि बच्चों को खेलकूद में अधिक रुचि लेना अभिभावकों को अप्रिय क्यों लगता था? पढ़ाई के साथ खेलों का छात्र जीवन में क्या महत्व है और इससे किन जीवन-मूल्यों की प्रेरणा मिलती है?

उत्तर— 'सपनों के-से दिन' पाठ में जिस समय का वर्णन हुआ है उस समय अधिकांश अभिभावक अनपढ़ थे। वे निरक्षर होने के कारण शिक्षा के महत्त्व को नहीं समझते थे। इतना ही नहीं वे खेलकूद को समय गँवाने से अधिक कुछ नहीं मानते थे। अपनी इसी सोच के कारण, बच्चे खेलकूद में जब चोटिल हो जाते और कई जगह छिला पाँव लिए आते तो उन पर रहम करने की जगह वे उनकी पिटाई करते। वे शारीरिक विकास और जीवन-मूल्यों के उन्नयन में खेलों की भूमिका को नहीं समझते थे, इसलिए बच्चों को खेलकूद में रुचि लेना उन्हें अप्रिय लगता था।

छात्रों के लिए पढ़ाई के साथ-साथ खेलों का भी विशेष महत्व है। ये खेलकूद एक ओर हमारे शारीरिक और मानसिक विकास के लिए आवश्यक हैं, तो दूसरी ओर सहयोग की भावना, पारस्परिकता, सामूहिकता, मेल-जोल रखने की भावना, हार-जीत को समान समझना, त्याग, प्रेम-सद्भाव जैसे जीवन-मूल्यों को उभारते हैं तथा उन्हें मजबूत बनाते हैं। इन्हीं जीवन-मूल्यों को अपनाकर व्यक्ति अच्छा इंसान बनता है।

प्रश्न 18. आज जब शिक्षा के साथ-साथ खेलकूद को भी महत्व दिया जाने लगा है तब भी आपको अनेक अभिभावक ऐसे मिल जायेंगे जो अपने बच्चों पर खेलने कूदने की पाबंदी लगाते हैं और उन्हें कूदने में समय बर्बाद न करने की नसीहत देते हैं। आप विद्यार्थी जीवन में खेल को कितना जरूरी मानते हैं?

उत्तर— कुछ अभिभावक आज के समय में भी खेलने-कूदने को समय की बर्बादी मानते हैं। इसका प्रमुख कारण यह है कि बच्चे खेलकूद में इतने रम जाते हैं कि पढ़ाई करना ही छोड़ देते हैं। खेलने के बाद वे इतना थक जाते हैं किताब हाथ में लेते ही उन्हें नींद आने लगती है। इस प्रकार के पढ़ाई में पीछे रह जाते हैं। मैं शिक्षा के साथ-साथ पढ़ाई को भी महत्वपूर्ण मानती हूँ। शिक्षा का उद्देश्य केवल मानसिक विकास करना ही नहीं बल्कि सर्वांगीण विकास करना है। खेलकूद से शारीरिक विकास भी होता है और मानसिक विकास भी होता है। अत: खेलकूद भी परम आवश्यक है।

प्रश्न 19. विद्यार्थी जीवन में अनुशासन का क्या महत्व है? विद्यार्थियों को अनुशासन में रखने के लिए पाठ सपनों के-से दिन में अपनाई गयी युक्तियों और वर्तमान में स्वीकृत मान्यताओं के सम्बन्ध में अपने विचार प्रकट कीजिए।

उत्तर— विद्यार्थी का अर्थ है विद्या ग्रहण करने वाला अनुशासन का अर्थ है नियमों के अनुसार चलना और स्वयं पर नियन्त्रण रखना। ज्ञान प्राप्त करने के लिए स्वयं को नियमों में बाँधना आवश्यक है। अत: विद्यार्थी को अनुशासन में रहना चाहिए। विद्यार्थी जीवन पर ही हमारा

भविष्य टिका होता है लेकिन डरा धमका कर अनुशासन में छात्रों को ज्यादा देर तक नहीं रखा जा सकता है। प्यार, प्रेम और स्नेह से छात्रों को नियमों में रखा जा सकता है और पढ़ाई के प्रति प्रेम उत्पन्न किया जा सकता है।

प्रश्न 20. लेखक को स्कूल जाने के नाम से उदासी क्यों आती थी? 'सपनों के से दिन' पाठ के आधार पर स्पष्ट कीजिए। आपको स्कूल जाना कैसा लगता है? और क्यों?

उत्तर— लेखक को स्कूल जाने के नाम से उदासी इसलिए आती थी, क्योंकि वहाँ वह खुशी से नहीं जाते थे। पहली कच्ची श्रेणी से चौथी श्रेणी तक लेखक के साथ केवल पाँच-सात लड़कों को छोड़कर सभी लड़के रोते व चिल्लाते हुए ही स्कूल जाया करते थे। इसका कारण गृहकार्य समय पर पूरा न होना, पाठ याद न होना और उनके मन में बैठा प्रीतमचंद का कड़क स्वभाव भी था। मुझे स्कूल जाना बहुत अच्छा लगता है क्योंकि मेरे वहाँ कई मित्र व अच्छे-अच्छे शिक्षक हैं, जिनके मार्गदर्शन द्वारा मैं अपने जीवन में सफलता लाऊँगा।

❑❑

GURUKUL

टोपी शुक्ला

|3|

लेखक-राही मासूम रज़ा

पाठ का सारांश—टोपी शुक्ला कहानी दो अलग-अलग धर्मों से जुड़े बच्चों की है। इस कहानी में एक बच्चे और एक बूढ़ी दादी के बीच प्यार को दिखाया गया है। टोपी शुक्ला और इफ़्फ़न एक-दूसरे के बहुत पुराने और गहरे मित्र थे। दोनों एक-दूसरे के बिना अधूरे थे। टोपी शुक्ला हिन्दू धर्म को मानता था, वहीं उसके दोस्त इफ़्फ़न और उसकी दादी मुस्लिम धर्म से थे और दोनों के दिलों में प्यार की प्यास थी। लेकिन जब भी टोपी शुक्ला अपने दोस्त इफ़्फ़न के घर जाता था तो वह दादी के पास ही बैठता। इफ़्फ़न की बूढ़ी दादी की मीठी बोली उसके मन को बहुत भाती थी। दादी पहले रोज़ ओपी शुक्ला की अम्मी के बारे में पूछती थी और फिर उसे रोज कुछ खाने को देती थी। टोपी शुक्ला को बूढ़ी दादी का हर शब्द गुड की डेली से लगता था। इसीलिए दोनों का रिश्ता बहुत ही खास और गहरा था। इफ़्फ़न की दादी जितना उसे प्यार करती थीं तउना ही टोपी शुक्ला को भी करती थीं, ना ही उससे कम, ना ही उससे ज्यादा। वहीं एक दिन ऐसा हुआ जब बूढ़ी दादी की मृत्यु हो गयी उसके बाद टोपी शुक्ला को ऐसा लगने लगा कि उसकी जिंदगी में दादी की छत्रछाया ही नहीं रही और उसको अपने दोस्त इफ़्फ़न का घर खाली लगने लगा। इस कहानी को पढ़ने के बाद हमें यह सीख मिलती है कि प्यार किसी धर्म और जात को नहीं देखता, बस हो जाता है।

शब्द-सम्पदा

घपला = गड़बड़। **पैगम्बर** = पैगाम देने वाला। **डेवलपमेंट** = विकास। **परम्पराएँ** = रीती रिवाज़। **अटूट** = जिसे तोड़ा न जा सके। **मौवली** = इस्लाम धर्म का आचार्य। **काफ़िर** = गैर मुस्लिम। **वसीयत** = अपनी मृत्यु से पहले ही अपनी सम्पत्ति या उपभोग की वस्तुओं को लिखित रूप से विभाजित कर देना। **करबला** = इस्लाम का एक पवित्र स्थान। **नमाजी** = नियमित रूप से नमाज पढ़ने वाला। **सदका** = एक टोटका। **पाबंद** = नियम, वचन आदि का पालन करने वाला। **छठी** = जन्म के छठे दिन का स्नान/पूजन/उत्सव। **जश्न** = उत्सव/खुशी का जलसा। **नाक-नक्शा** = रूप रंग। **हाँडियाँ** = मिट्टी को एक छोटा गोलाकार बर्तन। **मियाँ-पति** = **कस्टोडियन** = जिस सम्पत्ति पर किसी का मालिकाना हक न हो उसका संरक्षण करने वाला विभाग। **बीजू पेड़** = गुठली की सहायता से उगाया गया पेड़। **बेशुमार** = बहुत सारी। **बाज़ी** = बड़ी बहन। **कचहरी** = न्यायालय। **भुकीं-चुभी** = चेहरा। **दाज** = बराबरी। **पाक** = पवित्र। **परवरदिगार** = परमेश्वर। **मुलुक** = देश। **अमावट** = पके आम के रस को सुखाकर बनाई गई मोटी परत। **तिलवा** = तिल के बने व्यंजन। **चुभलाना** = मुँह में कोई खाद्य पदार्थ रखकर उसे जीभ से बार-बार हिलाकर इधर-उधर करना, गजब मुसीबत। **चौका** = चार वस्तुओं का समूह। **डोलन** = हिलने। **लफ़्ज** = शब्द। **परमिट** = अनुमति जो सरकार द्वारा अधिकारिक तौर पर लिखित रूप में दी जाती है। **दुर्गति** = बुरी दशा। **कटाई** = पिटाई। **घिन्न** = नरफरत। **असलियत** = सच्ची बात। **चुगलखोर** = शिकायत करने वाला। **बदन** = शरीर। **वास्ते** = तुम्हारी। **सकत्यो** = सकता। **फ़िकर** = चिंता। **सन्नाटा** = शांति। **पुरसा** = सहानुभूति। **आत्म-इतिहास** = जीवन के इतिहास। **तबादला** = बदली, स्थानांतरण । **मशहूर** = प्रसिद्ध। **क्लम्ज़ी** = भद्दा। **अकड़** = घमंड। **उतरन** = किसी के द्वारा पहनकर उतारे हुए वे पुराने कपड़े जिनका उपयोग अब वह न करता हो। **बदतमीज़ी** = अपमान। **आसमान सिर पर उठाना** = बहुत अधिक शोर मचाना। **गाउदी** = मूर्ख, मन्दबुद्धि। **दर्जे** = कक्षा। **सित्तम** = उदाहरण। **गीली मिट्टी का लौंदा** = मिट्टी का पिण्ड। **बरस** = साल। **इम्तिहान** = परीक्षा। **पारसाल** = आने वाला साज। **तमाम** = सभी। **सन्नाटा** = शांति। **नजरे बंद** = जो किसी स्थान पर निगरानी के लिए रखा गया हो और जिसे निश्चित सीमा से बाहर जाने की आज्ञा न हो।

पाठ से सम्बन्धित प्रश्नोत्तर

निम्नलिखित प्रश्नों के उत्तर दीजिए—

प्रश्न 1. इफ़्फ़न टोपी शुक्ला की कहानी का महत्वपूर्ण हिस्सा किस तरह से है?

उत्तर— इफ़्फ़न और टोपी शुक्ला दोनों गहरे दोस्त थे। एक दूसरे के बिना अधूरे थे परन्तु दोनों की आत्म में प्यार की प्यास थी। इफ़्फ़न तो अपने मन की बात दादी को या टोपी को कहकर हल्का कर लेता था परन्तु टोपी के लिए इफ़्फ़न और उसकी दादी के अलावा कोई नहीं था। अतः वास्तव में टोपी की कहानी का अटूट हिस्सा है। इफ़्फ़न के घर से टोपी को जो आदर्श मिले, वह उन आदर्शों को नहीं भुला सकता था।

प्रश्न 2. इफ़्फ़न की दादी अपने पीहर क्यों जाना चाहती थी?

उत्तर— इफ़्फ़न की दादी मौलवी की बेटी न होकर जमींदार की बेटी थी। वह वहाँ दूध, घी, दही खाती थी। लखनऊ आकर वह इसके लिए तरस गई क्योंकि वहाँ उसे मौलविन बनकर रहना पड़ता था। इसलिए उन्हें पीहर जाना अच्छा लगता था।

प्रश्न 3. इफ़्फ़न की दादी अपने बेटे की शादी में गाने-बजाने की इच्छा पूरी क्यों नहीं कर पाई?

उत्तर— दादी का विवाह मौलवी परिवार में हुआ था वहाँ गाना बजाना पसंद नहीं किया जाता था। इसलिए बेचारी अपने बेटे की शादी में मसोस कर रह गई।

प्रश्न 4. 'अम्मी' शब्द पर टोपी के घरवालों की क्या प्रतिक्रिया हुई?

उत्तर— 'अम्मी' शब्द को सुनते ही सबकी नजरें टोपी पर पड़ गई क्योंकि वह उर्दू का शब्द था और टोपी हिन्दू था। इस शब्द को सुनकर जैसे परम्पराओं की दीवारें डोलने लगीं। घर में सभी हैरान थे, माँ ने डाँटा, दादी गरजी और टोपी की जमकर पिटाई हुई और उसे इफ़्फ़न के घर जाने से भी मना कर दिया गया।

प्रश्न 5. दस अक्टूबर सन् पैंतालीस का दिन टोपी के जीवन में क्या महत्व रखता है?

उत्तर— दस अक्टूबर सन् पैंतालीस को इफ़्फ़न के पिता का तबादला हो गया और वे सपरिवार चले गए। टोपी, अपने प्रिय दोस्त के चले जाने से बहुत दुःखी हुआ। उसने कसम खाई कि वह कोई ऐसा दोस्त नहीं बनाएगा जिसकी बदली हो जाये, एक तो इफ़्फ़न की दादी जिसे वह बहुत प्यार करता था वह नहीं रहीं फिर इफ़्फ़न चला गया तो यह दिन उसके लिए महत्वपूर्ण दिन बन गया।

प्रश्न 6. टोपी ने इफ़्फ़न से दादी बदलने की बात क्यों कहीं?

उत्तर— इफ़्फ़न की दादी टोपी को बहुत प्यार करती थी। उनकी मीठी-मीठी बोली उसे तिल के लड्डू या शक्कर गुड़ जैसी लगती थी। टोपी की माँ भी ऐसा ही बोलती थी परन्तु उसकी दादी उसे बोलने नहीं देती थी। उधर इफ़्फ़न के दादा जी व अम्मी को उनकी बोली पसंद नहीं थी। अतः इफ़्फ़न की दादी और टोपी की माँ दोनों एक स्वर की महिलाएँ थीं। यही सोचकर टोपी ने दादी बदलने की बात की क्योंकि इफ़्फ़न की दादी कड़े स्वभाव की महिला थी।

प्रश्न 7. पूरे घर में इफ़्फ़न को अपनी दादी से विशेष स्नेह क्यों था?

उत्तर— इफ़्फ़न की दादी उसे बहुत प्यार करती थी, इस तरह से उसकी सहायता करती थी। उसके अब्बू-अम्मी उसे डाँटते थे, उसकी बाजी और नुज़हत भी उसको परेशान करती थी। दादी उसको रात में अनार परी, बहराम डाकू, अमीर हमला, गुलब काबजी, हातिमताई जैसी अनेक कहानियाँ सुनाती थी। इसी कारण वह अपनी दादी से प्यार करता था। इफ़्फ़न की दादी कभी इफ़्फ़न को नहीं डाँटती थी।

प्रश्न 8. इफ़्फ़न की दादी के देहान्त के बाद टोपी को इफ़्फ़न का घर खाली सा क्यों लगा?

उत्तर— इफ़्फ़न की दादी जितना प्यार इफ़्फ़न को करती उतना ही टोपी को भी करती थी, टोपी से अपनत्व रखती थी। उसे भी कहानियाँ सुनाती थी, उसकी माँ का हाल चाल पूछती। उनकी मृत्यु के बाद टोपी को ऐसा लगा मानो उस पर से दादी की छत्रछाया ही खत्म हो गई है इसलिए टोपी को इफ़्फ़न की दादी की मृत्यु के बाद उसका घर खाली सा लगा।

प्रश्न 9. "टोपी और इफ़्फ़न की दादी अलग-अलग मजहब और जाति के थे पर एक अनजान अटूट रिश्ते से बँधे थे।" इस कथन के आलोक में अपने विचार लिखिए।

उत्तर— टोपी हिन्दू धर्म का था और इफ़्फ़न की दादी मुस्लिम। परन्तु जब भी टोपी इफ़्फ़न के घर जाता दादी के पास ही बैठता। उनकी मीठी पूरबी बोली उसे बहुत अच्छी लगती थी। दादी पहले अम्मा का हाल-चाल पूछतीं। दादी उसे रोज कुछ न कुछ खाने को देती परन्तु टोपी खाता नहीं था। फिर भी उनका हर शब्द उसे गुड़ की डली सा लगता था। इसलिए उनका रिश्ता अटूट था।

प्रश्न 10. टोपी नवीं कक्षा में दो बार फेल हो गया बताइए—

(क) ज़हीन होने के बावजूद भी कक्षा में दो बार फेल के क्या कारण थे?

(ख) एक ही कक्षा में दो-दो बार बैठने से टोपी को किन भावनात्मक चुनौतियों का सामना करना पड़ा?

(ग) टोपी की भावात्मक परेशानियों को मद्देनजर रखते हुए शिक्षा व्यवस्था में आवश्यक बदलाव सुझाइए?

उत्तर— (क) टोपी बहुत ज़हीन (बुद्धिमान) था परन्तु दो बार फ़ेल हो गया क्योंकि पहली बार जब भी वह पढ़ने बैठता मुन्नी बाबू को कोई न कोई काम निकल आता या रामदुलारी कोई ऐसी चीज मँगवाती जो नौकर से नहीं मँगवाई जा सकती। इस तरह वह फेल हो गया। दूसरे साल उसे मियादी बुखार हो गया था और पेपर नहीं दे पाया इसलिए फेल हो गया था।

(ख) पहली बार एक कक्षा में छोटे बच्चों के साथ बैठना पड़ा। दूसरे साल सातवीं के बच्चों के साथ बैठना पड़ा था। इसलिए उसका कोई दोस्त नहीं बन पाया था। अध्यापक भी बच्चों को न पढ़ने के कारण फेल होने का उदाहरण टोपी का नाम लेकर देते थे, उसका मज़ाक उड़ाते थे। मास्टर भी उसे नोटिस नहीं करते थे। उससे कोई उत्तर नहीं पूछते बल्कि कहते अगले साल पूछ लेंगे या कहते इतने सालों में तो आ गया होगा। इस तरह सभी उसे भावनात्मक रूप से आहत करते थे। फिर अंत में इन चुनौतियों को स्वीकार कर उसने सफलता प्राप्त की।

(ग) बच्चे फेल होने पर भावनात्मक रूप से आहत होते हैं और मानसिक संतुलन बिगड़ जाता है। वे शर्म महसूस करते हैं। इसके लिए विद्यार्थी के पुस्तकीय ज्ञान को ही न परखा जाए बल्कि उसके अनुभव व अन्य कार्य कुशलता को भी देखकर उसे प्रोत्साहन देने के लिए शिक्षा व्यवस्था में बदलाव किया जा सकता है।

प्रश्न 11. इफ़्फ़न की दादी के मायके का घर कस्टोडियन में क्यों चला गया?

उत्तर— कस्टोडियन पर जाना अर्थात् सरकारी कब्जा होना। दादी के पीहर वाले जब पाकिस्तान में रहने लगे तो भारत में उनके घर की देखभाल करने वाला कोई नहीं रहा। इस पर मालिकाना हक भी न रहा। इसलिए वह घर सरकारी कब्जे में चला गया।

परीक्षोपयोगी महत्त्वपूर्ण प्रश्नोत्तर

प्रश्न 1. घर वालों के मना करने पर भी टोपी का लगाव इफ़्फ़न के घर और उसकी दादी से क्यों था? दोनों के अनजान, अटूट रिश्ते के बारे में मानवीय मूल्यों की दृष्टि से अपने विचार लिखिए।

उत्तर— टोपी को इफ़्फ़न से और इफ़्फ़न की दादी से जो प्रेम था, वह अकथनीय था। उसे जितना प्रेम वहाँ मिला, उसे अपने घर में नहीं मिला। यही कारण है कि घरवालों के मना करने पर भी टोपी का लगाव इफ़्फ़न के घर और उसकी दादी से था। इफ़्फ़न की दादी ने तो जैसे उसके कोमल मन में गहरा स्थान पा लिया था। यह प्रेम ही तो था, जिसने न धर्म को देखा, न उम्र को, बस हृदय को देखा और जीवन में आत्मसात हो गया। प्रेम ऐसा भाव है जिसमें व्यक्ति जाति-पाँति, धर्म, ऊँच-नीच, बड़े-छोटे के सभी बंधनों को भूल जाता है। मानवीय मूल्यों में प्रेम सबसे सुंदर भाव है। प्रेम किसी जाति-पाँति, ऊँच-नीचे बड़े-छोटे का गुलाम नहीं होता। हमारे बीच में प्रेम विभिन्न रूपों में विद्यमान है। जैसे—माता-पिता का संतान से, भाई का भाई और बहन से, बहन का बहन और भाई से, चाचा-चाची, बुआ या मामा-मानी का अपने भतीजे-भतीजियों-भांजों से, गुरु का शिष्य से, बड़ों का छोटों से, एक मित्र का दूसरे मित्र से, मनुष्य का पशु-पक्षियों से, प्रिय का प्रियतमा से, पति का पत्नी से, दादा-दादी या नाना-नानी का अपने नाती-पोतों से, भक्त का भगवान से, भूखे इन्सान को रोटी से, पड़ोसी का पड़ोसी से रहता है। ये सभी रूप प्रेम का ही हैं। इसलिए कहा गया है—

"प्रेम न देखे जात-पात, न उमर का फासला।"

प्रश्न 2. 'टोपी शुक्ला' कहानी हमें क्या संदेश देती है? भारतीय समाज के लिए यह कैसे लाभकारी हो सकता है? तर्क सहित उत्तर दीजिए।

उत्तर— टोपी शुक्ला कहानी हमें हमारी परम्परा सभ्यता के अनुसार भारत की विविधता में एकता को जोड़ने का संदेश देती है। जाति और धर्म से ऊपर उठकर एक साथ रहने का संदेश देती है। इन्सान में इन्सानियत होनी चाहिए। धर्म-जाति भगवान ने नहीं बनाई। यह हमने बनाई है। हमें परस्पर सांप्रदायिक सौहार्द्र बनाये रखना चाहिए धर्म कोई मायने नहीं रखता। व्यक्ति का व्यवहार सम्मानजनक होना चाहिए। पाठ के अनुसार हिन्दू-मुस्लिम के बीच की खाई को बढ़ाया गया है जो गलत है। बच्चों के प्यार में कोई धर्म आड़े नहीं आता दोनों एक दूसरे से बेइंतहा प्यार करते हैं। दोनों एक दूसरे पर जान देते हैं मित्रता और आत्मीयता-जाति और भाषा के बंधनों से परे होते हैं। लेकिन हमारी पुरानी रंजिश ने इस दोनों को मिलने नहीं दिया जो हमारे समाज के लिए लाभकारी नहीं है और न ही हो सकते हैं। मिल-जुलकर रहना हमारी परम्परा नहीं है। संगठित व शक्तिशाली समाज, राष्ट्र निर्माण में सहायक है। यह साम्प्रदायिक विवाद को रोकने तथा सहिष्णुता बढ़ाने में भी सहायक है।

प्रश्न 3. इफ़्फ़न और टोपी शुक्ला की मित्रता भारतीय समाज के लिए किस प्रकार प्रेरक है? जीवन-मूल्यों की दृष्टि से लगभग 150 शब्दों में उत्तर दीजिए।

उत्तर— टोपी और इफ़्फ़न की कहानी, राही मासूम रज़ा के उपन्यास 'टोपी शुक्ला का एक अंश है'। लेखक ने इस कहानी का आधार दो बच्चों को बनाया है। एक हिन्दू परिवार से संबंध रखने वाला है—टोपी, दूसरा है—इफ़्फ़न, जो मुस्लिम परिवार से संबंध रखता है। दोनों में गहरी मित्रता है। दोनों एक-दूसरे के सुख-दुःख बाँटते हैं। टोपी इफ़्फ़न के घर भी जाता है। टोपी को इफ़्फ़न की दादी से बेहद लगाव है, जबकि उसे अपनी दादी बिल्कुल अच्छी नहीं लगती। जिस स्नेह और अपनेपन को वह अपने घर में ढूँढता था, वह उसे इफ़्फ़न के घर, उसकी दादी से मिलता था। जब इफ़्फ़न की दादी का देहांत हुआ तो वह बहुत उदास हो गया। उसने कहा तेरी दादी की जगह मेरी दादी क्यों नहीं मर गई। उस दिन दोनों खूब रोए। टोपी और इफ़्फ़न की मित्रता ऐसी थी कि दोनों को एक-दूसरे के बगैर चैन नहीं मिलता था।

उन्होंने यह सिद्ध कर दिया था कि मित्रता की भावना को मजहब और जाति की दीवारों में कैद नहीं किया जा सकता। आज समाज में टोपी और इफ़्फ़न जैसी मित्रता की बहुत अधिक आवश्यकता है। बच्चों में उत्पन्न प्रेम और अपनेपन का आधार मजहब या सम्पन्न परिवार के लोग नहीं होते। यह भी सच है कि कोई व्यक्ति मनुष्य पहले है, वह हिन्दू या मुसलमान बाद में है। टोपी और इफ़्फ़न की मित्रता से हमें प्रेरणा मिलती है कि ऐसी सच्ची मित्रता साम्प्रदायिक भावना, तनाव और झगड़ों को समाप्त करने में उपयोगी सिद्ध हो सकती है। ऐसी मित्रता समाज में मौजूद मजहब की दीवारों को भी तोड़ सकती है।

प्रश्न 4. टोपी और इफ़्फ़न के व्यक्तित्व की विशेषताएँ बताइये?

उत्तर— टोपी और इफ़्फ़न अच्छे गहरे दोस्त थे, किन्तु दोनों के व्यक्तित्व का निर्माण अलग-अलग ढंग से हुआ था। दोनों के व्यक्तित्व के संस्कार, रीति परम्पराएँ सब भिन्न-भिन्न थे। जीवन के विषय में दोनों की सोच अलग-अलग थी परन्तु इन सबके परे दोनों एक दूसरे की परछाईं थे और दोनों में अटूट प्यार था।

प्रश्न 5. टोपी और इफ़्फ़न की दादी के प्यार का क्या रहस्य था?

उत्तर— दादी और इफ़्फ़न दोनों अलग-अलग और अधूरे थे। दोनों प्रेम के प्यासे थे। मौलवियों की ससुराल होने के कारण दादी को वह सब कुछ नहीं मिला जो वह चाहती थी। टोपी भी घर में अकेलापन महसूस करता था। दोनों मिले तो दोनों को एक-दूसरे में अपनापन मिला।

प्रश्न 6. टोपी शुक्ला पाठ के माध्यम से किन जीवन मूल्यों को उजागर किया गया है?

उत्तर— इसके माध्यम से देश, जाति, मजहब आदि के बंधनों से अधिक प्रेम को महत्व दिया गया है। मनुष्य-मनुष्य के बीच प्रेम के सम्बन्ध धर्म और मजहब से कहीं अधिक श्रेष्ठ हैं।

प्रश्न 7. टोपी के साथ उसके घरवालों और साथियों का व्यवहार कैसा था?

उत्तर— उसके साथी उसको ताना दिया करते थे और बड़ों का व्यवहार भी उसके साथ भावनात्मक नहीं था। मास्टर जी उसकी उपेक्षा करते थे और उसकी बात पर ध्यान नहीं देते थे, जिसके कारण टोपी के दिलो-दिमाग पर गहरा असर पड़ा।

प्रश्न 8. जाति और मजहब की दीवारें आपके लिए क्या मायने रखती हैं?

उत्तर— जाति और मजहब की दीवारें इंसान को कभी सुखी और शांतिपूर्ण तरीके से जीने नहीं देती हैं। मज़हब की दीवारें सदैव हमारे सामने व्यर्थ की चुनौतियों को खड़ी करती हैं और बैर-भाव बढ़ाती हैं।

प्रश्न 9. जीवन मूल्यों के आधार पर इफ़्फ़न और टोपी शुक्ला के सम्बन्धों की समीक्षा कीजिए।

उत्तर— इफ़्फ़न और टोपी शुक्ला अलग-अलग मजहब के होते हुए भी एक दूसरे से प्रेमरूपी अटूट बंधन में बंधे हुए थे। टोपी की दोस्ती पहले-पहल इफ़्फ़न के साथ ही हुई थी। इफ़्फ़न के बिना टोपी शुक्ला की कहानी को समझा नहीं जा सकता है। अतः इस तरह इफ़्फ़न, टोपी शुक्ला की कहानी का महत्वपूर्ण हिस्सा है। मित्रता में अगर आत्मीयता न हो तो वह दोस्ती नहीं स्वार्थ कहलाता है। एक दोस्त ही होता है जिसे हम अपने माँ-पिता के बाद ज्यादा मानते हैं। जिसके बिना हमारी जिंदगी अधूरी होती है, अगर उसी मित्रता को जाति और भाषा के कारण नहीं मानेंगे तो हम मानव नहीं चंडाल होंगे। कृष्ण और सुदामा की मित्रता आज भी चर्चित है क्योंकि उनकी दोस्ती में कभी कोई भेद किसी न किया ही नहीं। सुदामा के आने की खुशी में कृष्ण ने अपने आंसू से ही सुदामा के पाँव धो डाले थे। वास्तव में दोस्ती ऐसी हो जिसे देखकर सब लोग आपकी दोस्ती को पाने के लिए तरसे।

प्रश्न 10. इफ़्फ़न और टोपी शुक्ला की मित्रता भारतीय समाज के लिए किस प्रकार प्रेरक है?

उत्तर— लेखक ने बताया है कि टोपी कट्टर हिन्दू परिवार से सम्बन्ध रखता था तथा इफ़्फ़न की दादी मुसलमान थीं किन्तु फिर भी टोपी और इफ़्फ़न की दादी में एक अटूट मानवीय रिश्ता था। दोनों आपस में स्नेह के बंधन में बँधी थी। टोपी को इफ़्फ़न के घर में अपनापन मिलता था। दादी के आँचल की छाँव में बैठकर वह स्नेह का अपार भण्डार पाता था। इसके लिए रीति-रिवाज, सामाजिक हैसियत, खान-पान आदि कोई महत्व नहीं रखता था। इफ़्फ़न की दादी भी घर में अकेली थीं, उनकी भावनाओं को समझने वाला भी कोई न था। अतः दोनों का रिश्ता धर्म और जाति की सीमाएँ पार कर प्रेम के बंधन में बँध गया। दोनों एक-दूसरे के बिना अधूरे थे। लेखक ने हमें समझाया है कि जब दिल से मिल जाते हैं तो मज़हब और जाति के बंधन बेमानी हो जाते हैं। अतः स्पष्ट हो जाता है कि टोपी व इफ़्फ़न की दादी अलग-अलग मजहब और जाति के होने पर भी दोनों आपस में प्रेम व स्नेह की अदृश्य डोर से बँधे हुई थे।

प्रश्न 11. लेखक अपने आप में टोपी को किस प्रकार देखता है?

उत्तर— टोपी कोई और नहीं हमारा एक प्रतिबिम्ब है। मुझे ऐसा लगा कि मैं अपनी कहानी पढ़ रहा हूँ। मुझे ऐसा लगा कि अभी मेरे जीवन के 24 वर्ष ही बीते हैं और मेरी जीवनी लिख दी गयी है। दोस्तों कभी न कभी, कहीं न कहीं 'टोपी शुक्ला' हमारे अन्तःमन में जिन्दा है लेकिन हमें दिखाई नहीं देता। सच, यह हर एक भारतीय पर ऐसा कटाक्ष है जो समय-समय पर राह चलते, बस में, ट्रेन में, जनसभा में, घर में, पड़ोस में, चाय की दुकान पर, ऊँचे-ऊँचे मकानों में और हर स्थान पर टोपी शुक्ला को देखता है या खुद एक टोपी शुक्ला बन जाता है। आज भी कोई ऐसे हिन्दूवादी और मुस्लिमवादी मिल जायेंगे जो ऐसे बयान देते हैं जो बड़े ही बेतुके होते हैं। आज आजादी के 60 सालों बाद भी भारत 'टोपी शुक्ला' के भारत जैसा ही दिखता है बदला है तो बस रहन-सहन, ऊँचे-ऊँचे आकाश को छूती इमारतें, बड़े-बड़े विश्वविद्यालय, कम्प्यूटर, टेलीविजन लेकिन इंसान जैसा 60 साल पहले था, वैसा ही आज भी है।

प्रश्न 12. व्यंग्य-प्रधान शैली में लिखा गया यह उपन्यास आज के हिन्दू-मुस्लिम सम्बन्धों को पूरी सच्चाई के साथ पेश करते हुए हमारे आज के बुद्धिजीवियों के सामने एक प्रश्न चिह्न खड़ा रकता है कैसे?

उत्तर— 'आधा गाँव' के ख्याति प्राप्त रचनाकार की यह एक अत्यन्त प्रभावपूर्ण और मर्म पर चोट करने वाली कहानी। टोपी शुक्ला ऐसे हिन्दुस्तानी नागरिक का प्रतीक है जो मुस्लिम लीग की दो राष्ट्रवाली थ्योरी और भारत विभाजन के बावजूद आज भी अपने को विशुद्ध भारतीय समझता है—हिन्दू-मुस्लिम या शुक्ला, गुप्त, मिश्रा जैसे संकुचित अभिधानों को वह नहीं मानता। ऐसे स्वजनों से उसे घृणा है जो वेश्यावृत्ति करते हुए ब्राह्मणपना बचाकर रखते हैं, पर स्वयं उससे इसलिए घृणा करते हैं कि वह मुस्लिम मित्रों का समर्थक और हामी है। अन्त में टोपी शुक्ला ऐसे ही लोगों से कम्प्रोमाइज नहीं कर पाता और आत्महत्या कर लेता है। व्यंग्य-प्रधान शैली में लिखा गया। यह उपन्यास आज के हिन्दू-मुस्लिम सम्बन्धों को पूरी सच्चाई के साथ पेश करते हुए हमारे आज के बुद्धिजीवियों के सामने एक प्रश्न चिन्ह खड़ा करता है।

प्रश्न 13. अपने वे होते हैं जो अपनापन देते हैं इस कथन की पुष्टि कीजिए।

उत्तर— यह कथन बिल्कुल सही है। इफ़्फ़न के घर में उसके प्रति सबका व्यवहार कभी-कभी कठोर हो जाता था। उसकी बहन नुज़हत भी कभी-कभी उसकी किताबों पर तस्वीर बनाने लगती थी जिससे वह परेशान हो जाता था। किसी से उसे अपनापन नहीं मिलता था। एक दादी ही ऐसी थी जो उसको भरपूर प्यार देती थी उसकी भावनाओं को समझती थी। अतः लेखक का कथन सही है कि अपने तो वह होते हैं जो हमें अपनापन देते हैं।

प्रश्न 14. टोपी ने दुबारा कलेक्टर साहब के बंगले की ओर रुख क्यों नहीं किया?

उत्तर— टोपी ने दुबारा कलेक्टर साहब के बंगले की ओर रुख नहीं किया क्योंकि नए कलेक्टर साबह के बेटों ने टोपी को अपने कुत्ते से कटवा दिया था और टोपी को पेट में चौदह इंजेक्शन लगवाने पड़े तथा कलेक्टर के बेटों ने टोपी को मारा भी था। उनमें इंसानियत, दया, प्रेम की भावना नहीं थी इसीलिए टोपी ने दुबारा बंगले की ओर रुख नहीं किया।

प्रश्न 15. 'टोपी शुक्ला' पाठ के माध्यम से किन जीवन मूल्यों को बताया गया है? लेखक के विचारों से आप कितना सहमत या असहमत हैं?

उत्तर— 'टोपी शुक्ला' पाठ के माध्यम से लेखक ने मज़हब, जाति, देश आदि के बंधनों से अधिक प्रेम के बंधन को अधिक मजबूत बताया है। लेखक का मानना है कि मनुष्य के बीच सम्बन्धों का आधार प्रेम है न कि परिवार मज़हब, जाति या देश। इफ़्फन के दादी और टोपी दो अलग-अलग मज़हबों से थे किन्तु फिर भी एक-दूसरे के दिल के करीब थे। हम लेखक के विचारों से पूरी तरह सहमत हैं। मानव सम्बन्धों की नींव सात्विक प्रेम पर टिकी है न कि परिवार, मज़हब जाति या देशों की सीमाओं पर।

प्रश्न 16. समाज में समरसता बनाए रखने के लिए टोपी और इफ़्फ़न जैसे पात्रों का होना आवश्यक है—तीन तर्क देकर पुष्टि कीजिए।

उत्तर— समाज में समरसता बनाए रखने के लिए टोपी और इफ़्फ़न में समरसता बनाए रखने के लिए टोपी और इफ़्फ़न जैसे पात्रों का होना आवश्यक है। इसके लिए सबसे पहला तर्क यह दिया जा सकता है कि मित्रता में कभी भी जाति व धर्म का बंधन नहीं होता है। सभी को प्रेम व सौहार्द्र से मिलकर सभी त्यौहारों व उत्सव में भाग लेना चाहिए। दूसरा तर्क यह दिया जा सकता है कि मित्रता का संबंध पारिवारिक व सामाजिक स्तर के भेद से परे होता है। मित्रता सामाजिक सौहार्द्र में सहायक होती है। तीसरा तर्क यह दिया जा सकता है कि दोनों की मित्रता में हैसियत, रीति-रिवाज और आयु की समस्या का बंधन नहीं था। इन सबसे यह भी पता चलता है कि प्रेम किसी बात का पाबंद नहीं होता तथा मित्रता में जाति, धर्म बाधा उत्पन्न नहीं कर सकते। हमेशा सभी धर्मों का सम्मान करना चाहिए ताकि समाज में परस्पर भाईचारा कायम हो सके।

GURUKUL

खण्ड 'घ'

(लेखन)

GURUKUL

अनुच्छेद-लेखन |1|

किसी एक विषय पर संयमित, सटीक तथा संक्षिप्त भाषा में उस विषय में सन्दर्भ में सभी बिंदुओं को लिखित रूप में स्पष्ट कर देना ही अनुच्छेद लेखन है। इसमें लेखक एक विषय पर एक ही अनुच्छेद में सीमित शब्दों का प्रयोग कर अपने विचारों को व्यक्त करता है। अनुच्छेद लेखन में लेखन के लेखक कौशल की परख होती है। विषय वस्तु को विस्तार से वर्णन करना सुगम होता है पर विषद विषय के सभी पक्षों को कम शब्दों और एक अनुच्छेद में वर्णन करना ही कौशल है। किसी विषय पर अनुच्छेद लेखन से पहले निम्न तथ्यों को ध्यान में रखना आवश्यक है—

(क) अनुच्छेद में व्यक्त विचार विषय से ही सम्बन्धित होने चाहिए।

(ख) भावों की अभिव्यक्ति में स्वाभाविकता होनी चाहिए।

(ग) अनुच्छेद में व्यक्त विचार तथ्यपरक होने चाहिए।

(घ) अनुच्छेद लेखन में कठिन शब्दों का प्रयोग कम-से-कम करना चाहिए।

(ङ) अनुच्छेद लेखन में व्यक्त विचार परस्पर सुसम्बद्ध होने चाहिए।

(च) अनुच्छेद में व्यक्त विचारों में आदि, मध्य और अन्त का होना अनिवार्य है।

अभ्यास हेतु संकेत बिन्दुओं के आधार पर अनुच्छेद लेखन के उदाहरण—

1. ऐसी बानी बोलिए, मन का आपा खोए

संकेत बिन्दु—• भूमिका, • मधुर वाणी का महत्व, • मित्रता और शुत्रता, • मधुर वाणी से लाभ, • उपसंहार।

संत कवि कबीर के अनुसार 'ऐसी वाणी बोलिए मन का आप खोए, औरन को शीतल करै आपहुँ शीतल होए।' यथार्थ में वाणी की मधुरता से सभी को मित्र और कर्कश वाणी से शत्रु बनाया जा सकता है। सभी शास्त्रों और धर्म ग्रन्थों में वाणी के महत्व को दर्शाया गया है। एक बार एक शिष्य ने गुरु से पूछा, 'सदैव प्रसन्न रहने के लिए क्या करना चाहिए।' गुरू जी ने कहा, 'अपनी वाणी से अमृत बिखेरते रहो। सभी से प्रेम करो, निश्चित ही सभी से प्रेम पाते रहोगे। इससे प्रसन्नता मिलेगी। विनम्र स्वभाव और मीठी वाणी का हर तरह की सफलता में योगदान रहता है, इसलिए मनुष्य को हमेशा मीठी वाणी बोलनी चाहिए। वाणी में इतनी शक्ति होती है कि मीठ बोलने वाले की मिर्ची भी बिक जाती है और कड़वा बोलने वाले का शहद भी नहीं बिकता है। मीठे वचनों में इतनी शक्ति और आकर्षण होता है कि पराया आदमी भी मित्र व हितैषी बन जाता है, जबकि कटु वचन बोलने वाला भाई-बांधवों और मित्रों को भी दुश्मन बना लेता है। नीतिशास्त्र में कहा गया है, 'झूठ बोलना, कटु बोलना, असंगत बात कहना, अहंकारयुक्त शब्द बोलना, निंदा करना आदि वाणी के ऐसे दोष हैं, जिनसे मनुष्य पग-पग पर संकट में पड़ता है। अत: एक-एक शब्द सोच-समझकर बोलना चाहिए।' विभिन्न वेदों और शास्त्रों में भी वाणी संयम को सर्वश्रेष्ठ तप कहा गया है। विदुर नीति में कहा गया है, 'असंयमपूर्ण बोलने की अपेक्षा मौन रहना श्रेयस्कर है।' (मौनं सर्वार्थ साधनम्) इस प्रकार सत्य और धर्मयुक्त वचन ही सर्वदा प्रयोग करना चाहिए।

2. सफलता की कुंजी-परिश्रम

संकेत बिन्दु—• भूमिका, • सफलता का महत्व, • परिश्रम का महत्व, • आलस सबसे बड़ा अवगुण, • उपसंहार।

जीवन में सफल होना अनेक साधनों पर निर्भर करता है। सफल जीवन के सभी साधनों में सर्वाधिक महत्वपूर्ण परिश्रम है। परिश्रम का मानव जीवन में बहुत बड़ा महत्व है। जीवन के लिए यह किसी आभूषण से कम नहीं है। इसे अपनाने वाले व्यक्ति का जीवन सफलताओं का पर्याय बन जाता है। परिश्रम 'कामधेनु' के समान होता है, जिसके आगे कोई इच्छा अधूरी नहीं रहती। परिश्रमी व्यक्ति मार्ग में आई बाधाओं से हार नहीं मानता, बल्कि उनका सामना करते हुए परिश्रमी स्वभाव से उन पर जीत हासिल करता है, ऐसा व्यक्ति अपने जीवन के एक-एक पल का आनन्द उठाता है, उसके इस गुण से उसे समाज में मान-सम्मान प्राप्त होता है। इसके विपरीत एक अकर्मण्य/आलसी व्यक्ति अपने इसी दुर्गुण के कारण सदैव सफलता के लिए तरसता रहता है, उसका जीवन कष्टों से परिपूर्ण होता है और सफलता के अभाव में वह अपने जीवन में छोटी-छोटी सुविधाओं के लिए तरस जाता है। समाज में ऐसे व्यक्ति को कोई आदर नहीं देता। चींटी, मधुमक्खी जैसे लघु जीव भी मनुष्य को परिश्रमी बनने की प्रेरणा देते हैं। संसार के सफल व्यक्तियों के उदाहरण देखिए, उनकी सफलता का मूलमन्त्र यही 'परिश्रम' है। इस कारण यदि व्यक्ति को अपने जीवन के एक-एक पल का आनन्द उठाना है, तो उसे परिश्रम से मुँह नहीं मोड़ना चाहिए क्योंकि कहा भी गया है—सकल पदारथ हैं जग माहीं। कर्महीन नर पावत नाहीं।

3. हिन्दी भाषा का बढ़ता परिवेश

संकेत बिन्दु—• भूमिका, • हिन्दी के अनेक रूप, • राजभाषा के रूप में हिन्दी, • विश्वभाषा के रूप में, • उपसंहार।

निजी भाषा उन्नति अहै, सब उन्नति कौ मूल। बिनु निज भाषा ज्ञान के, मिटे न हिय को सूल। भारतेन्दु संस्कृत भाषा से निस्सृत हिन्दी भाषा में अनेक रूपों में प्रचलित है—राजभाषा, जनभाषा, लोकभाषा, मातृभाषा, सम्पर्कभाषा और संचारभाषा आदि। हर स्वतन्त्र राष्ट्र की अपनी एक भाषा होती है जो उसका गौरव होती है और उस राष्ट्र की पहचान होती है। हिन्दी भी भारत की पहचान है। स्वतन्त्रता प्राप्ति से पूर्व यह निर्णय लिया गया था कि स्वतन्त्रता प्राप्ति के बाद भारत की राजभाषा हिन्दी होगी। स्वतन्त्र भारत की संविधान सभा ने 14 सितम्बर, 1949 को ही हिन्दी को भारत संघ की राजभाषा के रूप में मान्यता दे दी। हिन्दी देश के कोने-कोने में बोली जाती है। उत्तर प्रदेश, बिहार, मध्य प्रदेश, राजस्थान, हरियाणा, हिमाचल प्रदेश और दिल्ली आदि राज्यों की यह मातृभाषा और राजभाषा है। पंजाब, गुजरात, महाराष्ट्र और अण्डमान निकोबार में इसे द्वितीय भाषा का दर्जा दिया गया है। शेष प्रान्तों में यह सम्पर्क भाषा के रूप में प्रयोग की जाती है। वर्तमान में विश्व के अनेक विश्वविद्यालयों में हिन्दी का पठन-पाठन हो रहा है। भारत या भारत से बाहर हिन्दी में अनेक समाचार-पत्र और पत्रिकाएँ प्रकाशित हो रही हैं। इस प्रकार हिन्दी का प्रचार-प्रसार भारत और भारत से बाहर द्रुत गति से हो रहा है।

4. परोपकार

संकेत बिन्दु—• भूमिका, • परोपकार का अर्थ, • परोपकार का महत्व, • परोपकार सबसे बड़ा गुण, • उपसंहार।

'परोपकारः पुण्याय पापाय पर पीडनम्।' हमारी सम्पूर्ण भारतीय संस्कृति अपने समग्र रूप में इन्हीं दोनों सिद्धान्तों पर टिकी हुई है। यहाँ 'परोपकार' शब्द दो शब्दों 'पर और उपकार' से मिलकर बना है, जिसका अर्थ होता है—दूसरों के हित के लिए किया गया कार्य। जब कोई व्यक्ति समर्पण भाव से किसी अन्य के हित को ध्यान में रखकर कार्य करता है, उसका वह कार्य 'परोपकार' के अन्तर्गत आता है। इतिहास इस बात का साक्षी है कि किन महापुरुषों के नाम आज मुख से लेने पर पवित्रता का अनुभव होता है, उन्होंने अपना सम्पूर्ण जीवन जन-कल्याण में निस्वार्थ भाव से लगाया है। महर्षि दधीचि ने परोपकार हेतु जहाँ सहर्ष अपनी हड्डियों का दान किया, तो वहीं राजा शिवि ने कबूतर की रक्षा के लिए अपना अंग-अंग काटकर चढ़ा दिया। महात्मा गाँधी, मदर टेरेसा, नेल्सन मंडेला, बाबा आम्टे आदि ने तो 'परोपकार' को अपने जीवन का अभिन्न अंग बनाया। सत्य ही है कि परोपकार करने वाले व्यक्ति को इससे आत्मिक सन्तुष्टि प्राप्त होती है तथा उनके कार्यों से मानवता भी फलती-फूलती है। निश्चित ही परोपकार इस संसार में मानवता को सुख पहुँचाने वाला सबसे बड़ा धर्म है। अतः हमें भी परोपकार के पथ पर चलकर मानवता के उत्थान में अपना जीवन समर्पित कर देने का संकल्प लेना चाहिए। जीवन का वास्तविक आनन्द परोपकार में ही है। सच्चा सुख दूसरों का भला करने में है।

5. समाज में बढ़ती अराजकता

संकेत बिन्दु—• भूमिका, • अराजकता के कारण, • अराजकता के प्रकार, • समाधान, • उपसंहार।

मनुष्य एक सामाजिक प्राणी है। समाज का उत्थान या पतन उसमें रहने वाले मनुष्यों की प्रवृत्ति पर निर्भर करता है। वर्तमान समाज में अराजकता अपने चरम पर व्याप्त है। समाज में व्याप्त अराजकता का प्रमुख कारण है मनुष्य की स्वार्थ-लोलुपता एवं असन्तोष की प्रवृत्ति। ऐसे व्यक्ति बुराइयों में लिप्त होते हैं तथा समाज को दूषित करते हैं। इन्हीं व्यक्तियों से समाज में अराजकता का विस्तार होता है। आधुनिक समाज में अराजकता अनेक रूपों में विद्यमान है। समाज में व्याप्त चोरी, डकैती, लूट-खसोट, हत्याएँ, महिलाओं से छेड़छाड़, रिश्वतखोरी आदि सभी अराजकता के ही रूप हैं। अराजकता को दूर करना यदि असम्भव नहीं तो कठिन अवश्य है पर सभी लोगों के सामूहिक प्रयास से इसे समाप्त किया जा सकता है। किसी एक व्यक्ति विशेष या वर्ग से नहीं अपितु समाज के समस्त वर्गों के लोगों को उसका विरोध करना होगा। हमें उन्हें रोकने के नये उपाय खोजने होंगे तथा कानून के नियमों को और भी अधिक सख्त बनाना होगा ताकि इनसे भली-भाँति निपटा जा सके। सभी असामाजिक तत्वों का सामाजिक रूप से बहिष्कार भी इस दिशा में एक उत्तम उपाय बन सकता है। हमारे इस प्रयास में समाचार-पत्र एवं पत्रिकाएँ, चलचित्र, दूरदर्शन एवं संचार के अन्य माध्यम भी प्रमुख भूमिका निभा सकते हैं। तब वह दिन दूर नहीं जब हम एक सुसंस्कृत, उन्नत एवं गौरवशाली समाज का गठन कर सकेंगे।

6. भारतीय किसान और कृषि

संकेत बिन्दु—• भूमिका, • किसानों का महत्व, • किसानों की बदहाली, • समस्याओं का समाधान, • उपसंहार।

भारतीय किसान भारतवासियों के लिए अन्नदाता हैं, उनके पालक हैं। वह धरती की छाती को फाड़कर, हल चलाकर अन्न उपजाता है किन्तु उसके परिश्रम का फल व्यापारी लूट ले जाता है। भारत में कृषि और किसानों की हालात दिनों-दिन बदतर होती जा रही है। जिसके कारण अनेक किसान आत्महत्या तक करने पर मजबूर होते जा रहे हैं। भारत में बहुत-से लघु उद्योग हैं जिसे किसान आसानी से कम सकते हैं। इसके लिए सरकार को जागरूक होना चाहिए। कभी खराब बीजों की वजह, कभी फसलों की कम कीमत, कभी खराब मौसम और कभी सरकार को गलत

नीतियों को दोहरी मार से किसानों की बुरी दुर्दशा हो जाती है। किसानों की दुर्दशा को ध्यान में रखते हुए सरकार को किसानों के कर्ज माफ कर देने चाहिए तथा किसानों के लिए सरकार को लघु उद्योग लगाने की व्यवस्था करनी चाहिए। साथ ही कृषि को व्यावहारिक बनाने के लिए अनुबन्ध कृषि को लघु उद्योग लगाने की व्यवस्था करनी चाहिए। साथ ही कृषि को व्यावहारिक बनाने के लिए अनुबन्ध कृषि को एक विकल्प के रूप में अपनाने पर जोर देना चाहिए। ताकि, किसानों के जीवन को सही दिशा दिया जा सके। भारतीय किसान बड़े परिश्रमी हैं। वह गर्मी-सर्दी तथा वर्षा की परवाह किये बिना ही अपने कार्य में जुटे रहते हैं। जेठ की दोपहरी, वर्षा ऋतु की उमड़ती-घुमड़ती काली मेघ-मालाएँ तथा शीत ऋतु की हाड़ कँपा देने वाली वायु उसे अपने कर्तव्य से रोक नहीं पाती। अभाव और विवशता के बीच ही वह जन्म लेता है तथा इसी दशा में मृत्यु को प्राप्त हो जाता है। धन्य है, अन्नदाता भारतीय किसान।

7. स्वच्छ भारत अभियान

संकेत बिन्दु—• भूमिका, • स्वच्छता अभियान की शुरूआत, • आवश्यकता, • उपाय, • उपसंहार।

स्वच्छ भारत अभियान एक राष्ट्रीय स्वच्छता मुहिम है, जो भारत सरकार द्वारा संचालित किया जा रहा है। यह एक बड़ा आन्दोलन है, जिसके तहत भारत को पूर्णतः स्वच्छ बनाने का संकल्प लिया गया है। इस मिशन को 2 अक्टूबर, 2014 को बापू के (145वें जन्म दिवस) जन्मदिवस के शुभ अवसर पर आरम्भ किया गया है और 2 अक्टूबर, 2019 (बापू के 150वें जन्म दिवस) तक पूरा करने का लक्ष्य रखा गया है। स्वच्छ भारत का सपना महात्मा गाँधी के द्वारा देखा गया था, जिसके सन्दर्भ में गाँधीजी ने कहा 'स्वच्छता स्वतन्त्रता से ज्यादा जरूरी है।' स्वच्छ भारत अभियान के एक राष्ट्रव्यापी सफाई अभियान के रूप में प्रधानमन्त्री नरेन्द्र मोदी द्वारा शुरू की गई महान स्वच्छता अभियान है। भौतिक, मानसिक, सामाजिक और बौद्धिक कल्याण के लिए भारत के लोगों मं इसका स्वच्छता के महत्व का अहसास होना बेहद आवश्यक है। यह सही मायनों में भारत की सामाजिक स्थिति को बदलने के लिए बहुत उपकारक है। इस अभियान को सफल बनाने के लिए भारत में हर घर में शौचालय हो तथा खुले में शौच प्रवृत्ति को भी खत्म करने की आवश्यकता है। हाथ के द्वारा की जाने वाली साफ-सफाई की व्यवस्था का जड़ से उखाड़ना जरूरी है। नगर-निगम के कचरे का पुनर्चक्रण और दुबारा इस्तेमाल, सुरक्षित समापन, वैज्ञानिक तरीके से मल प्रबन्धन को लागू करना अत्यावश्यक है। पूरे भारत में साफ-सफाई की सुविधा को विकसित करने के लिए निजी क्षेत्रों की हिस्सेदारी बढ़ाना होगा। ग्रामीण व शहरी क्षेत्रों में जीवन की गुणवत्ता में सुधार स्वच्छता के द्वारा ही आ सकता है। वास्तव में बापू के सपनों को सच करने के लिए स्वच्छता आन्दोलन को सफल बनाना आवश्यक है।

8. मन के हारे हार है मन के जीते जीत

संकेत बिन्दु—• भूमिका, • आत्मशक्ति का महत्व, • आशावादी दृष्टिकोण, • समस्याओं पर विजय, • उपसंहार।

मनुष्य का जीवन चक्र अनेक प्रकार की विविधताओं से भरा होता है जिसमें सुख-दुःख, आशा-निराशा तथा जय-पराजय के अनेक रंग समाहित होते हैं। वास्तविक रूप में मनुष्य की हार और जीत उसके मनोयोग पर आधारित होती है। मन के योग से उसकी विजय अवश्यम्भावी है परन्तु मन के हारने पर निश्चय ही उसे पराजय का मुँह देखना पड़ता है। मनुष्य की समस्त जीवन प्रक्रिया का संचालन उसके मस्तिष्क द्वारा होता है। मन का सीधा सम्बन्ध मस्तिष्क से है। मन में हम जिस प्रकार के विचार धारण करते हैं हमारा शरीर उन्हीं विचारों के अनुरूप ढल जाता है। हमारा मन-मस्तिष्क यदि निराशा व अवसादों से घिरा हुआ है तब हमारा शरीर भी उसी के अनुरूप शिथिल पड़ जाता है। हमारी समस्त चेतना विलीन हो जाती है। दूसरी ओर यदि हम आशावादी हैं और हमारे मन में कुछ पाने व जानने की तीव्र इच्छा हो तथा हम सदैव भविष्य की ओर देखते हैं तो हम इन सकारात्मक विचारों के अनुरूप प्रगति की ओर बढ़ते जाते हैं। कर्मवीर व्यक्ति कठिन परिस्थितियों में भी वे जीत के लिए निरन्तर संघर्ष करते रहते हैं और अन्त में विजयश्री उन्हें अवश्य मिलती है। इसलिए हमें भी भाग्य पर नहीं अपितु कर्म में आस्था रखनी चाहिए। जिससे हम अपने मनोबल तथा दृढ़ इच्छा-शक्ति से असम्भव को भी सम्भव कर सकें।

9. मेरे जीवन का लक्ष्य

संकेत बिन्दु—• भूमिका, • मेरा लक्ष्य, • अनगिनत विकल्प, • प्राप्त करने के उपाय, • उपसंहार।

'पूर्व चलने के बटोही पंथ का निर्माण कर लें— हरिवंशराय बच्चन। जो व्यक्ति अपने लक्ष्य का निर्धारण सोच-समझ कर सकता है वह अपने लक्ष्य को अवश्य प्राप्त करता है। अर्जुन को जैसे चिड़िया की आँख ही दिख रही थी क्योंकि वही उसका लक्ष्य था। सारी इन्द्रियाँ एकाग्रचित्त करके जब उन्होंने बाण चलाया तो वे लक्ष्य बेधने में सफल हुए। जीवन का लक्ष्य बहुत सोच-समझकर प्रारम्भ से ही तय करना चाहिए तभी सफलता प्राप्त होती है। जो बार-बार अपना लक्ष्य बदलते रहते हैं, वे अवश्य ही असफल हो जाते हैं। मधुशाला में बच्चनजी कहते हैं, 'राह पकड़ तू एक चला चल पा जायेगा, मधुशाला।' हर व्यक्ति के सामने अनगिनत लक्ष्य रहते हैं। कोई डॉक्टर बनना चाहता है, कोई इंजीनियर, कोई शिक्षक बनाना चाहता है, तो कोई फ़ौजी अफसर। व्यक्ति यदि प्रारम्भ से ही अपना लक्ष्य निर्धारित कर ले तो एकाग्रचित होकर उस लक्ष्य की प्राप्ति हेतु प्रयत्नशील हो जाता है और अन्ततः अपना लक्ष्य पा लेता है। मैंने अपने जीवन का लक्ष्य शिक्षक बनना निर्धारित किया है। शिक्षक बनकर मैं देश की भावी पीढ़ी का मार्गदर्शन कर सकूँगा और उनका चारित्रिक विकास कर देश को अच्छा नागरिक देकर देश सेवा में योगदान दे सकूँगा। इससे औरों के समान मुझे भी आत्मसन्तोष तथा गर्व प्राप्त होगा।

10. स्वच्छता ही सेवा है

संकेत बिन्दु— • भूमिका, • स्वच्छता का महत्व, • स्वच्छता के आधार, • स्वच्छता की आवश्यकता, • उपसंहार।

स्वच्छता सेवा का ही प्रतिरूप है। इसमें समष्टि या व्यष्टि के भाव से कार्य नहीं किया जाता अपितु आनन्द, सुख और सन्तोष का भाव समाहित है। यह सेवा स्व की हो या पर की यह ध्येय नहीं है पर स्वच्छता का भाव सर्वत्र विद्‌यमान रहना चाहिए, स्वच्छता ही सेवा है और सेवा ईश्वर का प्रतिरूप है। स्वच्छता के तीन आधार हैं—व्यक्ति, समाज और राष्ट्र ये तीनों परस्परावलम्बी है। जिस समाज का व्यक्ति अन्तर्बाह्य जितना अधिक शुद्ध, स्वच्छ और सुदृढ़ होगा वह राष्ट्र उतना ही अधिक विकसित होगा। यह प्रसन्नता का विषय है कि वर्तमान में सरकार द्वारा स्वच्छता अभियान को बड़े ही प्रभावशाली तरीके से पूरे भारत में चलाया जा रहा है। उत्तर भारत से आसमुद्र स्वच्छता का एक सुखद परिवर्तन दिख रहा है और अनुभव किया जा सकता है कि अब भारत बदल रहा है। परिवर्तन विकास का सूचक है 'स्वच्छता ही सेवा है।' इसे राष्ट्र के विकास के उद्‌घोष के रूप में स्वीकार कर लोगों को जागरूक बनाये रखने की आवश्यकता है। समाज और सामाजिकों के दिलों में यह बात बैठाने की आवश्यकता है कि स्वच्छता ही सेवा है और यह सेवा हम स्वयं ही कर सकते हैं।

11. मेरे सपनों का विद्यालय

संकेत बिन्दु— • भूमिका, • विद्यालय का स्वरूप, • वातावरण, • समाज निर्माण में सहयोग, • उपसंहार।

विद्यालय का तात्पर्य विद्यालय का आलय है जहाँ ज्ञान की गंगा अनवरत प्रवाहित होती रहती है। प्राचीन काल में जो ज्ञान केन्द्र थे और आज को विद्यालयों के स्वरूप में बहुत बड़ा परिवर्तन आ गया है। मेरे सपनों के विद्यालय का स्वरूप कुछ इस प्रकार से होगा जहाँ न केवल शास्त्रीय ज्ञान दिया जायेगा अपितु विद्यार्थी के सर्वागीण विकास पर बल दिया जायेगा। विद्यार्थियों को शिक्षा के साथ-साथ खेलकूद, रहन-सहन, विज्ञान, कला के क्षेत्र में भी ज्ञान प्रदान किया जायेगा। सभी विषय के उच्च शिक्षित एवं जानकार शिक्षक विद्यालय में तैनात होंगे। विद्यालय में उचित पुस्तकालय होगा जो इंटरनेट के माध्यम से भी जुड़ा होगा। परम्परागत शिक्षा प्रणाली के साथ-साथ इन्फॉर्मेशन टेक्नोलॉजी, इंटरनेट, कम्प्यूटर, प्रोजेक्टर आदि का भी भरपूर उपयोग किया जायेगा। मेरे सपनों के विद्यालय का भवन हवादार और स्वच्छ होगा। विद्यालय के चारों ओर सफेद रंग किया जायेगा जिससे मन को शान्ति मिलती रहेगी है। विद्यालय के आगे दो बगीचे होंगे जिसमें तरह-तरह के फूलों के पौधे लगे हुए जो देखने में सुन्दर लगते हों। विद्यालय में एक बड़ा खेल का मैदान होगा जहाँ विद्यार्थियों की कबड्डी, खो-खो, बैडमिंटन, हॉकी, क्रिकेट आदि खेलना सिखाया जायेगा। विद्यालय में एक कैंटीन और जल की भी पर्याप्त व्यवस्था होगी जहाँ खाना भी खाया जा सकेगा। विद्यालय का वातावरण सहज, शैक्षिक, रचनात्मक, प्रेरणादायी एवं अनुशासित हो तो किसी भी लक्ष्य को प्राप्त किया जा सकता है। मेरे सपनों के विद्यालय में भी यही परिवेश होगा। इस प्रकार मेरे सपनों का विद्यालय उच्च कोटि के नागरिक तैयार करके देगा जिससे देश का भविष्य समुज्ज्वल हो सकेगा और विश्व-पटल पर भारत विश्व गुरू बनकर स्थापित होगा।

12. सच्ची मित्रता

संकेत बिन्दु— • भूमिका, • मित्रता का महत्व, • सच्चे मित्रों की पहचान, • बुरे मित्रों की पहचान, • मित्र का सही चुनाव, • उपसंहार।

'मैत्री की सुखद छाया, शीतल हो जाती है काया—दिनकर।' मित्रता का शाब्दिक अर्थ है कि एक ऐसी पवित्र भावना जो हमें अपने मित्र के प्रति होती है। जब एक व्यक्ति दूसरे व्यक्ति का शुभचिन्तक हो अर्थात् परस्पर एक-दूसरे के हित की कामना तथा एक-दूसरे के सुख, उन्नति और समृद्धि के लिए प्रयत्नशील हों, तो इसे ही मित्रता कहा जाता है। मित्रता सिर्फ सुख के क्षणों की कामना ही नहीं करती, दु:ख के पलों में भी ढाल बनकर साथ देती है। लेकिन मित्रता करने के लिए मित्र का सही चुनाव बहुत ही आवश्यक है। मनुष्य को सच्चे व झूठे मित्र में पहचान करना आना चाहिए। एक झूठा मित्र हमेशा अपने स्वार्थ के लिए मित्रता करता है जबकि सच्चा मित्र दयालु, सहनशील और प्रेम करने वाला होता है। हमें सच्चे मित्र की परख हमेशा संकट में ही होती है। हमारे मित्र तो कई होते हैं लेकिन कुछ मित्र तो भले दिनों के मित्र होते हैं और कुछ बुरे दिनों के होते हैं। आज हमारे पास धन, सम्पत्ति है तो हमारे मित्रों की संख्या बहुत तेजी से बढ़ने लगती है। ये हमारे सच्चे मित्र नहीं होते। बुरे दिनों में हमारा साथ देने वाले मित्र ही हमारे सच्चे मित्र होते हैं। हमारा सच्चा मित्र हमारी सफलता से कभी भी ईर्ष्या नहीं करता। हमारी सफलता हमारे मित्र के लिए सबसे बड़ी खुशी होती है। वह हमारी सफलता को दिल से मानता है। सच्चा मित्र लम्बे समय तक मित्रता निभाता है। किसी समस्या को आने पर हमेशा मदद के लिए तैयार रहता है, कभी निराश नहीं करता। इस प्रकार सच्ची मित्रता एक अनमोल रत्न है अत: इसे कभी विखंडित नहीं होने देना चाहिए।

13. आधुनिक युग की महिलाएँ

संकेत बिन्दु— • जीवन शैली, • महिलाओं की समस्या, • जीवन शैली, • कामकाजी महिलाओं की समस्या, • सहयोग की अपेक्षा, • उपसंहार।

'यत्र नार्यस्तु पूज्यन्ते रमन्ते तत्र देवता:।' भारत में प्राचीनकाल से ही यह परम्परा रही है कि यहाँ महिलाओं को समाज में विशिष्ट आदर एवं सम्मान दिया जाता है। यहाँ उनकी सुरक्षा व इज्जत का खास ध्यान रखा जाता है। भारतीय संस्कृति में महिलाओं को देवी का दर्जा दिया जाता है।

अगर हम इक्कीसवीं सदी की बात करें तो महिलाएँ हर कार्यक्षेत्र में पुरुषों के साथ कंधे-से-कंधा मिलाकर काम कर रही हैं, चाहे वह राजनीति, बैंक, विद्यालय, खेल, पुलिस, रक्षा क्षेत्र, खुद का कारोबार हो या आसमान में उड़ने की अभिलाषा हो। लेकिन भारत के महानगरों में अब महिलाएँ पूर्णरूप से सुरक्षित भी नहीं हैं। बेशक हम उनको एक देवी का दर्जा देते हैं लेकिन उनके साथ बहशीपन करते हुए हिचकिचाते भी नहीं। आज महिलाओं के संरक्षण हेतु केन्द्र और राज्य सरकारों ने कानून बनाकर उनकी सुरक्षा के व्यापक उपाय किये हैं। महिलाओं को अत्याचार से बचाने के लिए प्रत्येक राज्य में महिला आयोग गठित किये गये हैं। अशिक्षित महिलाएँ स्वयं के लिए आवाज उठाने में पूरी तरह से समर्थ नहीं हो पातीं, उन्हें शिक्षित करना व आत्मनिर्भर बनाना भी आवश्यक है। आज के समय भी महिलाएँ आकाश को छू रही हैं पर उनके प्रतिशत बहुत ही कम है। हम सबको मिलकर इस प्रतिशत को बढ़ाने के लिए प्रयास करना होगा तभी समाज का सर्वाधिक विकास सम्भव हो सकेगा।

14. पर्यावरण संकट-प्लास्टिक

संकेत बिन्दु—• भूमिका, • प्लास्टिक की आवश्यकता, • प्लास्टिक के उपयोग से हानि, • प्लास्टिक से पर्यावरण की हानि, • उपसंहार।

प्लास्टिक एक रासायनिक पदार्थ है जिसे मिट्टी सैकड़ों वर्षों में भी गला नहीं पाती है। यह जहाँ कहीं भी मिट्टी या पानी के आस-पास होता है उस जगह को अनुर्वर बना देता है। वर्तमान में जहाँ एक ओर प्लास्टिक के प्रयोग ने जिन्दगी सुविधाजनक बनाई है वहीं दूसरी ओर उस सुविधा ने पर्यावरण की दृष्टि से कितनी बड़ी मुश्किलें पैदा कर दी हैं इसका अनुमान लगाना भी सम्भव नहीं है। प्लास्टिक कचरा पर्यावरण के लिए गम्भीर संकट बन चुका है। प्लास्टिक कचरे का रिसाइकिल करना सुगम नहीं होता है। पर्यावरण की दृष्टि से जहाँ बेहतर तकनीक वाली रिसाइकिलिंग इकाइयाँ नहीं लगी होती हैं वहीं रिसाइकिलिंग के दौरान पैदा होने वाले विषैले धुएँ से वायु प्रदूषण फैलता है। प्लास्टिक का कचरा नालियों और सीवरेज व्यवस्था को बिगाड़ता है। नदियों में भी इनकी वजह से बहाव का असर पड़ता है। पानी के दूषित होने से मछलियों और अन्य जलचरों की मौत तक हो जाती है। नदियों के जरिए यह कचरा समुद्र में भी पहुँच कर जल प्रदूषण फैला रहा है। कूड़े में पड़ी प्लास्टिक थैलियों को खाकर आवारा पशुओं को बड़ी तादाद में मौतें हो रही हैं। प्लास्टिक कचरे के पर्यावरण से बचने के लिए जनमानस को जागरूक किया जाना चाहिए। इसके लिए जन-आन्दोलन चलाया जाना अब अति आवश्यक जान पड़ता है। आजकल व्यापारीजन अपने व्यापार को बढ़ावा देने के लिए बेधड़क प्लास्टिक का प्रयोग कर रहे हैं अतः उन्हें भी इस सन्दर्भ में जागरूक और सावधान करने की आवश्यकता है। यदि सब परस्पर निश्चय कर लें तो प्लास्टिक का प्रयोग सुगमता से निषेध हो सकता है।

15. पर्यावरण की जान-वृक्ष

संकेत बिन्दु—• भूमिका, • पर्यावरण का महत्व, • वृक्षों का महत्व, • पर्यावरण से वृक्ष का सम्बन्ध, • उपसंहार।

वृक्ष पर्यावरण के लिए सुरक्षा कवच है। यथार्थ में वृक्ष पर्यावरण की जान है। वृक्ष के अभाव में स्वस्थ पर्यावरण की कल्पना असम्भव है। वृक्ष प्रकृति की सबसे अनमोल कृति है। वैज्ञानिक अनुसंधान ने सिद्ध कर दिया है कि पृथ्वी पर जीवन तभी सम्भव हो पाया है जब यहाँ वृक्ष मौजूद हैं। पृथ्वी की अनोखी एवं मनमोहक छटा का कारण पृथ्वी पर पाये जाने वाले वृक्षों एवं पौधों की सैकड़ों प्रजातियाँ हैं। वृक्ष वायुमण्डल में जीवन के आधार हैं। वृक्षों का हमारे पारिस्थितिक तन्त्र को नियन्त्रित करने में महत्वपूर्ण योगदान है। वृक्षों से जहाँ भोजन हेतु फल-फूल प्राप्त होते हैं वहीं जलावन तथा भवन निर्माण और साज-सज्जा के लिए लकड़ियाँ प्राप्त होती हैं। वन से हमें जड़ी-बूटियाँ तथा शुद्ध हवा मिलती है। पर्यावरण को प्रदूषण मुक्त करने के लिए वृक्ष से बड़ा उपकारक तत्व नहीं है। वृक्ष अनेक जीव-जन्तुओं का आश्रय-स्थल है। विकास के नाम पर वर्तमान में लोग वृक्षों को समूल नष्ट कर रहे हैं। अतः इसकी रक्षा के लिए सरकार, स्वयं-सेवी संगठन तथा अनेक संस्थाओं की ओर से सकारात्मक प्रयास किया जा रहा है। इस दिशा में व्यक्तिगत रूप से सहयोग किये जा रहे हैं। विश्वास है लोग समय के साथ वृक्षों के महत्व को स्वीकार कर इन्हें अपना सच्चा मित्र मानेंगे।

16. आत्मविश्वास : एक दिव्यगुण

संकेत बिन्दु—• भूमिका, • आत्मविश्वास का अर्थ, • आत्मविश्वास का महत्व, • सबसे बड़ा गुण, • उपसंहार।

आत्मविश्वास मनुष्य के लिए एक ऐसा दिव्य गुण है जिस पर वह आरूढ़ हो देवत्व को प्राप्त कर सकता है। 'आत्मविश्वास' शब्द दो शब्दों 'आत्म और विश्वास' से बना है जिसका अर्थ है स्वयं पर किया गया भरोसा अर्थात् अपनी शक्ति तथा सामर्थ्य पर किया गया विश्वास। अतः इसमें कोई दो मत नहीं कि आत्मविश्वास एक दिव्य गुण है तथा इसके द्वारा बड़े-से-बड़े संकट का सामना करके व्यक्ति प्रतिकूल परिस्थितियों को अपने अनुकूल बना लेता है। आत्मविश्वास व्यक्ति को आशावादी बनाता है, जिससे उसके अन्दर धैर्य, त्याग, आत्मबल, सहिष्णुता आदि गुणों का समावेश हो जाता है तथा जिसमें यदि कभी उसके जीवन में संकट के पल आते भी हैं, तो उसके आत्मविश्वास के समक्ष नतमस्तक हो जाते हैं। बछेन्द्री पाल के आत्मविश्वास ने उन्हें एवरेस्ट की चोटी पर पहुँचाया है, तो सचिन के आत्मविश्वास ने उन्हें 'क्रिकेट -जगत' का देवता बनाया है। इतिहास के पन्नों में लिखे स्वर्णिम नामों में चमक होती है— आत्मविश्वास की। जीवन के आसमान पर प्रखर सूर्य बनकर चमकना हो, उसे स्वयं की शक्ति को पहचानकर स्वयं पर भरोसा रखना चाहिए क्योंकि इस दिव्य गुण के सहारे उसका तेजस्वी बनना निश्चित है। सत्य ही कहा है 'मन के हारे हार है और मन के जीते जीत।''

17. भारतीय पर्व

संकेत बिन्दु—• भूमिका, • पर्वों की आवश्यकता, • पर्वों का महत्व, • उपसंहार।

भारत को पर्वो का देश कहा जाता है। भारतीय जनमानस में पर्व कुछ इस प्रकार से घुल-मिल गये हैं कि इसके अभाव में भारतीय जीवन सूना-सा लगने लगता है। पर्व मानव जीवन की नीरसता को दूर कर उसमें आनन्द भरने का काम करता है। मनुष्य को अपने जीवनकाल में अनेक प्रकार के कर्तव्यों और दायित्वों का निर्वहन करना पड़ता है। इन परिस्थितियों में पर्व उसके जीवन में सुखद परिवर्तन लाते हैं तथा उसमें हर्ष, उल्लास और नवीनता का संचार करते हैं। पर्व सामाजिक मान्यताओं, परम्पराओं व पूर्व के रीति-रिवाज़ों पर आधारित होते हैं। जिस प्रकार प्रत्येक समुदाय, जाति व धर्म की अपनी-अपनी परम्पराएँ होती हैं उसी प्रकार इन पर्वों को मनाने की परम्पराएँ होती हैं। वर्षा ऋतु के समाप्त होते ही दीवाली की तैयारी प्रारम्भ हो जाती थी। विजयादशमी का पर्व जिस प्रकार असत्य पर सत्य की तथा अधर्म पर धर्म की विजय का सन्देश देता है। रंगों का पर्व होली हमें सन्देश देता है कि हम आपसी कटुता को भुलाकर शत्रुओं से भी स्नेह करें। ईसाइयों का पर्व क्रिसमस संसार से पाप और दुराचार के अन्धकार को दूर करने का सन्देश देता है तो मुसलमानों की ईद आपसी सौहार्द्र और बन्धुत्व का सन्देश देती है। इस प्रकार सभी पर्वों के पीछे सामाजिक सद्भाव का महान् उद्देश्य और सुदृढ़ परम्पराएँ निहित होती हैं। इन पर्वो का सबसे बड़ा सन्देश आपसी वैमनस्य को भुलाकर परस्पर सहयोग और प्रेम के भाव से जीवन-यापन का है। इस प्रकार पर्व आवालवृद्ध नई चेतना लाकर सबको जीवन्त बनाये रखने का कार्य करता है।

18. समाचार-पत्र : संचार का सुलभ तन्त्र

संकेत बिन्दु—• भूमिका, • समाचार-पत्र की उपयोगिता, • समाचार-पत्र की आवश्यकता, • सुलभ साधन,• उपसंहार।

आज भी प्रायः हर शिक्षित भारतीय घरों में सुबह-सुबह चाय के साथ-साथ समाचार-पत्र की बेचैनी से प्रतीक्षा रहती है। समाचार-पत्र मानव की प्रगति का इतिहास दिखाने वाला संचार का सबसे सस्ता, विश्वसनीय और अति महत्वपूर्ण साधन है। इसका इतिहास बहुत पुराना है। यह संसार के एक देश में बैठे लोगों को दूसरे देशों से जोड़ता है। वर्तमान में संचार के क्षेत्र में वैज्ञानिकों ने अद्‌भुत सफलताएँ अर्जित की हैं, परन्तु समाचार-पत्र का महत्व आज भी उसी रूप में विद्यमान है। कम्प्यूटर के आविष्कार के बाद इस क्षेत्र में प्रतिदिन नये आयाम स्थापित हो रहे हैं। समाचार-पत्रों की प्रिंटिंग हो या खबरों का आदान प्रदान हो अब घण्टों का काम मिनटों में हो रहा है। समाचार-पत्र केवल खबरों का आदान-प्रदान ही नहीं करता अपितु इसके द्वारा विविध प्रकार के ज्ञान का संचार भी हो रहा है। अनेक प्रतियोगिताओं की तैयारी में इससे बहुत ही सहायता मिलती है। समाचार-पत्रों का नियमित अध्ययन करने से भाषा ज्ञान भी पूर्ण होता है। अब तो संसार की प्रमुख भाषाओं में समाचार-पत्रों का प्रकाशन होने लगा है। लोग जब तक सुबह समाचार-पत्र के मुख्य पृष्ठ का अवलोकन नहीं कर लेते हैं तब तक घर से निकलना मुनासिब नहीं समझते हैं। समाचार-पत्रों में प्रकाशित सूचनाएँ सबसे विश्वस्त होती है। इस लिए समाचार-पत्र का महत्व सार्वकालिक है।

19. महिला सशक्तीकरण

संकेत बिन्दु—• भूमिका, • सशक्तीकरण का अर्थ, • महिला सशक्तीकरण के सन्दर्भ में, • सशक्तीकरण के उपाय, • उपसंहार।

सशक्तीकरण शब्द का अर्थ होता है बल प्रदान करना दूसरे शब्दों में कहा जाये तो इस शब्द का शाब्दिक अर्थ होगा सभी दृष्टिकोणों से अच्छी तरह मजबूत करना। महिला सशक्तीकरण के सन्दर्भ इसका अर्थ और भी व्यापक हो जाता है। सदा से महिला और पुरुष समाज के समान महत्व वाले दो स्तम्भ रहे हैं। पितृसत्तात्मक समाज और दकियानूसी विचारधाराओं के कारण महिलाओं की स्थिति अच्छी नहीं रही है। परिणामतः समाज का अपेक्षित विकास नहीं हो पाया है। यदि समाज को विकास के शिखर पर देखना है तो महिलाओं को समान रूप से अवसर प्रदान कर उन्हें शैक्षिक, आर्थिक, मानसिक और शारीरिक सभी दृष्टिकोणों से मजबूत बनाना होगा। नारी सबला है और सबला रहेगी इस विचारधारा को प्रसारित करना होगा। महिलाओं को भी अपनी निजी स्वतन्त्रता और स्वयं के फैसले लेने के लिए अवसर उपलब्ध कराना आवश्यक है। परिवार में महत्वपूर्ण अवसरों पर केवल पुरुष सदस्यों के निर्णयों का स्वीकार्य होना, अधिक जिम्मेदारी वाले कार्यों को पुरुष वर्ग द्वारा किया जाना महिलाओं के अन्दर हीन भाव उत्पन्न कर उन्हें कमजोर बनाता है। अतः महिलाओं को पुरुषों के समान अवसर और उन्हें निर्णय की स्वतन्त्रता देकर उनके अन्दर आत्मविश्वास पैदा करना ही महिला सशक्तीकरण है।

20. महानगरीय जीवन

संकेत बिन्दु—• भूमिका, • महानगरीय जीवन का प्रभाव, • व्यस्ततम जीवन, • शान्ति का अभाव दिखावा अधिक, • सकारात्मक भाव तथा नैतिक मूल्यों की आवश्यकता, • उपसंहार।

महानगरीय जीवन अनेक रूपों में मनुष्य के लिए किसी वरदान से कम नहीं है, परन्तु वहीं दूसरी ओर यह त्रासदी अथवा अभिशाप भी है। महानगरों का गतिशील जीवन भौतिक सुख-सुविधाओं की चकाचौंध से भरा हुआ है। खेलकूद मनोरंजन अथवा व्यवसाय आदि के लिए यहाँ सभी संसाधन उपलब्ध होते हैं। व्यक्ति में छिपी प्रतिभा को विकसित करने हेतु यहाँ सकारात्मक वातावरण प्राप्त होता है। महानगरीय जीवन में समस्त

भौतिक संसाधनों की चकाचौंध देखी जा सकती है पर इस चकाचौंध में जीवन मूल्यों का निरन्तर पतन हो रहा है। लोगों में प्रेम, भाईचारा, सद्भाव, सहानुभूति, दया तथा ममता आदि के भाव निरन्तर लुप्त होते जा रहे हैं जिसके फलस्वरूप चोरी, डकैती, हत्याएँ मार-काट एवं अन्य अपराधों में दिन-प्रतिदिन वृद्धि हो रही है। इसका सबसे बड़ा कारण लोगों की तेज़ रफ़्तार से भागती हुई जिन्दगी है। महानगरीय जीवन की सबसे बड़ी कमी आपसी दिखावे की प्रतिस्पर्धा है। सब-के-सब एक होड़ में लगे हुए रहते हैं। धन और सम्मान की झूठी लालसा उन्हें पतन की गहराई तक ले जाती है। इस प्रकार की अतृप्त इच्छाएँ उन्हें अभिशप्त जीवन जीने के लिए भी बाध्य कर देती हैं। इस प्रकार हम देखते हैं कि महानगरीय जीवन सिक्के के दो पहलुओं की भाँति वरदान और अभिशाप का सम्मिश्रण है। यदि महानगरीय जीवन को स्वर्ग-सम बनाना है तो आपसी सकारात्मक प्रतिस्पर्धा को बढ़ाना होगा तथा मानवीय मूल्यों के आधार पर जीवन को जीना होगा।

21. बीता समय फिर नहीं लौटता

संकेत बिन्दु—• भूमिका, • समय का महत्व, • समय पालन से लाभ, • समय का सदुपयोग, • उपसंहार।

समय की चोटी को पकड़ो—किसी ने सच ही कहा है, तात्पर्य कि समय को पूर्व से ही पहचानकर उसकी तैयारी कर लो। संसार में जितने भी महापुरुष हुए हैं सभी ने एक स्वर के महत्व को स्वीकार कर अपने जीवन के प्रत्येक पल का सही उपयोग किया है। यदि धन नष्ट हो जाये, उसे दुबारा प्राप्त किया जा सकता है। किसी कारणवश मान-सम्मान होने पर पुनः प्रयत्न करके, अच्छे कार्य करके उसे दुबारा प्राप्त किया जा सकता है। समय हाथ से चला जाये तो लाख प्रयत्न करके भी उसे फिर से प्राप्त नहीं किया जा सकता है। समय के महत्व को देखते हुए ही अंग्रेजी में एक कहावत प्रसिद्ध है—टाइम इज़ गोल्ड। प्रायः असफल व्यक्तियों से सुना जाता है कि उसे समय ही नहीं मिला नहीं तो वह सफल अवश्य होता। वास्तव में ऐसे व्यक्ति आलसी होते हैं। उनके पास समय को उचित तरीके से उपयोग करने की कोई सही योजना नहीं होती है। यदि हम इतिहास पलटकर देखें तो पायेंगे कि प्रत्येक सफल व्यक्ति अपना प्रत्येक कार्य निर्धारित समयानुसार करते हैं। जो एक क्षण का अपव्यय कर लेता है उसे विद्या प्राप्त नहीं हो सकती है। अतः विद्यार्थियों को चाहिए कि वे अपने अध्ययन के लिए समुचित समय-तालिका का निर्धारण कर उसे कठोरता से पालन करें, तभी वे सफल हो सकते हैं—क्षणः त्यागे कुतो विद्या।

22. भारत का राष्ट्रीय ध्वज

संकेत बिन्दु—• भूमिका, • राष्ट्रीय ध्वज, • ध्वज का स्वरूप, • राष्ट्रीय ध्वज का महत्व, • उपसंहार।

भारतवर्ष विविधताओं का देश है। यहाँ विभिन्न जातियों, धर्मों और संस्कृतियों को मानने वाले लोग निवास करते हैं। भारत का ध्वज भी अपने अनेक रंगों से मिश्रित होकर अपने-आप में अनेक भावों को समाहित किये हुआ है। राष्ट्रीय ध्वज हर राष्ट्र के गौरव का प्रतीक होता है। 'तिरंगा' भारत का राष्ट्रीय ध्वज है। हमारे राष्ट्र के झण्डे में तीन रंग हैं इसलिए इसे तिरंगा कहते हैं। झण्डे में तीन रंगों की पट्टियाँ हैं। जिनका आकार समान है। झण्ड के सबसे ऊपर केसरिया रंग है जो वीरता और शौर्य को प्रकट करता है। बीच का हिस्सा सफेद रंग का है जो पवित्रता, त्याग एवं सादगी का प्रतीक है। नीचे के भाग का हरा रंग हमारे देश की हरी-भरी धरती और सम्पन्नता को दर्शाता है। ध्वज की मध्य सफेद पट्टी पर अशोक चक्र बना है। नीले रंग के अशोक चक्र में 24 पंक्तियाँ हैं। अशोक चक्र धर्म, विजय एवं प्रगति का द्योतक है। हमारी स्वतन्त्रता की लड़ाई में तिरंगे की एक मुख्य भूमिका रही। 15 अगस्त, 1947 को स्वतन्त्रता प्राप्त करने के बाद यह हमारा राष्ट्रीय ध्वज बना। राष्ट्रीय ध्वज का सम्मान करना प्रत्येक नागरिक का पावन कर्तव्य है। राष्ट्रीय ध्वज का अपमान दण्डनीय अपराध है। लहराता हुआ तिरंगा प्रत्येक भारतीय को राष्ट्र-प्रेम की भावना से ओत-प्रोत कर उसे एकता, समानता और लहराता हुआ सूत्र में बाँध देता है। भारत का राष्ट्रीय ध्वज भारत की शान का प्रतीक है जिसे लहराता हुआ देखकर भारतीय का सिर गर्व से ऊँचा हो जाता है।

23. शिक्षा का क्षेत्र

संकेत बिन्दु—• भूमिका, • शिक्षा की आवश्यकता, • शिक्षा की व्यापकता, • शिक्षा का व्यापक क्षेत्र, • उपसंहार।

अपनी व्यापकता के बाद भी आज बदलते समय में शिक्षा का क्षेत्र सिमटता जा रहा है। आज की शिक्षा पुस्तकीय ज्ञान, विचार तक ही सिमट कर रह गई है जबकि मनुष्य के जीवन की आवश्यकताएँ, अपेक्षाएँ पुस्तकीय ज्ञान से कहीं अधिक हैं। यह अत्यन्त दुःख का विषय है कि अब शिक्षा का अर्थ सिर्फ परीक्षा पास करना रह गया है। डिग्री प्राप्त करने हेतु दी गई परीक्षा में उत्तीर्ण होने के लिए पुस्तकीय ज्ञान अनिवार्य है जबकि हम यह जानते हैं कि पुस्तकीय ज्ञान सीमित क्षेत्र और सीमित समय के लिए ही होता है। जीवन के अन्य क्षेत्रों में सफल होने के लिए पुस्तकीय ज्ञान नहीं बल्कि व्यावहारिक ज्ञान का होना आवश्यक होता है अतः पुस्तकीय ज्ञान के अतिरिक्त विद्यार्थियों को, स्वास्थ्य, संस्कार, संस्कृति एवं रोजगारपरक शिक्षा भी दी जानी चाहिए जो उसे आत्मनिर्भर और व्यवहारकुशल नागरिक भी बना सके। भविष्य में इस तथ्य पर गहराई से विचार कर शिक्षा के स्वरूप को और अधिक विस्तृत और उपयोगी बनाये जाने की आवश्यकता पर बल दिया जाना चाहिए। पुस्तकीय ज्ञान तक सिमटी शिक्षा पुस्तकों के साथ छूटते ही हम भूल जाते हैं। मस्तिष्क में सदैव के लिए बैठ जाने वाली व्यावहारिक शिक्षा में हमें जीवन के प्रत्येक उतार-चढ़ाव में सहायता करती है। अतः हमें पुस्तकों से बाहर निकल कर अपने आस-पास की दुनिया, देश-विदेश की जानकारी, सामाजिक समस्याओं, और समाधानों की जानकारी, सद्भावना, समरसता, परोपकार आदि के गुणों को भी अपनाना चाहिए जिससे हमारा और समाज का वास्तविक विकास हो सकेगा और हम विश्व की प्रगति में अपना सहयोग दे सकेंगे। और 'या शिक्षा सा विमुक्तऐं' की सूक्ति चरितार्थ हो सकेगी।

24. भारत-विविध ऋतुओं का संगम

संकेत बिन्दु—• भूमिका, • ऋतुओं का संगम, • ऋतुओं का परिचय, • विविध ऋतुओं से लाभ, • उपसंहार।

भारत की संस्कृति को गहनता से परखा जाये तो यह विविध ऋतुओं का संगम है। इसीलिए भारत को ऋतुओं का देश कहा जाता है। मौसम की जितनी विविधताएँ भारत में हैं अन्यत्र दुर्लभ हैं। इस देश के बारह महीनों की छह ऋतुओं से हम सब परिचित हैं। प्रत्येक मास में ये ऋतुएँ जीवन का अलग-सा अनुभव प्रदान कर हमारे जीवन को रसमय बनाती हैं। ज्येष्ठ आषाढ़ का महीना ग्रीष्म ऋतु के आगमन का सूचक है। इस महीने में सूरज अपना प्रचण्ड रूप दिखलाता है। सूर्य की तीव्र आक्रमण से राहत वर्षा ऋतु में मिलती है। श्रावण भाद्रपद में वर्षा ऋतु अपनी निराली छवि दिखाती है। आकाश काले घने बादलों से घिर जाता है। शरद् ऋतु आश्विन कार्तिक के महीनों में अपने स्वच्छ निर्मल रूप से प्रवेश करता है। दशहरा और दीपावली इस ऋतु के प्रमुख त्योहार हैं। शरद ऋतु का मौसम अधिक सुखदायक होता है। मार्गशीर्ष से पौष तक हेमन्त ऋतु का आधिक्य रहता है। आयुर्वेद इस ऋतु को स्वस्थ ऋतु का मौसम अधिक सुखदायक होता है। मार्गशीर्ष से पौष तक हेमन्त ऋतु का आधिक्य रहता है। आयुर्वेद इस ऋतु को स्वस्थ ऋतु मानता है। धीरे-से शिशिर का संकेत कर हेमन्त अपने अगले अध्याय की प्रतीक्षा में लुप्त हो जाती है। शिशिर ऋतु अपने मिश्रित गुणों के कारण वन्दनीय है, शीत ऋतु में दिन छोटे व रात लम्बी होती हैं। क्रिसमय इस मौसम का विशिष्ट त्योहार है। शिशिर अपने अन्तिम चरण में संक्रान्ति पर्व के साथ पुनः आगमन की प्रतीक्षा में सो जाता है। वस्तुतः ये ऋतुएँ अपनी अनोखी रूपरेखा से मानव को हमेशा जीवन्त बनाये रखती हैं और प्रकृति की विभिन्न छटाओं से मानव मन को मुग्ध कर उसे ऊर्जावान कर देती है।

25. सत्संगति का महत्व

संकेत बिन्दु—• भूमिका, • सत्संगति का अर्थ, • सत्संगति की आवश्यकता, • सत्संगति लाभ, • उपसंहार।

'संसर्गजा दोष गुणाः भवन्ति'—संसर्ग से दोष गुण बन जाते हैं। 'सत्संगति' शब्द दो शब्दों से मिलकर बना है—'सत्' और संगति अर्थात्-अच्छी संगति। सत्पुरुषों के साथ निवास जिनके विचार अच्छी दिशा की ओर ले जायें सत्संगति कहलाती है। मनुष्य जिस वातावरण में अपना अधिक समय व्यतीत करता है उसका प्रभाव उस पर अनिवार्य रूप से पड़ता है। मनुष्य ही नहीं पशुओं एवं वनस्पतियों पर भी इसका असर होता है। मांसाहारी पशु को यदि शाकाहारी प्राणी के साथ रखा जाये तो उसकी आदतों में स्वयं ही परिवर्तन हो जायेगा। यही नहीं मनुष्य को भी यदि अधिक समय तक मानव से दूर पशु-संगति में रखा जाये तो वह भी शनैः-शनैः मनुष्य-स्वभाव छोड़कर पशु-प्रवृत्ति को ही अपना लेगा। सत्संगति के अनेक लाभ हैं। सत्संगति मनुष्य को सन्मार्ग की ओर अग्रसर करती है। सत्संगति व्यक्ति को उच्च सामाजिक स्तर प्रदान करती है विकास के लिए सुमार्ग की ओर प्रेरित करती है बड़ी-से-बड़ी कठिनाइयों का सफलतापूर्वक सामना करने की शक्ति प्रदान करती है ओर सबसे बढ़कर व्यक्ति को स्वाभिमान प्रदान करती है। सत्संगति के प्रभाव से पापी पुण्यात्मा और दुराचारी सदाचारी हो जाते हैं। अंगुलिमाल ने महात्मा बुद्ध की संगति में आने से हत्या, लूटपाट के कार्य को छोड़कर सदाचार के मार्ग को अपनाया। संतों के प्रभाव से आत्मा के मलिन भाव दूर हो जाते हैं तथा वह निर्मल बन जाता है। सत्संगति एक प्राणवायु है जिसके संसर्ग मात्र से मनुष्य सदाचरण का पालक बन जाता है। 'सठ सुधरहिं सत्संगति पाई। पारस परस कुधातु सुहाई'—तुलसीदास की इस पंक्ति से सत्संगति का महत्व स्वतः सिद्ध हो जाता है।

26. कम्प्यूटर : लाभ या हानि

संकेत बिन्दु—• भूमिका, • कम्प्यूटर की आवश्यकता, • कम्प्यूटर शिक्षा आवश्यकता, • कम्प्यूटर का व्यापक क्षेत्र, • लाभ, • उपसंहार।

वर्तमान में कम्प्यूटर हमारी रोजमर्रा की जिन्दगी में परम आवश्यकता बन चुकी है। कम्प्यूटर के अभाव में दैनिक जीवन के बहुत सारे कार्यों का सम्पादन असम्भव-सा हो गया है। मनुष्य ने विज्ञान के द्वारा अनेक शक्तियाँ, सुख-सुविधाएँ तथा चमत्कारी उपकरणों का आविष्कार किया है जिसमें कम्प्यूटर अत्यधिक और अद्‌भुत है। यह ऐसा इलेक्ट्रॉनिक मस्तिष्क है जिसने अपनी अनगिनत विशेषताओं के बल पर जीवन के प्रत्येक क्षेत्रों में अपनी उपस्थिति रखती है। विज्ञान और इंजीनियरिंग के क्षेत्र में गणित की जटिल तथा विस्तृत गिनतियाँ, विमानों पनडुब्बियों, शत्रु के निश्चित ठिकानों पर सटीक हमला करने वाली मिसाइलें कम्प्यूटर द्वारा ही संचालित होती हैं। अन्तरिक्ष तथा दूर संचार के क्षेत्र में कम्प्यूटर ने क्रान्ति ला दी है। चिकित्सा के क्षेत्र में कम्प्यूटरीकृत मशीनों के द्वारा चिकित्सा विज्ञान नई ऊँचाइयों को छू रहा है। जीवन के प्रत्येक क्षेत्र में आज कम्प्यूटर ने क्रान्ति ला दी है। चिकित्सा के क्षेत्र में कम्प्यूटरीकृत मशीनों के द्वारा चिकित्सा विज्ञान नई ऊँचाइयों को छू रहा है। जीवन के प्रत्येक क्षेत्र में आज कम्प्यूटर का उसकी उपयोगिता के कारण व्यापक रूप से प्रयोग हो रहा है। मनोरंजन के रूप में कम्प्यूटर आज घर-घर में पहुँच चुका है। इतने सारे लाभ के साथ इसकी कुछ हानियाँ भी हैं। इसके अधिक प्रयोग से स्वास्थ्य पर प्रतिकूल प्रभाव पड़ता है। कम्प्यूटर में स्थित जानकारियाँ अवांछित लोगों के पास चली जायें तो अनर्थ हो सकता है। कम्प्यूटर पर इन्टरनेट की सुविधा उपलब्ध होने के साथ ही यह ज्ञान का भण्डार बन गया है। छात्रों के लिए यह वरदान साबित हो रहा है। कम्प्यूटर के द्वारा वे सुगमता से गूढ़ ज्ञान को प्राप्त करने में सक्षम हो जाते हैं। कम्प्यूटर के कारण प्रत्येक क्षेत्र में विकास की गति दस गुनी से लेकर हज़ार गुनी तक बढ़ी है। कम्प्यूटर को विज्ञान की अद्‌भुत देन माना जाता है। आवश्यकता कम्प्यूटर के प्रयोग में अत्यधिक सावधानी बरतने की है। यदि बुद्धिमत्ता के साथ इसका प्रयोग किया गया तो यह वरदान है।

27. यदि मैं वृक्ष होता

संकेत बिन्दु—• भूमिका, • वृक्षों का महत्व, • परोपकारी जीवन, • पर्यावरण का अपरिहार्य अंग, • उपसंहार।

वृक्षों का जीवन अत्यंत परोपकारी होता है। वृक्ष जीवित अवस्था में तो प्राणियों की सहायता करते ही हैं मृत्यु के बाद भी उपयोगी हैं। यदि मैं वृक्ष होता तो मेरा जीवन भी केवल परोपकार के लिए ही होता है। मैं भी अन्य वृक्षों की तरह प्रकृति के सौन्दर्य एवं ऐश्वर्य का साक्षी होता है। मेरे ऊपर चिड़ियों का घर होता और मेरी सुबह उनकी मधुर चहचहाट प्रारम्भ होती। मेरी छाया में थके हुए पथिक और जीव-जन्तु विश्राम कर अपनी थकान मिटाते। और मेरे मीठे फलों को खाकर सन्तुष्ट होते। जैसा कि हम जानते हैं कि वृक्षों का असंख्य समूह ही वन का निर्माण करता है। वनों का हमारे पारिस्थितिक तन्त्र को नियन्त्रित करने में अहम योगदान है। वनों से जहाँ भोजन हेतु फल-फूल प्राप्त होते हैं वहाँ जलावन तथा भवन निर्माण के लिए लकड़ियाँ प्राप्त होती हैं। वन से हमें जड़ी बूटियाँ तथा सबसे महत्वपूर्ण शुद्ध हवा मिलती है। वन बनकर मैं प्रकृति के सौन्दर्य को पुन: वापस लाने में सहयोग करता और मानवीय सभ्यता को बचाने में सहायता करता। वैज्ञानिकों सहित लोगों में भी पर्यावरण के प्रति जागरूकता आई है। मैं भी पर्यावरण को उसी रूप में लाने के प्रयासों का भागी बनता। अत: यदि मैं भी वृक्ष होता तो समस्त जीवों के हितार्थ उपयोग में आता। मुझे मेरे नामों से तो कोई नहीं जानता लेकिन जिसके भी आँगन व बगीचे में मैं होता उसकी खुशी का मैं कारण बनता। मैं अपने शरीर के प्रत्येक भाग से मानव की सहायता कर अपने को कृतार्थ समझता।

28. व्यायाम का महत्व

संकेत बिन्दु—• भूमिका, • व्यायाम का महत्व, • व्यायाम के विविध रूप, • व्यायाम से लाभ, • उपसंहार।

शरीरमाद्यम् खलुधर्मसाधनम्—वेद वाक्य है। वेद वाक्य अकाट्य होता है। स्वस्थ शरीर में ही स्वस्थ मस्तिष्क का निवास है। शरीर को चिकित्सा के बिना ही स्वस्थ रखने के लिए व्यायाम सबसे उत्तम साधन है। मानव शरीर एक मशीन की तरह है। जिस प्रकार एक मशीन को काम में न लाने पर वह ठप पड़ जाती है, उसी तरह यदि शरीर का भी उचित संचालन न किया जाये तो उसमें कई तरह के विकार आने लगते हैं। व्यायाम शरीर के संचालन का एक अच्छा तरीका है। यह शरीर को उचित दशा और दिशा में रखने में सहायता करता है। व्यायाम के लिए अनेक प्रकार के आसनों की व्यवस्था की गई है। कुछ लोग दौड़ लगाते हैं तो कुछ दण्ड-बैठक करते हैं। बच्चे खेलकूद कर अपना व्यायाम करते हैं। बुजुर्ग सुबह-शाम तेज़ चाल से टहलकर अपना व्यायाम करते हैं। नवयुवकों में व्यायाम शालाओं में जाकर व्यायाम करने की प्रवृत्ति पाई जाती है। व्यायाम चाहे किसी भी प्रकार का हो, इससे बहुत लाभ होता है। शरीर में ताज़गी आती है तथा यह सुगठित बन जाता है। व्यायाम करने के लिए सुबह का समय सबसे उत्तम होता है। प्रात:काल में सूर्योदय से पूर्व जगकर व्यायाम करने से तन तथा मन दोनों स्वस्थ तथा नियन्त्रित रहता है। सुबह की वायु स्वच्छ व स्वास्थ्य के लिए लाभकारी होती। अत: प्रत्येक को व्यायाम के प्रति कटिबद्ध होकर बीमारियों से शरीर को दूर रखना चाहिए।

29. हमारी मेट्रो

संकेत बिन्दु—• भारत की प्रगति का नमूना, • लोकप्रियता के कारण, • मेट्रो का विस्तार।

महानगरों का जीवन बहुत जटिल होता है। इसके निवासियों को रोज लंबी दूरियाँ तय करनी पड़ती हैं। इसके लिये मेट्रो रेल का आविष्कार हुआ। मेट्रो रेल यह लोगों को सफर करने के लिए बहुत अत्याधुनिक साधन है। दिल्ली की जनसंख्या को देखकर मेट्रो की शुरुआत की है। लोगों को इसकी सुविधा मिलने से धन, समय और श्रम की बचत होने लगी। इसकी वज़ह से सड़क यातायात कम हो गया।

देश में मेट्रो की शुरुआत अटल बिहारी बाजपेयी ने 24 दिसंबर 2002 को की थी। मेट्रो रेल महानगरों के यातायात का तीव्रतम साधन है। इसके मार्ग सुरक्षित तथा अबाधित हैं इनके मार्ग में कहीं कोई रेलवे फाटक या अन्य अवरोध नहीं आता। इसलिए मेट्रो रेल हर दो-तीन मिनट बाद आती है और यात्रियों को अपने लक्ष्य तक ले जाती है यह आधुनिक साज-सज्जा से युक्त है। मेट्रो के कारण सड़क के वाहनों की कमी हो गई एवं प्रदूषण भी कुछ हद तक सीमित हो गया।

मेट्रो रेल के अंदर पूर्ण रूप से साफ-सफाई की जाती है। यह पूरी तरह से वातानुकूलित होती है। इसमें सभी आसानी से सफर कर पाते हैं। बस की तरह धूल और भीड़ नहीं होती। मेट्रो अन्य वाहनों से सस्ती पड़ती है। इसमें सी.सी.टी.वी. कैमरे होते हैं। यात्रियों की सुरक्षा का पूरा इंतजाम होता है। इस रेल में सफर करने वालों को टोकन या स्मार्ट कार्ड का प्रयोग करना पड़ता है। भारत में कलकत्ता, दिल्ली, मुंबई, जयपुर, हैदराबाद, लखनऊ, बेंगलुरु और चेन्नई में मेट्रो ट्रेनें चलती हैं।

30. अनुशासन क्यों?

संकेत बिन्दु—• अर्थ, • आवश्यकता, • प्रभाव।

''उत्तम स्वास्थ्य का आनन्द पाने के लिए, परिवार में खुशी लाने के लिए और सबको शान्ति प्रदान करने के लिए सबसे पहले अनुशासित बनने और अपने मस्तिष्क पर नियन्त्रण प्राप्त करने की आवश्यकता है।'' भगवान बुद्ध द्वारा सम्पूर्ण जगत को दिए गए इस सन्देश में अनुशासन को महिमा मण्डित किया गया है। 'अनुशासन' शब्द 'शासन' में 'अनु' उपसर्ग के जुड़ने से बना है, इस तरह अनुशासन का शाब्दिक अर्थ है—शासन

के पीछे चलना। प्रायः माता-पिता एवं गुरुजनों के आदेशानुसार चलना ही अनुशासन कहलाता है, किन्तु यह अनुशासन के अर्थ को सीमित करने जैसा है। व्यापक रूप से देखा जाए, तो स्वशासन अर्थात् आवश्यकतानुरूप स्वयं को नियन्त्रण में रखना भी अनुशासन ही है। अनुशासन के व्यापक अर्थ में, शासकीय कानून के पालन से लेकर सामाजिक मान्यताओं का सम्मान करना ही नहीं, बल्कि स्वस्थ रहने के लिए, स्वास्थ्य नियमों का पालन करना भी सम्मिलित है।

इस तरह, सामान्य एवं व्यावहारिक रूप से व्यक्ति जहाँ रहता है। वहाँ के नियम, कानून एवं सामाजिक मान्यताओं के अनुरूप आचरण एवं व्यवहार करना ही अनुशासन कहलाता है। यदि कहीं अनुशासनहीनता व्याप्त है, तो कहीं-न-कहीं इसमें अच्छे शासन का अभाव भी ज़िम्मेदार होता है। यदि परिवार के मुखिया का शासन सही नहीं है। तो परिवार में अव्यवस्था व्याप्त रहेंगी। यदि किसी स्थान का प्रशासन सही नहीं है तो वहाँ अपराध का ग्राफ स्वाभाविक रूप से ऊपर ही रहेगा। यदि राजनेता कानून का पालन नहीं करेंगे, तो जनता से इसके पालन की उम्मीद नहीं की जा सकती।

यदि खेल के मैदान में कैप्टन अनुशासित नहीं रहेगा तो टीम के अन्य सदस्यों से अनुशासन की आशा करना व्यर्थ है और यदि टीम अनुशासित नहीं है, तो उसकी पराजय से उसे कोई नहीं बचा सकता है। इसी तरह, यदि देश की सीमा पर तैनात सैनिकों का कैप्टन अनुशासित न हो, तो उसकी सैन्य टुकड़ी कभी अनुशासित नहीं हर सकती। परिणामस्वरूप देश की सुरक्षा निश्चित रूप से खतरे में पड़ जाएगी। राष्ट्रपिता महात्मा गाँधी के शब्दों में, "अनुशासन के बिना न तो परिवार चल सकता है और न संस्था न राष्ट्र ही" सचमुच यदि कर्मचारीगण अनुशासित न हों, तो वहाँ भ्रष्टाचार का बोल-बाला हो जाता। अनुशासन के अभाव में किसी भी समाज में अराजकता व्याप्त हो जाती है। अतः अनुशासन किसी भी समाज की मूलभूत आवश्यकता है। अनुशासन न केवल व्यक्तिगत हित बल्कि सामाजिक हित के दृष्टिकोण से भी अनिवार्य है।

31. सत्यमेव जयते

संकेत बिन्दु—• भाव, • झूठ के पाँव नहीं होते, • सत्य ही परम धर्म।

'सत्यमेव जयते' का अर्थ है सत्य की ही विजय होती है। यह सूक्ति-वाक्य मुंडकोपनिषद से उद्धृत है। इस वाक्य का सर्वप्रथम प्रयोग भारत के महान सम्राट अशोक ने अपने राजचिन्ह के रूप में किया था। भारत को लंबे संघर्ष के बाद आज़ादी मिली, आज़ादी के समय के जो भारतीय विचारक, समाज सुधारक और महान स्वतन्त्रता सेनानी थे, उन्होंने 'सत्यमेव जयते' को राष्ट्रीय आदर्श वाक्य के रूप में अपनाया। वास्तव में सत्य की सदैव ही विजय होती है। कहावत भी है कि झूठ के पाँव नहीं होते अर्थात् झूठ कभी भी स्थायी नहीं होता है। सत्य को जीतने में भले ही समय लगे परंतु झूठ कभी भी सत्य से आगे नहीं आता। सत्य कमजोर पड़ सकता है परन्तु हार नहीं सकता अर्थात् सत्य के आगे लाखों झूठ के आडंबर अपने पैर अड़ाए पर सत्य रूपी धर्म का आश्रय लेकर सत्य के मार्ग का आजीवन अनुसरण करता है उसका जीवन सफल हो जाता है। भारत की अनेक महान विभूतियों ने सत्य मार्ग का अनुसरण कर अपने जीवन को धन्य कर लिया है।

32. लड़का-लड़की एक समान

संकेत बिन्दु—• ईश्वर की देन, • भेदभाव के कारण, • दृष्टिकोण कैसे बदलें।

लड़का-लड़की जब होगा एकसमान, तब भारत बनेगा महान। वास्तव में लड़कों और लड़कियों के प्रति हमारे देश में समान रूप से व्यवहार नहीं किया जाता है। नगरीय क्षेत्र में कुछ हद तक समानता है भी परंतु ग्रामीण क्षेत्रों में लड़का-लड़की में आकाश-पाताल का अंतर समझा जाता है। निरक्षरता, लिंग गलत व्याख्या, महिलाओं के प्रति पुरुष की भावना, चेतना की कमी आदि लैंगिक समानता को सुनिश्चित करने में हमारी असफलता के लिए जिम्मेदार है। हमारे देश में महिलाओं को नये प्रतिबंधों का सामना करना पड़ता है। कुछ परिवारों में लिंग भेदभाव के परिणामस्वरूप वे शिक्षा से वंचित हैं। समाज और राष्ट्र के विकास के लिए हमें लड़कियों के प्रति अपने दृष्टिकोण को बदलना चाहिए। महिलाओं को ठीक से शिक्षित और नियोजित किया जाना चाहिए। उन्हें समाज के विभिन्न क्षेत्रों में उचित सम्मान और क्षमता दी जानी चाहिए।

33. शिक्षक-शिक्षार्थी सम्बन्ध

संकेत बिन्दु—• संबंधों की परंपरा, • वर्तमान समय में आया अंतर, • हमारा कर्तव्य।

भारत में शिक्षक और शिक्षार्थी के मध्य सदियों से पवित्र संबंध रहा है। शिक्षक को देवता से ऊपर का दर्जा दिया गया है।' गुरु गोविंद दोऊ खड़े काके लागूँ पायँ, बलिहारी गुरु आपने गोविंद दियो बताय।' माता-पिता शिक्षक पर पूर्ण विश्वास कर अपनी संतान को विद्यालय भेजते हैं। जहाँ शिक्षक अपनी पूरी क्षमता से शिक्षार्थी को शिक्षित करता है। सच्चा शिक्षक शिक्षार्थी की समस्त सफलता और असफलता का श्रेय अपने ऊपर लेता है। समय की गतिशीलता के कारण शिक्षक शब्द का अर्थ, महत्व और कर्तव्य सभी परिवर्तित होते चले गए। पहले जहाँ गुरु सदैव शिष्य के साथ रहता था वहीं आज वह शिक्षक बन मात्र कुछ घंटे ही शिक्षार्थी के साथ रहता है। आज शिक्षक का कार्य मात्र शिक्षा भर देना रह गया है। कक्षा में जाकर अपनी कुर्सी पर बैठकर कर जब वह अध्यापन करता है तो उस समय न तो वह इस ओर ध्यान देता है कि क्या उसका छात्र उसकी बात को समझ रहा है और न ही छात्र ऐसा आवश्यक मानता है कि वह पूरी तरह से शिक्षक के ज्ञान से लाभान्वित हो सके। वर्तमान परिवेश में हमारा कर्तव्य बनता है कि शिक्षक और शिक्षार्थी परस्पर मित्रवत् व्यवहार रखें। आज का युग विज्ञान का युग है जहाँ सिद्धान्तों पर तर्क हावी हो रहा है। ऐसे वातावरण में आज के शिक्षक के सामने कठिन चुनौतियाँ हैं।

अभ्यास-प्रश्न

दिए गए संकेत-बिन्दुओं के आधार पर अनुच्छेद लिखें—

1. कम्प्यूटर : आज की आवश्यकता

   * प्रस्तावना * विश्व की तीसरी आँख * कम्प्यूटर की उत्पत्ति * संरचना * कम्प्यूटर के लाभ एवं हानियाँ * उपसंहार

   ....
   ....
   ....
   ....
   ....
   ....
   ....
   ....

2. भारतीय गाँव और नगर

   * नगर और गाँव की तुलना * गाँव के सुख * गाँव के दु:ख * संरचना * नगरों के दु:ख * निष्कर्ष

   ....
   ....
   ....
   ....
   ....
   ....
   ....
   ....

3. लड़का-लड़की एक समान, दोनों से ही घर की शान

   * लड़का-लड़की दोनों ईश्वर की देन * प्रकृति का संतुलन आवश्यक * आज का मनुष्य-समाज पुरुष प्रधान * पुरुषों को अधिक स्वतन्त्रता * स्त्रियों को हीन दृष्टि से देखा जाना

   ....
   ....
   ....
   ....
   ....
   ....
   ....
   ....

4. समय का महत्व

   * समय का अवसर कभी ठहरते * समय का सदुपयोग कैसे * समय के दुरुपयोग के परिणाम * समय का सदुपयोग करने वालों के कुछ उदाहरण * सफलता समय की दासी है।

   ....
   ....
   ....
   ....
   ....
   ....

....

....

5. आज की बचत कल का सुख

* भूमिका * बचत का अर्थ और महत्त्व * बूँद-बूँद से घड़ा भरता है * बचत के लिए उपाय * उपसंहार।

....

....

....

....

....

....

....

....

6. मेरा प्रिय खेल

* भूमिका * खेल और स्वास्थ्य * खेल प्रिय क्यों है * निष्कर्ष

....

....

....

....

....

....

....

....

7. पर्यटन एवं दर्शनीय स्थल

* पर्यटन का अर्थ * विकास का सूत्रधार * पर्यटन—एक उद्योग * पर्यटन के लाभ * पर्यटन—एक शौक।

....

....

....

....

....

....

....

....

8. मेरी प्रिय पुस्तक

* प्रस्तावना * पुस्तक का नाम और लेखक * विषय * प्रिय होने का कारण * पुस्तक का आधार * पुस्तक के सम्बन्ध में सम्मतियाँ।

....

....

....

....

....

....

....

....

अभ्यास हेतु अन्य अनुच्छेद

1. मेरे सपनों का भारत
2. इक्कीसवीं सदी का भारत
3. सहशिक्षा
4. आँखों देखी किसी घटना का वर्णन
5. साँच बराबर तप नहीं
6. मन के हारे हार है, मन के जीते जीत
7. प्रातःकालीन व्यायाम/सैर
8. इंटरनेट की दुनिया
9. महँगाई की समस्या
10. भारत की सांस्कृतिक एकता
11. भारत और भारत के पड़ोसी देश
12. नये युग का भारत
13. फैशन और विद्यार्थी
14. आज की शिक्षा प्रणाली
15. पुस्तकालय
16. मेरी सर्वाधिक प्रिय ऋतु
17. राजनीति और भ्रष्टाचार
18. साँच को आँच नहीं
19. गुरु-शिष्य सम्बन्ध
20. आधुनिक संसाधनः वरदान या अभिशाप

पत्र लेखन

|2|

पत्र-लेखन एक महत्वपूर्ण कला है। यह कला जन-सामान्य के जन-जीवन से सम्बन्धित है। यद्यपि आज संचार के कई साधन उपलब्ध हैं, परन्तु पत्र-लेखन का अपना अलग ही महत्व है। आज भी सरकारी कामकाज के लिए पत्र लिखने की आवश्यकता होती है।

पत्र दो प्रकार के होते हैं—

औपचारिक पत्र	अनौपचारिक पत्र
औपचारिक पत्र उन व्यक्तियों को लिखे जाते हैं जिनसे हमारा कोई व्यक्तिगत परिचय नहीं होता। इसमें तथ्यों और सूचनाओं को अधिक महत्व दिया जाता है। यह पत्र नियमों में बँधे होते हैं। इसके अन्तर्गत आवेदन-पत्र, शिकायती-पत्र, सम्पादक को पत्र, व्यावसायिक पत्र तथा अन्य सरकारी कार्यालयों आदि के पत्र आते हैं।	जिन व्यक्तियों से हमारा निजी सम्बन्ध होता है, उन्हें अनौपचारिक पत्र लिखे जाते हैं। ऐसे पत्र परिवार के सदस्यों, मित्रों, सगे-सम्बन्धियों आदि को लिखे जाते हैं।

पत्र लिखने में निम्नलिखित मुख्य बिन्दुओं पर ध्यान देना अनिवार्य है—

- ☞ पत्र की भाषा सरल, सटीक तथा सुलझी हुई होनी चाहिए।
- ☞ पत्र लिखने वाले का नाम, पता सब कुछ साफ अक्षरों में लिखा जाना चाहिए।
- ☞ संबोधन के लिए उचित सम्मानजनक शब्दों का प्रयोग होना चाहिए।
- ☞ बड़ों को सम्बोधित करते समय आदरणीय, पूज्यनीय इत्यादि शब्दों का प्रयोग करना चाहिए।
- ☞ व्यापारिक पत्र, प्रार्थना-पत्र, शिकायत-पत्र इत्यादि में महोदय, महोदया, माननीय एवं माननीया शब्दों का प्रयोग करना चाहिए।
- ☞ यदि ज्ञात हो तो पिन कोड अवश्य लिखना चाहिए।

पत्रों का आरम्भ और समापन

1. अनौपचारिक पत्र

सम्बन्ध	सम्बोधन	अभिवादन	समापन
माता-पिता, दादा-दादी, बड़े भाई-बहन, आचार्य, शिक्षक, मित्र, सखी, छोटा भाई/बहन	पूज्य, पूज्या, आदरणीय, प्रिय मित्र, सुहृदय प्रिय	सादर चरण स्पर्श, सादर प्रमाण, नमस्ते, सुभाशीष, स्नेह	आपका प्रिय पुत्र, पौत्र, स्नेहाभिलाषी, कृपाकांक्षी, तुम्हारा अभिन्न मित्र, तुम्हारा अग्रज, शुभेच्छु

2. औपचारिक पत्र

सम्बन्ध	सम्बोधन	समापन
प्रधानाचार्य/प्रधानाचार्या, डाकपाल, जलबोर्ड अधिकारी, विद्युत अधिकारी	मान्यवर, श्रीमान, महोदय, महोदया आदि।	आपका आज्ञाकारी शिष्य, भवदीय, विनीत, प्रार्थी आदि।

औपचारिक पत्र चार प्रकार के होते हैं—

1. आवेदन पत्र
2. व्यावसायिक पत्र
3. सरकारी पत्र
4. अव्यावसायिक संस्थाओं के साथ पत्राचार

1. आवेदन पत्र—आवेदन पत्रों के माध्यम से उच्चाधिकारी को आवेदक अपनी दशा सूचित करता है साथ ही किसी प्रकार की मदद के लिए प्रार्थना करता है। इन पत्रों की निम्नलिखित विशेषताएँ हैं—

- ➡ विनम्रता व शिष्टता का प्रदर्शन।
- ➡ अनावश्यक विचार पर ध्यान न देते हुए अपनी बात संक्षेप में करनी चाहिए।
- ➡ पूर्णता का विशेष ध्यान रखा जाना चाहिए। कोई भी महत्वपूर्ण बात छूटनी नहीं चाहिए।

- आवेदन पत्र तथ्यों पर आधारित होने चाहिए।

2. व्यावसायिक पत्र—व्यापारियों को सामान की खरीद के लिए लिखे जाने वाले पत्र व्यावसायिक पत्र कहलाते हैं। विभिन्न व्यावसायिक संगठनों के बीच होने वाला पत्र व्यवहार इसी वर्ग में आता है। व्यावसायिक संस्थान अपने ग्राहकों की शिकायतें दूर करने, अपने नए माल की जानकारी आदि देने के लिए व्यावसायिक पत्रों का प्रयोग करते हैं। जैसे—

- उपभोक्ता
- व्यापारिक संस्थान
- बैंक, बीमा कम्पनी
- सरकारी कार्यालय अथवा गैर-सरकारी कार्यालय

व्यावसायिक पत्रों की विशेषताएँ—

- स्पष्टता
- पूर्णता
- संक्षिप्तता
- सद्‌भावता
- शिष्टता
- प्रभावोत्पादकता

3. सरकारी पत्र—सरकारी पत्रों को शासकीय पत्राचार भी कहते हैं। सरकारी पत्राचार निम्न विभागों व व्यक्तियों के मध्य होता है।

- विभिन्न सरकारी विभाग
- सरकार व विभिन्न संस्थाएँ
- सरकार तथा सरकार के बाहर के लोगों के मध्य

4. अव्यावसायिक संस्थाओं के मध्य पत्राचार—वे सभी संस्थाएँ जो व्यावसायिक कार्यों में संलग्न नहीं हैं। उनके द्वारा भेजे जाने वाले पत्र या उनके द्वारा किसी व्यक्ति को लिखे जाने वाले पत्र या उनके द्वारा किसी व्यक्ति को लिखे जाने वाले पत्र इस वर्ग में आते हैं। धार्मिक, साहित्यिक तथा आध्यात्मिक क्रियाकलापों से सम्बन्धित अनेक संस्थाएँ जैसे सनातन धर्म समाज, आर्यसमाज, हिन्दी-साहित्य सम्मेलन, पतंजलि योग पीठ, भारतीय हिन्दी परिषद् आदि इसी वर्ग में आते हैं। इस प्रकार की स्वैच्छिक संस्थाओं के पत्राचार को संस्थागत पत्राचार भी कहा जाता है।

1. औपचारिक पत्र (आवेदन पत्र)

1. अपने विद्यालय के प्रधानाचार्य को स्थानांतरण प्रमाण-पत्र के लिए आवेदन-पत्र लिखिए।

सेवा में
श्रीमान प्रधानाचार्य
डी. ए. वी. विद्यालय
सेक्टर-14
रोहिणी, नई दिल्ली
दिनांक—24 अक्टूबर, 20...
विषय—स्थानांतरण प्रमाण-पत्र हेतु
महोदय,
सविनय निवेदन है कि मैं आपके विद्यालय में कक्षा दसवीं 'अ' का छात्र हूँ। मेरे पिताजी का स्थानांतरण आगरा हो गया है। हमारा समस्त परिवार अब आगरा जा रहा है। मैं भी अपने परिवार के साथ आगरा जा रहा हूँ और वहीं से अपनी आगे की पढ़ाई करूँगा। मुझे वहाँ नए विद्यालय में प्रवेश करने के लिए इस विद्यालय से स्थानांतरण पत्र की आवश्यकता है। अत: आपसे अनुरोध है कि आप मुझे स्थानांतरण पत्र, संलग्न चरित्र प्रमाण-पत्र शीघ्रातिशीघ्र जारी करने की कृपा करें।
धन्यवाद
आपका आज्ञाकारी छात्र
नीरज सलूजा
कक्षा—दसवीं 'अ'
अनुक्रमांक—5

आवेदन

2. प्रधानाचार्य को कक्षा में किए गए अमानवीय व्यवहार के लिए क्षमा-याचना प्रार्थना पत्र लिखिए।

सेवा में
श्रीमान प्रधानाचार्य महोदय
रा. उ. मा. विद्यालय
पश्चिम विहार, नई दिल्ली
दिनांक: 13 जून 20...
विषय—अमानवीय व्यवहार के लिए क्षमा–याचना हेतु
माननीय महोदय,
सविनय निवेदन है कि मैं आपके विद्यालय में दसवीं कक्षा का छात्र हूँ। मैंने अपनी कक्षा के दो सहपाठियों के साथ मिलकर शरारत की एवं कमरे का फर्नीचर तोड़ डाला। इन दोनों सहपाठियों के साथ मिलकर मेरी अक्ल पर पर्दा पड़ गया। मुझे ऐसा नहीं करना चाहिए था। अब मैं बहुत पछता रहा हूँ। कक्षा अध्यापिका जी ने मुझसे 500 रुपये दण्ड (जुर्माना) स्वरूप माँगे हैं। मेरे पिताजी एक गरीब आदमी हैं। वह यह दण्ड राशि नहीं दे पाएँगे। मैं आपसे प्रार्थना करता हूँ कि मुझे इस बार क्षमा कर दिया जाए। मैं आश्वस्त करता हूँ कि मैं दोबारा कोई बुरा काम नहीं करूँगा। मुझे एक अवसर प्रदान करने की कृपा करें। आपकी अति कृपा होगी।
धन्यवाद
आपका आज्ञाकारी शिष्य
सुभाष गुप्ता
कक्षा—दसवीं 'ब' (ब)

शिकायती/सुझाव

3. चोरी की रिपोर्ट के लिए थाना प्रभारी को पत्र लिखिए।

सेवा में
श्रीमान थाना–प्रभारी जी
थाना पहाड़गंज, नई दिल्ली
दिनांक—25 दिसम्बर, 20...
विषय—चोरी की रिपोर्ट लिखवाने के लिए थाना-अधिकारी को पत्र।
मान्यवर महोदय,
सविनय निवेदन है कि गत रात हमारे पड़ोस में श्री मोहनलाल मक्कड़ के घर में चोरी हो गई है। वे किसी विवाह समारोह में सम्मिलित होने के लिए जम्मू गए हुए थे, इस अवसर का लाभ उठाते हुए चोरों ने उनके घर को निशाना बनाया एवं घर का ताला तोड़कर कीमती सामान ले गए। प्रात:काल उनके घर का दरवाजा टूटा हुआ था एवं घर का सारा सामान बिखरा पड़ा था। उनके घर में किसी असामाजिक तत्व द्वारा और हानि न हो, इसके लिए हम आपका ध्यान इस ओर आकर्षित रहे हैं। अतः आपसे अनुरोध है कि घटनास्थल का निरीक्षण करके उचित कार्यवाही करें।
धन्यवाद
भवदीय
मंत्री
मोहल्ला सुधार कमेटी

शिकायती/सुझाव पत्र

4. मोहल्ले की सफाई के लिए नगर निगम के स्वास्थ्य अधिकारी को पत्र लिखिए।

सेवा में
श्रीमान स्वास्थ्य अधिकारी
दिल्ली नगर निगम
अशोक नगर, नई दिल्ली
दिनांक—25 फरवरी, 20XX

विषय—मोहल्ले की सफाई के सम्बन्ध में पत्र।

माननीय महोदय,

इस पत्र के माध्यम से मैं आपका ध्यान अपने क्षेत्र अशोक नगर की ओर आकर्षित कराना चाहता हूँ। इस क्षेत्र से कई पत्र आपके विभाग में भेजे जा चुके हैं, परन्तु शायद सम्बन्धित अधिकारियों ने उन्हें बिना पड़े ही रद्दी की टोकरी में डाल दिया। इस क्षेत्र में सफाई कर्मचारी अपने कर्त्तव्य का पालन नहीं कर रहे हैं। स्थान-स्थान पर कूड़े के ढेर लगे हैं। पन्द्रह दिन से सफाई कर्मचारी नहीं आए हैं। मोहल्ले का वातावरण दूषित हो गया है। चारों ओर मच्छर व मक्खियों का साम्राज्य पनप रहा है, दुर्गन्ध से उठना-बैठना, खाना-पीना सब दुश्वार हो गया है। सड़कों पर नालियों का पानी आ रहा है, जिससे आने-जाने में भी अब असुविधा हो रही है। यदि अब सफाई न हुई तो महामारी फैलने की आशंका है। अतः आपसे प्रार्थना है कि यहाँ जल्द से जल्द सफाई कर्मचारी भेजने का प्रबन्ध करें, इसके लिए हम सदा आपके आभारी रहेंगे।

भवदीय

डी. एन. शर्मा (मंत्री)

अशोक नगर, नई दिल्ली

शिकायती/सुझाव पत्र

5. निकटस्थ डाकघर को पत्र लिखकर सूचित कीजिए कि पहली जून से 30 जून तक आपकी डाक डाकघर में ही सँभाली जाए, क्योंकि उन दिनों आप घर पर नहीं होंगे।

सेवा में

डाक अधीक्षक

'पावरा' डाकघर

जोधपुर

दिनांक—25 मई, 20XX

विषय—डाकपाल को सूचना हेतु पत्र।

महोदय

प्रार्थना है कि मैं 65 लक्ष्मीनगर, पावरा 'बी' रोड का निवासी हूँ। मैं अपने परिवार के साथ शहर से बाहर 1 जून से 30 जून तक के लिए जा रहा हूँ/रही हूँ। अतः आपसे अनुरोध है कि उक्त दिनों में यदि कोई भी हमारी डाक आपके डाकघर में आए तो उसे वहीं सुरक्षित रखने का कष्ट करें। मैं वापस आकर स्वयं अपनी डाक ले लूँगा। आपका अति आभार रहेगा।

धन्यवाद

कमलेश कुमार

65 लक्ष्मीनगर, पावरा 'बी' रोड, जोधपुर

आवेदन पत्र (नौकरी के लिए)

6. अपनी योग्यताओं का विवरण देते हुए प्राथमिक शिक्षक के पद के लिए अपने जिले के शिक्षा-अधिकारी का आवेदन-पत्र लिखिए।

सेवा में

जिला शिक्षा अधिकारी

उदयपुर, (राज.)

दिनांक—2 अप्रैल 20XX

विषय—प्राथमिक शिक्षक के पद के लिए आवेदन-पत्र।

मान्यवर,

रोजगार समाचार 'दिनांक 16/4/20XX के माध्यम से यह ज्ञात हुआ कि आपके अधीन प्राथमिक शिक्षकों के कुछ स्थान रिक्त हैं तथा उनके लिए आवेदन-पत्र आमन्त्रित किए गए हैं। मैं भी इसी पद के लिए अपना आवेदन-पत्र सेवा में प्रस्तुत कर रही हूँ। मेरी शैक्षणिक योग्यताएँ, अनुभव तथा अन्य विवरण निम्नलिखित हैं—

मैंने उदयपुर विश्वविद्यालय में स्नातक की उपाधि द्वितीय श्रेणी में उत्तीर्ण की है।

मैंने राजस्थान माध्यमिक शिक्षा बोर्ड से 1997 में इण्टरमीडिएट की परीक्षा भी द्वितीय श्रेणी में उत्तीर्ण की है।

मैंने राजस्थान माध्यमिक शिक्षा बोर्ड से ही वर्ष 1995 में हाईस्कूल की परीक्षा प्रथम श्रेणी में उत्तीर्ण की है।

मैंने राजकीय शिक्षक प्रशिक्षण केन्द्र उदयपुर (राज.) से बेसिक टीचर कोर्स वर्ष 2002 में सफलतापूर्वक पूरा किया है। (STC) इस परीक्षा में भी अच्छे अंक प्राप्त किए।

मैं जुलाई 2008 से डी. ए. वी. हायर सैकेण्डरी स्कूल, उदयपुर में प्राथमिक शिक्षिका के पद पर कार्यरत हूँ।

मैंने अपने विद्यार्थी जीवन में सांस्कृतिक कार्यक्रमों में भाग लेकर कई पुरस्कार भी प्राप्त किए हैं। मैं 36 वर्षीय स्वस्थ महिला हूँ।

आशा है कि आप मुझे सेवा का एक अवसर प्रदान करेंगे। मैं आपको विश्वास दिलाती हूँ कि मैं चयन किये जाने के पश्चात् अपने कर्त्तव्यों का पूर्ण निष्ठा के साथ पालन करूँगी। आवेदन पत्र के साथ प्रमाण-पत्रों के प्रतिरूप संलग्न है।

धन्यवाद

प्रार्थी

अनिता कुमारी

अबस नगर

दूरभाष सं. : 0000000000

आवेदन

7. विद्यालय में एक संगीत-सम्मेलन करने की अनुमति देने हेतु अपने प्रधानाचार्य से अनुरोध कीजिए।

सेवा में

प्रधानाचार्य,

सर्वोदय बाल विद्यालय

जनकपुरी, दिल्ली

दिनांक—8 अप्रैल 20XX

विषय—संगीत सम्मेलन करने की अनुमति हेतु।

महोदय,

सविनय निवेदन है कि हम 14 सितम्बर को हिन्दी दिवस के अवसर पर एक संगीत सम्मेलन का आयोजन करना चाहते हैं। इसमें विद्यार्थी एवं अध्यापक-अध्यापिकाएँ अपनी-अपनी प्रतिभा का प्रदर्शन करेंगे। इस अवसर पर अन्य ख्याति प्राप्त संगीतकारों को भी आमन्त्रित किया जाएगा। कृपया आप हमें अनुमति प्रदान करें कि हम अपने संगीत सम्मेलन के लिए संगीतकारों को आमन्त्रित करें।

इस संगीत सम्मेलन में विद्यालय के संगीत के शिक्षक एवं शिक्षिका भी अपना पूर्ण सहयोग प्रदान करेंगे।

धन्यवाद!

आपका आज्ञाकारी शिष्य

राजीव

विद्यालय छात्र प्रमुख

सम्पादक

8. विद्यालयों में योग-शिक्षा का महत्व बताते हुए किसी समाचार-पत्र के सम्पादक को पत्र लिखिए।

सेवा में

सम्पादक महोदय

दैनिक जागरण,

सेक्टर 20

नोएडा, गौतमबुद्ध नगर

दिनांक—1 मार्च 20XX

विषय—योग-शिक्षा का महत्व हेतु।

महोदय,

जन-जन की आवाज, जन-जन तक पहुँचाने के लिए कटिबद्ध आपके पत्र के माध्यम से मैं विद्यालय में योग-शिक्षा के महत्व को बताना चाहती हूँ।

योग शिक्षा के माध्यम से विद्यार्थी स्वास्थ्य के प्रति जागरूक होंगे। योग शिक्षा उनके स्वास्थ्य के लिए लाभप्रद है।

योग के माध्यम से वे अपने शरीर की नकारात्मक ऊर्जा बाहर निकाल सकते हैं। जिससे सकारात्मक ऊर्जा को ग्रहण कर, वह स्वयं को ऊर्जावान महसूस कर सकते हैं। योग के द्वारा कई लाइलाज बीमारियों को भी जड़ से समाप्त किया जा सकता है। यह हमारे स्वास्थ्य के लिए जीवनदायिनी औषधि की भाँति है। आप अपने समाचार-पत्र के माध्यम से पाठकों को योग-शिक्षा ग्रहण करने के लिए आग्रह करें।

सधन्यवाद !

भवदीया

नीतू

आगरा।

शिकायती पत्र

9. अपने क्षेत्र में जलभराव की समस्या की ओर ध्यान आकृष्ट करते हुए स्वास्थ्य अधिकारी को एक पत्र लिखिए।

सेवा में

स्वास्थ्य अधिकारी

आगरा नगर निगम

आगरा

दिनांक—2 अगस्त, 20XX

विषय—जलभराव की समस्या हेतु।

महोदय,

मैं लोहामंडी क्षेत्र की निवासी हूँ तथा आपका ध्यान अपने क्षेत्र में जलभराव से हो रही समस्याओं की ओर आकर्षित करना चाहती हूँ। वर्षा ऋतु के पश्चात् जगह-जगह सड़कों पर जलभराव हो गया जिसके कारण मच्छरों का प्रकोप बढ़ गया है साथ ही आने-जाने वालों की गाड़ियाँ पानी चले जाने के कारण खराब हो जाती हैं तथा वे दुर्घटना के शिकार हो जाते हैं। जलभराव से संपूर्ण क्षेत्र में दुर्गंध फैल रही है। ऐसा नहीं है कि हमारे क्षेत्र में सफाई कर्मचारी नहीं आते अपितु वे नियमित रूप से अपने कर्तव्यों का निर्वाहन नहीं करते तथा वे उस जलभराव की समस्या का समाधान नहीं करते हैं। कई बार मौखिक रूप से क्षेत्रीय सफाई निरीक्षक से भी कहा गया तथा लिखित रूप में भी इसकी चर्चा की, परन्तु किसी के कान पर जूँ तक नहीं रेंगी। वर्षा से पानी का भराव गंदी नालियों और सफाई न होने के कारण पूरे क्षेत्र में मलेरिया के फैलने की भी सम्भावना बढ़ गई है। यह चिंता का विषय है।

अतः आपसे अनुरोध है कि लोहामण्डी क्षेत्र के निवासी की इस समस्या के समाधान के लिए संबंधित अधिकारियों तथा कर्मचारियों को उचित निर्देश देने की कृपा करें। जिससे कि पूरा क्षेत्र इस जलभराव की समस्या से बच सके।

मुझे आशा है कि आप हमारे क्षेत्र की सफाई करवाने के लिए तुरंत आवश्यक कार्यवाही करेंगे।

भवदीय

अ ब स

10. किसी महिला के साथ बस में हुए अभद्र व्यवहार को रोकने में बस कंडक्टर के साहस कर्तव्यपरायणता की प्रशंसा करते हुए परिवहन विभाग के प्रबंधक को पत्र लिखिए।

सेवा में

प्रबंधक,

दिल्ली परिवहन विभाग

दिल्ली—110001

दिनांक—10 जनवरी, 20XX

विषय—बस कंडक्टर के प्रशंसनीय व्यवहार हेतु।

महोदय,

इस पत्र द्वारा मैं आपको आपकी बस के एक कंडक्टर के प्रशंसनीय व्यवहार से अवगत करा रहा हूँ। मैं विकासपुरी का निवासी हूँ तथा प्रतिदिन 860 नं. की रूट बस से गाँधीनगर जाता हूँ। गत 20 अप्रैल की बात है, मैं गाँधीनगर से 860 नं. की बस से सायंकाल लगभग 7.00 बजे अपने घर लौट रहा था कि मोतीनगर के बस स्टॉप से कुछ मनचले बस में चढ़ गए। उन्होंने बस में बैठी एक महिला यात्री के साथ छेड़खानी तथा अभद्र व्यवहार किया। बस कंडक्टर ने साहस के साथ उन युवकों का सामना किया और बहादुरी से उन्हें धरदबोचा। यात्रियों के सहयोग से बस कंडक्टर उन युवकों को पुलिस स्टेशन में ले गया। जहाँ पुलिस अधिकारी ने बस कंडक्टर के साहस एवं कर्त्तव्यपरायणता के प्रशंसकीय व्यवहार की सराहना की।

अतः आपसे आग्रह है कि आप कंडक्टर श्री रामप्रकाश को उनके साहस और प्रशंसनीय व्यवहार के लिए सम्मानित करें, जिसके परिणामस्वरूप अन्य कर्मचारियों को भी प्रेरणा मिल सके।

धन्यवाद,

भवदीय

अशोक कुमार

आवेदन पत्र

11. अपनी योग्यता तथा खेलों में रुचि का परिचय देते हुए अपने विद्यालय के प्रधानाचार्य महोदय को विद्यालय के वार्षिकोत्सव के अवसर पर आयोजित खेलों में भाग लेने की अनुमति के लिए प्रार्थना-पत्र लिखिए।

सेवा में

श्रीमती प्रधानाचार्य जी

दयानन्द बाल मन्दिर

गाजियाबाद

दिनांक—5 नवम्बर 20XX

विषय—वार्षिकोत्सव में आयोजित खेलकूद में भाग लेने के हेतु पत्र।

महोदया,

सविनय निवेदन यह है कि मैं आपके विद्यालय की दसवीं की छात्रा हूँ। आज ही कक्षाध्यापिका से वार्षिकोत्सव में खेलकूद प्रतियोगिता के आयोजन के विषय में सुना। जैसा आपको विदित है कि इस बार राष्ट्रीय व स्कूली स्तर पर आयोजित कई प्रतियोगिताओं में मैंने भाग लिया है व पुरस्कार भी जीते हैं। मेरा आपसे यही निवेदन है कि मुझे आप विद्यालय की इन प्रतियोगिताओं में खेलने की अनुमति प्रदान करें। आपकी अति कृपा होगी।

सधन्यवाद,

आपकी आज्ञाकारी शिष्या

क ख ग

कक्षा दसवीं (अ)

संपादक

12. नई दिल्ली मेट्रो स्टेशन की जाँच मशीन पर एक यात्री के भूलवश छूटे एक लाख बीस हजार रुपए को मेट्रो पुलिस ने उसे लौटा दिया। इस समाचार को पढ़कर जो विचार आपके मन में आते हैं, उन्हें किसी समाचार-पत्र के संपादक को पत्र के रूप में लिखिए।

सेवा में

संपादक महोदय

दैनिक हिन्दुस्तान

नई दिल्ली।

दिनांक—5 अक्टूबर, 20XX

विषय—खो हुए रुपये प्राप्त होने पर पत्र।

महोदय,

मैं आपको पत्र द्वारा यह अवगत कराना चाहती हूँ कि नई दिल्ली मेट्रो की जाँच मशीन पर एक यात्री के भूलवश एक लाख बीस हजार रुपये छूट गए। मैं मेट्रो स्टेशन पर ही खड़ी सब देख रही थी। मेट्रो पुलिस ने उस व्यक्ति को बुलाकर उसके रुपये वापस किए तथा उस यात्री ने पुलिस वालों को धन्यवाद दिया। वर्तमान में ईमानदार व्यक्ति कहाँ हैं ? क्योंकि इतनी बड़ी रकम खाने के पश्चात् पुनः प्राप्त करना एक आश्चर्य की बात है। इनाम के रूप में उस व्यक्ति ने पुलिस वालों को कुछ देना चाहा, तो उन्होंने इंकार कर दिया तथा यह कहा कि यह तो हमारा कर्तव्य था। ऐसे व्यक्तियों को सम्मानित करना चाहिए। जो अपने कर्त्तव्य को ईमानदारी से निभाते हैं।

धन्यवाद

भवदीया

अनामिका

अन्य

13. किसी बस-कंडक्टर की कर्तव्यनिष्ठा की सराहना करते हुए परिवहन विभाग के अध्यक्ष को पत्र लिखिए।

सेवा में

महाप्रबंधक

दिल्ली परिवहन निगम

काले खाँ, नई दिल्ली।

दिनांक—28 मई, 20XX

विषय—बस कंडक्टर की कर्तव्यनिष्ठा की सराहना हेतु पत्र।

महोदय,

मैं इस पत्र के माध्यम से आपका ध्यान आपके विभाग के एक साहसी तथा कर्तव्यनिष्ठ कर्मचारी बस कंडक्टर के व्यवहार की ओर आकर्षित कराना चाहता हूँ तथा आशा करता हूँ कि आप उस कर्मचारी को उचित पुरस्कार देकर सबके सामने सम्मानित करें। मैं दिनांक 18 मई को जनकपुरी से 336 रूट की बस नं. DL-JP-9762 में प्रात:काल 9.00 बजे चढ़ा। बस में बहुत भीड़ होने के कारण मैं अन्दर नहीं आ गया। बस थोड़ी ही दूर पहुँची थी कि दो-तीन आदमी पीछे से चढ़े और तभी एक महिला की चैन तोड़कर चलती गाड़ी से कूद गए। महिला ने शोर मचाया। कंडक्टर श्री अमर किशोर ने बस रुकवाई और उसके पीछे भाग गया। उस व्यक्ति ने चाकू दिखाया, पर इसका अमर किशोर पर कोई प्रभाव नहीं पड़ा और उसने उस आदमी को धर दबोचा एवं पुलिस के हवाले कर दिया। उस महिला की सोने की चैन सही सलामत वापस मिल गई। उस महिला ने उसे कुछ रुपये देने चाहे, तो उसने धन्यवाद बोलकर लौटा दिए। ऐसे कर्तव्यनिष्ठ एवं साहसी कर्मचारी बहुत कम देखने को मिलते हैं, जो अपनी जान जोखिम में डालकर दूसरों की सहायता करते हैं। अत: आपसे निवेदन है कि आप श्री अमर किशोर जिनका बैच नं. 96230 है, को सम्मानित करके अन्य कर्मचारियों के समक्ष उदाहरण प्रस्तुत करें।

भवदीय,

अनूप

314, जनकपुरी, नई दिल्ली।

सुझाव पत्र

14. विद्यालय में दसवीं और बारहवीं कक्षा के अच्छे परिणामों का प्रधानाचार्य को पत्र लिखकर सुझाइए कि उन्हें और अच्छा कैसे बनाया जा सकता है?

सेवा में

प्रधानाचार्य जी

राजकीय माध्यमिक विद्यालय,

नेहरू मार्ग,

नई दिल्ली।

दिनांक—8 अक्टूबर, 20XX

विषय—अच्छे परिणाम हेतु सुझाव-पत्र।

महोदय,

नम्र निवेदन है कि हमारा विद्यालय अपने क्षेत्र के विशेष विद्यालयों में गिना जाता है, शिक्षा का और अधिक विस्तार करने के लिए हमें हमारे विद्यालय में परिश्रमी एवं योग्य शिक्षकों को नियुक्त करना चाहिए जिससे शिक्षा व्यवस्था और अच्छी, सुव्यवस्थित एवं नियमित रूप से हो सके। जिससे कक्षा दसवीं एवं बारहवीं के परिणाम अच्छे आ सकेंगे तथा शिक्षकों द्वारा उन्हें नया मार्गदर्शन प्राप्त होगा जिसके कारण हमारे विद्यालय को ख्याति प्राप्त होगी। हमारा उद्देश्य विद्यार्थियों को उचित शिक्षा मुहैया करवाना है।

धन्यवाद

आपका आज्ञाकारी शिष्य

विनोद शर्मा

शिकायती पत्र

15. प्लास्टिक की चीज़ों से हो रही हानि के बारे में किसी समाचार-पत्र के सम्पादक को पत्र लिखकर अपने सुझाव दीजिए।

सेवा में
दैनिक हिन्दुस्तान
कानपुर
दिनांक—8 अगस्त, 20XX
विषय—प्लास्टिक की चीजों से हो रही हानि हेतु।
महोदय,

मैं आपके प्रतिष्ठित समाचार-पत्र के माध्यम से समाज तथा सरकार का ध्यान प्लास्टिक की चीजों से हो रही हानि की तरफ आकर्षित करना चाहता हूँ। आशा है कि आप मेरे विचारों को अपने समाचार-पत्र में स्थान देंगे ताकि इससे देश के नागरिक जागरूक हो जाएँ। प्लास्टिक की थैलियों का प्रयोग लोगों द्वारा धड़ल्ले से हो रहा है। थैलियाँ सस्ती, मजबूत, हल्की एवं सर्वसुलभ होने के कारण लोगों के बीच प्रयोग के लिए सर्वाधिक प्रसिद्ध हैं। इन थैलियों का प्रभाव है कि लोग थैले ले जाना, आवश्यक नहीं समझते हैं। जहाँ ये थैलियाँ खाद्य पदार्थों को दूषित करती हैं तो वहीं ये प्राकृतिक वातावरण के लिए अनुपयुक्त होती हैं। ये मिट्टी में रहकर नष्ट नहीं होती हैं एवं मृदा को भी प्रदूषित करती हैं। इन्हें जलाने से जहरीला निकलता है जो मनुष्य और पर्यावरण दोनों के लिए बेहद हानिकारक होता है। नष्ट न होने के कारण ये थैलियाँ नालियों तथा नालों में पानी के बहाव को कम करती हैं। ये थैलियाँ जानवरों के लिए भी जानलेवा साबिज होती हैं। इनके प्रयोग एवं क्रय-विक्रय पर कानूनी रोग लगाने की आवश्यकता है।

अतः आपसे प्रार्थना है कि आप अपने समाचार-पत्र में इस पत्र को स्थान देने का कष्ट करें। जिससे लोगों में प्लास्टिक से होने वाली हानियों के प्रति जागरूकता बढ़ेगी।

धन्यवाद।

भवदीय

अंजलि,

122, जयपुर हाउस,

आगरा

16. आपकी बस्ती के पार्क में कई अनधिकृत खोमचे वालों ने डेरा डाल दिया है, उन्हें हटाने के लिए नगर-निगम अधिकारी को लगभग 80-100 शब्दों में पत्र लिखिए।

सेवा में
नगर निगम अधिकारी जी
मुख्य नगर पालिका
अ ब स नगर
दिनांक-XX/XX/XX
विषयः बस्ती के पार्क में खोमचे वालों को हटाने हेतु पत्र
महोदय,

मैं अ ब स नगर का निवासी हूँ तथा पार्क सुधार समिति का अध्यक्ष हूँ। मैं आपका ध्यान बस्ती के पार्क में खोमचे वालों के द्वारा अनधिकृत डेरा डालने की ओर आकर्षित करना चाहता हूँ। दिन-प्रतिदिन पार्क की स्थिति खराब होती जा रही है। बच्चों को खेलने और बड़े-बूढ़ों को टहलने के लिए जगह नहीं मिल रही है। इन खोमचे वालों के द्वारा पार्क के चारों ओर गंदगी फैला दी जाती है।

महोदय, अ ब स नगर, पार्क सुधार समिति का सुझाव है कि बस्ती के पार्क से खोमचे वालों को हटाने के लिए व्यापक अभियान चलाया जाए। इस अभियान से मुहल्लेवासियों को लाभ तो मिलेगा ही साथ ही हमारा पर्यावरण भी शुद्ध हो जाएगा।

अंत में आपसे प्रार्थना है कि खोमचे वालों से पार्क को यथाशीघ्र खाली करवाने की कृपा करें। इसके लिए हम सदैव आपके आभारी रहेंगे।
धन्यवाद
भवदीय
अ ब स

17. दूरदर्शन निदेशालय को लगभग 80-100 शब्दों में पत्र लिखकर अनुरोध कीजिए कि किशोरों के लिए देशभक्ति की प्रेरणा देने वाले अधिकाधिक कार्यक्रमों को प्रसारित करने की ओर ध्यान दिया जाए।

सेवा में
निदेशक जी
दूरदर्शन निदेशालय
अ ब स नगर
दिनांक-XX/XX/XX

विषयः दूरदर्शन पर देशभक्ति से संबंधित कार्यक्रम के लिए प्रसारण हेतु पत्र

महोदय,

मैं अ ब स नगर का निवासी हूँ। आजकल दूरदर्शन पर ऐसे कार्यक्रमों की भरमार होती है जिनसे आज की युवा पीढ़ी को अच्छी प्रेरणा नहीं मिल पा रही है। इस प्रकार के कार्यक्रमों को देखने के बाद उनके मन में विकृति का भाव आ रहा है जो उनके लिए हानिकारक है। मनोविज्ञान का ज्ञाता होने के कारण आपसे निवेदन कर रहा हूँ कि दूरदर्शन पर देशभक्ति से सम्बन्धित कार्यक्रम के अधिक से अधिक प्रसारण करवाने की कृपा करें। इससे उनके मन में देश के लिए प्रेम जागृत होगा तथा उनका नैतिक विकास भी होगा।

अंत में आपसे प्रार्थना है कि दूरदर्शन पर देशभक्ति से सम्बन्धित कार्यक्रम के अधिक प्रसारण की कृपा करें। इसके लिए हम सदैव आपके आभारी रहेंगे।

धन्यवाद
भवदीय
अ ब स

18. आप विद्यालय की छात्र-परिषद् के सचिव हैं। स्कूल के बाद विद्यार्थियों को नाटक का अभ्यास करवाने के लिए अनुमति माँगते हुए प्रधानाचार्य को लगभग 80-100 शब्दों में पत्र लिखिए।

सेवा में
प्रधानाचार्य महोदय
अ ब स विद्यालय
नई दिल्ली
दिनांक-XX/XX/XX

विषयः नाटक का अभ्यास हेतु अनुमति

माननीय महोदय,

सविनय निवेदन है कि मैं कक्षा दसवीं 'ब' का छात्र हूँ साथ ही विद्यालय के सांस्कृतिक कार्यशाला के छात्र परिषद् का सचिव भी हूँ। विद्यालय में होने वाले वार्षिकोत्सव के लिए कक्षा दसवीं के छात्रों ने मिलकर एक नाटक बनाया है जिसके अभ्यास हेतु हमें पुस्तकालय व खेल के पीरियड में अभ्यास करने के लिए अनुमति चाहिए। हम सभी छात्र अच्छी तरह ही जानते हैं कि हमें हमारी आने वाली दसवीं की परीक्षा हेतु भी तैयारी करनी हैं, इसलिए हम अपने मुख्य विषयों की कक्षाएँ नहीं छोड़ना चाहते हैं केवल पुस्तकालय व खेल की कुछ कक्षाएँ यदि हमें अभ्यास हेतु तीन-चार दिन मिल जाए तो हमारे नाटक का अभ्यास अच्छी तरह से हो जाएगा।

अतः आपसे निवेदन है कि यदि हमें नाटक अभ्यास हेतु कुछ (पुस्तकालय व खेल) की कक्षाएँ देंगे तो हमारा विद्यालय के वार्षिकोत्सव के नाटक का अभ्यास सही रूप से हो जाएगा। आशा है कि आप हमें अनुमति देने की कृपा जरूर करेंगे।

धन्यवाद
भवदीय
अ ब स

19. अस्पताल कर्मचारियों के सद्व्यवहार की प्रशंसा करते हुए मुख्य चिकित्सा अधिकारी को लगभग 80-100 शब्दों में पत्र लिखिए

सेवा में
मुख्य चिकित्सा अधिकारी
अ ब स नगर क्षेत्र,
नई दिल्ली।
दिनांक-XX/XX/XX

विषयः अस्पताल कर्मचारियों की प्रशंसा हेतु पत्र

माननीय महोदय,

मैं इस पत्र के माध्यम से आपका ध्यान अ ब स नगर क्षेत्र के सरकारी अस्पताल के कर्मचारियों के कर्त्तव्यनिष्ठता एवं सद्भावपूर्ण व्यवहार की ओर आकर्षित करना चाहती हूँ साथ ही उनकी प्रशंसा करना चाहती हूँ एवं आशा रखती हूँ कि आने वाले समय में ये कर्मचारी इसी तरह जनता की सेवा करें। मैं दिनांक 25 जनवरी की सड़क दुर्घटना में थोड़ी घायल हो गई थी, मेरे हाथ व पैरों में काफी चोटें आ गई थीं जिस कारण कुछ लोगों ने मुझे तिलक नगर सरकारी अस्पताल में दाखिल किया। वहीं से मेरे माता-पिता को भी सूचना दी गई। माता-पिता आने में कुछ समय लगा पर वहाँ अस्पताल के कर्मचारियों व डॉक्टरों ने पूरा ध्यान रखा। ऐसा बिल्कुल भी नहीं लगा कि मैं वहाँ अकेली हूँ। घबराहट के कारण मैं बेहोश हो गई थी और मेरे पास कुछ जरूरी दस्तावेज भी थे परंतु उन्होंने मेरे सभी दस्तावेजों को भलीभाँति ढंग से रखा और माता-पिता के आने के पश्चात् उन्हें दे दिए। मुझे करीबन सात घण्टे बाद होश आया क्योंकि चोटें कुछ ज्यादा थीं पर इस बीच मेरा सही व सुचारु रूप से इलाज चला। मुझे यह अहसास ही नहीं हो पाया कि मैं सरकारी अस्पताल में हूँ जिसके लिए मैं उनका धन्यवाद करती हूँ। विशेष रूप से डॉ. शर्मा जी का जिन्होंने मेरे जीवन की निधि दस्तावेज का ध्यान रखा अतः आप से निवेदन है कि डॉ. शर्मा जी को सम्मानित कर उनका मान बढ़ाएँ।

धन्यवाद

भवदीय

अ ब स

अभ्यास प्रश्न

1. बैंक में खाता खोलने के लिए बैंक-मैनेजर के नाम पत्र लिखिए।
2. अपने विद्यालय के प्रधानाचार्य को पत्र लिखकर छात्रवृत्ति का अनुरोध करें एवं अपनी आर्थिक स्थिति स्पष्ट करें।
3. आपके मुहल्ले में प्रकाश की व्यवस्था कम है। विद्युत अधिकारी को इस विषय पर एक पत्र लिखो।
4. अपने राज्य के परिवहन-प्रबंधक को एक पत्र लिखिए, जिसमें आपकी बस्ती तक नया बस-मार्ग आरम्भ कराने का अनुरोध हो।
5. बढ़ते प्रदूषण की रोकथाम के लिए स्वास्थ्य अधिकारी को पत्र लिखिए।

सूचना लेखन

3

सूचना का सामान्यत: अर्थ जानकारी है। किसी एक विषय से सम्बन्धित जानकारी को लिखित रूप में एक साथ कई लोगों तक पहुँचाने की विधि का नाम ही 'सूचना लेखन' है। यह सूचनाओं के आदान-प्रदान का सबसे आसान उपाय है। किसी संस्था के सर्वोच्च अधिकारी द्वारा अपने कर्मचारियों के बीच सूचना पहुँचाने का सरल साधन ही 'सूचना लेखन' है।

सूचना लेखन की महत्वपूर्ण विशेषताएँ—

(i) विषय से सम्बन्धित सभी तथ्यों का क्रमवार विवरण अच्छी सूचना का पहला गुण है।

(ii) सूचना लेखन के लिए भाषा को संक्षिप्त रखना आवश्यक है।

(iii) सूचना सरल, सहज और बोधगम्य भाषा में लिखी गई हो।

(iv) सूचना का शीर्षक आकर्षक तथा विषय से सम्बन्धित होना चाहिए।

(v) सूचना के अन्त में सूचना ज्ञापित करने वाले का तिथि सहित नाम, पद तथा स्थान होना अनिवार्य है।

उदाहरण

1. अपने विद्यालय में स्वच्छ भारत अभियान के अन्तर्गत स्वच्छता अभियान चलाने के लिए हैड ब्वॉय, अ. ब. स. विद्यालय, अ ब स नगर की ओर से एक सूचना लिखिए—

तिथि : 00.00.20XX **अ.ब.स. विद्यालय, अ ब स नगर**

आवश्यक सूचना

विद्यालय के सभी विद्यार्थियों को सूचित किया जाता है कि दिनांक 00.00.20XX (सोमवार) को सुबह 10 बजे से दोपहर 12 बजे तक विद्यालय के आसपास के स्थानों को स्वच्छ करने तथा स्वच्छता के प्रति लोगों को जागरूक बनाने के लिए एक अभियान चलाया जायेगा। इसके लिए 12वीं कक्षा के सभी विद्यार्थियों से अनुरोध है कि वे इस स्वच्छ भारत अभियान में अपनी भागीदारी निभाएँ। इस अभियान में हमारे साथ विद्यालय अन्य अधिकारीगण भी शामिल होंगे।

धन्यवाद

निवेदक

हैड ब्वॉय

अ.ब.स. विद्यालय, अ ब स नगर

2. आप दसवीं कक्षा में पढ़ते हैं और आपका नाम मुकेश है आपको खेल के मैदान में एक सोने की अँगूठी मिली है। इस सन्दर्भ में एक सूचना लिखिए—

दिनांक : 00.00.20XX **अ.ब.स. विद्यालय, अ ब स नगर**

आवश्यक सूचना

सभी विद्यार्थियों, अध्यापक एवं अध्यापिकाओं को सूचित किया जाता है कि दिनांक 00.00.20XX को खेल के मैदान से दसवीं कक्षा के छात्र मुकेश को एक सोने की अँगूठी प्राप्त हुई थी, जिसे उन्होंने प्राचार्य कार्यालय में जमा करवा दिया है। जिस किसी विद्यार्थी या अध्यापक की यह अँगूठी हो, वह उसके बारे में सही जानकारी देकर प्रधानाचार्य कार्यालय से प्राप्त कर सकता है।

धन्यवाद

मुकेश

3. आप अ.ब.स. सेक्टर, अ.ब.स. नगर के रेजीडेंट वैलफेयर कमेटी के अध्यक्ष हैं। आप अपने सेक्टर में राष्ट्रीय पर्व का आयोजन करने के लिए एक सभा करना चाहते हैं। इस सन्दर्भ में एक सूचना लिखिए—

दिनांक : 00.00.20XX **अ.ब.स. सेक्टर, अ ब स नगर**

आवश्यक सूचना

सेक्टर अ. ब. स. के सभी निवासियों को सूचित किया जाता है कि दिनांक 00.00.20XX (रविवार) को सुबह 11 बजे सामुदायिक केन्द्र में रेजीडेंट्स वैलफेयर कमेटी की सभा का आयोजन किया जा रहा है। सभा में आगामी राष्ट्रीय पर्व के आयोजन पर विस्तार से विचार-विमर्श कर नीतियों का निर्धारण किया जाना है। इस सभा में आप सबकी उपस्थिति वांछनीय है।

धन्यवाद

निवेदक

अध्यक्ष रेजीडेंट्स वैलफेयर कमेटी

सेक्टर—अ.ब.स. सेक्टर, अ.ब.स. नगर

4. विद्यालय वार्षिकोत्सव के कारण आगामी कक्षा परीक्षा प्राचार्य के आदेश से स्थगित कर दी गई है। इस सन्दर्भ में एक सूचना लिखिए—

दिनांक : 00.00.20XX **अ.ब.स. विद्यालय, अ ब स नगर**

आवश्यक सूचना

विद्यालय के सभी विद्यार्थियों को सूचित किया जाता है कि दिनांक 00.00.20XX (दिन 0000)को होने वाली कक्षा परीक्षा प्राचार्य जी के आदेशानुसार विद्यालय वार्षिकोत्सव के कारण स्थगित की जाती है। अब यही परीक्षा दिनांक 00.00.00XX (दिन 0000) को आयोजित की जायेगी।

धन्यवाद

आदेशानुसार

प्राचार्य

5. आप अपने नगर की संगीत-सभा के अध्यक्ष हैं। इस बार आपके नगर में अन्तर्राष्ट्रीय संगीत सभा का आयोजन किया जा रहा है। इस सन्दर्भ में एक सूचना लिखिए—

तिथि : 00.00.20XX **अ.ब.स. संगीत सभा, अ ब स नगर**

अंतर्राष्ट्रीय संगीत सभा के आयोजन के संदर्भ में विशेष सूचना

सभी नगरवासियों को सहर्ष सूचित किया जाता है कि दिनांक 00.00.20XX (दिन 0000) को स्वतन्त्रता दिवस के अवसर पर सेक्टर—00 में स्थित सभागार में अन्तर्राष्ट्रीय संगीत सभा का आयोजन किया जा रहा है, जिसमें देश के लगभग सभी ख्याति प्राप्त गीतकार शामिल होंगे। इस सभा में महान संगीतकार श्रीमान अ.ब.स. जी को विशेष रूप से आमन्त्रित किया गया है। अत: आपसे विनती है कि कृपया शाम 7 से रात्रि 11 बजे तक चलने वाले इस कार्यक्रम में पधारकर संगीत के सागर में आनन्द उठाने का कष्ट करें।

सधन्यवाद

निवेदक

अध्यक्ष, संगीत-सभा

अ.ब.स. नगर सेक्टर—00

6. आपके विद्यालय में हिन्दी विभाग की ओर से हिन्दी दिवस पर एक वाद-विवाद प्रतियोगिता का आयोजन किया जा रहा है। इस सन्दर्भ में एक सूचना लिखिए—

तिथि : 00.00.20XX **अ.ब.स. विद्यालय, अ ब स नगर**

आवश्यक सूचना

विद्यालय के सभी कक्षा 8 से 10 तक के विद्यार्थियों को सूचित किया जाता है कि हिन्दी विभाग की ओर से दिनांक 00.00.20XX को विद्यालय के सभागार में हिन्दी दिवस के अवसर पर 'वाद-विवाद प्रतियोगिता' का आयोजन किया जा रहा है। इस प्रतियोगिता का विषय—'हिन्दी हमारी मातृभाषा' है। इस प्रतियोगिता में प्रत्येक सदन से दो प्रतिभागी भाग लेंगे। एक पक्ष में तथा दूसरा प्रतिपक्ष में अपने विचारों को प्रस्तुत करेगा। सभी इच्छुक प्रतिभागियों को सूचित किया जाता है कि प्रतियोगिता की तिथि से दो दिन पूर्व अपना नाम अधोहस्ताक्षरी के पास जमा अवश्य करवा दें।

धन्यवाद

अ.ब.स.

संयोजक

हिन्दी विभाग

7. जिला अधिकारी की ओर से आपके नगर के बाढ़ पीड़ितों के लिए अनेक राहत योजनाओं में सहायता राशि की घोषणा की गई है। इन राहत योजनाओं के लाभार्थियों के लिए एक सूचना-पत्र तैयार करें—

दिनांक : 00.00.20XX **जिला कार्यालय अ ब स जिला**

आवश्यक सूचना

प्राकृतिक आपदा बाढ़ से पीड़ित सभी नागरिकों को सूचित किया जाता है कि वे जिला अधिकारी की ओर से पीड़ित नागरिकों के लिए जारी सहायता राशि प्राप्त करने के लिए अपने जिला कार्यालय के उचित अधिकारी से दिनांक 00.00.20XX सम्पर्क करें। लाभ प्राप्त करने के लिए आधार कार्ड का होना अनिवार्य है। जिला कार्यालय यह सुनिश्चित करना चाहता है कि प्राकृतिक आपदा की इस घड़ी में वह हर प्रकार से नागरिकों के साथ है और उनको आर्थिक सहायता समय पर उपलब्ध करवाने के लिए कृतसंकल्प है।

जिला अधिकारी के आदेशानुसार

जिला कार्यालय, अ ब स जिला

8. आपके स्कूल में हॉकी टीम का चयन किया जाना है। आप हॉकी टीम के कप्तान हैं। सदस्यों का चयन करने के लिए प्राचार्य की ओर से एक सूचना-पत्र लिखें—

दिनांक : 00.00.20XX **अ.ब.स. विद्यालय, अ ब स नगर**

आवश्यक सूचना

विदित हो कि दिनांक 00.00.20XX, दिन 0000 को विद्यालय की हॉकी टीम का चयन किया जायेगा। इसके लिए इच्छुक सभी विद्यार्थियों को प्रात: 10 बजे विद्यालय के हॉकी मैदान में उपस्थित होने का आदेश दिया जाता है। अपने साथ अभिभावक से अनापत्ति पत्र अवश्य लायें।

धन्यवाद

आदेश से

प्राचार्या

अ.ब.स. विद्यालय

अ.ब.स. नगर

9. आप रेजीडेंट्स वैलफेयर सोसाइटी, गार्डन अपार्टमेंट के अध्यक्ष 'श्री रामवीर सिंह' हैं। आपको अपनी सोसाइटी में स्वास्थ्य मेले का आयोजन करवाना है। इस सन्दर्भ में एक सूचना पत्र तैयार करें—

रेजीडेंट्स वैलफेयर सोसाइटी, गार्डन अपार्टमेंट

आवश्यक सूचना

विदित हो कि दिनांक 00.00.20XX, (दिन 00000) को अपार्टमेंट के पार्क में एक स्वास्थ्य मेले का आयोजन किया जायेगा। इस मेले में स्वास्थ्य से सम्बन्धित विभिन्न प्रकार की गतिविधियाँ की जायेंगी। प्राथमिक जाँच तथा प्राथमिक उपचार की सभी सुविधाएँ भी उपलब्ध रहेंगी। अत: अधिक से अधिक संख्या में भाग लेकर इसे सफल बनावें।

धन्यवाद

निवेदक

अध्यक्ष

रेजीडेंट्स वैलफेयर सोसाइटी, अपार्टमेंट **दिनांक :** 00.00.20XX

अ. ब. स. नगर

10. आप अपने विद्यालय में हैड-गर्ल हैं। विद्यालय में होने वाली 'सुलेखन-प्रतियोगिता' में भाग लेने के लिए आमन्त्रण हेतु एक सूचना पत्र तैयार कीजिए—

दिनांक : 00.00.20XX **अ.ब.स. विद्यालय, अ ब स नगर**

आवश्यक सूचना

विद्यालय के सभी कक्षा 4 से 8 तक के विद्यार्थियों को सूचित किया जाता है कि हिन्दी विभाग की ओर से दिनांक 00.00.20XX को विद्यालय के सभागार में कवि श्रेष्ठ 'श्री हरिवंश राय बच्चन' की स्मृति में 'सुलेखन-प्रतियोगिता' का आयोजन किया जा रहा है। सभी इच्छुक प्रतिभागियों को सूचित किया जाता है कि प्रतियोगिता की तिथि से दो दिन पूर्व अपना नाम अधोहस्ताक्षरी के पास जमा अवश्य करवा दें।

धन्यवाद
हैड-गर्ल
अ.ब.स.

11. अपनी बस्ती को स्वच्छ रखने हेतु कल्याण समिति के सचिव होने के नाते इससे संबंधित सूचना 40-50 शब्दों में लिखिए।

दिनांक : 00.00.20XX **अ.ब.स. नगर, अ ब स बस्ती**

आवश्यक सूचना

अ ब स बस्ती के सभी निवासियों को सूचित किया जाता है कि दिनांक 00.00.20XX (रविवार) को सुबह 10 बजे से दोपहर 12 बजे तक बस्ती के आसपास के स्थानों को स्वच्छ करने तथा स्वच्छता के प्रति लोगों को जागरूक बनाने के लिए एक अभियान चलाया जाएगा। इसके लिए बस्ती के सभी युवक निवासियों से अनुरोध है कि वे इस स्वच्छता अभियान में अपनी भागीदारी निभाएँ। इस अभियान में हमारे साथ नगर के अन्य अधिकारीगण भी शामिल होंगे।

धन्यवाद
निवेदक
सचिव,
कल्याण समिति, अ ब स बस्ती, अ ब स नगर।

12. आप अपने विद्यालय की छात्र संस्था के सचिव हैं तथा विद्यालय में 'चित्रकला' प्रतियोगिता आयोजित करवाना चाहते हैं। इससे संबंधित सूचना 40-50 शब्दों में लिखिए।

तिथि : 00.00.20XX **अ.ब.स. विद्यालय, अ ब स नगर**

आवश्यक सूचना

विद्यालय के सभी विद्यार्थियों को सूचित किया जाता है कि दिनांक 00.00.20XX(सोमवार) को सुबह 10 बजे विद्यालय के सभागार में एक 'चित्रकला प्रतियोगिता' का आयोजन किया जाएगा। इसका उद्देश्य कल के प्रति छात्रों को जागरूक बनाना है। इससे 10वीं से लेकर 12वीं कक्षा के विद्यार्थी ही भाग ले सकेंगे। अतः अनुरोध है कि इस प्रतियोगिता में अपनी भागीदारी सुनिश्चित करने के लिए अपना नाम अधोहस्ताक्षरी के पास उक्त तिथि से दो दिन पूर्व तक अवश्य जमा करवा दें।

धन्यवाद
निवेदक
सचिव,
छात्र संस्था
अ ब स विद्यालय, अ ब स नगर।

13. आप अपनी कॉलोनी की कल्याण परिषद् के अध्यक्ष हैं। अपने क्षेत्र के पार्कों की साफ-सफाई के प्रति जागरूकता लाने हेतु कॉलोनीवासियों के लिए 40-50 शब्दों में लिखिए।

दिनांक : 00.00.20XX

सूचना

जनकपुरी कॉलोनी कल्याण परिषद

समस्त जनकपुरी कॉलोनी के निवासियों को सूचित किया जा रहा है, कि कॉलोनी की साफ-सफाई, पार्कों की सफाई हेतु जागरूकता अभियान चलाया जा रहा है जिसमें सभी निवासी बढ़-चढ़ कर योगदान दें।

धन्यवाद

स्थान—कल्याण परिषद कार्यालय, जनकपुरी

समय—प्रातः 8 बजे से 12 बजे तक।

14. विद्यालय की सचिव की ओर से 'समय-प्रबंधन' विषय पर आयोजित होने वाली कार्यशाला के लिए 40-50 शब्दों में एक सूचना तैयार कीजिए।

तिथि : 00.00.20XX

सूचना

अ ब स विद्यालय

विद्यालय के सभी कक्षा दसवीं के छात्र-छात्राओं को सूचित किया जाता है कि आने वाली दसवीं की परीक्षाओं के लिए विद्यालय की ओर से 'समय-प्रबंध पर कार्यशाला आयोजित होने वाली हैं, जिसमें छात्र-छात्राओं को 'समय-प्रबंध' के महत्व व लाभ बताएँ जाएँगे। जो आने वाली परीक्षाओं के लिए छात्र-छात्राओं के लिए काफी लाभकारी हो सकते हैं। यह कार्यशाला दिनांक—6.04.XX से 10.04.XX तक विद्यालय में प्रत्येक दिन पुस्तकालय की कक्षा में होगी।

श्री राजीव कुलश्रेष्ठ

सचिव

अभ्यास प्रश्न

1. विद्यार्थियों को स्कूल की ओर से शैक्षणिक यात्रा पर जाने की जानकारी देते हुए विद्यालय के मुख्य छात्र (हैंड-ब्वॉय) की ओर से एक सूचना-पत्र तैयार कीजिए।
2. विद्यार्थियों को विद्यालय आने-जाने के लिए स्कूल बस की सुविधा ही प्रयोग करने की सलाह देते हुए अभिभावकों के लिए एक सूचना तैयार कीजिए।
3. 26 जनवरी पर आप अपने 'अजन्ता अपार्टमेंट' में देशभक्ति गीतों, एकल अभिनय व कविता-वाचन की एक प्रतियोगिता करवा रहे हैं। यह जानकारी देते हुए एक सूचना तैयार कीजिए।
4. कूड़े को खुले में फेंकना एक दण्डनीय अपराध है। इस जानकारी से लोगों को जागरूक करने के लिए इस सन्दर्भ में रेजीडेंट्स कमेटी के अध्यक्ष होने के नाते एक सूचना लिखिए।
5. ग्रीष्मावकाश में आप अपने सेक्टर के पार्क में योग की कक्षा चलाना चाहते हैं। अधिक-से-अधिक लोगों को भाग लेने के लिए प्रेरित करते हुए एक सूचना-पत्र लिखिए।

विज्ञापन लेखन

|4|

आज सूचना व प्रौद्योगिक विकास के कारण 'विज्ञापन' अपने आप में एक ऐसा सशक्त माध्यम बन चुका है जिसने पूरे बाजार को अपने वश में कर लिया। आज विज्ञापन लेखन का कार्य एक व्यवसाय के रूप में उभर चुका है एवं दिन-प्रतिदिन विभिन्न सम्भावनाएँ के द्वार खोल रहा है।

विज्ञापन के निम्न उद्देश्य हैं—

☞ नवीन उत्पादकों को जन जन तक पहुँचाना।

☞ उत्पादन के प्रति जनता को आकर्षित करना।

☞ उपभोक्ताओं के मन में अमुक वस्तु के लिए लालसा करना, लुभाना, रुचि एवं ऐसा विश्वास जगाना कि उसकी आवश्यकता है।

☞ अमुक वस्तु के प्रति आकर्षित कर माँग बढ़ाना।

☞ वस्तु को खरीदने के लिए प्रेरित करना।

विज्ञापन लेखन की विशेषताएँ

(i) विज्ञापन लिखने के कई ढंग हैं—परन्तु आपको बैनर के अनुसार ही लिखना चाहिए जैसे चारों ओर रेखा खींचकर साथ ही विज्ञापन की वस्तु के प्रति पूरी जानकारी होनी चाहिए।

(ii) विज्ञापन की भाषा पूर्णरूप से सरल होनी चाहिए जिससे हर-आयु वर्ग के लोग समझ सकें। वस्तु की विशेषताओं पर आधारित वाक्य होने चाहिए।

(iii) विज्ञापन की भाषा ध्वन्यात्मक होनी चाहिए जिससे जनता के बीच वह अपनी अमिट छाप छोड़ सके।

(iv) विज्ञापन अपने आप में पूर्ण होना चाहिए जो पूर्ण रूप से जनता को अपनी ओर खींच सके।

(v) विज्ञापन में भाषा के आकर्षण पर विशेष ध्यान देना चाहिए। शब्दों की पंक्तिबद्ध व्यवस्था उपयुक्त एवं सुन्दर होनी चाहिए।

हल सहित प्रश्न

1. 'केशकांति आयुर्वेदिक तेल' नामक उत्पाद हेतु एक विज्ञापन तैयार कीजिए ।

तेल तेल तेल

केशकांति आयुर्वेदिक तेल

घने मुलायम काले
बालों का राज

प्रकृति के अनमोल खजाने से निर्मित तेलों का तेल—केशकांति तेल

बालों की सभी समस्याओं
का रामबाण इलाज केवल—पतंजलि केशकांति तेल!

निर्माता—पतंजलि आयुर्वेदिक लि., हरिद्वार

2. अपने विद्यालय के नए ब्रांच हेतु विज्ञापन तैयार कीजिए।

अब आपके शहर में

जल्दी कीजिए

प्रवेश आरम्भ

आदर्श पब्लिक स्कूल

लखनऊ (यू.पी.)

नए सत्र हेतु सभी कक्षाओं में प्रवेश

अधिक जानकारी के लिए-www.apsschool.in

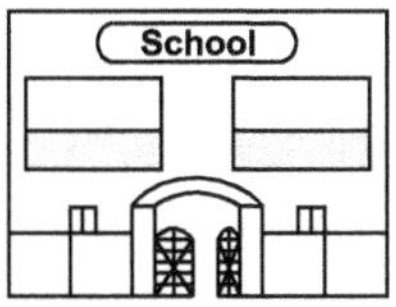

अभी नहीं तो कभी नहीं

प्रवेश परीक्षा—02.20.20xx
समय—10 बजे प्रातः
कक्षा—सभी कक्षाओं हेतु

3. नए टूथपेस्ट के लिए विज्ञापन तैयार कीजिए।

स्वास्थ्य, चमकीले दाँतों का राज
बायोटिक दंत मंजन व पेस्ट

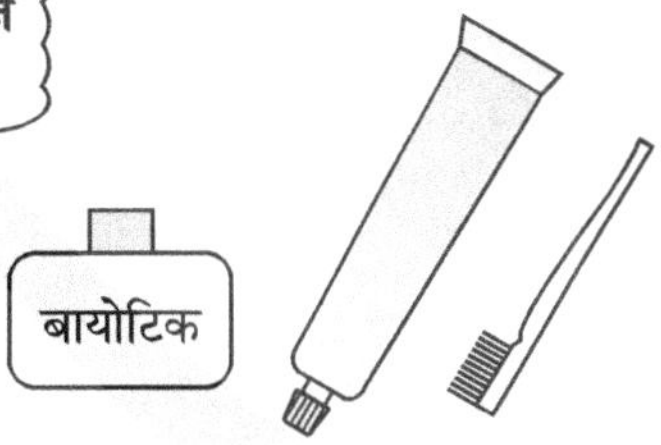

दाँतों की सभी समस्याओं का अब एक ही हल—बायोटिक

चमकीले दाँत ही सुन्दर मुस्कान

दंत मंजन व पेस्ट के साथ एक ब्रश फ्री फ्री फ्री

जल्दी कीजिए यह ऑफर सीमित समय के लिए......

4. घड़ी का विज्ञापन तैयार कीजिए।

आपका समय ही आपकी सफलता का राज सोनाटा घड़ी

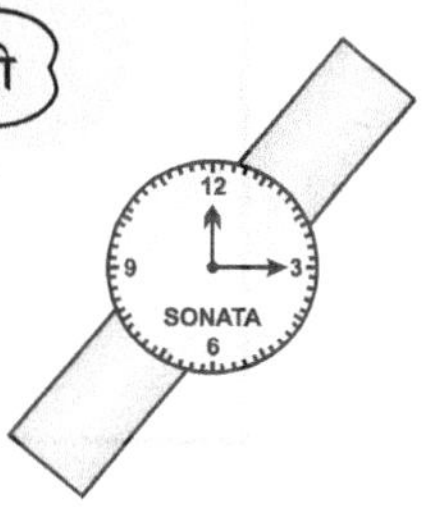

घड़ी थामें, समय थमे

अब नए रंगों व डिजाइनों में उपलब्ध

एक घड़ी के साथ कूपन फ्री-फ्री-फ्री (दीपावली धमाका)

विक्रेता—सदर बाजार वाले, 126, प्रहलाद मार्केट, दिल्ली-6

5. क्रिकेट के बल्ले व गेंदों का विज्ञापन तैयार कीजिए।

खेलों में बनाए अपनी पहचान

ब्लूस्टोन कंपनी लि.
दिल्ली-6

उच्चस्तरीय बल्ले व गेंदें

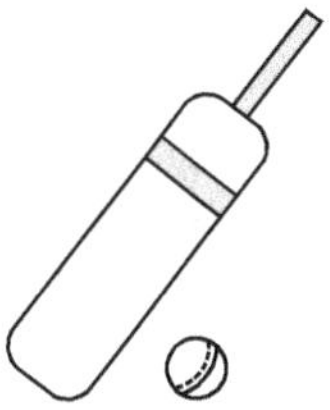

खिलाड़ियों की पहली पसंद

विशेषताएँ :-

- सागौन की लकड़ी से निर्मित
- आकर्षक ग्रिप
- उचित साइज
- उच्चतम गुणवत्ता **विक्रेता.............** **मूल्य................**

विराट जैसा नाम कमाएँ
बल्ले और गेंदों को अपनी ही धुन में नचाएँ

6. अपने विद्यालय में होने वाले नि:शुल्क स्वास्थ्य शिविर के आयोजन से संबंधित विज्ञापन लगभग 25-50 शब्दों में तैयार कीजिए।

विज्ञापन

नि:शुल्क स्वास्थ्य शिविर का आयोजन

नि:शुल्क! नि:शुल्क! नि:शुल्क

अ ब स विद्यालय के कैंपस में!

नगर के सभी निवासियों के लिए नि:शुल्क स्वास्थ्य शिविर का आयोजन

विद्यालय का मानना है स्वास्थ्य शिविर का आयोजन

विद्यालय का मानना है स्वास्थ्य ही जीवन का सच्चा आनंद है,

साथ ही स्वस्थ शरीर में स्वस्थ मस्तिष्क का निवास होता है।

शिविर का दिनांक—XX/XX/XXXX

समय—प्रात: 9:00 बजे से

अधिक जानकारी हेतु संपर्क करें—

सचिव

विद्यालय स्वास्थ्य सेवा समिति

अ ब स विद्यालय, अ ब स नगर

दूरभाष संख्या—XXXXXXXXXX

विद्यालय परिवार द्वारा, जनहित में जारी

7. आप अपना कम्प्यूटर बेचना चाहते हैं। इससे सम्बन्धित विज्ञापन लगभग 25-50 शब्दों में तैयार कीजिए।

कम्प्यूटर **कम्प्यूटर** **कम्प्यूटर**

आ गया! आ गया! आ गया!

सबसे सस्ता और सबसे उपयोगी मेरा अपना लूना कम्प्यूटर आधुनिक शिक्षा और संचार क्रांति का जनक लूना कम्प्यूटर 16 से 25 वर्ष के बच्चों के लिए सबसे विशेष शिक्षा ऐप के साथ।

प्रथम 50 खरीददारी पर विशेष उपहार का प्रबंध नगर के सभी प्रमुख कम्प्यूटर स्टोर पर उपलब्ध

संपर्क सूत्र—9999999999 मूल्य—70000/- से प्रारम्भ

8. कोई कम्पनी 'लेखनी' नाम का नया पेन बाजार में लाना चाहती है। उसके लिए लगभग 25-50 शब्दों में तैयार कीजिए।

लेखनी नामक कंपनी प्रस्तुत करते हैं

जेल तथा बॉल पेंन की उत्कृष्ट श्रृंखला

मोती जैसी लिखावट के लिए

बिना रुके चलती जाए.........

प्रमुख बुक स्टोर्स पर उपलब्ध

पाँच पेन की खरीद पर एक पेन मुफ्त

हर विद्यार्थी की पहली पसंद

9. ए.टी.एम. केन्द्रों पर सावधानी बरतने संबंधी निर्देश देते हुए पंजाब नेशनल बैंक की ओर से लगभग 25-50 शब्दों में तैयार कीजिए।

पंजाब नेशनल बैंक की ओर से निर्देश

सावधानी बरतें व सतर्क रहें

* एटीएम पिन अकेले ही प्रयोग करें।
* संदिग्ध निगाहों, चिह्नों, से बचे।
* किसी को पिन व कार्ड न दें।
* पैसे निकालने के बाद कैंसिल बटन दबाए बिना एटीएम लिए न निकले।

अभ्यास प्रश्न

1. छाते का विज्ञापन तैयार कीजिए—

2. टी. वी. का विज्ञापन बनाएँ—

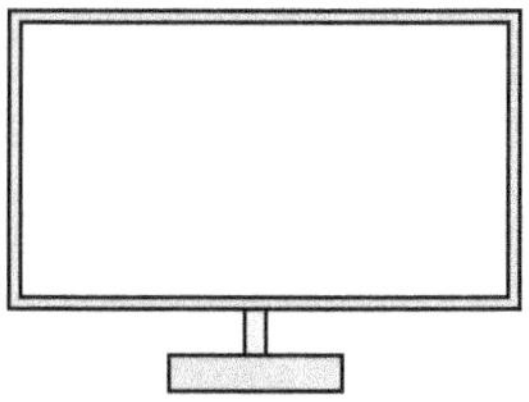

3. जेटर पेन का विज्ञापन बनाएँ—

4. बच्चों के स्कूल बैग हेतु विज्ञापन तैयार कीजिए—

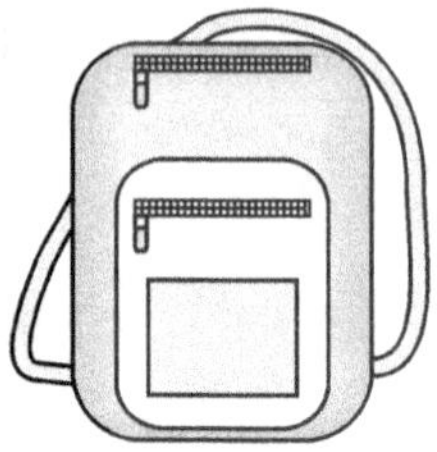

5. 'वाशिंग पाउडर' के लिए विज्ञापन तैयार कीजिए—

अभ्यास प्रश्न

निम्नलिखित विषयों पर अभ्यास करें—

1. टायरों पर विज्ञापन तैयार कीजिए।
2. नए समाचार-पत्र के लिए विज्ञापन तैयार कीजिए।
3. किसी नई कार के लिए विज्ञापन तैयार कीजिए।
4. नए मोबाइल के लिए विज्ञापन तैयार कीजिए।
5. शीतल पेय के लिए विज्ञापन तैयार कीजिए।
6. बैंक लोन के लिए विज्ञापन तैयार कीजिए।
7. शीत वस्त्र की सेल हेतु विज्ञापन तैयार कीजिए।
8. ओपो फोन के लिए (मोबाइल फोन) के लिए विज्ञापन तैयार कीजिए।
9. लैपटॉप के लिए विज्ञापन तैयार कीजिए।
10. क्रीम (सौंदर्य प्रसाधन) के लिए विज्ञापन तैयार कीजिए।

लघु कथा लेखन

5

आज के व्यस्त जीवन में जहाँ लोगों के पास लंबी कहानी या उपन्यास पढ़ने का समय निकालना मुश्किल है, लघु कथा अधिक लोकप्रिय होती जा रही है। आजकल समसामयिक विषयों पर अधिक लोक कथाएँ लिखी जा रही हैं।

'लघु कथा' शब्द का निर्माण लघु और कथा दो शब्दों से मिलकर हुआ है। अर्थात् 'लघु कथा, गद्य की एक ऐसी विधा (गद्य साहित्य का एक रूप) है जो आकार में तो लघु या छोटी है, किन्तु उसमें कथा तत्व विद्यमान है। लघु कथा में भूमिका, अतिरिक्त उपकथा या प्रसंग नहीं होता। इसमें शब्दों की संख्या तथा पात्रों की संख्या भी सीमित ही होती है। लघु कथा को प्रायः एक आसान विधा मान लिया जाता है जबकि लघु कथा लिखना एक महत्वपूर्ण और कठिन कार्य है। क्योंकि इसमें रचनाकार को बहुत सीमित शब्दों में अपनी बात पूर्ण रूप से कहते हुए कथा का उद्देश्य भी स्पष्ट करना होता है।

लघु कथा लेखन प्रक्रिया के प्रमुख तत्व—लघु कथा के मुख्य तत्व निम्नलिखित हैं—

(i) **क्या कहना है? या कथानक का चुनाव**—एक सही कथा या विषय वस्तु का चुनाव करना।

(ii) **क्यों कहना है?/उद्देश्य**—लघु कथा लेखन का एक उचित उद्देश्य होना चाहिए।

(iii) **कैसे कहना है?/भाषा**—इसका सम्बन्ध कथा की भाषा से है। भाषा जितनी सरल और सहज होगी रचना उतनी ही प्रभावी बनेगी।

(iv) **कथा का शिल्प**—इसके अन्तर्गत कथा लिखने की शैली आती है। मुख्य रूप से लघु तथा वर्णनात्मक शैली, वार्तालाप (बातचीत) शैली अथवा मिश्रित शैली जिसमें बीच-बीच में संवाद भी होते हैं, लिखी जाती है।

(v) **शीर्षक**—सुन्दर, संक्षिप्त और सारगर्भित हो।

(vi) **लघु कथा का अंत**—लघु कथा का अंत—इतना प्रभावी होना चाहिए कि पाठक को विस्मित कर दे। अंत विचारोत्तेजक होना चाहिए जो पाठकों को कुछ सोचने पर विवश कर दे।

(vii) **संदेश**—लघु कथा में संदेश होना आवश्यक है। संदेश विहीन कथा प्रभावी नहीं होती है।

लघु कथा लेखन में ध्यान रखने योग्य बातें—

(क) कथाकार को सही कथानक का चुनाव करना चाहिए। लघु कथा यथार्थ (वास्तविकता) पर आधारित होनी चाहिए।

(ख) कथा में निरंतरता का समावेश होना बहुत आवश्यक है। अर्थात् घटनाएँ एक के बाद एक क्रम में लगातार घटती प्रतीत हों। लेखन क्रम में कोई बाधा न आए और कहानी स्पष्ट रूप से समझ आ जाए।

(ग) लघु कथा की भाषा सरल, सहज और पात्रानुकूल तथा भावों को स्पष्ट करने में पूर्णतः समर्थ होनी चाहिए।

(घ) कथा लेखन की दो शैलियाँ होती हैं—(क) विवरणात्मक, (ख) संवादात्मक। लघु कथा में दोनों का आवश्यकतानुसार प्रयोग किया जा सकता है। वस्तुतः लघु कथा लेखन के लिए मिश्रित शैली उत्तम होती है।

(ङ) लघु कथा में प्रयोग किए गए संवाद पात्रों की सामाजिक और आर्थिक स्थिति, मनोदशा और परिवेश (वातावरण; के अनुसार प्रभावी किन्तु सीमित होने चाहिए।

(च) लघु कथा की शैली बहुत रोचक होनी चाहिए। कथा की प्रथम पंक्ति ऐसी हो जिसे पढ़ते ही पाठक के मन में जिज्ञासा उत्पन्न हो और कथा धीरे-धीरे अपने मध्यम भाग में स्पष्ट होते हुए अपने सम्पूर्ण आकार को प्राप्त करे।

(छ) कथा में कोई न कोई संदेश अवश्य होना चाहिए।

(ज) कथाकार अपनी कल्पना शक्ति के अनुसार कहानी को प्रभावशाली बना सकता है। इसमें कथाकार की व्यक्तिगत सोच का विशेष महत्त्व होता है।

नोट—छात्र लघु-कथा लेखन सम्बन्धी प्रश्न में दिए गए प्रस्थान बिन्दुओं के आधार पर अपनी रचनात्मक और कल्पना शक्ति का उपयोग करके एक अच्छी कहानी लिख सकते हैं।

लघु कथा के कुछ उदाहरण—

दिए गए प्रस्थान बिन्दुओं के आधार पर लगभग 100 से 120 शब्दों में एक लघु कथा लिखिए तथा उसका उचित शीर्षक देते हुए संदेश भी स्पष्ट कीजिए।

(क) एक लड़के ने एक बहुत धनवान व्यक्ति को देखकर धनी बनने का निश्चय किया। उसने कठिन परिश्रम करके धन कमाना शुरु कर दिया। तभी उसकी भेंट एक विद्वान से हुई और वह धन कमाना छोड़कर पढ़ाई में लग गया.........

निश्चित उद्देश्य—अभी वह लड़का अक्षर-अभ्यास ही सीख पाया था कि एक गायक का गीत सुनकर उसे संगीत में अधिक आकर्षण दिखाई देने लगा। कुछ दिनों बाद वह संगीत छोड़कर नेतागिरी करने लगा। उसकी काफी उम्र इसी प्रकार बीत गई वह न तो धनी बन सका, न विद्वान, न संगीतज्ञ और न ही नेता। तब उसे बहुत दुःख हुआ।

एक दिन एक महात्मा से भेंट होने पर लड़के ने अपना दुःख उन्हें बताया। महात्मा मुस्कराकर बोले—'बेटा यह दुनिया ऐसी ही है, जहाँ भी तुम जाओगे तुम्हें कोई न कोई आकर्षण दिखाई देगा। अतः एक लक्ष्य निश्चित करके उसे पाने का प्रयास करो, तो तुम्हें सफलता अवश्य मिलेगी। बार-बार रुचि बदलते रहने से कोई सफल नहीं हो सकता।' युवक समझ गया और फिर अपना एक उद्देश्य निश्चित करके उसे पूरा करने में जुट गया। संदेश—सफलता प्राप्त करने के लिए एक निश्चित लक्ष्य का होना आवश्यक है।

(ख) एक मूर्तिकार ने अपने बेटे को भी मूर्तिकला सिखाई। दोनों हाट में अपनी-अपनी मूर्तियाँ बचने जाते। पिता की बनाई गयी मूर्तियाँ जहाँ दस-बारह रुपयों में बिकतीं वहीं बेटे की मूर्तियों का लोग तीन या चार रुपये से अधिक न देते थे। हाट से लौटकर पिता अपने बेटे को पास बिठाकर उसकी मूर्तियों की कमियाँ बताकर उन्हें सुधारक के लिए कहता। यह क्रम वर्षों तक चलता रहा.........

1. परिवर्तन अथवा अहंकार प्रगति में बाधक

अपने पिता की बताई गयी सीख के अनुसार वह लड़का अपनी मूर्तियों में सुधार करने लगा। कुछ समय बाद लड़के की मूर्तियाँ भी दस-बारह रु. में बिकने लगीं। किन्तु पिता अभी भी बेटे से मूर्तियों में सुधार करने के लिए कहता रहा। धीरे-धीरे बेटे की मूर्तियाँ पिता की मूर्तियों से भी ज्यादा महँगी बिकने लगीं। किन्तु पिता ने अपने बेटे को समझाने का क्रम अभी भी जारी रखा। एक दिन बेटे ने उनसे झुँझलाकर कहा, 'आप तो दोष निकालना बंद ही नहीं करते। अब तो आपकी मूर्तियों से महँगी मेरी मूर्तियाँ बिकतीं हैं। पिता ने कहा, 'बेटा मुझे भी युवावस्था में अपनी कला की पूर्णता का अहंकार हो गया था, तभी से मेरी प्रगति रुक गई। तुम यह गलती कभी नहीं करना। हमें अपनी त्रुटियों को समझकर उन्हें सुधारने का सदा प्रयत्न करना चाहिए।' बेटे ने पिता से क्षमा माँगी।

संदेश—पूर्णता का अहंकार व्यक्ति की प्रगति में बाधक होता है।

(ग) रात्रि के नौ बजे थे। मुकुल अपने मित्र की जन्मदिन की पार्टी से घर लौट रहा था। अँधेरा हो जाने के कारण उसे कुछ डर भी लग रहा था। चलते-चलते वह सहसा चौंक गया। सामने सड़क पर एक साँप लेटा हुआ था......

2. मन का भ्रम

मुकुल का पाँव साँप के ऊपर पड़ते-पड़ते रह गया था। वह बहुत घबरा गया। ध्यान से देखने पर वह उसे भयंकर नाग लगा जैसा उसने एक सँपेरे की टोकरी में देखा था। वह साँप से बचने के लिए दूसरे रास्ते की ओर मुड़ ही रहा था कि तभी उसने एक आदमी को हाथ में टॉर्च लिए उसी साँप की ओर आते देखा। मुकुल चिल्लाया, इधर मत आओ, सड़क पर एक नाग लेटा है। वह व्यक्ति बोला, 'डरो नहीं, मेरे साथ आओ। अभी कुछ समय पहले ही मैं इसी जगह से गुजरा था। मैंने तुम्हारे साँप को देख लिया है, वह नाग नहीं रस्सी का एक टुकड़ा मात्र है।' वह व्यक्ति मुकुल को उस जगह ले गया। टॉर्च की रोशनी में मुकुल ने देखा कि वहाँ कोई नाग नहीं, बल्कि रस्सी का एक टुकड़ा पड़ा था। दोनों खिलखिलाकर हँस पड़े। मुकुल का सारा भय जाता रहा।

संदेश—कभी-कभी हम भ्रम के कारण छोटी-सी मुश्किल को बड़ी बाधा मानकर घबरा जाते हैं, जबकि साहस से उन पर विजय पाई जा सकती है।

(घ) नदी किनारे बसे गाँव में एक कुत्ता रहता था। उसे बहुत जोर की भूख लगी थी। आखिर बहुत खोजने पर उसे रोटी का एक टुकड़ा मिला। उसने टुकड़े को अपने मुँह में दबाया और नदी के दूसरे किनारे की ओर चल दिया जहाँ बैठकर वह आराम से उस रोटी को खा सके। वह नदी पर बने पुल को पार करने लगा.........

3. लालच बुरी बला है

पुल पार करते समय अचानक कुत्ते की नजर नदी में बहते पानी पर पड़ी। उसने देखा कि नदी के पानी में एक दूसरा कुत्ता उसी की तरह मुँह में रोटी दबाए खड़ा है। उसके मन में दूसरी रोटी को पाने का भी लालच आ गया। वह यह समझ ही नहीं पाया कि यह दूसरा कुत्ता नहीं बल्कि उसकी परछाई है। उस रोटी को पाने के लिए उसने दूसरे कुत्ते को धमकाते हुए भौंकना चाहा। जैसे ही उसने मुँह खोला, उसके मुँह में दबा रोटी का टुकड़ा भी नदी के पानी में गिर पड़ा। कुत्ते ने रोटी को देखने के लिए नदी में फिर झाँका तो पाया कि दूसरे कुत्ते के मुँह में भी रोटी नहीं है। अब उसे बात समझ में आई पर तब तक बहुत देर हो चुकी थी।

संदेश—लालच बुद्धि का नाश कर देता है।

(ङ) एक बार एक बादशाह ने एक कैदी को मौत की सजा सुनायी। सजा सुनते ही कैदी बादशाह को बुरा-भला कहने लगा। बादशाह उसकी बात को ठीक से सुन नहीं पाया। उसने अपने मंत्री से पूछा, 'वह क्या कह रहा है?.........

4. भलाई के लिए झूठ अच्छा

मंत्री बहुत बुद्धिमान और दयालु था। उसने कहा, हुजूर कैदी कह रहा है कि वे लोग कितने अच्छे होते हैं जो दूसरों की गलतियों के लिए उन्हें माफ कर देते हैं। यह सुनकर राजा ने दया करके कैदी की मौत की सज़ा माफ कर दी। तभी वज़ीर से जलने वाले एक दरबारी ने बादशाह

से कहा, 'हुज़ूर हमारा फर्ज़ है कि आपको सही बात बताएँ। इस कैदी के बारे में वज़ीर ने आपसे झूठ कहा है। इसने तो आपको बहुत अपशब्द कहे हैं। आप इस कैदी को मौत की ही सजा दें।

इस बात को सुनकर बादशाह ने गुस्से से कहा—'मुझे वज़ीर की बात सच लग रही है। उसका झूठ भी तुम्हारे सच से बेहतर है, क्योंकि उसने वह झूठ किसी की भलाई करने की नीयत से बोला है।

संदेश—किसी की भलाई के लिए बोला गया एक झूठ सैकड़ों सच से बेहतर है। कार्य से ज्यादा नीयत का महत्त्व है।

5. बुद्धिमान सियार

एक सर्कस एक शहर से दूसरे शहर जा रहा था। बीच जंगल में शेर का पिंजरा लुढ़क कर गाँव की पगडण्डी तक पहुँच गया। शाम को वहाँ से गुजरते एक ग्रामीण ने पिंजरे में से आती शेर की आवाज सुनी। शेर ने आदमी से विनती की कि वह उसका पिंजरा खोल दे। पहले आदमी ने ऐसा करने से मना कर दिया, किन्तु शेर के उसे नुकसान न पहुँचाने का भरोसा दिलाने पर आदमी ने पिंजरा खोल दिया। बाहर आते ही शेर आदमी पर झपटा। आदमी भय से रोने गिड़गिड़ाने लगा। उसी समय वहाँ एक घोड़ा, एक बैल और सियार आ गए। आदमी ने सारी बात बताकर न्याय करने को कहा। घोड़ा और बैल तो बोले, 'शेर तुम्हें खा सकता है' किन्तु सियार ने कहा—'मैं पहले प्रत्यक्ष देखना चाहता हूँ कि आप इस छोटे से पिंजरे में कैसे समाए?' शेर ज्यों ही पिंजरे में गया सियार का इशारा समझ के आदमी ने झट से कुंडी लगा दी।

6. बिना विचारे जो करे सो पाछै पछिताए

एक किसान के पास एक नेवला था जो बहुत स्वामीभक्त था। एक दिन किसान किसी काम से बाहर गया। उसकी पत्नी घर के कार्यों में व्यस्त थी। उसका छोटा बच्चा अकेला कमरे में सो रहा था। तभी एक भयंकर सर्प कमरे में घुस आया। बच्चे को बचाने के लिए नेवले ने उस पर पूरी शक्ति से आक्रमण कर दिया। काफी संघर्ष के बाद नेवले ने सर्प के टुकड़े-टुकड़े कर दिए। बालक के प्राणों की रक्षा करके नेवला संतुष्ट भाव से घर के बाहर बैठकर किसान की प्रतीक्षा करने लगा। जब किसान घर लौटा तो, नेवले के मुँह पर खून लगा देखकर उसे लगा कि नेवले ने बच्चे को काटा है। क्रोध में आकर उसने नेवले को मार डाला। अंदर जाने पर फर्श पर पड़े सर्प के टुकड़े देख उसे वास्तविकता पता चली। उसने पछतावे से अपना माथा पीट लिया। सच है—'बिना विचारे जो करे सो पाछै पछिताए।'

संदेश—हमें बिना सोचे-समझे कोई कार्य नहीं करना चाहिए।

(च) राजा संग्राम सिंह ने अपने राज गुरु से अपने दोनों राजकुमारों में से राज्य के योग्य उत्तराधिकारी का चुनाव करने का आग्रह किया। एक दिन आचार्य दोनों राजकुमारों के साथ कहीं जा रहे थे। तभी उन्होंने देखा कि एक बालक आम के पेड़ में डंडा मारकर फल तोड़ रहा है। आचार्य ने अपने दोनों शिष्यों से पूछा, 'तुम दोनों की इस दृश्य के बारे में क्या राय है?' पहले राजकुमार ने कहा……

7. श्रेष्ठ राजा कौन? सच्चा राजधर्म

पहले राजकुमार ने कहा—'गुरुदेव में सोच रहा था कि जब वृक्ष भी बिना डंडा खाए फल नहीं देता तब बिना दबाव डाले लोगों में किस प्रकार काम निकलवाया जा सकता है? दूसरे राजकुमार ने कहा, 'गुरुदेव मेरा मानना है कि जिस प्रकार वह पेड़ डंडे खाकर भी फल दे रहा है, उसी प्रकार व्यक्ति को स्वयं दुःख सहकर भी दूसरों को दुख देना चाहिए। यही सज्जन व्यक्ति का धर्म है।

गुरुदेव मुस्कुराते हुए बोले—'मनुष्य अपनी दृष्टि के अनुसार ही जीवन के किसी प्रसंग की व्याख्या और कार्य करता है तथा उसका परिणाम भी भोगता है।' आचार्य ने पहले राजकुमार से कहा—'तुम सब कुछ अधिकार से प्राप्त करना चाहते हो जबकि तुम्हारा भाई प्रेम से सब कुछ प्राप्त करना चाहता है। एक राजा के मन में अपनी प्रजा के प्रति प्रेम आवश्यक है। आचार्य ने दूसरे राजकुमार को राजा का योग्य उत्तराधिकारी माना।

संदेश—अधिकार से नहीं स्नेह भाव से किसी को भी वश में किया जा सकता है।

8. 'सच्चा मित्र' अथवा 'संकट का साथी'

एक दिन शिकार की तलाश में भटकने के बाद एक हताश और क्रोधित शिकारी ने वन में मृगों को देखकर उन पर विष बुझा तीर चला दिया। मृग तो भाग निकले, किन्तु वह तीर एक विशाल वटवृक्ष में जा लगा। उस वृक्ष पर अनेक पक्षी रहते थे। वृक्ष को सूखते देखकर पक्षी भयभीत हो घोंसला छोड़कर उड़ने लगे। किंतु उसी पेड़ के कोटर में रहने वाला एक तोता इस संकट की घड़ी में उसे छोड़कर नहीं जाना चाहता था।

देवताओं के राजा इंद्र यह सब देखकर ब्राह्मण वेश में तोते के पास आए और कहा, 'इस वृक्ष की आयु पूरी हो चुकी है। अपने साथियों की तरह तुम भी किसी अन्य हर वृक्ष पर अपना कोटर बना लों यह स्थान सुरक्षित नहीं है।' तोते ने कहा, 'यह वृक्ष जन्म से मेरा साथी है। इसने वर्षों मेरी सुरक्षा की है, संकट की इस घड़ी में मैं इसे नहीं छोड़ सकता।' इंद्रदेव ने प्रसन्न होकर उससे वरदान माँगने को कहा। तोते द्वारा वृक्ष को फिर से हरा करने का वरदान माँगते ही वृक्ष फिर से हरा-भरा होकर लहराने लगा।

संदेश—संकट में ही सच्चे मित्र की परख होती है।

9. कुसंगति का फल

एक दिन एक थका हुआ यात्री उस पेड़ के नीचे आया। उसने रोटी खाई और शीतल जल पीकर वहीं वृक्ष के नीचे सो गया। परोपकारी हंस ने जब थके हुए राहगीर के मुख पर धूप पड़ती हुई देखी तो पेड़ की निचली डाली पर बैठकर अपने पंख फैलाकर उस पर छाया करने लगा। यह देख ऊपर बैठे ईर्ष्यालु कौए ने राहगीर के मुख पर बीट कर दी और काँव-काँव करके उड़ गया। इससे यात्री की नींद टूट गई। आँख खुलने पर उसने पेड़ की डाल पर हंस को बैठे पाया। इसी हंस ने मुझ पर बीट की होगी, यह सोचकर उसने अपना धनुष-बाण उठाया और तीर चला दिया। तीर लगते ही हंस पृथ्वी पर आ गिरा। सज्जन हंस को दुष्ट कौए की गलत संगति के कारण अपने प्राण गँवाने पड़े।

शिक्षा—सत्संगति से जीवन सफल होता है वहीं कुसंगति पतन या अंत की ओर ले जाती है।

10. 'सत्यनिष्ठ बनो' अथवा 'सदा सत्य बोलो'

महात्मा कबीर का पालन-पोषण एक जुलाहे के परिवार में हुआ था। एक बार वे रुई कात रहे थे, तभी एक व्यक्ति वहाँ दौड़ता हुआ आया। उसने कबीरदास से कहा, 'कृपया मुझे बचा लीजिए। मैं निरपराध हूँ। राजा के सिपाही किसी चोर के बदले मुझे पकड़ना चाहते हैं।' कबीर ने उसे रुई के ढेर में छिप जाने को कहा। तभी राजा के सिपाही वहाँ आ गए। उन्होंने कबीर को प्रणाम करके पूछा—'महाराज यहाँ कोई चोर तो नहीं आया?

कबीर ने उत्तर दिया—'चोर तो इस रुई के ढेर में छिपा है।' कबीर के कहने के ढंग से सिपाही बात को मज़ाक समझ वहाँ से चले गए। थोड़ी देर बाद रुई के ढेर में छिपा व्यक्ति बाहर आया और सिपाहियों को सच्ची बात बताने के लिए कबीर पर क्रोध करने लगा। कबीर ने शांत भाव से कहा—'मेरे सच बोलने से ही तुम्हारी जान बच गई, इसलिए सदा सत्य बोलना चाहिए।

11. 'शब्द वापस नहीं लौटते'

रमेश और मयंक घनिष्ठ मित्र थे। एक बार गुस्से में रमेश ने मयंक को बहुत भला-बुरा कह दिया। बाद में जब उसे अपनी गलती का अहसास हुआ तो उसे खुद पर बहुत शर्म आई। उसने सारी बात अपनी माँ को बताई और कहा—'माँ मैं अपनी गलती का प्रायश्चित करना चाहता हूँ।' माँ ने उसे तिनकों से भरा एक थैला देते हुए कहा, 'इसे छत पर ले जाकर तिनके हवा में उठा दो।' रमेश ने वैसा ही किया और खाली थैला लेकर माँ के पास आया। अब माँ ने उसे उड़े हुए तिनकों को इकट्ठा करने का आदेश दिया। नादान रमेश जब यह काम करने गया तब उसे अहसास हुआ कि यह काम मुश्किल ही नहीं असंभव है। उसने अपनी परेशानी माँ को बताई तो माँ ने कहा—'बेटा ऐसा ही मुँह से निकले शब्दों के साथ भी होता है। इसलिए जब भी बोलो तो तौलकर बोलो। बोले गए शब्द कभी वापस नहीं लौटते हैं।

संदेश—मुख से निकले शब्द वापस नहीं लौटते इसलिए सोच-समझकर बोलना चाहिए।

(छ) एक चरवाहा रोज वन में भेड़ें चराने जाता था। उसे झूठ बोलने की बुरी आदत थी। एक दिन वह जोर से चिल्लाने लगा—'बाघ आया, बाघ आया। आसपास के लोग उसकी मदद करने के लिए हथियार लेकर दौड़ते हुए वहाँ पहुँचे·········

12. झूठ बोलने का परिणाम

चरवाहा उन्हें देखकर खिलखिलाकर हँस पड़ा। आए हुए लोग अपना-सा मुँह लेकर लौट गए। कुछ समय बाद उसने ऐसा फिर किया। गाँवों वालों को उस पर बहुत क्रोध आया। आखिरकार एक दिन सचमुच ही बाघ ने आकर उसकी भेड़ों पर आक्रमण कर दिया। तब चरवाहा अत्यंत व्याकुल होकर 'बाघ आया, बाघ आया' कहकर जोर-जोर से चिल्लाने लगा। परन्तु उस दिन उसकी सहायता करने कोई नहीं आया। सब ने सोचा—दुष्ट चरवाहा पहले के समान ही झूठ बोलकर हमारा मज़ाक उड़ाना चाहता है। बाघ ने अपनी इच्छानुसार सब भेड़ों का वध कर दिया और अंत में चरवाहे को भी मार डाला।

संदेश—'सदा झूठ बोलने के सच पर भी कोई विश्वास नहीं करता।'?

13. परिश्रम का फल

एक किसान बहुत मेहनती था। उसे अच्छी खेती से सम्बन्धित बहुत से गुर (तरीके) आते थे, किन्तु उसके चारों आलसी पुत्रों की उन्हें सीखने उन्हें सीखने में कोई रुचि नहीं थी। किसान बहुत चिंतित रहता था कि मेरी मृत्यु के बाद ये कैसे अपनी आजीविका चलाएँ। एक बार किसान बहुत बीमार हो गया तो उसने अपने चारों पुत्रों से कहा, 'मेरी जो कुछ संपत्ति थी उसे खेतों में ढूँढ़ने पर पा सकोगे।

किसान की मृत्यु के बाद चारों पुत्रों ने गुप्त धन के लालच में सभी खेतों को खोद डाला किन्तु कठिन परिश्रम के साथ बहुत खोदने पर भी उन्हें खेतों के बीच कोई खजाना नहीं मिला। उन्होंने बहुत निराश होकर खोदे हुए खेतों में बीज डाल दिए। जमीन की बहुत अच्छी खुदाई हो जाने के कारण खेतों में इतनी अच्छी फसल हुई कि उन्हें अपने परिश्रम का फल मिल गया। साथ ही खेती संबंधी एक महत्त्वपूर्ण शिक्षा भी मिली।

शिक्षा—परिश्रम से सब कुछ संभव है।

14. 'विनम्र बनो' अथवा 'कटुता का त्याग'

एक राजकुमार स्वभाव से बहुत उद्दंड और दुष्ट था। प्रजा के साथ-साथ राजा भी उसकी करतूतों से बहुत परेशान रहता था। एक बार गौतम बुद्ध राज्य में पधारे। राजा ने बुद्ध से राजकुमार को सुधारने का उपाय पूछा। बुद्ध ने राजकुमार को बुलाकर एक पौधे से कुछ पत्तियाँ तोड़कर खाने को दीं। पत्तियाँ बहुत कड़वी थीं। राजकुमार ने पत्तियाँ खाई, तो उसे बहुत क्रोध आया। उसने पौधे को ही जड़ से उखाड़ कर दूर फेंक दिया।

गौतम बुद्ध ने राजकुमार से इसका कारण पूछा। राजकुमार ने उत्तर दिया—'वह पौधा बहुत कड़वा था, आगे जाकर यह विषाक्त (जहरीला) पेड़ बन जाता। इसलिए उसे आज ही उखाड़ फेंकना उचित था और तुम जो सब लोगों के साथ कड़वा व्यवहार करते हो इसके लिए क्या किया जाए? बुद्ध ने पूछा। राजकुमार को बहुत ग्लानि हुई। उसने कटुता का त्याग कर दिया और विनम्र बन गया।

शिक्षा—हमें सदैव विनम्र रहना चाहिए।

15. 'फूल खिलें और कोई मुस्कुराए' अथवा 'दूसरों की खुशी में सूख ढूँढ़ना'

मैडम ब्लेवेट्स की जब संसार की यात्रा पर निकलीं, तो अपने कंधे पर एक थैला लटकाए रहती थीं। गाड़ी में बैठी-बैठी जब वह खुदी मिट्टी, नदी, नाले या तालाब का किनारा देखतीं, तो तुरंत अपने झोले से कुछ निकाल बाहर फेंक देतीं। भारत यात्रा के दौरान भी उन्होंने यही किया। लोगों ने जब उनसे इस बारे में पूछा, तो उन्होंने कहा—ये फूलों के बीच हैं। बादलों के बरसने पर इनसे कभी न कभी पौधे निकलेंगे और फिर उन पर रंग-बिरंगे फूल खिलेंगे। किसी ने पूछा—'पर मैडम क्या आप फिर इस रास्ते से गुजरेंगी? उन्होंने कहा, 'नहीं, पर मैं आऊँ न आऊँ, किसी के चेहरे पर, तो इन फूलों को देखकर मुस्कान आएगी। मैंने सुना था कि भले लोग जिस रास्ते से गुजरते हैं, उनके पीछे-पीछे प्रसन्नता के फूल खिलते हैं। मेरे पास इसका एक ही साधन था—ये फूलों के बीज।'

संदेश—दूसरों को खुशी देकर ही सच्चे सुख की प्राप्ति होती है।

(ज) एक बच्चा दोपहर में नंगे पाँव फूल बेच रहा था, लोग मोलभाव कर रहे थे। एक सज्जन व्यक्ति उससे फूल खरीदने लगा, तभी उसकी दृष्टि धूप में जलते हुए पाँवों की ओर गई। वह भागकर पास की दुकान से बूट ले आया और कहा बेटा! बूट पहन लो.........

16. 'परोपकार ही सच्ची पूजा' अथवा 'भगवान का दोस्त'

लड़के ने जल्दी से बूट पहन लिए। वह बहुत खुश हुआ और उस व्यक्ति का हाथ पकड़कर बोला, 'आप भगवान हो? वह आदमी घबराकर बोला—'नहीं-नहीं बेटा, मैं भगवान नहीं हूँ।' लड़का मासूमियत से बोला—'फिर आप जरूर भगवान के दोस्त होंगे.........क्योंकि मैंने कल ही भगवान की पूजा करते समय उनसे अपने लिए जूते माँगे थे, मेरे पाँव धूप में बहुत जलते थे।

वह व्यक्ति आँखों में पानी लिए मुस्कुराते हुए वहाँ से चला गया, पर वह जान चुका था कि भगवान का दोस्त बनना ज्यादा मुश्किल नहीं है। उसके लिए केवल जरूरतमंदों की मदद करनी पड़ती है, क्योंकि परोपकार ही सच्ची पूजा है।

17. 'घमंडी का सिर नीचा'

सुंदरवन में एक बलवान शेर रहता था। एक दिन नदी से पानी पीकर लौटते समय उसे रास्ते में एक सियार दिखाई दिया। शेर जैसे ही सियार के पास पहुँचा वह उसके कदमों में लेट गया और बोला 'आप बहुत महान हैं, मुझे अपना सेवक बना लीजिए। आपके शिकार में से जो बचेगा उसे खाकर मैं गुजारा कर लूँगा। तब से शेर और सियार की दोस्ती हो गई। सियार बचा-खुचा माँस खाकर बलवान और घमण्डी हो गया।

एक दिन वह शेर से बोला, 'आज मैं हाथी का शिकार करूँगा और उसे खाऊँगा। मेरे खाने के बाद जो माँस बच जाएगा वह तुम खा लेना।' शेर ने उसे बहुत समझाया पर सियार घमण्ड में पेड़ पर चढ़ गया। जैसे ही उस पेड़ के नीचे से एक हाथी गुजरा सियार ने उस पर छलाँग लगा दी। सियार हाथी के पैरों में जा गिरा और कुचला गया। इस तरह घमण्डी सियार ने अपने प्राण गँवा दिए।

(झ) माधव के पिताजी की अचानक मृत्यु हो गई। वे जिस सुनार के यहाँ काम करते थे उन्होंने उसकी माँ को नौकरी दे दी थी। सुनार ने स्कूल की छुट्टी के बाद माधव को भी काम करने को कह दिया था। माँ हमेशा उसे सच्चाई और ईमानदारी की कहानियाँ सुनाती रहती थी। अब माधव बड़ा और समझदार हो गया था। एक दिन सुनार ने.........

18. ईमानदारी की जीत

एक दिन सुनार ने माधव को एक बक्सा देते हुए कहा, 'मैं कहीं जा रहा हूँ। इसमें कीमती जेवरात हैं, संभाल के ले जाना और मेरे घर पर दे देना।' माधव बक्सा लेकर सुनार के घर की ओर चल दिया। रास्ते में कई बार उसका मन हुआ कि बक्सा खोलकर देखे किन्तु उसे अपनी माँ द्वारा दी गई शिक्षाएँ याद आ गयीं। उसने बक्से को बिना खोले सुनार के घर पहुँचा दिया। अगले दिन सुनार ने उसे बुलाकर कहा, 'मैं तुम्हारी ईमानदारी से बहुत प्रभावित हूँ, आज से तुम दुकान के मैनेजर हो। माधव की माँ यह सुनकर बहुत खुश हुई।

संदेश—ईमानदारी सबसे अच्छा गुण है।

19. 'शिक्षा का महत्त्व'

सुमित का मन पढ़ाई में बिल्कुल नहीं लगता था। स्कूल से आते ही वह टीवी देखने लगता और शाम को दोस्तों के साथ खेलने भाग जाता। इसी कारण मासिक परीक्षा में उसके बहुत कम अंक आए और पिताजी से डाँट भी पड़ी। माँ के बहुत कहने पर वह किताब खोलकर पढ़ने बैठ जाता, किन्तु उसका चंचल मन भटकता रहता।

एक दिन वह माँ के साथ सब्जी लेने गया। दुकान पर उसका बेटा भी सब्जी वाले काम में मदद कर रहा था। अगले दिन रात में उसने देखा कि वही लड़का बिजली के खंभे के नीचे बैठा किताब पढ़ रहा है। पास जाकर पूछने पर लड़का बोला, 'मैं सुबह पाठशाला जाता हूँ। दिन में पिताजी के काम में हाथ बँटाता हूँ। घर में बिजली न होने के कारण रात में यही बैठकर पढ़ाई करता हूँ क्योंकि शिक्षा के बिना जीवन व्यर्थ है। यह सुनते ही सुमित की आँखें खुल गई। उसने मन लगाकर पढ़ाई की और वार्षिक परीक्षा में प्रथम आया।

20. 'एकता का बल'

एक जमींदार के चार बेटे थे, जो आपस में बहुत लड़ते-झगड़ते थे। इसका फायदा उठाकर गाँव वाले उन्हें लड़वाकर अपना उल्लू सीधा करते रहते थे। जमींदार के बहुत समझाने का भी उन पर कोई असर नहीं होता था। एक दिन जमींदार ने चारों को बुलाया और उन्हें एक-एक लकड़ी देकर तोड़ने को कहा। चारों ने उसे आसानी से तोड़ दिया। इसके बाद उसने चार लकड़ियाँ लेकर उन्हें एक रस्सी से मजबूती से बाँध दिया और हर लड़के से उसे तोड़ने को कहा। बहुत जोर लगाने पर भी कोई लकड़ी के उस बंडल को नहीं तोड़ पाया। जमींदार ने कहा, देखा तुम सबने एकता में कितनी शक्ति है। यदि तुम सब भी मिलकर रहो, तो कोई तुम्हें नुकसान नहीं पहुँचा सकेगा। तब से चारों भाई प्रेम से रहने लगे।

21. 'परिश्रम औषधि है'

एक प्रसिद्ध चिकित्सक जंगल में रहते थे। वे दिन भर लकड़ी काटने का काम और रोगियों का इलाज करते थे। एक दिन किसी असाध्य रोग से पीड़ित एक व्यक्ति उनके पास आया। चिकित्सक ने उनकी पूरी दिनचर्या पूछकर उसे एक महीने की दवा देते हुए कहा, 'इसे अपने माथे के पसीने में भिगोकर प्रातः और सायं लेप करना। वह व्यक्ति बहुत आलसी था। माथे का पसीना निकालने के लिए उसे कठिन परिश्रम करना पड़ता था। धीरे-धीरे वह स्वस्थ महसूस करने लगा।

कुछ दिनों बाद वह चिकित्सक के पास आभार जताने तथा भेंट देने पहुँचा। वह औषधि का नाम जानना चाहता था। चिकित्सक बोले—'औषधि तो केवल सूखी घास थी, पर उसे पसीने में मिलाना था। वास्तव में तुम्हारा आलस्य ही रोग का कारण था। कठिन परिश्रम ही वह दवा है, जिससे सभी रोग दूर हो जाते हैं।'

संदेश—आलस्य हमारा सबसे बड़ा शत्रु है। कठिन परिश्रम सब समस्याओं का निदान करता है।

22. 'लालच का फल'

राम को एक शंख देते हुए कहा—'इससे तुम जो भी माँगोगे यह देगा। जब भी राम को कुछ जरूरत होती वह शंख से माँग लेता। श्याम मन ही मन राम से जलने लगा और शंख हथियाने की योजना बनाने लगा। तभी वह महात्मा पुनः गाँव में पधारे। अबकी बार श्याम ने उनकी आवभगत की और चलते समय कुछ देने को कहा। महात्मा बोले—'मेरे पास दो शंख हैं। एक से जो मांगोगे वह देगा और दूसरा जो भी माँगोगे उसका दुगना देने की बात करेगा। श्याम ने लालच में दूसरा शंख माँग लिया।

महात्मा के जाते ही श्याम ने शंख से कहा, 'मुझे दो बोरी अनाज दे दो।' शंख बोला—'अरे दो क्या तुम चार बोरी अनाज ले लो।' इसी तरह श्याम शंख से जो मांगता वह दुगना देना की बात करता पर देता कुछ नहीं। श्याम दौड़कर महात्मा के पास गया और सारी बात बताई। वे बोले—तुमने लालच में बिना सोचे ही दूसरा शंख माँग लिया। यह उसी का फल है। श्याम ने फिर कभी लालच ने करने की कसम खाई।

संदेश—मेहनत और ईमानदारी से फल मिलता है, लालच से नहीं। लालच बुरी बला है।

23. 'बुद्धि बल का चमत्कार'

वर्षा का मौसम था। राघव कच्ची सड़क पर अपनी बैलगाड़ी तेजी से दौड़ाता, घर की ओर चला जा रहा था। बैलगाड़ी में अनाज के बोरे भरे हुए थे। अचानक बैलगाड़ी एक ओर झुकी और रुक गयी। माधव घबराया—'हे भगवान् अब ये कौन सी मुसीबत आ गई? उसने नीचे उतरकर देखा, बैलगाड़ी का एक पहिया गीली मिट्टी से बने गड्ढे में धँस गया था। माधव ने बैलों को पूरी ताकत से खींचा, बहुत जोर लगाया पर गाड़ी नहीं निकली। माधव ने क्रोध में बैलों को पीटा और अंत में रोता हुआ ईश्वर से कोई चमत्कार करने की प्रार्थना करने लगा।

तभी एक आवाज आई—'रोना छोड़कर गाड़ी से बोझ कम कर और कुछ पत्थर लाकर गड्ढे को भर दे तब गाड़ी को खींच। उसने इधर-उधर देखा, कोई नहीं था। उसने वही किया और बैलों को प्यार से पुचकारकर जोर लगाया। बैलगाड़ी एक झटके से बाहर आ गई।

संदेश—किसी चमत्कार या भाग्य के भरोसे बैठे रहने से कुछ नहीं होता। ईश्वर भी उन्हीं की सहायता करते हैं जो अपनी सहायता स्वयं करते हैं।

24. 'कर्तव्य'

एक बार एक पंडित जी अपने शिष्यों के साथ नदी स्नान करने गए। अचानक उनकी दृष्टि पानी में डूबते एक बिच्छू पर पड़ी। महात्मा ने उसे बचाने के लिए हाथ बढ़ाया तो बिच्छू ने डंक मार दिया। महात्मा ने उसे कई बार बचाने की कोशिश की, बिच्छू ने उन्हें बार-बार डंक मारा। अंत में महात्मा ने उसे बचाकर नदी किनारे रख दिया। नदी किनारे खड़े उनके शिष्यों ने पूछा—'गुरु जी! जब वह बिच्छू बार-बार आपको काट रहा था, तो आपने उसे क्यों बचाया?

महात्मा ने कहा—'बिच्छू एक छोटा सा जीव है, उसका कर्म है काटना। जब वह अपना कर्तव्य करना नहीं भूला, तो मैं तो सब जीवों में श्रेष्ठ मानव हूँ, मेरा कर्तव्य है—दया करना। मैं अपना कर्तव्य कैसे भूल सकता हूँ।

संदेश—किसी भी विषम परिस्थिति में मनुष्य को अपना कर्तव्य नहीं भूलना चाहिए।

अभ्यास प्रश्न

1. लघु कथा से आप क्या समझते हैं?
2. लघु कथा लेखन के प्रमुख तत्व कौन-कौन से हैं?
3. लघु कथा लिखते समय किन-किन बातों का ध्यान रखना चाहिए?
4. एक श्रेष्ठ बाल कथा में एक संदेश या शिक्षा का होना क्यों आवश्यक है?
5. 'परोपकार की भावना' पर एक लघु कथा 100 से 120 शब्दों में लिखिए और उचित शीर्षक देते हुए उससे प्राप्त शिक्षा भी लिखिए।
6. 'बुद्धिमानी से हर समस्या का समाधान संभव है।' संदेश पर आधारित 100 से 120 शब्दों में एक लघु कथा लिखिए।
7. 'सच्चा मित्र' अथवा 'संकट का साथ' शीर्षक को ध्यान में रखकर 100 से 120 शब्दों में एक लघु कथा लिखिए।
8. 'सत्यनिष्ठ बनो' अथवा 'सदा सत्य बोलो' शीर्षक से सत्यवादी बनने का संदेश देती हुई एक लघु कथा 100 से 120 शब्दों में लिखिए।
9. 'मधुर बोलो' अथवा 'तोलो फिर बोलो' का संदेश देती हुई एक लघु कथा लिखिए।
10. 'परिश्रम का महत्त्व' दर्शाते हुए 100 से 120 शब्दों में एक लघु कथा लिखिए।
11. 'दूसरों के लिए अच्छा करने की भावना' को दर्शाती एक लघु कथा 100 से 120 शब्दों में संदेश सहित लिखकर उसे एक उचित शीर्षक भी दीजिए।
12. कभी घमण्ड न करने की सीख देती हुई एक लघु कथा 100 से 120 शब्दों में लिखिए। कथा को उचित शीर्षक भी दीजिए।
13. 'शिक्षा का महत्त्व' दर्शाते हुए 100 से 120 शब्दों में एक लघु कथा लिखिए।
14. 'एकता में शक्ति' का संदेश देती एक प्रेरक तथा 100 से 120 शब्दों में लिखकर उसे उचित शीर्षक भी दीजिए।
15. 'आलस्य मनुष्य का सबसे बड़ा शत्रु है।' इस संदेश पर आधारित एक लघु कथा 100 से 120 शब्दों में लिखिए और उसे एक उचित शीर्षक भी दीजिए।
16. एक रोचक शिक्षाप्रद लघु कथा (100 से 120 शब्दों में) लिखकर उसे उचित शीर्षक दीजिए तथा उसमें निहित संदेश भी लिखिए।
17. एक रोचक शिक्षाप्रद लघु कथा (100 से 120 शब्दों में) लिखकर उसे उचित शीर्षक दीजिए तथा उसमें निहित संदेश भी लिखिए।
18. दिए गए प्रस्थान बिन्दु के आधार पर एक लघु कथा लिखिए और उचित शीर्षक देते हुए उससे प्राप्त शिक्षा भी लिखिए—
    अनाज के एक गोदाम में एक चींटी खाने की तलाश में घूम रही थी। उसे बहुत जोर की प्यास लगी थी। उसे लगा कि यदि जल्दी ही पानी न मिला तो वह मर जाएगी। तभी एक बूँद उसके ऊपर गिरी और उसकी जान बच गई। चींटी ने ऊपर देखा असल में यह पानी की नहीं बल्कि आँसू की बूँद थी, जो एक छोटी लड़की की आँख से गिरा था। चींटी ने उससे पूछा······
19. एक हास्य लघु कथा लिखिए और उसे उचित शीर्षक भी दीजिए।
20. अपूर्ण कहानी को पूर्ण करना—
    कौए ने गाना सुनाने के लिए ज्यों ही अपनी चोंच खोली, रोटी का टुकड़ा उसके मुँह से गिर गया। रोटी का टुकड़ा ले लोमड़ी हँसी-हँसकर खाने लगी और कौआ अपनी मूर्खता पर पछताने लगा। अब अगर दूसरी बार कौआ माँस का टुकड़ा ले आये, तो लोमड़ी क्या करेगी?············इस अपूर्ण कहानी को पूरा करिए।
21. निम्नलिखित संकेतों (रूपरेखा) के आधार पर कहानी लिखिए—
    बेईमान हलवाई············कम मिठाई तौलता············पैसे पूरे लेता············लड़का मिठाई लेने आया············कम तौली············लड़के ने शिकायत की············हलवाई बोला ठीक है, कम वजन उठाना पड़ेगा············कम पैसे दिए············ हलवाई से कहा············पैसे कम हैं············लड़के ने उत्तर दिया, गिनने में कम मेहनत करनी पड़ेगी।'
22. राजा के दरबार में एक विदूषक············सदा हँसाया करता था—मुँह लगा था············राजा को बहुत था············दरबारी विदूषक से नाराज थे············सबका मजाक उड़ाता था············राजा से गंदा मजाक किया············प्राण दण्ड मिला············ राजा से क्षमा-याचना की············दया आ गयी············मृत्यु के ढंग को चुनने को कहा—स्वाभाविक मृत्यु माँगी············हाज़िर जबाबी ने प्राण बचा लिये।

23. दिए गए संकेतों के आधार पर 100 से 120 शब्दों की एक लघु कथा और उसका शीर्षक भी लिखिए।

    एक किसान············स्वामीभक्त नेवला············किसान बाहर गया। उसका छोटा बालक अकेला············सर्प घुस गया············ नेवले ने सर्प मारा············किसान लौटा············नेवले के मुँह पर खून। किसान को लगा············बच्चे को············नेवले को मारा। घर के अंदर············सर्प के टुकड़े············वास्तविकता पता चली············माथा पीट लिया।

24. दिए हुए प्रस्थान बिंदु के आधार पर सत्संगति का महत्त्व अथवा कुसंगति का दुष्परिणाम दर्शाते हुए 100 से 120 शब्दों में एक लघु कथा लिखिए।

    एक वृक्ष पर रहने वाले एक दुष्ट कौए ने पेड़ के नीचे तालाब में रहने वाले हंस के सामने दोस्ती का प्रस्ताव रखा। सज्जन होने के कारण हंस ने कौए का प्रस्ताव स्वीकार कर लिया। पेड़ पर रहने वाले अन्य पक्षियों को अलग जाति और स्वभाव वाले दो पक्षियों की दोस्ती देखकर बहुत आश्चर्य हुआ, किन्तु वे क्या कर सकते थे?

25. दिए गए संकेतों एवं प्रस्थान बिंदु के आधार पर 100 से 120 शब्दों में 'विनम्र बनो' अथवा 'कटुता का त्याग' शीर्षक से एक लघु कथा लिखिए।

    एक राजकुमार स्वभाव से बहुत उद्दंड और ············। प्रजा के साथ राजा भी उसकी करतूतों से ············। एक बार गौतम बुद्ध राज्य में पधारे। राजा ने बुद्ध से ·········। बुद्ध ने राजकुमार को ············से कुछ पत्तियाँ तोड़कर खाने को दीं। पत्तियाँ बहुत कड़वी थीं। राजकुमार ने पत्तियाँ खाईं············

26. दिए गए प्रस्थान बिंदु के आधार पर 'लालच बुरी बला है' विषय पर 100 से 120 शब्दों में एक लघु कथा लिखकर उसे उचित शीर्षक भी दीजिए।

    किसी गाँव में राम और श्याम नाम के दो किसान रहते थे। राम सीधा-सादा और नेक जबकि श्याम बहुत तेज़ चालाक और लालची था। एक बार उनके गाँव में बहुत बड़े महात्मा पधारे। राम और घर ले आया और उनकी खूब सेवा की। महात्मा ने प्रसन्न होकर राम की·········

❑❑

GURUKUL

Topper's Answers - 2019

खण्ड 'क'

1. निम्नलिखित गद्यांश को ध्यानपूर्वक पढ़िए और पूछे गए प्रश्नों के उत्तर लिखिए :

शिक्षा व्यक्ति और समाज दोनों के विकास के लिए अनिवार्य है। अज्ञान के अंधकार में जीना तो मृत्यु से भी अधिक कष्टकर है। ज्ञान के प्रकाश से ही जीवन के रहस्य खुलते हैं और हमें अपनी पहचान मिलती है। शिक्षा मनुष्य को मस्तिष्क और देह का उचित प्रयोग करना सिखाती है। वह शिक्षा जो मानव को पाठ्य-पुस्तकों के ज्ञान के अतिरिक्त कुछ गंभीर चिंतन न दे, व्यर्थ है। यदि हमारी शिक्षा सुसंस्कृत, सभ्य, सच्चरित्र एवं अच्छे नागरिक नहीं बना सकती, तो उससे क्या लाभ? सहृदय, सच्चा परंतु अनपढ़ मजदूर उस स्नातक से कहीं अच्छा है जो निर्दय और चरित्रहीन है। संसार के सभी वैभव और सुख-साधन भी मनुष्य को तब तक सूखी नहीं बना सकते जब तक कि मनुष्य को आत्मिक ज्ञान न हो। हमारे कुछ अधिकार व उत्तरदायितव भी हैं। शिक्षित व्यक्ति को अपने उत्तरदायित्वों और कर्तव्यों का उतना ही ध्यान रखना चाहिए जितना कि अधिकारों का क्योंकि उत्तरदायित्व निभाने और कर्तव्य करने के बाद ही हम अधिकार पाने के अधिकारी बनते हैं।

(क) अज्ञान में जीवित रहना मृत्यु से अधिक कष्टकर है, ऐसा क्यों कहा गया है ? 2

(ख) शिक्षा के किन्हीं दो लाभों को समझाइए। 2

(ग) अधिकारों और कर्तव्यों को पारस्परिक संबंध समझाइए। 2

(घ) शिक्षा व्यक्ति और समाज दोनों के विकास के लिए क्यों आवश्यक है ? 2

(ङ) इस गद्यांश के लिए एक उपयुक्त शीर्षक दीजिए। 1

प्र०:-१

क) अज्ञान में जीवित रहना मृत्यु से अधिक कष्टकर है क्योंकि ज्ञान के प्रकाश से ही जीवन के रहस्य खुलते हैं और मनुष्य को उसकी पहचान मिलती है। शिक्षा मनुष्य यह ज्ञान देती है तथा मस्तिष्क और देह का उचित प्रयोग सिखाती है।

ख) शिक्षा के कई लाभ हैं, जैसे -

१. शिक्षा मनुष्य तथा समाज के विकास हेतु अनिवार्य है क्योंकि वह एक मनुष्य को उसकी पहचान के अलावा जीवन के अनेक रहस्यों से अवगत कराती है तथा कुछ गंभीर चिंतन भी देती है।

२. शिक्षा ही मनुष्य को मस्तिष्क और देह का उचित प्रयोग करना सिखाती है। शिक्षा एक मनुष्य को सुसंस्कृत, सभ्य, सच्चरित्र एवं अच्छा नागरिक भी बनाती है।

ग) अधिकारों और कर्तव्यों का पारस्परिक संबंध यह है कि एक शिक्षित व्यक्ति को अपने अधिकारों जितना ही अपने उत्तरदायित्वों और कर्तव्यों का भी ध्यान रखना चाहिए क्योंकि एक मनुष्य अपने उत्तरदायित्व निभाने और कर्तव्य करने के बाद ही अधिकार पाने का अधिकारी बनता है।

घ) शिक्षा व्यक्ति और समाज दोनों के विकास के लिए आवश्यक है क्योंकि एक व्यक्ति के तौर पर ज्ञान के प्रकाश से ही जीवन के रहस्य खुलते

हैं और एक व्यक्ति अपनी पहचान पाता है। एक समाज के लिए शिक्षा अत्यधिक आवश्यक है क्योंकि वह मनुष्य को समाज हेतु सुसंस्कृत, सभ्य, सच्चरित्र एवं अच्छा नागरिक बनाती है तथा मनुष्य को आत्मिक ज्ञान देती है।

ङ.) उपर्युक्त गद्यांश का उचित शीर्षक "शिक्षा और उसके दायित्व" हो सकता है।

2. निम्नलिखित काव्यांश को ध्यानपूर्वक पढ़कर पूछे गए प्रश्नों के उत्तर लिखिए : **2 × 3 = 6**

लक्ष्मण-रेखा के दास तटों तक जाकर ही फिर जाते हैं,
वर्जित समुद्र में नाव लिए स्वाधीन वीर ही जाते हैं।
आजादी है अधिकार खोज की नई राह पर पाने का,
आजादी है अधिकार नए द्वीपों का पता लगाने का।
रोटी उसकी, जिसका अनाज, जिसकी जमीन, जिसका श्रम है,
अब कौन उलट सकता स्वतंत्रता का सुसिद्ध, सीधा क्रम है।
आजादी है अधिकार परिश्रम का पुनीत फल पाने का,
आजादी है अधिकार शोषणों की धज्जियाँ उड़ाने का।

(क) 'लक्ष्मण रेखा' का तात्पर्य कविता में क्या है? उसके दास क्या नहीं कर पाते ?

(ख) स्वतंत्रता हमें क्या-क्या अधिकार देती है ?

(ग) स्वतंत्रता का 'सुसिद्ध सीधा क्रम' क्या है? आशय स्पष्ट कीजिए।

अथवा

आओ, हम सब अब हिंदुस्तानी ही रह जाएँ!
पहले एक साथ चलकर समंदर में
हम अपनी-अपनी जातियाँ धो आएँ,
और तोड़ दें अपने-अपने प्रांतों की सीमाएँ,
जिससे बंगाली, गुजराती, मराठी, मद्रासी आदि
हमारी सारी संज्ञाएँ मिट जाएँ
और हम सब केवल हिंदुस्तानी ही रह जाएँ!

हममें हिंदू, मुस्लिम, सिख, ईसाई भी अब कोई न रहे,
हममें हर आदमी अपना धर्म अब बस एक ही कहे
और बस एक ही मंदिर हो हमारा-
यह देश,
चाहो तो उसे मस्जिद कहो, गिरजा या गुरुद्वारा,
जिसकी रक्षा में हम जिएँ या मर जाएँ!
आओ, अब हम सब केवल हिंदुस्तानी ही रह जाएँ!

(क) समुद्र में जातियाँ धोकर आने से कवि का क्या आशय है ?

(ख) आशय समझाइए - 'बस एक ही मंदिर हो हमारा'

(ग) हमारी अलग-अलग पहचानें क्या हैं ? उन्हें एक में कैसे समेटा जा सकता है ?

प्र०:-2

क) समुद्र में जातियाँ धोकर आने से कवि का यह तात्पर्य है कि सब भारत-वासियों अपनी अलग-अलग जातियाँ तथा अपनी प्रांतों की सीमाओं को भूलना होगा उन्हें हर तरह तथा हर स्थान से निकाल देना होगा तथा बस इतना स्मरण रखना होगा होगा कि हम सब सिर्फ़ हिंदुस्तानी हैं। भले ही भारत देश ने हर जाति को अपनाया ठीक उसी प्रकार हम भी हर जाति भूलकर सिर्फ़ भारत को अपनाएँ।

ख) 'बस एक ही मंदिर हो हमारा' से कवि का आशय है कि हर भारत के वासी को अपने अलग-अलग धर्मों को भुलाकर एक साथ एक ही धर्म के नीचे रहना होगा और वह धर्म होगा हिंदुस्तानी और इस एक धर्म का बस एक ही मंदिर हो और वह हो हमारी मातृभूमि, हमारा भारत देश। इस मंदिर की रक्षा हेतु हर हिंदुस्तानी सदैव तत्पर रहे।

ग) हमारी अलग-अलग पहचानें हैं क्योंकि हमारी मातृभूमि, हमारे देश ने हम संतानों बिना जाति-धर्म की पहचान किए पाला है और हमारी हर आवश्यकता को पूरा किया है।

हमारी अलग-अलग पहचानों को एक में समेटा जा सकता है और वह है हमारे हिंदुस्तानी धर्म में जिसका सिर्फ़ एक मंदिर होगा, यह पूर्ण देश जहाँ पर हर पहचान मिट जाएगी और याद रहेगी सिर्फ़ देशभक्ति।

खण्ड 'ख'

3. 'शब्द' और 'पद' में क्या अंतर है? उदाहरण सहित स्पष्ट कीजिए।

अथवा

शब्द के पद बनने पर क्या परिवर्तन होता है? उदाहरण देकर समझाइए।

प्र०:-3

शब्द के पद बनने पर यह परिवर्तन होता है कि उस शब्द की स्वतंत्रता समाप्त हो जाती है तथा वाक्य में प्रयुक्त होकर वह शब्द कोई-न-कोई प्रकार्य अवश्य करता है तथा उस शब्द में कोई-न-कोई रूप-साधक या शब्द-साधक अथवा शून्य प्रत्यय अवश्य लगता है।

उदाहरण –

'लड़का' एक शब्द है।
वाक्य में प्रयुक्त होते ही,

लड़का विद्यालय जाता है।

'लड़का' में शून्य प्रत्यय लग जाता है तथा यह संज्ञा का प्रकार्य कर रहा है और अब यह शब्द न रहकर पद बन गया है।

4. नीचे लिखे वाक्यों में से किन्हीं तीन वाक्यों का निर्देशानुसार रूपांतरण कीजिए : $1 \times 3 = 3$

(क) जब सूर्योदय हुआ तो चिड़ियाँ चहचहाने लगीं। (सरल वाक्य में)

(ख) वामीरो से मिलने के बाद तताँरा के जीवन में परिवर्तन आया। (मिश्र वाक्य में)

(ग) हम परस्पर सहयोग से रहकर एक-दूसरे का हित करें। (संयुक्त वाक्य में)

(घ) नींव कच्ची होने पर मकान कमजोर रहता है। (मिश्र वाक्य में)

प्र०:-४

क) सूर्योदय होते ही चिड़ियाँ चहचहाने लगीं।

ख) जब तताँरा वामीरो से मिला तब उसके जीवन में परिवर्तन आया।

घ) जब नींव कच्ची होती है तब मकान कमजोर रहता है।

5. निम्नलिखित में से किन्हीं दो पदों का समास-विग्रह करके समास का नाम लिखिए : $1 \times 2 = 2$

पुराणपुरुष, मदांध, परोपकार

(ख) निम्नलिखित में से किन्हीं दो को समस्त पद में परिवर्तित कर समास का नाम लिखिए : $1 \times 2 = 2$

(i) चार मुख हैं जिसके (ii) कमल जैसे चरण (iii) कन्या का दान

प्र०:-५

(क)

(ii) मदांध - मद में अंधा (अधिकरण तत्पुरुष समास)

(iii) परोपकार - पर (दूसरों) पर उपकार (अधिकरण तत्पुरुष समास)

(ख)

(ii) कमल जैसे चरण - चरणकमल (कर्मधारय समास)

(iii) कन्या का दान - कन्यादान (संबंध तत्पुरुष समास)

6. निम्नलिखित में से किन्हीं चार वाक्यों को शुद्ध कीजिए : $1 \times 4 = 4$

(क) भाई साहब और मैं फेल पास हो गए।

(ख) विरासत में मिली चीजों की सँभाल होना चाहिए।

(ग) आप जब मिलने आएँ तो फोन कर लेना।

(घ) हमने तो घर पहुँचते ही सारा बात बता दिया था।

(ङ) लड़का लोग को समझाइए तो वे मान जाएँगे।

प्र०:-६

क) भाई साहब फ़ेल और मैं पास हो गया।

ग) आप जब मिलने आएँ तब फ़ोन कर लीजिएगा।

घ) हमने तो घर पहुँचते ही सारी बात बता दी थी।

ङ) लड़कों को समझाएँगे तो वे मान जाएँगे।

7. किन्हीं दो रिक्त स्थानों की पूर्ति उचित मुहावरों द्वारा कीजिए : 1 × 2 = 2

(क) वे हर बात में .... अड़ाते हैं।

(ख) भारतीय सैनिकों ने दुश्मन के .... छुड़ा दिए।

(ग) उसकी लॉटरी क्या खुल गई कि उसके .... पड़ रहे।

प्र०:- ७

क) वे हर बात में टाँग अड़ाते हैं।

ख) भारतीय सैनिकों ने दुश्मन के छक्के छुड़ा दिए।

खण्ड 'ग'

8. निम्नलिखित प्रश्नों के उत्तर दीजिए :

(क) छोटे भाई को बड़े भाई की किन बातों से लघुता का अनुभव हुआ और क्यों ? 2

(ख) सुभाष बाबू के जुलूस में स्त्री समाज ने क्या भूमिका निभाई और कैसे ? 2

(ग) अरब में लश्कर को नूह के नाम से क्यों याद किया जाता है ? 1

अथवा

भूत, भविष्य और वर्तमान में किसे सत्य माना गया है? 'झेन की देन' पाठ के आधार पर लिखिए।

प्र०:- ८

क) छोटे भाई को बड़े भाई की बातों से लघुता का अनुभव तब हुआ जब उनके बड़े भाई ने उन्हें बताया कि भले ही वह बड़े भाईसाहब के समकक्ष क्यों न आ जाए परंतु अनुभव ज्ञान में वह उनसे सदैव छोटा रहेगा और किताबी ~~ध्य~~ ज्ञान से सर्वोपरि अनुभव ज्ञान है। छोटे भाई को इस बात से लघुता का अनुभव इसलिए हुआ क्योंकि वह समझ गए कि उनका किताबी ज्ञान उन्हें उनके पिताजी जितना अनुभवी नहीं बना सकता ठीक इसी प्रकार वह अनुभव में अपने बड़े भाईसाहब से छोटा ही रहेगा।

ख) सुभाष बाबू के जुलूस ~~र~~ में स्त्री समाज की अत्यंत महत्वपूर्ण भूमिका थी क्योंकि मोनुमेंट के नीचे स्त्री समाज ने ही झंडा फ़हराकर शपथ ~~प्र~~ पढ़ी तथा लाठी पड़ने पर ~~पर~~ भी अपने स्थान पर अडिग रहीं। उनको गिरफ़्तारी का भय नहीं था न ही लाठी की मार का। उनको बस भारत के आंदोलन को आगे बढ़ाना था। इस आंदोलन में १०५ स्त्रियाँ गिरफ्तार हुईं तथा लक्ष्य प्राप्त होने के बाद वे धर्मतल्ले के मोड़ पर जुलूस तोड़कर बैठ गईं। इस प्रकार सुभाष बाबू की गिरफ़्तारी के बाद स्त्री समाज ने हर ज़िम्मेदारी को अपने कंधों पर उठाकर आंदोलन को सफल बनाया।

ग) लेखक रवींद्र केलेकर ने स्पर्श के पाठ 'झेन की देन' में वर्तमान को ही सत्य माना है। भूत, भविष्य और वर्तमान में वर्तमान को सत्य माना गया है क्योंकि भूत बीत चुका है तथा भविष्य किसी ने देखा नहीं अर्थात मनुष्य वर्तमान में ही जीता है तथा वही सत्य है।

9. बड़े भाई साहब ने जीवन में अनुभवों और पुस्तकीय ज्ञान में से किसे अच्छा कहा है और क्यों? उनके विचारों पर अपनी टिप्पणी भी कीजिए। 5

अथवा

शुद्ध सोने और गिन्नी के सोने में क्या अंतर है? इस प्रसंग में महात्मा गांधी की चर्चा लेखक ने क्यों की है ?

प्र०:-९

हमारी पाठ्यपुस्तक 'स्पर्श' के पाठ 'पतझर में टूटी पत्तियाँ' के लेखक रवींद्र केलेकर के अनुसार शुद्ध सोना, शुद्ध आदर्श की तरह होता है जिसमें किसी भी प्रकार की मिलावट नहीं की जाती है। वहीं दूसरी तरफ़ गिन्नी का सोना, शुद्ध सोने में मिलाया हुआ तांबा होता है जिस प्रकार शुद्ध आदर्शों में थोड़ी-सी व्यवहारिकता मिलाकर 'प्रैक्टिकल आइडियालिस्ट' बनते हैं। इस प्रसंग में महात्मा गांधी की चर्चा द्वारा लेखक पाठक को यह बताने चाहते हैं कि वे व्यवहारिकता को शुद्ध आदर्शों के स्तर पर लाते थे जैसे कि वे सोने में तांबा नहीं अपितु तांबे में सोना मिलाकर उसकी कीमत बढ़ाते थे। इसी कारण वे देश को आज़ाद करवा पाए अन्यथा हवा में ही उड़ते रहते। उनके सत्याग्रह आंदोलन इसी बात का सबूत हैं कि वे पूर्ण देश का उत्थान करना चाहते थे बिना स्वयं के लाभ के बारे में सोचे जो वह सिर्फ़ व्यवहारिकता की सहायता से कर पाए। इस संसार में व्यवहारवादी लोग सफ़लता प्राप्त करते हैं तथा ऊपर सिर्फ़ स्वयं उठते हैं परंतु आदर्शवादी सबको साथ लेकर ऊपर उठते हैं तथा लोक-कल्याण व समाज कल्याण को समर्पित होते हैं।

10. निम्नलिखित प्रश्नों के उत्तर दीजए :

(क) कबीर ने कैसी वाणी बोलने की सलाह दी है ? उसके क्या-क्या लाभ बताए गए हैं ? 2

(ख) 'मनुष्यता' कविता में उदार व्यक्ति की क्या पहचान बताई गई है और उसके लिए क्या भाव व्यक्त किए गए हैं ? 2

(ग) 'आमंत्रण' कविता में कवि सहायक के न मिलने पर क्या प्रार्थना करता है ? 1

अथवा

"पर्वत प्रदेश में पावस" में शाल वृक्ष के भयभीत होकर धरती में धँसने की बात क्यों कही गई है ?

प्र०:-१०

क) कबीर ने सदैव मीठी वाणी बोलने की सलाह दी है क्योंकि मीठी वाणी बोलने के अनेक लाभ होते हैं जैसे कि बोलने व सुनने वाले को सुख व आनंद की प्राप्ति होती है तथा मीठी वाणी बोलने वाले का तन भी सकारात्मकता व शीतलता प्राप्त करता है।

ख) 'मनुष्यता' कविता में उदार व्यक्ति की यही पहचान बताई गई है कि उसकी सदा सुमृत्यु होती है, वह सबका हितैषी होता है, उसका बखान सरस्वती किताबों के रूप में करती है तथा धरती भी उनसे कृतार्थ भाव मानती है। इन व्यक्तियों के लिए कविता में आदर, सहानुभूति, दया, सत्यवादिता, बलिदानी आदि भाव व्यक्त किए गए हैं।

ग) 'आत्मत्राण' कविता में कवि रवींद्रनाथ ठाकुर सहायक के न मिलने पर ईश्वर से बस इतनी प्रार्थना करते हैं कि उनका आत्मबल तथा पुरुषत्व कदापि न हिले और वे उस अवस्था में भी अडिग व अचल रहें।

11. कविता के आधार पर पर्वतीय प्रदेश में वर्षा का सुंदर चित्रण अपने शब्दों में कीजिए। 5

अथवा

'मनुष्यता' कविता में कवि ने किन मानवीय गुणों की चर्चा की है? उन पर अपने विचार दीजिए।

प्र०:-११

हमारी पाठ्यपुस्तक 'स्पर्श' के पाठ 'पर्वत प्रदेश में पावस' में कवि सुमित्रानंदन पंत ने पर्वतीय प्रदेश में वर्षा का अत्यंत सुंदर व मनमोहक चित्रण करते हुए कहा है कि वर्षा ऋतु में पर्वत प्रदेश में प्रकृति पल-पल अपना वेष बदल रही थी, कभी तेज़ वर्षा तो कभी तेज़ धूप हो जा रही थी। इन सब के बीच अनेक मेखलाकार पहाड़ों से बहता हुआ जल उनके चरणों में दर्पण रूपी तालाब बना दे रहा था जहाँ से सहस्त्र सुमन ऐसे प्रतीत हो रहे थे कि पर्वतों के नेत्र बनकर वे उस दर्पण में स्वयं का प्रतिबिंब देख रहे हैं। उन पर्वतों से बहते हुए झरने मोती की लड़ियों से प्रतीत हो रहे थे। साथ ही चारों तरफ़ बिजली पारे की तरह अपने पर फैला रही थी। पर्वतों पर उपस्थित वृक्ष ऊँची महत्वकांक्षाओं को दिखा रहे थे तथा कई शाल के वृक्ष मिट्टी में टूटने के भय से उसमें धँस चुके थे। चारों तरफ़ बरसते जल के कारण जो धुआँ उठ रहा था उससे ऐसा लग रहा था मानो पर्वत प्रदेश जल रहा है। चारों तरफ़ के सन्नाटे में सिर्फ़ बहते हुए झरनों की आवाज़ ही शेष रह गई थी। इस प्रकार ऐसा प्रतीत हो रहा था कि इंद्र देव अपनी सवारी पर विचर-विचर जादुई खेल दिखा रहे हों।

12. 'सपनों के से दिन' संस्मरण में पी. टी. साहब के स्वभाव की विशेषताएँ सोदाहरण लिखिए। 5

अथवा

"अनपढ़ होते हुए भी हरिहर काका दुनिया की अच्छी समझ रखते हैं।" कहानी के आधार पर सोदाहरण पुष्टि कीजिए।

प्र०:-१२

"अनपढ़ होते हुए भी हरिहर काका दुनिया की अच्छी समझ रखते हैं"

हमारी पूरक पुस्तक 'संचयन' के पाठ "हरिहर काका" में लेखक मिथिलेश्वर ने उपर्युक्त पंक्तियों को बखूबी दर्शाया है। हरिहर काका के पास पंद्रह बीघे ज़मीन थी। उस ज़मीन पर ठाकुरबारी के महंत जी तथा उनके तीन भाईयों की बराबर नज़र थी। उन दोनों की तरफ़ से हरिहर काका को ज़मीन उनके नाम करने का प्रस्ताव कई बार आया परंतु उन्होंने उसे कदापि नहीं स्वीकारा क्योंकि अनपढ़ होते हुए भी उन्हें अनुभव ज्ञान बखूबी था। वे जानते थे कि अगर उन्होंने अपनी ज़मीन किसी के नाम की तो उसके बाद वे उन्हें पूछना बंद कर देंगे। उन्होंने इसका प्रत्यक्ष उदाहरण अपने गाँव में ही रमेसर की विधवा के साथ भी देखा था जिनके

पुत्रों ने उनसे ज़मीन अपने नाम करवाने के बाद उन्हें दूध की मक्खी की भाँति निकाल फेंका था। इसी कारण दोनों पक्षों द्वारा पिटने के बाद भी उन्होंने अपनी ज़मीन किसी के नाम नहीं की। यह दर्शाता है कि एक अनपढ़ व्यक्ति भी समाज में होते नकारात्मक बदलावों को अपने अनुभव द्वारा समझ सकता है तथा समाज की कुनीतियों से भी बचा रह सकता है। यही कारण है कि हरिहर काका ने अपने जीते जी कितने ही दबाव के बावजूद किसी के नाम नहीं की क्योंकि उन्हें अपने अनुभव ज्ञान से दुनिया की अच्छी समझ हो चुकी थी जिस कारण वह अचरज में भी थे तथा असमंजस में भी कि समाज किस ओर जा रहा है।

खण्ड 'घ'

13. निम्नलिखित में से किसी एक विषय पर संकेत बिन्दुओं के आधार पर 80-100 शब्दों में अनुच्छेद लिखिए : 5

(क) पुस्तक की आत्मकथा

- मै हूँ
- मेरी विशेष बातें
- क्या सोचते हैं लोग मेरे बारे में

(ख) समय का सदुपयोग

- क्यों
- कैसे
- दुरुपयोग के खतरे

(ग) प्यारा देश न्यारा देश

- देश के बारे में
- प्यारा क्यों ?
- न्यारा क्यों ?

Q. 13

अनुच्छेद लेखन –

ख)

समय का सदुपयोग

समय बहुत ही मूल्यवान वस्तु है और समय किसी के लिए नहीं रुकता। जो वक्त रहते समय का सदुपयोग नहीं करता वह जीवन में सदैव पछताता है। समय का सदुपयोग करने वाला इंसान जीवन में सदा उन्नति करता है। समय का सदुपयोग कई प्रकार से किया जा सकता है वक्त रहते अपना कार्य पूर्ण करके, मोबाइल, टी०वी० में समय व्यर्थ न करके। एक मनुष्य का धर्म उसका कर्म होता है जिसको उसे समय के अंतर्गत ही करना होता है। मनुष्य अगर अपना ध्यान सिर्फ कर्म पर केंद्रित करता है तो वह समय का सदुपयोग करता है।

समय के दुरुपयोग के भी अनेक खतरे हैं जैसे- समय के दुरुपयोग से मनुष्य का पूर्ण जीवन समाप्त हो सकता है, मनुष्य के स्वास्थ्य को भी इससे बहुत बड़ा खतरा है जैसे अधिक समय मोबाईल पर व्यतीत करने से और अपना कार्य पूर्ण न करने से मनुष्य की आँखों को नुकसान पहुँचता है, एक समय-सारिणी का पालन न करके मनुष्य अपना कोई भी कार्य समय पर खत्म नहीं कर पाता और असफ़लता प्राप्त करता है। जो समय का आदर व सदुपयोग करता है वह जीवन नई ऊँचाइयों को प्राप्त करता है।

14. विद्यालय में अनजाने ही आप से जो चूक हुई उसके कारण दंड दिया गया है। तब से आपकी माँ आप से बोल नहीं रही है। अपनी स्थिति स्पष्ट करते हुए प्रधानाचार्य को पत्र लिखिए। 5

अथवा

आवारा कुत्तों के कारण आपकी बस्ती में जो समस्या आ गई है उसका विवरण देते हुए स्वास्थ्य अधिकारी को शीघ्र उपाय करने का अनुरोध करते हुए पत्र लिखिए।

प्र०-१४ औपचारिक पत्र लेखन -

परीक्षा भवन
अ०ब०स० विद्यालय
क०ख०ग० नगर

१९ मार्च, २०१९

स्वास्थ्य अधिकारी
नगर निगम
क०ख० ग० नगर

विषय - बस्ती में आवारा कुत्तों समस्या के निवारण हेतु पत्र।

मान्यवर,
मैं क०ख०ग० नगर की च०छ० ज० बस्ती का निवासी हूँ तथा आवारा कुत्तों के कारण हो रही समस्याओं से आपको अवगत करना चाहता हूँ।

हमारी बस्ती में आए दिन कोई-न-कोई व्यक्ति आवारा कुत्तों का शिकार हो रहा है तथा उन्होंने हमारी बस्ती की एक बच्ची की काटकर हत्या भी कर दी है। वे हर रोज हमारी बस्ती में कूड़ा फैला देते हैं तथा उनका मल-मूत्र नई बीमारियों का कारण बन रहा है।

अतः मेरा आपसे यह अनुरोध है कि जल्द-से-जल्द इन आवारा कुत्तों हेतु नए आवास का कार्य आरंभ किया जाए तथा इनसे प्रभावित लोगों को चिकित्सा हेतु धन-राशि प्रदान की जाए।

सधन्यवाद।
भवदीय,
ट०ठ०ड

15. आप विद्यालय की छात्र कल्याण-परिषद् के सचिव हैं। विद्यालय में होने वाले वार्षिक-उत्सव में भाग लेने के इच्छुक छात्रों के नाम आमंत्रित करने के लिए 25-30 शब्दों में सूचना तैयार कीजिए।

अथवा

अपने मोहल्ले की सुधार-समिति के सचिव की ओर से 'स्वच्छता पखवाड़ा' कार्यक्रमों में भाग लेने के इच्छुक लोगों के लिए 25 - 30 शब्दों में एक सूचना तैयार कीजिए।

प्र०:-१५

सूचना लेखन

सूचना
अ०ब०स० विद्यालय
क०ख०ग० नगर

१६ मार्च, २०१९

सर्वसाधारण को सूचित किया जाता है कि विद्यालय "वार्षिकोत्सव-२०१९" मनाएगा जिसकी जानकारी निम्नलिखित है-
तिथि - ३१ मार्च, २०१९
समय - प्रातः ८ बजे से सायं ६ बजे तक
स्थान - खेल मैदान, अ०ब०स० विद्यालय, क०ख०ग० नगर
इस कार्यक्रम में नृत्य, संगीत, कला आदि कलाओं में भाग लेने हेतु इच्छुक छात्र अपना नाम खेल मैदान में सचिव को लिखवाएँ।
ट०ठ०ड
सचिव
छात्र कल्याण-परिषद्

16. किसी नई फिल्म को देखने के बाद लौटे दो मित्रों के बीच के संवाद को लगभग 50 शब्दों में लिखिए। 5

अथवा

अपने विद्यालय के नाट्य उत्सव के उद्घाटन सत्र की अध्यक्षता करने के लिए एक प्रतिष्ठित नाटककार को आमंत्रित करने आप उनसे मिलते हैं। आप दोनों के बीच हुए संवाद को लगभग 50 शब्दों में लिखिए।

प्र०:-१६

संवाद लेखन –

मित्र 1- राम मित्र 2- रमेश

राम - अरे! रमेश तुम भी यह चलचित्र देखने यहाँ आए थे? अगर मुझे बताते तो हम साथ चलते।

रमेश - प्रणाम मित्र। मुझे नहीं पता था कि तुम्हें चलचित्रों में रुचि है, मैं तो तुम्हें किताबी कीड़ा समझता था।

राम - नहीं मित्र, ऐसा नहीं है। मैं वे चलचित्र अवश्य देखता हूँ जो समाज को एक अच्छा संदेश देते हैं। इन चलचित्रों से मैं और लोगों को भी अवगत करता हूँ।

रमेश - यह तो अद्‌भुत बात है। मैं इस चलचित्र को दूसरी बार देख रहा हूँ। मैं जब भी इस चलचित्र को देखता हूँ तो मेरे अंदर देश के लिए कुछ करने की भावना जाग जाती है।

राम - यह तो अच्छी बात है। वैसे इस चलचित्र में दहेज प्रथा के बारे में बताया गया है। क्या तुम इस प्रथा में विश्वास रखते हो?

रमेश - बिल्कुल नहीं मित्र। एक बेटी ही उसके माता-पिता का दिया सबसे बड़ा दहेज होती है, उससे अधिक किसी इंसान को क्या चाहिए?

राम - बिल्कुल उचित कहा मित्र परंतु मुझे अफ़सोस इस बात का है कि समाज में इसका प्रचलन आज भी है।

रमेश - मित्र, कई बार तो मैं यह सोचता हूँ कि इन चलचित्रों का मकसद तब तक अधूरा रहेगा जब तक समाज इससे बदलाव नहीं आएगा।

राम - चलो मित्र, अब हम ही यह पहल करेंगे तथा कल से और छात्रों सहित अध्यापिका की आज्ञा लेकर सबको अवगत करने चलेंगे और शुरुआत करेंगे अपनी बस्ती से।

रमेश - बिल्कुल ठीक कहा। तो मित्र अब कल मिलते हैं हम एक नए उत्साह तथा नई उमंग से। शुभ रात्रि।

17. आपके पिता अपना पुराना मकान बेचना चाहते हैं। मकान का विवरण देते हुए लगभवग 50 शब्दों में एक विज्ञापन तैयार कीजिए। 5

अथवा

आप अपने घर का पुराना सोफा-सेट तथा अन्य फर्नीचर बेचना चाहते हैं। उसकी जानकारी देते हुए लगभग 50 शब्दों में एक विज्ञापन तैयार कीजिए।

प्र०:-१७

विज्ञापन लेखन –

पुराने मकान में नए का मज़ा !!

यह आलीशान मकान अब बहुत कम दाम में सिर्फ - 50लाख

पहले आएँ पहले पाएँ

होली के अवसर पर भारी छूट

पुरानी सड़क, अ०ब०स० नगर के पास

7 कमरे 2 शौचालयों तथा 3 पाकालय (किचन) वाला घर सिर्फ यहाँ

शहर मे अपना घर हो तो शहर भी अपना लगता है।

अब अपनी होली [illegible] घर से !!

मो० - 9860534590

HINDI (COURSE B)

Outside Delhi [Set-I] 2020

निर्धारित समय : 3 घण्टे

अधिकतम अंक : 80

सामान्य निर्देश :

निम्नलिखित निर्देशों को बहुत सावधानी से पढ़िए और उनका अनुपालन कीजिए—

(i) प्रश्न-पत्र **चार** खंडों में विभाजित किया गया है—**क, ख, ग** एवं **घ**। सभी प्रश्न अनिवार्य हैं।

(ii) खंड—**क** में प्रश्न अपठित गद्यांश पर आधारित है।

(iii) खंड—**ख** में प्रश्न संख्या **2** से **5** तक प्रश्न व्याकरण के हैं।

(iv) खंड—**ग** में प्रश्न संख्या **6** से **10** तक प्रश्न पाठ्यपुस्तकों से हैं।

(v) खंड—**घ** में प्रश्न संख्या **11** से **13** तक प्रश्न रचनात्मक लेखन के हैं।

(vi) यथासंभव प्रत्येक खंड के प्रश्नों के उत्तर क्रम से लिखिए।

(vii) उत्तर संक्षिप्त तथा क्रमिक होने चाहिए और साथ ही दी गई शब्द सीमा का यथासंभव अनुपालन कीजिए।

(viii) प्रश्न-पत्र में समग्र पर कोई विकल्प नहीं है। तथापि, कुछ प्रश्नों में आंतरिक विकल्प दिए गए है। ऐसे प्रश्नों में से **केवल एक ही विकल्प का उत्तर** लिखिए।

(ix) इनके अतिरिक्त, आवश्यकतानुसार, प्रत्येक खंड और प्रश्न के साथ यथोचित निर्देश दिए गए हैं।

खण्ड 'क'

1. निम्नलिखित गद्यांश को ध्यानपूर्वक पढ़कर पूछे गए प्रश्नों के उत्तर दीजिए :

अपनी सभ्यता का जब मैं अवलोकन करता हूँ, तब लोगों को काम के संबंध की उनकी विचारधारा के अनुसार उन्हें विभाजित करने लगता हूँ। एक वर्ग में वे लोग आते हैं, जो काम को उस घृणित आवश्यकता के रूप में देखते हैं, जिसकी उनके लिए उपयोगिता केवल धन अर्जित करना है। वे अनुभव करते हैं कि जब दिनभर का श्रम समाप्त हो जाता है, तब वे जीना सचमुच शुरू करते हैं और अपने आप में होते हैं। जब वे काम में लगे होते हैं, तब उनका मन भटकता रहता है। काम को वे उतना महत्त्व देने का कभी विचार नहीं करते, क्योंकि केवल आमदनी के लिए ही उन्हें काम की आवश्यकता है। दूसरे वर्ग के लोग अपने काम को आनंद और आत्मपरितोष पाने के एक सुयोग के रूप में देखते हैं। वे धन इसलिए कमाना चाहते हैं ताकि अपने काम में अधिक एकनिष्ठता के साथ समर्पित हो सकें। जिस काम में वे संलग्न होते हैं, उसकी पूजा करते हैं।

पहले वर्ग में केवल वे लोग ही नहीं आते हैं, जो बहुत कठिन और अरुचिकर काम करते हैं। उसमें बहुत-से संपन्न लोग भी सम्मिलित हैं, जो वास्तव में कोई काम नहीं करते हैं। ये सभी धन को ऐसा कुछ समझते हैं, जो उन्हें काम करने के अभिशाप से बचाता है। इसके सिवाय कि उनका भाग्य अच्छा रहा है, वे अन्यथा उन कारखानों के मज़दूरों की तरह ही हैं, जो अपने दैनिक काम को जीवन का सबसे बड़ा अभिशाप समझते हैं। उनके लिए काम कोई घृणित वस्तु है और धन वांछनीय, क्योंकि काम से छुटकारा पाने के साधन का प्रतिनिधित्व यही धन करता है। यदि काम को वे टाल सकें और फिर भी धन प्राप्त हो जाए, तो खुशी से यही करेंगे।

जो लोग काम में अनुरक्त हैं तथा उसके प्रति समर्पित हैं, ऐसे कलाकार, विद्वान और वैज्ञानिक दूसरे वर्ग में सम्मिलित हैं। वस्तुओं को बनाने और खोजने में वे हमेशा दिलचस्पी रखते हैं। इसके अंतर्गत परंपरागत कारीगर भी आते हैं, जो किसी वस्तु को रूप देने में गर्व और आनंद का वास्तविक अनुभव करते हैं। अपनी मशीनों को ममत्वभरी सावधानी से चलाने और उनका रख-रखाव करने वाले कुशल मिस्त्री और इंजीनियर इसी वर्ग से संबंधित हैं।

(क) कितने प्रकार के काम करने वाले लेखक को दिखाई देते हैं? इस विभाजन का आधार क्या है? **[2]**

(ख) जिन लोगों के लिए काम की उपयोगिता धन प्राप्त करना है, वे क्या अनुभव करते हैं? **[2]**

(ग) दैनिक काम को जीवन का सबसे बड़ा अभिशाप समझने के दृष्टिकोण को कैसे बदला जा सकता है? **[2]**

(घ) काम के प्रति समर्पित लोगों के वर्ग में कौन-कौन लोग आते हैं? **[2]**

(ङ) काम करना किनके लिए घृणित है? **[1]**

(च) उपर्युक्त गद्यांश का उपयुक्त शीर्षक दीजिए। **[1]**

उत्तर—(क) लेखक को दो प्रकार के काम करने वाले लोग दिखाई देते हैं। उनके इस विभाजन का आधार काम करने वालों की विचारधाराएँ हैं। काम करने के प्रति लोगों की निष्ठा और काम के उद्देश्य को देखकर लेखक ने इस प्रकार का विभाजन किया है।

(ख) जिन लोगों के लिए काम की उपयोगिता केवल धन अर्जित करना है, जब काम में व्यस्त होते हैं तो मन भटकता है, जब काम समाप्त होता है तब उनका जीवन शुरू होता है। उनके लिए जीवन का आनंद काम में नहीं अपितु धन प्राप्ति में है।

(ग) दैनिक काम को जीवन का सबसे बड़ा अभिशाप समझने के दृष्टिकोण को काम के प्रति समर्पण भाव और एक

** Answer is not given due to the change in present syllabus.

निष्ठा जगाकर बदला जा सकता है। 'कर्म ही पूजा है' इस सूक्ति को ऐसे लोगों के जीवन में चरितार्थ करना होगा।

(घ) काम के प्रति समर्पित वर्ग में कलाकार, विद्वान, कुशल मिस्त्री, इंजीनियर और वैज्ञानिक वर्ग के लोग आते हैं। इस प्रकार के लोग अपने काम में गर्व और वास्तविक आनंद अनुभव करते हैं।

(ङ) संपन्न लोग जो काम को केवल धनोपार्जन का साधन और जीवन का सबसे बड़ा अभिशाप मानते हैं, उनके लिए काम करना घृणित है।

(च) उपर्युक्त गद्यांश का उपयुक्त शीर्षक—'काम का आनंद' है।

खण्ड 'ख'

2. शब्द किसे कहते हैं? उदाहरण सहित स्पष्ट कीजिए।** **[1]**

3. नीचे लिखे वाक्यों को निर्देशानुसार बदलिए : [1×3=3]

(क) मोनुमैंट के नीचे झंडा फहराने के बाद स्वतंत्रता की प्रतिज्ञा पढ़ी जाएगी। (संयुक्त वाक्य में)

(ख) मैं इतना थक गया था कि चल भी नहीं पा रहा था। (सरल वाक्य में)

(ग) अविनाश के झंडा फहराते समय उन्हें गिरफ्तार कर लिया गया। (मिश्र वाक्य में)

उत्तर—(क) मोनुमेंट के नीचे झंडा फहराया जाएगा और उसके बाद स्वतंत्रता की प्रतिज्ञा पढ़ी जाएगी।

(ख) थकने के कारण मैं चल भी नहीं पा रहा था।

(ग) जैसे ही अविनाश बाबू ने झंडा फहराया वैसे ही उन्हें गिरफ्तार कर लिया गया।

4. (क) निम्नलिखित समस्त पदों का विग्रह करके समास का नाम भी लिखिए : [1×2=2]

(i) कुलश्रेष्ठ

(ii) अष्टसिद्धि

(ख) निम्नलिखित को समस्त पद में परिवर्तित करके समास का नाम भी लिखिए : [1×2=2]

(i) तीन हैं लोचन जिसके अर्थात् शिव

(ii) दान के लिए पात्र

उत्तर—(क) (i) कुल में श्रेष्ठ – अधिकरण तत्पुरुष समास

(ii) आठ (अष्ट) हैं जो सिद्धियाँ-कर्मधारय समास

(ख) (i) त्रिलोचन – बहुव्रीहि समास

(ii) दानपात्र – संप्रदान तत्पुरुष समास

5. निम्नलिखित वाक्यों को शुद्ध करके लिखिए :** **[1×4=4]**

(क) उसका भाई अध्यापक लगा हुआ है।

(ख) मुझे एक उपन्यास की पुस्तक चाहिए।

(ग) दुष्टों के भय से डरो मत।

(घ) कृपया आप मेरे घर आने की कृपा करें।

6. निम्नलिखित मुहावरों का वाक्यों में प्रयोग कीजिए : [1×4=4]

(क) बाएँ हाथ का खेल

(ख) आड़े हाथों लेना

(ग) दाँतों पसीना आना

(घ) आकाश पाताल एक करना

उत्तर—(क) वाद-विवाद प्रतियोगिता में प्रथम स्थान पाना सीमा के लिए बाएँ हाथ का खेल है।

(ख) छोटा भाई जब भी बाहर से खेलकर आता बड़े भाई साहब उसे आड़े हाथों लेते थे।

(ग) वार्षिक परीक्षा में प्रथम स्थान पाना दाँतों पसीना आना के समान है।

(घ) राकेश ने आकाश पाताल एक कर के अपने भाई को पढ़ा लिया।

7. निम्नलिखित प्रश्नों में से किन्हीं तीन के उत्तर लगभग 30-40 शब्दों में लिखिए : [2×3=6]

(क) लेखक ने ग्वालियर से मुंबई तक प्रकृति और मनुष्य के संबंधों में किन बदलावों को महसूस किया?
'अब कहाँ दूसरे के दुख से दुखी होने वाले' पाठ के आधार पर स्पष्ट कीजिए।

(ख) तताँरा-वामीरो के त्याग के बाद उनके समाज में क्या सुखद परिवर्तन आया?

(ग) 'एक संगठित समाज कृतसंकल्प हो तो ऐसा कुछ भी नहीं जो वह न कर सके।' 'डायरी का एक पन्ना' पाठ के संबंध में कहे गए उक्त कथन की उदाहरण सहित पुष्टि कीजिए।

(घ) कर्नल को वज़ीर अली के अफ़साने सुनकर रॉबिन हुड के कारनामे क्यों याद आ गए?

उत्तर—(क) लेखक ने ग्वालियर से मुंबई तक अनेक भौतिक एवं भावनात्मक बदलावों को महसूस किया। ग्वालियर में बड़े-बड़े आँगनों-दालानों वाले घरों में सब संयुक्त परिवार में मिलजुलकर रहते थे, जबकि मुंबई में डिब्बे जैसे घरों में जीवन सिमटा हुआ दिखाई देता है। पहले जहाँ घने जंगल थे, वहाँ अब घनी बस्तियाँ बसा दी गई हैं। प्रकृति के प्रति सम्मान और संवेदनशीलता में कमी आ गई है।

(ख) तताँरा-वामीरो की त्याग के बाद से निकोबार की सदियों से चल रही रूढ़िवादी परंपरा में बहुत बड़ा सुखद परिवर्तन आया। उन दोनों के त्याग (मृत्यु) के बाद एक गाँववाले दूसरे गाँववालों से वैवाहिक संबंध करने लगे। निकोबार के लोगों का एक सूत्र में बँध जाना और उन लोगों में परस्पर सौहार्द्र और स्नेह का भाव स्थापित हो जाना।

(ग) पाठ 'डायरी का एक पन्ना' यह उजागर करता है कि एक संगठित समाज कृतसंकल्प हो तो ऐसा कुछ भी नहीं जो वह न कर सके। इसमें 26 जनवरी 1931 को बंगाल

** Answer is not given due to the change in present syllabus.

में अंग्रेज़ी सरकार के आदेश के विरुद्ध सभा की गई, झंडा फहराया गया, जुलूस निकाले गए, मोनुमेंट के नीचे स्वतंत्रता की प्रतिज्ञा पढ़ी गई तथा लाठियाँ खाकर और घायल होने के बाद भी आगे बढ़ते रहे।

(घ) वज़ीर अली और रॉबिन हुड में बहुत अधिक समानता थी। वज़ीर अली भी रॉबिन हुड की तरह साहसी, निडर और बहादुर था। वह दुश्मनों को चकमा देकर भागने में कुशल होने के कारण अंग्रेज़ी सरकार की पकड़ में नहीं आ रहा था। इन्हीं कारणों से वज़ीर अली की बहादुरी के अफ़साने सुनकर ही कर्नल को रॉबिन हुड की याद आती थी।

8. लगभग 80-100 शब्दों में उत्तर लिखिए :

शाश्वत मूल्य से आप क्या समझते हैं? 'गिन्नी का सोना' पाठ के आधार पर बताइए कि वर्तमान समय में इन मूल्यों की क्या प्रासंगिकता है? [5]

अथवा

'बड़े भाई साहब' पाठ में लेखक ने समूची शिक्षा के किन तौर-तरीकों पर व्यंग्य किया गया है? क्या आप उनके विचारों से सहमत हैं? उदाहरण सहित स्पष्ट कीजिए।

उत्तर—ईमानदारी, सत्य, अहिंसा, परोपकार, सहिष्णुता आदि शाश्वत मूल्य हैं। वर्तमान समय में भी इनकी प्रासंगिकता पूरी तरह बनी हुई है, क्योंकि आज भी इन मूल्यों के बिना देश, समाज और व्यक्ति की भलाई और प्रगति नहीं हो सकती है। एक दूसरे से आगे भागने की अंधी दौड़ में विकासोन्मुख शांतिपूर्ण जीवन व्यतीत करने के लिए इन शाश्वत मूल्यों की प्रासंगिकता और महत्ता स्वयंसिद्ध है। यदि आज भी समाज इन शाश्वत मूल्यों से रक्षित है तो वह अलगाव और द्वेष आदि दोषों से बच सकता है। ये सभी मूल्य आदर्शवादी लोगों द्वारा बचाकर रखे गए हैं। इन मूल्यों के आधार पर ही समाज आज ऊपर उठा हुआ है।

अथवा

बड़े भाई साहब पाठ में लेखक ने समूची शिक्षा के अनेक तौर-तरीकों पर व्यंग्य किया है। इस शिक्षा प्रणाली में केवल रटंत व्यवस्था है। यह विद्यार्थियों की प्रतिभा को कुंठित कर देती है। इसमें विषयों का विस्तार है, एक निबंध लिखने के लिए चार-चार पन्नों का प्रयोग किया जाता है। इस प्रणाली में विदेशी भाषा अंग्रेज़ी का प्रयोग किया जाता है। अन्य विषयों का अध्ययन-अध्यापन अंग्रेज़ी में ही किया जाता है। इस शिक्षा प्रणाली की सबसे बड़ी कमी इसमें बच्चों को खेल-कूद के लिए समय नहीं दिया जाता है। पूरी शिक्षा व्यवस्था पुस्तकीय ज्ञान पर आधारित है। बच्चे पुस्तकीय ज्ञान के बोझ से दबे रहते हैं अत: उनमें व्यावहारिकता का समावेश हो ही नहीं पाता है। इस प्रकार मैं लेखक के विचारों से पूरी तरह सहमत हूँ।

9. निम्नलिखित प्रश्नों में से किन्हीं तीन प्रश्नों के उत्तर लगभग 30-40 शब्दों में लिखिए : [2×3=6]

(क) 'तोप' कविता के आलोक में विरासत में मिली चीज़ों के महत्त्व पर अपना दृष्टिकोण लिखिए।

(ख) 'आत्मत्राण' कविता में किसी सहायक पर निर्भर न रहने की बात कवि क्यों कहता है? स्पष्ट कीजिए।

(ग) श्रीकृष्ण के पीले वस्त्र पर बिहारी ने क्या कल्पना की है? इस कल्पना का सौंदर्य समझाइए।

(घ) 'कर चले हम फ़िदा' गीत में सैनिकों की देशवासियों से क्या अपेक्षाएँ हैं?

उत्तर—(क) विरासत में मिली चीज़ों का बहुत महत्त्व होता है। ये हमारे पूर्वजों से प्राप्त हमारे लिए धरोहर हैं। इनसे हमें प्राचीन काल की सभ्यता और संस्कृति के बारे में पता चलता है। साथ ही अतीत की गलतियों से परिचित कराकर भविष्य के प्रति सचेत करती है और वे इतिहास की सच्चाई से अवगत होते हैं। इन्हीं कारणों से इनका महत्त्व हमेशा बना रहता है।

(ख) 'आत्मत्राण' कविता में कवि सहायक के न मिलने पर किसी पर निर्भर न रहने की बात इसलिए करता है ताकि उसका अपना बल-पौरुष न डगमगाए। और स्वयं ही अपनी परिस्थिति और विपदाओं से संघर्ष करते हुए उन पर विजय प्राप्त सके। उसके पास इतनी आत्मशक्ति हो कि वह विपत्तियों में प्रभु पर विश्वास बनाए रखे।

(ग) श्रीकृष्ण के पीले वस्त्र पर बिहारी ने कल्पना की है कि कृष्ण का शारीरिक सौंदर्य अद्‌भुत है। कवि लिखते हैं कि कृष्ण अपने साँवले शरीर पर पीले वस्त्र ओढ़कर उसी प्रकार सुशोभित हो रहे हैं जैसे मानो नीलमणि पर्वत पर सूरज की किरणें अपनी आभा बिखेर रही हों।

(घ) 'कर चले हम फ़िदा' गीत में सैनिकों की देशवासियों से अपेक्षा है कि देश की रक्षा के लिए कुर्बानियों का सिलसिला ऐसे ही चलता रहे। जिस प्रकार उसने अपने प्राणों का बलिदान देकर भी हिमालय का सर नहीं झुकने दिया, उसी प्रकार अन्य देशवासियों को आवश्यकता पड़ने पर देश के गौरव और सम्मान की रक्षा के लिए बलिदान और देश की रक्षा के लिए तैयार रहना चाहिये।

10. लगभग 80-100 शब्दों में उत्तर लिखिए :

'मनुष्यता' कविता के द्वारा कवि ने क्या प्रतिपादित करना चाहा है? विस्तार से स्पष्ट कीजिए। [5]

अथवा

कबीर के दोहे के आधार पर कस्तूरी की उपमा को स्पष्ट कीजिए। मनुष्य को ईश्वर प्राप्ति के लिए क्या करना चाहिए? स्पष्ट कीजिए।

उत्तर—'मनुष्यता' कविता के माध्यम से कवि यह प्रतिपादित करना चाहता है कि परोपकार, मानवता, प्रेम, एकता, दया, करुणा, सहानुभूति, सद्‌भावना, त्याग, उदारता आदि मानव के महान

गुण हैं। मनुष्य को सभी प्रकार के आपसी भेदभाव त्यागकर सहयोगात्मक भाव से उन्नति पथ पर चलते रहना चाहिए। कवि ने उशीनर, रंतिदेव, कर्ण, दधिचि आदि ऋषियों से त्याग की प्रेरणा लेने के लिए कहा है। कवि के अनुसार मनुष्य को कभी घमंडी नहीं होना चाहिए। एकत्व और समत्व के भाव के साथ परस्पर विकास के पथ को अवलंब बनाते हुए आगे बढ़ते रहना चाहिए। जो मनुष्य सेवा, त्याग और बलिदान का जीवन जीता है और किसी महान कार्य की पूर्ति के लिए अपना जीवन समर्पित कर देता है, उसका जीवन तो सफल होता ही है उसकी मृत्यु भी सुमृत्यु बन जाती है।

अथवा

'कस्तूरी कुंडलि बसै, मृग ढूँढै बन माँहि' कवि कहते हैं कि मृग की नाभि में कस्तूरी रहता है जिसकी सुगंध चारों ओर फैलती है। मृग इससे अनजान हो पूरे वन में कस्तूरी की खोज़ में मारा-मारा फिरता है। इस साखी में कबीर ने हिरण को उस मनुष्य के समान माना है जो ईश्वर की खोज़ में दर-दर भटकता है और कस्तूरी को मनुष्य के हृदय में रहने वाले राम (ईश्वर) के समान माना है। कवि कहते हैं कि ईश्वर तो हम सबके हृदय में निवास करते हैं लेकिन हम उस बात से अनजान होकर ईश्वर की खोज़ में व्यर्थ धार्मिक स्थलों के चक्कर लगाते रहते हैं। मनुष्य को ईश्वर प्राप्ति के लिए अपने को नियंत्रित कर पवित्र और सादगी के भाव से ध्यान लगाना चाहिए।

11. लगभग 60-70 शब्दों में उत्तर लिखिए : [3×2=6]

(क) घर वालों के मना करने पर भी टोपी का लगाव इफ़्फ़न के घर और उसकी दादी से क्यों था? दोनों के अनजान, अटूट रिश्ते के बारे में मानवीय मूल्यों की दृष्टि से अपने विचार लिखिए।

(ख) महंत द्वारा हरिहर काका का अपहरण महंत के चरित्र की किस सच्चाई को सामने लाता है? ठाकुरबाड़ी जैसी संस्थाओं से कैसे बचा जा सकता है?

उत्तर—(क) घरवालों के मना करने पर भी टोपी का लगाव इफ़्फ़न के घर और उसकी दादी के साथ बहुत अधिक था। टोपी अपने घर में अकेलेपन और उपेक्षा का शिकार था। टोपी और इफ़्फ़न अलग-अलग धर्म, जाति और संप्रदाय के थे मगर दोनों मानवीय मूल्यों के आधार पर अटूट रिश्ते से बँधे थे। टोपी को अपनापन इफ़्फ़न के घर और उसकी दादी के स्नेह में मिलता था। उन्हें दादी की भाषा माँ जैसे लगती थी। दादी ने टोपी के मन को पहचाना और टोपी ने दादी के प्यार को निश्छल मन से स्वीकार किया। इस प्रकार दोनों में एक पाक-साफ ममत्व और प्रेम का अटूट रिश्ता बन गया। इफ़्फ़न की दादी के स्नेहमयी आँचल में टोपी अपना अकेलापन भूल अपनत्व पाता था, दादी भी टोपी के बालमन के छल-कपट से रहित स्नेह में अपनत्व अनुभव करती थी।

(ख) महंत द्वारा हरिहर काका का अपहरण किए जाने से महंत के ढोंगी, लालची और षड्यंत्रकारी चरित्र की पतन की सच्चाई सामने आती है। 'ठाकुरबाड़ी' के महंत भी हरिहर काका की ज़मीन पर नज़र गढ़ाए हुए थे। जब उन्हें काका के गुस्से के बारे में पता चला तो उन्होंने हरिहर काका को प्यार से समझाया कि वे अपनी ज़मीन 'ठाकुरबाड़ी' के नाम लिखकर यही रहें। जब हरिहर काका ने अपनी ज़ायदाद किसी को भी न देने का फैसला किया तो महंत ने उनका अपहरण कर लिया और ज़बरदस्ती काका के अँगूठे के निशान लगवा दिए। 'ठाकुरबाड़ी' जैसी संस्थाओं से बचने के लिए इनसे दूर रहने की आवश्यकता है। इस प्रकार की संस्थाएँ भी आजकल लोभी और ढोंगी लोगों के नेतृत्व में आ गई हैं।

12. निम्नलिखित में से किसी एक विषय पर दिए गए संकेत बिंदुओं के आधार पर 80-100 शब्दों में अनुच्छेद लिखिए।

(क) सत्यमेव जयते
- भाव
- झूठ के पाँव नहीं होते
- सत्य ही परम धर्म

(ख) लड़का-लड़की एकसमान
- ईश्वर की देन
- भेदभाव के कारण
- दृष्टिकोण कैसे बदलें

(ग) शिक्षक-शिक्षार्थी संबंध
- संबंधों की परंपरा
- वर्तमान समय में आया अंतर
- हमारा कर्तव्य

उत्तर—(क) सत्यमेव जयते

'सत्यमेव जयते' का अर्थ है सत्य की ही विजय होती है। यह सूक्ति-वाक्य मुंडकोपनिषद से उद्धृत है। इस वाक्य का सर्वप्रथम प्रयोग भारत के महान सम्राट अशोक ने अपने राजचिह्न के रूप में किया था। भारत को लंबे संघर्ष के बाद आज़ादी मिली, आज़ादी के समय के जो भारतीय विचारक, समाज सुधारक और महान स्वतंत्रता सेनानी थे, उन्होंने 'सत्यमेव जयते' को राष्ट्रीय आदर्श वाक्य के रूप में अपनाया। वास्तव में सत्य की सदैव ही विजय होती है। कहावत भी है कि झूठ के पाँव नहीं होते अर्थात झूठ कभी भी स्थायी नहीं होता है। सत्य को जीतने में भले ही समय लगे परंतु झूठ कभी भी सत्य से आगे नहीं आता है। सत्य कमजोर पड़ सकता है परन्तु हार नहीं सकता अर्थात सत्य के आगे लाखों झूठ के आडंबर अपने पैर अड़ाए पर सत्य हमेशा शाश्वत ही रहता है। सत्य सबसे बड़ा धर्म है। जो सत्य रूपी धर्म का आश्रय लेकर सत्य के मार्ग का आजीवन अनुसरण करता है उसका जीवन सफल हो जाता है। भारत की अनेक महान विभूतियों ने सत्य मार्ग का अनुसरण कर अपने जीवन को धन्य कर लिया है।

(ख) लड़का-लड़की एकसमान

लड़का-लड़की जब होगा एक समान, तब भारत बनेगा महान। वास्तव में लड़कों और लड़कियों के प्रति हमारे देश में समान रूप से व्यवहार नहीं किया जाता है। नगरीय क्षेत्र में कुछ हद

तक समानता है भी परंतु ग्रामीण क्षेत्रों में लड़का-लड़की में आकाश-पाताल का अंतर समझा जाता है। निरक्षरता, लिंग गलत व्याख्या, महिलाओं के प्रति पुरुष की भावना, चेतना की कमी आदि लैंगिक समानता को सुनिश्चित करने में हमारी असफलता के लिए ज़िम्मेदार है। हमारे देश में महिलाओं को कई प्रतिबंधों का सामना करना पड़ता है। कुछ परिवारों में लिंग भेदभाव के परिणामस्वरूप वे शिक्षा से वंचित हैं। समाज और राष्ट्र के विकास के लिए हमें लड़कियों के प्रति अपने दृष्टिकोण को बदलना चाहिए। महिलाओं को ठीक से शिक्षित और नियोजित किया जाना चाहिए। उन्हें समाज के विभिन्न क्षेत्रों में उचित सम्मान और क्षमता दी जानी चाहिए।

(ग) शिक्षक-शिक्षार्थी संबंध

भारत में शिक्षक और शिक्षार्थी के मध्य सदियों से पवित्र संबंध रहा है। शिक्षक को देवता से ऊपर का दर्जा दिया गया है।' गुरू गोविंद दोऊ खड़े काको लागूँ पायँ, बलिहारी गुरू आपने गोविंद दियो देखाय।' माता-पिता शिक्षक पर पूर्ण विश्वास कर अपनी संतान को विद्यालय भेजते हैं। जहाँ शिक्षक अपनी पूरी क्षमता से शिक्षार्थी को शिक्षित करता है सच्चा शिक्षक शिक्षार्थी की समस्त सफलता और असफलता का श्रेय अपने ऊपर ले लेता है। समय की गतिशीलता के कारण शिक्षक शब्द का अर्थ, महत्व और कर्तव्य सभी परिवर्तित होते चले गए। पहले जहाँ गुरू सदैव शिष्य के साथ रहता था वहीं आज वह शिक्षक बन मात्र कुछ घंटे ही शिक्षार्थी के साथ रहता है। आज शिक्षक का कार्य मात्र शिक्षा भर देना रह गया है। कक्षा में जाकर अपनी कुर्सी पर बैठ कर जब वह अध्यापन करता है तो उस समय न तो वह इस ओर ध्यान देता है कि क्या उसका छात्र उसकी बात को समझ रहा है और न ही छात्र ऐसा आवश्यक मानता है कि वह पूरी तरह से शिक्षक के ज्ञान से लाभान्वित हो सके। वर्तमान परिवेश में हमारा कर्तव्य बनता है कि शिक्षक और शिक्षार्थी परस्पर मित्रवत व्यवहार रखें। आज का युग विज्ञान का युग है जहाँ सिद्धांतों पर तर्क हावी हो रहा है। ऐसे वातावरण में आज के शिक्षक के सामने कठिन चुनौतियाँ हैं।

13. आपकी बस्ती के पार्क में कई अनधिकृत खोमचे वालों ने डेरा डाल दिया है, उन्हें हटाने के लिए नगर-निगम अधिकारी को लगभग 80-100 शब्दों में पत्र लिखिए। [5]

अथवा

दूरदर्शन निदेशालय को लगभग 80-100 शब्दों में पत्र लिखकर अनुरोध कीजिए कि किशोरों के लिए देशभक्ति की प्रेरणा देने वाले अधिकाधिक कार्यक्रमों को प्रसारित करने की ओर ध्यान दिया जाए।

उत्तर—सेवा में,

नगर निगम अधिकारी जी,

मुख्य नगर पालिका,

अ ब स नगर।

दिनांक—15 अगस्त, 20XX

विषय—बस्ती के पार्क से खोमचे वालों को हटाने हेतु पत्र

महोदय,

मैं अ ब स नगर का निवासी हूँ तथा पार्क सुधार समिति का अध्यक्ष हूँ। मैं आपका ध्यान बस्ती के पार्क में खोमचे वालों के द्वारा अनधिकृत डेरा डालने की ओर आकर्षित करना चाहता हूँ। दिन-प्रतिदिन पार्क की स्थिति खराब होती जा रही है। बच्चों को खेलने और बड़े-बूढ़ों को टहलने के लिए जगह नहीं मिल रही है। इन खोमचे वालों के द्वारा पार्क के चारों ओर गंदगी फैला दी जाती है।

महोदय, अ ब स नगर, पार्क सुधार समिति का सुझाव है कि बस्ती के पार्क से खोमचे वालों को हटाने के लिए व्यापक अभियान चलाया जाए। इस अभियान से मुहल्लेवासियों को लाभ तो मिलेगा ही साथ ही हमारा पर्यावरण भी शुद्ध हो जाएगा।

अंत में आपसे प्रार्थना है कि खोमचे वालों से पार्क को यथाशीघ्र खाली करवाने की कृपा करें। इसके लिए हम सदैव आपके आभारी रहेंगे।

धन्यवाद

भवदीय

अ ब स।

अथवा

सेवा में,

निदेशक जी,

दूरदर्शन निदेशालय,

अ ब स नगर।

दिनांक—20 जुलाई, 20XX

विषय—दूरदर्शन पर देशभक्ति से संबंधित कार्यक्रम के अधिक प्रसारण हेतु पत्र

महोदय,

मैं अ ब स नगर का निवासी हूँ। आजकल दूरदर्शन पर ऐसे कार्यक्रमों की भरमार होती है जिनसे आज की युवा पीढ़ी को अच्छी प्रेरणा नहीं मिल पा रही है। इस प्रकार के कार्यक्रमों को देखने के बाद उनके मन में विकृति का भाव आ रहा है जो उनके लिए हानिकारक है।

मनोविज्ञान का ज्ञाता होने के कारण आपसे निवेदन कर रहा हूँ कि दूरदर्शन पर देशभक्ति से संबंधित कार्यक्रम के अधिक से अधिक प्रसारण करवाने की कृपा करें। इससे उनके मन में देश के लिए प्रेम जागृत होगा तथा उनका नैतिक विकास भी होगा।

अंत में आपसे प्रार्थना है कि दूरदर्शन पर देशभक्ति से संबंधित कार्यक्रम के अधिक प्रसारण की कृपा करें। इसके लिए हम सदैव आपके आभारी रहेंगे।

धन्यवाद

भवदीय

अ ब स।

14. अपनी बस्ती को स्वच्छ रखने हेतु कल्याण समिति के सचिव होने के नाते इससे संबंधित सूचना 40-50 शब्दों में लिखिए। [5]

अथवा

आप अपने विद्यालय की छात्र संस्था के सचिव हैं तथा विद्यालय में 'चित्रकला प्रतियोगिता' आयोजित करवाना चाहते हैं। इससे संबंधित सूचना 40-50 शब्दों में लिखिए।

उत्तर—

अ ब स नगर,

अ.ब.स. बस्ती,

आवश्यक सूचना

दिनांक—20 फरवरी, 20XX

अ ब स बस्ती के सभी निवासियों को सूचित किया जाता है कि दिनांक 22 फरवरी, 20XX (रविवार) को सुबह 10 बजे से दोपहर 12 बजे तक बस्ती के आस-पास के स्थानों को स्वच्छ करने तथा स्वच्छता के प्रति लोगों को जागरूक बनाने के लिए एक अभियान चलाया जाएगा। इसके लिए बस्ती के सभी युवक निवासियों से अनुरोध है कि वे इस स्वच्छता अभियान में अपनी भागीदारी निभाएँ। इस अभियान में हमारे साथ नगर के अन्य अधिकारीगण भी शामिल होंगे।

धन्यवाद

निवेदक

सचिव,

कल्याण समिति, अ ब स बस्ती, अ ब स नगर।

अथवा

अ ब स विद्यालय, अ ब स नगर।

आवश्यक सूचना

दिनांक—10 जनवरी, 20XX

विद्यालय के सभी विद्यर्थियों को सूचित किया जाता है कि दिनांक 12 जनवरी, 20XX... (सोमवार) को सुबह 10 बजे विद्यालय के सभागार में एक 'चित्रकला प्रतियोगिता' का आयोजन किया जाएगा। इसका उद्देश्य कल के प्रति छात्रों को जागरूक बनाना है। इसमें 10वीं से लेकर 12 वीं कक्षा के विद्यार्थी ही भाग ले सकेंगे। अत: अनुरोध है कि इस प्रतियोगिता में अपनी भागीदारी सुनिश्चित करने के लिए अपना नाम अधोहस्ताक्षरी के पास उक्त तिथि से दो दिन पूर्व तक अवश्य जमा करवा दें।

धन्यवाद।

निवेदक।

सचिव,

छात्र संस्था,

अ ब स विद्यालय, अ ब स नगर।

15. चोरी की घटना के बाद पूछताछ के लिए नियुक्त पुलिस इंस्पेक्टर और पीड़ित महिला के बीच संवाद को लगभग 50-60 शब्दों में लिखिए। ** **[5]**

अथवा

आपके शहर में लाउडस्पीकर के बढ़ते शोर पर दो पड़ोसियों की बातचीत संवाद के रूप में लगभग 50-60 शब्दों में लिखिए। **

16. अपने विद्यालय में होने वाले नि:शुल्क स्वास्थ्य शिविर के आयोजन से संबंधित विज्ञापन लगभग 25-50 शब्दों में तैयार कीजिए। [5]

अथवा

आप अपना कंप्यूटर बेचना चाहते हैं। इससे संबंधित विज्ञापन लगभग 25-50 शब्दों में तैयार कीजिए।

उत्तर—

विज्ञापन

नि:शुल्क स्वास्थ्य शिविर का आयोजन

नि:शुल्क ! नि:शुल्क ! नि:शुल्क !

अ ब स विद्यालय के कैंपस में !

नगर के सभी निवासियों के लिए नि:शुल्क स्वास्थ्य शिविर का आयोजन।

विद्यालय का मानना है स्वास्थ्य ही जीवन का सच्चा आनंद है,

साथ ही स्वस्थ शरीर में स्वस्थ मस्तिष्क का निवास होता है।

शिविर का दिनांक— XX/XX/XXX,

समय—प्रात: 9 : 00 बजे से

अधिक जानकारी हेतु संपर्क करें—

सचिव

विद्यालय स्वास्थ्य सेवा समिति

अ ब स विद्यालय, अ ब स नगर

दूरभाष संख्या—XXXXXXXX

विद्यालय परिवार द्वारा, जनहित में जारी

अथवा

कंप्यूटर कंप्यूटर कंप्यूटर

आ गया ! आ गया ! आ गया !

सबसे सस्ता और सबसे उपयोगी मेरा अपना लूना कंप्यूटर

आधुनिक शिक्षा और संचार क्रांति का जनक मेरा कंप्यूटर

16 से 25 वर्ष के बच्चों के लिए सबसे विशेष शिक्षा ऐप के साथ।

प्रथम 50 खरीदारी पर विशेष उपहार का प्रबंध नगर के सभी प्रमुख कंप्यूटर स्टोर पर उपलब्ध

मूल्य - 70000/- से प्रारंभ

संपर्क सूत्र—999999999

** Answer is not given due to the change in present syllabus.

Outside Delhi [Set-II]

Note : Except for the following questions all the remaining questions have been asked in previous sets.

खण्ड 'ख'

2. **'पद' से आप क्या समझते हैं? उदाहरण सहित स्पष्ट कीजिए।**** **[1]**

3. **निम्नलिखित वाक्यों को निर्देशानुसार बदलिए :** **[1×3=3]**

(क) आप जो कुछ कह रहे हैं वह बिलकुल सच है। (सरल वाक्य में)

(ख) कहा जाना चाहिए कि यह सभा एक ओपन चैलेंज थी। (संयुक्त वाक्य में)

(ग) पकड़े गए आदमियों की संख्या का पता नहीं चला। (मिश्र वाक्य में)

उत्तर—(क) आप बिलकुल सच कह रहे हैं।

(ख) यह एक सभा थी और इसे ओपन चैलेंज कहा जाना चाहिए था।

(ग) जिन आदमियों को पकड़ा गया, उनकी संख्या का पता नहीं चला।

4. **(क) निम्नलिखित समस्त पदों का विग्रह करके समास का नाम भी लिखिए :** **[1×2=2]**

(i) कुल-परंपरा

(ii) यथाशक्ति

(ख) निम्नलिखित विग्रहों के समस्त पद बनाकर समास का नाम भी लिखिए : **[1×2=2]**

(i) तताँरा और वामीरो

(ii) नीला है जो कमल

उत्तर—(क) (i) कुल की परंपरा — संबंध तत्पुरुष समास

(ii) शक्ति के अनुसार — अव्ययीभाव समास

(ख) (i) तताँरा-वामीरो — द्वंद्व समास

(ii) नीलकमल — कर्मधारय समास

5. **निम्नलिखित वाक्यों को शुद्ध करके लिखिए :**** **[1×4=4]**

(क) मेरे को तुम्हारी बात अच्छी नहीं लगती।

(ख) तुम वहाँ क्या बोला था ?

(ग) उसने तो हमेशा प्रचार ही करा।

(घ) शहर में अनेक मकान सजाया गया।

** Answer is not given due to the change in present syllabus.

6. **निम्नलिखित मुहावरों का अपने वाक्यों में प्रयोग कीजिए :** **[1×4=4]**

(क) हाथ फैलाना

(ख) नौ दो ग्यारह होना

(ग) नाकों चने चबाना

(घ) आग बबूला होना

उत्तर—(क) अपने मित्रों के समक्ष अनावश्यक हाथ फैलाना अच्छी बात नहीं है।

(ख) पुलिस को देखते ही चोर नौ दो ग्यारह हो गए।

(ग) वज़ीर अली ने कर्नल को नाकों चने चबवा दिए।

(घ) राकेश अपने भाई को पढ़ते न देखकर आग बबूला हो गया।

खण्ड 'ग'

8. **लगभग 80-100 शब्दों में उत्तर लिखिए :**

बड़े भाई साहब के कुछ कथनों से तत्कालीन शिक्षा-व्यवस्था के कुछ विशेष पहलुओं पर प्रकाश पड़ता है उनका उल्लेख करते हुए लिखिए कि आज की शिक्षण-व्यवस्था में किसी प्रकार के परिवर्तन आप पाते हैं? **[5]**

अथवा

जापान में अस्सी प्रतिशत लोगों में मनोरुग्णता के कारणों को समझाते हुए लिखिए कि इस संदर्भ में चा-नो-यू की परंपरा को 'एक बड़ी देन' क्यों कहा गया है?

उत्तर—बड़े भाई साहब के कुछ कथनों से तत्कालीन शिक्षा-व्यवस्था के निम्न विशेष पहलुओं पर प्रकाश पड़ता है। उनके अनुसार तत्कालीन शिक्षा प्रणाली में केवल रटने की प्रवृति पर जोर दिया जाता है। यह विद्यार्थियों की प्रतिभा को कुंठित कर देती है। एक निबंध लिखने के लिए चार-चार पन्नों का प्रयोग किया जाता है। इस प्रणाली में विदेशी भाषा अंग्रेजी का प्रयोग किया जाता है। अन्य विषयों का अध्ययन-अध्यापन अंग्रेजी में ही किया जाता है। उस समय की शिक्षा प्रणाली की सबसे बड़ी कमी-बच्चों को खेल-कूद के लिए समय नहीं दिया जाना है। पूरी शिक्षा व्यवस्था पुस्तकीय ज्ञान पर आधारित है। आज की शिक्षा-व्यवस्था पढ़ो और बढ़ो के आधार पर है। इसमें कौशल के विकास के खेल-कूद को भी पूरा महत्व दिया जाता है। इसके द्वारा बच्चों का सर्वांगीण विकास संभव है।

अथवा

जापानी लोगों की मनोरूग्णता का कारण जापानियों द्वारा क्षमता से अधिक तेज़ी से काम करना बताया गया है। अमेरिका से आर्थिक प्रतिस्पर्धा के चलते उस देश के लोग एक महीने का काम एक दिन में करने का प्रयास करते हैं। वे लोग चलते नहीं भागते हैं, बोलते नहीं बक-बक करते हैं।दिमाग में स्पीड का इंजन लगाकर दिमाग की गति को हजार गुना बढ़ा देना इससे मानसिक तनाव का अत्यधिक बढ़ जाना इससे वे मानसिक

रूप से बीमार रहने लगे हैं। इस बीमारी को दूर करने के लिए जापानियों की 'चा-नो-यू' की परंपरा सबसे बड़ी देन है। इसे 'टी-सेरेमनी' भी कहते हैं। जहाँ चाय पिलाई जाती है वह स्थान पर्णकुटी जैसा सुसज्जित होता है। प्राकृतिक ढंग से सजे इस छोटे से स्थान में केवल तीन लोग बैठकर चाय पी सकते हैं। इसमें शांति ही मुख्य है। उनके लिए तनाव से मुक्ति का यह एकमात्र उपाय है। वास्तव में मानव को भूत और वर्तमान की चिंता छोड़ केवल वर्तमान में जीवन यापन करना चाहिए। वर्तमान ही सत्य है अन्य सब मिथ्या।

11. लगभग 60-70 शब्दों में उत्तर लिखिए : [3×2=6]

(ख) अपने जीते जी ही अपनी धन-संपत्ति को हड़पने के लिए रचे जा रहे षड्यंत्र और दाँव-पेच देखकर हरिहर काका पर क्या बीती होगी, कल्पना के आधार पर लिखिए।

उत्तर—(ख) अपने जीते जी ही अपनी धन संपत्ति को हड़पने के लिए रचे जा रहे षडयंत्र और दाँव-पेंच देखकर हरिहर काका अत्यंत निराश और हताश हो गए थे। हरिहर काका को परिवार व ठाकुरबाड़ी दोनों से धोखा मिला। सभी उनकी ज़मीन-ज़ायदाद को हड़प लेना चाहते थे। किसी को उनकी भावनाओं की कद्र नहीं थी। यह सब देखकर उनका मन बुरी तरह से आहत हो गया होगा। इसका कारण वर्तमान समय में पारिवारिक रिश्तों में स्वार्थ और लालच का बढ़ना है। उन्होंने अपने मन में अवश्य सोचा होगा कि अब परिवार में प्रेम, सेवा, त्याग, सहानुभूति जैसे मानवीय मूल्य समाप्त हो गए हैं और समाज में फैली इस समस्या के समाधान का यही उपाय है कि मानवीय मूल्यों की स्थापना होनी चाहिए।

Outside Delhi [Set-III]

Note : Except for the following questions all the remaining questions have been asked in previous sets.

2. 'शब्द' और 'पद' का अंतर उदाहरण देकर समझाइए।** **[1]**

3. निम्नलिखित वाक्यों को निर्देशानुसार बदलिए : [1×3=3]

(क) जो एक नौकर रख लिया है, वही बनाता-खिलाता है। (संयुक्त वाक्य में)

(ख) जो रुपए दादा भेजते हैं, उसे हम बीस-बाईस तक खर्च कर डालते हैं। (सरल वाक्य में)

(ग) मेरे बीमार होने पर तुम्हारे हाथ-पाँव फूल जाएँगे। (मिश्र वाक्य में)

उत्तर—(क) जो एक नौकर रख लिया है और वही बनाता-खिलाता है।

(ख) दादा द्वारा भेजे गए रुपये हम बीस-बाईस तक खर्च कर डालते हैं।

(ग) यदि मैं बीमार होऊँगा तुम्हारे हाथ-पैर फूल जाएँगे।

4. (क) निम्नलिखित समस्त पदों का विग्रह करके समास का नाम भी लिखिए : [1×2=2]

(i) यथासंभव

(ii) राहखर्च

(ख) निम्नलिखित विग्रहों के समस्त पद बनाकर समास का नाम भी लिखिए : [1×2=2]

(i) कमल के समान नयन

(ii) फूल और पत्ते

उत्तर—(क) (i) जितना संभव हो सके — अव्ययीभाव समास

(ii) राह के लिए खर्च — संप्रदान तत्पुरुष समास

(ख) (i) कमलनयन — कर्मधारय समास

(ii) फूल-पत्ते — द्वंद्व समास

5. निम्नलिखित वाक्यों को शुद्ध करके लिखिए :** [1×4=4]**

(क) आइए, पधारिए, आपका स्वागत है।

(ख) क्या आप यह कहानी पढ़े हैं?

(ग) गाय काली घास चर रही है।

(घ) मेरे को पढ़ना है।

6. निम्नलिखित मुहावरों का अपने वाक्यों में प्रयोग कीजिए : [1×4=4]

(क) रंगे हाथ पकड़ना

(ख) बीड़ा उठाना

(ग) बाएँ हाथ का खेल

(घ) जान बख्श देना

उत्तर—(क) अपने मित्र के बैग से पुस्तक निकालते समय रमेश **रंगे हाथ पकड़ा गया।**

(ख) भारतीय सैनिकों ने भारत को आतंक से मुक्त करने का **बीड़ा उठाया है।**

(ग) खेल के मैदान में मोहन को हराना, सोहन के **बाएँ हाथ का खेल है।**

(घ) अपराधियों के बहुत गिड़गिड़ाने पर पुलिस ने आज उनकी **जान बख्श दी।**

** Answer is not given due to the change in present syllabus.

8. लगभग 80-100 शब्दों में उत्तर लिखिए :

'पतझर में टूटी पत्तियाँ' में गांधीजी के संदर्भ में दो प्रकार के सोने की चर्चा क्यों की गई है और कैसे कहा जा सकता है कि गाँधीजी गिन्नी का सोना थे? अपना तर्कसम्मत मत व्यक्त कीजिए। [5]

अथवा

पढ़ाई और परीक्षाओं के प्रति बड़े भाई साहब और छोटे भाई के दृष्टिकोण में क्या मौलिक अंतर है? आपके विचार से दोनों में सामंजस्य किस प्रकार बिठाया जा सकता है?

उत्तर—'पतझर में टूटी पत्तियाँ' में गाँधी जी के संदर्भ में दो प्रकार के सोने की चर्चा की गई है— एक शुद्ध सोना और दूसरा गिन्नी का सोना। शुद्ध सोना 100 प्रतिशत शुद्ध होता है पर गिन्नी का सोना मिश्रित होता है, पर आभूषण आदि बनाने में गिन्नी का सोना ही काम आता है, क्योंकि यह लचीला और मजबूत होता है। गाँधी जी भी गिन्नी के सोने की तरह थे। व्यावहारिकता रूपी ताँबे में आदर्शरूपी शुद्ध सोने को मिलाकर व्यावहारिकता को आदर्शों के स्तर तक पहुँचाते थे। वे सोने में ताँबा नहीं बल्कि ताँबे में सोना मिलाकर उसकी कीमत बढ़ाते थे। यहाँ शुद्ध सोना आदर्श का और ताँबा व्यवहार का प्रतीक है। वे व्यवहार को आदर्श के स्तर पर ऊँचा करके चलाते थे। आदर्शों को गिरने नहीं देते थे। इन्हीं कारणों से कई लोगों ने उन्हें 'प्रैक्टिकल आइडियालिस्ट' भी कहा है।

अथवा

पढ़ाई और परीक्षाओं के प्रति बड़े भाई साहब और छोटे भाई के दृष्टिकोण में अनेक मौलिक अंतर हैं। बड़े भाई साहब पढ़ाई को जीवन से जोड़कर उसके व्यावहारिक और उपयोगी रूप को देखते थे जबकि छोटे भाई के लिए यह अरूचिपूर्ण और सामान्य सी बात थी। वे कहते थे कि पढ़ाई करने के लिए आँखें फोड़नी पड़ती हैं, खून जलाना पड़ता है, तब कहीं जाकर विद्या आती है। मन की इच्छाओं को दबाना पड़ता है। छोटा भाई इसके विपरीत खेल-कूद को अधिक महत्त्व देता था। वह मानता था, कि पढ़े या नहीं परीक्षा में अव्वल तो वही आएगा। वह किताबों से दूर ही रहता था। वास्तव में जीवन की सफलता के लिए दोनों में सामंजस्य का होना आवश्यक है। परीक्षा उत्तीर्ण करना बहुत बड़ी बात नहीं है। महत्त्वपूर्ण है बुद्धि को विकसित करना। जीवन में पढ़ाई और खेल-कूद दोनों का उचित महत्त्व होना चाहिए।

11. लगभग 60-70 शब्दों में उत्तर लिखिए : [3 × 2 = 6]

(ख) समाज में समरसता बनाए रखने के लिए टोपी और इफ़्फ़न जैसे पात्रों का होना आवश्यक है—तीन तर्क देकर पुष्टि कीजिए।

उत्तर—(ख) समाज में समरसता बनाए रखने के लिए टोपी और इफ़्फ़न जैसे पात्रों का होना आवश्यक है। इसके लिए सबसे पहला तर्क यह दिया जा सकता है कि मित्रता में कभी भी जाति व धर्म का बंधन नहीं होता है। सभी को प्रेम व सौहार्द से मिलकर सभी त्योहारों व उत्सव में भाग लेना चाहिए।

दूसरा तर्क यह दिया जा सकता है कि मित्रता का संबंध पारिवारिक व सामाजिक स्तर के भेद से परे होता है। मित्रता सामाजिक सौहार्द्र में सहायक होती है।

तीसरा तर्क यह दिया जा सकता है कि दोनों की मित्रता में हैसियत, रीति-रिवाज़ और आयु की समस्या का बंधन नहीं था।

इन सबसे यह भी पता चलता है कि प्रेम किसी बात का पाबंद नहीं होता तथा मित्रता में जाति, धर्म बाधा उत्पन्न नहीं कर सकते। हमेशा सभी धर्मों का सम्मान करना चाहिए ताकि समाज में परस्पर भाईचारा कायम हो सके।

HINDI (COURSE B)

Delhi [Set-I] 2020

समय : 3 घण्टे **अधिकतम अंक : 80**

खण्ड 'क'

1. **निम्नलिखित गद्यांश को ध्यानपूर्वक पूछे गये प्रश्नों के उत्तर लिखिए—**

मानव सभ्यता पर औद्योगिक क्रांति की धमक थमी भी नहीं कि एक नई तकनीकी क्रांति ने अपने आने की घोषणा कर दी है। 'नैनो-तकनीक' के समर्थक दावा करते हैं कि जब यह अपने पूरे वज़ूद से आएगी तो धरती का नामोनिशान मिट जाएगा और नैनो रोबोट की स्वनिर्मित फौज पूरी तरह क्षत-विक्षत शव को पलक झपकते ही चुस्त-दुरुस्त इंसान में तब्दील कर देगी। दूसरी ओर नैनो-तकनीक की असीमित शक्ति से आशंकित इसके विरोधी इसे मिस्र के पिरामिडों में सोई ममियों से भी ज़्यादा अभिशप्त समझते हैं। इन दोनों अतिवादी धारणाओं के बीच इतना अवश्य कहा जा सकता है कि हम तकनीकी क्रांति के एक सर्वथा नए मुहाने पर आ पहुँचे हैं जहाँ उद्योग, चिकित्सा, दूर-संचार, परिवहन सहित हमारे जीवन में शामिल तमाम तकनीकी जटिलताएँ अपने पुराने अर्थ खो देंगी। इस अभूतपूर्व तकनीकी बदलाव के सामाजिक-सांस्कृतिक निहितार्थ क्या होंगे, यह देखना सचमुच दिलचस्प होगा।

आदमी ने कभी सभ्यता की बुनियाद पत्थर के बेडौल हथियारों से डाली थी। अनगढ़ शिलाओं को छीलकर उन्हें कुल्हाड़ों और भालों की शक्ल में ढाला और इस उपलब्धि ने उत्पादकता की दृष्टि से उसे दूसरे जंतुओं की तुलना में लाभ की स्थिति में ला खड़ा किया। औज़ारों को बेहतर बनाने का यह सिलसिला आगे कई विस्मयकारी मसलों से गुजरा और औद्योगिक क्रांति ने तो मनुष्य को मानो प्रकृति के नियंत्रक की भूमिका सौंप दी। तकनीकी कौशल की हतप्रभ कर देने वाली इस यात्रा में एक बात ऐसी है, जो पाषाण युग के बेढब हथियारों से चमत्कारी माइक्रोचिप निर्माण तक एक जैसी बनी रही। हम अपने औजार, कच्चे माल को तराशकर बनाते हैं। यह सर्वविदित तथ्य है कि सारे पदार्थ परमाणुओं से मिलकर बने हैं, लेकिन पदार्थों के गुण इस बात पर निर्भर करते हैं कि उनमें परमाणुओं को किस तरह सजाया गया है। कार्बन के परमाणुओं की एक खास बनावट से कोयला तैयार होता है, तो दूसरी खास बनावट उन्हें हीरे का रूप दे देती है। परमाणु और अणुओं को इकाई मानकर मनचाहा उत्पाद तैयार करना ही 'नैनो-तकनीक' का सार है।

(क) नैनो-तकनीक के समर्थकों ने क्या संभावनाएँ व्यक्त की हैं? **[2]**

(ख) इसकी असीमित शक्ति से आशंकित विरोधियों का क्या मत है? इस पर टिप्पणी कीजिए। **[2]**

(ग) 'नैनो-तकनीक' से आप क्या समझते हैं? **[2]**

(घ) मानव प्रकृति का नियंत्रक कैसे बन गया? **[2]**

(ङ) हीरे और कोयले में अंतर क्यों है? **[1]**

(च) उपर्युक्त गद्यांश के लिए उपयुक्त शीर्षक दीजिए। **[1]**

उत्तर—(क) नैनो तकनीक के समर्थकों ने यह संभावनाएँ व्यक्त की है कि जब यह तकनीक पूरे वज़ूद से आएगी तो धरती का पूरा नामोनिशान मिट जाएगा और नैनो रोबोट की स्वनिर्मित फौज पूरी तरह क्षत-विक्षत शव को पलक झपकते ही चुस्त-दुरुस्त इंसान में बदल देगी।

(ख) नैनो तकनीक की असीमित व्यक्ति से आशंकित विरोधियों का मत तो यह है कि यह मिस्र के पिरामिडों में सोई ममियों से भी ज़्यादा अभिशप्त है। यह तकनीकी क्रांति को एक नए मुहाने पर पहुँचाने में समर्थ है। इसके द्वारा उद्योग, चिकित्सा, दूर संचार, परिवहन सहित हमारे जीवन में शामिल तमाम तकनीकी जटिलताएँ अपने पुराने अर्थ खो देगीं।

(ग) नैनो तकनीक एक ऐसी तकनीक है, जिसने तकनीकी क्रांति को एक नया मुकाम दिया है। यह एक ऐसी तकनीक है जो मनुष्य की सोच की सीमा को ही बढ़ा देती है। यह अणुओं और परमाणुओं की इंजीनियरिंग है जो भौतिक, रसायन, बायो इन्फॉर्मैटिक्स व बायो टेक्नोलॉजी जैसे विषय को आपस में जोड़ती है।

(घ) मानव ने सभ्यता की बुनियाद पत्थर के बेडौल हथियारों और अनगढ़ शिलाओं को छीलकर कुल्हाड़ों, भालों की शक्ल में तकनीकी कौशल और उत्पादकता का कौशल इस प्रकार मानव प्रकृति का नियंत्रक बन गया।

(ङ) हीरा और कोयला दोनों ही कार्बन से बने हैं, परन्तु कार्बन के परमाणुओं की एक खास बनावट से कोयला बनता हैं एवं दूसरी बनावट से हीरा बनता है। परमाणुओं और अणुओं की विशेष बनावट द्वारा ही हीरा और कोयला में अंतर हैं।

(च) शीर्षक—''नैनो तकनीक और हम' या नैनो तकनीक।

खण्ड - ख

2. **'रेमन आ गई है।' वाक्य में 'गई' शब्द है अथवा पद? कारण सहित स्पष्ट कीजिए।**** **[1]**

3. **निम्नलिखित वाक्यों को निर्देशानुसार बदलिए—** **[1 × 3 = 3]**

(क) कई बार मुझे डाँटने का अवसर मिलने पर भी बड़े भाई साहब चुप रहे। (संयुक्त वाक्य)

(ख) कई सालों से बड़े-बड़े बिल्डर समंदर को पीछे धकेल उसकी जमीन हथिया रहे थे। (मिश्र वाक्य)

(ग) आपने जो कहा, मैंने सुन लिया। (सरल वाक्य)

उत्तर—(क) बड़े भाई साहब को कई बार मुझे डाँटने का अवसर मिला लेकिन फिर भी वे चुप रहे।

** Answer is not given due to the change in present syllabus.

(ख) जो बड़े-बड़े बिल्डर थे, वे कई सालों से समंदर को पीछे धकेल कर उसकी ज़मीन को हथिया रहे थे।

(ग) मैंने आपका कहा सुन लिया।

4. (क) निम्नलिखित समस्त पदों का विग्रह करके समास का नाम लिखिए— [1 × 2 = 2]

(i) सप्तर्षि (ii) शरणागत

(ख) निम्नलिखित विग्रहों के समस्त पद बनाकर समास का नाम लिखिए— [1 × 2 = 2]

(i) लंबा है उदर जिसका (गणेश)

(ii) तन-मन-धन

उत्तर—(क) (i) सात ऋषियों का समूह—द्विगु समास

(ii) शरण में आगत—कर्म तत्पुरुष समास

(ख) (i) लंबोदर — बहुव्रीहि समास

(ii) तन और मन और धन—द्वंद्व समास

5. निम्नलिखित वाक्यों को शुद्ध करके लिखिए—** **[1 × 4 = 4]**

(क) सभी श्रेणी के लोग सभा में आये थे।

(ख) एक ताँबे की बर्तन भी खरीद लेना।

(ग) वह लौट आए हैं।

(घ) आप कभी हमारे घर आओ।

6. निम्नलिखित मुहावरों का प्रयोग अपने वाक्यों में कीजिए— [1 × 4 = 4]

(क) चेहरा मुरझाना

(ख) आँखों से बोलना

(ग) काम तमाम कर देना

(घ) जान बख्श देना

उत्तर—(क) अत्यधिक कार्य के दबाव के कारण राकेश का चेहरा मुरझा गया।

(ख) उसने मुझे आँखों से बोल दिया कि वह क्या करना चाहता है।

(ग) भारतीय सैनिकों ने शत्रुओं का काम तमाम कर दिया।

(घ) अच्छे व्यवहार के कारण उसकी जान बख्श दी गई।

खण्ड - ग

7. निम्नलिखित में से किन्हीं तीन प्रश्नों के उत्तर लगभग 30 - 40 शब्दों में लिखिए— [2 × 3 = 6]

(क) डायरी का एक पन्ना, पाठ के आधार पर लिखिए 26 जनवरी 1931 का दिन विशेष क्यों था?

(ख) छोटे भाई ने बड़े भाई साहब के नरम व्यवहार का क्या लाभ उठाया? आपके विचार से छोटे भाई का व्यवहार उचित था या नहीं तर्क सहित उत्तर लिखिए।

(ग) कर्नल कालिंज का खेमा जंगल में क्यों लगा हुआ था।

(घ) 'प्रेम सबको जोड़ता है।' 'तताँरा-वामीरो कथा' पाठ के आधार पर इस कथन की पुष्टि कीजिए।

उत्तर—(क) 26 जनवरी 1931 का दिन विशेष इसलिए था, क्योंकि इस दिन गुलाम भारत में पहली बार स्वतंत्रता दिवस मनाया जा रहा था। यह विशेष आयोजन कलकत्ता में मनाया जा रहा था क्योंकि तब तक वहाँ कुछ खास नहीं हुआ था जिससे उनके नाम पर कलंक लग गया था कि कलकत्ता में आज़ादी के लिए कोई कार्य नहीं किया जा रहा। इस कलंक को धोने के लिए कलकत्तावासियों ने काफी तैयारियाँ की थी। मकानों व सार्वजनिक स्थलों में राष्ट्रीय झंडे फहराए गए जिसे देखकर ऐसा प्रतीत हो रहा था मानो स्वतंत्रता मिल ही गई हो।

(ख) छोटे भाई ने बड़े भाई के नरम स्वभाव का नाज़ायज फायदा उठाया। छोटे भाई ने बड़े भाई की विनम्रता का लाभ उठाकर स्वच्छंद हो गया और पढ़ना लिखना तक बंद कर दिया। उसके मन में अभिमान आ गया कि वह पढ़े या न पढ़े परीक्षा में पास हो ही जाएगा और वह अपने पढ़ने के समय पतंग उड़ाने का नया शौक करने लगा। मेरे विचार से छोटे भाई का व्यवहार पूर्ण रूप से अनुचित था, क्योंकि अभिमान द्वारा हित नहीं हो सकता।

(ग) कर्नल कालिंज का खेमा जंगल में इसलिए लगा हुआ था क्योंकि उन्हें वज़ीर अली की गिरफ्तारी करनी थी। उन्हें लग रहा था कि वज़ीर अली जंगल में छिपा होगा। काफी समय से वह कर्नल की आँखों में धूल झोंक रहा था। वह जंगल में ही था पर कर्नल के सिपाही उसे पकड़ नहीं पा रहे थे।

(घ) प्रेम सब को जोड़ता है यह कथन 'तताँरा वामीरो कथा' पाठ के आधार पर पूर्ण रूप से युक्ति संगत है क्योंकि यद्यपि इस कथा में तताँरा वामीरो मिल नहीं पाए पर उनकी प्रेम कथा आज घर-घर सुनाई जाती है। निकोबारी इस घटना के बाद दूसरे गाँवों में भी आपसी वैवाहिक संबंध स्थापित करने लगे। इस तरह से तताँरा और वामीरो की त्यागमयी मृत्यु से एक सुखद परिवर्तन हुआ। उनका बलिदान व्यर्थ नहीं गया। उनके प्रेम ने सभी को जोड़ दिया।

8. लगभग 80 - 100 शब्दों में उत्तर लिखिए—

'प्रेक्टिकल आइडियालिस्ट' से क्या अभिप्राय है? गांधीजी 'प्रेक्टिकल आइडियालिस्ट' थे, कैसे? [5]

अथवा

प्रकृति के साथ मानव के दुर्व्यवहार और उसके परिणामों को 'अब कहाँ दूसरों के दुख से दुखी होने वाले' पाठ के आधार पर स्पष्ट कीजिए।

उत्तर—प्रेक्टिकल आइडियालिस्ट से आशय है वे लोग, जो अपनी नीतियों, अपने सिद्धांतों में आदर्शों के साथ व्यावहारिकता का मिश्रण करके शुद्ध आदर्शों को समाज में चलाते हैं।

गाँधीजी 'प्रैक्टिकल आइडियालिस्ट' थे, क्योंकि उनमें नेतृत्व की अद्भुत क्षमता थी। वे व्यावहारिकता का मूल्य समझते थे और उसकी कीमत जानते थे। वे कभी भी आदर्शों को व्यावहारिकता के स्तर पर उतरने नहीं देते थे बल्कि व्यावहारिकता को आदर्शों पर चढ़ाते थे। गांधी जी के आदर्श और व्यवहार के संदर्भ में यह बात 'ताँबे में सोना' के आधार पर झलकती है अर्थात् वे ताँबा सामने रखकर उसपर सोना मिलाते थे यानी व्यावहारिक पर आदर्शों का रंग चढ़ाते थे। वे यह रंग इतना चढ़ा देते थे कि व्यावहारिकता कहीं खो जाती थी और आदर्श ही सामने आते

** Answer is not given due to the change in present syllabus.

थे। इसी कारण उनकी नीतियों, उनके सिद्धांतों को समाज में सम्मान मिला और देश उनके पीछे दौड़ा।

अथवा

मानव अपनी बढ़ती महत्वाकांक्षाएँ, कभी न खत्म होने वाली इच्छाएँ, बढ़ती हुई आबादी की लोलुपता की पूर्ति हेतु पेड़ों की कटाई द्वारा घने जंगलों को नष्ट करना, जंगली जानवरों का शिकार तथा प्रकृति के साथ दुर्व्यवहार करता है, जिसके परिणाम स्वरूप वह प्रकृति का संतुलन ही बिगाड़ देता है। प्रकृति में आए असंतुलन का बहुत ही भयानक परिणाम हुआ। इससे मौसम-चक्र अव्यवस्थित हो गया। अब गर्मी में बहुत अधिक गर्मी पड़ने लगी, बेवक्त की बरसातें होने लगीं, जलजले, सैलाब तथा तूफान आकर हाहाकार मचाने लगे तथा नित्य नई-नई बीमारियाँ धरती पर बढ़ने लगीं। समुद्र के तट पर मानवों ने अपनी बस्ती बसा ली है। आसपास के जंगल काट लिए गये हैं अतः पशु-पक्षी मारे-मारे फिर रहे हैं। समुद्र को भी अँगड़ाई लेने के लिए कभी-कभी मानवों की बस्ती के बीच पसरना पड़ता है। कुल मिलाकर मानव ने अपनी आवश्यकताओं की पूर्ति के क्रम में अपने मार्ग में आने वाले प्रत्येक वस्तु को ध्वस्त ही कर दिया। इससे पर्यावरण असंतुलन की स्थिति उत्पन्न हो गई है तथा संपूर्ण प्रकृति के अस्तित्व पर खतरा मँडरा रहा है।

9. निम्नलिखित प्रश्नों में से किन्हीं तीन प्रश्नों के उत्तर लगभग 30 - 40 शब्दों में लिखिए— **[2 × 3 = 6]**

(क) 'आत्मत्राण' कविता में कवि विपदा में ईश्वर से क्या चाहता है और क्यों?

(ख) 'है टूट पड़ा भू पर अंबर।' 'पर्वत प्रदेश में पावस' कविता में कवि ने ऐसा क्यों कहा?

(ग) कबीर निंदक को अपने निकट रखने का परामर्श क्यों देते हैं?

(घ) 'द्रोपदी री लाज राखी, आप बढ़ायो चीर।' इस कथन का भाव स्पष्ट कीजिए।

उत्तर—(क) 'आत्मत्राण' कविता में कवि विपदा में ईश्वर से चाहता है कि वह मुसीबत में निर्भय रहे। किसी भी दुख में वह ईश्वर पर संशय न करे। कभी किसी भी परिस्थिति में आत्मबल, आत्मविश्वास व आत्म-निर्भरता खोकर दीन-दुखी अथवा असहाय की भाँति रुदन न करें। वे ऐसा इसलिए चाहते हैं, प्रायः मनुष्य विपदाओं से भयभीत होकर हार मान लेता है। और अपने लिए आत्मविश्वास पाने के लिए ईश्वर से प्रार्थना करनी चाहिए।

(ख) 'है टूट पड़ा भू पर अंबर' ऐसा कविता में इसलिए कहा गया है क्योंकि आसमान से मूसलाधार वर्षा हो रही है जिससे प्राकृतिक दृश्य ढ़क से गए हैं। केवल झरनों की झर-झर ही सुनाई देती है, तब ऐसा प्रतीत होता है कि मानों धरती पर आकाश टूट पड़ा हो।

(ग) कबीर निंदक को अपने निकट रखने का परामर्श इसलिए देते हैं क्योंकि निंदक बिना साबुन और पानी के हमारे स्वभाव को निर्मल कर देता है। वह हमारे स्वभाव की बुराइयों और कमियों को बताकर उन्हें दूर करने के लिए प्रेरित करता है। वही हमारा सबसे बड़ा हितैषी है अन्यथा झूठी प्रशंसा कर अपना स्वार्थ सिद्ध करने वाले तो अनेक मिल जाते हैं। निंदक बुराइयों को दूर कर सद्‌गुणों को अपनाने में सहायक सिद्ध होता है।

(घ) उपर्युक्त पंक्ति में स्पष्ट किया गया है कि हे कृष्ण! आप अपने भक्तों की पीड़ा को दूर करें। जिस प्रकार आपने अपमानित द्रौपदी की लाज बचाई थी जब दुःशासन ने उसे निर्वस्त्र करने का प्रयास किया था तो आपने ही उसे वस्त्र प्रदान किये थे, वे नरसिंह रूप धारण कर भक्त प्रहलाद की पीड़ा (दुख) को दूर किया, उसी प्रकार आप हमारी परेशानी को भी दूर करें। आप सभी की पीड़ा को दूर करने वाले हैं।

10. लगभग 80 - 100 शब्दों में उत्तर लिखिए—

विरासत में मिली चीजों की बड़ी सँभाल क्यों होती है? 'तोप' कविता के आधार पर स्पष्ट करते हुए तोप की विशेषताएँ भी लिखिए। **[5]**

अथवा

'मनुष्यता' कविता का मूल भाव अपने शब्दों में समझाइए।

उत्तर—विरासत में मिली चीजों की बड़ी सँभाल इसलिए होती है, क्योंकि ये चीजें हमारी धरोहर हैं, जिन्हें देखकर या जानकर हमें अपने इतिहास, देश और समाज की प्राचीन उपलब्धियों का ज्ञान होता है, मान होता है और ये चीज़ें उस समय की परिस्थिति की जानकारी देने के साथ-साथ दिशा-निर्देश भी देती हैं। नई पीढ़ी अपने पूर्वजों की उपलब्धियों के साथ-साथ अतीत में की गई गलतियों से परिचित कराना, जिससे बेहतर भविष्य का निर्माण हो सके।

तोप की विशेषताएँ — कविता में प्रस्तुत की गई तोप 1857 की क्रांति में इस्तेमाल की गई थी। यह तोप ईस्ट इंडिया कंपनी की थी। आज यह कंपनी बाग की तरह हमारी धरोहर हैं, किंतु कभी यह अंग्रेजी शासन की क्रूरता की प्रतीक रही है। अब इस पर सैलानियों के बच्चे घुड़सवारी करते हैं तथा गौरैयाँ इस पर बैठकर गपशप करती है। कभी जो तोप आतंक का पर्याय रहा हो, उस पर बच्चों व चिड़ियों का इस प्रकार खेलना यह सिद्ध करता है कि आत्याचारी चाहे कितना ही बड़ा क्यों न हो, एक-न-एक दिन उसके अत्याचारों का अंत अवश्य होता है और तब वह भी तोप के समान बेबस और लाचार बनकर रह जाता है।

अथवा

मनुष्यता कविता के माध्यम से कवि मनुष्यता के मार्ग पर चलते हुए परोपकार, दया, सहानुभूति, करूणा, आत्मीयता आदि मानवीय मूल्यों को अपनाने का संदेश देना चाहता है। कविता का संदेश है कि व्यक्ति स्वार्थ से ऊपर उठे तथा परमार्थ के लिए जीवन का उत्सर्ग कर दे। कवि ने कर्ण, दधीचि, रतिदेव आदि का उदाहरण देकर मानव जाति हेतु सर्वस्व दान कर देने वाले महान व्यक्तियों का परिचय दिया है तथा समस्त मनुष्य को त्याग और बलिदान का महत्व बताया है आत्मत्याग हो तो मानव की सेवा हेतु हो, यही इस कविता का मूल भाव है।

11. लगभग 60 - 70 शब्दों में उत्तर लिखिए— [3 × 2 = 6]

(क) टोपी ने इफ़्फ़न की दादी से अपनी दादी बदलने की बात क्यों कही। इससे बाल मन की किस विशेषता का पता चलता है?

(ख) लेखक को स्कूल जाने के नाम से उदासी क्यों आती थी? 'सपनों के से दिन' पाठ के आधार पर स्पष्ट कीजिए। आपको स्कूल जाना कैसा लगता है? और क्यों?

उत्तर—(क) इफ़्फ़न की दादी टोपी की दादी की भाँति कठोर स्वभाव एवं अनुशासनप्रिय नहीं थी, बल्कि वह स्नेहपूर्ण व्यवहार कहानियाँ सुनाना, प्यार व अपनत्व का भाव, माँ जैसी बोली बोलने वाली और टोपी को अपने पास बिठा उससे बातें करती थीं। उनकी भाषा तथा टोपी की माता की भाषा भी एक जैसी थी। अत: टोपी दादी बदलना चाहता था।

इससे बालमन की इस विशेषता का पता चलता है, कि टोपी केवल प्रेम और ममता की ओर आकर्षित था जिसमें धर्म या जाति का कोई स्थान न था।

(ख) लेखक को स्कूल जाने के नाम से उदासी इसलिए आती थी, क्योंकि वहाँ वे खुशी से नहीं जाते थे। पहली कच्ची श्रेणी से चौथी श्रेणी तक लेखक के साथ केवल पाँच-सात लड़कियों को छोड़कर सभी लड़के रोते न चिलाते हुए ही स्कूल जाया करते थे। इसका कारण नई कक्षाओं की कठिन होती पढ़ाई, कुछ अध्यापकों द्वारा दिए जाने वाले दंड का भय था।

मुझे स्कूल जाना बहुत अच्छा लगता हैं क्योंकि मेरे वहाँ कई मित्र व अच्छे-अच्छे शिक्षक हैं, जिनके मार्गदर्शन द्वारा में अपनी जीवन में सफलता लाऊँगा।

खण्ड - घ

12. निम्नलिखित में से किसी एक विषय पर दिए गए संकेत-बिन्दुओं के आधार पर 80 - 100 शब्दों में अनुच्छेद लिखिए— [6]

(क) सत्संगति

- सत्संगति का अर्थ
- सत्संगति का महत्त्व
- कुसंगति से हानि

(ख) हमारी मेट्रो

- भारत की प्रगति का नमूना
- लोकप्रियता के कारण
- मेट्रो का विस्तार

(ग) अनुशासन क्यों?

- अर्थ
- आवश्यकता
- प्रभाव

उत्तर—अनुच्छेद

(क) सत्संगति

संगति को लेकर अनेक सार्थक और तथ्यपूर्ण उक्तियाँ कहीं गयी हैं। अनेक कहानीकारों ने सत्संगति की महत्ता को अपनी कहानी का विषय बनाया है जिसके माध्यम से उन्होंने लोगों के जीवन में सत्संगति का प्रभाव दर्शाया है। इसलिए श्री तुलसीदास की उक्ति सार्थक ही है कि—

एक घड़ी आधी घड़ी आधी में पुनि आध।
तुलसी संगति साधु की कटै कोटि अपराध॥

सज्जन पुरुषों से सत्संग पाकर अति सामान्य जन महान हो गए। जीवन सुधरा उनके जीवन लक्ष्य बदले और ध्येय पथ पर अग्रसर होते हुए महानों से महान बनें।

अंगुलिमाल जैसे पातकी ने महात्मा बुद्ध के सान्निध्य में आकर अपनी हिंसक प्रवृत्ति को छोड़ दिया। यह संगति का प्रभाव ही है। इसलिए यह सत्य है कि सत्संगति सद्‌गुणों का विकास करती है। मनुष्य के अंतत विचारधाराओं को दूर कर सद्प्रवृत्ति का विकास करती है। जिस प्रकार बुरे लोगों के पास बैठने से वैसा ही प्रभाव पड़ता है उसी प्रकार सज्जन लोगों के सम्पर्क में आने से इनकी संगति का प्रभाव पड़ने लगता है।

इन तथ्यों के आधार पर कहा जा सकता है कि श्री तुलसीदास जी ने सत्य ही कहा है कि—

सठ सुधरहि सत्संगति पाई। परस परस कुधात सुहाई॥

इसलिए महापुरुषों का सत्संग तीर्थ से भी बढ़कर है या यह कहा जाए कि महापुरुषों की संगति चलती हुई एक तीर्थ है जिससे बारह वर्ष के बाद आने वाले महाकुंभ के स्नान से भी बढ़कर पुण्य मिलता है जिसका फल तुरंत मिलता है। अत: सत्य सिद्ध है कि प्रभु के कथानुसार अच्छी संगति से जीवन पवित्र हो जाता है।

रघुवंश की राजरानी कही जाने वाली कैकेयी जैसी विदुषी, सद्‌गुणसंपन्न, वीरांगना, राजा दशरथ की प्रिय भार्या, भरत जैसे चरित्रवान पुत्र की जननी, मंथरा के कुसंग के प्रभाव को न नकार सकी और सदा-सदा के लिए लोगों के लिए हेय बन गई। कैकेयी मंथरा का सम्पर्क पाकर राम को वन भेजने के लिए हठ कर बैठी। इस संदर्भ में तुलसीदास जी ने इस प्रकार कहा है कि—

को न कुसंगति पाई नसाई। रहे न नीच मतों चतुराई॥

अत: विद्वान मानव समाज को प्रेरित करते आए हैं कि यथासंभव कुसंग से, परनिंदा से बचना चाहिए।

(ख) हमारी मेट्रो

महानगरों का जीवन बहुत जटिल होता है। इसके निवासियों को रोज़ लंबी दूरियाँ तय करनी पड़ती हैं। इसके लिये मैट्रो रेल का आविष्कार हुआ। मेट्रो रेल यह लोगों को सफर करने के लिए बहुत अत्याधुनिक साधन है। दिल्ली की जनसंख्या को देखकर मेट्रो की शुरूआत की है। लोगों को इसकी सुविधा मिलने से धन, समय, और श्रम की बचत होने लगी। इसकी वज़ह से सड़क यातायात कम हो गया।

देश में मेट्रो रेल की शुरुआत अटल बिहारी वाजपेयी ने 24 दिसंबर 2002 को की थी। मेट्रो रेल महानगरों के यातायात का तीव्रतम साधन है इसके मार्ग सुरक्षित तथा अबाधित हैं इनके मार्ग में कहीं कोई रेलवे फाटक या अन्य अवरोध नहीं आता। इसलिए मैट्रो रेल हर दो-तीन मिनट बाद आती है और यात्रियों को अपने लक्ष्य तक ले जाती है यह आधुनिक साज-सज्जा से

युक्त है। मैट्रो के कारण सड़क के वाहनों की कमी हो गई एवं प्रदूषण भी कुछ हद तक सीमित हो गया।

मेट्रो रेल के अंदर पूर्ण रूप से साफ-सफाई की जाती है। यह पूरी तरह से वातानुकूलित होती है। इसमें सभी आसानी से सफर कर पाते हैं। बस की तरह धूल और भीड़ नहीं होती। मेट्रो अन्य वाहनों से सस्ती पड़ती है। इसमें सी.सी.टी.वी कैमरे होते हैं। यात्रियों की सुरक्षा का पूरा इंतजाम होता है। इस रेल से सफर करने वालों को टोकन या स्मार्ट कार्ड का प्रयोग करना पड़ता है। भारत में कलकत्ता, दिल्ली, मुंबई, जयपुर, हैदराबाद, लखनऊ, बेंगलुरु और चेन्नई में मैट्रो ट्रेनें चलती हैं।

(ग) अनुशासन क्यों?

''उत्तम स्वास्थ्य का आनन्द पाने के लिए, परिवार में खुशी लाने के लिए और सबको शान्ति प्रदान करने के लिए सबसे पहले अनुशासित बनने और अपने मस्तिष्क पर नियन्त्रण प्राप्त करने की आवश्यकता है।'' भगवान बुद्ध द्वारा सम्पूर्ण जगत को दिए गए इस सन्देश में अनुशासन को महिमा मण्डित किया गया है। 'अनुशासन' शब्द 'शासन' में 'अनु' उपसर्ग के जुड़ने से बना है, इस तरह अनुशासन का शाब्दिक अर्थ है—शासन के पीछे चलना। प्रायः माता-पिता एवं गुरुजनों के आदेशानुसार चलना ही अनुशासन कहलाता है, किन्तु यह अनुशासन के अर्थ को सीमित करने जैसा है। व्यापक रूप से देखा जाए, तो स्वशासन अर्थात् आवश्यकतानुरूप स्वयं को नियन्त्रण में रखना भी अनुशासन ही है। अनुशासन के व्यापक अर्थ में, शासकीय कानून के पालन से लेकर सामाजिक मान्यताओं का सम्मान करना ही नहीं, बल्कि स्वस्थ रहने के लिए, स्वास्थ्य, नियमों का पालन करना भी सम्मिलित है।

इस तरह, सामान्य एवं व्यावहारिक रूप से व्यक्ति जहाँ रहता है। वहाँ के नियम, कानून एवं सामाजिक मान्यताओं के अनुरूप आचरण एवं व्यवहार करना ही अनुशासन कहलाता है। यदि कहीं अनुशासनहीनता व्याप्त है, तो कही-न-कहीं इसमें अच्छे शासन का अभाव भी ज़िम्मेदार होता है। यदि परिवार के मुखिया का शासन सही नहीं है, तो परिवार में अव्यवस्था व्याप्त रहेगी। यदि किसी स्थान का प्रशासन सही नहीं है तो वहाँ अपराध का ग्राफ स्वाभाविक रूप से ऊपर ही रहेगा। यदि राजनेता कानून का पालन नहीं करेंगे, तो जनता से इसके पालन की उम्मीद नहीं की जा सकती।

यदि खेल के मैदान में कैप्टन अनुशासित नहीं रहेगा तो टीम के अन्य सदस्यों से अनुशासन की आशा करना व्यर्थ है और यदि टीम अनुशासित नहीं है, तो उसकी पराजय से उसे कोई नहीं बचा सकता है। इसी तरह, यदि देश की सीमा पर तैनात सैनिकों का कैप्टन अनुशासित न हो, तो उसकी सैन्य टुकड़ी कभी अनुशासित नहीं रह सकती। परिणामस्वरूप देश की सुरक्षा निश्चित रूप से खतरे में पड़ जाएगी। राष्ट्रपिता महात्मा गाँधी के शब्दों में, ''अनुशासन के बिना न तो परिवार चल सकता है और न संस्था न राष्ट्र ही'' सचमुच यदि कर्मचारीगण अनुशासित न हो, तो वहाँ भ्रष्टाचार का बोल-बोला हो जाता। अनुशासन के अभाव में किसी भी समाज में अराजकता व्याप्त हो जाती है। अतः अनुशासन किसी भी समाज की मूलभूत आवश्यकता है। अनुशासन न केवल व्यक्तिगत हित बल्कि सामाजिक हित के दृष्टिकोण से भी अनिवार्य है।

13. आप विद्यालय की छात्र-परिषद् के सचिव हैं। स्कूल के बाद विद्यार्थियों को नाटक का अभ्यास करवाने के लिए अनुमति माँगते हुए प्रधानाचार्य को लगभग 80 - 100 शब्दों में पत्र लिखिए। [5]

अथवा

अस्पताल कर्मचारियों के सद्व्यवहार की प्रशंसा करते हुए मुख्य चिकित्सा अधिकारी को लगभग 80 - 100 शब्दों में पत्र लिखिए।

उत्तर—सेवा में,

प्रधानाचार्य महोदय,
अ ब स विद्यालय,
नई दिल्ली।

दिनांक—20 नवम्बर, 20XX

विषय—नाटक का अभ्यास हेतु अनुमति

माननीय महोदय,

सविनय निवेदन है कि मैं कक्षा दसवीं 'ब' का छात्र हूँ साथ ही विद्यालय के सांस्कृतिक कार्यशाला के छात्र परिषद का सचिव भी हूँ। विद्यालय में होने वाले वार्षिकोत्सव के लिए कक्षा दसवीं के छात्रों ने मिलकर एक नाटक बनाया है जिसके अभ्यास हेतु हमें पुस्तकालय व खेल के पीरियड में अभ्यास करने के लिए अनुमति चाहिए। हम सभी छात्र अच्छी तरह ही जानते हैं कि हमें हमारी अपने वाली दसवीं की परीक्षा हेतु भी तैयारी करनी हैं, इसलिए हम अपने मुख्य विषयों की कक्षाएँ नहीं छोड़ना चाहते हैं केवल पुस्तकालय व खेल की कुछ कक्षाएँ यदि हमें अभ्यास हेतु तीन-चार दिन मिल पाए तो हमारे नाटक का अभ्यास अच्छी तरह से हो जाएगा।

अतः आप से निवेदन है कि यदि आप हमें नाटक अभ्यास हेतु कुछ (पुस्तकालय व खेल) की कक्षाएँ देंगें तो हमारा विद्यालय के वार्षिकोत्सव के नाटक का अभ्यास सही रूप से हो जाएगा। आशा है आप हमें अनुमति देने की कृपा जरूर करेंगे।

धन्यवाद
भवदीय
अ ब स।

अथवा

सेवा में,
मुख्य चिकित्सा अधिकारी,
अ ब स नगर क्षेत्र,
नई दिल्ली।

दिनांक—30 जनवरी, 20XX

विषय—अस्पताल कर्मचारियों की प्रशंसा हेतु पत्र

माननीय महोदय,

मैं इस पत्र के माध्यम से आपका ध्यान अ ब स नगर क्षेत्र के सरकारी अस्पताल के कर्मचारियों के कर्त्तव्यनिष्ठता एवं

सद्भावपूर्ण व्यवहार की ओर आकर्षित करना चाहती हूँ साथ ही उनकी प्रशंसा करना चाहती हूँ एवं आशा रखती हूँ कि आने वाले समय में ये कर्मचारी इसी तरह जनता की सेवा करें। मैं दिनांक 25 जनवरी को सड़क दुर्घटना में घायल हो गई थीं, मेरे हाथ व पैरों में काफी चोटें आ गई थी जिस कारण कुछ लोगों ने मुझे तिलक नगर सरकारी अस्पताल में दाखिल किया। वहीं से मेरे माता-पिता को भी सूचना दी गई। माता-पिता आने में कुछ समय लगा पर वहाँ अस्पताल के कर्मचारियों व डॉक्टरों ने पूरा ध्यान रखा। ऐसा बिल्कुल भी नहीं लगा कि मैं वहाँ अकेली हूँ। घबराहट के कारण में बेहोश हो गई थी और मेरे पास कुछ जरुरी दस्तावेज़ भी थे परंतु उन्होंने मेरे सभी दस्तावेजों को भलीभाँति ढंग से रखा और माता-पिता के आने के पश्चात उन्हें दे दिए। मुझे करीबन सात घंटे बाद होश आया क्योंकि चोटें कुछ ज़्यादा थीं पर इस बीच मेरा सही व सुचारू रूप से इलाज चला। मुझे यह अहसास ही नहीं हो पाया कि मैं सरकारी अस्पताल में हूँ जिसके लिए में उनका धन्यवाद करती हूँ। विशेष रूप से डॉ. शर्मा जी का जिन्होंने मेरे जीवन की निधि दस्तावेज का ध्यान रखा अत: आप से निवेदन हैं कि डॉ. शर्मा जी को सम्मानित कर उनका मान बढ़ाऐं।

धन्यवाद।

भवदीय,

अ ब स।

14. आप अपनी कॉलोनी की कल्याण परिषद् के अध्यक्ष हैं। अपने क्षेत्र के पार्कों की साफ-सफाई के प्रति जागरूकता लाने हेतु कॉलोनीवासियों के लिए 40 - 50 शब्दों में सूचना तैयार कीजिए। [5]

अथवा

विद्यालय की सचिव की ओर से 'समय-प्रबंधन' विषय पर आयोजित होने वाली कार्यशाला के लिए 40 - 50 शब्दों में एक सूचना तैयार कीजिए।

उत्तर— सूचना

जनकपुरी कॉलोनी कल्याण परिषद

समस्त जनकपुरी कॉलोनी के निवासियों को सूचित किया जा रहा है, कि कॉलोनी की साफ-सफाई, पार्कों की सफाई हेतु जागरूकता अभियान चलाया जा रहा है। जिसमें सभी निवासी बढ़चढ़ कर योगदान दें।

दिनांक — 4-04-20XX

स्थान — कल्याण परिषद कार्यालय, जनकपुरी

समय — प्रात: 8 बजे से 12 बजे तक।

अथवा

सूचना

अ ब स विद्यालय

विद्यालय के सभी कक्षा दसवीं के छात्र-छात्राओं को सूचित किया जाता है कि आने वाली दसवीं की परीक्षाओं के लिए विद्यालय की ओर से 'समय-प्रबंध' विषय पर कार्यशाला आयोजित होने वाली हैं, जिसमें छात्र-छात्राओं को 'समय-प्रबंध' के महत्व व लाभ बताएँ जाएँगें। जो अपने वाली परीक्षाओं के लिए छात्र-छात्राओं के लिए काफी लाभकारी हो सकते हैं। यह कार्यशाला दिनांक— 6-12-20XX से 10-12-20XX तक विद्यालय में प्रत्येक दिन पुस्तकालय की कक्षा में होगी।

श्री राजीव कुलश्रेष्ठ

सचिव

15. 'फास्ट-फूड' के बढ़ते प्रचलन के बारे में बड़े ओर छोटे भाई के बीच होने वाले संवाद को लगभग 50 - 60 शब्दों में लिखिए। ** **[5]**

अथवा

बोर्ड-परीक्षाओं की तैयारी के संबंध में दो मित्रों के बीच होने वाले संवाद को लगभग 50 - 60 शब्दों में लिखिए। **

16. कोई कंपनी 'लेखनी' नाम का नया पेन बाजार में लाना चाहती है। उसके लिए लगभग 25 - 50 शब्दों में एक विज्ञापन तैयार कीजिए। [5]

अथवा

ए.टी.एम. केन्द्रों पर सावधानी बरतने संबंधी निर्देश देते हुए पंजाब नेशनल बैंक की ओर से लगभग 25 - 50 शब्दों में एक विज्ञापन तैयार कीजिए।

उत्तर—

अथवा

पंजाब नेशनल बैंक की ओर से निर्देश

Welcome

सावधानी बरतें व सतर्क रहें

* एटीएम पिन अकेले ही प्रयोग करें।
* संदिग्ध निगाहों, चिन्हों से बचे।
* किसी को पिन व कार्ड न दें।
* पैसे निकालने के बाद कैंसिल बटन दबाए बिना एटीएम लिए न निकले।

** Answer is not given due to the change in present syllabus.

Delhi [Set-II]

Note : Except for the following questions all the remaining questions have been asked in previous sets.

2. **'पद किसे कहते हैं, उदाहरण देकर स्पष्ट कीजिए।'**** **[1]**

3. **निम्नलिखित वाक्यों को निर्देशानुसार बदलिए— [1×3=3]**

(क) निकोबार द्वीप के विभक्त होने की एक लोककथा आज भी दोहराई जाती है। (मिश्र वाक्य में)

(ख) समुद्र से चलकर ठंडी बयार तताँरा को छू रही थी। (संयुक्त वाक्य में)

(ग) गायन इतना प्रभावी था कि वह अपनी सुध-बुध खोने लगा। (सरल वाक्य में)

उत्तर—(क) निकोबार द्वीप के विभक्त होने की एक लोक कथा है, जो आज भी दोहराई जाती है।

(ख) समुद्र से ठंडी बयार चल रही थी और ततँारा को छू रही थी।

(ग) वह प्रभावी गायन के कारण अपनी सुध-बुध खोने लगा।

4. **(क) निम्नलिखित समस्त पदों का विग्रह करके समास का नाम लिखिए— [1×2=2]**

(i) यथासमय (ii) गिरिधर

(ख) निम्नलिखित विग्रहों के समस्त पद बनाकर समास का नाम लिखिए— [1×2=2]

(i) कला का मर्मज्ञ (ii) नीला है जो गगन

उत्तर—(क) (i) समय के अनुसार — अव्ययीभाव समास

(ii) गिरि को धारण करने वाला (कृष्ण) — बहुब्रीहि समास

(ख) (i) कला मर्मज्ञ — तत्पुरुष समास

(ii) नीलगगन — कर्मधारय समास

5. **निम्नलिखित वाक्यों को शुद्ध करके लिखिए—** ** **[1×4=4]**

(क) मेरे को आपका काम बहुत पसंद है।

(ख) एक ठंडा गिलास पानी ले आओ।

(ग) उसने पुस्तकों की रचना की गई है।

(घ) बड़े भाई को जिंदगी की अच्छी अनुभव है।

6. **निम्नलिखित मुहावरों का प्रयोग अपने वाक्यों में कीजिए— [1×4=4]**

(क) हक्का-बक्का रहना

(ख) खुशी का ठिकाना न रहना

(ग) दाँतों तले उँगली दबाना

(घ) आँखें दिखाना

उत्तर—(क) अचानक हुए दंगों से नीरज हक्का बक्का रह गया।

(ख) मेरी दसवीं की परीक्षा का परिणाम देखकर मेरी खुशी का ठिकाना न रहा।

(ग) सर्कस में जादूगर के कारनामे देखकर दर्शक दाँतों तले उँगली दबाने लगे।

(घ) मोहन मुझे बात-बात पर आँखें दिखा रहा था।

10. **लगभग 80-100 शब्दों में उत्तर लिखिए—**

'मनुष्यता' कविता में 'परोपकार' के संबंध में दिए गए उदाहरण को स्पष्ट करते हुए लिखिए कि आपका मित्र परोपकारी है, यह आपने कैसे जाना? [5]

अथवा

'कर चले हम फिदा' नामक गीत के आधार पर सैनिक जीवन की चुनौतियों का वर्णन कीजिए। सैनिकों का हौसला बढ़ाने के लिए आप क्या करेंगे?

उत्तर—'मनुष्यता' कविता में 'परोपकार' के संबंध में कवि ने दधीचि, कर्ण आदि महान व्यक्तियों का उदाहरण देकर मनुष्यता के लिए संदेश दिया है कि प्रत्येक मनुष्य को परोपकार करते हुए अपना सर्वस्व त्यागने से कभी पीछे नहीं हटना चाहिए। इन व्यक्तियों ने दूसरों की भलाई के लिए अपना सर्वस्व दान कर दिया था। दधीचि ने अपनी अस्थियों का तथा कर्ण ने कुंडल और कवच का दान कर दिया था। हमारा शरीर नश्वर है। इसलिए इसके मोह को त्याग कर इसे दूसरों के हित-चिंतन में लगा देने में ही इसकी सार्थकता है। जी हाँ, मेरा मित्र भी परोपकारी है। इसकी जानकारी मुझे तब हुई जब मैं स्वयं बीमार था और विद्यालय पहुँचा तो मैंने सोचा मुझे तो अब दस दिन तक का ढेर सारा काम करना पड़ेगा पर मुझे मेरे मित्र ने दस दिन का पूरा काम करा दिया। उसने इन दस दिनों में अपने काम के साथ-साथ मेरा भी काम किसी कॉपी में कर रखा था, जिससे मैं काफी प्रसन्न हुआ और मित्र को धन्यवाद भी दिया।

अथवा

जिस प्रकार एक सैनिक का जीवन आम भारतीयों के जीवन से पूर्णत: अलग होता है उसी प्रकार उसके जीवन की चुनौतियाँ भी सामान्य आदमी के जीवन से भिन्न होती हैं। एक सैनिक अपने देश पर बलिदान होने के लिए तत्पर रहता है। जब हम अपने घरों में सो रहे होते हैं, तब वह सीमा पर दुश्मनों का सामना कर रहा होता है। युद्ध के क्षेत्र में सैनिक कभी पीठ नहीं दिखाता। वह सदैव दुश्मनों पर हावी रहता है। सैनिकों के जीवन का कोई भरोसा नहीं होता कि कब मौत आ जाए। सैनिक न केवल युद्ध के मैदान में बल्कि देश पर आने वाली अन्य विपदाओं जैसे—बाढ़, भूकम्प, तूफान, दुर्घटना आदि में भी सहायता करने के लिए सदैव तत्पर रहते हैं। उन्हें कभी आराम नहीं मिलता है। देश पर किसी भी प्रकार का संकट गहराता है, सबसे पहले सैनिकों को याद किया जाता है।

सैनिकों में देश-प्रेम इतना प्रबल होता है कि वह अपने परिवार को छोड़कर देश के लिए वर्षों तक देश की सीमा पर रहता है। उसके लिए ठण्ड या गर्मी कोई महत्व नहीं रखती। धूप, बारिश और बर्फ का सामना करते हुए भी वे देश की रक्षा करते हैं। सैनिकों के रहने के लिए सही सुविधाएँ नहीं होती हैं और न ही मन पसंद खाना मिलता है। उनके जीवन में सुख और दु:ख का भी महत्व नहीं होता है। उनके लिए देश ही सर्वस्व है। सैनिकों का व्यक्तिगत जीवन नहीं होता वे देश के लिए जीते और देश के लिए मरते हैं। आज हम जीवित हैं, उत्सव मना रहे हैं, व्यापार

** Answer is not given due to the change in present syllabus.

और व्यवसाय कर रहे हैं तो इसका एक कारण हमारे देश के सैनिक हैं जिनके परम त्याग से यह देश फल-फूल रहा है। अत: हमें मिलकर सैनिकों के जीवन की चुनौतियों को कम करने का प्रयास करना चाहिए।

11. लगभग 60-70 शब्दों में उत्तर लिखिए— [3×2=6]

(ख) 'हरिहर काका' कहानी के आधार पर लिखिए कि रिश्तों की नींव मजबूत बनाने के लिए किन गुणों की आवश्यकता है और स्पष्ट कीजिए कि ऐसा क्यों जरूरी है?

उत्तर—(ख) हरिहर काका कहानी के आधार पर रिश्तों की नींव मजबूत बनाने के लिए परिवार के सभी सदस्यों का नि:स्वार्थ प्रेम, परस्पर विश्वास और सम्मान का भाव, त्याग एवं समर्पण का भाव, स्नेह तथा बड़ों को आदर देना जैसे गुणों का होना आवश्यक है। परिवार के सदस्यों का एक-दूसरे के दु:ख, सुख को समझने तथा विपरीत परिस्थितियों में एक-दूसरे का साथ देने की प्रवृत्ति होनी चाहिए। इन गुणों के चलते रिश्तों की नींव मजबूत बनी रहेगी एवं रिश्ते नहीं बिखरेंगे।

Delhi [Set-III]

Note : Except for the following questions all the remaining questions have been asked in previous sets.

2. देशभर में गणतंत्र दिवस धूमधाम से मनाया गया। इस वाक्य में 'मनाया' को पद क्यों कहा जा सकता है? [1]**

3. निम्नलिखित वाक्यों को निर्देशानुसार बदलिए— [1×3=3]

(क) लड़कों का एक झुंड पतंग के पीछे-पीछे दौड़ा चला आ रहा था। (मिश्र वाक्य में)

(ख) भाई साहब ने उछलकर पतंग की डोर पकड़ ली। (संयुक्त वाक्य में)

(ग) ऐसी सभा पहले नहीं की गई थी, जिसमें खुला चैलेंज दिया गया है। (सरल वाक्य में)

उत्तर—(क) लड़कों का एक झुंड था जो पतंग के पीछे-पीछे दौड़ा चला आ रहा था।

(ख) भाई साहब उछले और पतंग की डोर पकड़ ली।

(ग) खुला चैलेंज देने वाली ऐसी सभा पहले नहीं की गई थी।

4. (क) निम्नलिखित समस्त पदों का विग्रह करके समास का नाम लिखिए— [1×2=2]

(i) पत्र व्यवहार (ii) चक्रधर

(ख) निम्नलिखित विग्रहों के समस्त पद बनाकर समास का नाम लिखिए— [1×2=2]

(i) महान् है जो नायक (ii) घर और परिवार

उत्तर—(क) (i) पत्र से व्यवहार - तत्पुरुष समास

(ii) चक्र को धारण करने वाले अर्थात् विष्णु - बहुव्रीहि समास

(ख) (i) महानायक - कर्मधारय समास

(ii) घर-परिवार - द्विगु समास

5. निम्नलिखित वाक्यों को शुद्ध करके लिखिए— [1×4=4]**

(क) शुद्ध आदर्श भी सोने के जैसे समान ही होते हैं।

(ख) सिपाही लौटकर मुड़ा और कर्नल को घूरता हुआ चला गया।

(ग) मैं यह बात तुम्हारे को नहीं बता सकता।

(घ) मुझे सौ रुपए चाहिएँ।

6. निम्नलिखित मुहावरों का प्रयोग अपने वाक्यों में कीजिए— [1×2=2]

(क) हाथ पाँव फूल जाना

(ख) प्राणांतक परिश्रम करना

(ग) सिर पर तलवार लटकना

(घ) सपनों के महल बनाना

उत्तर—(क) जब हमारे सामने मुसीबतें आती हैं तो हमारे हाथ पाँव फूल जाते हैं।

(ख) प्राणांतक परिश्रम द्वारा ही सफलता मिलती है।

(ग) सी.बी.आई. जाँच ने सरकारी वर्ग के सिर पर तलवार लटका दी।

(घ) रंक का राजा बनना सपनों के महल बनाने जैसा है।

10. लगभग 80-100 शब्दों में उत्तर लिखिए—

'मनुष्यता' कविता में कवि किन-किन मानवीय गुणों का वर्णन करता है? आप इन गुणों को क्यों आवश्यक समझते हैं, तर्क सहित उत्तर लिखिए। [5]

अथवा

सीमा पर भारतीय सैनिकों के द्वारा सहर्ष स्वीकारी जा रही कठिन परिस्थितियों का उल्लेख कीजिए और प्रतिपादित कीजिए कि 'कर चले हम फिदा' गीत सैनिकों के हृदय की आवाज़ है।

उत्तर—'मनुष्यता' कविता में कवि ने मानव-मात्र को परमार्थ, विश्व बंधुत्व और आपसी भाईचारा, करुणा, उदारता, धैर्य, सहयोग आदि गुणों को अपनाने पर बल दिया है। कवि ने स्वार्थी मनुष्य को पशु प्रकृति से प्रेरित बताया है। जिस प्रकार पशु स्वयं भोजन ग्रहण करके केवल अपना पेट भरता है, वैसा जीवनयापन वो किसी आत्मकेंद्रित व्यक्ति की निशानी है। परमात्मा के अंश के रूप में हम सब इस पृथ्वी लोक पर वास करते हैं अत:

** Answer is not given due to the change in present syllabus.

हममें से प्रत्येक में विश्व बंधुत्व की भावना होनी चाहिए। ये सारे गुण आवश्यक हैं क्योंकि मानव जीवन तो तभी धन्य है, जब उसे सुमृत्यु मिले। अधीर होकर भाग्यहीन होने से अच्छा है कि हम धैर्यवान बने और परस्पर एक दूसरे का सहारा बनकर एक दूसरे के सुख दुख के सच्चे साथी बने। उसी मनुष्य को सामर्थ्यवान माना जा सकता है जो दूसरों का उद्धार किया करे तथा समस्त मानव-जाति के कल्याण और परोपकार हेतु अपना जीवन समर्पित कर दे।

अथवा

सीमा पर भारतीय सैनिकों द्वारा सहर्ष स्वीकारी जा रही विषम प्राकृतिक परिस्थितियाँ भी उनके ज़ज्बे को रोक नहीं सकती सैनिक अपने अदम्य साहस व शक्ति से देश की रक्षा के लिए हर वक्त मृत्यु का सामना करते हैं। वे भीषण गर्मी, सर्दी, वर्षा, अथवा किसी भी प्रकार की प्राकृतिक आपदा में अड़े रहकर देश रक्षा के लिए तत्पर रहते हैं। सीमा पर खड़े दुश्मन उन्हें परास्त करने का कोई मौका नहीं छोड़ते पर हमारे वीर सैनिक दुश्मन की हर चाल को काटते हैं। सैनिक अपने प्रशिक्षण काल से लेकर देश सेवा के आखिरी दिन तक चुनौतियों का मुकाबला करते हैं। वास्तव में चुनौतियों का मुकाबला करने का दूसरा नाम सैनिक है। बलिदान होने वाले वीर सैनिक बाकी देशवासियों से यह अपेक्षा कर रहे हैं कि वे अब बलिदान के पथ को सूना नहीं रहने देंगे। इसलिए उन्हें प्रत्येक देशवासियों से कुछ आशाएँ है, अपेक्षाऐं है कि उनके इस संसार से विदा हो जाने के बाद भी वे देश की आन, बान, शान पर आँच नहीं आने देंगे, बल्कि समय आने पर अपना बलिदान देकर देश की रक्षा करेंगें।

11. लगभग 60-70 शब्दों में उत्तर लिखिए— **[3×2=6]**

(क) हरिहर काका अनपढ़ थे लेकिन अपने अनुभव और विवेक से दुनिया को बेहतर समझते थे, उदाहरण सहित स्पष्ट कीजिए।

उत्तर—(क) हरिहर काका अनपढ़ थे लेकिन अपने अनुभव और विवेक से दुनिया से बेहतर समझते थे, क्योंकि ज़िंदगी में उन्हें जो अनुभव हुए, 'संपत्ति होने पर ही आदर-सम्मान की प्राप्ति संभव है? इस तथ्य को समझ लेना। उन अनुभवों ने उनकी समझ को निखार दिया। परिवार वाले और मठाधीश दोनों ही उनके लिए काल विकराल बन जाते हैं। इन दोनों ने हरिहर काका से 15 बीघे ज़मीन हथियाने के लिए हर तरह के हथकंडे अपनाए तथा उन पर बहुत जुल्म और अत्याचार किए। इन सबके बावज़ूद हरिहर काका ने जीते जी अपनी ज़मीन किसी के नाम नहीं लिखी, क्योंकि अपनी ज़मीन इनके नाम करके वे अपना जीवन '**रमेसर** की विधवा' की तरह नरक में नहीं झोंकना चाहते थे तथा न ही जीते जी कुत्ते की मौत मरना चाहते थे।

www.ingramcontent.com/pod-product-compliance
Lightning Source LLC
Chambersburg PA
CBHW061446041126
54327CB00016B/1640
9789391184124